공자의 仁, 타자의 윤리로 다시 읽다

This book is translated into Korean from the original 《吾道一以貫之 — 重讀孔子》 with subsidy from the Chinese Fund for the Humanities and Social Sciences.

吾道一以貫之 — 重讀孔子
Copyright ⓒ Peking University Press, 2013

The Chinese edition is originally published by Peking University Press.
This translations is published by arrangement with Peking University Press, Beijing, China.
korean translation copyright ⓒ 2019 by Yemoonseowon Publishing Company
all rights reserved. No reproduction and distribution without permission.

중국철학총서 1
공자의 仁, 타자의 윤리로 다시 읽다

지은이	伍曉明
옮긴이	임해순 · 홍린
펴낸이	오정혜
펴낸곳	예문서원

편 집	김병훈
인쇄 및 제책	주) 상지사 P&B

초판 1쇄   2019년 6월 10일

주 소	서울시 성북구 안암로 9길 13
출판등록	1993년 1월 7일 (제307-2010-51호)
전화번호	925-5913~4 / 팩시밀리 929-2285
E-mail	yemoonsw@empas.com

ISBN 978-89-7646-394-4   93150

YEMOONSEOWON 13, Anam-ro 9-gil, Seongbuk-Gu Seoul KOREA 136-074
Tel) 02-925-5913~4, Fax) 02-929-2285

값 50,000원

중국철학총서 1

공자의 仁, 타자의 윤리로 다시 읽다

伍曉明 지음

임해순·홍린 옮김

예문서원

역자 서문

    저자 오효명伍曉明은 언어분석의 방법을 통해 '중국어'로 구성된 텍스트로서의 『논어』에 대해 재해석을 시도한다. 그는 중국어 어휘의 의미구조에 깊이 파고들어 형식 분석을 진행하는 한편, 한자어의 다층적 구조 및 이들 층차 간의 유기적 연결에 주목함으로써 『논어』에 등장하는 여러 구절들의 의미를 새롭게 조명했다.(예컨대 제1장에서는, 공자 당시의 "인에 대한 물음"과 오늘날의 "인이란 무엇인가?" 간의 언어형식 속에 함축된 관념의 차이로부터 발생하는 의미 차이를 논했다.) 저자는 이러한 방식을 통해 우리가 습관적이고 무비판적으로 수용하던 『논어』 구절의 의미들을 정밀하게 재구성하고 있다. 저자의 이러한 『논어』 독해는 기존의 전통적 이해와는 현격히 구분되는 것으로, 기존의 독법에 익숙한 독자들에게는 다소 생소하게 느껴질 것이다.

    이 책 전체를 관통하는 핵심 키워드는 '나', '타자' 및 '나와 타자의 관계'이다. 그래서 저자는 모든 관계망을 나와 타자의 관계로 환원시켜 설명하며, 『논어』의 핵심 구절들에 대해서도 이러한 구도를 적용해서 해석을 가하고 있다. 저자가 사용하는 타자 개념은 단순히 주체로서의 나에 상대되는 것에 그치지 않는다. 저자는 좀 더 세부적인 분석을 통해 흔히

'나'라고 지칭되는 것 역시 타자가 될 수 있다고 본다. 예컨대 재귀대명사로서의 나, 앞으로 되고자 하는 나, 나의 대상으로서의 나 등은 우리가 습관적으로 '나'라고 지칭하는 것이지만 이것은 사실 '타자로서의 나'이다. 본문에서 저자는 이러한 '나'는 오직 타자와의 관계 속에서만 형성되고 존재할 수 있음을 논증하고, 『논어』의 여러 구절들의 의미를 이러한 나와 타자의 관계에 대한 설명이라는 측면에서 해설한다.

제1장과 2장에서는 "내가 서길 바라면 타인을 세워준다"는 구절을 중심으로 인仁의 의미를 규명하고자 시도한다. 저자는 나의 확립과 타인의 확립 간 관계를 언어분석적 방법으로 독해하여, 나의 완성은 타인을 완성시키는 과정 속에서 이루어진다는 해석을 제시했다. 그래서 인이란 타인으로부터 자신에게 요구되는 인간다움의 총체이며, 나는 타인에 대한 이러한 윤리적 요구에 부응함으로서 인을 실현하고 자신을 완성할 수 있다고 설명한다.

제3장에서는 예에 대해 논하면서, 예의 근본적인 역할은 나와 타인의 구분이며, 따라서 나는 예를 통해서야 비로소 타인과 구분되는 나를 확립할

수 있게 된다고 설명한다.

　제4장에서는 효에 대해 논하면서, 효는 타인에 대한 공경의 범주에 속하는 것이지만 동시에 모든 공경의 출발점이 되는 것으로서, 나와 가장 가까운 타인에 대한 공경, 최초의 타인에 대한 최초의 공경이라는 점에서 특수성을 가진다고 설명한다.

　제5장에서는 충에 대해 논하면서, 타인에 대한 나의 충은 미래의 나, 타자로서의 나를 보증하는, 즉 앞으로도 내가 그에게 충실할 것이라는 약속을 함축하고 있으며, 타자가 나에 대해 가지는 혹은 타자와 나 사이에 존재하는 근원적인 믿음(信)은 나에게 이러한 약속을 보장해야 하는 윤리적 책임을 부여한다고 설명한다.

　제6장에서는 애인(愛人)과 애(愛)의 중층적 의미(보편적 인간에 대한 성인의 사랑과 특정 인간에 대한 애정, 열렬히 사랑함과 소중히 여김)를 분석하여 제시하고, 애와 유사하지만 구분되는 의미를 가지는 개념(好)과 비교함으로써 공자의 애인이 지니는 함의를 밝히고자 시도한다. 그래서 사랑함이란 단순히 그 대상에 대한 접근과 소유의 욕망을 의미하는 것이 아니라, 그것이 그것으로 존재하

길 바라는 것 즉 그것이 그 자신의 본성대로 살아가길 바라는 것이라고 정의한다. 그에 따라 타인을 사랑함 역시 타인이 그 자신다움 즉 본성을 유지한 채 살아갈 수 있도록 하는 것이라고 이해한다.

제7장에서는 나와 타인의 관계에 관한 이상의 논의들을 주인으로서의 나와 손님으로서의 타인, 군자로서의 나와 타인으로서의 백성에 적용하여, 나는 비록 모든 것을 주관하고 명령을 내려야 하는 주체이지만 나 역시도 손님을 모시고 만족시켜야 하고 백성을 타자로서 존중해야 하며, 심지어 그들로부터 명령을 받고 그들을 위해 희생하기도 해야 하는 입장임을 밝히고 있다.

제8장 여성과 소인을 보살피기 어렵다는 공자의 말에 대해, 비록 이것이 군자로서의 주체가 특수한 타자(여성과 소인)를 대함에 있어 곤혹스러움이 있음을 표현한 것이기는 하지만, "보살피기 어렵다"는 말은 내가 이미 그들을 보살피고 있음을, 즉 내가 이미 타인에 대해 책임을 지고 있음을 전제로 했을 때만 가능한 서술이라고 주장한다. 그리고 이를 근거로 이 서술은 여성을 나에게 윤리적 책임을 요구할 수 있는 타자로 인정한 것이고,

따라서 이것이 여성을 멸시하고 배척하는 의미가 아니라고 공자를 옹호하고 있다.

저자는 '나는 어떻게 타자를 대해야 하는가?', '타자와의 관계 속에서 어떻게 나를 확립할 것인가?' 등 현대인이 직면하고 있는 문제를 중심으로 공자 및 유가사상을 재해석하고 있다. 오늘날 개인주의는 더 이상 거스를 수 없는 흐름이 되었으며, 그 속에서 자아의 확립과 강화는 절대적인 명제가 되어 가고 있다. 그러나 아이러니하게도 자아의 확립은 타자와의 관계를 어떻게 설정할 것인지의 문제와 결코 분리될 수 없다. 역자는 이 책에서 시도하는 공자 다시 읽기가 바로 이러한 맥락에서 상당한 시의성을 가진다고 생각한다.

2019년 5월

역자를 대표하여 홍린 씀

서론 : 공자 다시 읽기

"공자 다시 읽기" — 이것은 이미 일어난, 혹은 현재 진행 중인 일에 대한 일종의 설명 혹은 선언일 수 있다. 즉 우리는 이미 공자를 다시 읽었거나, 현재 다시 읽는 중인 것이다. 또한 이것은 앞으로 일어날, 혹은 진행되어야만 하는 일에 대한 요구 혹은 명령일 수도 있다. 즉 우리는 마땅히 혹은 반드시 공자를 다시 읽어야 하는 것이다!

우리가 만약 상술한 두 명제를 받아들인다면, 이것은 곧 설령 우리 자신이 이미 공자를 읽었거나 혹은 아직도 공자를 읽는 중이라고 믿는다고 할지라도 공자 다시 읽기는 여전히 다시 일어나거나 진행되기를 기대되는 일, 또는 마땅히 혹은 반드시 일어나거나 진행될 일임을 의미한다. 그러나 설사 마땅히 심지어 반드시 공자를 다시 읽어야 한다고 하더라도 과연 우리는 진정으로 '공자 다시 읽기'를 할 수 있을 것이며, 또한 그 '마땅히'와 '반드시'의 맥락을 진정으로 이해할 수 있을 것인가?

하나의 요구 혹은 명령으로서의 "공자 다시 읽기", 어디서부터 연유했는지도 모를 그러한 요구와 명령으로서의 "공자 다시 읽기"는 도대체 무슨 의미를 지닐까? 그것은 혹시 나날이 거세어져 가는 세계화의 물결 속에서 모종의 정치 · 경제 · 사상 · 문화적 요인들 혹은 우연적 요소들 간의 상호작용이 우리 내면에서 이러한 일시적 충동 혹은 우연적 욕망을 만들어 낸 것에 지나지 않는 것이 아닐까? 우리에게 주어진 어떤 운명적인 것이 공자로 대표되는 문화전통 안에서 그의 후예들의 충동 혹은 욕망으로 드러났을 뿐인데, 우리는 그러한 충동 혹은 욕망을 우리에게 주어진 요구 혹은 명령으로 착각하고 있는 것이 아닐까? 바꿔 말하자면, 공자를 다시 읽고자 하는 충동 혹은 욕망이란, 그저 역사적 · 사회적 요소들의 우연적 종합이라는 영향 아래 우리들이 가지는 일방적인 소망이나 불현듯 떠오른 생각에 불과한 것이 아닐까? 혹은 맹렬하게 진행되고 있음에도 여전히 모호한 의미를 지닌 "문화적 세계화" 속에서 특정한 과거의(중국의) 것을 보편적 미래의(세계의) 것으로 여기고 싶어하는 것에 불과한 것은 아닐까? 어쩌면 이러한 충동 혹은 욕망은 뿌리 깊은 전통적 경향이 억제되지 못하고 표출된 것이 아닐까? 그렇다면 이러한 혼란 역시 우리가 우리 자신의 사상 · 문화적 전통의 한계를 벗어나지 못하고 있음을, 혹은 우리 자신의 사상 · 문화 전통을 제한하고 있음을 의미하는 것은 아닐까?

1. 공자 '다시' 읽기

따라서 우리는 "공자 다시 읽기"가 내포하고 있는 복잡한 문제들 중 무엇보다 먼저 이것이 '여전히 필요한지'의 여부에 직면하게 된다. 진정으로 우리는 여전히 공자를 '다시'(重) 혹은 '재차'(再) 읽어야 할 필요가 있는가? 설마 아직 우리가 아직 공자를 완독하지 못했다는 것인가? 만약 우리가 공자가 아직 완독되지 못했다고 인정한다면, 그리고 여전히 공자를 다시 읽어야 할 필요가 있다고 인정한다면, 이것은 도대체 무엇을 의미하는 것일까? 공자 다시 읽기란 진정 우리가 필연적으로 직면하게 될 수밖에 없는 거부할 수 없는 요구 혹은 명령인 것인가? 만약 "공자 다시 읽기"가 진정으로 그러한 요구나 명령이라고 한다면 그것은 과연 누구의 요구 혹은 명령인 것인가? 또한 우리를 향해 그처럼 요구하고 명령할 수 있는 것은 누구란 말인가?

공자는 이미 다시 읽을 필요가 없는 것이 아닐까? 공자는 이미 지난 2500년의 세월 동안 무수히 많은 독자들에 의해 끊임없이 읽혀 오지 않았던 가? 공자 그리고 공자의 『논어』는 천여 년의 시간 동안 국가에 의해 과거시험을 통해 요구되어 오지 않았던가? 과거시험에 합격하여 중국 전통의 문화제도의 엘리트가 되고자 하는 독자는 누구라도 『논어』를 반드시 읽어야만 하지 않았던가? 공자는 일찍이 이렇게 중국문화에 유입되어 완전히, 혹은 거의 완전히 중국문화와 동의어가 되지 않았던가? 어쩌면 바로 이 때문에, 적어도 상당 부분 이러한 이유 때문에, 우리는 백여 년 전 신문화운동 과정에서 공자 사상 혹은 유가전통과 철저히 결별해야 한다는 격렬한 목소리를 들을 수밖에 없었던 것이 아닐까? "공가점孔家店을 타도하자"는 격렬한 구호가 터져 나온 지 백여 년이 지난 지금, 우리는 어째서 공자를 우리의 사상·문화의 박물관 안에 밀어 넣지 못하고 있는 것인가, 혹은 어째서 그러지 말아야 하는 것인가? 우리는 어떻게 공자를 다시 읽을 수 있을까? 또한 우리는 공자의 어디에서 무엇을 다시 읽어낼 수 있을까? 설마 뜻밖에도 공자 자신 즉 우환의식으로서의 공자, 자신에 대한 우리의 이해에 불만족스러워하면서도 동시에 우리를 깊이 위하고 걱정하는 정신으로서의 공자가 직접 우리에게 자신을 읽도록 요구 혹은 명령하고 있는 것은 아닐까?

사실, 오늘날 우리가 표면적으로 공자와 어떤 관계를 맺든 간에, 공자를 사랑하든 혐오하든 무관심하든 간에, 공자로 돌아가길 바라든 공자로부터 다시 한 번 벗어나길 극구 바라든 간에, 우리가 공자를 다시 이용하고자 하든 그로 하여금 우리를 다시 이용하도록 하든 간에, 우리 중 그 누가 자신이 공자의 어떤 점도 계승하지 않았다고 자신 있게 말할 수 있겠는가? 여기에서 우리란 공자 이후의 우리, 한자문화권에 속한 이들로서의 우리, 여전히 한자를 사용하는 우리, 여전히 "서른에 자립하고, 마흔에는 미혹되지 않고, 쉰에 천명을 앎"[1]을 말하면서 성숙하고 늙어 가는 우리이다. 이처럼 공자는 우리들과 분리되기 어려워 보인다. 또한 공자는 중국어 문화 및 '중국'[2]과 구분되기 어렵다. 비록 오늘날의 우리는 직접적으로 공자와 그의 사상을 생각해 내는 경우가 매우 드물고, 또한 말하기와 글쓰기에서 사상적·문화적 권위를 끌어들이고자 할 때 역시 옛날처럼 '공자왈'로 시작하는 경우가 매우 드물기는 하지만 말이다. 오늘날은 오히려 말하기와 글쓰기에서 사상·문화적 권위를 끌어 오고자 할 때 서구의 예에서 찾는 경향이 있다. 대표적으로 마르크스, 니체, 프로이트, 헤겔, 후설, 하이데거 등이 있고, 여기에 더하여 라캉, 푸코, 하버마스, 데리다 등이 있다. 이것은 지금 우리가 이미 우리 자신의 전통 외부로부터 온 "타자의 권위"를 가지고 우리 자신의 인식 즉 우리 자신의 사상·문화적 정체성을 뒷받침하고 있음을 말해 준다.

이렇게 "서구의 권위에 호소하는" 방식은 어쩌면 변형된 형태의 '공자왈'이라고 할 수 있을 것이다. 사실 이는 우리의 말하기와 글쓰기 방식에 우리가 생각했던 것만큼의 거대한 변화는 발생하지 않았다는 의미이다. 공자의 후예로서의 우리는 사실 여전히 '공자왈'의 전통 속에서 살아가고 있으며, 여전히 입만 열면 '공자왈'이라고 말하는 대화방식에 익숙해져

---

1) 『論語』, 「爲政」, "子曰: 吾十有五而志于學, 三十而立, 四十而不惑, 五十而知天命, 六十而耳順, 七十而從心所欲, 不踰矩."
2) 역자주: 현재의 중화인민공화국을 의미하는 것이 아니라 '중국의 문화'라는 관념으로서의 '중화'를 의미한다.

있고, 또한 여전히 "(선인의 사상을) 계승할 뿐 새로 만들어내지는 않는"(述而 不作)[3] 방식에 익숙해져 있다. 다만 현재 권위로서 인용되고 있는 '공자왈'의 내용이 표면상으로는 더 이상 전통적인 "공자가 한 말"(孔子之曰)이 될 수 없는 것처럼 보일 뿐이다. 이제 공자에는 우리가 얻을 수 있는 어떤 새로운 것도 남아 있지 않아 보이기 때문이다.

물론 우리는 새로운 것, 즉 새로운 자극, 새로운 가르침, 새로운 사상, 새로운 이론을 필요로 한다. 이러한 새로운 것들은 오직 타인으로부터, 우리가 조우하고 맞이하는 타인 혹은 타자로부터 올 수 있다. 그러나 공자, 즉 이미 우리 안에 있고 우리와 하나가 되어 버린 공자를 우리는 '타자'라고 부를 수 있을까? 타자의 문화 혹은 문화적 타자와 직면하고 있는 바로 지금, 설마 우리는 공자와 일체를 이루는 문화적 면모를 다시 한 번 드러내려는 것이 아닐까?[4] 이것은 어쩌면 중국이 항상 서구의 눈에는—동시에 우리 스스로의 생각으로도— 도교나 불교가 아닌 유가 위주의 문화로 비추어졌기 때문은 아닐까?

'유가' 혹은 '유교'를 번역한 영어의 'Confucianism'은 '공부자孔夫子'라는 뜻의 'Confucius'과 '주의'라는 뜻의 접미사 '-ism'이 결합된 구조이다. 서양 사람들이 보았을 때 중국의 유가와 유교는 곧 '공자의 가르침'(孔子之敎)이었던 것이다. 실제로 중국은 이천오백여 년 동안 기본적으로는 거의 변함없이 공자와 유가사상의 지배적 영향 아래 놓여 있었던 것이 사실이다. 그래서

---

3) 『論語』, 「述而」, "子曰: 述而不作, 信而好古, 竊比於我老彭." 『禮記』, 「樂記」, "故知禮樂之情者能作, 識禮樂之文者能述. 作者之謂聖, 述者之謂明. 明聖者, 述作之謂也."

4) 이러한 사례 중의 하나로 '공자학원'이 전 세계에 대량으로 건립되고 있다는 것을 들 수 있다. 國家漢辦孔子學院의 메인홈페이지에 따르면, 2010년 10월 기준으로 세계 각국에 322곳의 공자학원과 369곳의 공자학당 등 도합 691곳이 건립되었으며, 96개 국가(지역)에 분포되어 있다고 한다. 이 현상 자체는 문서상에서 확인한 것으로, 복합적인 정치·경제·사회·문화적 의미는 아직 보다 심도 있는 분석이 필요하다.

"공가점을 타도하자"는 구호가 터져 나오기도 했던 것이다. '중국현대계몽운동'으로 불리기도 하는 5·4운동 역시 이러한 기본적인 이해 혹은 오해와 밀접하게 연관되어 있다. 새로운 것을 추구했던 5·4운동 시기에는 서구문명을 향한 급진적인 전회가 발생했는데, 이 시기의 주도적이고 지배적인 관점 중의 하나는 공자의 가르침 혹은 유가의 사상 안에서 발견되는 것들을 모두 낡은 것 즉 '낙후된 것'으로 배척하는 것이었다. 따라서 만약 우리가 공자 안에서 '새로운 것'들을 찾아내기만 한다면, 그리고 이러한 것들이 외재적인 문화적 목적에 기여할 수 있다면, 가령 어떤 의미에서는 여전히 문제가 제기되는 문화적 세계화의 과정 속에서 자신의 문화정체성을 고수하고 타 문화와 경쟁하는데 기여할 수 있다면, 이미 우리를 격동시킬 어떤 것도 가지지 못한 것처럼 보였던 공자는 오히려 그를 다시 읽고자 하는 우리의 충동 혹은 욕망을 불러일으킬 수 있을 것이다.

그렇다면 우리 앞에는 수많은 새로운 것들이 우리에 의해 받아들여지길 기다리고 있는데, 어째서 우리는 아직까지도 우리보다 훨씬 앞서 죽은 공자를 다시 읽어야 하는 것일까? 만약 우리가 여전히 공자를 다시 읽고자 하는 충동이나 욕망 심지어 격정의 지배를 받고 있으며, 또한 이미 이러한 충동, 욕망 혹은 격정으로서의 요구와 명령에 복종하고 있다고 한다면, 우리는 우선 완전히 자각적이지 못할 수도 있는 이러한 지배와 복종 현상에 대해 설명을 제시해야 할 것이다. 그에 대한 설명은 넓은 의미에서 우리 자신과 우리들의 문화전통 및 사상적 유산 간의 복잡한 관계에 관해 다시 한 번 설명하는 것일 수도 있다.

우리가 아직까지도 반드시 혹은 마땅히 공자를 읽어야 하는 이유는 어쩌면 공자의 숙명적 계승자로서의 우리가 여전히—사실은 항상— 공자로 대표되는 전통 및 유산에 대해 거부할 수 없는 윤리적 책임을 지고 있기 때문일 것이다. 그런데 이러한 책임은 타자로부터 온 것이다. 즉 이미 세상을 떠났으며, 이미 전통이 되어 전통으로서 존재하는 타자로부터 온 것이다. 따라서 우리의 전통 자체는 많은 경우 공자로 대표되는 전통 그 자체이며, 이것이 사실상 우리에게 공자를 다시 읽도록 줄곧 요구 혹은 명령해 왔던 것이다. 이러한 요구나 명령 혹은 이러한 전통으로부터의 소환에 대해 우리는 그것을 회피할 방법이 없다. 이것은 그러한 타자로부터의 명령이 사실상 거부할 수 없이 우리 앞에 존재하고 있음을 말한다. 물론 만약 우리가 진정으로 소위 "전통의 속박"이 의미하는 바가 무엇인지 안다고 한다면, "회피할 수 없음"이 우리가 여전히 전통의 속박으로부터 벗어날 수 없음을 의미하는 것이 결코 아님을 알 수 있을 것이다. 그렇다고 이것이 우리가 타자로부터 주어진 책임을 줄곧 자각적이고 주동적으로 감당해 왔음을 의미하는 것 역시 결코 아니다. 사실 이러한 자각과 주동성은 우선적으로 결코 우리 자신 안에서 나온 것이 아니라 타자로부터 주어진 것이기 때문이다. 이러한 타자는 이에 대한 책임을 요구하고 명령할 뿐만 아니라 우리에게 어떻게 책임질 것인지 가르쳐 주고 있다.

따라서 오직 이러한 타자만이 끊임없이 우리에게 모종의 가르침을 줄 수 있는 것이다. 일찍이 공자가 "세 사람이 걸어가면 (그 중에는) 반드시 내가 스승으로 삼을 사람이 있다"[5]라고 말했듯이, 타인이어야 비로소 나의 스승이 될 수 있다. 항상 타인을 스승으로 삼았던 공자는 특정 분야를 뛰어넘어 중국문화의 스승이 되었다. 타인을 향해 자신을 활짝 열어 놓고 타인을 환영하는 것은 곧 스승으로서의 타자가 주는 가르침을 향해 자신을

---

5) 『論語』, 「述而」(『論語譯注』, 72쪽), "子曰: 三人行必有我師焉." 이 책은 특별히 밝히는 경우를 제외하고는 모두 楊伯峻의 『論語譯注』(북경: 중화서국, 1980)를 인용한다. 이하 글에서는 일일이 쪽수를 밝히지 않고 편명만 밝히겠다.

활짝 열어 놓는 것이다. 공자 다시 읽기 역시 공자라는 스승으로서의 타자를 향해 자신을 활짝 열어 놓는 것이다. 이것은 공자라는 타자의 사상이 (다시 한 번) 다가오는 것을 다시 한 번 환영하는 것이며, 이 타자가 (다시 한 번) 우리에게 주는 가르침을 다시 한 번 환영하는 것이다. 타자를 진정으로 받아들일 때 비로소 우리는 새로움이 올 것을 기대할 수 있다. 새로움은 오직 우리가 타자를 조우할 때 생겨나는 것이지, 우리 안에서 생겨나는 것이 아니기 때문이다. 물론 새로움이란 미래와도 결코 분리될 수 없다. 진정한 새로움이 없으면 진정한 미래도 있을 수 없고, 진정한 미래가 없으면 진정한 새로움도 있을 수 없다. 공자는 우리 눈앞에서 여전히 새로움과 미래를 가져다 줄 수 있는 것으로서 우리를 기다리고 있다.

이것은 바로 우리가 우리의 전통과 맺고 있는 복잡한 관계를 말해 주고 있다. 사실 진정한 전통은 항상 우리의 '눈앞'에 있었지 등 뒤에 있었던 적이 없다. 따라서 만약 우리가 우리의 사상적 유산 혹은 문화적 전통을 '소화' 또는 '흡수'한다고 말할 때, 사실 가장 먼저 문제로 제기되어야 할 지점은 이 두 용어가 될 것이다. 우리가 전통을 소화하고 흡수할 임무를 완수하려면 아직 한참 멀었으며, 또한 공자 즉 공자의 사상과 가르침을 소화하고 흡수할 임무를 완수하는 것도 아직 한참 멀었다고 할 수 있다. 우리는 과거에도, 그리고 앞으로도 영원히 진정한 의미에서 공자를 소화하고 흡수할 수 없다. 이러한 불가능성은 어떤 사실의 문제도 아니고, 우리 자신의 유한성으로 인해 결정되는 것도 아니다. 그것은 이론적이고 구조적인 불가능성이다.

타자를 소화하고 흡수한다는 것은 타자를 자신의 일부분으로 융화시켜서, 타자와 자신을 완전히 하나로 만들어, 마침내 타자가 우리들 내면에서 완전히 소멸하도록 하는 것이다. 이러한 소화와 흡수는 타자에 대한 최대의 존경이기도 하지만, 또한 최대의 불경이기도 하다. 왜냐하면 일단 타자가 이처럼 나에게 소화되고 흡수되어 버린다면 타자는 더 이상 타자로서 존재할 수 없게 될 것이기 때문이다. 따라서 타자를 소화하고 흡수한다는 것은 타자를 영구히 보존하는 것이기도 하면서, 동시에 철저히 망각하는 것이기도 하다. 우리가 타자 즉 타자의 사상과 작품을 진정으로 소화하고 흡수했을 때, 만약 이것이 가능하기만 하다면, 우리와 타자의 타자성과의 관계는 '완성'되고 '종결'된 것이다. 바꿔 말하자면, 만약 우리의 전통을 완전히 소화하고 흡수했다고 한다면 우리는 더 이상 어떠한 전통이 존재한 다고 말할 수 없게 될 것이다.[6] 그러므로 타자에 대한 진정한 존경에서, 타자가 계속 존재하고 타자로서의 존재를 계속 유지할 수 있도록 하기 위해서는 고의적이건 그렇지 않건 간에 우리는 타자 즉 전통으로서의 타자를 소화하고 흡수하지 않도록 해야만 한다.

만약 우리가 타자를 소화해 버리지 말아야 한다면, 우리는 타자 즉 전통으로서의 타자를 반드시 이해되어야 하는 것으로 보지 말아야 한다. 전통은 결코 순수한 인식대상이 아니며, 우리와 전통 간의 관계 역시 결코 인식주체와 인식대상의 관계와 같은 상호 외재적인 관계가 아니다. 오히려 우리는 필연적으로 우리 자신을 전통 속에 위치시키고 있다. 따라서 우리는

---

6) 이 점에 대해 말하자면, 우리가 타인과 맺는 모든 관계와 마찬가지로, 우리 자신과 전통과의 관계 역시 애도의 관점에서 이해할 수 있다. 애도란 결국 우리와 관련이 있고 사랑하며 존경하는 타자가 부재하거나 세상을 떠난 것에 대한 애도이다. 물론 인지상정에 따르면 언젠가는 애도를 끝마치고 일상으로 복귀하기를 기대한다. 그러나 애도를 끝마쳤다는 것이 곧 타자의 망각을 의미하는 것은 아니다. 타자로 하여금 우리들의 마음속에 계속 존재하도록 하기 위해서는 애도를 끝내서는 안 된다. 오히려 우리는 우리가 기억하는 선인을 향해 우리가 애도를 끝낼 수 없도록 만들 것을 요청해야 한다. 따라서 만약 전통이 우리에게 타자로 여겨질 수 있다면 우리는 영원토록 우리 자신의 전통에 대한 애도를 그칠 수 없을 것이고, 그러한 애도는 긍정적 의미에서 이해되어야 한다. 이 책 제4장 「효와 타인」 중 '상례에 임하고 효를 지킴'(居喪守孝)에 관한 공자의 사상을 둘러싸고 전개된 "타자에 대한 애도"에 관한 논의를 참고하라.

전통의 후예로서 우리의 전통 안에서만 우리 자신을 발견할 수밖에 없는 운명인 것이다. 이것은 타자의 '뒤'에서 우리 자신을 발견한다는 말로, 타자 즉 우리의 전통이 사실 줄곧 우리 '앞'에 있었다는 의미이며, 우리가 줄곧 타자 즉 전통으로서의 타자를 대면해 오고 있었다는 의미이다. 이것이 바로 타자가 우리에게 부과한 책임이다.

　이러한 타자에 대한 책임은 우리가 져야 할 미룰 수 없는 윤리적 책임이다. 이미 하나의 전통 안에서 태어나고 성장한 사람으로서, 그리고 전통 안에서 후예의 입장이 될 수밖에 없는 사람으로서의 우리는 필연적으로 우리 자신의 문화적 전통과 사상적 유산에 대한 책임을 지고 있다. 비록 이것이 곧 우리가 이러한 책임을 다하고 있음을 의미하는 것은 아니더라도 말이다. 이러한 책임은 우리가 전통으로부터 받은 요구와 명령을 주동적이고 자각적으로 받아들일 때 비로소 완수될 수 있다. 전통은 줄곧 우리에게 자신에 대한 책임을 요구해 왔다. 우리가 전통에 대해 가지는 책임이란, 우선 우리의 전통을 다시 한 번 직접 대면하는 것이다. 이러한 중요한 대면은 오직 우리가 엄숙하고 진지하게, 그리고 끊임없이 전통을 다시 읽는 과정 속에서만 이루어질 수 있으며 또한 그러한 과정으로서만 이루어질 수 있다.

　따라서 만약 우리가 오늘날 여전히 공자를 읽어야 한다고 느끼고 있다면, 이러한 필요성은 어떤 단순한 충동이나 욕망, 격정 같은 것을 요구나 명령으로 오해한 것이기만 한 것은 아니다. 이는 타자로서의 공자에 대한 우리의 책임감 속에 존재하는 요구이다. 타자는 결코 완전히 소화되거나 흡수될 수 없는 채로 여전히 존재하면서 우리에게 책임을 지우고 요구와 명령을 내리고 있기 때문에, 우리는 공자 즉 공자의 사상과 가르침을 다시 읽어야 할 필요를 느끼고 또 우리의 전통 즉 중국의 사상·문화 전통을 다시 읽어야 할 필요를 느끼는 것이다. 물론 이러한 다시 읽기의 과정 속에서 우리는 타자를 완전히 소화하고 흡수하려는 경향을 시종 경계해야만 한다.

이처럼 공자 다시 읽기란 외부환경의 우연적 자극에만 의한 것이 결코 아니며, 우리 내부의 일시적 충동이나 욕망, 격정에 의한 것도 아니다. 그것은 무엇보다도 타자의 요구 혹은 명령에 의한 것이다. 전통 즉 공자를 다시 읽는 것은 무엇보다도 타자 즉 공자가 우리에게 내린 요구 혹은 명령이자 우리에게 부여한 중요한 임무이다. 이것은 회피할 수 없는 윤리적 책임이다.

이러한 윤리적 책임에 대한 우리의 일차적인 반응은 결국 무조건적인 긍정과 수용이다. 어째서 그러한가? 만약 이미 세상을 떠나서 전통이 되어 버린 타자가 여전히 우리를 소환하고 있다면 그러한 소환은 무엇보다도 우리의 반응을 요구하는 것이기 때문이다. 오직 이러한 반응 안에서만 소환은 소환일 수 있는 것이다. 또한 우리가 소환에 대해 반응하고 대답하기만 한다면, 그 반응과 대답이 무엇이든 간에 여기에는 이미 우리를 소환한 타자에 대한 근본적인 동의와 승낙이 필연적으로 함축되어 있다. 왜냐하면 우리가 타자에 대해 반응하고 대답하기만 한다면 사실상 우리는 이미 타자에 대해 동의하고 승낙하기 시작한 것이기 때문이다.[7] 만약 우리가 이미 존재했고 여전히 여기에 존재하는 타자에 대해 반응하거나 대답하지 않을 수 없다고 한다면, 우리는 우선 이러한 매우 일차적이고 근본적인 동의와 승낙을 하지 않을 수 없다. 이것은 전통에 대한 우리의 반응과 대답 자체가 이미 전통에 대한 긍정을 함축하고 있고, 전통에 대한 이러한

---

7) 이 책 제3장 「禮와 타인」 중에서 '應'자를 둘러싸고 전개된 타자에 대한 '나'의 대응에 관한 구체적 분석을 참고하라.

근본적이고 일차적인 긍정은 곧 무조건적 긍정이라는 점을 말해 준다. 전통에 대한 어떠한 긍정도 부정도 모두 그러한 근본적인 긍정을 함축하고 있는 것이다. 만약 그러한 무조건적인 긍정이 없다면 우리와 타자 사이에는 어떠한 대화도 있을 수 없게 되며, 전통에 대한 우리의 어떠한 계승관계도 있을 수 없게 된다. 이것이 바로 우리가 전통으로서의 타자와 맺는 관계(근본적인 의미에서 볼 때 긍정적일 수밖에 없는 관계)의 가장 깊은 차원이다.

물론 '계승'이라는 용어를 사용할 때에도 다시 한 번 우리는 먼저 이 용어에 대해 문제를 제기해야만 한다. 우리와 전통의 관계를 확정할 때 '비판적 계승'은 널리 공인되고 주장되는 원칙이다. 그러나 계승이 함축하고 있는 계승자와 유물 혹은 유산과의 관계는 우리와 전통 간의 관계의 본질적 차원을 약화시키거나 심지어 가려 버릴 수도 있다. 엄격하게 말해서 전통은 결코 우리가 계승할 수 있는 유산에만 그치는 것이 아니다. 따라서 전통은 우리가 선택적으로 혹은 비판적으로 소화하고 흡수할 수 있는 것이 아니다. '소화'와 '흡수'는 음식물과 그것을 먹는 사람의 관계를 함축하고 있는 용어이다. 그러나 전통은 우리가 먹어치울 수 있는 음식물이 아니다. 당연하게도 우리는 전통을 먹어치울 수도 없으며, 그렇게 해서도 안 된다.

가장 심오한 의미에서 전통이란 여전히 우리를 소환하고 있는 타자로서, 우리에게 자신과의 대화에 응답할 것을 계속 요구하고 있다. 따라서 만약 우리와 전통의 관계를 논하면서 '계승', '소화', '흡수' 등의 비유적 설명방식을 계속 사용할 것이라면, 우리는 이들 용어에 반드시 인용부호를 붙여야 할 것이다. 타자로서 우리에게 책임을 요구 혹은 명령하고 있는 전통은 분명 자신이 유산으로서 '계승'되거나 음식물처럼 '소화'되고 '흡수' 되는 것에 근본적으로 저항할 것이다. 그러나 바로 이러한 저항 때문에 우리는 아직까지도 우리를 소환하는 전통을 가질 수 있고 또 그러한 전통을 다시 읽을 필요성을 느끼게 되는 것이다. 이처럼 전통은 우리로 하여금 절박한 필요성을 느끼게 하면서도 동시에 타자에 대한 회피할 수 없는 윤리적 책임을 완수할 수 없도록 만든다.[8]

이미 전통이 되어 버린 타자는 우리로 하여금 다시 한 번 자신을 읽도록 요구하고 있고, 더 나아가 필연적으로 우리가 자신을 한 번만 읽고 말도록 내버려 두지도 않는다. 예를 들어 보자. 우리는 이미 공자의 인仁 사상에 대한 다시 읽기를 끝마쳤는가? 우리는 공자의 인 사상을 이미 '소화'하고 '흡수'하였는가? 공자의 인은 여전히 우리의 독서를 유도하기도 하지만 동시에 거절하고 있기도 한 것이 아닌가? 이는 마치 공자가 지금 우리 앞에 서서 "내가 말한 인을 이해해 보게나! 자네들에게 과연 그런 재주가 있겠는가?"라고 압박하고 있는 것처럼 느껴진다.[9] 사실 이것은 타자가 우리에게 가하는 이중의 요구와 속박이다. 즉 우리는 반드시 다시 읽어야

---

8) 사실 유가전통은 명확하게 이러한 종류의 책임을 요구한다. 『中庸』에서는 부모자식관계에서의 효라는 좁은 의미를 뛰어넘어 "다른 사람의 뜻을 잘 계승하고 다른 사람의 잘 이어갈 것"(제19장, "夫孝者, 善繼人之志, 善述人之事者也")을 요구한다. 따라서 전통으로서 존재하는 타자에 대한 책임을 진다는 것은 이미 세상을 떠난 타인에 대해 효를 실천하는 것이다. 그래서 우리는 여기에서 우선 전통 자체의 요구에 따라 전통을 대하고자 한다. 어떤 의미에서 이것은 아마도 우리가 전통에 대해 할 수 있는 최대한의 존중일 것이다. 이 책의 제4장 「효와 타인」을 참고하라.

9) 그러나 이것이 공자가 고의적으로 그의 사상을 난해하게 만들었음을 의미하는 것은 결코 아니다. 스승으로서의 공자는 자신이 이미 전수할 수 있는 모든 것을 전수했다고 여겼다. 그는 말했다. "자네들은 내가 무엇인가 숨기고 안 가르쳐 준다고 여기는가? 나는 숨기는 것이 없네! 나는 실천에 옮기면서 자네들과 함께하지 않은 것이 없었네. 그것이 나 공자라는 사람이다."(『論語』,「述而」, "二三子以我爲隱乎? 吾無隱乎爾! 吾無行而不與二三子者. 是丘也.") 그러나 모든 것이 전달되어 학생들에게 주어졌다고 하더라도 그 중에는 아직 '비밀'이 있다. 독서의 임무는 바로 이 비밀을 밝히는 것에 있다. 혹자는 말하길, 언급되고 전달되고 문헌의 형식으로 존재하는 그 모든 것들은 어떤 의미에서 보면 우리가 읽고 분석해 내야 하는 비밀 그 자체라고 한다. 바로 이 때문에 우리는 이 문헌을 읽어야 하는 것이다.

하지만, 완전히 다 읽어 낼 수가 없는 것이다. 따라서 설령 공자를 다시 읽어야 할 필요성을 인정하고 공자를 다시 읽어야 할 임무를 받아들인다고 하더라도, 또한 우리는 이러한 다시 읽기가 유한하고 불완전할 수밖에 없음을 알아야만 한다. 이러한 불완전성과 유한성은 우리 자신의 시간(생명)과 능력의 유한함 때문 즉 우리가 필멸의 존재이기 때문만은 아니라, 어떠한 독서도 필연적으로 더 많은 독서를 요구하기 때문이다. 그렇기 때문에 전면적이고 전체적인 독서는 이 책에서 추구하는 목표가 아니다. 그와는 반대로 우리의 공자 다시 읽기는 필연적으로 불완전하고 유한한 읽기가 될 것이며, 다만 그러한 독서의 과정에서 '하나로 관통함'(一以貫之)의 문제로부터 시작되는 공자와의 대화에 만족하게 될 것이다.

만약 독서가 일종의 대화이고 대화가 상대방의 참여와 허락을 요구하는 것이라고 한다면, 독서는 일종의 서명과 같은 행위이다.[10] 즉 만약 타자로서

---

10) 서명은 해당 작품에 대한 긍정이다. 저자의 서명은 저자가 자기 작품의 저자임을 긍정한 것이지만, 이것은 필연적으로 독자들의 공동서명을 요구한다. "내가 이 책을 읽었다"고 말하는 것은 곧 독자로서 이 책에 서명을 했다는 것이다. 중국의 전통에서 독자들의 전형적인 공동서명은 주석과 疏를 다는 방식이었다. 경전 본문에 서명을 한 鄭玄(127~200), 孔穎達(574~648), 朱熹(1130~1200) 등 주석가들의 이름이 바로 독자들의 서명이다. 전통적인 문학비평과 詩話 역시 독자들의 공동서명의 형식 중 하나이다. 현대 독자들의 서명은 항상 경전의 테마에 대한 연구 혹은 특정 문학작품의 테마에 대한 비평과 같은 형식을 채택하고 있다. 독자의 서명이 없다면 저자의 서명 역시 "불완전"한 것이 되어 버린다. 이것은 데리다(Jacques Derrida, 1930~2004)가 제기하고 발전시킨 관점이다. Geoffrey Bennington은 *Jacques Derrida*(데리다와의 공저)에서 데리다의 이러한 관점에 대해(특히 pp162~166에서) 간단명료한 묘사와 분석을 제시했다.(Geoffrey Bennington and Jacques Derrida, *Jacques Derrida*, trans. Geoffrey Bennington, Chicago, Chicago University Press, 1993, pp148~166.) 그에 따르면 "(자신의 저작을) 이름난 산에 숨겨둔다"(司馬遷, 「報任少卿書」, "藏諸名山")던 작품들은 "산을 나서기"(出山) 전에는 전통과 아무런 관련이 없는 것이었다. 이 점에 나아가 말하자면 전통이란 끊임없는 서명행위라고 할 수 있다. 이미 세상을 떠난 저자의 작품에 우리가 서명을 하는 것은 곧 우리의 독서를 긍정하는 것이며, 이미 세상을 떠난 타자(저자)에 대해 윤리적 책임을 지는 것이다. 그런데 『논어』는 우리가 지금 다루고 있는 서명의 문제라는 측면에서 볼 때 특수한 경우이다. 이 책은 공자 자신이 직접 집필한 작품이 아니다. 공자는 결코 『논어』에 직접 서명한 적이 없었고, 그의 이름은 줄곧 다른 이들에 의해

의 공자가 여전히 우리에게 자신의 사상을 다시 읽도록 요구하고 있다면, 이러한 요구는 바로 공자가 우리에게 서명을 요구하고 있는 것이다. 공자의 사상과 말을 모은 책으로서의, 그리고 사상과 문화의 경전으로서의 『논어』는 줄곧 독자들의 서명을 요구해 왔다. 이러한 서명은 기본적으로 일종의 긍정이다. "맞아, 나는 이미 어떤 방식으로 너를 읽어 왔어. 맞아, 나는 여기에 나의 서명으로 나의 독서를 긍정하고 있어!" 우리는 심지어 하나의 경전으로서의 『논어』가 다른 모든 경전들과 마찬가지로 이러한 끊임없는 서명 행위 가운데 존재하고 있다고 말할 수도 있다. 만약 공자 이후의 독자들의 공동서명이 없었다고 한다면 공자의 이름이 우리에게 무슨 의미가 있겠으며 『논어』라는 한 권의 책이 우리에게 무슨 의미가 있겠는가? 그러나 만약, 이러한 끊임없는 공동서명이 반드시 필요한 것이었다면, 『논어』가 다른 문헌들과 마찬가지로 이러한 공동서명행위(공자 자신의 서명까지 포함해서) 속에서만 존재할 수 있다고 한다면 여기에는 응당 이러한 서명이 필연적으로 영원히 완료될 수 없다는 의미가 담겨 있을 것이다. 심지어 공자뿐만 아니라 우리보다 앞서 존재했던 공자의 독자들 역시 우리의 서명을 요구하고 있다.

사실 전통은 이러한 부단한 서명의 가운데 존재하는 것이다. 혹자는 어떤 의미에서 전통은 이러한 연속된 서명행위로서 존재한다고 말한다. 즉 서명으로서의 끊임없는 다시 읽기로서 존재하는 것이다. 따라서 전통에 내가 서명하는 것은 자신의 윤리적 책임으로, 이는 결코 자부하거나 오만할 수 있는 일이 아니다. 전통이 앞으로도 끊임없는 대화를 이어나갈 수 있는 응답자로서 존재하도록 하기 위해, 혹은 전통이 앞으로도 그 '계통'(統)을

대리서명되어 왔다. 그러므로 『논어』에 대한 독서는 어떤 의미에서는 공자를 대신해서 서명하는 것이라고 볼 수 있다.

'전수'(傳)할 수 있도록 하기 위해 우리는 반드시 다시 읽고 서명을 해야만 한다. 이러한 다시 읽기로서의 서명은 현인과 성인에 가까워지기 위함이 아니고 명예를 탐내는 것도 아니다. 이것은 곧 우리가 타자에 대해 회피할 수 없는 윤리적 책임을 지는 것이다.

한편, 위에서 논한 서명의 문제라는 각도에서 보았을 때 우리는 적어도 어느 정도는 '본래'의 공자 혹은 '원형'의 『논어』를 추적하는 일을 유감없이 포기할 수 있을 것이다. 『논어』가 존재하는 것은 오직 독자들 즉 공자의 언행에 대한 기록자, 편찬자, 주석가, 평론가로서의 독자들의 서명 가운데에 서만 가능하다. 여기에는 다른 언어문화권 출신의 독자들, 즉 『논어』의 외국어 번역자, 소개자, 연구자 등도 추가되어야 한다. 어떤 의미에서 보면 『논어』는 이러한 무수히 많은 독자들의 독서가 낳은 산물이다. 한 번 생각해 보자. 만약 공자의 대화와 언행을 기록한 사람들, 특히 공자 문하의 후학들 이 없었다고 한다면 우리가 어떻게 지금까지 전해져 내려온 '공자의 대화록' 혹은 '공자의 언행록'으로서의 『논어』를 만날 수 있었겠는가? 그런데 입에 서 나온 언설이나 대화가 문자로 옮겨질 때, 말과 글 사이에는 이미 간과할 수 없는 간극이 존재할 수밖에 없다. 심한 경우 어쩌면 공자 본인조차도 문자만 놓고서는 그것이 자신의 주장인지 아닌지 분간할 수 없을 정도이다. 따라서 만약 진정으로 순수한 '원형'의 『논어』를 추구한다면 우리는 아마도 『논어』를 읽고자 하는 희망을 모두 포기해야 할 것이다. 왜냐하면 공자 자신은 단 한 번도 『논어』가 자신의 언행을 기록한 책이라는 사실을 인정한 적이 없기 때문이다.

그러나 어떤 의미에서 보자면, 이러한 사실이 『논어』가 공자의 이름을 내세운 책으로서 우리에게 전해지는 것을 방해하는 것은 결코 아니다. 공자 다시 읽기란 바로 위에서 논해졌듯이 지금까지 거듭 읽혀 온 『논어』,

무수한 독서로 인해 이미 '개조되고 가공된' 『논어』를 대면하는 것이기 때문이다. 일단 『논어』는 우리가 의지할 만한 가장 대표적인 문헌으로, 우리는 우리보다 앞서 진행되었던 『논어』에 대한 수많은 해설, 주석, 고증 작업들을 근거로 삼게 될 것이다. 그러나 이 책의 목표가 문헌의 고증이 아니라 사상적 대화인 만큼, 우리는 앞선 독자들의 논의를 참고하고 이를 토대로 우리 자신의 독서를 전개할 뿐 과거와 현대의 독자들의 모든 공헌을 남김없이 언급하지는 않을 것이다.

마지막으로, 만약 전통이 우리에게 전통에 대한 책임을 요구한다면, 만약 전통 다시 읽기가 우리의 중요한 윤리적 책임이라면, 그래서 만약 우리의 다시 읽기가 타자에 대한 우리의 회피할 수 없는 윤리적 책임이라고 한다면, 이러한 책임을 지는 것은 중국문화라는 특정한 전통이 다른 문화 즉 문화적 타자와 대면했을 때 타자에 대한 책임을 지는 것이기도 하다. 이러한 책임이란 무엇보다도 타자의 문화와 직면해서 우리의 문화전통을 고수하고 발전시키는 것이다. 그러나 이러한 고수와 발전이 결코 자아로의 회귀와 폐쇄를 의미하는 것은 아니며, 또한 문화경쟁 속에서 우위를 점하여 상대를 제압하는 것을 의미하는 것도 아니다. 자신의 문화전통을 고수하고 발전시키기 위해서는 필연적으로 타자의 문화와 조우하고 대면하지 않을 수 없기 때문에, 이미 타자의 문화를 타자의 문화로서 인정하고 존중한다는 뜻을 함축하고 있다. 만약 이러한 조우와 대면이 없다고 한다면 '자신의 전통에 대한 의식' 역시 각성할 수 없고, 따라서 전통에 대한 진정한 자각도 있을 수 없을 것이다.

본래적이고 자기동일적인 전체성으로서가 아니라 자아의 동일성에 관한 인식의 활동 및 과정으로 주어지는 '전통'은 타자와의 조우로부터 시작된다. 전통은 항상 타자를 향해 열려 있으며, 타자의 다가옴을 환영하고 자기 안으로 타자를 초대하고 수용한다. 만약 이러한 초대와 수용이 없다면 진정한 의미에서의 전통이란 존재할 수 없다. 또한 이러한 초대와 수용은 필연적으로 스스로에게 의문과 비판을 제기하게 만든다. 중국의 역사에서 그 예를 찾아보자면 우선 인도의 불교를 초대하고 수용한 것을 들 수 있을 것이고, 또 19세기 말 이래 중국문화가 서구문화를 초대하고 수용한 것을 보다 비근한 예로 들 수 있을 것이다.

자신 안으로 타자를 초대하고 받아들이는 것은 자신을 포기하는 것이 아니라 타자를 환영하는 것이다. 이때의 환영은 우리에게 새로움과 차이를 가져다주는 것에 대한 환영이다. 물론 낯선 이를 자신의 집으로 초대하고 받아들이는 것은 우리를 위협과 위험 심지어 폭력 아래 노출시키는 것일 수도 있지만, 이러한 위험하면서도 반드시 필요한 '노출'이 없다면 타자는 우리 안에서 어떠한 기회도 얻을 수 없을 것이고, 그렇게 된다면 우리 자신 혹은 우리의 전통 또한 기회를 얻을 수 없을 것이다. 즉 새로움에 대한 기회, 새로움과 차이가 우리 자신의 전통 안으로 들어올 수 있는 기회, 진정한 의미에서의 새로움과 차이를 우리의 전통 안으로 초대하고 수용할 그러한 기회를 놓치고 마는 것이다. 타자를 거절하는 것, 타자를 초대하지 않는 것은 타자와 함께할 수 있는 기회를 스스로 거부하는 것이기도 하다. 따라서 진정으로 타자를 환영할 수 있으려면, 그리고 타자가 진정으로 다가올 수 있게 하려면 우리는 위협과 위험을 무릅써야 하는 것이다.

문화적 타자를 우리의 전통 안으로 초대하고 수용하는 것은 결코 우리 자신을 포기하는 것이 아니다. 이것은 우리가 타자에 대해 반드시 감당해야 할 책임으로, 자신을 타자에 동화시키는 것이 아니라 도리어 우리의 전통을 고수하고 발전시키는 것이다. 이렇게 할 때 우리는 비로소 진정으로 떳떳하고 당당하게 타자와 대면할 수 있게 된다.[11] 한 번 생각해 보자. 만약 문화적 타자가 존재하지 않는다고 한다면 이른바 문화적 자아라는 것은 어떻게 존재할 수 있겠는가? 만약 다른 문화가 없자면 '중국문화'나 '서구문화' 같은 개념도 그 의미를 상실할 수밖에 없다. 따라서 서구문화가 전지구를 장악한 상황에서, 서로 다른 문화 간의 교류와 소통, 대화가 나날이 중요해져 가는 상황에서, 문화 문제 자체에 대한 이해가 우선적으로 특정한 (서구의) 언어와 문화에 의해 제약받고 있는 상황에서,[12] 수많은 비서구문

---

11) 이 책의 제1장 「인간과 인간 사이에서의 仁(上)」의 제6절 중 '떳떳함'과 '당당함'이라는 일상적 용어에 대한 분석을 참고하라.

12) 데리다가 종교의 문제를 논한 『신앙과 지식: 이성의 한계에 자리한 종교의 두 원천, 세기와 용서』(信仰與知識: 在理性的界限之上的"宗敎"的兩個來源) 중 세계의 라틴화 현상에 관한 논의들은 많은 시사점을 지니고 있다. 이 책은 이탈리아에서 진행된, 가다머(Hans Georg Gadamer, 1900~2002)와 바티모(Gianni Vattimo, 1936~) 등이 참가한 소규모 학회에서 나온 발언들이다.(Jacques Derrida and Gianni Vattimo 편집, Samuel Weber 번역, *Religion*, Cambridge, UK: Polity Press, 1998, pp1~78) 여기에서 그는 평소의 일관된 주장처럼, 우리가 종교(라틴어 'religio'로부터 나온 'religion')에 대해 토론할 때 이미 라틴어를 사용하고 있음을 깨우쳐 주면서, 우리는 이미 특정 언어 및 그 언어와 관련된 문화전통의 지배를 받고 있다고 말했다. 따라서 '지구화'(globalization)는 사실 '지구의 라틴화'(globalatinization)이며, 이러한 전 지구의 라틴화는 서구문화가 전 지구에 대해 압도적인 영향력을 행사함을 의미한다고 보았다. 그러나 데리다의 관점에서 보았을 때, 이러한 과정은 "포악하지만 유한하고, 더할 나위 없이 강력하지만 자신을 궁지로 모는 과정"이다. 그런데 우리가 여기에서 "지구의 라틴화"라는 용어를 사용하는 순간 이미 문제가 발생했다. 왜냐하면 이 신조어는 영어인 "globalatinization"을 번역한 것이고 "globalatinization"은 데리다가 만들어 낸 독일어 "mondialatinisation"을 영역한 것인데, "mondialatinisation"이 말하는 것은 '전 세계'의 라틴화이지 '전 지구'의 라틴화가 아니기 때문이다. 이는 오늘날 세계에서 전 지구의 라틴화 혹은 서구화가 비라틴어 계열인 영어를 통해 진행되고 있음을 반증하는 것이다. 영어가 다른 언어들에 대해 가지고 있는 패권적 지위는 여전히 깊이 연구해야 할 대상이다. 그러나 영어로 문화의 문제를 논할 때 가령 종교의 문제를 토론할 때는 불가피하게 라틴어를 사용해야 했으며, 따라서 이것은 영어가 희랍어, 로마, 히브리어의 전통을 계승하고 있음을 보여 준다. 이는 우리와 매우 밀접한 관련을 가지고 있는 문제이다. 간단히 말해, 우리의 문제는 공자와 중국 전통에 대한 다시 읽기 과정에서 어떻게 서구의 이론과 언어 및 개념구조로써 우리 자신의 전통을 논의하는 일을 피할 것인가 하는 데 있다. 이를 위해 우리는 가급적 우리가 읽는 문헌의 언어 자체를 통해 그 문헌을 '파악'하고 '장악'해야 한다. 바꿔 말하자면, 우리가 해 내고자 하는 것은 가급적 이 전통 언어

화들이 나날이 전통을 상실해 가고 심지어는 완전히 획일화될 위험에 처해 있는 상황에서, 우리의 전통을 다시 읽는 것은 '우리'의 일일 뿐만 아니라 '모든 인류'의 일이다. 또한 우리의 전통에 대한 책임을 지길 바라는 것일 뿐만 아니라 문화적 타자에 대한 책임까지도 지도록 요구하는 것이다. 이러한 의미에서 다시 읽기가 내포하고 있는 전통복원운동은 우리의 전통으로 하여금 타자를 향해 자신을 보다 적극적이고 자각적으로 개방하도록 만들 수 있다. 아래에서는 이러한 다시 읽기 자체 역시 문화적 타자의 영향과 간섭을 받지 않을 수 없음을 밝힐 것이다.

2. 공자 다시 '읽기'

설사 우리가 여전히 공자를 '다시' 읽을 필요가 있다고 할지라도 우리는 진정으로 공자를 다시 '읽을' 수 있을까? 공자는 자신이 다른 이들에게 '읽힐' 줄 알았으며, 우리와 같은 '독자'들이 있을 줄 알았을까? 공자에 대한 우리의 '읽기' 혹은 '다시 읽기'를 공자는 의외라고 여길 것이 분명하다. 왜냐하면 공자 자신의 원칙은 "(선인의 사상을) 계승할 뿐 새로 만들어 내지 않음"(述而不作)이었기 때문이다. 비록 '술述'자의 파생 의미인 '기술' 혹은 '서술'의 의미를 배제하지 않더라도, 이 글자는 기본적으로 전하여 말함(傳述)과 진술의 의미를 가지고 있다.13) 따라서 비록 "(선인의 사상을) 따르되 새로 만들어 내지 않음"이 문화전통에 대한 공자의 특정한 태도를

자체를 경청하고 여기에 담긴 거대한 사상적 역량을 체험하는 것이다.
13) 『說文解字』에서는 '述'자를 "遵循'의 '循(따름, 복종함)의 의미로 설명했다(循也, 從辵术聲.) '기술함'(述)은 옛것을 따른다는 것이고, '만들어 냄'(作)은 새로운 것을 창조한다는 것이다. 과거의 이들을 따르는 것 자체가 이미 '전하여 말함'이다.

나타낸 것이기는 하지만, 어떤 의미에서 보면 이것은 공자가 자신의 사상을 표현하고 학생들을 가르치는 방식 즉 "말(설명)하되 글로 쓰지는 않음"을 형용한 것일 수도 있다. 무엇보다도 공자의 말은 현장에서 대화 상대에게 해 준 것이지, 미지의 독자에게 보여 주기 위해 글로 쓴 것이 아니다. 공자는 분명 "남을 가르침에 있어 싫증내지 않는"(誨人不倦) 강사였지, "붓농사를 그치지 않는"(笔耕不輟) 저술가가 아니었을 것이다. '말하기'는 바로 공자의 가르침을 구성하는 기본적인 표현방식이었고, 이 때문에 "공자께서 말씀하시되"(子曰)라는 말은 중국의 문화전통 안에서 매우 특수한 함의를 지닌 고정적 표현이 되었다. 공자는 일생동안 수많은 가르침을 베풀었지만, 우리는 그가 했던 말 가운데 많은 대목들이 단지 전통적인 설명들을 의미심장하게 전달 혹은 개조한 것이었을 뿐임을 이미 알고 있다. 따라서 『논어』는 결코 완결된 체계를 갖추고 있는 단일한 작품의 책이 아니다.

　공자의 '전달하되'(述) '글로 쓰지'(作) 않음에서, '전달함' 혹은 '말함'은 사상을 표현하는 특정한 방식으로서 이에 상응하는 특정한 수용방식을 요구한다. 그것은 바로 경청과 질문이다. 『논어』에 실린 공자의 말 중 많은 부분들은 상황적 적합성을 따져 말한 것이거나 질문에 대해 답한 것들이다. 이것은 무엇보다도 공자의 말이 항상 타인에 대한 반응을 나타낸 것이었음을 의미한다. 타인에 대해 반응을 나타내는 것은 본질적으로 '언어를 사용'하는 인간으로서 결코 회피할 수 없는 책임이다.14) 바로 이러한 책임감으로 인해 공자는 비록 "말을 하지 않고자 했지만"15) 말을 하지 않을 수 없었고,16) 스스로 "알지 못한다"17)고 여겼지만 질문에 답하지

---

14) 『春秋穀梁傳』, 僖公 22年, "人之所以爲人者, 言也. 人而不能言, 何以爲人?"
15) 『論語』, 「陽貨」, "子曰: 予欲無言. 子貢曰: 子如不言, 則小子何述焉? 子曰: 天何言哉! 四時行焉, 百物生焉, 天何言哉!"
16) 말에 대한 공자의 애매한 태도에 관해서는 졸저 『文本之'間' – 從孔子到魯迅』(北京, 北京大

않을 수 없었으며, 이룰 수 없음을 알면서도 그 일을 그만두지 못했을 것이다.18) 이 때문에 공자는 말을 했다. 공자의 말은 동시대의 다른 이들에 대한 반응이었지만, 또한 같은 전통에 속한 후예로서의 우리를 소환하고 있다. 우리가 자신의 말에 계속 반응하도록 소환하고 있는 것이다. 어떤 심오한 의미에서 보면 공자는 말을 하는 인간으로서, 비록 말을 하지 않고자 하지만 여전히 말을 하는 인간으로서, 시공을 초월하여 여전히 우리 앞에 서서 우리에게 말을 거는 타자로서, 오직 그를 향한 우리의 끊임없는 반응과 질문 속에서만 존재할 수 있다. 바로 이러한 반응과 질문으로 인해 공자는 더 이상 절대적 침묵에 빠져 있을 수 없게 되었다.

공자의 말은 '대화'로서, 문제에 대한 대답과 토론으로서, 학생에 대한 가르침으로서, 상대방에게 적극적인 반응을 요구하고 있다.19) 물론 경험적 의미에서 공자 생전에 직접 질문을 제기할 수 없었던 후대의 우리는 공자의 말을 직접 다시 들을 수가 없고, 공자에 접근할 수 있는 유일한 방법은 흔적으로서의 문자에 근거해서 공자를 재구성하는 것이다. 그렇게 재구성된 공자는 오직 문자의 흔적으로만 존재하는 공자이고, 공자의 제자들이 기록한 공자의 말이며, 우리에게 역사기록으로 주어진 공자의 주장이며,

---

學出版社, 2012)의 「予欲无言: 『論語』中的論辯與孔子對言的態度态度」장을 참고하라.

17) 『論語』, 「子罕」, "子曰: 吾有知乎哉? 無知也. 有鄙夫問於我, 空空如也. 我叩其兩端而竭焉."

18) 『論語』, 「憲問」, "子路宿於石門. 晨門曰: 奚自? 子路曰: 自孔氏. 曰: 是知其不可而爲之者與?"

19) 班固(32~92)가 말했다. "『논어』는 공자가 제자와 당시 사람들에게 대답한 말과 제자들이 공자와 대화하면서 직접 들은 말이다. 당시 제자들은 각자 기록해 두었다가, 공자가 죽자 함께 모아 편찬하였다. 그래서 이를 『논어』라고 부른 것이다."(『漢書』[橫排本, 北京: 中華書局, 1999], 「藝文志」, p1361) 陸德明(550?~630?)이 말했다. "'論'과 같은 글자는 '編', '輪', '理', '次', '撰' 등이다. 답하여 말하는 것을 '語'라고 한다. 공자가 제자 및 당시 사람들에게 답했던 말들을 편찬한 것이다."(『經典釋文』 제24권, 「論語音義」, p1359.) 趙紀彬은 『論語新論』 「導言」에서 이상의 설명에 근거해서 "글자 뜻대로 옮긴다면 '논어'란 정리 및 편찬을 거친 대화이며, 이는 대화집의 의미를 가진다"라고 하였다. 따라서 공자의 『論語』에 나오는 말은 분명 대화라는 문맥 속에서 이해되어야 한다.

역대 독자들이 남긴 훈고와 해석이다. 우리가 접근하고 독서하며 이해할 수 있는 공자는 사실 그러한 흔적 가운데에만 존재할 수 있고, 또한 그러한 흔적으로서만 존재할 수 있는 것이다. 어찌 보면 이것은 공자에 대한 엄청난 모욕인 것처럼 느껴질 수도 있다. 그러나 우리가 과연 흔적을 떠나서 다른 어떤 공자를 만날 수 있겠는가? 우리는 결코 문자로서의 흔적을 뛰어넘을 수 없다. 우리는 문자의 흔적을 뛰어넘어, 그러한 흔적을 남겼던 '진정한 공자'에게로 되돌아갈 수 없다. 우리의 공자는 분명 이러한 흔적일 뿐이고, 이러한 흔적이 곧 공자인 것이다.

만약 흔적으로서가 아니라 공자가 실제로 여전히 살아서 우리와 대화를 나눌 수 있다고 한다면 어땠을까? 그럴 수 없기 때문에 우리는 흔적으로서의 공자를 영원히 유감으로 여기고 회상하며 애도해야 하는 것이다. 그러나 동시에 이러한 흔적들은 영원히 존재하는, 심지어 유일한 기회이자 가능성이라고 할 수도 있다. 만약 이러한 흔적들이 없었다면 우리는 어떠한 기억이나 역사, 문화도 가질 수가 없었을 것이며, 흔적으로서의 공자조차 만나지 못했을 것이다. 우리가 응시할 수 있는 것은 다만 공자의 흔적으로부터 드러나는 '공자' 혹은 공자로부터 드러나는 '공자의 흔적'일 뿐인데, 이것은 곧 타자의 흔적이다. 이러한 흔적들은 현재 생존해 있는 사람들을 추적하기 위한 흔적이 아니라 오직 우리로 하여금 다른 더 많은 흔적들을 추적하도록 만들기 위한 흔적으로, 공자의 영원한 '공공연한 비밀'에 관한 것들을 내포하거나 나타내고 있다. 이러한 흔적들에 담긴 공자의 공공연한 비밀은 우리를 영원토록 유혹하고 격려해서 중국 전통에서 성인으로 추앙받는 타자에 접근할 수 있도록 해 줄 것이며, 동시에 우리에게 영원한 유감이자 기회로 다가와서 우리로 하여금 공자의 비밀을 발견 및 재발견하도록 재촉할 것이다. 이것이 바로 공자 다시 '읽기'이다.

따라서 비록 공자가 "말하되 서술하지는 않음"을 주장하기는 했지만, 우리는 공자의 말을 기록한 문자를 통해, 혹은 이러한 문자로 남겨진 흔적을 통해 공자를 다시 읽을 수 있다. 사실 이 때문에 우리는 공자를 다시 '읽기만' 할 수 있는 것이다. 여기에서 읽는다는 것은 흔적으로서의 글 즉 문자나 문장, 판본 등을 그 자체로서 충분히 중시한다는 것을 의미하고, 동시에 그러한 흔적으로서의 문자 속에서 공자의 사상과 문장의 자취를 추적함을 의미한다. 그런데 우리가 이러한 흔적을 추적하는 이유는, 행운이 따를 경우 결국은 공자가 남긴 그 흔적의 진정한 주인으로서의 '공자'를 찾아낼 수 있기 때문이 아니다. 흔적으로서의 문자는 오직 다른 더 많은 흔적들을 가리킬 수 있을 뿐이다. 따라서 흔적을 추적하는 것으로서의 독서는 저자(화자)와 그들의 글(말) 사이의 분리, 특정 문맥에 따라 발생하는 의미 및 사상의 차이, 독자와 저자 사이의 분리를 필연적으로 내포할 수밖에 없고, 이러한 분리로 인해 우리의 공자 다시 읽기는 결코 '본래적이고 진정한 공자'에 직접 도달하기를 근본적으로 기대할 수 없는 것이다. 따라서 우리가 여기에서 시도할 다시 읽기는, 다른 독서들과 마찬가지로, 원문에서 완전히 벗어나서 새로 꾸며 내어서는 당연히 안 되겠지만 오직 원문에만 절대적으로 충실해서 그것에서 벗어나지 말아야 한다고 공언해서도 안 된다. 그렇게 해서는 다시 읽기가 불가능할 것이다.

물론 충실성 또는 확실성은 우리가 타자에 대해 가지는 피할 수 없는 윤리적 책임인 만큼 우리가 타인 및 타인이 남긴 문자와 사상에 충실해야 한다는 점은 당연하다. 이것이야말로 우리가 다시 읽고 싶어하는 공자의 가장 중요한 가르침 중 하나가 아닐까?[20] 우리는 공자 다시 읽기의 과정에서 마땅히 이러한 가르침을 따라야 할 것이다. 그러나 원문에 절대적으로

---

20) 이 책의 제5장 「타인에게 충실함」 가운데 '忠'에 대한 분석을 참고하라.

충실하기만 한 독서는 우리가 그 작품을 열어 보는 것조차 금지하게 될 것이다. 이러한 독서는 원문을 완전히 반복하는 것일 뿐이며, 이러한 단순 반복은 우리와 원문 간에 어떠한 구별도 없게 만들어서 끝내는 독서라고 말할 것조차 없게 될 것이다. 게다가 설령 그러한 '완전한 반복'을 의도해서 시도한다고 하더라도 우리는 이미 그 원문이 형성된 당시의 언어적 환경 속에 있지 않기 때문에, 이러한 '원문의 완전한 반복'으로서의 독서는 원문과 차이를 낳을 수밖에 없으며 심지어 전혀 예상치 못한 결과를 낳을 수도 있다. 그러므로 이러한 단순 반복 역시 결코 원문에 절대적으로 충실한 것이 되지 못하는 것이다. 독서는 결국 이전에 존재했던 언어적 환경과 더 이상은 존재하지 않는 언어적 환경 사이에서의 독서일 수밖에 없으므로, 어떤 의미에서는 차이를 낳는 것이라 할 수도 있다. 따라서 '공자 읽기' 혹은 '공자 다시 읽기'는 우리로 하여금 공자를 오독 혹은 오해하게 할 위험이 있지만, 이러한 위험을 무릅쓰지 않는다면 우리는 공자의 사상에 접근할 어떠한 가능성도 가지지 못할 것이다.

만약 다시 공자에게로 접근할 수 있는 가능성이 오직 흔적으로서의 문자 가운데에서만 존재한다고 한다면, 흔적으로서의 문자는 당시의 진정한 공자와 우리의 만남을 가로막는 걸림돌이 되어 우리로 하여금 영원토록 공자 사상을 오해하게 만들 가능성을 가지고 있다. 그러나 동시에 문자기록은 흔적 안에서만 존재할 수 있는 공자가 시공을 횡단하여 우리에게 끊임없이 말을 건넬 수 있게 해 주기도 한다. 가능성과 불가능성을 동시에 지닌 이와 같은 문자의 애매함이 없었다면, 우리가 다시 공자에 사상과 가르침에 접근할 수 있는 가능성 또한 없었을 것이다. 우리는 흔적으로서의 문자를 제외하고는 공자에 접근할 수 있는 또 다른 경로나 통로를 결코 가지지 못한 만큼, 이러한 흔적으로서의 문자는 우리를 다시금 공자 사상으로 이끌어 줄 유일한 통로인 것이다. 그리고 이러한 흔적으로서의 문자 안에는 실행될 수 있는 방법이 이미 내포되어 있다. 흔적 자체가 이미 길(道)인 것이다.

결국 공자 다시 읽기는 흔적으로서의 문자 안에서 길을 발견하는 것이라고 할 수 있다. 『논어』는 공자가 제자 및 당시 사람들과 나누었던 대화와 그의 행적을 기록한 책이지만 완결된 구조를 지닌 단일 작품이 결코 아니다. 따라서 체계를 중시하는 철학자 헤겔은 공자의 말이 "선량하고 노련한 도덕적 가르침"에 불과하다고 보았다. 분명 『논어』에 실린 공자의 말 중 많은 부분은 상황적 적합성을 따져 말한 것이거나 질문에 대해 답한 것들이어서 어떤 의미 있는 논리적 관계를 찾아보기가 어렵고 계통이나 체계 또한 미흡하다. 이런 점에서 확실히 공자는 서구적 의미의, 이론체계를 건립한 '철학자'라는 개념에는 부합하지 않는다. 그러나 헤겔은 아마도 공자의 뜻이 '도道'에 있지 '계통'(統)에 있지 않았음을 몰랐던 것으로 보인다.21) 공자는 도에 대해 듣는 것을 가장 만족스러운 일이라고 여겼다. 그는 "아침에 도를 저녁에 죽어도 좋다"22)라고 말했고, 제자들에 대한 그의 가르침 역시 이 도를 가르치는 것이었다.23) 단지 상황에 맞게 말했을 뿐 서로 별다른 관련이 없을 것 같던 공자의 말들은 사실 서로 다른 갈래의 도였으며, 이러한 도들은 각각의 청자들에게 적합한 방향을 제시해 주고

---

21) 『論語』, 「述而」, "子曰: 志於道, 據於德, 依於仁, 游於藝."
22) 『論語』, 「里仁」, "子曰: 朝聞道, 夕死可矣."
23) 공자의 도는 단수가 아닌 복수의 의미로 이해되어야 한다. 만약 '원칙'(principle) 같은 서양철학의 개념을 사용하지 않고 공자를 논하고자 한다면, 우리는 공자가 말한 '도'란 "사건(事)과 사물(物)이 말미암아서 그들이 마땅히 도달해야 하는 지점에 도달할 수 있게 해 주는 것"라고 묘사할 수 있을 것이다. 사물이 저마다 다르기에 도 역시 저마다 다르다. '아버지의 도', '선왕의 도', '문왕과 무왕의 도', '군자의 도' 등이 그러하다. 만물은 모두 저마다 말미암아야 할 도가 있다. 인간에게는 인간의 도가 있고, 하늘에는 하늘의 도가 있다.

그들을 이끌었던 것이다. 말은 곧 길 즉 도道이다. 공자의 말은 이미 중국 문화전통의 도였다.

공자의 말은 하나의 도로서 우리로 하여금 이 도에 복종하고 순종하기를 요구하고 있다. 모든 다른 고대 사상들과 마찬가지로 공자 사상의 의의는 오직 이러한 순종과 복종 안에서만 존재할 수 있기 때문이다. 그런데 공자 다시 읽기는 결코 맹목적인 신념을 좇아서 세월이 지나도 변함없는 고정된 공자의 도를 다시 회복하고 고수하려는 것이 아니다. 공자의 사상은 매우 넓고 깊다. 따라서 공자의 말에 등장하는 도가 우리를 얼마나 멀리 도달할 수 있게 하는지는 전적으로 '도를 따라 실천함'으로서의 독서의 능력과 정비례를 이룬다. 만약 도를 따르는 것이 불가능하거나 도를 따르길 원치 않아서, 오직 자신의 사상 안에서만 공자 사상의 면모를 규정짓고자 하는 사람들이라면, 그들이 공자의 말에서 찾아낼 수 있는 길이란 전 세계를 아름다운 미래로 이끌어 줄 것이라고 착각하는 허상의 대도大道거나, 과거 중국을 궁지에 빠뜨렸다고 오해되는 샛길이나 갈림길, 끊어진 길, 죽음의 길뿐일 것이다. 그렇기 때문에 우리는 부지불식간에 사람들을 오해에 빠뜨리는 그러한 관점들을 잠시라도 내려놓고, 어떠한 선입견이나 편견도 없는 '다시 읽기'를 통해 일찍이 공자의 말 안에서 존재할 수 없었던 길로 깊이 들어가서, 이러한 길이 오늘날 우리를 어디로 데려다 줄 수 있는지를 알아볼 수 있게 되기를 희망한다. 이러한 한 줄기 길을 발견 혹은 인식하기 위한 유일한 가능한 방법은 이 길道 자체를 따르는 것이다. 따라서 어떤 의미에서 '다시 읽기'란, 다시금 공자의 길을 따라 가서 그가 우리에게 지시해 주려고 했던 방향을 탐색하는 것이 아닐 수 없다. 그리고 이러한 방향이 반드시 하나일 필요는 없을 것이다.

다시금 공자의 길을 따라 걷는 것으로서의 다시 읽기는 필연적으로 하나의 위험성을 내포하고 있다. 비록 공자의 말이 하나의 길로서 반드시 따라 걸어야 하는 것이기는 하지만, 따라 걸어야 할 그 길이 완성된 길은 아니기 때문이다. "길은 따라 걸어서 완성하는 것이다"라는 말이 있다. 길은 그것을 따라 걸을 때 비로소 길이 되기 시작하고 길로 받아들여지게 된다. 바로 이러한 까닭에 공자의 '언로言路' 혹은 '사로思路'를 그려놓은 지도는 결코 존재할 수가 없다. 만약 공자의 말이 이미 완성된 길이고, 이러한 완성된 길로서의 공자 사상에 대한 이해의 역사가 이미 고정된 채 보존되어 왔다고 한다면 우리는 공자를 다시 읽을 필요가 없다. 공자의 길이 이미 완성되어 있다고 한다면, 우리에게는 오직 그것을 취할 것인지 버릴 것인지에 대한 선택의 권한만이 주어질 것이다. 그러나 공자의 도는 결코 확정된 것이 아니며 단일한 것도 아니다. 유가전통에 속하는 수많은 사람들은 자신들이 공자의 도를 따르고 이에 복종한다고 믿었으며, 반면에 소수의 고대인들을 포함한 현대인들 특히 전통문화를 비판하면서 결별을 선언한 현대인들은 자신들이 공자의 도를 혐오하고 폐기한다고 믿었다. 전자가 공자에게서 발견한 것은 영원한 인도와 천리였고, 후자가 발견한 것은 패덕한 윤리와 압제였다. 이러한 상황은 공자의 말 속에 담긴 도(길)가 사실 결코 완성된 적이 없으며, 따라서 독자들은 그 길을 탐색하기 위해 줄곧 그의 말을 다시 읽어야 했다는 것을 보여 준다. 공자의 길은 여전히 우리 각 개인이 '따라 걷기'를 기다리고 있으며, 우리가 따라 걸은 후에야 완성될 수 있다. 그 길은 '우리에 의해' 비로소 따라 걸을 수 있는 길로, 마땅히 따라야 할 길로 완성될 수 있다는 것이다.

이처럼 더 이상 공자를 받들거나 반대한다는 식의 단순한 이원대립적 판단을 내릴 수 없도록 만드는 현대 사상 및 문화라는 맥락 속에서, 우리는 직접 공자 사상에 깊이 들어가서 다시금 진정으로 공자를 읽을 수 있을 때 비로소 그 안에 진정으로 길이 있는지의 여부를 확인할 수 있다. 그리고 만약 길이 있다고 한다면, 우리는 다시 그 길이 우리를 인도할 만한 길인지의 여부를 확인해야만 한다. 이것은 공자 다시 읽기를 통해서만 비로소 공자의 길이 과연 따라 걸을 수 있는 길인지, 마땅히 따라 걸어야 할 길인지를 진정으로 알 수 있다는 의미이다. 그리고 만약 공자의 말이 오늘날에도 여전히 따라 걸을 수 있고 마땅히 따라 걸어야 할 길이라고 한다면, 이제 우리는 이 길을 어떻게 걸어야 할 것인지에 대해서 반드시 확정해야 할 것이다.

공자 다시 읽기를 시도하는 것은 공자의 말 속에 담긴 길을 따라 걸어가고자 시도하는 것이지만, 다른 의미에서 보자면 언어에 담긴 길 혹은 언어 자체의 길을 따라서 걸어가고자 시도하는 것이기도 하다. 공자의 말은 중국어에서 근원하여 발생했지만, 역으로 공자의 말이 중국어를 창조하고 발전시키기도 했다. 따라서 공자의 말을 이해하고자 시도하는 것은 이 언어 자체에 대한 이해를 시도하는 것이고, 이 언어가 우리에게 (다시금) 하려는 말을 이해하고자 시도하는 것이며, 이 언어 자체의 역량을 이해하고자 시도하는 것이다. 공자는 분명 짤막한 말을 했을 뿐이지만 이러한 말들은 무한한 언어 가운데 끌어올려진 것들이다. 그의 짤막한 말들은 다시 무한한 '의미의 그물망'과 연결된다. 따라서 하나의 그물코에 불과한 짤막한 말들은 공자가 세운 특정한 문맥 안에서 결정되어야 하며, 보다 광범위한 언어체계 안에서 결정되어야 한다. 즉 우리의 다시 읽기는 공자가 사용한 수많은 기본어휘들의 의미구조 자체를 깊이 파고들어야 하는 것이다. 어떤 의미에서 다시 읽기는 우리의 언어가 지니고 있는 사상 표현 능력 및 그 안에 함축된 우리 자신의 존재를 다시금 체험하는 것이다. 따라서 우리가 다시 읽기의 과정에서 어휘의 의미구조에 깊이 파고들어 형식 분석을 진행할 때에는 당연히 공자의 말에서 벗어나서는 안 되겠지만, 또한 역으로 중국어에 뿌리를 둔 공자의 기본 어휘들의 의미구조를 깊이 이해할 때 비로소 공자의 말과 사상이 지닌 역량을 더 잘 체험할 수 있을 것이다. 어떤 의미에서 이러한 분석 작업은 공자 자신이 주장한 '정명正名'의 관점에서 이해될 수 있다. 이 점에 나아가 말하자면 공자의 기본 어휘들의 의미구조를 분석하는 것은 공자 사상에서 관건이 되는 개념들을 대상으로 초보적인 '정명'을 진행하는 것이다.

3. "나의 도는 하나로 관통한다": 타인 혹은 타자

나아갈 길을 모색하는 방법으로서의 다시 읽기는 비록 새로운 것을 발견하고 기성의 것들을 폐기하기 위한 지도 혹은 나침반이 될 수 있겠지만, 어떠한 규정이나 속박도 없는 독서는 결코 진정한 의미에서의 독서가 아닐 것이다. 물론, 공자의 말 속에 담긴 길을 따라 걷는 것으로서의 독서는 결코 어떠한 자취도 없는 완전한 황야를 떠도는 것이 아니다. 독서가 타자의 타자성을 존중해야 하는 것이며 그렇지 않다면 독서라고 할 수 없는 이상, 그리고 우리가 여기에서 하고자 하는 독서가 공자 읽기 혹은 공자 다시 읽기인 이상, 공자의 말을 기록한 문헌은 적어도 어느 정도는 우리의 독서를 규정하고 이끌어 줄 수 있을 것이다. 우리는 우선 공자가 우리에게 보여 주길 희망했을 길에서 출발해야 한다. 그래야만 비로소 우리는 그 길을 따라 걷는 것으로서의 독서 가운데서 새로운 길을 개척할 수 있을 것이다. 그러나 우리의 다시 읽기는 다른 문헌들에 대한 독서와 마찬가지로 제한적이고 불완전할 수밖에 없다. 따라서 우리가 여기에서 '하나로 관통함'(一以貫

之)의 문제에서 출발해서 독서라는 형식으로 공자와의 대화를 시작하려
할 경우, 우리는 먼저 공자의 말 중에서 단서가 될 수 있는 내용을 찾아서
우리의 독서 전체를 관통할 만한 것을 끌어내어야만 한다. 우리의 독서는
무엇보다도 이러한 방향에 주의를 집중해야 할 것이다. 이는 공자를 다시
읽기 위해서는, 우선 공자가 우리에게 지시해 주는 방향으로 나아가야만
한다는 것을 의미한다.

　　이것은 우리가 다시 읽고자 하는 공자가 우리에게 주는 희망이기도
하다. 비록 공자는 이론체계를 세우는 것을 좋아하는 사상가 결코 아니었
지만, 그렇다고 해서 사람들이 자신의 사상을 난잡하고 무질서한 것으로
여기기를 바란 것도 아니었다. 공자는 『논어』에서 두 차례에 걸쳐 학생들에
게 자신의 도가 "하나로 관통한다"고 말했다. 그 중 첫 번째는 자공子貢에게
말한 것이다. 먼저 공자는 자공에게 스승인 자신을 그저 널리 배워서 억지로
외운 사람으로 보는지 넌지시 물었다.

　　자공아, 너는 내가 많이 배워서 그것을 아는 사람이라고 여기겠지?[24]

　　이 질문의 어투는 공자가 이미 자공이 긍정의 답변을 내놓을 것이라고
예상했음을 보여 주고 있다. 과연 자공은 "예"라고 긍정한 후 "그렇지
않습니까?"라고 반문했다.[25] 이 반문은 공자가 자신의 답변을 긍정해 줄
것이라고 기대한 것이지만, 공자는 이를 부정했다.

　　아니다. 나는 그것을 하나로 관통하고 있다.[26]

---

24) 『論語』, 「衛靈公」, "子曰: 賜也, 女以予爲多學而識之者與?"
25) 『論語』, 「衛靈公」, "對曰: 然, 非與?"
26) 『論語』, 「衛靈公」, "子曰: 曰: 非也, 予一以貫之."

공자는 다른 사람으로 하여금 자신에 대한 오해를 명확히 언급하게 한 뒤 그러한 오해를 분명하게 바로잡는 방식으로 자신의 학문이 결코 여러 가지 잡동사니가 뒤죽박죽 쌓여 있는 무더기가 아님을 밝히고, 오히려 자신의 학문에는 전체를 관통하는 '하나'(一)가 있다고 강조했다. 그는 다른 사람들이 자신을 이해할 때 이 하나를 이해해 주기를 희망했다. 공자를 다시 읽고자 하는 우리는 바로 여기에서 공자의 희망사항을 마주하게 된다. 이 중요한 '하나'가 공자의 전체 학문을 관통하고 있는 이상, 바로 이것이 우리의 공자 다시 읽기를 이끄는 단서 중의 하나가 되어야 하는 것이다. 그러나 유감스럽게도 공자는 자신의 학문을 관통하고 있는 '하나'가 무엇인지에 대해서는 자공에게 명확하게 알려주지 않았다.

다른 자리에서 공자는 여러 제자들 앞에서 증삼(曾參)에게 거의 비슷한 말을 했는데, 이는 매우 의미심장하다.

증삼아! 나의 도는 하나로 관통한다.[27]

여기에서는 무엇인가를 유도하려고 말을 던지는 것이 아니라 직설적이고 단도직입적으로 말하고 있다. 공자가 말하는 것은 자신의 학문이 자공의 생각 같은 '많이 배우고 그것을 기억함'을 통해 축적해 갈 수 있는 그런 학문이 아니라, 바로 도道 즉 '하나로 관통하는' 도라는 것이다. 그런데 공자는 자신의 말투 속에서 다른 사람들이 자신의 도나 사상을 알아주지 않음으로 인해 생기는 슬픔을 무의식중에 드러내고 있다. 그의 말투는 "증삼아, 다른 사람들은 몰라도 너만은 반드시 알아야 한다. 나의 도는 하나로 관통한다!"라는 의미를 함축하고 있는 듯하다. 따라서 우리는 반드

---

27) 『論語』, 「里仁」, "子曰: 參乎! 吾道一以貫之."

시 이 하나가 무엇인지 이해해야 한다. 증삼은 "예"(唯)라는 말로 자신이 스승의 말을 이해했음을 드러낸다. 이는 "예, 저는 알고 있습니다. 저는 선생님의 도가 하나로 관통한다는 것을 알고 있습니다"라는 뜻이다. 이 대답은 적어도 한 명의 제자는 스승을 이해하고 있다고 공자를 안심시키는 것일 수도 있다. 이처럼 스승과 제자의 마음이 통한 가운데 공자는 자리를 떠났다.

그러나 공자가 강조했던 자신의 도를 관통하는 '하나', 공자의 도가 공자의 도일 수 있고 심지어 중국의 도일 수도 있도록 하는 '하나'가 무엇을 의미하는지는 여전히 명확하게 드러나지 않고 있다. 우리뿐 아니라 공자 당시의 제자들 중에서도 이 하나를 진정으로 이해한 이는 드물었던 것으로 보인다. 그래서 공자가 떠난 후 다른 제자들은 증삼에게 스승이 말한 '하나로 관통함'이 대체 무슨 의미인지 물었다. 증삼은 이 문제에 대해 자신의 이해를 가지고 있었다.

선생님의 도는 '충서忠恕'일 뿐이다![28]

"～일 뿐이다"(而已矣)라는 말에 비추어 보건대, 증삼은 공자의 사상을 아주 잘 파악하고 있었던 것으로 보인다. 그러나 그의 이해는 여전히 우리를 혼란스럽게 한다. 공자의 '하나로 관통하는' 도가 오직 충서忠恕일 뿐인가? 공자는 인仁 및 인과 연관되는 예禮에 더 많은 관심을 두지 않았던가? 충서는 인 및 예와 어떻게 관련되는가? 문제는 이뿐만이 아니다. 만약 공자의 도가 충서로 관통되고 충서가 공자가 말하는 '하나로 관통함'의 하나라고 한다면, 여기에서의 하나는 사실 하나가 아니라 둘(忠과 恕)이거나,

---

28) 『論語』, 「里仁」, "子出, 門人問曰: 何謂也? 曾子曰: 夫子之道, 忠恕而已矣."

적어도 하나였다가 둘로 나누어진 것이다. 물론 전통적인 설명방식에 따르면 충서는 곧 인을 실천하는 일이기 때문에 이 두 가지 일 혹은 개념은 인에 의해 통섭될 수 있다. 이런 점에서 본다면 공자의 '하나로 관통함'에서의 하나가 곧 충서라는 말은 그 하나가 바로 인이라고 하는 것과 같지만, 정말로 그렇다면 증삼은 어째서 공자의 하나를 곧바로 '인'으로 설명하지 않았을까? 충서는 결코 인과 동등한 개념이 아니다. 따라서 충서로써 공자가 말한 "나의 도는 하나로 관통한다"의 하나를 설명하는 것은 공자의 사상 전체를 관통하는 '하나'의 함의를 이해하려는 우리를 더욱 혼란스럽게할 것이다.

충서로써 공자의 '하나'를 설명하는 것은 어디까지나 증삼 개인의 설명에 불과하다. 공자 자신은 단 한 번도 이 '하나'가 무엇인지에 대해 명확하게 말한 적이 없다. 따라서 공자가 말한 '하나'는 항상 설명되어야 하는 문제가 되어 버렸다. 이미 이렇게 된 이상 우리가 이에 대해 어떻게 설명하든 그것은 다만 우리 스스로의 설명에 불과하게 될 것이다. 따라서 공자의 '하나'는 우리를 이중의 속박 아래 놓이게 한다. 공자는 우리에게 자신의 '하나'를 이해하라고 요구하면서도 영원히 우리의 이해를 허락하지 않는다. 그래서 우리는 공자가 강조한 '하나'를 발견해야 할 책임이 있지만, 영원히 그러한 책임을 완수할 수 없다. 이것은 아마도 독자 혹은 해석자의 숙명적인 처지일 것이다.

우리가 이러한 처지에서도 포기하지 않고 노력하는 것은 결국 유한할 수밖에 없는 우리의 해석능력으로 공자의 무한한 '하나'의 의미에 접근하려는 시도일 것이다. 이러한 노력의 과정에서, '하나'에 대한 증삼의 설명은 여전히 우리가 의지할 만한 기본적인 단서가 되어 줄 수 있다. 따라서 우리는 여전히 충서에서 출발하고자 한다. 분명 『중용』에서도 "충서는 도에서 벗어남이 멀지 않다"[29]라고 말했다. 이처럼 충서가 정말로 도와 가까운 것이라면, 충서는 비록 공자의 '하나로 관통함'에서의 하나와 동일한 것은 아닐지라도 최소한 공자의 도와 매우 밀접하게 관련되는 개념일 것이다. 그렇다면 우리는 먼저 충서 개념을 관통하는 어떤 '하나'가 존재하는지의 여부를 확인해야 한다.

만약 '충'이 한 명 혹은 그 이상의 타인에게 충실한 것이고 '서'가 "자신이 원하지 않는 일이면 타인에게도 하지 마라"와 같은 것이라면, 충과 서는 모두 타인과 관련이 있어 보인다.[30] 윤리적 개념으로서의 충과 서는 나와 타인의 관계를 설명하고 규정하고 있다. 즉 충과 서는 나와 타인의 관계에서의 '마땅함'에 대해 말하고 있는 것이다. 이러한 충서는 곧 타인에 대한 나의 충서이다. 타인이 없다면 어떠한 충서도 필요하지 않으며, 충서를 말할 이유도 전혀 없기 때문이다. 충서는 오직 나와 타인 간의 관계에서만 발생할 수 있는 것이다. 오직 내가 대면하고 있는 타인만이 나에게 충서를 요구할 수 있다. 따라서 윤리적 개념으로서의 충서는 구조적인 구성부분으로 타인을 내포하고 있다. 만약 우리가 구체적인 분석을 진행하기 전에 충과 서 개념에 대해 간단히 설명해 본다면, 이 두 가지는 나 이외의 타인과 관련되고 타인을 향한 것이라는 점에서 일맥상통한다. 따라서 타인은 충과 서라는 중요한 윤리적 개념을 관통하는 '하나'인 것이다.

사실 충과 서뿐만이 아니다. 인과 예라는 두 핵심 개념 외에, 공자가

---

29) 『禮記』, 「中庸」, "忠恕違道不遠, 施諸己而不願, 亦勿施於人."
30) 공자는 우리에게 "타인(人)에게 충실하라"고 요구한다.(樊遲問仁. 子曰: 居處恭, 執事敬, 與人忠. 雖之夷狄, 不可棄也; 『論語』, 「子路」) 여기서의 '人'자는 타인 전반을 의미하는 것이지, "임금을 섬김에 있어 충으로 한다"(事君以忠; 『論語』, 「八佾」)에서의 임금만을 의미하는 것이 아니다. "자신이 원하지 않는 일이면 타인에게도 하지 마라"는 공자가 恕의 함의를 규정한 말이다.(子貢問曰: 有一言而可以終身行之者乎? 子曰: 其恕乎? 己所不欲, 勿施於人; 『論語』, 「衛靈公」)

강조하여 전체 유가전통이 계승 및 발전시킨 『논어』의 중요한 개념들은 모두가 근본적으로 타인과 관련되며 타인을 향하고 있다. 예를 들어 효孝・제悌・공恭・경敬・지知・신信 등이 그러하다. 이러한 개념들은 모두 나와 타인의 관계를 설명하고 규정하는 것들이다. 그런데 어떤 의미에서 보면 효・제・공・경・지・신 등은 모두 공자가 인의 드러남을 설명하는 개념들이다. 이들은 모두 인에 속하고 또한 인을 실천하는 일들이므로, 인의 드러남이라고 할 수 있다. 이 점에 나아가 말하자면, 만약 공자의 '하나로 관통함'에서의 '하나'가 어떤 의미에서 충과 서 두 개념을 포괄할 수 있다면, 이 두 개념은 곧 인의 드러남을 설명하는 것으로 귀결되므로 우리는 공자의 '하나'가 결국 인이라고 확실히 말할 수 있을 것이다. 물론 이것은 공자 사상에 대한 기존의 경전적 해석과 관련된 설명방식의 하나이지 어떤 새로운 것이 아니다.

그러나 인仁이 궁극적으로 무엇을 의미하는가, 궁극적으로 인이 무엇인가 하는 질문은 여전히 곤혹스럽기만 하다. 그에 대한 대답은 인에 대한 구체적인 다시 읽기의 과정에서 비로소 제한적으로나마 주어질 수 있겠지만, 인이 상술한 윤리적 개념들 안에서 자신을 드러낸다는 측면에서 볼 때 최소한 타인과 관련되지 않거나 타인을 향하지 않을 수는 없다는 점만은 확실하다. 자주 인용되는 인에 관한 공자의 몇 가지 설명들을 조금만 살펴보더라도 우리는 이 점에 대해 보다 분명하게 말할 수 있을 것이다. 그 설명들에 따르면 인은 "타인을 사랑함"[31], "자신이 서길 바라면 타인을 세워주고, 자신이 도달하길 바라면 타인을 도달시켜 주는 것"[32], "집밖을 나서면

---

31) 『論語』, 「顏淵」, "樊遲問仁. 子曰: 愛人."
32) 『論語』, 「雍也」, "子貢曰: 如有博施於民, 而能濟衆, 何如? 可謂仁乎? 子曰: 何事於仁? 必也聖乎! 堯舜其猶病諸! 夫仁者, 己欲立而立人, 己欲達而達人."

큰 손님을 뵙듯이 하고, 백성을 부릴 때는 큰 제사를 받들듯이 하는 것"33)이다. 이러한 설명들 속에서 인은 줄곧 모종의 방식으로 타인과 관련되며 타인을 향하고 있다. 즉 나와 타인의 관계 및 내가 타인을 대하는 방식과 관련되어 있는 것이다. 인仁과 타인 간의 이러한 연결은 우연한 것이 아니다. 누군가가 스스로 어질다고 여기면서 타인을 생각하지 않는 경우, 혹은 인에 관한 사상들 가운데 타인이 함축되어 있지 않은 경우를 우리는 상상할 수 없다. 타인을 떠나서는 결코 인을 논할 수 없으며, 타인을 떠난다면 어떠한 인도 존재할 수 없을 것이다.

그러나 여기에서의 타인은 누구인가? 누가 이러한 타인이 될 수 있는가? 일단 그것은 공자가 살던 시대의 언어 즉 고대 중국어에서의 '인人'이다. 고대 중국어에서의 '인人'은 나와 상대되는 사람, 나 이외의 사람, 타인 등을 의미하기도 하고, 넓은 의미에서의 인간 즉 모든 인류를 의미하기도 한다. 따라서 우리는 이 '인人'자에 담긴 중요한 다의성을 마주하지 않을 수 없게 되었다. 사실 중국의 사상이나 문화전통에서의 인간에 대한 이해는 '인人'자의 다의성과 매우 깊은 관련을 맺고 있다. 그렇다면 어째서 중국어의 '인人'자는 인류와 타인을 모두 지칭할 수 있는가? 서로 다른 두 의미는 어떻게 연결될 수 있는가? 이 질문과 관련하여 우리는 본문에서 '인人'자의 이중용법에 담긴 심오한 윤리적 함의에 대해 구체적으로 논의하게 되겠지만,34) 여기에서 먼저 그 핵심만 간략히 언급하자면 상술한 중요한 유가 관념들 중의 거의 대부분은 '인人' 즉 타인과 관련되어 있다는 점이다. 이러한 점에서 볼 때 공자가 가장 관심을 두었던 것, 그의 전체 사상을

---

33) 『論語』, 「顏淵」, "仲弓問仁. 子曰: 出門如見大賓, 使民如承大祭."
34) 제1장 「인간과 인간 사이에서의 仁(上)」의 제5절 "자신이 서길 바람"(己之欲立) 중 '人'자의 이중용법과 함의에 대한 분석을 참고하라.

관통하는 '하나'는 바로 '인人'이었다고 해도 무방할 것이다. 이러한 설명은 결코 새로운 관점이 아니다. '유가인본주의'라는 그럴듯한 현대적 서술이 이미 상투적인 표현이 되어 버린 오늘날에서는 더욱 그러하다.

그런데 공자가 관심을 기울였던 '인人'은 추상적 인간, 보편적 인간, 관념으로서의 인간이 아니라 구체적 인간, 특수한 인간, 우리 눈앞에 있는 인간이었다. 공자의 인仁 사상에서 관심을 두는 '인人'은 곧 나와 상대되는 사람, 내가 대하고 책임져야 할 사람, 바꿔 말하자면 바로 타인이었던 것이다. 인간 즉 타인에 대한 관심으로서의 인仁은 오직 나 즉 관심의 주체로서의 나의 관심일 수밖에 없다. 또한 타인에 대한 나의 '인仁의 관심'은 '인간과 관련된 관심'으로, 모든 인간에 대한 관심이자 인간을 인간일 수 있게 하는 것 즉 인간다움에 대한 관심이다. 내가 인仁을 지니기만 하면 타인을 인간으로서 존재하게 할 수 있고, 타인이 인간으로서 존재할 수 있을 때 나 역시 인간으로서 존재할 수 있다. 아마도 이것이 바로 '인人'자가 나를 포함하는 모든 인간을 의미하는 동시에 나와 상대되는 타인, 결코 나를 포함하지 않는 타인을 의미할 수 있는 이유일 것이다.

만약 나 이외의 사람, 즉 타인 혹은 타자가 공자의 '하나로 관통함'의 사상에 함축된 '하나'라고 한다면(물론 이것은 현재 출발점으로서의 가정일 뿐이다), 이러한 의미에서의 타인은 곧 우리의 다시 읽기가 기본적으로 관심을 가져야 하는 대상이 될 것이고 우리의 다시 읽기를 이끄는 기본 단서가 될 것이며 우리의 다시 읽기를 관통하는 '하나'가 될 것이다. 따라서 우리는 이 타인 혹은 타자로 하여금 우리의 다시 읽기를 인도하도록 해야 한다. 우리는 다시 읽기의 과정에서 이러한 타인 혹은 타자가 공자 사상과 중국문화에서 어떠한 의미를 지니는지 추적할 것이다.

근본적으로 말해서, 타인에 대한 관심은 곧 윤리적 관심이다. 이러한 윤리적 관심은 흔히 중국전통의 근본적인 특징이라고 여겨진다. 다만 이러한 중요한 특징을 어떻게 평가할지에 대해서는 상이한 관점들이 있는데, 이러한 평가에는 물론 타자의 개입이 이미 내포되어 있다. 왜냐하면 하나의 사상이나 문화전통에 대한 평가는 설령 그것이 스스로에 의한 평가일지라도 결국은 문화적 타자와의 조우로부터 시작될 수밖에 없기 때문이다. 이러한 조우가 있을 때에만 어떤 문화권은 자신에 대한 비판적 검토로 시선을 돌릴 수 있다.

중국문화가 서구라는 문화적 타자와 조우한 이래로 백 오십여 년의 시간이 흐르는 동안 우리는 우리 자신의 전통에 대해 몇 차례 관점의 변화를 겪었다. 중국의 정신문명이 서구의 물질문명보다 우월하며 중국의 충효인애 및 예의염치가 서구의 서로 속고 속이는 이기주의보다 우수하다고 믿는 관점에서부터 중국문화의 인의도덕이 인간 혹은 인간 본성에 대한 억압이나 탄압과 동의어일 뿐이라고 폄하하는 관점에 이르기까지, 그리고 중국문화의 탁월한 인본주의 및 도덕지상주의를 긍정하는 관점에서부터 중국이 고도의 형이상학과 진정한 종교를 결핍하고 있음에 대해 유감을 가지는 관점에 이르기까지 다양한 관점들이 있었다. 그러나 여기에서는 이러한 대립적 관점들에 대해 성급하게 어떤 입장을 표명하지는 않을 것이다. 다만 이 책의 목표인 공자 다시 읽기에 비추어 말하자면, 우리가 신중하게 다루고자 하는 것은 중국 전통사상이 윤리적 문제의 돌출에 깊이 관심을 가지고 있었다는 점으로, 이는 사실상 공인된 중요한 현상이다. 중국 전통이 윤리적 관계를 중시하고 윤리적 문제를 근본적·우선적으로 고려한다는 사실에 진정으로 동의한다면, 우리는 무엇보다도 이른바 윤리적 관계, 윤리적 관심, 윤리적 책임이 지니는 근본적인 의의에 관해 천착해야 할 것이다.

진정으로 윤리적 관계가 나와 타인의 관계이고 윤리적 관심이나 책임이 타인에 대한 관심이나 책임이라면, 그리고 공자가 이러한 윤리적 문제에 지극히 관심을 기울이는 문화전통을 정초한 인물이라면, 공자를 다시 읽는 다는 것은 곧 나와 타인의 관계 속에 있는 타인으로서의 '인人'이 지니는 의의를 다시 읽는 것을 의미한다. 물론 '인人'은 '인仁'과 긴밀하게 연결된다. 따라서 우리는 다음과 같은 질문들을 던질 수 있다.

어째서 이 문화전통은 이토록 타인을 강조하는가? 어째서 이 문화전통에는 타인만 존재하고 타인을 넘어서는, 가령 기독교 전통에서의 인격화된 신과 같은 것은 존재하지 않는가?[35] 어째서 이 문화전통에서는 타인이 언제나 사실상 절대적 지위를 점하는가? 어째서 이 문화전통에서는 이러한 타인이 언제나 나에게 요구하는가? 어째서 나에게 효자가 되고 충신이 되고 지조 있는 아내가 되라고 요구하는가? 인仁·애愛·효孝·제悌·공恭· 경敬·충忠·신信 등 유가전통의 주요 개념들과 하루도 없어서는 안 되는 예禮 등은 분명 나 즉 모든 각각의 나에게 주어진 요구이다. 그리고 요구는 오직 타인으로부터만 올 수 있다. 설사 요구자가 자기 자신이라고 할지라도, 그것은 타인으로서의 자신일 것이다. 결국 인·애·효·제·공·경·충· 신 등의 덕목들은 모두 나에 대한 타인의 요구이다. 공자의 말로써 표현하자면, 나 즉 모든 개별 자아가 이와 같을 수만 있다면 곧 군자이고 어진 사람인 것이다. 그러나 어째서 나는 타인을 이렇게 대해야 하는가? 어째서 나는 이렇게 타인을 대할 수 있는 군자 혹은 어진 사람이 되어야 하는가? 어째서 나는 살신성인까지도 해야 하는가? 이러한 윤리적 요구가 도대체

---

35) 그러나 우리가 여기에서 중국문화전통 내부에 어떠한 초월성도 존재하지 않는다고 말하고자 하는 것은 아니다. 중국문화전통 내부의 초월성 문제에 관해서는 이 책 속의 해당 주제와 관련된 논의 및 졸저『天命之謂性! - 片讀『中庸』』(北京, 北京大學出版社, 2009) 참조

어떻게 가능한 것이며 어떤 근거를 가지고 있는가? 어째서 우리는 마치 (칸트 철학의) '정언명령'에 복종해야 하듯이 그러한 덕목들에 복종해야 하며, 어째서 그러한 타율적인 요구들에 대항하여 나 자신의 독립성과 자족성 혹은 주체성을 긍정해서는 안 되는가? 서양철학에서 빌려 온 '주체성'이라는 개념이 중국 전통에 속한 '인人'을 지칭하기 위해 인용될 때, 이것은 도대체 무엇을 의미하는가? 바꿔 말하자면 중국 전통에서 타인은 나에게 도대체 어떤 의미를 가지는가? 나 혹은 자신은 도대체 무엇을 의미하는가? 타인에 대해 결코 회피할 수 없는 윤리적 책임을 짊어진 사람으로서의 나는 도대체 누구인가?

이러한 문제들은 우리가 공자를 다시 읽는 과정에서 분석하고 대답해야 할 문제들이다. 그러므로 적어도 이 책에서 진행하고자 하는 연구의 측면에서 말하자면, 타인 혹은 타자의 문제는 우리의 공자 다시 읽기를 관통하는 '하나'이자 우리가 공자의 도 안에서 발견하고자 하는 '하나'이다. 물론 이처럼 '하나로 관통함'에서의 '하나'에 천착하는 것은 하나만 구하고 만 개를 잃어버리게 될 위험을 안고 있어서, 우리로 하여금 협소한 문제에만 치우치게 만들고 심지어 공자를 왜곡하게까지 할 수도 있다. 그러나 공자 자신이 강조한 '하나로 관통함'에서의 '하나'를 발견하고 고수하는 것 역시 우리가 공자로부터 부여받은, 중국전통의 후예로서 감당해야 할 윤리적 책임이다.

거듭 언급하듯이, 공자 다시 읽기의 과정에서 우리는 반드시 타인 혹은 타자라는 중요한 문제에 직면하게 된다. 따라서 윤리적 관계 즉 인륜관계에 관심을 기울이고 이것을 중시하는 사상에서는 오직 타인 혹은 타자만이 '내'가 관심을 가지는 유일한 대상이며 '나'의 유일한 문제일 수밖에 없다.[36]

---

36) '倫'자의 본의와 파생적 의미 및 이 글자를 포함하고 있는 "인륜", "윤리" 등의 본래

그러므로 공자가 강조한 '하나로 관통함'에서의 '하나', 그리고 공자가 자신의 학생들과 우리 독자들이 이해하길 희망했던 '하나'는 결국 타인 혹은 타자를 향한 것이라고 할 수 있다. 이러한 의미에서라면 공자의 사상이 타인에 관심을 기울이는 사상이라고 말하는 것도 결코 공자 사상의 실제 양상과 멀리 떨어진 것은 아닐 것이다. 그런데 이를 거꾸로 말하면, 타인에 관심을 기울인다는 것은 곧 인仁에 관심을 기울인다는 것인데 인仁은 항상 나의 인仁일 수밖에 없다. 나는 항상 이러한 인仁의 덕목을 지니기를 요구받고 또 기대 받고 있기 때문이다. 나는 언제나 이 덕목을 지닐 수 있고, 만약 인仁을 떠난다면 결코 내가 되고자 하는 사람이 될 수 없다.

> 인仁이 멀리 떨어진 것이겠는가? 내가 인仁하길 바란다면 곧 인仁이 이를 것이다.[37]

> 군자가 인仁을 버린다면 어찌 군자라는 이름을 완성할 수 있겠는가?[38]

따라서 타인에게 관심을 기울인다는 것은 곧 자기 자신에게 관심을 기울인다는 것과 같은 의미로서, 타인에 대해 책임을 질 수 있는 주체 즉 군자 혹은 완성된 인격(成人)에 관심을 기울이는 것이다. 그렇다면 공자 사상은 '자아'나 '주체' 혹은 '이상적 인격'에 관심을 두고 있다고 말하는 것이 결코 지나친 말은 아닐 것이다. 이러한 자아 혹은 주체 등은 오직 타인을 통해서만 성취될 수 있는 것으로, 이미 서양철학전통 의미에서의 자아나 주체가 아니다. 이러한 자아 혹은 주체는 아래에서 언급하게 될

의미에 대해서는 이 책의 부록 「예치와 법치」의 제2절 '倫의 의미' 참조

37) 『論語』, 「述而」, "子曰: 仁遠乎哉? 我欲仁, 斯仁至矣."
38) 『論語』, 「里仁」, "君子去仁, 惡乎成名?"

레비나스(Emmanuel Levinas, 1906~1995)의 '주체', 즉 '타인의 인질'로서의 주체 개념에 근접한 것이다.39) 타인이 없다면 엄격한 의미에서의 '나', 즉 객체인 타자를 대면하고 있는 주체로서의 '나'도, 타인이 책임져 줄 수 있고 타인을 책임질 수 있는 '나'도 존재할 수 없다.

그러므로 우리는 이 책에서 공자의 인仁 및 이와 밀접하게 관련되는 여러 윤리적 개념들이 어떻게 타인 혹은 타자에 대한 심오한 사상으로 독해될 수 있는지, 그리고 이 사상이 어떻게 인간 자체에 대한 심오한 이해를 내포하고 있는지에 대해 밝히고자 시도할 것이다. 우리는 제한적으로나마 공자를 다시 읽음으로써 인仁이 궁극적으로 의미하는 바는 바로 "타인이 나로 하여금 인仁과 인격을 완성하도록 한다"는 점, 그리고 "타인이 있어야만 나로 하여금 인仁과 인격을 완성하도록 할 수 있다"는 점임을 최종적으로 밝히고자 한다. 마치 '하나의 세계'만 존재하는 듯하고 또 인류 관계가 전부인 것처럼 보이는 우리의 전통에 대해서 말하자면, 타인 자체는 분명 매우 심오한 의미에서의 초월이며 비록 신비화될 수는 없지만 '내' 위에 존재하고 있는 것이다.

---

39) "Le sujet est otage." (E. Levinas, *Autrement qu'être ou au-delà de l'essence*, Phaenomenologica 54, 1974, fifth printing 1991, Kluwer Academic Publishers, p142.) 다음의 영역본 참조 *Otherwise than Being or Beyond Essence*, trans. Alphonso Lingis, The Hague/Boston/London: Martinus Nijhoff Publishers, 1981, p112. 나는 이미 이 책의 제1장과 제4장을 번역 및 발표했다. 책 제목은 『異于去是, 或, 在是其之所是之外』(이 표제는 "異于存在或超越本質"로 번역되기도 하지만 결코 완전한 번역이 아니다. 번역에 대한 필자의 설명을 참고하라.) 인데, 제1장은 『世界哲學』 2007-3의 pp.3~21, 2007-4의 pp.66~76에, 제4장은 陳贇・趙尋 편저, 『當代學術情況與中國思想的未來』(上海, 華東師範大學出版社, 2011), pp223~262에 발표되었다. 책 전체의 중문 번역본은 북경대학출판사에서 출판될 예정이다. 레비나스의 이 유명한 서술에 관한 비판적 설명은 데리다의 *Adieu to Emmanuel Levinas* (Jacques Derrida, trans. Pascale-Anne Brault and Michael Naas, Stanford, California, Stanford University Press, 1999, p55) 참조

4. 타자 개념으로부터의 깨우침

타자의 문제라는 관점에서 공자를 다시 읽고자 우리의 시도에는 어느 정도 타자 개념에 대한 깨우침의 영향이 있었다는 점을 인정하지 않을 수 없다. 이 타자는 서양철학 내에서 온 타자이지만, 동시에 어떤 의미에서는 이미 서양철학의 타자로서 서양철학에 대한 비판자 및 토론자이기도 했다. 그리고 그 비판과 토론의 출발점은 바로 이 타자라는 개념이었다. 이 타자의 개념을 우리에게 깨우쳐 준 타자는 바로 프랑스 철학자 레비나스이다. 데리다는 레비나스에 대해 후설과 하이데거 이후 서양철학의 풍경을 변화시킨 인물이라고 칭송했다.40)

타자의 문제는 레비나스 사상의 주요 관심대상이었다. 타자의 문제가 갈수록 대두되는 현대사회에서 레비나스의 사상적 중요성은 더욱 부각되고 있다. 우리의 다시 읽기를 놓고 말하자면, 레비나스가 준 가장 큰 깨우침

---

40) 데리다는 레비나스 추모회에서 열린 강연에서 레비나스가 후설과 하이데거 이후 서양철학 전체의 풍경을 변화시켰다고 높이 평했다. 레비나스는 후설의 현상학과 하이데거의 존재론을 가장 먼저 프랑스에 소개한 인물로, 하이데거를 가장 격렬하게 비판했던 인물 중 한 명이었다. 하이데거에 대한 그의 가장 근본적인 비판은 하이데거가 생동하는 타자(the other)를 중성적 존재(Sein / Being) 종속시킴으로써 위축되어서는 안 될 타자를 간과했다는 데 있다.(Leivinas, *Totality and Infinity*, trans. Alphonso Lingis, Pittsburgh, Duqusne University Press, p43, 45.) 이러한 비판은 전적으로 타당한 것이며, 데리다는 『폭력과 형이상학』(*Violence and Metephysics*)에서 이미 이 점을 밝힌 바 있다. 데리다는 타자에 대한 레비나스의 사상을 가장 잘 평가한 인물 중 한 명으로, 레비나스의 사상으로부터 끊임없이 깨우침을 얻었다. 데리다가 레비나스 철학을 논한 최초의 작품은 *Writing and Difference* (Jacques Derrida, trans. Alan Bass, Chicago, University of Chicago Press, 1978)에 실린 「폭력과 형이상학」이다. 그는 훗날 *At This Moment in This Work Here I Am* (Jacques Derrida, trans. Ruben Berezdivin, in Robert Bernasconi and Simon Crichley eds., Re-reading Levinas, London, Routledge, 1990, pp11~48)을 집필하기도 했다. *Adieu to Emmanuel Levinas*에는 데리다가 레비나스 추모회에서 진행한 강연과 레비나스 서거 1주년 학술대회에서 발표한 논문이 실려 있다. 데리다의 *Writing and Difference*은 三聯書店 2001년판 張寧의 번역본이 있다.

은 윤리 문제를 존재 문제에 종속시켰던 서양철학의 전통을 심도 있게 비판하면서 윤리 문제의 우선적 지위를 확보하였다는 점이다. 레비나스가 볼 때 서양철학의 전통적 가치평가는 전도되어 있었다. 그래서 그는 윤리 문제가 존재 문제에 종속될 것이 아니라, 존재 문제가 윤리 문제에 근거해야 함을 주장하였다. 이것은 타인과의 관계 혹은 타자와의 관계야말로 철학이 마땅히 관심을 기울여야 할 문제이며, 존재철학이 아닌 윤리철학이야말로 제1철학이라는 의미이다. 바로 이러한 의미에서 그는, 자신이 최초로 프랑스에 소개했고 이후 사르트르를 포함한 수많은 프랑스 철학자들에 영향을 끼친 하이데거를 비판했던 것이다. 그는 하이데거의 영향을 받은 프랑스 철학자들 역시 생동하는 타자를 중성적 존재에 종속시켰다고 보았다. 물론 데리다가 지적했던 것처럼 그의 이러한 비판에는 하이데거의 존재론에 대한 오해를 일부 포함하고 있다. 그러나 타자에 관한 레비나스의 사상은 매우 많은 깨우침을 주는 것으로, 상당한 영향력을 가지고 있다. 특히 서양철학 전통과의 차별성 혹은 유사성 안에서 중국의 사상전통을 이해하고자 시도하는 우리에게 있어서는 더욱 그러하다.

이 책에서의 공자에 대한 다시 읽기가 비교를 목표로 하지 않는 만큼 우리는 레비나스를 대거 직접 인용하는 자유를 누릴 수 있다. 그러나 우리는 레비나스의 사상에 기대고 있으며 그로부터 철학적 영감을 받고 있다는 부채의식을 분명하게 인정하면서도 동시에, 우리의 공자 다시 읽기가 단순히 레비나스의 언어와 사상을 반복하는 것에 그치지 않고 더 나아가 공자의 언어와 사상에 내포된 역량을 분출시키고 해방시키는 것이 되기를 희망한다. 이러한 기본적인 작업이 완료된 이후에야 공자 사상과 레비나스 사상의 진정하고 전면적인 대화도 기대할 수 있는 것이다. 이것은 후속 연구의 임무로 남겨 두겠다.

이 글의 기본적인 목표는 무엇보다도 공자에게로 나아가 공자를 읽는 것이다. 우리는 공자의 인仁으로부터 출발할 것이다. 그리고 인仁 개념을 다시 읽을 데 있어서는 공자의 잘 알려진 "자신이 서길 바라면 타인을 세워 주고, 자신이 도달하길 바라면 타인을 도달시켜 주라"(己欲立而立人, 己欲達而達人)라는 대목이 출발점을 제공해 줄 것이다. 우리는 이 대목에서 사용된 모호하고 애매한 연결사인 '이而'자를 통해 '관계', 즉 나와 타인 간의 관계 혹은 나를 세움과 타인을 세움 간의 관계에 도달하고자 시도할 것이며, 이 미묘한 '관계' 속에서 인仁을 발견하고자 시도할 것이다. 즉 나와 타인 간의 관계로서의 인仁, 나를 타인과 연결시켜 주는 인仁, 나에게 인仁을 갖추길 요구하며 오직 '나' 즉 모든 개별적 '나'를 통해서만 실현될 수 있는 인仁을 발견하고자 할 것이다. 이것은 바꿔 말하면 '인간관계'로서의 인仁으로[41], 모든 나와 타인 간의 관계에 항상 존재하는 것이다. 따라서 인仁에 대한 설명 가운데 공자 사상이 실제로 관심을 두는 것은 바로 이 미묘한 '관계' 즉 나와 타인 간의 관계라고 할 수 있다.

이 책 제1장과 제2장은 인仁 개념에 대한 다시 읽기로 구성되어 있다. 이 두 장에서 제기된 '나와 타인의 관계'는 전체적인 분석과 서술 구조의 건립에 목표를 두고 있다. 이어서 우리는 공자 사상 안에서 인仁과 밀접하게 관련되는 주요 개념들에 집중할 것이다. 제3장에서는 "자신의 사욕을 극복하여 예禮를 회복하는 것이 인仁이다"에서의 '예禮'를, 제4장에서는 "효제는

---

41) 먼저 이 문제에 대해 간단히 설명하도록 하겠다. '人間'은 두 개의 의미가 합쳐져서 하나의 의미를 이루는 개념이다. 첫째, '인간적이지 않은 것'(예를 들면 '천상' 같은)에 상대되는 개념으로, 인간세상(人世間)이라고도 할 수 있다. 왜냐하면 仁은 반드시 이러한 인간적인 것으로서의 仁, 혹은 인간세상에서의 仁일 수밖에 없기 때문이다. 둘째, 하나의 개인과 상대하는 것으로서의, 인간과 인간의 관계 혹은 나와 타인의 관계이다. 왜냐하면 仁은 오직 인간관계 속에서만 존재할 수 있기 때문이다. 이러한 중의적 의미의 '人'으로서의 仁이 이 책에서 다룰 주된 주제이다.

인을 행하는 근본이다"에서의 '효孝'를, 제5장에서는 공자가 『논어』에서 여러 차례 언급했던 '충忠'을, 제6장에서는 "인仁이란 타인을 사랑함이다"에서의 '애愛'를 다루고, 제7장에서는 "집밖을 나서면 큰 손님을 뵙듯이 하고, 백성을 부릴 때는 큰 제사를 받들듯이 함"에 대한 독해를 시도할 것이다. 이러한 장절들을 관통하고 있는 주된 단서는 바로 서론에서 제기된 '타인'의 문제이다. 마지막 장인 제8장에서는 다른 장들과 긴밀하게 관련되기는 하지만 다소 관점을 달리하는 문제를 논하고자 한다. 이 장에서는 공자가 "오직 여자와 아이만큼은 교육하기가 어렵다"[42]라고 말한 대목에서 나타나는 여성과 어린이에 대한 일종의 경시와 경멸에 관해 논할 것이다. 이 대목에 대한 분석을 통해 우리는 인仁을 가장 중시하는 사상이 몇몇 타자를 향해 취하는 애매한 태도 및 이러한 태도가 내포하고 있는, 타자와 밀접하게 관련되는 '이성異性'의 문제를 지적할 것이다. 끝으로 이 책의 부록인 「예치와 법치」에서는 타자의 각도에서 '수치심'의 문제에 대한 초보적인 논의를 진행할 것이다. 이 논의를 위해 우리는 공자가 "아버지는 아들을 위해 숨겨 주고, 아들은 아버지를 위해 숨겨 줍니다"[43]라고 말한 대목에 내포된 윤리의 문제를 언급할 것이다.

상술한 각 장들은 상호 연결되어 있지만 동시에 각각의 장 그 자체로 독립적인 장을 이루고 있기도 하다. 따라서 나는 이 책의 저자로서 결코 독자들이 단순한 직선 형태의 독서를 진행하기를 바라지 않는다. 우리가 어떤 한 지점으로부터 『논어』에 진입할 수밖에 없는 이상, 우리의 『논어』 혹은 공자 다시 읽기 또한 독자로 하여금 임의의 어느 한 지점으로부터 이 책에 진입하도록 할 수 있도록 해 주어야 한다. 독자들이 이 책에 진입할

---

42) 『論語』, 「陽貨」, "子曰: 唯女子與小人, 爲難養也."
43) 『論語』, 「子路」, "孔子曰: 吾黨之直者異於是. 父爲子隱, 子爲父隱, 直在其中矣."

때, 이 책의 독서를 돕고 인도하는 단서는 바로 우리를 전면적인 공자 다시 읽기로 이끈 '타인' 혹은 '타자'일 것이다.

제1장 인간과 인간 사이에서의 인仁(上)

"자신이 서길 바라면 타인을 세워 준다."

셋째가 사냥을 나가니 거리에 사람이 없는 것 같구나.
어찌 거리에 사람이 없겠냐마는, 셋째만한 사람이 없구나.
참으로 아름답고 어진 사람이구나.[1]

고금을 통틀어 수많은 학자들은 인仁을 공자 사상의 핵심으로 여겼으며, 적어도 '인仁'이라는 글자가 『논어』에서 특별한 위치를 점하고 있다는 점에서만큼은 공감대를 이루고 있다.[2] 물론 우리는 이러한 관점을 완전히 추종하지는 않을 것이다. 왜냐하면 우리 스스로 설정한 임무가 바로 공자의 사상을 다시 읽는 것이며, 이러한 다시 읽기는 공자 사상에 대해 기존과는 다른 이해를 낳을 수 있어야 하기 때문이다. 그렇지만 여기서 유구한 공자 사상 해석의 전통을 잠시 받아들인다면, 인은 공자가 가장 관심을 기울였던 중대한 덕목이라고 볼 수 있다. 공자는 스스로 "옛것을 계승할 뿐 새로 만들지 않았다"(述而不作)라고 말했지만, 그런 공자가 진정으로 새로이 만들어 낸 것 혹은 밝혀낸 것을 하나 든다고 한다면 바로 인仁의 사상이라고 할 수 있다. 그렇다면 우리가 우선적으로 직면하게 되는 문제는 다음과

---

1) 『詩經』, 「鄭風」, "叔于田, 巷無居人. 豈無居人, 不如叔也. 洵美且仁."
2) 『논어』에서는 '仁'자가 109회 등장하며, 대부분의 경우 『논어』의 중요한 개념이나 어휘를 지칭할 때 사용되었다. 그 외에 '禮'자는 74회, '孝'자는 19회, '忠'자는 16회, '恕'자는 2회, '信'자는 38회, '恭'자는 13회, '敬'자는 22회 등장한다.

같다. 공자가 『논어』에서 여러 차례 논했고, 여러 독자들이 '저마다 자신의 관점에서 이해했던'(見仁見智)[3] 인은 결국 무엇을 의미하는가? 공자가 인을 통해 말하고자 했던 것은 무엇인가? 인은 결국 무엇인가?

공자 사상을 다시 읽는 과정에서, 우리 자신이 직접 공자에게 질문을 하는 입장이 되어 보도록 하자. 그러한 입장에서 공자에게 위와 같은 질문을 한다면 아마도 공자의 제자들이 공자에게 인에 대해서 물었을 때와 비슷할 것이다. 물론 같지는 않고 비슷하기만 할 것이다. 왜냐하면 우리의 질문은 결국 인이 '무엇'인지를 묻는 것인데, 이러한 질문은 고대 중국어의 형식이 아니라 현대 중국어나 번역어투의 형식으로 된, 본래 서양철학적 질문에 속하는 형식이기 때문이다. 이러한 질문형식의 차이는 공자에게 직접적으로 '인에 대해 물었던'(問仁) 그의 제자들로부터 우리 자신을 구분시켜 준다. 공자의 제자들은 직접 인에 대해, 인을 둘러싸고 인을 통해서만 질문했을 뿐 인이 무엇인지를 묻지 않았다. 따라서 우리는 '인에 대한 물음'(問仁)을 간단하게 '인이 무엇인지에 대한 물음'(問仁是什么)이라고 번역해서는 안 될 것이다.

'인에 대한 물음'(問仁)이라는 말은 중국어에서 '~이다'(是)라는 표현이 존재하기 이전에 등장한 용어이다. 이는 '인에 대한 물음'의 '물음'이라는 것 자체에 이미 우리가 곧바로 접근할 수 없는 사상적 형식이 내포되어 있음을 의미한다. 따라서 우리가 선택할 수 있는 이른바 '현대적'이라고 여겨지는 질문형식과, 어떤 의미에서는 불가피하다고도 할 수 있는 문제제기 및 사유의 방식은 그 자체로 일종의 위험성을 지니고 있는 것이다. 일단 "인이란 무엇인가?"라는 상당히 현대적인, 심지어 상당히 서구적이기까지 한 질문형식을 채택한 이상 우리는 의도했건 의도하지 않았건 간에

---

3) 『周易』, 「繫辭上」, "仁者見之, 謂之仁; 知者見之, 謂之知"

사전에 인이라는 것을 '무엇'으로, 즉 명확하게 정의될 수 있는 하나의 실체 혹은 적어도 고정적인 의미를 지닌 어떤 것으로 규정해 버리게 된다. 따라서 "인이란 무엇인가?"라는 물음은 공자를 향해 『논어』에서 다양한 방식으로 다루어졌던 중요한 관념에 대한 일종의 개념적 정의를 요구하게 되는 것이다.

그러나 공자는 아마도 우리가 제기한 "~은 무엇인가?"와 같은 질문에 내포된 '현대적' 기대를 이해하지 못할 것이다. 설사 이것을 이해했다 하더라도 아마 이러한 기대에 부응해 주지는 않을 것이다. 공자의 입장에서 본다면 개념적 정의로 인을 설명하는 것이 과연 적합한 방식인지 여부는 신중하게 고려해 보아야 할 문제일 것임에 틀림없다.

우리는 『논어』에서 공자가 상황이나 질문자에 따라 인에 대해 각기 다른 형상화된 설명을 제시하는 것을 확인할 수 있다. 물론 공자의 방법은 아마도 심오한 도리를 갖추었을 것이고, 그러한 도리는 인 그 자체에 근거했을 것이다. 만약 인 '그 자체'라는 무엇이 있다고 한다면 말이다. 그러나 표면상으로는 그러한 설명들 간에 어떠한 직접적인 개념적 연계도 없어 보인다. 또한 인은 근본적으로 정의될 수 없는 것, 심지어 어떠한 의미에서는 언어로 설명될 수 없는 것일 수 있다.[4] 혹은 인과 관련해서 공자가 바란 것은 바로 '말할 수 없다는 것을 알지만 (부득이하게) 말함'(知其不可說而說之)일 수도 있다. 이 경우 인은 언어로 설명될 수 없는 것이지만 오직 언어를 통해서, 그리고 언어 안에서만 이해될 수 있다. 그렇기 때문에 우리는 공자가 인을 논하는 특정한 방식의 원리를 발견하고 설명하기 이전에, 공자에게 '인에 대해 묻기' 위해 우선 공자가 인과 관련된 문제에 대답하는

---

4) '언어로 설명될 수 없음'에 관해서는 졸저 『文本之'間' – 從孔子的魯迅』의 「予欲無言: 『論語』中的論辯與孔子對言的態度」 장의 설명을 참고하라.

방식 속에 규정되고 내포되어 있는 모종의 수용방식을 존중해야만 한다. 무엇보다 우리는 공자의 말을 경청하는 법을 배우고 우리 자신의 마음을 활짝 열어젖혀서, 인에 대한 그의 심오한 사상을 받아들일 준비를 해야 한다. 그리하여 '언어로 설명될 수 없는' 이러한 사상이 우리에게 다시 다가올 수 있도록 해야 한다.

이러한 까닭에 우리는 공자가 인에 대해 설명한 것들 가운데 어느 하나를 확정해서 그것이 주된 혹은 표준적인 정의 또는 설명이라고 함부로 단정해서는 안 된다. 그 대신 우리는 인이 구체적으로 어떻게 논술되고 있는지 그 각기 다른 맥락을 눈여겨보아야 한다. 인의 의미는 바로 각기 다른 맥락 속에서 구체적으로 분석되어야 하는 것이다. 다만, 인에 대한 서로 다른 논술들 간의 의미 연결을 탐색하기 위해서는, 그리고 공자가 이러한 논술을 통해 제시했던 인으로 통하는 길을 찾아내기 위해서는 특정한 하나의 임시적인 출발점을 확보할 필요가 있다. 왜냐하면 우리는 필연적으로 '어떤 지점'에서 시작할 수밖에 없기 때문이다. 이러한 설명방식은 비록 이론적으로는 모든 문헌들에 적용될 수 있겠지만 특히 『논어』의 경우에는 더욱 적합하다. 『논어』는 결코 체계적으로 완결된 형태를 갖추고 있는 작품이 아니어서, 우리는 원칙적으로 어떤 지점에서도 『논어』에 진입할 수 있기 때문이다. 즉 어떤 지점에서든 『논어』에 대한 독해를 시작할 수 있는 것이다. 바로 그 지점에서부터 시작해서 공자의 인사상을 향해 접근해 간다면, 그로부터 우리는 그 속에 숨어 있는 서로 다른 맥락간의 관계를 발견할 수 있을 것이고 또 인사상에 내포된 복잡한 의미구조에도 접근할 수 있을 것이다.

1. 인仁과 성聖의 구별

공자의 인사상에 대한 연구가 반드시 어떤 특정한 지점에서 출발하지 않을 수 없는 이상, 이러한 출발점은 완전히 합리화될 수 없고 그것이 임의적 해석이라는 혐의를 벗을 수 없다. 그것은 필연적으로 우리 자신이 이미 역사적, 사회적, 문화적, 사상적, 문헌적인 맥락 속에, 혹은 그러한 맥락들 사이에 놓여 있을 수밖에 없는 존재이기 때문이다. 이 때문에 우리는 '진정한 시원'을 밝히고자 하는 단순하고도 복잡한 충동, 완전하고 철저하고 절대적인 것을 추구하고자 하는 현대 서양철학적 의미에서의 '형이상학적 충동'[5])을 포기해야만 한다. 그 대신 우리는 장구한 『논어』 해석사 안에서 임시적인 출발점을 미리 찾아냈다는 사실에 만족해야 한다.

『논어』 「옹야」의 마지막 장은 공자 인사상의 이해에 매우 중요한 장 중의 하나이다. 우리는 우선 여기에서 출발해서 공자의 인사상을 읽어 나가는 데에 집중할 것이다. 만약 이 장이 모종의 방식으로 인의 의미에 관한 여러 중요한 단서들을 집중시켜 놓은 대목이라면, 인은 우리의 독서 과정에서 반드시 그 모습을 드러내게 될 것이다.[6])

---

5) 이것은 데리다(Jacques Derrida)가 해체하고자 했던 '서양 형이상학'이라는 의미에서의 형이상적 충동이다. 여기에서 형이상은 주로 최초, 근원, 근본, 절대적 시원에 대한 철학적 추구를 의미한다. 물론 훗날 데리다는 서양 형이상학은 결코 단수가 아니며, 하나로 뭉뚱그려진 서양 형이상학이라는 것은 결코 존재하지 않는다는 점을 명확하게 강조했다. 그 어떤 사상 혹은 철학 전통이라도 그것은 필연적으로 다의적이고 다층적이며, 또한 내적으로 구별과 차이로 가득 차 있다. 유가전통 역시 결코 예외가 아니다. 따라서 공자를 다시 읽는 것은 어떠한 의미에서는 공자의 이름과 불가분의 관계에 놓여 있는 유가전통과 공자 사상 자체 간에 존재할 수 있는 구별과 차이를 이해하고자 시도하는 것이라고 할 수 있다.

6) 주희의 『논어집주』에서는 이 장의 핵심 구절인 "己欲立而立人, 己欲達而達人"에 대한 해석에서 "자신에 비추어 타인에게 미치는 것이 仁者의 마음이라는 말에서 천리가 두루 유행하여 틈이 없음을 알 수 있다. 인의 본체를 설명함에 있어 이것보다 절실한 것이 없다"라는 程顥의 설명을 인용한 뒤 다음과 같이 설명하고 있다. "인은 설명하기

이 대목에서는 공자와 그의 제자 자공이 인의 의미가 무엇인지에 대해 논의하는 장면이 등장한다.

> 자공이 물었다. "백성들에게 널리 베풀고 그들을 구제할 수 있다면 어떻습니까? 어질다고(仁) 말할 수 있겠습니까?"
> 공자가 말했다. "어찌 어질기만 하겠는가! 분명 성인답다고 할 수 있도다! 요순조차도 이를 어렵게 여겼도다! 무릇 인(仁)이란 자신이 서길 바라면 타인을 세워 주고 자신이 도달하길 바라면 타인을 도달시켜 주는 것이다. 가까이(자신의 욕구)에서 깨달을 수 있다면 그것이 곧 인을 실천하는 방법이라고 할 수 있다."[7]

이 논의 과정에서는 몇몇 직간접적인 구별과 대비가 등장한다. 그 중에서도 역사적으로 가장 주목받고 또한 많이 설명되었던 것이 바로 인(仁)과 성(聖)의 구별이다. 먼저, 여기에서는 "널리 베풀고 구제함"이 성이며, "타인을 세워 주고 도달하게 하길 원함"이 인이다. 이러한 성과 인의 구별에는 '할 수 있음'(能)과 '바람'(欲)의 대비가 함축되어 있다. 즉 전자와 같이 '해낼 수 있으면' 성인 것이고, 후자와 같이 '하기를 원하면' 인인 것이다. 물론 이 둘은 전혀 다른 것이다. 그 다음으로, "널리 베풀고 구제함"에는 상하관계가 함축되어 있는 데 비해 "자신이 서길 바라면 타인을 세워

지극히 어렵다. 그러므로 '자신이 서길 바라면 타인을 세워 주고 자신이 도달하길 바라면 타인을 도달시켜 주는 것이다. 가까이(자신의 욕구)에서 깨달을 수 있다면 그것이 곧 인을 실천하는 방법이라고 할 수 있다'라고 말할 수 있을 뿐이다. 이는 제자들이 이렇게 인을 관찰하여 인의 본체를 깨달을 수 있기를 바란 것이다."(『論語集注』, 「雍也」, "以己及人, 仁者之心也. 於此觀之, 可以見天理之周流而無間矣. 狀仁之體, 莫切於此…… 仁至難. 故止曰: '己欲立而立人, 己欲達而達人. 能近取譬, 可謂仁之方也已.' 欲令如是觀仁, 可以得仁之體.") 정호와 주희는 모두 "己欲立而立人, 己欲達而達人"이 인의 의미를 가장 잘 드러낸 것이라고 보았다.

7) 『論語』, 「雍也」, "子貢曰: 如有博施於民, 而能濟衆, 何如? 可謂仁乎? 子曰: 何事於仁! 必也聖乎! 堯舜其猶病諸! 夫仁者, 己欲立而立人, 己欲達而達人. 能近取譬, 可謂仁之方也."

줌"에는 상호적이고 대등한 관계가 함축되어 있다는 점 역시 대비를 이루고 있다. 전자의 관계에서는 내가 타인보다 높은 지위에 있지만, 후자의 관계에 서는 나와 타인이 직접 마주하고 있다. 마지막으로, 이 두 가지 서로 다른 관계에는 원근의 대비도 함축되어 있다. 널리 베풀고 구제할 때의 타인은 나보다 아래의 지위나 먼 곳에 있으면서 나의 은혜를 받는 입장일 뿐이다. 이와는 반대로 자신이 서길 바라서 타인을 세워 줄 때의 타인은 나와 함께 있으면서 대등한 관계이며, 심지어 나보다 높은 사람일 수도 있다. 동시에 전자는 먼 곳에 시선을 두고 그곳으로 이르러 가는 것이라고 볼 수 있고, 후자는 가까운 곳에서 시선을 던지며 거기서 출발하는 것이라고 볼 수 있다. 여기에서 가까움은 공자가 말한 "가까이에서 깨달을 수 있음"의 '가까움'과 직접적으로 호응한다. 이러한 원근의 대비는 각기 다른 인간상 들의 대비 가운데서 나타나는 것이지만, 혹자는 '이상적 인간' 즉 성인과 우리 같은 평범한 보통사람 간의 대비 속에 원근의 대비가 함축되어 있는 것으로 해석하기도 한다. 즉 성과 나의 거리는 매우 멀지만 인과 나의 거리는 매우 가깝다는 것이다.

그러나 위에서 서술한 것처럼 일차적으로 성과 인을 구분한다고 하더라 도, 양자의 구분은 사실 그렇게 산뜻하지 않다. 자공이 공자에게 제기했던 질문 자체가 이미 양자의 구분이 용이하지 않음을 반증해 주고 있다. 자공의 질문은 인이란 "널리 사람들에게 도움을 줄 수 있어야 하고" "널리 사람들에 게 이익을 줄 수 있어야 한다"는 사상, 즉 '널리 베풀고 구제함'(博施廣濟)의 사상을 분명히 내포하고 있다. 이에 근거해서 우리는 인의 관념에 대한 일종의 초보적인 암시를 얻을 수 있다. 즉 인은 타인을 잘 대해 줌이다. 그러나 '타인을 잘 대해 줌'이란 여전히 매우 모호한 설명이다. 도대체 타인을 잘 대해 준다는 것은 무슨 의미인가? 어떻게 해야 타인을 잘 대해 주는 것인가? '널리 베풀고 구제할' 수 있는 것이라면 타인을 잘 대해 주는 것이라고 여길 수 있을까? 널리 사람들에게 이익을 주는 행위가 인한 것이라고 평가받아야 하는가? 자공은 이러한 의문들에 대해 공자의 가르침을 구한 것이다. 이처럼 공자의 학생들은 인의 의미라는 문제를 다룸에 있어, 공자를 향해 어떻게 해야 인하다고 평가받을 수 있는지에 대해 보다 많은 설명을 해 주기를 요청했다.

타인을 잘 대해 줌이 인이 드러나는 방식 중 하나라는 점은 확실하다. 그리고 내가 타인을 잘 대해 주기를 바란다면 당연히 타인을 잘 대해 주려는 내 마음이 구체적인 지표로 드러나게 되기를 바랄 것이다. 그러나 이러한 선량한 희망은 현실적 한계에 부딪힐 수 있다. 반드시 타인을 잘 대해 주어야 할 때, 우리는 종종 자신이 '마음에는 여유가 있지만 힘이 부족한' 상황에 처해 있음을 발견할 수 있을 것이다. 만약 내가 단지 힘이 없어서 구체적이고 실질적으로 타인을 잘 대해 주지 못하고 있다면 나는 인하다는 평가를 받을 수 있을까? 만약 인이 '널리 베풀고 구제함'이라는 의미에만 한정되는 것이라면 이렇게 할 수 없는 사람은 어질어지기를 바라서는 안 되는 것일까? 아니면 그러한 사람도 어진 사람이 되기를 희망할 수 있는가?

물론 '널리 베풀고 구제함'은 타인을 잘 대해 주는 매우 중요한 방법 중 하나이다. 따라서 자공이 아무런 근거 없이 이것을 인으로 이해했던 것은 아니다. 그런데 공자가 보았을 때 '널리 베풀고 구제함'은 비단 인에 속하는 것일 뿐만 아니라(공자는 이 점에 대해서 명확하게 말하지 않았다) 인을 넘어서는 것이었다. 따라서 널리 베풀고 구제함을 설명하기 위한 또 다른 개념이 요청되었는데, 그것이 바로 성聖이다. 우선 공자는 널리 베풀고 구제할 수 있는 것을 인과 구별해 내서 성聖 즉 이상적 경지로서의 '성'으로 규정했다. 그러나 공자가 보았을 때 이러한 성의 경지는 이상적 성인인 요순조차도 도달하기 어려울까 근심했을 법한 경지였다. 그래서 널리 베풀고 구제함을 인하다고 여길 수 있는지에 대한 자공의 질문을 듣고 나서 "어찌 인하기만 하겠는가! 분명 성인답다고 할 수 있도다!"라고 답하면서도, 곧바로 여기에 덧붙여 "요순조차도 이를 어렵게 여겼도다!"라고 말했던 것이다. 이는 공자가 이러한 일들이 인을 넘어설 뿐만 아니라 심지어 성인의 능력을 넘어서는 것일지도 모른다고 보았음을 말해 준다.

'널리 베풀고 구제함'이란 위에서 아랫사람에게 나아가 모든 사람에게 보편적으로 은혜를 베풀 수 있는 지위의 사람을 상정한 것으로, 공자가 보았을 때 이러한 경지는 전통적으로 성인이라고 불렸던 요순과 같은 인물 역시 쉽게 도달할 수 없을 법한 것이었다. 따라서 어떠한 의미에서 이러한 사람은 인간(보통사람뿐만 아니라 성인과 같은 이상적 인간까지도)의 범위를 초월해서 신(神8))의 경지에 도달했다고 볼 수 있다. 그러나 이러한 성은 인仁 혹은 인간(人)과 상관이 있는 것인가? 인 / 인간은 이러한 '신성神聖'(신성함, 혹은 신과 같은 성인)에 도달할 수 있는가? "요순조차도 이를 어렵게 여겼도다!"라는 말은 공자가 이 문제에 대해 얼버무리지 않았음을 보여 준다. 만약 전통적으로 이상적 인간 혹은 인간의 이상이라고 여겨졌던 요순마저도 여기에 도달하기 어렵다고 한다면, 이러한 성은 어떤 의미에서 인간과 무관하거나 적어도 매우 동떨어져 있는 것이라고 할 수 있다. 이러한 공자의 설명은 인과 비교했을 때 성이 공자의 관심사나 마음속 궁극적 이상이

---

8) 여기서의 神은 맹자의 "성인답지만 (보통사람들은) 그것이 어떤 것인지 알 수 없기에 신성함이라고 한다"라는 의미의 '신성함'이다. 따라서 이것은 결코 실체로서의 신 혹은 인격화된 신을 의미하는 것이 아니다. 인격을 여섯 등급으로 나눈 맹자의 방식에 근거해 보면 '신'은 '성'을 넘어서는 최고의 경지이다.(『孟子』, 「盡心下」, "可欲之謂善, 有諸己之謂信. 充實之謂美, 充實而有光輝之謂大, 大而化之之謂聖, 聖而不可知之之謂神.")

아니었음을 은연중에 밝힌 것처럼 보이기도 한다. 따라서 어떤 의미에서 말하자면, 공자가 '널리 베풀고 구제함'은 전통적으로 이상적 인간으로 여겨져 온 성인들인 요순마저도 도달하기 어려운 것이라고 확정했던 그 순간, 그는 성이라는 개념을 인보다 더 높은 것으로 끌어올리는 동시에 그의 핵심 관심사인 인의 바깥에다 위치시켜 버린 것이다.9)

공자 사상은 저 높이 존재하고 있어서 보통사람과 동떨어져 있는, 심지어 전통적 성인들과도 멀리 떨어진 성 개념보다는 인에 집중했다. 여기에서 인은 '인간관계'(人之間), 즉 자신과 타인의 관계 속에 위치하는 것이다. 또한 이것은 모든 사람이 공히 접근하고 도달할 수 있는 경지이다. 공자가 보았을 때, 성이 분명 멀고 이해하기 어려운 것인 데 비해 인은 가깝고 도달할 수 있는 것이었다.

성인에 대해서는, 나는 그들을 알지 못한다.10)

인이 멀리 떨어진 것이겠는가? 내가 어질기를(仁) 바란다면 곧 인이 이를 것이다.11)

인이 가깝고 도달할 수 있는 이유는 일상생활 속에서의 인이 반드시 타인에게 베풀고 그들을 구제하는 행위와 능력을 의미하거나 요구하는

---

9) 『論語』에서 '聖'자가 단독으로 등장한 것은 세 차례로, 仁에 비해 훨씬 적게 언급되었다. 본문에서 살펴본 경우 외에는 「子罕」("大宰問於子貢曰: 夫子聖者與! 何其多能也! 子貢曰: 固天縱之將聖, 又多能也."), 「述而」("子曰: 若聖與仁, 則吾豈敢")에 각각 등장한다. 또 '聖者'는 한 차례(앞의 「子罕」, "夫子聖者與!"의 '聖者'), '聖人'은 네 차례 등장한다. 예컨대 『論語』 「述而」의 "聖人, 吾不得而見之矣. 得見君子者, 斯可矣"와 같은 경우이다. 물론 성인이 최고의 이상이기는 하지만, 여기에서 군자와 성인을 대비시키는 설명은 은연중에 공자의 진정한 이상이 인이지 성이 아니라는 점을 함축한 것으로 보인다.
10) 『論語』, 「述而」, "子曰: 聖人, 吾不得而見之矣."
11) 『論語』, 「述而」, "子曰: 仁遠乎哉? 我欲仁, 斯仁至矣."

것이 아니기 때문이다. 오히려 이것은 우선적으로 자신의 바람과 욕망으로 표출된다. 우리 역시도 그처럼 널리 베풀고 구제할 능력을 갖추지 못했기 때문에 그러한 일들을 실제로 행할 수는 없지만, 설사 그렇다고 하더라도 자신이 그와 같을 수 있기를 희구할 수는 있다. 따라서 우리는 여전히 인하게 될 수 있는 것이다. 그 방법에 대해 공자는 인이란 "자신이 서길 바라면(欲) 타인을 세워 주고 자신이 도달하길 바라면(欲) 타인을 도달시켜 줌"일 뿐이라고 하였다. 여기에서 우리는 무엇보다 먼저 공자의 언설 속에 있는 두 '욕欲'자에 주목해야 한다. "자신이 서길 바라면 타인을 세워 주고, 자신이 도달하길 바라면 타인을 도달시켜 줌"이 곧 인을 의미한다고 한다면, 우리가 당면한 과제는 먼저 이 언설을 구체적으로 분석하는 것이다. 서술상의 편의를 위해 우리는 이 대목의 앞부분인 "자신이 서길 바라면 타인을 세워 줌"에 집중해서 분석을 진행하도록 하겠다. 여기에서의 분석은 뒷부분인 "자신이 도달하길 바라면 타인을 도달시켜 줌"에도 어느 정도 그대로 적용될 수 있을 것이기 때문이다.

2. 자신이 서길 바라'면'(而) 타인을 세워 준다?

"자신이 서길 바라면 타인을 세워 줌"에서 다시 '자신이 서길 바람'(己欲立)을 떼어 내어 분석한다면, 우리는 여기에서 모종의 욕망을 발견할 수 있을 것이다. 욕망은 주관의 영역에 속하는 것이다. '자신이 서길 바람'이 표현하고 있는 것은 매우 일반적인 욕망으로, 이것은 자신에 대한 욕망, 즉 자신을 일으켜 세우려는 희망이다. 따라서 표면적으로 보자면 '자신이 서길 바람'은 전혀 이해하기 어렵지 않아 보인다. 그러나 우리는 과연

이 대목에서의 '자신'(己), '바람'(欲), '일어섬'(立) 등의 개념들이 어떠한 함의를 지니는지 진정으로 이해했는가? 도대체 무엇을 '자신'이라고 부르고, 무엇이 '바람'이며, '일어섬'이 의미하는 것은 무엇일까? 우리 자신에게 이러한 문제를 제기해 보면 우리가 사실 이들 개념을 이해하지 못하고 있었음을 발견할 수 있다. 그러나 분석의 초기 단계인 현재 시점에서는 아직 이들 개념을 심층적으로 연구할 조건이 성숙되지 못한 상태이다. 따라서 여기서는 잠시 우리가 대략적으로나마 '자신이 서길 바람'의 기본적인 의미를 이해하고 있다고 가정해 보도록 하자. 우리는 앞으로 "자신이 서길 바라면 타인을 세워 줌"이라는 언설 속에 담긴 미묘한 움직임을 계속 추적하도록 하겠다.

'자신이 서길 바람'이라는 욕망은 사실 지극히 자연스러운 욕망이다. 그러나 공자가 말한 인은 '자신이 서길 바라면 타인을 세워 줌'을 의미하기 때문에, 단지 '자신이 서길 바람'만 가지고는 인이라고 말할 수 없다. 따라서 여기에서는 '바람'을 강조하고 나서 '이(而)'자 역시 강조하고자 한다. 왜 자신이 서길 바라'면'(而) 타인을 세워 줘야 할까? 아마 우리는 우리 자신이 공자의 뜻을 이해했다고 생각하겠지만, 공자는 단지 우리에게 '선량하고 노련한 도덕적 가르침'을 전해 주었을 뿐이다.[12] 이처럼 이 대목에서의

---

12) 이것은 공자에 대한 헤겔의 평가로, 많은 사람들에게 이미 익숙할 것이다. 헤겔의 관점에서 보았을 때 "공자는 사실 세속적인 智者일 뿐이며, 그에게는 어떠한 사변적 철학도 없었다."(헤겔, 『哲學史講演錄』 제1권, 賀麟 · 王太慶 議, 北京: 商務印書館, 1959, p.119) 분명 헤겔처럼 표준적인 서양철학의 척도에서 공자를 평가한다면 공자에게는 철학이라고 부를 만한 것이 없을 것이다. 그러나 만약 하이데거가 설정한 철학과 사상 간의 구획을 조심스럽게 받아들인다면, 우리는 철학이 없다는 것이 곧 사상이 없다는 것을 의미하지 않는다고 말할 수 있을 것이다. 이처럼 사상 개념에 대해 조심스럽게 유보하는 것은 우리 자신의 주의를 환기하기 위해서이다. 현대 중국어에서의 사상 역시 서구 개념에 대한 번역이며, 우리는 이러한 번역이 지닌 거대하고 복잡한 문제를 간과해서는 안 된다. 마찬가지로 '철학' 개념 역시 번역된 것이다. 필자는 일찍이 "Philosophy, filosophia, and zhexue"에서 서양을 향해서는 철학 개념에 대한 독점과

인의 의미가 '자신을 세우고자 하는 욕망은 단지 자기 자신의 내부에로만 국한될 수 없음'을 가리키는 것이라고 한다면, 이것은 전통적인 표현에 따르면 '사사로움'(自私)일 수밖에 없다. 그러나 일어서고자 하는 욕망을 내가 사사로이 독점하려 하지만 않는다면, 내 안의 이 욕망이 나로부터 나와서 타인을 향해 가고, 그리하여 내 안에 있는 '자신이 일어서길 바라는 욕망'이 동시에 '남을 세워 주고자 하는 욕망'이 된다면, 저 공자의 설명을 참조할 때 인은 '자신이 일어섬'과 '타인을 세워 줌' 사이에 존재하게 된다. 그런데 이로부터 더 나아가 말하자면, 만약 인이라는 것이 있다면 그 인은 우선 '내가 타인에 대해 맺는 관계'인 것처럼 보이고, 이로부터 다시 '타인이 나에 대해 맺는 관계'가 이르러 오는 것일 뿐인 듯 보인다. 왜냐하면 공자가 말한 인이란 결국 자신이 서길 바라'면'(혹은 바라'서') 타인을 세워 주는 것이기 때문이다.

그렇다면 "자신이 서길 바라면 타인을 세워 줌"이 어떻게 인이 되는 것일까? 인은 자신과 타인의 관계에서, 혹은 자신이 일어서는 것과 타인을 세워 주는 것 사이에서 어떻게 존재하고 실현되는 것일까? 이러한 인 가운데에서, '일어서길 바라는 자신'은 도대체 어떻게 '자신이 세워 주려는 타인'과 연결되는가? 바꿔 말하자면 어떻게 해야 정말로 "자신이 서길 바라'면'(而) 타인을 세워 준다"는 것이 될 수 있겠는가?

농단에 대해, 중국을 향해서는 자신들이 가지고 있는 것을 철학이라고 칭하려는, 혹은 철학을 자신의 것으로 소유하려는 노력에 대해 문제를 제기했었다.(*Philosophy East & West* vol.48, no.3, 1998, pp.406~452) 우리는 서양에서뿐만 아니라 현대 중국에서도 보편적인 것으로 받아들여지는 헤겔의 관점을 수용하기보다는, 그리고 공자를 철학화하려는 민족주의적 혐의가 짙게 배인 시도를 하기보다는, 우선 공자에 나아가서 공자를 읽고 공자를 논하고자 한다. 다만 우리가 진정으로 공자를 다시 읽고자 하는 이상, 문자상으로만 공자를 증명해 내는 것에 만족할 수는 없다. 왜냐하면 이렇게 하면 공자의 언설에 담긴 함의들을 상실하거나 간과하게 되어, 겉으로는 공자를 존숭하면서도 실제로는 공자의 사상과 동떨어지게 될 수 있기 때문이다.

따라서 문제는 그다지 눈에 띄지 않던 연결사 '이而'자를 어떻게 이해하는지에 달려 있게 된다. "자신이 서길 바라면 타인을 세워 줌"이라는 공자의 말은 정말 이토록 명쾌한 것일까? 아무런 거리낌 없어 보이는 이 서술은 어떻게 이해해야 할까? 우선 이 간단한 연결사인 '이而'자는 자신이 일어서는 것과 타인을 세워 주는 것을 어떻게 연결시켜 주는가? 사실 우리의 이해가 옳다는 자만을 버리기만 한다면, 즉 언뜻 보기에 매우 명확할 것 같은 이 대목에 대한 전통적인 해석을 버리기만 한다면, 우리는 자신이 일어서려는 욕망과 타인을 직접적으로 연결하고 있는 '이而'자가 우리를 곤란에 빠뜨린다는 것을 발견할 수 있을 것이다.[13]

아래에서는 『논어』의 이 구절에 대한 몇 가지 해석들을 들어 보겠다.

이택후李澤厚(1930~)는 『논어금독論語今讀』에서 이 대목을 아래와 같이 해석했다.

자신이 서길 바란다면 타인이 설 수 있도록 도와주어라.[14]

이 해석은 '이而'자를 현대 중국어의 '취就'자로 번역한 것으로, 매우

---

13) "자신이 서길 바라면 타인을 세워 줌"에 대한 전통적 해석은 다음과 같다. "자신으로서 타인에게 미치는 것은 인한 사람의 마음이다.…… 자신이 바라는 바를 타인에게 미루어서 그가 바라는 바도 나와 같음을 아는 것이다. 그런 다음에 자신이 바라는 바를 미루어 타인에게 미치는 것이다."(朱熹, 『論語集注』, 「雍也」) 이 해석은 분석을 거치지 않은 여러 가정에 근거한 것이다. 먼저 가장 기본적으로, 자신은 이미 주어지고 확립된 것이라서 의문이 제기될 수 없는 중심점이자 출발점이 되고 있다. 따라서 자신을 미루어 타인에게 미치는 것은 일방적 행위일 뿐이다. 공자를 언급하는 수많은 현대 저술들도 이러한 해석에 대해 수정이나 문제제기를 하지 않은 듯하다. 馮友蘭(1895~1990)의 『中國哲學新編』(北京: 人民出版社, 1982, p.137), 馮契(1915~1995)의 『中國古代哲學的邏輯發展』(上海: 上海人民出版社, 1983, pp.86~88), 蔡尚思(1905~2008)의 『論語導讀』(成都: 巴蜀書社, 1996, p.41·110) 등이 그러하다. "자신을 미루어 타인에게 미침"이라는 언설이 지닌 문제와 이에 대한 분석은 뒤에 나온다.

14) 李澤厚, 『論語今讀』(合肥: 安徽文藝出版社, 1998), p.167, "自己想站起來, 就帮助別人站起來."

충실한 해석이라고 할 수 있다. 그러나 바로 이 충실함 때문에 이택후는 원문의 핵심적인, 그러나 모호한 부분에 대해 해석을 보류하고 있다. 따라서 독자들은 여전히 곤란함을 느끼며 질문할 것이다. 어째서 "자신이 서길 바란다면 타인이 설 수 있도록 도와주어야" 하는가? 설마 전자는 후자의 자연스러운 결과란 말인가? 아니면 후자가 전자의 전제조건인 것인가? 또한 여기에서의 '자신'은 대체 누구인가? 이택후는 평론의 성격을 띤 '전기 傳記'에서도 이 문제에 대해 아무런 설명을 제시하지 않았다.

양백준楊伯峻(1909~1992)은 『논어역주論語譯注』에서 해당 구절을 아래와 같이 해석하고 있다.

자신이 서고자 하고, 동시에 타인도 서도록 해 준다.[15)]

이 해석은 원문에서 단순한 연결사로 이해되는 '이而'자의 해석에 충실 한 나머지, 문장의 의미를 희생시키고 말았다. 원래 "자신이 서고자 하고"의 '~하고자 함'(要)은 '만약'의 의미를 함축하며, 이 '만약'은 실제로, 그리고 논리적으로 '반드시'(必)를 끌고 나와야 한다. 즉 "(만약) 자신이 서고자 한다면, (반드시) 동시에 타인도 서도록 해 주어야만 한다"가 되어야 하는 것이다. 그러나 양백준은 평서문 즉 "동시에 타인도 서도록 한다"라는 해석을 선택함에 따라 이 대목의 '만약'으로 하여금 논리상 요청되는 호응을 상실하게 만들었다. 이 때문에 우리는 이 대목의 '자신이 일어서려는 욕망' 과 '타인을 세워 주는 것' 간의 관계에 대해서 여전히 명확하게 이해할 수 없다. 뿐만 아니라, 양백준의 현대 중국어 번역에서도 원문의 '기己'자를 '자신'(自己)으로 번역한다는 점에서 앞에서 제기한 "'자신'이란 누구인가?"

---

15) 楊伯峻, 『論語譯注』, p.65, "自己要站得住, 同時也使別人站得住."

라는 문제 역시 여전히 해결되지 않은 채 남아 있다.

이제 우리는 두 영문 해석을 살펴볼 것이다. 그레이엄(A. C. Graham)은 다음과 같이 해석했다.

자신이 일어서길 바라는 사람은 타인들을 일으켜 세워 준다.16)

레게(James Legge)는 다음과 같이 해석했다.

지금 완벽한 덕을 가진 이 사람은 자신을 확립하기를 희망하면서 또한 타인들을 확립시켜 주고자 한다.17)

레게는 이 대목에 대해 자신도 확립하고자 하고 타인도 세워 주고자 한다고 보고 있다. 이 해석은 '또한'(also / 也)를 통해 '자신'의 중심적 지위를 확고히 함으로써 여전히 "자신을 미루어 타인에게 미친다"는 전통적 해석의 범위 안에 머물러 있다. 그레이엄의 경우 원문의 의미구조를 충실히 보존했지만 이택후와 마찬가지로 '자신이 일어서는 것'과 '타인을 일으켜 세워 줌'의 관계에 대해서 여전히 모호한 양가적 태도를 취하며 판단을 유보하고 있다. 또 두 영어 해석은 모두 '기근'자에 대해 일인칭 대명사가 아닌 삼인칭 대명사에 해당하는 것으로 해석하고 있다.

이상의 번역들에서 나타나는 문제는 겉으로는 명쾌하고 거침없이 보이는 공자의 이 언설을 다시 분석해야 할 이유를 말해 주고 있다.

'자신이 서길 바람'은 매우 단순한, 자기 자신의 혹은 자기 자신에

---

16) A. C. Graham, *Disputers of the Tao* (Chicago ans La Salle, Illinois: Open Courts, 1989), p.21, "Himself desiring to stands up he stands others up."

17) James Legge, *The Chinese Classics* vol.1 (Oxford: Clarendon Press, 1893), p.194, "Now the man of perfect virtue, wishing to be established himself, seeks also to establish others."

대한 욕망일 뿐인 것처럼 보인다. 그러나 공자는 어떻게 인을 실천할 것인지에 대해 답할 때 '이而'자를 사용해서 욕망의 소유자 혹은 담지자 즉 '자신'(己)을 '남'(人)과 연결시켰다. 따라서, 비록 유가전통에서 자신을 세움 혹은 '자신을 완성함'(成己)이 항상 중시되었다고 하더라도[18] 공자가 언급한 인은 결코 타인과 무관한 자신의 욕망일 수 없다. 자신이 일어서길 바라는 것만으로는 당연히 인이라고 부를 수 없을 것이다. 그러나 만약 인이 자신이 서길 바라'면' 타인을 세워 주는 것이라고 한다면, 설사 먼저 자신이 일어서길 바라고 그 후에 다시 타인을 세워 준다고 하더라도, 공자 사상 안에서는 이것 역시 인이라고 여길 수 없다고까지 볼 수 있을 것이다. 왜냐하면 연결사 '이而'자는 여기에서 앞뒤 항의 병립과 대립을 나타낼 수도 있고, 양자 간의 인과관계나 전환을 나타낼 수도 있기 때문이다.

비록 어법상으로는 '이而'자가 자신이 일어서길 바라는 욕망과 타인을 세워 주는 것 사이에서 모종의 연결 작용을 하고 있기는 하지만, 결국 우리는 양자의 관계가 어떠한 성격과 형식을 가지는지에 대해 여전히 조금도 명확히 이해하지 못하고 있다.[19] 때문에 우리는 "자신이 서길 바라면 타인을 세워 준다"라는 이 언설에서의 '이而'자에 대해 다음과 같은

---

18) 『禮記』, 「中庸」, "誠者, 非自成己而已也, 所以成物也. 成己, 仁也; 成物, 知也."

19) '而'자는 오래 전부터 경전주석가들과 언어학자들이 주의를 기울여 왔던 연결사이다. 袁仁林의 『虛字說』에 나오는 다음과 같은 설명이 그 한 예이다. "而자는 앞을 이어서 뒤를 열어 주는 기능과, 앞을 받아 뒤로 연결해 주는 역할을 한다. 잘 연결해 주기만 한다면 한곳에 구애될 필요가 없다. 모든 가고 옴, 일어나고 엎드림, 출입, 곡절, 정면과 반면, 넘어감과 이어짐 등 어떻게 연결되어도 막힘이 없다." 이어서 그는 而자의 네 가지 용법으로서 "같은 부류끼리 서로 끌어 줌", "양자가 서로 상반됨", "하나의 이치가 나란히 제시됨", "하나의 뜻이 서로 근거가 됨"을 제시한다. 而자는 어째서 이렇게 다양하게 변하는 것일까? 그의 대답은 다음과 같다. "상하의 끊어짐과 형태 변화가 일정하지 않으므로 넘어가는 방식이 저마다 다르다. 사실 '넘어감'이 '而'자의 의미를 가장 잘 드러내는 것이다." '넘어감'이 묘사하는 것은 일종의 연결 혹은 연계인데, 이러한 연결 혹은 연계의 성질은 항상 구체적인 맥락 속에서 결정된다.

전혀 다른 해석들을 내릴 수도 있는 것이다. "자신이 서길 바란다면(就) 타인을 세워 준다", "자신이 서길 바라더라도(却) 타인을 세워 준다", "자신이 서길 바라므로(因而) 타인을 세워 준다."

"자신이 서길 바라'면'(而) 타인을 세워 준다"는 말은, '타인을 세워 주려는 욕망'이 자신이 서려는 욕망에 바로 붙어'서'(而) 나온다는 의미 같기도 하고 또 자신이 서려는 욕망이 낳은 모종의 결과 같기도 하다. 그러나 다른 한편으로, '이(而)'에는 타인을 세워 주는 것이 자신이 서는 것의 전제조건이 된다는 암시가 있는 것처럼 보이기도 한다. 즉 "만약 내가 서길 바란다면 나는 타인을 세워 주어야만 한다" 혹은 "자신이 서길 바라므로(因而) 타인을 세워 준다"로 해석하든 "자신이 서길 바라고(就), 타인을 세워 준다"로 해석하든 간에 여전히 다음과 같은 문제들이 남는 것이다. 어째서 '이(而)' 자가 필요한가? 공자가 인을 묘사하기 위해 '이(而)' 자를 사용하는 이러한 맥락에서 '이(而)' 자는 도대체 무엇을 의미하는 것인가? 자신이 자신을 세우려는 욕망에 따라 자신의 일만을 돌보기를 원하지 않는다는 것인가, 혹은 그렇게 해서는 안 된다는 것인가, 혹은 그렇게 할 수는 없다는 것인가? 오직 자신이 서길 바라는 일 단독만으로는 불가능한 것처럼 보이는 것은 어째서인가? 생각이 자신에게 미치고 자신을 세우고자 하는 데 미치는 순간 그 생각이 남에게 미치고 남을 세워 주는 데 미칠 수밖에 없다는 것인가? 심지어 타인을 세워 주는 데에 먼저 생각이 이르기도 하는 것인가? 어째서 자신을 세우려는 욕망은 '이(而)' 자를 통해서 타인에게 나아가 자신의 외부에 속한 것 같은 일에까지 관련되는가?

비록 '자신이 서길 바라는 것' 자체는 단순한 욕망이지만, '이(而)' 자는 이 단순함을 깨뜨리고 자아욕망의 실현을 결과적인 것 혹은 모종의 전제를 필요로 하는 것으로 만들어 버렸다. 분명 우리는 여기에서 최종적으로

'모종의 전제를 필요로 하는 것'이라고 말했다. 그렇게 말한 까닭은, 우리는 이 애매한 '이(而)'자에 의해 '자신이 서길 바라는 욕망'과 연결되는 '타인을 세워 주는 것'이 과연 전자의 자연적인 결과인지, 아니면 전자를 위한 모종의 전제가 되거나 심지어는 필수적인 원인이 되는 것인지에 대해 여전히 명확히 알지 못하고 있기 때문이다. 이제 '자신이 서길 바라는 것'의 함의는 매우 복잡해졌다. 이처럼 수많은 의미를 지닌 '이(而)'자가 우리로 하여금 '자신이 서길 바라는 것'과 '타인을 세워 주는 것' 사이에서 우리가 기대하는 바와 같은 분명한 구분을 할 수 없게 만들었기 때문이다. '이(而)'자는 '자신이 서길 바라는 것'과 '타인을 세워 주는 것'이라는 두 가지 사건이 모종의 형식으로 상호 관련되게 하고, 심지어 상호 변화하도록 만들었다. 이것은 자신과 타인의 경계를 모호하게 만들 뿐만 아니라 이 대목에서의 '자신이 서길 바라는 것'과 '타인을 세워 주는 것' 간의 문자적 선후 순서마저 엉망으로 만들고 심지어 전도시키기까지 한다.

표면적으로 보았을 때 여기에서 유일하게 가능한 순서는 먼저 자신이 서고, 그리고 난 후 타인을 세워 주는 것이다. 그러나 공자는 결코 자신을 앞세우고 타인을 뒤로 하라고 말하지는 않았던 것으로 보인다. 공자는 자신이 선 이후(而後)나 연후(然後)에 타인을 세워 주라고 한 것이 아니라, 자신이 서길 바라'면'(而) 타인을 세워 주라고 했을 뿐이다. 그런데 만약 '자신이 서길 바람'이 하나의 욕망 즉 자신에 대한 욕망이거나 그러한 욕망에 속하는 것이라면, '자신이 서길 바라는 것'은 자신은 다만 서기를 바랄 뿐이지 아직 서지 못한 상태이다. 따라서 이때의 자신은 사실 '미래의 자신'에 대한 욕망 안에 머물러 있을 뿐이어서, 여전히 서려는 욕망으로서 존재하고 있는 것이다. 이러한 상황에서 "자신이 서길 바라면 타인을 세워 준다"는 말을 듣게 된다면, 자신을 세우려는 욕망이 생기는 그 순간에, 그러한 욕망으로 존재하는 바로 그 순간에, 자신을 세우고자 하는 자신은 이미 타인에게서 자신의 욕망을 실현하고자 노력할 것이며, 이것은 자신(미래의 자신)에 대한 욕망이다. 이것은 타인을 세워 주는 것을 자신이 서는 것(자신을 실현하는 것)의 일부분으로, 심지어는 전체로 실현한다는 말이다. 이것이 어떻게 가능한가? 아직 서지도 못한 자신이 어떻게 타인을 세워 줄 수 있는가? 타인을 세워 주는 과정에서 어떻게 자신을 세우고 실현할 수 있다는 것인가? 이는 우리에게 곤혹감을 줄 수 있는 문제들이다.

3. '기己'의 의미[20]

우리는 아직도 "자신이 서길 바라면 타인을 세워 주라"(己欲立而立人)는 이 간단하면서도 곤혹스러운 언설을 완전하게 이해하지는 못하고 있다. 따라서 지금부터는 우선 논의의 임시적인 출발점으로 설정했던 "자신이

---

20) 역자주: 이 절과 다음 절(일인칭대명사로서의 '我'와 '己')의 내용은 중국어 문법에 관한 내용이 주를 이루고 있어 우리말로 옮길 때 어려움이 많았다. 이들 절에서 설명하고 있는 '自己'와 '自身', '我'와 '己' 사이의 미묘한 차이 등이 우리말로 옮기는 순간 무의미하게 되고 마는 경우가 많았기 때문이다. 이것은 주로 우리말과 중국어의 문법적 차이에서 기인한다. 고립어인 중국어는 단어의 문법적 기능이 어순이나 글자의 위치에 의해 파악되기 때문에 낱말 각각의 뜻이 중요한 의미를 지니고, 또 그것이 주어로 사용되었는지 목적어로 사용되었는지에 따라 '我'가 와야 할지 '己'가 와야 할지가 결정되며, 같은 '己'자라 하더라도 그 위치에 따라 주어가 되기도 하고 목적어가 되기도 한다. 이에 비해 교착어인 우리말에서는 '내'가 주어가 될지 목적어가 될지가 오직 '나'와 결합한 조사가 주격인지 목적격인지에 의해 결정될 수 있으며, '나'는 어디까지나 '나'일 뿐이다. 한마디로 대상과 결과가 일대일로 대응하는 선명한 번역이 이루어지지 않는 것이다. 이 때문에 이 책의 번역에서는, 주어로 쓰인 '我'나 '己'는 '자아로서의 나', '주체로서의 나' 등으로, 목적어로 사용된 '己'는 '대상으로서의 나', '타자로서의 나' 등으로 옮겼다. 이 가운데 특히 '타자로서의 나'는 저자가 강조하는 이 책의 타자적 성격을 뚜렷하게 드러내는 개념이 되리라 생각한다.

서길 바람"이라는 이 언설에 포함된 몇 가지 기본적인 문제들에 대해 고찰해 보고자 한다. 첫째, '자신'(己)이라는 이 개념은 도대체 무엇을 함축하고 있는가? 어떻게 해야 '자신'(己)과 그것의 가능성의 범주를 구분할 수 있는가? 둘째, '자신'(己)은 어떻게 해야 무엇을 욕구할 수 있는가, 혹은 '자신이 서려는 욕망'과 같은 '기己'의 각종 욕망은 어째서, 그리고 어떻게 생겨나는가? 이 문제는 욕망 자체의 가능성 혹은 욕망을 가능케 하는 조건과 관련된다. 셋째, '자신'(己)이 선다고 했을 때, '섬'(立)은 어떠한 의미를 함축하고 있는가? 도대체 어떻게 해야 섰다고 할 수 있을까?

『현대중국어사전』과『한어대사전』은 '기己'자를 '자신自身' 혹은 '자기自己'로만 번역하고 있다. 그러나 자신과 자기가 비록 통용될 수 있기는 하지만 사실 완전히 동일한 의미는 아니므로 나누어 볼 필요가 있다. 따라서 여기에서는 '자기自己'에 대해서만 논하기로 하겠다.

우리 모두는 당연히 '자기'가 무엇인지 알고 있다. '자기'의 뜻은 말하지 않아도 알 수 있는 것이므로 따로 어떠한 설명도 필요하지 않은 것처럼 보인다. 그러나 '기己'자에 '자自'자를 얹어서 만든 것에 불과한 '자기自己'가 과연 '기己'의 개념을 완전히 설명해 냈다고 볼 수 있을까? 우리는 진정으로 이것의 의미를 알고 있는 것일까? 우리는 진정으로 우리가 '자기'의 의미에 대해 다시 분석할 필요고 없다고 확신하는가? 사실 '기己'를 '자기'로 해석하는 문제에 있어, 명확한 것보다는 모호한 것이 낫다. 왜냐하면『논어』와 같은 고전에서의 '기己'는 현대 중국어의 '자기'와 그 용법이 결코 완전히 일치하지는 않기 때문이다. 심지어『사원辭源』에는 '자기自己'에 대해 한 조목도 나오지 않는다. 『대한화사전大漢和辭典』의 '자기自己' 항목에는 단 한 줄의 고대 한문의 예문도 없고,『한어대사전』의 '자기自己' 항목 아래 첫 번째 예문은『남사南史』「은일전하隱逸傳下」'도홍경陶弘景'의 "예전에 홍경의 어머니의 꿈에서 꼬리 없는 청룡이 '스스로' 승천했다"라는 문장이다. 사실 좀 더 이른 시기의 『맹자』에서 '자기自己'로 이어져 있는 대목이 등장하기는 한다. 맹자는 "화와 복은 '자신으로부터'(自己) 구하지 않은 것이 없다"21)라고 했는데, 그러나 여기에서의 '자기自己' 중 '자自'자의 의미는 '~로부터'의 의미이고 '기己'는 '자신'이라는 의미이다. 따라서 여기서는 두 글자를 하나의 개념으로 취급해서는 안 된다. 선진시기, 양한위진시대의 전적에서 등장하는 '자기自己'는 모두 이러한 부류들이다.22) '자기自己'가 명확하게 한 단어를 이루는 경우는 당대부터 보이기 시작하여 송대 백화문에서 상당히 유행했으며, 명청대 작품에서는 더욱 자주 등장한다.23) 현대 중국어의 '자기自己'는 이렇게 생겨난 것이다.

두 글자가 합해서 만들어진 단어로서의 '자기自己'에는 두 가지 용법이 있다. 하나는 재귀대명사이다.

자기의 몸이 작다는 것을 알기 바란 것인지, 말굽에 파인 땅에 고인 물에 나아가서 살피는구나.24)

다른 사람의 술잔을 빼앗아서 내 걱정을 따르네.25)

---

21) 『孟子』, 「公孫丑上」, "禍福無不自己求之者."
22) 예를 들면 다음과 같다. 『禮記』, 「表記」, "是故君子議道自己, 以置法以民"; 『莊子』, 「應帝王」, "明王之治, 功蓋天下而似不自己"; 『後漢書』, 「黨錮列傳」, 「夏馥」, "馥乃頓足而嘆曰: 孽自己作. 空汗良善, 一人逃死, 禍及萬家, 何以生爲"; 『三國志』, 「魏書」, 「傳瑕」, "愚以爲夏候玄以名重致患, 衅由外至; 種會以利動取敗, 禍自己出."(이상의 예문들은 臺灣 中央硏究院의 漢籍電子文獻 辭典全文 검색 시스템[http://hanji.sinica.edu.tw]에서 인용한 것이다.)
23) 중국어에서 自己가 한 단어가 된 것은 아마도 불경 번역의 영향이 있는 것으로 보인다. 『敦煌變文集新書』, 제1권, 「故圓鑑大師二十四孝押坐文」, "若能自己除譏諒, 免被他人劍毀傷."; 『朱子語類』, 제67권, "蓋爲學只要理會自己腦中事爾."; 『喩世明言』, "陳御史巧勘金釵鈿」, "這咬 做: 欲圖他人, 翻失自己. 自己差慚, 他人歡喜."(이상의 예문들은 漢籍電子文獻 辭典全文 검색 시스템에서 인용한 것이다.)
24) 蔣貽恭(?~?), 「咏蛤蟆」, "坐臥兼行總一般, 向人努眼太無端, 欲知自己形該小, 就蹄涔照影看."

첫 번째 예문의 '자기自己'는 시 안에서의 주어인 나비를 가리키며, 두 번째 예문에서는 드러나지 않은 주어 / 주체를 가리킨다. 두 예문에서의 '자기自己'는 모두 더 옛날의 고전에서의 '기己'의 의미로 환원된 것이라고 볼 수 있다.[26] '자기自己'의 또 다른 용법은 재차 주어를 가리키는 것으로, '나 자신'(我自己) 혹은 '그 자신'(他自己) 등과 같은 경우이다.[27] 그러나 고전 특히 『논어』에서는 '기己'가 이러한 용법으로 사용되었을 가능성이 전혀 없다. 『논어』에서는 '오기吾己', '아기我己' 등의 용법이 보이지 않는다. 따라서 고대 한문의 한 글자 단어인 '기己'자와 훗날의 두 글자 단어인 '자기自己'는 의미적으로 완전히 중첩되는 것이 아니다. 그러므로 '기己'를 '자기自己'로만 번역하는 것은, 어떤 의미에서는 '기己'자의 의미에 대해 그저 묵시적 이해의 차원에만 머물러 있는 것이라고 할 수 있다.

'자기自己'가 '기己'와 구분되는 것은 바로 기己자 앞에 부가된 '자自'자 때문이다. 이 '자自'자는 어법상 '스스로'(혹은 '스스로를')라는 뜻의 부사어(혹은 목적어)에 해당하므로 주어가 될 수 없다. 고대 한문과 현대 중국어에서 우리는 '자성自省'(스스로 반성함), '자벌自伐'(스스로 자랑함), '자모自侮'(스스로 욕되게 함), '자구자전自寇自煎'(스스로 도적질하고 스스로 애태움), '자포자기自暴自棄'(스스로 포기함) 등의 서술을 확인할 수 있다.[28] 이 '자自'자들은 모두 타동사 앞에

---

25) 李贄(1527~1602), 「雜說」, "奪他人之酒杯, 澆自己的塊壘."
26) 이지의 말을 『논어』의 己와 人의 용법에 근거하여 고친다면, "奪人之酒杯, 澆己之塊壘"가 될 것이다.
27) 예를 들자면, 『紅樓夢』 제12회의 「王熙鳳毒設相思局, 賈天祥正照風月鑑」의 "너희들 자신은 거짓을 진실로 여기면서 어찌 나를 괴롭히는가?"(你們自己以假爲眞, 何苦來燒我)와 같다. 『현대한어사전』은 自己에 대해 "바로 앞의 명사 혹은 대명사를 지시하는 대명사"라고만 설명하고 있다. 또한 自己의 용법에 대해서는 괄호 안에서 "외부적 요인에 의한 것이 아님을 강조함"이라고 설명한다. 그 예문은 다음과 같다. "병은 혼자 아래로 떨어질 수 없다. 누군가 깨뜨린 것이다."(瓶子不會自己倒下來, 誰是有人碰了它.)
28) 楊樹達, 『詞詮』(北京: 中華書局, 1954), '自'자 항목의 제2항 예문들(p.268) 참조

사용되는 것이거나, 혹은 '자구화복自求禍福'(스스로 화와 복을 구함)처럼 동사의 행위가 주어 자체에 의한 것이지 타인에 의한 것이 아님을 표시해 주는 것이거나, 혹은 숨겨진 목적어가 주어와 동일함을 알려 주는 것들이다. '자自'자에 의해 간접적으로 암시된 목적어로 가장 대표적인 것이 바로 '기己'이다. '자모自侮'를 예로 들자면, 이는 곧 '모기侮己'(자신을 욕되게 함)로 번역될 수 있는 것이다. 따라서 전통적인 문법에 근거한다면, 우리는 '자自'자에는 의미가 없고 '기己'자가 실제 의미라고 말할 수 있을 것이다.29) 다만 어느 정도는, 부사적 성격의 '자自'와 명사적 성격의 '기己'의 결합은 '자自'의 의미를 반쯤 살리고 '기己'의 의미를 반쯤 없앤 것이라고 볼 수 있다.

현대어의 '자기自己'는 더 많은 경우 주어 자신을 가리키는 부사적 성격을 가지게 되었으며, 따라서 순수한 대명사 혹은 명사라고 볼 수 없게 되었다.30) 주어 자신을 가리키는, '대명사의 대명사'라고도 할 수 있는 이러한 '자기自己'는 우리의 관심을 이것이 지칭하는 대상으로 이끌고 있다. 따라서 우리는 어디에서 '자기自己'라는 말을 들었을 때 습관적으로 "누구를 지칭하는 '자기自己'인지"를 물을 것이다. 따라서 "자기自己가 서고자 한다면"이라는 번역에서는, 비록 표면적으로는 '자기自己'가 주어의 자리를 점하

---

29) 楊樹達의 虛辭辭典인 『詞詮』은 自자의 항목들을 열거하면서 自자는 주로 허사라고 본다는 자신의 견해를 밝혔지만, 우리가 현재 논하고 있는 의미에 대해서는 대명사라고 보았다. 그리고 그 예문들은 상당수 우리가 현재 본문에서 인용한 것들이다. 그런데 自爲(『孟子』「告子下」) 혹은 自殺(『孟子』「盡心下」)과 같은 경우에서의 自자는 결코 주격 대명사가 아니기는 하지만, 그렇다고 목적어 앞에 전치된 목적격 대명사도 아니다. 自자는 이러한 서술에서 사실상 부사적 작용을 하며, 동사의 주체와 대상이 동일하다는 것을 알려 준다. 따라서 楊樹達이 제시한 여러 예문들을 고찰해 보면 여전히 自는 대명사가 아닌 부사로 이해되어야 한다는 점을 발견할 수 있다.

30) 이는 서양철학 용어를 번역하는 번역자들이 철학이나 정신분석이론의 ego 혹은 self를 自己가 아닌 自我로 번역하는 이유 중의 하나일 것이다.

86

고 있지만 그 속에는 필연적으로 말의 의미상 결코 생략될 수 없는 주어, 즉 '자기自己'에 의해 지칭되는 주어가 감추어져 있다. 이러한 주어는 원칙적으로 오직 '나'여야만 하기에, 우리는 '자기自己'에 대해 '나 자신'(我自己)이라고 보충하게 된다. 여기에서 '자기自己'는 문맥과 뉘앙스의 측면에서 일인칭 대명사인 '나我'를 더욱 강조하는 것일 뿐이다. 다른 어떤 사람이 아닌 '나', 바로 '나 자신'이 무엇을 하고자 하는 욕망을 가지고 있다는 말이다. '나'를 강조하는 이러한 형식은 일체의 타인 혹은 대상과 구별되고 그들과 상대됨을 강조하는 것이다. 타자에 대해 그들과 반드시 구분되고 싶을 때 우리는 '나, 바로 나 자신'(我, 我自己)이라고 말한다.

따라서 "자기가 서길 바라면 타인을 세워 준다"라는 해석은 (명확하게까지는 아니더라도 적어도 은연중에는) 공자의 '기己'가 '나, 바로 나 자신'으로 이해된다는 것을 의미한다. 어째서 이 대목의 '기己'가 '너 자신' 혹은 '그 / 그녀 자신'이 아닌 '나 자신'으로만 해석되어야 하는가? 우리가 '자신'을 떠올려 볼 경우, 우리는 이 형식과 우리 자신을 분리하기가 매우 어렵다. 우리는 매우 자연스럽게 우리 스스로를 '자신'에 놓고 있을 것이다. 바꿔 말하자면, 우리가 '자신'에 대해 떠올리고자 시도했을 때 우리가 떠올리는 것은 '우리 자신' 혹은 필연적으로 자신을 가리키는 '나'이다. '기己' 개념은 이러한 존재를 상징하는 것으로, 이것은 다른 것과 구별되고 자신과 동일하다는 것이며, 또한 자신과 동일함을 분명하게 아는 것이다. 만약 타자와의 구별 및 자신과의 동일시가 이처럼 명확하게 의식되지 않는다면 어떠한 '자신'도 존재할 수 없을 것이다. '기己'와 자신의 이러한 동일함은 필연적으로 자신으로부터 출발하는 '관점'을 의미하게 되며, 이러한 관점은 필연적으로 '주관적' 관점, 일인칭 관점일 수밖에 없다. 따라서 '자신'으로서의 '기己'는 결국 '나'일 수밖에 없는 것이다. 설령 '너 자신' 혹은 '그 / 그녀 자신'과 같은 이인칭, 삼인칭 속에서의 '자신'이라 할지라도, 필연적으로 '기己'는 그 자신의 입장에서는 하나의 '나'일 수밖에 없다.

'기己'와 자신 간의 동일함은 어떤 의미에서는 일인칭대명사인 '나'와 분리될 수 없다.[31] '나'라고 말하는 것은 하나의 부호체계 안에서 하나의 부호를 가지고 타인과 자신에 대해 자신을 대표하는 것이다. 이것은 이러한 부호체계로서의 특정한 지칭 즉 '나'에 대해 동의를 표하는 것이다. 그러나 내가 필요로 하는, 내가 반드시 동의를 해야 '자신'이 될 수 있는 이러한 지칭은 매우 독특한 지칭이다. 왜냐하면 이러한 지칭—혹은 '기의記意'(signifer)—은 자신 외의 어떠한 다른 대상도 지향하지 않기 때문이다. 이러한 지칭은 결국 자신에게 돌아오고 자신에게서 멈추게 된다. 이 점에 있어 이 '지칭'은 지칭하지 않는다. 또한 자신 외에 어떤 것도 지칭하지 않는 이 '지칭'은, 자신의 소유로 만들고 싶은 것이라면 그것이 무엇이든 간에 자신의 폐쇄적인 체계 안으로 완전히 흡수할 것이다. 그러므로 '나'라고 말할 수 있다는 것은 너 혹은 그 / 그녀에 대해, 즉 모든 타인에 대해 자신의 폐쇄적인 작업을 완성했다는 것을 의미한다.[32] 또한 그러한 자신을 폐쇄하는 작업은 타인과의 구별과 자신과의 동일시라는 결과를 낳을 것이며, 이것은 곧

---

31) 즉 '나'와 '나'에 해당하는 일인칭대명사들'의 사용과 관련이 있다. 우리는 고대 한문과 현대 중국어를 막론하고 '我'가 유일한 일인칭대명사 혹은 일인칭 자칭의 형식이 아니었다는 점을 알고 있다. 그러나 『爾雅』 「釋詁」에서 '我'를 가지고 '吾'와 같은 다른 고대 한문의 일인칭대명사들을 해석한다는 점은 '我'가 모종의 표준적인 일인칭대명사임을 말해 준다고 볼 수 있다.(『十三經注疏』, 上海古籍出版社, 1997, p.2573)

32) 우리는 아동들이 '나'라는 대명사를 사용할 수 있게 되기 전부터도 종종 자신의 이름으로 자신을 지칭한다는 것을 알고 있다. 이것은 삼인칭 대명사를 사용해서 자신을 지칭할 수 있음을 말해 주는 것이다. 또한 이것은 자신과 타인을 아직 명확히 구분하지 못하는 것이며, 아직 일인칭대명사인 '나'를 통한 자아의 폐쇄를 완성하지 못했음을 의미한다. 이것은 또한 그가 자신 안에 있지 않거나 혹은 아직 돌아오지 않은 것이며, 아직 자신과 동일하지 않음을 말해 주는 것이다. 다시 말해, 그는 아직 자신 혹은 '나'가 되지 못한 것이다.

내가 일인칭대명사를 사용하는 '주체'가 됨을 의미한다. '기己'를 정의한다면, 이것은 결국 '일인칭 주체'로서의 '나'여야 한다.

만약 모든 사람이 '나'라고 말할 수 있다면, '나'라고 말할 수 있는 것이 인간으로서 소유한 근본적 가능성이라고 한다면, 모든 사람은 필연적으로 하나의 주체가 될 수 있을 것이다. 그러나 하나의 언어 행위로서 '나'를 말한 이상 이 부호 혹은 '지칭'은 이미 타인이나 자신을 향해 나를 대표하거나 언급한 것이다. 따라서 '나'라고 말했다는 것은 이미 언급되고 대표되며 토론될 수 있는 '나'가 존재한다는 것을 의미한다. 이와 마찬가지로, 누군가가 '나'라고 말했다면 우리는 그 사람이 '나'로 될 수 있거나 '나'일 수 있다는 것, 또는 '나'를 지닐 수 있다는 것을 동시적으로 긍정해야만 한다. 모든 사람은 '나'일(是己) 수 있는 동시에 또한 '나'를 지닐(有己) 수 있는 것이다.

여기에서 우리는 다소 특수한 상황에 직면하게 되었다. 무언가를 '지닌다는'(有) 것과 그 자체로 어떤 무엇'이라는'(是) 것은 엄격하게 구별되는 서로 다른 개념이다. 일반적으로 말해서 '~을 지님'(有)은 외재적인 상호관계를 나타내며, '~임'(是)은 내재적인 상호동일성을 나타낸다. 따라서 무언가를 지니면서 동시에 그 무엇일 수는 없고, 어떤 무엇이면서 동시에 그 무언가를 지닐 수도 없는 것이다. 그러나 '나'(己)의 문제에 있어서만큼은 '~을 지님'과 '~임' 간의 경계선은 매우 모호해서 분별하기 어렵다. 즉 나는 이미 '나이면서'(是己) 또한 '나를 지니고 있는'(有己) 것이다. 이는 도대체 무슨 뜻인가? 지금부터 이 중요한 '이미 ~이면서 또한 ~을 지님'의 의미에 대해 밝혀 보도록 하겠다.

먼저 모든 사람이 '지니고 있는 나'(己)에 대해 살펴보겠다. 『논어』에서는 이러한 '나'의 다양한 양상들을 언급하고 있는데, 그것은 '내가 관심을 기울일 수 있는 나', '배움의 대상으로서의 나', '내가 무엇인가를 요구하고 문책해야 하는 나', '내가 책임을 지워야 하는 나' 등으로 나타난다.

> 공자가 말했다. "남들이 '나'(己)를 알아주지 않는 것을 근심하지 말고 내가 남을 알지 못하는 것을 근심하라."[33]

> 공자가 말했다. "남들이 '나'(己)를 알아주지 않는 것을 근심하지 말고 내가 능하지 못한 것을 근심하라."[34]

> 공자가 말했다. "옛날의 학인들은 자신(己)을 올바르게 했다면, 지금의 학인들은 남에게 인정받으려 한다."[35]

> 공자가 말했다. "군자는 자신(己)에게서 원인을 찾고 소인은 남에게서 원인을 찾는다."[36]

> 인을 나(己)의 임무로 삼았으니, 역시 무겁지 아니하겠는가?[37]

이들은 모두 내가 소유한 '나'(己)로서, 나는 그러한 '나 자신'에 대해 무엇인가를 할 수 있다. 즉 나는 '자신을 깨끗이 함'(潔己)[38], '자신을 수양함'(修己)[39], '자신을 행동하게 함'(行己)[40], '자신을 공손하게 함'(恭己)[41], '자신을

---

33) 『論語』, 「學而」, "子曰: 不患人之不己知, 患不知人也."
34) 『論語』, 「憲問」, "子曰: 不患人之不己知, 患其不能也."
35) 『論語』, 「憲問」, "子曰: 古之學者爲己, 今之學者爲人."
36) 『論語』, 「衛靈公」, "子曰: 君子求諸己, 小人求諸人."
37) 『論語』, 「泰伯」, "仁以爲己任, 不亦重乎?"
38) 『論語』, 「述而」, "互鄕難與言, 童子見, 門人惑. 子曰: 與其進也, 不與其退也, 唯何甚? 人潔己以進, 與其潔也, 不保其往也."
39) 『論語』, 「憲問」, "子路問君子. 子曰: 修己以敬. 曰: 如斯而已乎? 曰: 修己以安人. 如斯而已乎? 曰: 修己以安百姓. 修己以安百姓, 堯舜其猶病諸!"

극복함'(克己)[42) 등을 할 수 있다. 이러한 '나'들(나에게 속하고, 내가 '대상화'해서 언급하고 요구하고 무엇인가를 할 수 있는 나)은 문법적으로 동사의 목적어이지 주어가 아니다. 즉 그것은 주체로서의 내가 시작한 동작이나 행위를 받아들이는 '대상으로서의 나'로, 곧 내(我)가 지니고 있는 '나'(己)이다. 『논어』에서는 총 29차례 '기己'자가 사용되었는데, 특히 이러한 목적어의 위치에서 사용되는 것이 매우 일반적이었던 것처럼 보인다.

그러나 "자신이 서길 바라면 타인을 세워 준다"라는 언설 안에서는 '타인'과 상대되는 '자신'(己)이 문법적으로 독립적인 주어의 지위를 점하고 있다. 어째서 '나'(己)는 이처럼 "손님이 도리어 주인이 될" 수 있었을까? 이 문제는 모든 사람이 '나이면서' 동시에 '나를 지닐 수 있다'는 것과 관련된다. 이미 '나'(我)의 가능성은 한 개인으로 하여금 '대상으로서의 나'(己)로 되도록 할 수 있다고 언급한 이상, 우리는 일인칭대명사인 '나'를 통해 이 문제에 한 걸음 더 접근해 보도록 하겠다.

4. 일인칭대명사로서의 '아我'와 '기己'

일인칭대명사로서의 '나'(我)는 우리에게 가장 친숙한 어휘 중 하나일 것이다. 예나 지금이나 일인칭대명사로서의 나(我)가 가지는 의미와 역할에는 변함이 없다. 그러나 우리가 사전에서 나(我)의 의미를 찾아본다면 아마 실망할 것이다. 실재적인 의미를 가진 다른 일반 명사들과는 달리 나(我)의

---

40) 『論語』, 「子路」, "子曰: 行己有恥, 使於四方, 不辱君命, 可謂士矣."
41) 『論語』, 「衛靈公」, "子曰: 無爲而治者, 其舜也與! 夫何爲哉! 恭己正南面而已矣."
42) 『論語』, 「顔淵」, "子曰: 克己復禮爲仁."

사전적 정의는 그 말의 뜻에 관한 것이 아니라 단지 어법에 관한 것일 뿐이다. 가령 "나(我)는 자신을 칭하는 것이다", "나(我)는 자칭이다" 등이 그러하다.[43] 이것은 '나'란 곧, 말하는 이가 자신을 지칭하기 위해 사용하는 부호일 뿐임을 의미한다. 이러한 지칭부호로서의 '나'는 특별한 내재적이고 실재적인 의미를 가지고 있지 않은 것처럼 보인다. 따라서 '나'는 엄격한 의미에서 객관적 내용을 담고 있는 개념이 아니다. 이것은 곧 후설이 지시 기호를 버리고 표현 기호만을 구분해 내고자 시도할 때 견지했던 철학적 관점이다.

그러나 데리다가 후설을 '해체'한 이후 우리는 더 이상 이러한 설명을 받아들이지 않게 되었다. 설령 '나'라는 것이 필멸의 존재인 어떤 사람에 의해 독점된다 하더라도, 이러한 '나'는 여전히 모든 살아 있는 사람들과 죽은 사람들 사이에서 살아 움직이고 있다. 그렇다면 '나'라는 이 대명사는 본질적으로 관념적이고 개념적인 성격을 지니게 된다. 이것은 '나'라는 것이 어떤 구체적 화자를 통해 그 지칭 작용을 실현시킬 수 있는 단순한 인칭대명사에 그치는 것이 아니라 보편성을 갖춘 독립적 개념이라는 것을 의미한다. 또한 '나'라는 개념의 의미가 '현재 말하고 있는' 특정한 화자를

---

43) 전자는 『현대한어대사전』과 『한어대사전』에서 보이며, 후자는 『辭源』에서 보인다. 『설문해자』는 "我"자에 대해 "我는 자신을 드러내어 스스로 일컬음이다"(我者, 施身自謂也)라고 설명했다. 물론 우리는 앞에서 중국어의 我가 결코 일인칭 단수 대명사에 그치는 것이 아니라고 언급했지만, 일인칭 주격대명사인 我에 대한 중국어 사전의 정의만 놓고 본다면 그것은 영어의 일인칭 단수대명사인 'I'에 대한 영어사전의 일반적인 정의와 일치한다. "The person speaking or writing." 언어학자들과 철학자들은 이미 대명사나 지시대명사(deictic)와 일반명사 사이의 중요한 차이점에 대해 주목하고 있었고, 프랑스의 철학자 리오타르(Lyotard, 1924~1998)는 Dicourse, Figure에서 이 점에 대해 상세히 논하고 철학적으로 발전시켰다. 이러한 리오타르의 철학적 작업에 대한 평가로는, Geoffrey Bennington의 Lyotard: Writing the Event(New York, Columbia University Press, 1988, p.64)와 Legislation: The Politics of Deconstruction(London, Verso, 1994, pp.274~295)에 수록된 「Index」가 참고할 만하다.

통해서만 실현되어야 하는 것도 결코 아니다. '나'를 주어로 하는 문장은 기본적으로 모두 '나'라고 말하고 있는 특정 화자와 그가 속한 문맥으로부터 벗어나서 이해될 가능성을 지니고 있는 것이다.[44]

이 점에 나아가 말하자면, 공자의 "내가 인하길 바란다면 곧 인이 이를 것이다"라는 표현은 언어적 측면에서의 의미적 양가성兩可性을 내포하고 있다. "내가 인하길 바란다면 곧 인이 이를 것이다"라는 말은 당연히 공자가 자신을 두고 한 말일 수도 있고, 또 이처럼 일인칭 주어인 '나'를 사용한 서술이 가능한 모든 '나', 즉 '나'라고 말할 수 있으면서 이 말에 동의하는 모든 사람들을 두고 한 말일 수도 있다.[45] 따라서 "내가 인하길 바란다면"의 '나'는 특정한 나, 즉 '나'라는 대명사로 지칭될 수 있는 공자만을 가리키는 것이 아니라, 개별적인 나를 넘어선 보편적이고 이념적인 나를 의미할 수도 있는 것이다. 이처럼 특정한 발화 시점 이후의 '나'는 추상적 개념이 되어, 반드시 구체적 개인에 의지해야만 실현될 수 있는 단순한 일인칭대명사를 의미하는 것이 아니게 된다. 그리하여 "내가 인하길 바란다면 곧

---

44) 후설은 '나'와 같은 주관적 대명사가 지니는 의미는 본질적으로 특정한 상황에 의해 규정된다고 보았다. 이들이 이른바 '본질적으로 특정한 상황에 의해 규정되는 표현'(essentially occasional expressions)들이다. 그는 말했다. "우리가 누가 쓴지 모르는 '나'라는 어휘를 읽을 때, 이것은 당연히 아무런 의미도 없는 것이 아닐 것이며 최소한 일반적인 의미와 구분되기는 할 것이다."(후설의 『논리연구』에 나오는 말을 데리다의 Speech and Phenomena에서 인용함) 데리다의 Speech and Phenomena에 나오는, 상술한 후설의 관점에 대한 비판과 '나'가 지니고 있는 관념성 및 이념성에 대한 중요한 논의를 참고하라.(Jacques Derrida, Speech and Phenomena, trans. David B. Allison, Evonsion, Northwestern University Press, 1973, pp.93~97. 이 책의 중국어 번역본은 『聲音和現象』, 杜小眞 譯, 北京: 商務印書館, 1999, pp.118~123이다.)
45) 바로 이 때문에 공자의 "내가 인하길 바란다면 곧 인이 이를 것이다"는 말에 대해, 楊伯峻의 "仁德이 설마 우리로부터 멀리 떨어진 것이겠는가? 내가 그것을 원하면, 그것이 다가올 것이다"(楊伯峻, 『論語譯注』, p.65, "仁德難道離我們很遠嗎? 我要它, 它就來了.")와 같은 번역도 있을 수 있고, 李澤厚의 "인이 요원한 것이겠는가? 어떤 사람이 진정으로 그것을 원한다면, 그것은 다가올 것이다"(李澤厚, 『論語今讀』, p.191, "仁很遙遠嗎? 哪个人如 眞想要它, 它就會來的.")와 같은 번역도 있을 수 있다.

인이 이를 것이다"라는 말은 이제 더 이상 보편적이고 철학적이지 못하고 특정 개인에만 관련되는 순수 경험적 진술에 머물지 않게 될 수 있다. 그러므로 우리는 '나'를 주어로 하는 서술의 의미를 이해할 때 결코 어떤 특정한 개인이나 발화 주체를 요청할 필요가 없다. 이렇게 해야만, 표면적으로 어떤 '특정한 나'를 주어로 한 것처럼 보이는 서술이 비로소 보편적 의미를 지닌 철학적 서술로 될 수 있는 것이다.[46]

이제 우리는 일인칭대명사인 '나'가 단순한 일인칭 지시대명사 혹은 단순한 지시부호의 차원을 넘어 보편성을 지닌 개념으로 나아가는 과도기 혹은 전변의 과정에 놓여 있다고 분명히 말할 수 있을 것이다. 보편성을 지닌 개념으로서의 '나'의 의미는 형식적으로 '일인칭대명사를 사용해서 사고하고 말할 수 있는 사람'이라고 정의될 수 있다. 바꿔 말하면, 하나의 '나'는 '나'라는 일인칭대명사를 사용해서 자신을 지칭할 수 있는 사람 즉 하나의 사상과 언어의 주체인 것이다. 따라서 주체로서의 '나'와 주어로서의 '나'는 긴밀하게 연결되어 있다. 이는 또한 나의 가능성—내가 '나'일 수 있는 가능성, '나'로 될 수 있고 '나'를 완성시킬 수 있는 가능성—이 언어적 가능성—하나의 상징 혹은 부호를 사용해서 자신을 지칭할 수 있는 가능성—과 긴밀하게 연결되어 있음을 의미한다.

당연하게도 이처럼 보편적 의미를 지닌 '나'는 바로 '대상으로서의 나'

---

46) 가령 우리는 공자의 이 말을 "다른 사람이 저에게 하지 않았으면 하는 일이라면, 저 역시 다른 사람에게 하지 않겠습니다"(『論語』, 「公冶長」, "子貢曰: 我不欲人之加諸我也, 吾亦欲無加諸人.")라는 자공의 말과 비교해 볼 수 있을 것이다. 자공의 말에서의 나(我)는 본래 문맥에서는 분명 화자 자신을 지칭한 것이다. 그래서 공자는 자공의 말을 듣고서는 "자공아, 그것은 네가 미칠 수 있는 바가 아니다"("子曰: 賜也, 非爾所及也.")라고 답했던 것이다. 그런데 자공의 말에서의 '나'의 의미가 자공이라는 특정한 '나'로부터 독립되지 못한 채 이해된다면 이 말은 자공이라는 한 사람에 관한 것에 불과하게 되겠지만, '나'라는 부호가 지닌 이념적 혹은 보편적 의미로 인해 우리는 설사 이 말을 한 사람이 자공인 줄을 알지 못한다 하더라도 이 말의 의미를 충분히 이해할 수 있다.

(ㄹ)이다. 왜냐하면 이때의 '나'는 어떤 주체로서의 '내'(我)가 자신을 가리켜서 말한, 자신으로 하여금 '나'라는 일인칭대명사를 사용해서 사고할 수 있고 말할 수 있도록 한 것이기 때문이다. 그런데 이처럼 '나'라는 일인칭대명사를 사용할 수 있다면, 이 또한 이미 하나의 주체로서 존재하고 있는 것이다. 따라서 '나'(ㄹ)는, 주체로서의 '내'(我)가 자기 자신을 지칭하고 있는 일인칭대명사로서의 '나'(ㄹ)라는 측면에서 말하자면 곧 주체가 되고 주어가 되며, 주체로서의 '나'(我)로부터 부림을 당하는 피동태로서의 '나'(ㄹ)라는 측면에서 말하자면 곧 대상이 되고 목적어가 된다.

이처럼 '나'(ㄹ)는 주어가 될 수도 있고 목적어가 될 수도 있으며, '나'일 수도 있고 또한 '나'를 가질 수도 있다. 이것은 바로 주체로서의 내(我)가 '나일' 수 있고 '나를 지닐' 수 있기 위해서는 불가피하게 일인칭대명사를 사용할 수밖에 없기 때문이다. 그런데 '나'(ㄹ)는 이처럼 자아(我)의 가능성을 실현시켜 주는 것이지만, 동시에 우리가 일반적으로 생각하는 '완전하게 자아와 동일화된 나'의 실현을 불가능하게 만드는 것이기도 하다. 그 이유는 다음과 같다.

진정으로 자아와 동일화된 나(ㄹ)는 사실 내(ㄹ)가 아니며, 나(ㄹ)라고 말할 수도 없다. 내가 자아와 동일해지기 위해서는 그러한 동일함에 이르렀다는 사실이 명확하게 인식되어야 하는데, 이때 나는 분명히 '자아와의 동일함'을 인식할 수 있는 자, 즉 나 자신이 나의 자아와 동일함을 인식할 수 있는 자이다. 나는 일인칭대명사인 '나'를 사용함으로써 이러한 동일시를 실현하려 하지만, 일단 내가 '나'라고 말하는 그 순간 나는 '대상으로서의 내'가 되어 둘로 나뉠 수밖에 없다.[47]

---

47) 여기에서 우리는 『莊子』「齊物論」에 나오는 '하나'(一)가 어떻게 '하나'(一)가 되는지에 대한 유명한 논술을 한번 떠올려 보자. "천지와 내가 나란히 함께 살아가고, 만물이

일인칭대명사 '나'의 사용은 하나의 나를 창조하고 동시에 그러한 나를 분열시킨다. 나는 반드시 일인칭대명사 '나'를 사용함으로써 '나일' 수 있는 동시에 '나를 소유할' 수 있으며, 나의 주체인 동시에 나의 대상이 될 수 있다. 이러한 까닭에 우리는 주체로서의 나에 대해 논할 수 있고, 주체로서의 나와 대상으로서의 나 사이의 관계에 대해서도 논할 수 있는 것이다. 주체로서의 나와 대상으로서의 나 사이의 이러한 관계는 매우 독특해 보인다.

한편으로, 내가 나를 보지만 나는 이러한 '봄'을 볼 수 없고, 내가 나의 말을 듣지만 나는 이러한 '들음'을 들을 수 없다. 내가 보고 들을 수 있는 것은 오직 나와는 다른 '타자'의 행위를 통해서만 성립될 수 있다. 이것은 나와 다른, 나와 구분되는 타인이 어떤 실제적인 타인이 아니라 오직 나 자신일 뿐이라고 하더라도 마찬가지이다. 주체로서의 내가 논할 수 있고 행하게 할 수 있는 '나'(己)는 어떤 의미에서는 이미 '타인'이라고 말할 수 있다. '나'는 주체와 긴밀하게 관련되어 그가 관심을 가지고 책임을 져야 할 타인일 수 있는 것이다. 바로 이 점 때문에 '나'(己)는 한 문장 안에서 문법상 목적어의 지위를 지닐 수 있게 되지만, '기己'자를 목적어로 두는 문장은 결국은 '기己' 혹은 '아我'를 주어로 두는 문장일 수밖에 없다. 목적어

나와 더불어 하나가 되었다면, 이미 하나가 되었으면 또 달리 할 말이 있을 수 있겠는가? 그렇지만 하나가 되었다고 이미 말했으면서 말이 없다고 하는 것은 되겠는가? 하나와 그것에 대한 말이 합쳐서 둘이 되고, 그 둘에 이들을 표현하는 말까지 합치면 셋이 된다."(天地與我並生, 而萬物與我爲一, 既已爲一矣, 且得有言乎? 既已謂之一矣, 且得無言乎? 一與言爲二, 二與一爲三) 진정한 절대적 하나는 이에 대해 말을 할 어떠한 여지도 남겨두지 않으므로, 이에 대해서는 말을 할 수 없다. 그러나 이러한 말할 수 없는 진정한 절대적 하나는 사실 아직 하나라고 할 수 없다. 하나는 반드시 언급되고 하나라고 지칭되어야 비로소 하나가 될 수 있다. 그러나 이러한 하나가 되는 동시에 하나는 결코 다시 하나가 될 수 없고, 다시는 진정한 절대적 하나가 될 수 없게 된다. 하나는 오직 자신이 아님으로써만 자신이거나 자신이 될 수 있으며, 동시에 더 이상 자신이 될 수 없음으로써만 자기 자신이 될 수 있는 기회를 가질 수 있는 것이다.

의 지위에 있는 기己자가 밝히고 있는 것은 바로 나己와 자신 간에 미묘한 간극이 분명히 존재한다는 점이다. 그러나 다른 한편으로, 이러한 '나'(己)는 단지 '나'일 뿐이다. '~임'(是)이 상징하고 있는 두 항 간의 동등함 혹은 동일성은, 그러한 두 '나'(己) 사이의 관계를 논하는 것이 불가능하다는 것을 의미한다. 왜냐하면 여기에는 결코 어떠한 '관계'의 문제도 존재하지 않는 것처럼 보이기 때문이다. 따라서 이 두 개의 나 사이에는 어떠한 구분도 없으며, 이들은 완전히 동일해야 한다. 그렇지 않다면 나는 내가 될 수 없다.

이 때문에 '나'(己)는 한편으로는 분명 대상으로서의 나와 구분되는 것 같지만, 다른 한편으로는 그러한 나와 완전히 동일한 것처럼 보인다. 두 개의 나는 너무 가까워서 어떠한 간극도 없는 것처럼 보이기도 하고, 동시에 너무 멀어서 영원히 도달할 수 없을 것처럼 보이기도 한다. 그래서 '나'(己)는, 설사 기己자의 문법적 측면에서 본다 할지라도, 항상 나 자신이면서 타인이고, 타인이면서 자신인 것처럼 보인다.

사실 일인칭대명사 '아我'자 안에는 이미 주어도 될 수 있고 목적어도 될 수 있는 애매한 '기己'의 지위가 함축되어 있다. 우리는 똑같은 일인칭대명사인 '아我'자가 '오吾'자와 구분되는 가장 중요한 차이점을 『논어』 안에서 발견할 수 있다. 바로 '오吾'자는 항상 일인칭 주격의 지위에만 머물지만, '아我'자는 주격과 목적격에 두루 처해서 주어로 사용될 수도 있고 목적어로 사용될 수도 있다는 점이다.[48] 즉 아我는 주인이 될 수도 있고 손님이

---

48) 我자가 최종적으로 현대 중국어의 일인칭대명사가 된 것은 아마도 我자가 지니는 문법상의 중층적 지위와 관련이 있을 것이다. 중국어는 격의 변화를 없애는 방향으로 발전했다. 我자는 『논어』에서 주격과 목적격의 지위에 동시에 놓일 수 있지만, 吾자는 그럴 수 없다. 이러한 까닭에 我자는 점점 吾자를 대체해서 현대 중국어의 기본적인 일인칭대명사가 되었다. 그러나 이러한 추측은 아직 언어학 연구의 뒷받침을 필요로 하고 있다.

될 수도 있으며, 베풀 수도 있고 받을 수도 있다. 이것은 아我자로 대표되는 '내'가 사실은 이미 '하나가 둘로 나누어진' 나이며 '내재적으로 분열된' 나라는 것을 의미한다. 두 개의 '나'는 구분이 없으면서 있기도 하고 있으면서 없기도 하다. 모든 '나'는 항상 모종의 형식으로 자신 안에 내가 아닌 어떤 타자를 내포하고 있지만, 이 내가 아닌 어떤 타자는 곧 또 다른 '나'일 뿐이다.

현대 중국어의 철학적 대화에서 '나' 혹은 '자아'와 같은 개념이 사용된 다는 점은 매우 분명하다. 물론 공자의 "내我가 인하길 바란다면 곧 인이 이를 것이다"는 말에서의 '나'我도 이미 윤리적 의미에서의 주체인 '나'이 다. 그러나 '아我'자가 가지는 대명사로서의 성격은 개념으로서의 '나'의 순수성에 영향을 끼칠 가능성이 높다. '나'는 결국 대명사와 개념 사이를 떠돌게 될 것이다. 이와는 반대로 개념으로서의 '기己'자는 결코 경험적 의미에서의 나에 의지하지 않는다. 일인칭 단수 대명사인 '아我'자가 항상 추상적이고 이념적이며 초월적인 나를 함축하고 있다면, '기己'자는 그 자체로 바로 추상적이고 이념적이며 초월적인 나이다. 이 점에 나아가 말한다면 추상적 개념으로서의 아我와 기己는 어느 정도 상호 호환이 가능한 어휘이지만,49) 대명사와 추상적 개념어를 겸하는 아我에 비해 대명사로서

---

49) 가령 『맹자』 「공손추상」에서는 다음과 같이 말했다. "무릇 나에게 갖추어진 네 가지 단서를 완전히 확장시키고 채워 낼 수 있다면, 마치 불이 타오르기 시작하고 샘물이 솟구치기 시작하는 것과 같을 것이다."(凡有四端於我者, 知皆擴而充之矣, 若火之始然, 泉之始達.) 楊伯峻은 『孟子譯注』(北京: 中華書局, 1962, p.81)의 주석에서 "여기의 我자는 己자의 의미로 사용되었다"라고 특별히 강조했다. 사실 특정한 문맥에서는 이러한 我자가 심각한 오해를 불러올 가능성이 매우 높다. 이것은 我와 己가 호환될 수 있는 예시이다. 楊伯峻은 독자들에게 楊樹達의 『高等國文法』(上海: 商務印書館, 1920 초판)에서 "我자는 己자의 의미로 사용되었다"라고 거론한 부분을 참고할 것을 요청했다. 楊樹達이 제시한 예시들은 다음과 같다. 『孟子』, 「眞心上」, "孟子曰: 萬物皆備於我矣. 反身而誠, 樂莫大焉." 및 "孟子曰: 楊子取爲我, 拔一毛而利天下, 不爲也"; 『史記』, 「呂后紀」, "孝惠爲人仁弱, 高祖以爲 不類我, 常欲廢太子, 立戚姬子如意, 如意類我." 이 예시들은 『高等國文法』, p.59에 보인다.

98

의 역할이 미약한 기己는 이론적으로 더 추상적이고 순수하다. 아我자가
가지는 대명사로서의 성격은 아我자가 특정 화자를 지칭하는 것으로만
이해되도록 함으로써 혼란을 야기할 수 있는 데 비해, 개념으로서의 기己자
는 경험적 의미의 나에 의지하지 않기 때문에 주체로서의 나와 관련된
명확한 개념을 형성할 수 있다.[50]

5. 자신이 서길 바람(己之欲立)

"내가 서기를 바라면 타인을 세워 준다"라는 서술 안에서의 나는 서기를
바라는 현재의 나이다. "내가 서기를 바람"은 "내가 나를 세우기를 바람",
"내가 나를 하나의 나로서 세우기를 바람" 등으로 해석될 수 있다. 이것은
내가 나 자신에 대해 일종의 기대 혹은 욕망을 가진다는 것을 의미한다.
그러나 이러한 서술들은 이해하기 힘든 점들을 함축하고 있다. 만약 내가
어떤 의미에서 "서길 바란다"고 말할 수 있다면, 만약 내가 분명 (나 자신을)

---

50) 로저 에임스(Roger T. Ames)와 데이비드 홀(David L. Hall)은 중국어의 己자와 我자가
제시하는 중국 전통문화의 자아(self) 개념에 대한 토론을 진행했었다. 이들은 서구의
자아 개념과 달리 중국사상에서 이해되는 자아를 無己(selfless), 無心(mindless), 無(身)體
(bodiless), 無目的(aimless), 無意志(nonwilling) 등의 자아로 설명했다.(David L. Hall and
Roger T. Ames, *Thinking from the Han: Self, Truth, and Transcendence in Chinese and
Western Culture*, Albany, State University of New York, 1987, pp.23~44) 이러한 분석이
서구와 중국 간의 자아 개념의 동이를 이해함에 있어 어느 정도 시사점을 주기는
하겠지만, 이에 대한 평가를 유보할 수밖에 없는 까닭은 바로 그들이 이러한 작업을
진행할 때 중국어의 我와 己라는 두 개념에 대해 구체적 맥락에서의 의미 분석을
제대로 진행하지 않았기 때문이다. 또한 그들은 중국의 자아 개념을 이해할 때에는
서구의 자아 개념을 함부로 인용하지 말아야 한다고 강조하면서 단지 양자 간의 차이를
강조하는 것에 집중하는 것처럼 보인다. 그러나 진정으로 양자를 비교한다면, 우리는
양자 간의 차이를 강조할 뿐 아니라 양자의 비교가 가능하도록 하는 조건들에 대해서도
고려해야 할 것이다.

세워 주길 바랄 수 있다고 한다면, 이처럼 서길 바라는 나는 필연적으로 한편으로는 이미 나 자신(현재의 나)이면서 다른 한편으로는 내가 되고자 하는 것 즉 '미래의 나'가 될 것이다. "내가 서길 바람"이라는 이 서술에 담긴 역설은 바로 '이미 무엇'이면서 동시에 '아직은 아닌, 되고자 하는 무엇'이라는 점이다. 따라서 공자의 "내가 서길 바람"이라는 말에서의 나는, 이미 실현되어 있는 '현재의 나'라는 의미뿐만 아니라 자신이 되고자 희망하는 '미래의 나'라의 의미도 함축하고 있다고 할 수 있다.

　　그러나 만약 내가 나 자신이 되지 못한다면, 나는 어떻게 '욕망을 가지기' 시작할 수 있으며, 어떻게 자신을 세우길 바랄 수 있을까? 욕망이 욕망하는 대상은 욕망의 주체가 아직은 가지지 못한 것 혹은 되지 못한 것이며, 따라서 욕망은 결국 자신이 가지지 못한 것을 가지려 하거나 자신이 되지 못한 것이 되고자 하는 바람이다. 욕망은 필연적으로 욕망의 주체와 욕망의 대상 간의 분리를 함축한다. 이러한 욕망의 주체와 대상 간의 분리가 없다면 어떠한 욕망도 불가능할 것이다. 따라서 내가 욕망하는 바는 결국 나와 구분되는 어떤 타자일 것이다. 나의 욕망은 결국 타자와의 관계에서 오는 욕망인 것이다. 이것은 타자에 대한 욕망이기도 하지만, 또한 타자로부터 오는 욕망이기도 하다. 내가 서길 바라는 것은 바로 타자(미래의 나)가 이미 거기에 있기 때문이다. 만약 타자가 없다면, 그리고 만약 타자가 그 자신의 존재를 통해 나를 불러내어 나(현재의 나)로부터 벗어나게 하지 않는다면, 현재의 나를 벗고 지금까지 전혀 알지 못했던 '나', 즉 이전에는 존재하지 않았던 '나'를 세우려는 욕망이 내 안에서 생겨나지 못할 것이다.

　　이처럼 내가 타자의 작용에 의해 나 자신으로부터 분리되고 타자의 소환에 의해 나 자신으로부터 벗어남으로써 비로소 나는 존재할 수 있고 나를 세울 것을 갈망할 수 있다. 따라서 내가 서기를 바란다는 것은 우선 타자가 나의 눈앞에 있기 때문이며, 내 눈앞에 있는 타자의 존재 그 자체가 소리 없이 나를 나 자신으로부터 벗어나게 하거나 나 자신으로 되돌아가게 하기 때문이다. 이러한 까닭에, 자신을 세우려는 욕망 안에서 나는 어떤 의미에서 나 자신을 초월하게 된다. 내가 나 자신을 초월한다는 것은, 현재의 (그릇된) 자신을 초월하여 (아직 다가오지 않은) 미래의 자신을 지향한다는 것이다. 이것은 내가 나 자신을 초월하여 나의 가능성을 혹은 가능성으로서의 나를 추구한다는 의미이다.

그러나 이것은 타인을 향한다는 의미이기도 하다. 왜냐하면 '내가 서기를 바라는' 나는 이미 자신을 하나의 대상 혹은 타자로 간주하기 있기 때문이다. 따라서 이러한 평범하고 단순한 것처럼 보이는 욕망, 자신과 분리된 적이 없어 보이는 욕망, 자아의 욕망이라고 불릴 수 있는 이 욕망은 사실 이미 타자와의 관계에서 오는 욕망 즉 어떤 타자로부터 온 욕망인 동시에 어떤 타자에 대한 욕망이다. 이러한 욕망 가운데 내가 갈망하는 것은, 사실 아직 되지 못한 어떤 것이 되길 바라는 것이고, 자신과는 다른 무엇이 되고자 하는 것이며, 하나의 타인 즉 진정으로 일어설 수 있는 '타인'이 되려는 는 것이다.

그런데 현재의 내가 타인(미래의 나)이 된다는 것은 결국 '나로부터' 이루어지는 것이거나 '나에 의해' 이루어지는 것일 수밖에 없다. 이것은 결코 편의상 예설된 이론적이거나 추상적인 자아 혹은 자아실현을 의미하는 것이 아니다. 만약 나 자신에 대한 나의 욕망 즉 "나를 세우고자" 하는 욕망이 오직 내가 타자와 대면함으로써만 발생하는 것이라고 한다면, 나는 내가 세우려는 내가 누구(무엇)인지를 사전에 결코 알 수 없을 것이기 때문이다. 이러한 '나'(미래의 나)는 "나를 세우고자" 하는 욕망과 함께 다가올 수밖에 없지만, 나는 "나를 세우고자" 하는 욕망이 생기기 전부터 이미 필연적으로

'나'를 대면하고 있는 것이다.[51] 다만 나는 그러한 '나'에 대해 아무것도 알지 못하고 있고, 이 때문에 원칙적으로 자신 안으로부터 어떤 선재하는 이념을 받아들여 자신을 이끄는 것으로 삼을 수 없다. 그래서 나는 근본적으로 타인을 요청하여 그러한 이념을 이식하여, 그로 하여금 자신이 마땅히 누구여야 하는지를 혹은 무엇이어야 하는지를 나에게 알려주도록 해야 한다. 내가 타인을 발견할 수 있을 때, 내가 타인과 대면하게 되었을 때, 내가 타인 앞에 있을 때, 나는 비로소 '나'임을 말할 수 있게 되고 나 자신 및 나와 대면한 타인에 비친 나를 발견할 수 있게 된다. 그리하여 나는 비로소 자신을 인식하고 갈망하고 지향할 수 있게 되어, 아직 되지 못한 나, 가능성으로만 존재하는 미래의 나가 실현될 수 있기를 바랄 수 있는 것이다.[52] 이러한 나는 바로 내가 상대할 수 있고 대면할 수 있는

---

51) 이러한 앎에 대해 우리는 아마 다음과 같은 설명을 제시할 수 있을 것이다. 공자에게 있어 앎이라는 것은 무엇보다도 타인을 앎(知人)이며, 우리의 분석에 따르면 타인을 앎(知人)은 자신을 앎(知己) 즉 타인으로서의 자신을 아는 것을 포괄한다. 자신에 대한 앎은 우선 자신이 누구 혹은 무엇인지 아는 것이다. 공자가 비록 태어나면서부터 아는 사람(生而知之者)이 존재하며 이러한 앎을 가진 사람이 다른 사람보다 고귀하다고 여기기는 했지만, 그는 자신이 결코 이러한 부류의 사람이 아니라고 분명하게 밝혔다. "나는 태어나면서부터 아는 사람이 아니다. 나는 옛것을 좋아하고 민첩하게 그것을 구하는 사람이다."(『論語』, 「季氏」, "子曰: 我非生而知之者. 好古, 敏以求之者也.") 연결해서 보자면 공자는 다음과 같이 말했다고 볼 수 있다. 태어나면서부터 아는 사람이 설사 존재한다고 하더라도 공자 자신은 이를 확신하지 않으며, 또한 어찌되었건 자신은 태어나면서부터 아는 사람이 아니라 그저 배워서 아는 사람이라는 것이다. 배움은 결국 타자를 향해 배우는 것이다. 공자는 자신이 열다섯에 배움에 뜻을 두었지만 서른이 되어서야 확립했다(立)고 말했다.(『論語』, 「爲政」, "子曰: 吾十有五而志于學, 三十而 立.") 이 말이 밝히고 있는 것 중 하나는 아마도 배움을 통해 자신을 세우는 긴 과정일 것이다. '타인과 대면한 나', '반드시 타인을 향해 배워야 하는 나'는 사실 나를 세우는(立己) 영원한 과정 안에 놓여 있다고 말할 수 있다.

52) 물론 우리는 다양한 층위에서 '미래의 나'에 대해 논할 수 있을 것이다. 사마천의 『史記』, 「項羽本紀」에서 항우는 진시황이 會稽 땅을 유람하는 모습을 보고서 숙부인 항량에게 "저 자리를 내가 취해서 대신할 것이요"(彼可取而代也)라고 말했다. 또 『孟子』 「滕文公上」에서 안연은 말했다. "순임금은 어떠한 사람인가? 그리고 나는 어떠한 사람인가? 순임금처럼 행동하는 사람이 있다면 곧 그와 같을 것이다."(顔淵曰: 舜何人也? 予何人也?

타인으로서의 나이다.

한 걸음 더 나아가 말하자면, 만약 타자가 없다면 내가 "나를 세우길" 바라는 욕망이 결코 생겨날 수 없을 뿐만 아니라 내가 일어서는 것 역시 결코 상상할 수 없을 것이다. 왜냐하면 "나를 세우고자" 하는 욕망은 타자로 부터 생겨날 수밖에 없으며, 서는 것 역시 무엇에 상대해서 서는 것일 수밖에 없기 때문이다. 그리고 내가 상대해서 설 수 있는 대상은 오직 남(人) 즉 다른 사람뿐이다.

나(己)와 남(人)의 대비는 고대 한문에서 빈번하게 나타나는데, 이때 이들 은 마치 상호 근거가 되는 필수불가결의 관계인 것처럼 보인다. 이들의 대비는 『논어』에서도 드물지 않게 확인된다.[53] 물론 지금까지 논해 온 "내(己)가 서길 바라면 타인(人)을 세워 주어라"에서의 용법 또한 마찬가지이 고, 『춘추좌전』에 보이는 기(己)와 인(人)의 대비 역시 표준적인 용법에 해당된 다. 그리고 후대의 문헌에서는 기(己)자를 대신하여 아(我)자가 인(人)과 함께 사용되는 경우가 빈번하게 나타나는데, 대표적인 예는 바로 동중서의 『춘추 번로春秋繁露』이다.[54]

有爲者亦若是.) 이것은 모두 타자와의 대면을 통해 나를 세우길 바라는 욕망을 드러낸 경우들이다. 전자의 향우는 사회적 욕망에 치우친 반면 후자의 안연은 대체로 도덕적 욕망이라고 볼 수 있지만, 두 경우 모두 적어도 한 가지 점만큼은 매우 명료하다. 그것은 곧 둘 다 타자와 대면함으로써 발생한 욕망이며, 자신이 아직 되지 못한 자신이 되길 바라는 욕망이라는 점이다. 우리는 결국 타자의 소환에 의해 (현재의) 자신을 벗어나서 (아직 되지 못한) 자신을 지향한다.

53) 예컨대 다음과 같다. 「學而」, "子曰: 不患人之不己知, 患不知人也"; 「顏淵」, "子曰: 克己復禮爲 仁. 一日克己復禮, 天下歸仁焉. 爲仁由己, 而由人乎哉"; 「顏淵」, "己所不欲, 勿施於人"; 「憲問」, "子曰: 古之學者爲己, 今之學者爲人"; 「憲問」, "子路問君子. 子曰: 修己以敬. 曰: 如斯而已乎? 曰: 修己以安人."; 「衛靈公」, "子曰: 君子求諸己, 小人求諸人."

54) 예컨대 다음과 같다. 『春秋繁露』, 「仁義法」, "春秋之所治, 人與我也. 所以治人與我者, 仁與義也. 以仁安人, 以義正我, 故仁之爲言人也, 義之爲言我也, 言名以別矣. 仁之於人, 義之於我者, 不可不 察也……是故春秋爲仁義法. 仁之法在愛人, 不在愛我. 義之法在正我, 不在正人. 我不自正, 雖能 正人, 弗予爲義. 人不被其愛, 雖厚自愛, 不予爲仁."

이러한 나(己)와 남(人)의 표준적인 용법에서, 기己(혹은 我)는 나라고 말할 수 있는 모든 사람을 의미한다. 즉 모든 나는 '하나의 개념으로서의 나'를 통칭하는 것이 되는 것이다. 그리고 이러한 나와 구분되는 것이 바로 '남(人)'이며, 이러한 남은 당연하게도 나 자신에 포함되지 않는 타인일 수밖에 없다. 고대 한문에서 인人이 지니는 '인간'과 '타인'이라는 중층적 용법과 함의는 상당히 의미심장하고 여전히 진지한 연구가 요청되는 지점이지만, 간략하게 말하자면 우선 기己를 제외한 타인이라는 인人의 용법은, '나'라는 존재는 항상 모든 타인과 근본적으로 구분되고 심지어 대립되는 것으로 이해될 수 있음을 보여 준다. '나'는 결코 '남'이라는 개념 안에 포함될 수 없기 때문이다. 나는 남들과 구분 혹은 분리되어, 모든 타인에 상대해서 독립적으로 설 수밖에 없다.

이러한 나와 남의 분리는 매우 중요한 윤리적 의의를 담고 있다. 좀 더 정확히 말하자면, 이러한 구분은 윤리주체로서의 '나'에 대한 이해를 반영한 것이라고 말할 수 있다. 타인과 분리된다는 것은 곧 내가 나로서 홀로 선다는 것이며, 내가 나로서 홀로 선다는 것은 곧 독립적인 윤리주체가 된다는 것이다. 그러나 이렇게 모든 타인과 분리되어 나로 하여금 독립적인 주체가 되도록 할 때, 이때의 나는 의지할 곳 없는 고립무원의 처지에 놓이게 된다. 이러한 '독립적 주체'와 '고립무원의 처지'의 동시적 병존은 일인칭인 나를 사용해야만 하는 주체라면 반드시 내포하고 있어야 하는 내용이다.

그러므로 내가 된다는 것은 바로 주체가 되어 모든 타인을 독립적으로 상대하고 대면하게 된다는 것을 의미한다. 만약 이러한 독립적인 '일인칭 주체'가 없다면 어떠한 나도 존재할 수 없으며, 따라서 모종의 윤리적 책임이란 것 역시 존재할 수 없게 될 것이다. 그러므로 나와 남의 대비는 결코 순수 형식적이고 개념적인 대비에만 머물지 않는다. 즉 하나의 체계 안에서의 형식적인 개념 간 이원대립에 불과한 것이 아니라는 것이다. 남과 대비되는 나는 이러한 일인칭 주체로서, 보다 실재적이고 절대적인 의미에서 타인과 상대한다. 또한 이것은 타인과 대면한다. 타인과 대면함에 있어, 독립적인 '나'는 어디에도 기댈 곳이 없고, 완전히 고립무원의 상태에 빠져 있으며, 도망칠 곳도 없다.[55] 왜냐하면 나는 일인칭 주체로서 자신의 책임을 어떠한 타인에게도 미룰 수 없기 때문이다. 이것은 자기 자신으로서 의, 그리고 일인칭으로서의 '나'는 결국 독립적으로 타자와 대면해야만 하는 주체이자, 피할 수 없는 책임을 지고 있는 주체이며, 윤리적 관계에서 의 윤리주체라는 의미이기도 하다.

공자는 "인(仁)을 실천하는 것은 나(己)로부터 말미암는다"[56]라고 하였는

---

55) 이러한 서술은 다음과 같은 반박을 불러올 수도 있을 것이다. "나는 타인 앞에서 몸을 피해 물러나 버리거나 숨어버려서 타인과 아무런 관계를 맺지 않겠다고 결정할 수도 있다. 혹시 중국 은자들의 전통은 그러한 도피나 회피의 가능성을 증명해 주는 것이 아닐까?" 그러나 은자들은 은둔은 도리어 내가 숨을 곳이 없음을 반증해 준다. 은둔한다는 것은 필연적으로 타인 앞에서 물러나는 것일 수밖에 없고, 만약 타인이 없다면 은둔이라고 말할 것조차 없게 될 것이다. 따라서 은둔이라는 것은 나와 타인 간에 필연적으로 사회적·윤리적 관계가 존재한다는 것을 반증해 준다. 여기에서 말하는 사회적·윤리적 관계란 전통적 용어로 말하자면 倫이다. 이러한 의미에서 우리는 『논어』 「미자」편의, 자로와 삼태기 멘 노인(荷蓧丈人) 간의 대화를 다시 살펴볼 필요가 있다. 자신을 깨끗이 하길 바라는(欲潔其身) 나, 즉 삼태기를 멘 노인은 사실 진정으로 자신을 깨끗이 할 가능성을 전혀 가지지 못하고 있다. 나는 언제나 倫 가운데 놓여 있으며, 그런 만큼 자신을 깨끗이 하길 바람(欲潔其身)은 큰 윤리를 어지럽힐(亂大倫) 수밖에 없기 때문이다. 타인과의 관계에 의해 나의 순수함이 오염될 가능성을 만나게 된 나는 그래서 결국 타인을 회피하게 되지만, 이처럼 자신의 순수함을 긍정하고자 할 때 나는 오히려 내가 나일 수 있도록 만드는 것을 소멸시킬 뿐이다. 나의 절대화는 곧 나를 소멸시키게 되기 때문이다. 나는 오직 순수하지 않음으로써만 순수함을 이룰 수 있으며, 자신과 절대적으로 동일하지 않음으로써만 자기 자신과의 동일성을 유지할 수 있다. 이러한 까닭에 은둔의 논리는 매우 역설적인 것이 된다. 자신을 깨끗이 하려는 욕망은 오직 타인과의 관계 속에 있는 나로부터만 생겨날 수 있지만, 자신을 깨끗이 하려는 욕망은 도리어 나를 소멸시키게 된다. 그리고 한 개인이 진정으로 내가 나일 수 있기를 포기하게 되면 내가 은둔해야 할지의 문제 역시 함께 소멸되고 만다.

데, 여기서 공자가 말하고자 했던 것은 사실 '나'라는 존재는 근본적으로 고립적일 수밖에 없으며 피할 수 없는 윤리적 책임을 지고 있다는 점일 수도 있다. 나는 타인과 상대하고 있을 때, 즉 타자와 대면하고 있을 때 비로소 '나'임을 주장할 수 있고, 타인과 자신을 향해 일인칭으로서의 지위를 알려 주는 나를 통해 자신을 드러내게 된다. 나는 항상 '타인에 상대해서는' 일인칭 주체인 것이다. 따라서 "나를 세운다"고 할 때의 세움(立)은 문자적 의미 혹은 물리적 의미에서의 세움이 아니라 사회적·윤리적 의미에서의 세움이다. 인간에게 있어, 전자의 세움은 기본적으로 자연적이고 생물적인 것이고 후자의 세움은 사회적이고 윤리적인 것이다. 이러한 까닭에 후자의 세움은 인간에게 있어 이차적인 세움이라고 할 수 있다. 공자가 강조한 것은 바로 이러한 의미에서 세움이다. 공자에게 있어서는 이러한 세움이야말로 인간이 진정으로 서는 것이자, 인간이 인간으로서 서는 것이었을 것이다.

인간으로서 선다는 것은 오직 내가 '나'로서 서는 것을 의미할 뿐이다. 또한 내가 '나'로서 선다는 것은 내가 타인과 대면하고 상대하는 자 혹은 그렇게 할 수 있는 자로서 서는 것을 의미한다. 이것은 "나를 세움"이란 한 개인이 타인과의 대면을 통해 '나'로서 확고히 서게 되는 것임을 의미한다.[57] 만약 어떠한 타인도 없다고 한다면 그 한 개인은 결코 자신을 확립할

---

56) 『論語』, 「顔淵」, "爲仁由己."
57) 물론 이러한 대면은 '매개'를 필요로 하는데, 나와 타인이 진정한 윤리적 관계를 맺을 수 있도록 하는 매개는 바로 禮이다. 이것이 바로 공자가 말한 "禮를 공부하지 않으면 확립될 수 없다"(『論語』, 「季氏」, "不學禮, 無以立")의 의미이다. 왜냐하면 인간은 오직 "예에서 확립될"(『論語』, 「泰伯」, "立於禮") 수밖에 없기 때문이다. 또한 공자가 자신에 대해 "서른이 되어서야 확립했다"(『論語』, 「爲政」, "三十而立")고 말한 것 역시 진정으로 예의 범위 안에서 타인과 대면해서 확립할 수 있게 되었다는 의미로 이해해야 할 것이다. 나와 타인으로 하여금 진정한 윤리적 관계를 맺을 수 있도록 하는 매개로서의 예의 문제에 관해서는 이 책의 제3장 「禮와 타인」에서 상세히 분석했다.

수 없고 또 확립할 필요도 없겠지만, 일단 타인이 존재하게 되면 그러한 타인과 밀접하게 연결되어 '나'의 확립이 이루어질 것이다. 이때 나는 타인과 대면해서 (내가 주체적으로) 서기만 하는 것이 아니다. 나의 확립은 일종의 인정을 필요로 한다. 그리고 나에 대한 인정은 근본적으로 타자로부터 나올 수밖에 없다. 왜냐하면 오직 타자만이 내가 '나'로서 확립하는 것을 인정해 줄 수 있기 때문이다.58)

6. 자신을 세우'면'(而) 타인을 세운다

상술한 바에 근거하면 "내가 서길 바람"은 다음과 같은 여러 측면에서 타자와 불가분의 관계에 놓인다.

첫째, 내가 서길 바라는 것은 이미 타인이 존재하기 때문이다.

둘째, '(미래의) 나로 되고자 하는', 나를 세우려는 욕망은 필연적으로 타인으로부터 올 수 밖에 없으며, 이러한 욕망은 그 자체로 이미 타자에 대한 욕망 혹은 어떤 특정한 타자에 대한 욕망일 수밖에 없다.

셋째, 내가 서는 것은 타자와 상대해서 서는 것 즉 타자와 대면해서 서는 것이다.

넷째, 서는 것 자체가 이미 타자로부터의 인정을 함축하고 있다.

이러한 점으로 볼 때, 나를 세우려는 욕망과 내가 서는 것은 모두 내재적으로 타인과 긴밀하게 연결된다. 나는 단 한 번도 타인으로부터 진정으로 독립했던 적이 없으며, 단 한 번도 절대적으로 독립적인 나였던

---

58) 제5장 「타인에게 충실함」의 제10절에서 認定이라는 문제에 대해 '헤겔의 주인 – 노예의 변증법'과 결합해서 진행한 분석을 참고하라.

적이 없다. 왜냐하면 나는 항상 구조적으로 타인을 함축하고 있기 때문이다. 내가 나를 세우려는 욕망을 가지는 순간, 즉 내가 나 자신이 되려는 욕망을 가지는 순간, 나는 이미 타인의 소환에 응해서 나를 벗어나 타인을 지향하고 있는 것이다. 오직 타인과의 대면을 통해서만 나는 진정으로 확립해서 독립적인 내가 될 수 있다. 이것은 한편으로는 내가 분명 타인과 분리되어 상대하게 된다는 것으로서 필연적으로 홀로 서서 타인과 대면해야 한다는 뜻이지만, 다른 한편으로는 나는 타인이 없이는 존재할 수 없다는 것 즉 타인이라는 존재를 떠나 홀로 설 수는 없다는 뜻이기도 하다. 타인을 떠나 완전히 독립할 수 있다면, 만약 이것이 정말로 가능하다면, 이미 '나'라고 말할 어떠한 것도 없게 될 것이다. 물론, 타인을 떠나지 않고 타인으로부터 독립하지 않는다고 하더라도 역시 어떠한 나도 존재할 수 없다.

한 걸음 더 나아가 말하자면, 내가 된다는 것은, 타인에 대해 나라고 말할 수 있는 자가 된다는 것은, 즉 내가 하나의 주체로 설 수 있다는 것은 단지 모든 타자(내 안의 타자 즉 장차 내가 되고자 하는 '미래의 나'로서의 타자를 포함한)를 대면하게 됨을 의미하는 것만이 아니라 반드시 그러한 모든 타자에 대해 떳떳하고 당당해야 함을 의미하는 것이기도 하다. 따라서 하나의 '나'가 가지는 가능성, '나'라고 말할 수 있는 가능성 즉 주체가 될 수 있는 가능성은 근본적으로 나를 타자화하는 가능성일 수밖에 없다. 일단 타인과 대면하게 되면 나는 필연적으로 자신이 이미 타자에 대해 떳떳하고 당당해야 한다는 요구를 받고 있음을 발견할 것이다. 따라서 중국어에서의 '떳떳함'(對得起), '당당함'(對得住)과 그 반대 의미의 '떳떳하지 못함'(對不起)과 '당당하지 못함'(對不住)처럼, 우리에게 너무나 일상적이어서 그 원래 의미(일어섬·존재함)에 대해서는 거의 주의를 기울이지 않았던 표현들 속에 어쩌면 나와 타인 간의 관계에 대한 비밀이 숨겨져 있을 수도 있다. 여기에서의 관건은 무엇보다 '대(對)'자이다. 대(對)는 여기에서 마주함을 의미하며, 마주함은 결국 누군가와 대면한다는 것이다. 내가 대면하는 대상, 즉 내가 대면해야만 하고 대면할 수밖에 없는 대상은 물론 타인이다. 떳떳함, 당당함의 기(起)와 주(住)가 강조하는 바는, 내가 역량 혹은 능력을 갖추고 일어서서 버텨야 한다는 데 있다. 타인과 대면하는 '나'는 이러한 대면을 감당해내고 참아 내야만 하는 것이다.

그런데 이것은 또한 그러한 대면이 나에게 상당한 부담으로 다가온다는 의미를 함축하고 있기도 하다. 어째서인가? 어째서 나와 타인의 대면이 근본적으로 편안하지 못한 것인가? 도대체 어째서 떳떳함과 떳떳하지 못함과 같은 흔해 빠진 표현이 나와 타인 간의 관계에 형식을 부여하는 개념이 되었는가?

만약 내가 타인에게 반드시 떳떳하고 당당해야 한다면, 이것은 내가 대면하고 있는 타인 자체가 이미 나에 대한 일종의 요구라는 것을 의미한다. 왜냐하면 내가 비록 각종 다양한 상황 속에서 타인에게 떳떳하고 당당할 것을 요구받더라도, 또한 비록 이러한 떳떳함과 당당함이 이른바 일상생활 안에서 불가피하게 교환성 혹은 상호성을 지니더라도, 즉 나도 타인에게 떳떳해야 하고 타인도 나에게 떳떳해야 하더라도, 내가 타인에게 떳떳하고 당당해야 한다는 것이 본질적으로 결코 타인이 나에게 떳떳하고 당당한지의 여부에 달려 있는 것은 아니기 때문이다. 왜냐하면, 만약 떳떳함과 당당함이 우선 대면(對)을 의미하는 것이라면, 기(起)와 주(住)를 통해 보완된 '대면할 수 있어야 함'(能對)의 요구, 즉 타인과 대면할 수 있어야 하고 버티고 서서 타인과 대면할 수 있어야 한다는 요구는 사실 오직 대면(對)으로부터 나오는 것이기 때문이다. 이러한 대면이 없다면 자연히 이러한 대면할 수 있어야 함의 요구도 없을 것이다. 내가 타인과 대면한다는 것은 곧 내가 이 대면 안에서 이미 이것 자체가 지니고 있는 모든 부담을 감당하기 시작했음을 의미한다. 이것은 나에 대한 요구로서의 '떳떳함'과 '당당함'이 타자를 대면하고 있는 나의 원초적 상황 그 자체로부터 나온다는 의미이다. 내가 타인과 대면한다는 것은 곧 내가 이 대면으로부터 오는 타인에게 떳떳하고 당당해야 함의 요구를 이미 받아들였다는 것을 의미하므로, 우리는 이러한 받아들임이 전적으로 나의 자발성에서 생겨났다고는 볼 수 없는 것이다. 주체로서의 내가 결코 타인과 대면하지 않을 수 없다면, 타인에게 떳떳하고 당당해야 함은 '미래의 나'(장차 되고자 하는 내)에게 주어지는 필연적인 요청일 것이다.

그러므로 타자에게 떳떳하고 당당해야 한다는 것은, 결국 타자와 대면하는 주체로서의 '나'는 항상 바로 이 대면으로 인해 책임을 지니게 된다는 것을 의미한다. 내 눈앞의 타인 자체가 곧 나에게 타인과의 대면 및 이에 따른 떳떳함과 당당함을 요구하고 있는 것이다. 따라서 이러한 타인에게 떳떳하고 당당해야 함의 요구 혹은 명령은 바로 대면함으로 인해 나에게 주어지는 책임이다. 바로 이 때문에 이 대면은 나에게 있어 결코 편안한 것이 될 수 없다. 대자와 대면한 나는 이 대면에 따른 모든 무게를 감당해야만 한다. 타인과 대면하며 버틸 수 있어야 하고, 타인 앞에서 도망치지 않을 수 있어야 하며, 타인에 대해 책임을 지거나 타인을 감당할 수 있어야 하는 것이다. 이것이 바로 타인에게 떳떳하고 당당함의 가장 기본적인 의미이다. 따라서 일어설 수 있는 현재의 나, 혹은 이미 일어선 미래의 나는 어떤 의미에서 타인에게 떳떳하고 당당한 나라고 묘사될 수도 있을 것이다.

이처럼 대면의 의미들은 우리가 소홀히 여겨 왔던 일상적 표현들을 통해 나와 타인 간의 관계에 대한 심오한 이해를 담아내고 있다. 비록 이미 그 본래 형태를 알기 힘든 상투어 속에 원뜻이 녹아들어 버린 탓에, 오늘날 우리가 빈번히 '떳떳하지 못함'(對不起)이라는 말로써 사과의 뜻을 표명하면서도 이 말이 함축하고 있는 나와 타인 간의 관계에 대한 심오한 통찰을 다시 떠올리는 일이 거의 없다고 하더라도 말이다.

만약 내가 항상 타인과 대면하고 있고 그러한 나는 항상 타인에게 떳떳하고 당당해야만 한다면, '남을 세워 줌'(立人)은 내가 항상 감당해야 할 책임이다. 우리는 여기에서 '남(人)을 세워 줌'의 기본적인 함의에 대해 이해해야만 한다. 이것은 우선 사람(人)을 사람으로 세워 주는 것, 그 사람으로 하여금 그 사람 자신으로 서도록 해 주는 것이다. 이러한 '사람으로 세워 줌' 혹은 '그 사람 자신으로 서도록 함'은 필연적으로 타인으로 세워 주는 것, 타인 자신으로 서도록 해 주는 것을 의미한다. 따라서 남을 도달시켜 줌(達人)과 비교했을 때, 남을 세워 줌(立人)은 보다 근본적인 것이다. 바로 이것이 공자가 "인(人)을 세워 줌"을 말하고 난 뒤 "인(人)을 도달시켜 줌"을 말한 주된 이유 중 하나일 것이다. 한 개인은 다양한 외재적 원인으로 인해 특정 지점까지 도달하지 못할 수도 있지만, 즉 자신이 기대했던 사회적 성공을 획득하지 못하게 될 수도 있지만, 그러나 그 개인은 가장 근본적인 의미에서 바로 서지 못하면 안 된다. 즉 사람(人) 자신으로 서지 못하면 안 되는 것이다. 때문에 남(人)을 세워 줌 즉 타인으로 하여금 서게 함은 타인을 대면한 나의 근본적인 책임일 수밖에 없다.

여기서 우리는 "내가 서길 바라면, 남을 세워 주라!"라는 말에는, 일단 내가 나 자신을 이루었다면 즉 나 자신을 세우기를 바라기 시작했다면 나는 필연적으로 이미 타인과 대면하고 있으며, 따라서 나에게는 타인을 세움이라는 근본적인 책임이 주어져 있다는 의미가 담겨 있음을 발견할 수 있다. 결국 남을 세워 준다는 것, 좀 더 정확하게 말하자면 타인과 대면해서 마땅히 타인을 세워 주어야 한다는 욕망을 느끼는 것은 결코 나의 선한 의도가 자연스럽게 밖으로 표출되는 것이 아니다. 남을 세워 주고자 하는 욕망은 결코 이미 내 안에서 충족되어 바깥의 것을 기다릴 필요가 없는,[59] 나 자신이 미처 다 누리지 못하고 남은 것을 타인에게 미루어 가는 것이 아니다.

내가 장차 되고자 바라는 '미래의 나'는 결코 나 혼자만으로는 온전하게 설 수 없다. "내가 서길 바라면 남을 세워 주라"는 것은, 일단 내가 서길 바라는 그 순간에 이미 타인이 내 앞에 존재하게 됨을 의미하기 때문이다. 또한 내 앞에 있는, 내가 대면하고 있는 타인은 나의 도움과 보살핌, 관심을 요구하고 있다. 즉 이러한 것들이 나의 책임이 되었다는 것이다. 따라서 타인을 세워 줌은 결코 내가 본래부터 가지고 있는 내재적 마음(心) 혹은 본연의 감정이 자연스럽게 드러난 것이 아니다. 오히려 반대로, 내가 타인을 세워 주려는 것은 바로 내가 이미 타인에게 떳떳하고 당당해야 함의 요구를 '수용했기' 때문이다. 따라서 어떤 의미에서 볼 때 그러한 '수용'은 나의 자발성보다 앞설 수밖에 없다.[60] 내가 마땅히 타인을 세워 주어야 하는 것은 이미 타인이 있기 때문이며, 내가 바로 나 자신이 되는 순간 바로 타인과 대면하게 되기 때문이다. 따라서 타인을 세워 주는 것은 일차적으로 타인으로부터의 요구 내지는 명령, 즉 일종의 강요성 없는 요구, 명령권 없는 명령과 같은 것이라고 할 수 있다.

---

59) 韓愈, 『原道』, "足乎己無待於外物."
60) 이러한 까닭에 여기서 '수용'(接受)이라는 말에 특별히 따옴표를 붙인 것이다. 왜냐하면, 만약 수용(接受)이 그 받아들이는 사람의 자발성을 함축하고 있다면, 즉 내가 나에게 부여된 것을 수용할지 말지 결정할 수 있다고 한다면, 우리는 수용이라는 말을 통해서는 내가 타자에 대해 져야 할 책임을 설명할 수 없을 것이기 때문이다. 이 책임은 내가 자발적으로 수용했는지 여부와 상관없이 이미 나에게 주어져 있기에, 그러한 책임에 대한 나의 어떠한 회피나 거절도 모두 필연적으로 이 책임에 대한 '원초적인 비자발적 수용' 이후에나 있을 수밖에 없는 것이 된다.

어떤 의미에서 보자면 타인을 세워 주는 것은 이미 타인과 상대하거나 타인을 일으켜 세울 수 있는 나 자신이다. 그러나 진정으로 자신을 세우는 것 즉 내가 타인 앞에 서서 타인에 대해 책임을 지는 주체가 되는 것은 근본적으로 오직 타인을 세워 주는 가운데서만 실현될 수 있다. 앞에서 서술한 바와 같이 일으켜 세워 줄 타인이 없다면 어떠한 '나'도 없을 것이며, 따라서 엄격한 의미에서 나를 세우려는 욕망도, 혹은 나 자신의 일어섬도 역시 불가능할 것이다. 이러한 의미에서 나는 오직 타인을 세워 줄 때 비로소 궁극적으로 나 자신을 세울 수 있다. 그러므로 "내가 서길 바라면 타인을 세워 준다"라고 말하는 것이다. 그러나 이것의 역 역시 성립한다. 타인을 세울 수 있기 위해서는 이미 어느 정도는 나 자신이 바로 서 있어야 하는 것이다.

만약 이러한 나와 타인, 자신을 세움과 타인을 세움의 관계를 구분하게 된다면, 시간적 순서 및 논리적 순서가 어찌되는지와 상관없이, 우리는 쉽게 풀리지 않는 실타래 혹은 출발점을 알 수 없는 무한반복의 고리를 마주하고 있음을 발견할 수 있다. 그러나 이것 역시 "내가 서길 바라면 타인을 세워 준다"라는 주장 자체가 우리에게 전달하려는 의미이다. 공자는 그저 "내가 서길 바라'면'(而) 타인을 세워 준다"라고 말했을 뿐이지만, 지금 우리는 이 '이(而)'자가 단순한 선형적 인과관계나, 목적 혹은 수단 간의 간단한 조건적 관계를 나타내는 것이 아니라, 사실은 나와 타인 간에 일어나는 상호의존 혹은 상호인과의 공시共時적 발생을 나타내고 있음을 발견할 수 있다. 이而자의 표준적인 번역에 대한 이러한 저항을 통해 나와 타인은 비로소 나와 타인으로서 동시적으로 확립하게 되며, 따라서 진정으로 서로를 대면할 수 있게 되고 진정한 윤리적 존재가 될 수 있는 것이다. 이러한 의미에서, 우리는 타인보다 절대적으로 앞서는 나를 논할 수 없고, 마찬가지로 나보다 절대적으로 앞서는 타인 역시 논할 수 없다. 나와 타인은 서로 얽혀 있어서 결코 분리될 수 없다. 이러한 까닭에, 우리는 매우 엄격한 의미에서 나와 타인은 모두 필연적으로 "원초적인 것이자 태고의 것"이라고 말해야 할 것이다.

7. 스승의 의미: 타인을 세우는 가운데 자신을 세움

여기에서는 중국의 문화전통이 중시하는 스승의 이미지를 통해 "내가 서길 바라면 타인을 세워 준다"라는 주장이 함축하고 있는 독특한 논리에 대한 예증을 시도해 보겠다.

중국 역사상 최초의 위대한 스승 중 한 명이었으며, 전적으로 개인의 신분으로 학생을 받아 가르쳤던 인물이었고, 또한 "가르침에 있어 학생을 가리지 않는다"[61]라는 원칙을 고수했던 공자는 "내가 서길 바라면 타인을 세워 주었던" 살아 있는 전범이었다. 중국의 제도화된 사립학교가 공자로부터 시작되었으며 공자의 제자가 많을 때는 삼천 명에 달했고 현명한 자들만 해도 칠십 여 명이었다는 기록을 신뢰한다면, 공자의 이러한 전범으로서의 의의는 더욱더 커질 것이다.

본질적 측면에서 볼 때 스승은 "내가 서길 바라면 타인을 세워 주는 사람"이라고 정의되어야 한다. 그러나 바로 이러한 이유 때문에 전통적으로 중국에서는 스승의 이미지가 항상 매우 모호했다. 즉 스승은 위대하기도 하고 미미하기도 하며, 중요하기도 하고 중요하지 않기도 한 것처럼 보이는

---

61) 『論語』, 「衛靈公」, "子曰: 有敎無類."

것이다. 물론 중국에서 스승을 높인다는 점에는 의문의 여지가 없다. "천지와 임금과 부모와 스승"(天地君親師)이라는 말이 그 증거라고 할 수 있다. 그러나 스승은 큰 뜻을 가졌지만 그것을 실천하기는 원하지 않는 사람처럼 보인다. 왜냐하면 스승들은 그저 성공을 거둔 유명한 제자들 뒤에 숨어 있거나 그들 틈에 덜 알려진 채 섞여 있기 때문이다. 이것이 바로 중국에서 스승의 존엄성을 인정하면서도 그 이면에 항상 스승을 경시하는 태도가 존재했던 이유이다.

이러한 극단적인 견해들 중 어떤 것도 스승이라는 개념에 대해 제대로 이해한 것이라고 할 수 없다. 그러나 이러한 오해는 스승 자신이 필연적으로 나(己)를 가지면서도 내가 없고, 내가 없으면서도 나를 가진 인간이기 때문에 오는 당연한 결과이다. 만약 내가 없다면, 만약 타인을 책임지는 윤리주체가 되지 못한다면 스승은 진정으로 타인을 세워 줄 수 없다. 그런데 역으로 타인을 세워 주는 책임은 필연적으로 내가 없거나 나를 버릴 것을 요구한다. 나를 버리지 못하는 사람은 진정으로 타인을 세워 줄 수 없기 때문이다. 그러한 사람은 자신의 학생으로 하여금 진정으로 타자로서, 스승과 마주서고 대립하는 사람으로서 확립되게 할 수 없는 것이다.[62] 그런데 진정으로

---

62) 이러한 이유 때문에 스승은 타인으로서의 학생에게 "각자 너희들의 뜻을 말해 보아라"(『論語』, 「公冶長」, "子曰: 盍各言爾志")라고 할 수 있어야 하며, 또 학생이 말하는 뜻을 수용할 수 있어야 한다. 그래서 공자는 이 유명한 대화가 있은 이후에 증점이 자로, 염유, 공서화가 자신들의 뜻을 말한 것에 대해 물었을 때, "역시 저마다 자신의 뜻을 말했을 뿐이네"(『論語』, 「先進」, "子曰: 亦各言其志也已矣")라고 너그럽게 말했으며, 자신의 뜻에 대해서는 "증점과 같다"("夫子喟然嘆曰: 吾與點也")라고 말했던 것이다. 만약 스승이 자신을 타인으로서의 학생에게 강요한다면, 그는 학생으로 하여금 자신을 가질 수 없게 하거나 자신을 소멸시켜 버리게 만들 수 있다. 만약 이렇게 된다면, 타인을 세워 주어야 한다는 스승의 책임 역시 실패하고 말 것이다. 따라서 학생이 자신을 가지도록 한다는 것은, 타인의 말을 경청하고 따르며 타인으로서의 학생의 가르침과 비판을 수용할 준비가 되어 있음을 함축하고 있다. 이 점에 나아가 말하자면, 공자가 학생의 비판을 받아들였던 행적들에 대한 『논어』의 기록은 더욱 깊은 여운을 남긴다.

타인을 세워 주지 못하고 진정으로 학생을 홀로 설 수 있는 타인으로 확립시켜 줄 수 없다면, 스승 또한 진정으로 그 자신을 가질 수 없게 된다. 스승이란 결국 타인을 세워 주는 과정에서 그 자신을 세울 수 있기 때문이다. 이것은 스승이란 먼저 스승이 되고 나서 타인을 가르치는 것이 아니라, 오직 타인을 가르치고 타인을 세워 주는 과정 속에서 진정한 스승이 될 수 있다는 의미이기도 하다. 결국 스승은 타인을 세우는 가운데 자신을 세우고, 타인을 세움으로써 자신을 세우며, 타인을 세우기 위해 자신을 세우고, 자신을 세우기 위해 타인을 세우는 것이다.

만약 타인을 세움과 자신을 세움이 스승의 본분이라고 한다면, 우리 모두는 사실 이미 스승의 지위에 있으며 이미 스승인 것이다. 왜냐하면 우리는 결국 타인으로부터 스승이 될 것을 요구받고 있기 때문이다. 그러나 스승이 되기에 앞서 우리는 먼저 가르침을 받는 사람의 입장에 서야 한다. 먼저 타인으로부터 욕망과 책임을 받아들이고 깨우침과 가르침을 수용해야만 하는 것이다. 결국 우리는 타인을 통해 스승이 될 수 있는 것이다. 따라서 스승은 "세 사람이 길을 가면 그 중에는 반드시 내 스승이 될 만한 사람이 있다"라는 말을 깊이 이해한 사람이어야만 한다.[63] 내가 스승이 되기 전에, 내가 '타인을 세움'이라는 스승의 가장 근본적인 책임을 지기 전에, 먼저 우리는 반드시 타인을 스승으로 삼아야만 한다. 공자는 바로 그처럼 타인을 스승으로 삼을 수 있었던 스승이었고, 자신이 서고 싶으면 타인을 세워 주는 스승이었으며, 타인을 세워 주는 가운데 자신을

---

63) 이 말은 언제 어디서나 나의 스승이 있을 수 있다는 의미이며, 또 타인이 있다는 것은 곧 나의 스승이 있다는 것이라는 의미이기도 하다. 타인은 결국 나에게 가르침을 주는 사람이다. 공자의 이러한 태도는 자공이 공자에 대해 비록 배움을 좋아하기는 했지만 고정된 스승을 두지는 않았다고 말한 것과 일치한다.(『論語』, 「子張」, "夫子焉不學, 而亦何常師之有?") 공자에게 있어 스승은 아직 '천지와 임금과 부모와 스승' 중의 하나와 같은 범접할 수 없는 권위적 이미지로 굳어지지는 않았다.

세운 큰 스승이었다. 이러한 스승은 아마 공자 자신의 마음속에 있는 인仁이 체현된 것일지도 모른다.

이와 마찬가지로 우리는 『논어』에 기록된, 공자가 성聖과 인仁에 대해 논할 때 취한 겸손한 태도에 대해 보다 깊이 이해할 필요가 있다.

성聖과 인仁이라는 것을 내가 어찌 감당할 수 있겠는가? 그러나 학문을 함에 있어 염증 내지 않고 학생을 가르침에 있어 태만하지 않음에 있어서는, 그러하다고 말할 수 있을 뿐이다.[64]

공자는 비록 성聖과 인仁에 대해서는 겸허함을 지켰지만 "학생을 가르침에 있어 태만하지 않음"에 대해서는 자부하였는데, 이것은 "자신이 서길 바라면 타인을 세워 줌"이 체현된 전형적인 경우이므로 곧 인仁이라고 할 수 있을 것이다. 사실 공자 자신은 이 점을 잘 알고 있었다. 따라서 이것은 자신의 행위에 대해 가지는 공자의 자신감이 잘 드러난 것이라고 볼 수도 있다. 그리고 이러한 자신감은 분명 공자의 제자들 역시 공유했던 것으로 보인다. 이러한 맥락에서 보면 자공이 공자에 대해서 평가하는 『맹자』의 구절 역시 쉽게 이해될 것이다.

배움에 있어 염증 내지 아니함은 지혜로움(智)이요, 가르침에 있어 태만하지 않음은 어짊(仁)이다. 인하고 또한 지혜로운 선생님은 이미 성인이시다.[65]

여기에서 성聖은 잠시 미루어 두더라도, 자신을 세우고 타인을 세울 수 있었던 위대한 스승인 공자는 의심할 여지없는 인仁의 전범이라고 볼

---

64) 『論語』, 「述而」, "子曰: 若聖與仁, 則吾豈敢! 抑爲之不厭, 誨人不倦, 則可謂云爾已矣."
65) 『孟子』, 「公孫丑上」, "子貢曰: 學不厭, 智也, 教不倦, 仁也. 仁且智, 夫子旣聖矣!"

수 있다. 인仁은 타인을 세우고 자신을 세우는 가운데 존재한다. 타인이 서고 자신이 서게 되면 인仁이 그 가운데 존재하게 되는 것이다.

제2장 인간과 인간 사이에서의 인仁(下)

"인이란 인간다움이다."

사냥개 방울소리가 달랑달랑하니,
그 사람은 아름답고 또한 어질구나.[1]

1. 인간과 인간의 '사이'

앞서 보았듯이 "내가 서길 바라면 타인을 세워 준다"(其欲立而立人)의 '이而'
자를 사상적 측면이나 표현적 측면에서 모호하게 보아서는 안 될 것이다.
오히려 '이而'자에는 우리의 사유를 촉진시키는 힘, 공자 자신이 결코 명확히
말하지 않았고 명료하게 사고하지 않았을 수도 있는 힘이 함축되어 있다.
이처럼 '나를 세움'과 '타인을 세움'을 연결하는 이而자는 자신과 타인 간의
근본적인 관계를 지목하고 있다. 이而자는 자신을 세우려는 욕망 및 자신을
세움 그 자체가 타인을 세우는 것과 불가분의 관계라는 것을 보여 준다.
이처럼 관건이 되는 이而자를 통해 자신과 타인 혹은 자신을 세움과 타인을
세움은 다음과 같은 관계 속에 놓이게 된다. 즉 여기에서 자신을 세움은
이미 타인을 세움을 함축하며, 타인을 세우는 동시에 자신을 세우게 되거나
타인을 세움이 곧 자신을 세움이 되는 것이다.

---

1) 『詩經』, 「齊風」, "盧令令, 其人美且仁."

"자신이 서길 바라면 타인을 세워 준다." 이 구절에서 이而자가 지니는 다의적 성격과 이것이 유발하는 선형적 논리관계의 교란으로 인해 우리는 자신과 타인 간의 진정한 선후를 구분할 수 있는지 알 수 없게 되었다. 타인은 나보다 앞서 있으면서 뒤에 있기도 하고, 나보다 뒤에 있지만 앞서 있기도 하다. 나를 세우는 것은 당연히 나로부터 출발해야 할 것 같고 또 나 자신을 세우려는 나의 욕망으로부터 출발해야 할 것 같지만, 이런 순수하고 결코 오염된 적 없을 것 같은 '나로부터의 출발'이라는 것이 사실은 타자로부터 출발한 것이기도 하다. 욕망을 가진다는 것은 이미 타자가 존재한다는 것이고, 타자가 존재해야 비로소 욕망을 가질 수 있기 때문이다. 따라서 자신을 세우려는 욕망이 발생했을 때는 필연적으로 타자가 자신 앞이나 마음속에 나타났을 때이기도 하다. 자신을 세우려는 욕망 자체는 이미 '내가 세우려는 나(미래의 나)의 형성 및 분열로 드러나기 시작한다. 따라서 일어서려는 자신은 어찌되었건 이미 타자와 관련될 수밖에 없다. 즉 일어서려는 자신은 자신 앞이나 마음속에 나타난 타자를 피해 도망칠 수 없다. 따라서 자신을 세움은 곧 타인을 세움이며, 진정으로 자신을 세우는 것 역시 진정으로 타인을 세우는 가운데에서만 실현될 수 있는 것이다. 공자에게 있어 이것은 인仁을 의미하거나 그 자체로 바로 인仁이었으며, 혹은 이것이 바로 인仁의 실현이기도 했다. 그래서 그는 "무릇 인仁이란, 자신이 서길 바라면 타인을 세워 주는 것이다"라고 말했던 것이다.

이렇게 볼 때, 인仁이 실현되고자 하는 것은 결코 자신의 내면에 존재하는 일종의 자연감정이기만 한 것이 아니다. 즉 타인을 세우는 것으로 체현 혹은 실현되는 인仁은 결코 자신이 인仁의 감정을 타고났기 때문에 타인과 대면할 때 자연스럽게 타인을 세워 주고 싶어지는 것이 아니다. 설사 우리가 여기에서 잠시 전통적인 관점을 수용해서 인仁을 자연적이고 타고난 동정심이나 측은지심 즉 맹자가 말한 '선한 단서'(善端)로 이해한다고 하더라도, 이 마음이 드러나고 실현되는 것은 반드시 타인의 환기와 참여, 협조를 필요로 한다. 이러한 이유로 인仁은 결코 타인과 분리될 수 없다. 만약 타인이 없다면 자신은 결코 어질(仁) 수 없을 것이며, 인仁을 필요로 하지도 않을 것이다. 또한 만약 타인이 없다면 자신을 말할 필요도 없을 것이다. 즉 나라고 말할 필요도, 말할 수도 없을 것이며, 나를 통해 자신의 주체성을 나타낼 필요도, 나타낼 수도 없을 것이다. 만약 인仁이 개인감정일 뿐이기만 하다면, 인仁은 결코 우연적이고 임의적이며 독단적인 개인적 주관성의 한계를 벗어날 수 없을 것이다. 이것은 인仁이 결코 무조건적인 윤리적 요구 혹은 명령이 될 수 없다는 의미이기도 하다.

공자에게 있어 인仁은 오히려 윤리적 현상에 대한 설명일 뿐만 아니라 윤리적 요구 혹은 명령으로까지 여겨진다. 따라서 인仁은 여전히 실현되기를 기다리고 있다. 타인과 자신 간의 사이에서, 그리고 타인을 세움과 자신을 세움 간의 사이에서 실현되기를 기다리고 있는 것이다. 어떤 사람이 인仁을 실현하고 그 자신으로 하여금 인仁을 실천하며 어진 인간이 될 수 있도록 할 수 있는 것은 무엇보다도 타인이 존재하기 때문이다. 혹은 나의 외부에 있는 타인의 존재로 인해 형성된 매우 중요하면서도 미묘한 타인과 나의 '사이'(間)가 존재하기 때문이라고도 할 수 있다. 타인이 없다면 인仁은 실현될 수 없을 것이며, 나는 인仁을 실천하거나 어진 인간이 될 수 없을 것이다. 게다가 만약 타인이 없다면 어떠한 인仁도 가능하지 않을 것이며, 또한 어떠한 인仁도 요청되지 않을 것이다. 오직 한 사람만 존재한다면 인仁은 결코 요청되지 않겠지만, 사실 오직 한 사람만 존재한다면 타인 역시 없을 것이다. 따라서 오직 주체만 있을 때는 사실 진정한 의미에서의 주체가 아직 존재하지 않을 때인 것이다. 왜냐하면 주체라는 것은 객체를 함축하고 있으며, 또한 객체를 요구하고 있기 때문이다. 주체는 객체를 통해서만 주체가 될 수 있다.

따라서 만약 내가 반드시 어질어야만 한다면, 즉 만약 인(仁)이 나에게 주어진 윤리적 요구 혹은 명령이라고 한다면 이것은 결국 타인으로부터 온 것이다. 오직 타인만이 그 자신의 존재를 근거로 나에게 인(仁)을 요구할 수 있다. 타인이 바로 타인으로서 나에게 인(仁)을 요구할 수 있는 것은 그 타인이 나의 외부에서 나와 분리되어 있으며, 그러한 나와 타인의 관계에 '사이'(間)가 존재하기 때문이다. 물론 여기에서 사이라는 말은 군더더기이다. 이미 타인과 나를 연결시켜 주는 '~와'(與)라는 말이 그러한 중요하고도 미묘한 사이를 설명해 주고 있기 때문이다. '~와 / 과'(與 혹은 和) 같은 조사는 보편적 의미에서의 사이가 있기 때문에 존재할 수 있다. 만약 사이가 존재하지 않는다면 '~과 / 와' 같은 조사는 아무런 의미가 없고, 오직 '지극히 커서 바깥이 없는'(至大無外) 전체, 모든 것을 집어삼키는 전체만이 존재해서 이른바 '나'와 '타인'이라는 개념도 성립될 수 없을 것이다. 바로 나와 타인 가운데에 미묘하지만 관건이 되는 '사이'가 존재하기 때문에 나와 타인 사이의 '관계'가 성립될 수 있으며, 바로 이러한 까닭에, 즉 사이가 필연적으로 요구할 수밖에 없는 '관계'와 관계가 반드시 함축할 수밖에 없는 '사이'로 인해 이른바 인(仁)이 요청되고 가능해지는 것이다.

인(仁)은 필연적으로 나와 타인의 사이에서 발생할 수밖에 없다. 인(仁)은 "자신이 서길 바라면(而) 타인을 세워 준다"에서의 이(而)자가 암시하는 '나와 타인의 사이' 즉 '자신을 세움과 타인을 세움 사이'에서만 존재하고 실현될 수 있다. 어떤 의미에서 볼 때, 인(仁)은 이처럼 중요하고도 미묘한 사이로서 '실현'²)될 수 있는 것이다. 왜냐하면 공자의 "자신이 서길 바라면(而) 타인을 세워 준다"의 설명에 근거했을 때, 우리는 한편으로는 순전히 자신을 세우려는 욕망과 행위 자체만으로는 인仁이 성립될 수 없다고 말해야만 하며, 다른 한편으로는 순수한 '타인을 세워 줌'만으로는, 즉 '자신을 세움'이 전혀 관련되거나 함축되지 않은 '타인을 세워 줌'만으로도 역시 인仁을 성립시키기에 부족하다고 말해야만 하기 때문이다.[3]

공자가 말한 인仁은 "자신이 서길 바라면(而) 타인을 세워 주는" 것이다. 중층적 의미에서의 '인간'과 '인간' 사이에서, '나'와 '타인' 사이에서, 그리고 '자신을 세움'과 '타인을 세움' 사이에서 인仁으로 하여금 어떤 특정한 의미를 지니게 하는 미묘하면서도 관건이 되는 '이而'자는, 자신과 타인을 혹은 타인과 자신을 연결시켜 주는 동시에 분리시켜 주는 연결사이다. 이 '이而'자에 의해 드러나는 것은 나와 타인의 연결 혹은 분리이며, 미묘한 '나와 타인의 사이' 혹은 '자신을 세움과 타인을 세움의 사이'이다.[4] 따라서 하나

---

2) 본문에서는 부득이하게 '실현'이라는 말을 사용했지만, 이 용어는 사실 적확한 표현이 아니다. 근본적으로 '사이'는 무언가로 실현될 수 있는 것이 아니기 때문이다. 무엇인가로 실현된 '사이' 즉 실체가 된 '사이'는 이미 '사이'라고 할 수 없다.

3) 물론 『중용』에서 "자신을 완성함은 仁이다"(『中庸』, 제25장, "成己, 仁也")라고 말하기는 했지만, 이 구절은 구체적인 상하맥락 안에서 분석될 필요가 있다. 우리는 뒤에 나오는 언어적 환경에 대한 분석의 과정에서 다시 한 번 이 문제를 다룰 것이다. 이 구절에 대한 『중용』의 언어적 환경에서의 분석에 대해서는 졸저 『天命之謂性 — 片讀<中庸>』(北京: 北京大學出版社, 2009)을 참고하라.

4) 청대의 阮元(1764~1849)이 이미 이 미묘하고도 중요한 '사이'(間)에 주의를 기울였지만, 결코 명료하게 이 글자를 사용했던 것은 아니다. 『논어』의 仁에 대해 논할 때, 그 역시 양자의 관계라는 관점에서 仁의 의미를 설명했다. "춘추시기의 공자 문하에서 말하는 仁이란 여기 한 사람과 저기 한 사람이 서로 마주쳐서 공경과 예의, 忠恕 등을 다함을 말하는 것이다. 서로 마주쳤다고 함은 사람이 사람을 마주쳤다는 것이다. 무릇 仁이란 반드시 자신이 행한 바에서 징험할 때 비로소 나타나며, 반드시 두 사람 이상이 있어야 비로소 나타난다. 만약 혼자 문을 걸어 잠그고 엄숙히 앉아서 눈을 감고 정좌한다면, 비록 덕과 이치가 마음 안에 있다 하더라도 결국 성인 문하에서 말하는 仁을 찾아서 행할 수 없을 것이다."(阮元, 『揅經室』[鄧經元 點校, 北京: 中華書局, 1993] 第1集, 卷8, 「<論語>論仁論」, p.176, "春秋時孔門所謂仁者也, 以此一人與彼一人相人偶而盡其敬禮忠恕等事之謂也. 相人偶者, 謂人之偶之也. 凡仁必于身所行者驗之而始見, 亦必有二人而仁始見. 若一人閉戶齊居, 瞑目靜坐, 雖有德理在心, 終不得指爲聖門所謂之仁矣.")

의 덕 심지어는 모든 것을 포괄하는 덕(全德)으로 간주되기 전의 인仁은,[5] 혹은 누군가에게 장악되어 모종의 방식으로 실체화되어 되어 버리기 전의 즉 특정 형식으로 형이상학화되기 이전의 인仁은 미묘하여 파악할 수 없고 수많은 함의를 지닌 '사이'에서만 존재할 수 있다.[6] 인仁은 자신과 타인의 사이에서만 존재할 수 있는 것이다.

　인仁은 타인을 타인으로 만들고 이를 통해 동시에 자신을 자신으로 만드는, 인간과 인간 사이이다. 이것은 인仁이 가장 근본적 의미에서의 나와 타인의 관계 그 자체라는 것을 의미한다. 또한 이것은 인仁이 인간을 인간으로 만드는 것이라는 의미이기도 하다. 왜냐하면 인간은 오직 타인과의 근본적인 관계에서만 그 자신으로 존재할 수 있기 때문이다. 이러한 의미에서 우리는 자연스럽게 이미 공자가 불명확하게나마 제시했던 다음의 명제를 반복하게 될 것처럼 보인다. "인仁이란 사람(人)이다."[7] 즉 인仁은 바로 인간다움인 것이다!

---

5) 공자는 "도에 뜻을 두고 덕에 근거하며 인에 의지하고 기예에서 노닌다"(『論語』, 「述而」, "子曰: 志於道, 據於德, 依於仁, 游於藝")라고 말했는데, 여기에서 보면 덕과 인은 구분된 채 언급되고 있다. 근거함(據)과 의지함(依)은 모두 무엇인가에 의해 지탱된다는 의미이므로, 두 글자는 상호 호응해서 의미를 밝히고 있다. 이렇게 볼 때, 공자에게 있어 덕과 인은 구분되는 것이었다. 따라서 仁을 仁德이라고 해석하는 것은 타당하지 못하다. 또한 『논어』를 살펴보면, 우리는 仁과 관련된 논의들을 찾아볼 수 있을 뿐 德의 의미에 관한 논의는 찾아볼 수 없다. 德 개념의 의미와 용법에 대해서는 당시 이미 상당히 명확했던 것으로 보이지만, 仁의 경우 여전히 그때마다 규정하고 설명해야만 했다. 따라서 공자가 말한 德과 仁 간의 의미적 구분과 연결에 대해서는 한 걸음 더 나아가 탐구할 필요가 있다.

6) 물론 '형이상'과 '형이하'로 나누어서 말하자면, 이 '사이'는 이미 형이상적인 것이다. 왜냐하면 이 '사이'는 구체적인 형상을 넘어선 것으로서 어떤 형체도 가지지 않기 때문이다. 물론 이 무형의 '사이'로 인해 모든 것들이 형체를 갖출 수 있게 되지만, 이것이 곧 '사이'가 어떤 형이상적인 실체 혹은 본체라는 의미는 결코 아니다. 仁의 의미를 파악하는 것은, 어떻게 仁을 실체화되지 않고 본체화되지 않은 '사이'로 이해할 수 있을 것인지에 달려 있다.

7) 『中庸』, 20장, "仁者, 人也"; 『孟子』, 「盡心下」, "孟子曰: 仁也者, 人也."

2. 사이(間)의 의미

여기에서 잠시 "인(仁)이란 인간다움이다"라는 명제에 관해 논의해 보도록 하자. 우리가 지금 한층 더 심층적으로 분석해야 할 것은 바로 위에서 언급한 미묘하고도 중요한 '사이'이다. 우리는 다음과 같이 질문할 수밖에 없다. 나와 타인에게는 어째서 '사이'가 존재하는가? 어떻게 해야 나와 타인에게 '사이'가 존재할 수 있는가? 이처럼 파악할 수 없는 미묘하고 중요한 '사이'는 어떻게 시작될 수 있는가? 우리는 이러한 '사이'를 어떻게 규정해야 하는가? 우리가 언어적 환경을 분석할 때 역시 다음과 같은 질문이 있을 수 있다. 하나의 나에게 있어, 어떻게 해야 진정으로 타인 즉 나의 외부에 있는 타인이 존재하게 되는가? 왜냐하면 만약 나와 타인에게 사이가 없다면, 혹은 어떠한 구분이 없다면 결코 타인이 존재할 수 없기 때문이다. 그리고 만약 타인이 존재하지 않는다면 나 역시 존재할 수 없으며, 나와 타인 사이의 관계 역시 존재할 수 없다.

어떤 의미에서 보자면 사물과 사물에는 사이가 존재할 수 없다. 하나의 사물은 다른 사물과 거리가 있거나 거리가 없을 뿐, 진정한 의미에서의 사이는 존재하지 않는다.[8] 왜냐하면 사이는 분리를 의미하는 것으로, 장차 이것이 저것으로부터 분리되어 나오거나 이것과 저것이 갈라져 나갈 수도 있다는 뜻이기 때문이다. 그런데 '장차 이것과 저것이 나뉠 수 있다'는

---

8) 하이데거는 이에 대해 반대로 말했을 것이다. 그는 아마 설사 한 사물이 다른 사물에 바싹 붙어 있다고 하더라도 둘 사이에는 여전히 간극이 있다고 말했을 것이다. 그의 이러한 말은 하나의 사물이 다른 사물과 진정으로 만날 수 없다는 것을 강조한 것이다. 왜냐하면 '만남'은 '만날 수 있음'을 의미하지만, '만날 수 있음'은 결코 사물의 존재방식이 아니기 때문이다. 그러나 만약 하나의 사물이 정말로 다른 사물과 서로 만날 수 없다면 진정한 '서로 간의 간극'도 없을 것이다. 이 문제에 대해서는 陳嘉映・王慶節이 옮긴 『存在與時間』(北京: 參聯書店, 1987), pp.66~69를 참고하라.

것은 결코 사물 자체의 존재방식이라고 할 수 없다. 만약 사이가 필연적으로 분리의 뜻을 함축하고 있고 이 분리로 인해 사이가 발생하게 되는 것이라고 한다면, 이때의 분리는 '분리하다'는 뜻의 동사로서 일종의 능력이나 행위를 의미하게 되기 때문이다. 『장자』에 등장하는 포정은 이러한 능력과 행위로서의 분리를 생동감 있게 형상화해 낸 것으로, "어떻게 해야 나와 타인에게 '사이'가 존재할 수 있는가?" 하는 문제를 설명해 줄 좋은 예가 될 수 있다.

소를 도축하고 해체하는 기술이 정점에 이르자 포정의 눈에는 '전체 덩어리로서의 소'(全牛)가 보이지 않게 되었다. 이제 그는 소를 '눈으로 보는' 것이 아니라 '정신으로 만나고' 있었기 때문이다. 보통의 눈, 감각기관으로서의 눈은 전체 덩어리로서의 소를 볼 수 있을 뿐이지만, 정신 혹은 의식은 전체 덩어리로서의 소를 분리해서 그것에 내재된 간극 혹은 사이를 만날 수 있다. 전체로서의 소 안에는 어떤 '사이'가 있으며, 그것을 해체하는 칼은 두께가 매우 얇다. 포정은 '매우 얇은 것을 가지고 사이가 있는 곳에 들어간' 까닭에 '여유 있게 칼을 놀릴 수 있었던' 것이다.[9] 따라서 경험이나 훈련이 부족한 사람의 눈에는 한 마리의 소가 그저 분리되지 않은 커다란 덩어리로 보이겠지만 이 덩어리로서의 소 안에는 이미 '사이' 즉 포정의 칼을 통해 드러나고 실현되는 '사이'가 존재하고 있으며, 포정이 체현하고 있는 분리의 능력과 행위는 덩어리 안에 있는 '사이'를 보여 주고 심지어는 만들어 내기까지 한다. 만약 이처럼 분리해 내지 못한다면, 즉 이 덩어리를 분리할 능력과 분리하는 행위가 없다면 어찌할 도리가 없는 절대적 전체만

---

9) 『莊子』, 「養生主」, "庖丁爲文惠君解牛……文惠君曰: 譆, 善哉! 技蓋至此乎? 庖丁釋刀對曰: 臣之所好者道也, 進乎技矣. 始臣之解牛之時, 所見無非牛者. 三年之後, 未嘗見全牛也. 方今之時, 臣以神遇, 而不以目視, 官知止而神欲行……彼節者有間, 而刀刃者無厚, 以無厚入有間, 恢恢乎其於遊刃必有餘地矣."

존재할 뿐 전체를 분리해 내는, 혹은 자신과 전체를 분리해 내는 '사이'가 존재할 수 없을 것이다.[10]

지금까지 강조해 왔듯이 자신이란 것이 곧 모든 타인과 구별되는 자신을 인식해 냈으며 자신과 타인에게 분리와 사이가 있다는 것을 인식해 냈음을 의미한다고 한다면, 이러한 분리와 사이는 곧 '나' 혹은 '주체'를 발생시키는 것이 된다. 나는 타인으로부터 나를 분리해 낼 수 있을 때 내가 될 수 있다. 이러한 '분리할 수 있음'이 가리키는 것은 분리할 수 있는 능력과 행위, 즉 분리와 사이를 만들어 낼 수 있는 능력과 행위이다. 분리와 사이를 만들어 낼 수 있는 이러한 능력은 곧 타자의 존재를 인식하여 자신을 타자로부터 분리해 낼 수 있는 능력이다. 이를 토대로 말하자면, 타자의 존재를 인식해 내는 것 자체가 곧 분리함 혹은 분리할 수 있음이며 자신과 타인을 차별화시키는 능력과 행위인 것이다. 나와 타인의 진정한 분리 및 사이는 반드시 이러한 나의 인식을 통할 때 비로소 실현될 수

---

10) 『莊子』 「齊物論」에서는 "분리됨은 곧 이루어짐이다. 이루어짐은 곧 毀損됨이다"(其分也, 成也, 其成也, 毀也)라고 말했다. 이것은 태초의 '분리'가 없었다면 어떤 것도 존재할 수 없었다는 의미이다. 물론 장자의 관점에서 이러한 '이루어짐'은 毀損 즉 본원적 一者 혹은 온전한 전체의 毀損이지만, 개체적 존재 및 개별적 존재의 '이루어짐'은 바로 이러한 분리로부터만 시작될 수 있다. "통나무가 쪼개져서 다양한 기물이 될" 때 비로소 '기물(器)'이란 것이 존재할 수 있게 되는 것이다.(『老子』, 제28장, "樸散則爲器, 聖人用之, 則爲官長, 故大制不割.") 한 가지 흥미로운 점은 '분리'(分)가 데리다에게서도 중요한 개념이라는 점이다. 데리다에서 분리(espacement, spacing) 개념은 외재성, 외재자의 출발점이다. 만약 이러한 분리가 없다면 어떠한 외부도 존재할 수 없다. 또한 이것은 만약 분리가 없다면 개체가 자신의 외부와 맺는 관계 역시 존재할 수 없고 오직 "지극히 커서 바같이 없는 것"만 존재할 뿐인데, 이것을 진정한 의미에서의 일자로 볼 수는 없다. 따라서 어떤 의미에서는 이러한 분리됨이 일자 혹은 온전한 전체보다 선재하며, 본원으로서의 일자 혹은 온전한 전체는 회고적으로 구성된 것이라고도 할 수 있다. 분리는 "보편적 의미에서의 외부의 시작이며, 생명과 그 밖의 것들 간의 난해한 연결의 시작이고, 내면과 외부 간의 난해한 연결의 시작이다." 데리다의 of Grammatology (Trans. Gayatri Chakravorty Spivak, Beltimore: The John Hopkins University Press, 1976)의 70쪽을 참고하라. 이 책의 중국어 번역본은 『論文字學』(汪堂家 譯, 上海: 上海譯文出版社, 1999)이다.

있으며, 또한 이러한 인식으로서 실현될 수 있다.

그러나 이러한 나의 인식은 결코 신의 역할을 대신하는 것이 아니다. 여기에서 말하는 인식이란 단지 구분과 분리를 의미할 뿐 무에서 유를 창조하는 것을 의미하지 않기 때문이다. 이러한 구분을 가능하게 만들기 위해서 인식의 과정은 차별화를 추진하는 것으로서의 언어를, 혹은 언어활동을 촉진시키는 것으로서의 차별성을 필요로 한다. 인식은 곧 언어적 인식으로, 반드시 언어 안으로 진입하여 언어 안에 머물면서 구성되어야 한다. 언어 또한 인식적 언어여서, 반드시 인식을 장악하고 인식에 스며들어서 구성되어야 한다. 이처럼 인식은 언어를 필요로 하고, 언어는 인식을 필요로 한다. 이 때문에 한편으로 보면 인식적 분리와 사이는 결국 언어 속에서 완성되고 언어에 의한 구분을 통해 보증될 수밖에 없지만, 다른 한편으로는 그러한 분리와 사이가 역으로 인식을 반영할 만한 특정한 언어(앞서 본 '~와 / 과' 같은)를 요구하게 되는 것이다. 이것은 우리의 인식적 구분과 분리가 근본적으로 언어에 의존할 수밖에 없지만, 동시에 그것이 언어에 대해 어떤 요구를 하게 된다는 것 즉 타인과 대면할 때 나라고 말할 필요성을 발생시킨다는 것을 의미한다. 다시 한 번 타인과의 관계에 진입할 필요성, 나라는 일인칭 대명사를 통해 이미 타인과 분리된 자신을 다시 한 번 타인에게 드러낼 필요성을 발생시키게 되는 것이다. 유가사상의 맥락에서 볼 때, 이것은 예禮에 대한 요구로 나타난다. 나와 타인의 분리는 바로 예에 대한 요구인 것이다. 물론 그 반대일 수도 있다. 즉 예가 나와 타인 간의 구분을 유지하고 있는 것일 수도 있다.[11]

---

11) 언어에 진입한다는 것은 어떤 의미에서는 예에 진입하는 것이기도 하다. 나를 타인과 연결시켜 주는 것으로서의 '언어'가 지니는 의미에 대해서는 이 책 제3장 「禮와 타인」을 참고하라.

'나'라고 말하는 것은 타인에 대해 자아봉쇄를 완성하는 작업으로서, 주체로 하여금 자기동일적 개체가 되도록 만든다. 그러나 앞에서 누차 밝혔듯이, 나라는 표현에 의해 언어상 타인과 상대적인 것으로 구별되는 나는 결코 절대적인 자아동일자가 될 수 없다. 왜냐하면 내가 성립될 때 나라고 불리는 것은 필연적으로 나를 분리시키고 분열시킬 수밖에 없으며, 나 자신을 하나의 타자가 되게 하여 나와 나 자신 사이에 일종의 나-타인의 관계가 발생하도록 만들기 때문이다. 그러므로 인식을 통해 언어에 진입하거나 언어를 통해 인식을 구성하는 것은 자신을 타인과 구분하기 시작하는 것만을 의미하는 것이 아니라, 자신을 자신으로부터 분리해 내는 것을 의미하기도 한다. 자신으로부터 자신을 분리해 낸다는 것은 바로 자신과의 영원한 분리, 즉 한 번도 진정으로 존재한 적 없었던 태초의 자아, 이상적 자아와의 분리를 의미한다. 만약 이러한 자아의 존재를 인정한다면, 언어와 인식으로 인해 개체 안에서 발생하게 되는 그와 같은 균열은 곧 태초의(심지어는 태초보다도 선재하는) 균열일 수밖에 없다. 그러한 균열이 자신의 안에서 나타나거나 존재하지 않는다면, 즉 그러한 균열이 없다면 앞에서 언급되었던 형성적 분열, 분열적 형성은 어떠한 자아도 가질 수 없을 것이다. 또한 자기 자신과 분리될 수 있는 자아가 없다면, 만약 자신을 타자로 대할 수 없다면, 장차 타인을 타인으로 대할 수도 없을 것이다. 이것은 나 자신이 타인 혹은 자신과 대립하는 자아임을 인식할 수 있을 때에는 타자가 이미 자신 안에 이르러 있음을 의미한다. 이것의 반대 역시 가능하다. 우리가 타인을 타인으로 대할 수 있을 때, 우리는 이미 자아 즉 타인과 대립하는 자아를 이룬 것이다.

따라서 타자(타자로서의 자신을 포함하여)에 대한 인식은 타자에 대한 가장 근본적인 개방이자 환영이며 수용이다.[12] 언어적 인식, 나를 타자와 분리시키기도 연결시키기도 하는 인식, 마찬가지로 '주체로서의 나'를 '타자화된 나'와 분리시키기도 연결시키기도 하는 인식은 어떤 의미에서 이미 내 안에 내재해 있는 '사이'라고 할 수 있다. 이러한 '사이'는 태초의 분리(적극적 행위로서의 분리)의 결과이며, 이러한 분리는 나와 타인을 분리시킬 뿐 아니라 주체로서의 나를 타자화된 나와 분리시켜서 그 둘이 완전히 일치하거나 절대적으로 동일해지지 않도록 해 준다. 바로 이러한 의미에서 내 안에 내재하는 사이는 곧 타인 혹은 타자가 가능하도록 하는 것이기도 하다고 말할 수 있다. 물론 그러한 사이는 아무런 근거도 없이 타자를 분리해 내거나 만들어 내는 것이 아니다. 그러한 사이는 타자로 하여금 타자로서 나타날 수 있게 해 주고, 나로 하여금 타자가 오는 것을 환영하도록 만든다. 또한 그러한 사이는 나를 미래의 나, 즉 타인으로 인식되고 대면 가능한 타자화된 자기로 만들어 준다.

그러나 타자에 대한 인식으로서의, 내 안에 내재하는 '사이'는 어떤 의미에서는 진정으로 혹은 절대적으로 내재하는 것이라 할 수 없다. 왜 그런가? 인식이라는 것은 곧 나의 인식이며 나의 인식이라는 것은 결국은 내 안에 존재하는 인식이라는 측면에서 말한 것이라는 점에서는 이러한 '사이'도 분명 내 안에 있다고 말할 수 있을 것이다.[13] 그러나 내 안에 존재하는 '사이'는 나를 타인과 분리시키기도 연결시키기도 할 뿐만 아니라, 아울러 주체로서의 나와 타자로서의 나를 분리시키기도 연결시키기도 한

---

12) 우리는 여기에서 레비나스의 사상적 영향을 받았다. 그는 『總體與無限』에서 다음과 같이 말했다. "'~와 관련된 인식'으로서의 지향성은 주제화(thematization)가 아니라, 언어에 대한 주의집중, 타자에 대한 환영 혹은 타자에 대한 은근한 환대(hospitality)이 다."(Leivinas, *Totality and Infinity*, trans. Alphonso Lingis, Pittsburgh, Duqusne University Press, pp.43·299.)

13) '나의 인식'이라는 이 다의적인 표현은 '나에게 속한(내가 지닌) 인식'이라는 의미로 이해될 수 있고, 또 '나에 관한(내가 나임을 아는) 인식' 즉 '자아의식'이라는 의미로 이해될 수도 있다.

다. 즉 나를 둘로 나누어 버리는 것이다. 이렇게 볼 때 사실 나는 단 한 번도 내 안에 존재한 적이 없었고, 실제로 내 안에 있는 것은 항상 '사이'였다. 상상 속 자아와 동일체로서의 나는 사실 '나'와 '대상(타자)으로서의 나' 즉 '나'와 '내가 의식하는 나'의 사이에서만 존재할 뿐이다. 이때의 나의 인식은 곧 '타자화된 자기'(타인으로서의 나)에 대한 인식이어서, 이미 나와 타인의 가운데에 미묘한 '사이'가 있다. 이러한 미묘한 사이, 주체와 대상을 분리시키는 사이에 대해, 우리는 그것이 나(와 나)의 '사이'에 존재한다고 해야지, 더 이상 나의 '안'에 존재한다고 해서는 안 될 것이다. 그리고 이러한 '나와 나의 사이'는 곧 '나와 타인의 사이'를 의미하는 것이기도 하다.

그러므로 인식 즉 타자에 대한 인식은 타인과 나의 분리를 '실현'하는 것이다. 인식은 나와 타인 혹은 나와 나 가운데에서 진정으로 '사이'가 시작될 수 있도록 한다. 이 말은, 나와 타인 가운데에 근원적인 사이가 존재함을 긍정하고, 그로부터 이 사이가 진정으로 존재하게 하고 실현되게 하며 현실화하도록 하여, 우리의 인식이 '인식된 사이' 및 '나와 타인을 분리하는 인식'으로 존재할 수 있도록 한다는 뜻이다. 그러므로 인식은 곧 타자에 대한 인식이며, 타자를 타자로 파악할 수 있는 인식은 이미 나와 타인의 '사이'에 있는 것이다. 이러한 사이는 나와 타인을 진정으로 분리시킨다. 그리고 이러한 사이가 시작됨에 따라 진정으로 나와 타인이 존재할 수 있게 된다.

나와 타인이 존재할 수 있도록 하는 것, 나와 타인이 하나의 개인으로 확립되고 존재할 수 있도록 하는 것, 그리고 나와 타인이 '낳고 낳아 끊어짐이 없도록'(生生不息) 할 수 있는 것으로서의 '사이'나 혹은 그에 대한 '인식'은 어떤 의미에서 이미 인(仁)이라고 할 수 있다. 왜냐하면 유가 경전의 관점에 따르면 '나를 완성하는 것'(成己) 즉 나의 인간다움을 완성하는 것이 곧 인仁이기 때문이다. 제한적으로나마 "자신이 서길 바라면 타인을 세워 준다"를 다시 읽은 것에 근거해서 보자면, '자신을 완성함'은 '타인을 완성함'(成人) 즉 타인의 인간다움을 완성하는 것과 결코 분리될 수 없다. 따라서 『중용』의 유명한 구절인 "자신을 완성함이 인仁이다"(成己, 仁也)는 보다 명확하게 "자신을 완성하고자 타인을 완성시켜 주는 것, 이것이 인仁이다"(成己而成人, 仁也)라고 읽어 내는 편이 "자신이 서길 바라면 타인을 세워 준다"를 인仁으로 여기는 공자의 정신에 좀 더 부합한다고 할 수 있다. 가장 근본적인 의미에서 나를 완성하고 타인을 완성할 수 있는 인식, 나의 타자성에 대한 인식, 나를 타자와 분리시키는 동시에 연결시키기도 하는 인식, 타인과 나의 '사이'로 파악되어 존재하는 이러한 인식은, 혹은 인식에 의해 전개되고 이미 인식으로 전개된 타인과 나의 '사이'는, 바로 모든 구체적인 인仁 즉 인仁의 모든 구체적인 행위들을 가능케 하는 가장 근본적인 인仁이다. 만약 내가 인간으로서 이러한 인식을 갖추지 않을 수 없다고 한다면 나는 이미 인간으로서 어진(仁) 것이고, 내가 이러한 인식을 잃어버려서 어질지 못하게 된다고 하더라도 그렇게 될 수 있는 까닭은 역시 내가 사실 본래부터 이미 어질었기 때문이다.

3. 인仁을 요구하는 인仁: 인仁의 두 층위

모든 구체적인 인仁, 즉 인仁의 모든 구체적인 행위들을 가능케 하는 인仁은 결코 난해한 언어유희가 아니다. 인仁의 복잡한 의미구조를 분석할 때, 우리가 직면하는 중요한 문제들이 있다. 먼저 인仁은 필수적일 뿐만

아니라 필연적인 것처럼 보인다. 왜냐하면 인간이 존재하는 이상 나와
타인의 사이가 존재할 수밖에 없으며, 나와 타인의 사이가 존재하는 이상
나와 타인의 관계 그 자체로서 존재하는 인仁, 인간으로 하여금 인간일
수 있도록 하는 인仁이 존재할 수밖에 없기 때문이다. 그러나 다른 한편으로
인仁은 그 자신이 실현되고자, 혹은 그 자신을 실현시키고자 한다. 실현되려
는 것으로서의 인仁은 나 자신에 대해 제기되는 모든 윤리적 요구, 즉
"인간이라면 어질어야仁 한다"는 요구로 드러난다. 이러한 윤리적 요구는
필연적으로 인간의 자유의지에 호소할 수밖에 없으며, 따라서 이러한 요구
는 개인에 의해 실현될 수도, 실현되지 못할 수도 있다. 이렇게 볼 때,
우리의 문제는 인仁 자체가 자신의 실현을 요구한다는 것, 즉 인仁 자체가
이미 인仁을 요구한다는 것이라고 말할 수도 있을 것이다. 그러나 이러한
서술은 다음의 두 가지 의미를 모두 담고 있다. 그것은 한편으로는 자신의
실현을 요구할 수 있는 인仁이 이미 존재하고 있으며 모종의 방식으로
이미 실현되었다는 의미이고, 다른 한편으로는 그러한 인仁은 여전히 자신
을 실현하고자 하는 상태라는 의미이다. 어째서 인仁은 이처럼 모순적인
것인가? 아마도 그것은 인仁이 항상 두 가지 층위를 지니고 있기 때문일
것이다. 이들 중 한 층위는 다른 한 층위의 가능성과 필수성의 근거가
되어 주고, 반대로 다른 한 층위는 그 한 층위가 현실로 실현될 수 있도록
해 준다. 아래에서 우리는 서로 다른 층위의 인仁에 대한 구분을 통해
이 문제를 해결해 보도록 하겠다.

　어떤 의미에서 볼 때, 나는 항상 타인과의 사이에 있다고 할 수 있다.
이러한 나와 타인과의 사이가 바로 인간이 인간일 수 있도록 하는 것
즉 인仁이다. 바로 이 근본적인 타인과의 사이 혹은 인仁이 존재하지 않는다
면 결국 어떠한 나 혹은 타인도 존재할 수 없다. 이렇게 볼 때 인仁은

결코 (내가 되고자 하는) 나에게 달려 있거나 의지하는 것이 아니라, 오히려 반대로 인(仁)이 (내가 되고자 하는) 나를 구성하고 있다. 인(仁)은 항상 여기에 존재하면서 모든 나를 꿰뚫어 보고 장악하며 나에게 요구를 제기하고 있는 것이다. 이러한 의미에서 나는 항상 인(仁) 가운데 있다고 할 수 있다. 그리고 이것은, '나'와 '내가 되고자 하는 (미래의) 나'는 항상 타인으로서 '사이'를 가질 수밖에 없으며, 이러한 타자의식은 필연적으로 모종의 피동적인 방식으로 인(仁)에게 점유되어 이미 나를 어진 인간으로 규정하고 있다는 의미이기도 하다.

그러나 이미 나에게 요구를 제기하고 나를 장악하고 있는 인(仁), 모종의 방식으로 나를 점유하고 있는 인(仁)은 역으로 나에 의해 다시 한 번 장악되어야 한다. 내가 지니고 있을 수밖에 없는 인(仁)을 새롭게 다시 한 번 나의 소유로 만들 때, 나는 비로소 진정으로 어진 인간이 될 수 있다. 나를 꿰뚫어보고 장악하며 나에게 요구를 제기하는 인(仁)을 내가 다시 한 번 장악할 수 있는 이유는, 바로 타인으로서의 내가 저절로 내 눈앞에 나타났기 때문이며, 타인 자신의 존재 자체를 통해 나에게 인(仁)을 요구하고 있기 때문이다. 마치 『맹자』의 측은지심惻隱之心장에서 나로 하여금 측은지심을 드러내고 체현할 수 있도록 하는 어린아이(孺子)처럼 말이다.[14] 따라서 내가 인(仁)을 (다시 한 번) 확보할 수 있는 이유는 바로 '장차 되고자(仁하고자) 하는 나'로서의 타인이 항상 내 눈앞에 존재하고 있기 때문이며, 또한 이로 인해 나는 항상 타인과 나의 관계 가운데 위치해 있기 때문이다.

내가 대면하고 있는, 나와 구별되는 타인에게서 드러나는 것은 바로

---

14) 『孟子』, 「公孫丑上」, "孟子曰: 人皆有不忍人之心. 先王有不忍人之心, 斯有不忍人之政矣. 以不忍人之心, 行不忍人之政, 治天下可運之掌上. 所以謂人皆有不忍人之心者, 今人乍見孺子將入於井, 皆有怵惕惻隱之心."

근본적 의미에서 타인과 나를 분리시켜 주기도 하고 연결시켜 주기도 하는 '사이', 나와 타인이 각각 나와 타인으로 성립될 수 있도록 해 주는 '사이'이다. 내가 대면하고 있는 타인은 나에게 이러한 나와 타인의 '사이'를 인정하고 존중할 것을 요구하고 있다. 그것은 타인을 타인으로서 존재할 수 있도록 해 주는 '사이'요, 근본적으로 '인간다움을 완성시켜 주는' 인仁이다. 내가 주동적으로 그러한 요구를 분명한 나의 책임으로 받아들일 때, 모든 보편적 의미에서의 인仁, 인仁의 모든 구체적 행위 및 타인에 대한 나의 호감, 측은지심, 동정심, 관심, 보살핌과 같은 타인을 타인으로 존재하도록 하는 선행들이 비로소 드러날 수 있게 되며, 또한 진정한 인仁으로 거듭날 수 있게 된다.

『맹자』의 "어린아이가 우물에 들어가려 할 때"(孺子入井)의 고사를 예로 들어 보자. 위험에 빠진 어린아이와 대면했을 때, 우리는 이전부터 그 아이를 알고 있었는지 여부와 상관없이 이미 그 아이와 관계를 맺게 된 것이다.15) 이것은 내가 오직 나와 타인 간의 피할 수 없는 관계 안에서만 자신을 발견할 수 있음을 의미한다. 타인과의 관계 안에서 자신을 발견한다는 것은 우리가 인仁이 제기하는 무조건적인 요구를 모두 수용했다는 의미이며, 이러한 수용은 곧 내가 이미 근본적으로 인仁을 가졌다는 의미이다. "인仁을 가졌다"는 것은 어질어질 수 있음, 즉 인仁으로 하여금 그것이 타인에 대한 측은지심, 관심, 보살핌 같은 구체적 행위로 실현되게끔 할 가능성이 있음을 의미한다. 그리고 이러한 인仁의 행위는 우선적으로 타자로부터 온 것이며, 근본적인 의미에서 볼 때 이러한 요구는 일상적 의미에서

---

15) 『孟子』, 「公孫丑上」, "今人乍見孺子將入於井, 皆有怵惕惻隱之心. 非所以內交於孺子之父母也; 非所以要譽於鄕黨朋友也; 非惡其聲而然也. 由是觀之, 無惻隱之心, 非人也." 측은지심에 관해서는 졸저 『文本之間 - 從孔子到魯迅』의 「心性天人: 重讀孟子」장(pp.137~177)을, 특히 제4절 "今人乍見孺子將入于井, 皆有惻惕惻隱之心"(pp.154~161)을 참고하라.

의 언어적 표현보다도 선재하는 요구라고까지 할 수 있다.

우리는 물론 어떤 특정한 타인과 함께하지 않고도 구체적 관계를 발생시킬 수 있지만, 타인은 항상 나와 관계를 가질 수밖에 없다. 따라서 우리는 관계라는 흔해 빠진 말에 담긴 윤리적 중요성을 복구시킬 필요가 있다. 여기에서 '관계'는 우리가 항상 어떤 방식으로든 타인과 관련되며, 또한 이러한 근본적인 나와 타인의 관계에 의해 타인에게 얽매이기도 한다는 것을 말해 주고 있다. 그러나 이러한 관련됨과 얽매임은 곧 필연적으로 아무런 관련이 없는 관련됨, 얽매이지 않는 얽매임이기도 하다. 왜냐하면 나는 타인과 구별되는 존재로서, 그리고 타인으로부터 독립된 존재로서 이러한 구체적인 관계를 부정하고 단절할 수도 있기 때문이다. 따라서 우물에 빠지기 직전의 어린아이와 같이 근본적으로 나와 관련되고 나를 얽어매고 있는 타자를 대면했을 때, 즉 내가 마땅히 도와야 하는 타인, 인(仁)이 나에게 제기하는 요구(혹은 어떤 의미에서는 내가 이미 가지고 있는 仁)가 실현될 기회를 제공하는 타자를 대면했을 때, 우리는 나와 타인의 관련성을 부정하면서 도움의 손길을 거두고 외면해 버릴 수도 있다. 그러나 설사 내가 이러한 관계를 부정하고 단절하기로 결정했다고 할지라도, 그리고 나와 관련된 타자를 홀시하고 망각하기로 결정했다고 할지라도, 나와 타자의 이 관계는 결국 끊어도 끊어지지 않는 관계일 수밖에 없다. 왜냐하면 우리는 정말로 자신을 부정하거나 망각할 수 없기 때문이다. 즉 내가 과감히 몸을 던져 위험에 빠진 어린아이를 구하지 않는다면 이것은 곧 나와 타인의 관계를 나 자신이 직접 단절해 버리는 것인데, 나에 의해 단절된 이 관계는 사실 이러한 끊어질 수 없음으로 인해 여전히 단절의 가운데에서 유지되고 있는 것이다. 다만 나 자신이 스스로 나와 타인의 관계를 부정하고 단절하기로 결정함에 따라, 나 자신이 스스로 내가 타인과 관련될 수 없도록 하고 타인에 얽매이지 않도록 함에 따라, 나는 어질지 못한(不仁) 사람이 되어 버렸다. 여기에서 "어질지 못한 사람이 되어 버렸다"는 것은 이미 나 자신에게 주어진 윤리적 요구 및 내가 지닐 수밖에 없는 가능성이 타인과 대면했을 때 나를 통해 실현되지 못했음을 의미한다.

결국 근본적인 의미에서 볼 때 인(仁)은 결코 빼어난 몇몇 사람만이 지닐 수 있는 것도 아니요, 모든 사람이 원칙적으로 지녀야 하는 근원적인 도덕 감정이나 내재된 정신적 원칙 같은 것도 아니다.16) 이와는 반대로 인(仁)은 나와 타인 사이에서 생겨나고 존재하는 미묘하고도 중요한 '사이' 그 자체로서, 그러한 '사이'로서 생겨나고 존재하며 그러한 '사이'로서 나와 타인을 연결시켜 준다. 이처럼 중요하고도 미묘한 사이는 인(仁), 즉 나에게 요구되는 인(仁), 윤리적 요구로서의 인(仁), 행위준칙으로서의 인(仁)을 반드시 필요한 것으로 만든다. 왜냐하면 만약 인(仁)이 정말로 나와 타인의 관계 혹은 윤리적 관계 자체라고 한다면, 그리고 인간이 오직 이러한 관계 안에서만 진정으로 인간이 되고 인간으로서 존재할 수 있다고 한다면, 타인과 나의 사이 혹은 관계 자체로서의 인(仁)은 인(仁)을 윤리적 요구로 거듭나게 할 수 있으며, 이러한 윤리적 요구로서의 인(仁)은 타인과의 사이를 가지는 모든 나(매순간 대면하게 되는 타인으로서의 나, 혹은 모든 윤리주체) 안에 존재함으로써 인(仁)이 체현 될 수 있도록 하기 때문이다. 즉 어진 인간으로 체현된다는 것이다. 인(仁)을 체현한다는 것 혹은 어진 인간이 된다는 것은 곧 인간 자체의 가능성을 실현했다는 것이기도 하다. 이것이 바로 "인간(타인)을 완성함"(成人)이며,

---

16) 공자는 일찍이 모든 사람이 어질게 될 수 있다고 믿었던 후세 유학자들을 혼란스럽게 만든 말을 한 적이 있다. "군자이면서 어질지 않은 사람은 있었지만, 소인이면서 어진 인간은 있었던 적이 없다."(『論語』, 「憲問」, "子曰: 君子而不仁者有矣夫, 未有小人而仁者也") 이 구절만 놓고 보면 공자는 어떤 사람들은 어질 수 없다고 여겼던 것처럼 보인다. 이에 관해서는 이 책의 제8장 「타인으로서의 異性」(특히 제9절) 참조

좀 더 역설적으로 표현하자면 인仁이 그 자신을 실현하도록 함이요 인仁을 인仁으로 실현함이다.

그러므로 인간은 반드시 어진 인간이 되어야 한다. 어진 인간이 되는 것은 주체적으로 인仁을 자기 자신에 대한 윤리적 요구로 받아들이는 것이다. 이것은 하나의 가능성으로서의 인仁 즉 이미 나와 타인의 사이로서 존재하는 나(매순간의 나)에게 갖추어진 가능성으로서의 인仁이 나를 통해 실현되고 나 자신의 가능성으로 실현되도록 한다는 의미이기도 하다. 그래서 인仁은 인간과 인간 사이에서 생겨날 수밖에 없는 윤리적 요구로서, 내가 할 수 있고 또한 마땅히 해야 하는 것, 즉 최선을 다해 실현해야 하는 것이다. 이것의 실현은 또한 나와 타인의 사이로서 존재하는 '인간'에게 갖추어진 가능성의 실현이기도 하다. 따라서 공자는 다음과 같은 말로 인仁에 대해 논했다.

> 인仁이 멀리 떨어진 것이겠는가? 내가 어질기를 바라면, 곧 인이 나에게 이를 것이다.[17]

> 하루 동안만이라도 인仁에 온 힘을 쏟을 수 있는 사람이 있는가? 나는 힘이 부족해서 못하는 사람을 아직 본 적이 없다.[18]

이러한 서술들은 다음과 같은 의미를 함축하고 있다. 한편으로 인仁은 내가 원하기만 하면 그것이 곧 나에게 이를 정도로 나와 매우 가깝다는 것이다. 왜냐하면 나는 이미 인仁의 가운데 존재하며, 인仁의 가능성 혹은 인仁을 실현할 가능성으로서 존재하기 때문이다. 그러나 다른 한편으로는

---

17) 『論語』, 「述而」, "子曰: 仁遠乎哉? 我欲仁斯仁至矣."
18) 『論語』, 「里仁」, "有能一日用其力於仁矣乎? 我未見力不足者."

인仁이 도리어 그 자신이 이르러 오게 되기를, 즉 실현되기를 기다리고 있다는 것이다. 이로 볼 때 인仁은, 내가 노력을 통해 인仁으로 하여금 이르러 오고 실현될 수 있도록 만들어야 하는 것이지만, 근본적인 의미에서 보면 그러한 인仁은 이미 나와 타인의 관계 속에서 인간이 지닌 가능성으로 주어져 있다. 그런 까닭에 공자는 그 누구도 어진 인간이 되기에 힘이 부족한 것은 아니라고 보았던 것이다.[19] 따라서 인仁은 나(매순간의 나)의 실천과 노력을 통해 성취될 수 있고 또한 성취되어야만 하는 것이기에, 모든 인간은 마땅히 인仁에 힘을 다해야만 한다. 인仁을 성취한다는 것은 곧 인仁을 다시 한 번 자신의 것으로 만듦으로써 자신을 진정으로 어진 인간으로 만드는 것이다.

인仁은 곧 나와 타인의 '사이'이자 인간을 인간으로 만드는 나와 타인의 '관계' 그 자체이다. 사실 이러한 사이와 관계는 엄격한 의미에서 어떤 존재자가 될 수 없으므로 사유를 통해 실재적인 사물이나 대상을 파악하는 방식으로는 이해될 수 없다. 따라서 근본적인 의미에서의 인仁은 접근하고 이해하기가 어려우며, 설명하고 정의하기도 어렵다. 이로 인해 이 개념은 항상 외면 받아 왔다. 아울러 '사이' 혹은 '관계' 그 자체로서의 인仁은 오직 이것을 인식한 사람을 통해서만 보호되고 유지될 수 있기 때문에 인간을 제약하게 된다. 인간은 이미 이 관계 자체 안에서 윤리적 요구로

---

19) 따라서 공자가 "군자이면서 어질지 않은 사람은 있었지만, 소인이면서 어진 인간은 있었던 적이 없다"라고 말한 것은 아마도 모든 사람들이 仁에 힘을 쓰는 이상 그들 모두 어질게 될 수 있다는 의미일 것이다. '소인'이 어질게 되지 못하는 것은 결코 그가 타고 나길 어질 수 없어서 그런 것이 아니라, 仁에 힘을 쓰지 않기 때문이다. 그런데 설사 군자라 하더라도 仁에 힘을 쓰지 않는다면 그 역시 어질지 못할 수 있다. 따라서 좀 더 엄격히 말하자면, 그 누구도 결코 仁 자체를 갖춘 것이 아니라 仁의 가능성 혹은 가능성으로서의 仁을 갖추었을 뿐이다. 소인이 어질 수 있는지 여부에 대한 복잡한 문제에 관해서는 제8장 「타인으로서의 異性」의 제9절 '소인은 어질 수 있는가?'의 분석을 참고하라.

드러나는 인仁을 받아들였으며 이러한 요구는 윤리주체로서의 내가 최선을 다해 실현해야 하는 것이기에, 인仁은 결국 특정한 개인에게서 구체적으로 체현될 수 있을 뿐이다. 오직 '어진 인간'이라고 불릴 수 있는 개인으로 체현될 수 있을 뿐인 것이다. 그래서 『논어』에서의 인仁 자체에 대한 논의는 적어도 표면상으로는 항상 어떤 구체적인 인물을 들며 그가 어진 인간인지를 논하는 방식으로 이루어졌다.[20] 그러나 『논어』의 이러한 화제 전환 즉 인仁에서 인간으로의 전환은 우리로 하여금 "자신이 서길 바라면 타인을 세워 준다"와 같은 구절에서 드러난 인仁의 근본적 성격에 대한 공자의 통찰을 발견하지 못한 채 지나치게 할 수도 있다. 그러므로 인仁에 관한 공자의 사상을 진정으로 이해하기 위해서는, 우리는 인仁의 서로 다른 두 층위를 명확히 구분해야만 한다.

서로 다른 두 가지 층위의 인仁은 어떤 의미에서는 상호의존적 관계이다. 나와 타인 간의 사이 그 자체로서의 인仁이 존재하지 않는다면 나를 향해 어떠한 진정한 의미에서의 윤리적 요구도 제기될 수 없을 것이며, 동시에 최선을 다해 인仁을 실현하라는 윤리적 요구가 존재하지 않는다면 진정한 의미에서의 인仁 혹은 나와 타인의 관계로서의 인仁 역시 존재할 수 없을 것이기 때문이다. 두 층위의 인仁 간의 이러한 복잡한 관계는 우리가 공자의 인仁을 파악하기 어렵게 만드는 이유 중 하나이다. 유구한 주석 전통에서 판이하게 해석되어 왔던 기본 개념이자 다양한 해석들이 병존하고 계승될 수 있었던 주요 개념으로서의 인仁 그 자체는 사실 근본적 의미에서 나와 타인을 분리시키기도 연결시키기도 하는 나와 타인의 '사이'일 뿐이다. 공자의 사상은 다양한 방식을 통해 이처럼 중요한 나와 타인의 사이를

---

20) 물론 우리는 뒤에서 기타 중요한 문제들에 대해서도 논할 것이다. 이 장의 제7절 '오직 범례만 존재하는 문화'의 관련 논의를 참고하라.

끊임없이 가리켰다. 나와 타인의 사이가 존재해야 인仁도 존재할 수 있다. 인仁은 나와 타인의 사이에서만 존재할 수 있고, 또 나와 타인의 사이로서만 존재할 수 있다. 내가 되고자(어질고자) 하는 나는 이미 나와 타인의 사이에서 드러날 수밖에 없으며, 항상 나와 대면하고 있는 타인일 수밖에 없다. 따라서 내가 마땅히 어질다는 것은, 인仁을 자신의 것으로 만들어서 어진 인간이 되어야 한다는 뜻이다. 그리하여 나는 자신이 어진 인간이 됨으로써 타인도 인간답게 만들며, 타인을 인간답게 함으로서 인仁을 지켜 낸다. 즉 진정한 나와 타인의 관계로서의 인仁, 나와 타인을 진정한 나와 타인으로 만드는 인仁을 지켜내는 것이다.

여기에서 모든 핵심적인 것들은 이처럼 나와 타인의 '사이'에 존재하고 있지, 특별한 무언가가 다른 곳에 비밀스럽게 숨겨져 있는 것이 아니다. 그러한 '사이'는 곧 인仁사상의 가장 간단하면서도 심오한 지점일 것이다. 그런데 바로 이 간단하면서도 심오한 지점이야말로 정말로 파악하기 어려운 문제일 것이다. 왜냐하면 인仁이 비록 공자 사상에서 가장 핵심적이고 중요한 것이기는 하지만, 오직 나와 타인의 사이에서만, 그리고 나와 타인의 사이로서만 존재할 수 있는 인仁은 본질적으로 실체가 없어서 흔적과 형체를 찾을 수 없기 때문이다. 이것은 우리가 인仁에 대해 결코 어떤 것 자체라고 규정할 수 없음을 의미한다.

공자의 사상은 사실상 인仁을 중심으로 전개되었지만, 공자 자신은 인仁에 대해 단 한 번도 명확하게 개념적 정의를 내린 적이 없었다. 따라서 비록 인仁의 문제가 공자의 사고와 논의의 전반을 지배하고 있었던 것 같지만, 공자는 각종 형상화된 설명방식을 사용함으로써 인仁의 핵심에 곧바로 다가갈 수 없음을 암시한 것처럼 보이기도 한다. 그러나 이것이 곧 공자에게 인仁을 설명하거나 정의할 능력이 없었음을 의미하는 것은 결코 아니다.21) 오히려 공자의 사고 및 표현 방식은 그가 이해한 인(仁)의 본질과 직접적으로 관련되어 있다. 즉, 만약 인(仁)이 근본적인 의미에서 하나의 '사이'일 뿐이라면 당연히 그 본체나 본질을 가질 수 없기 때문에 인(仁)은 고정된 실체가 없을(無體) 수밖에 없다.22) 공자의 이러한 설명방식은 아마도 어떤 의미에서는 사실상 불가피한 인(仁)의 실체화를 막길 바란 것일

21) 공자 사상에 대한 연구자들은 공자가 한편으로는 仁에 관한 명확한 사상을 가지고 있었던 것 같기는 하지만, 다른 한편으로는 仁에 대해 단 한 번도 명확하게 설명한 적이 없다는 것에 대해 대체로 동의한다. 예컨대 李澤厚는 다음과 같이 말했다. "『논어』에 서는 仁이 100회 이상 등장하지만 그때마다 의미가 다르다. 仁은 결코 개념적으로 규정되지 않으며, 구체적인 상황과 대화의 상대에 따라 그 의미가 다르게 사용되었다.…… 仁이란 대체 무엇일까. 결코 그 의미에 도달할 수 없을 것 같다."(李澤厚, 『波齋新說』, 香港: 天地圖書有限公司, 1999, pp.58~59. 이 책은 『己卯五說』이라는 제목으로 재출판되었 다. 北京: 中國電影出版社, 1999.) 牟宗三은 『心體與性體』에서 다음과 같이 말했다. "공자는 仁에 대해 **매우 분명한** 관념을 지니고 있었으며, 또한 **매우 강한 흥미**를 느꼈다. 그가 비록 仁에 대해 분석적으로 설명하거나 규정하지는 않았지만 말이다. 이것은 마치 손잡이가 없는 것 같지만 어떻게 말해도 모두 통하는 것이고, 구구절절 모두 이해할 수 있는 것이다. 이것은 바로 원만한 소리(圓音)이지 결코 엉켜 있는 말(滯辭)이 아니다." 또 말했다. "공자는 모호하게 나타냈지만, 그는 결코 仁이 **본체로서의 마음(心)**이라고 규정하지 않았으며, **독립적으로 혹은 잠재적으로 존재하는 본체로서의** 道라고 규정하지 도 않았고, 더욱이 우리의 **실체적 본성**이라고 생각하지도 않았다. 그러나 공자에게 있어 仁은 **역시 마음이며, 道**이다. 비록 그가 『논어』에서 결코 '心'자를 언급한 적은 없지만 말이다."(牟宗三, 『心體與性體』, 上海古籍出版社, 2000, pp187~188. 굵은 글씨로 강조된 부분은 원저자가 표시한 것이다.) 牟宗三의 이러한 설명은 상당한 분석과 평가를 필요로 한다. 간략히 언급하자면, 여기에서 그의 문제는 한편으로는 仁에 관한 공자의 사상이 이해하기 어렵다고 인정했으면서, 다른 한편으로는 공자의 仁이 "우리의 **실체적 본성**"이라고 단정한다는 점이다. 철학 분야에서 **實體** 혹은 '실체적 본성'(實體性的性)과 같은 중국어 개념들은 아직 정확하게 확정되어야 할 개념들이다. 그러나 우리는 牟宗三의 말 앞부분에서 제시된 그의 정확한 관찰(공자는 결코 仁이 **본체로서의 마음**이라고 규정하지 않았으며, **독립적으로 혹은 잠재적으로 존재하는 본체로서의** 道라고 규정하지 도 않았다.)에 근거해서 공자의 仁이 지니는 성질에 대해 각자의 관점에서 '비실체적인 것으로 설명할 수 있을 것이다. 그리고 이것이 바로 우리가 노력을 기울여야 할 지점이다.
22) 이는 『주역』 「계사상」의 "역에는 본체가 없다"(易無體)의 표현방식을 응용한 것이다. 우리는 이러한 표현방식을 통해 仁을 '실체'(體)로 여기는 관점들(예컨대 모종삼이 언급한 '人體')을 에둘러 비판한 것이다. 중국의 사상전통에서 '실체'(體)의 문제는 매우 복잡하기 때문에 여기에서는 다룰 수가 없다. 이 문제는 이후 다른 곳에서 집중적으로 다루도록 하겠다.

수도 있다. 이렇게 볼 때, 공자가 인仁을 논하는 방식은 그가 이 개념의 근본적 성격에 부합하는 방식을 통해 본질적으로 파악될 수 없는 이 중요한 개념을 진정으로 파악해 낼 수 있었음을 보여 준다.

그러나 엄격한 의미에서 어떤 근본이나 본체가 없고 텅 비어 실체가 없다는 인仁의 특성으로 인해 오히려 근본적 의미에서의 인仁은 결국 가려지고 잊히고 말았다. 이 말은 인仁이 다양한 방식으로 실체화되고 본체화되었다는 의미이기도 하다. 본질적으로 파악될 수 없는 인仁을 파악하기 위해서 사람들은 인仁을 개인의 선한 본성 혹은 선한 단서에 내재하는 것으로 이해하였고, 이로써 인仁은 '마음'(心) 혹은 '본래 마음'(本心)이 되고 말았다. 그러나 이러한 관점은 구체적인 '인간다움'(人)에만 주목하고 인간을 인간답게 만드는 '인仁'을 보지 못한 것이다. 이것은 인仁의 내재화이며, 또한 심리화이기도 하다. 한편, 이와는 반대로 인仁은 외재화를 통해 어떤 객관적 존재, 이른바 우주본체가 될 수도 있다.[23] 우리의 관점에서 보았을 때, 공자의 인仁 개념의 이러한 '양극단화', 심지어 '다극단화'는 우리로 하여금 인仁이 지닌 '사이'로서의 성질을 잘 파악할 수 있게 해 준다. 사이의 가장 특징적인 지점은, 이 사이에 의해 분리되기도 연결되기도 하는 것들에 대해 '사이'는 내재하는 것이기도 하고 외재하는 것이기도 하며, 또한 반대로 내재하지도 않고 외재하지도 않는다는 점이다. 따라서 공자의 인仁은 근본적인 의미에서 이러한 분리가 가능하도록 하기도 하고 불가능하도록 하기도 하는 조건이라고 볼 수 있다.[24]

---

23) 맹자가 전자의 개창자이자 대표자라면, 송대 성리학자들 특히 심학자들은 각각의 방식으로 후자의 경향을 체현했다. 이 책 제6장 「愛와 타인」의 제9절에 나오는, 仁이 '사랑함'(愛)이라는 개념을 통해 어떻게 형이상적 본체로 발전할 수 있었는지에 대한 구체적 분석을 참고하라.

24) 사실 몇몇 현대 학자들은 공자의 仁에 대해 논할 때 대체로 합의된 관점을 내놓았다. 즉 공자에게 있어 仁은 여타의 덕목들을 넘어서서 그 덕목들까지도 통섭할 수 있는,

4. 하늘보다 앞서는(先天) 인仁

만약 인仁이 나와 타인의 사이에서만 생겨날 수 있다면, 그리고 오직 그러한 '사이'로서만(혹 이러한 '사이'에서만) 존재하고 그러한 '사이'로서 나와 타인을 연결시켜 준다면, 나를 대상으로 해서 보았을 때, 즉 어떤 타자의식 속에 비친 나를 바라보았을 때 가장 근본적인 인仁은 모든 '타자로서의 내'가 바랄 수 있고 바라야 하는 인仁일 뿐이다. 이를 통해 우리는 인仁을 실천할 수 있게 되며, 무엇보다도 저 '사이'(나를 타인으로 분리시키기도 하고 나 자신과 타자로서의 나를 연결시키기도 하는 근원적인 간극)를 유지할 수 있게 되는 것이다. 이것은 내가 항상 나와 타인 사이에는 '사이'가 있음을 인식하고 있어야 한다는 것을 의미한다. 이러한 '사이'를 나의 인식 안에서 유지하는 것은 곧 타인을 보살피는 것일 뿐만 아니라 나 자신을 보살피는 것이기도 하다. 왜냐하면 이러한 사이가 없으면 나와 타인이 존재할 수 없는 만큼, 이러한 사이의 완전한 폐쇄는 곧 나와 타인의 동시적 종말일 수밖에 없기 때문이다. 어떠한 나도 타인도 존재하지 않게 된다면 어떠한 인仁 혹은 인간다움(人) 역시 존재할 수 없게 될 것이다.

나와 타인 간에 존재하는 이러한 사이를 존중하는 것은 곧 나와 타인 간의 다름을 존중하는 것을 의미한다. 어떤 한 타인으로서의(미래의) 나에 대해 말하자면, 오직 이러한 추상적인 '사이' 혹은 '다름'만이 타인을 존중하는 구체적인 표현이 될 수 있다.25) 왜냐하면 그러한 추상적인 사이 혹은

이른바 "모든 것을 포괄하는 덕"(全德)이라는 것이다. 또한 이들은 仁에 함축된 특성에 대해서도 직관적으로 파악하고 있었다. 문제는 기타 덕목들을 넘어서는 "모든 것을 포괄하는 덕"으로서의 仁의 특성을 어떻게 이해할 것이며, 이로 인해 仁이 형이상적 실체나 본체가 되는 것을 어떻게 막을 것인가이다.

25) 이러한 까닭에, "자신을 낮추고 타인을 높일 수 있는" 禮, 즉 나로 하여금 진정으로 타인을 존중하고 공경할 수 있도록 만드는 禮는 仁에게 있어 지극히 중요한 것이

다름만이 '주체로서의 나'와는 다른 '나의 타자성'을 구체화할 수 있고, 동시에 나와는 다른 '나의 타자성'은 '사이'로 하여금 일종의 드러나지 않는 방식을 통해 스스로를 드러낼 수 있도록 만들어 주기 때문이다. 다름 즉 차이가(혹은 차이의 운동 내지는 역량이) 의식을 구성하여 의식활동으로 드러났을 때, 우리가 인식할 수 있는 것은 차이 그 자체가 아니라 바로 타자이다. 따라서 가장 근본적인 의미에서 엄밀하게 말하자면, 한편으로는 이 사이가 존재하지 않으면 타자도 존재하지 않지만, 다른 한편으로는 타자가 존재하지 않으면 이 사이도 존재하지 않는다. 이 '사이'가 소멸하면 타자는 존재할 수 없게 되며, 역으로 타자가 존재하지 않더라도 나와 타인의 '사이' 역시 불가능해진다. 나와 타인의 사이가 불가능해진다는 말 속에는 어떠한 나도 불가능해진다는 의미 역시 내포되어 있다.[26]

따라서 인(仁)을 인(仁)으로 되게 하는 '나와 타인 간의 사이'는 매순간의 나에게 근본적으로 타자를 존중할 것을 요구하고 있다. 타자를 존중하라는 이러한 인(仁)의 요구는 필연적으로 매순간의 나로부터 주어지고 매순간의

된다. 공자가 "자신의 사욕을 극복하여 禮를 회복하는 것이 仁이다"라고 말한 까닭은 바로 禮야말로 나와 타인 간에 진정한 윤리적 관계가 형성될 수 있도록 하는 '매개'이기 때문이다. 이 책 제3장 「禮와 타인」을 참고하라.

26) 『주역』「계사상」에서는 易와 乾坤의 관계에 대해 다음과 같이 말했다. "건곤은 역에 온축되어 있는 것이구나! 건곤이 열을 이루니 역은 그 안에 있다. 건곤이 없어진다면 역을 볼 수 없고, 역을 볼 수 없다면 건곤은 아마도 거의 종식된 것이다."(乾坤其易之緼耶! 乾坤成列而易立乎其中矣. 乾坤毀則無以見易, 易不可見則乾坤或幾乎息矣.) 건곤이 어떤 사물이라고 한다면 역은 고정된 실체를 가지지 않는다. 역은 오직 건곤의 '사이'에서만, 끝없이 신비하고 부단히 변화하는 '사이'로서만 존재할 수 있기에 "건곤이 없어진다면" 역도 존재하지 않을 것이다. 그러나 이 '사이'는 건곤에 있어 필수불가결한 것이기에, "역을 볼 수 없다면 건곤은 아마도 거의 종식된 것이다"라고 말했던 것이다. 이러한 관계가 강조하는 것은 '만사만물들의 사이'이지 토대와 상부 혹은 본원과 파생 간의 종속관계가 아니다. '사이'는 만사만물의 존재에 의해 규정되는 것이자 만사만물의 존재를 규정하는 것이다. 이러한 사유방식은 仁의 '본질'을 이해하는 데 도움이 줄 수 있을 것이다.

나에 대해 제기되는, 오직 나에 의해 일어날 수밖에 없는 요구이다. 여기에서의 나는 하나의 객체로서, 내가 장차 되고자 하는 나(미래의 나, 仁을 실현한 나)이다. 그러므로 공자가 "인仁을 실천하는 것은 나로부터 말미암는다"[27]라고 말했듯이, 인仁의 실현은 나를 대상으로 시작할 수 있는 것이지 남을 대상으로 시작할 수 있는 것이 아니다. 나는 타인을 대면하고 있다, 여기서의 타인은 또 다른 자신으로, 주체로서의 내가 기호 혹은 어휘를 통해 언어적으로 드러낸 대상화·객체화된 자신이다. 따라서 인仁의 요구는 궁극적으로 타인에 대한 요구인 것이다. 내가 나와 타인 간의 근본적인 다름을 인정할 때, 즉 타인을 타인으로서 존중할 때 나는 이미 인仁을 실천하고 있고 나아가 인仁을 완성했다고 평가받을 수 있을 것이다.

인仁이 요청되고 인간이 마땅히 어질어야 하는 근본적인 이유는 바로 나와 타인의 근본적인 '사이' 때문이다. 이 사이는 인간을 인간답게 하는 인仁으로서 존재하기 때문에, '사이'는 근본적인 의미에서 인仁이다. 그러므로 모든 인간은 나이면서 동시에 타인이 되는, 인간 혹은 윤리주체로서 존재해야만 한다. 이는 타인을 타인으로서 존재할 수 있도록 해 주어야 한다는 의미이기도 하다. 즉 나와는 다른 것으로, 나와는 다른 타인으로 존재하도록 해야 한다는 것이다. 이러한 의미에서의 인仁에는 결코 나와 타자 간의 '변증적 통일'도 존재하지 않고, 타자(객체)나 자아(주체)의 절대화도 존재하지 않는다. 왜냐하면 나와 타인의 사이로서의 인仁, 나와 타인을 구분시키는 인仁은 나와 타인을 연결시켜 주기도 하지만, 동시에 모든 것을 집어삼키는 거대하고 총체적인 나 혹은 우리의 발생을 저지하기도 하기 때문이다.

사이가 존재하지 않으면 아무것도 존재할 수 없다. 만약 사이가 존재하

---

27) 『論語』, 「顏淵」, "爲仁由己."

지 않는다면 상상조차 하지 못할 카오스 상태의 거대한 절대적 전체만이 존재할 수 있을 뿐이다. 따라서 이러한 사이는 나와 타인, 나와 대상, 인간과 사물, 심지어는 인간과 천天의 구분이 가능하도록 하는 것이다. 물론 이러한 분리는 필연적으로 연결을 의미하는 것이므로, 이 사이는 근원적 차원에서 나를 타인, 만물, 천과 연결시키는 것이기도 하다. 따라서 이 사이에는 천과 상대하는 인간의 가능성이 존재할 뿐 아니라 인간과 상대하는 천의 가능성도 존재하고 있다. 만약 이 사이가 없다면 천인 간의 상대 역시 존재할 수 없기 때문에, 천과 인간은 분화되지 않은 혼연한 전체로서만 존재할 수 있을 것이다.[28] 내가 이른바 천명에 대해 경외의 마음을 품을 수 있는 인간이 되었을 때, 그리고 내가 진정으로 천명을 두려워할 수 있게 되었을 때, 천은 이미 나와 분리되어 타자가 된 것이다. 따라서 '천명을 두려워함'(畏天命)이란 결코 어떤 미신적인 종교신앙을 의미하는 것이 아니라 초월적 타자에 대한 깊은 경외를 의미한다. 우리는 바로 이러한 타자에 대한 경외 가운데에서 가장 근본적이고 근원적인 종교적 감정을 발견할 수 있다. 또한 우리는 바로 이에 근거하여 공자가 말한 군자의 "천명을

---

28) 이렇게 될 경우 인간은 天 혹은 천명에 대해 어떠한 두려움이나 경외도 가지지 않게 될 것이다. 물론 장자 계열의 도가사상에서는 이처럼 혼연한 채 분화되지 않은 상태를 흠모하고 추구하기도 했다. 『장자』「應帝王」에 등장하는 渾沌이 바로 이러한 혼연한 채 분화되지 않은 전체를 형상화한 것이다. 그러나 우리는 이러한 이상적인 태초의 전체에 대해 감각하거나 사고할 수 없다. 왜냐하면 감각과 사고는 분화를 그 조건으로 하기 때문이다. 분화되지 않고 감각될 수 없으며 인식될 수가 없다면 천과 인간의 구분 및 나와 타인의 구분 역시 결코 존재할 수 없다. 이것은 자신과 자신 간의 분리 역시 없었다는 의미이기도 하다. 이렇게 볼 때, 혼돈은 필연적으로 절대적으로 '無我'적이 며, 당연히도 불사의 존재이다. 여기에서 불사는 시간이 존재하지 않음, 시간이 없는 가운데 존재함, 시간으로서 존재하지 않음 등을 의미한다. 혼돈을 도우려 했던 남해의 왕 儵과 북해의 왕 忽은 시간성과 유한성을 대표한다. 그들은 좋은 뜻으로 혼돈이 감각기관(七竅)을 얻을 수 있게 해 주었지만 그 결과는 당연하게도 혼돈의 죽음이었다. 그러나 만약 이 혼연한 채 분화되지 않은 이상적인 태초의 전체의 죽음이 없었다면 어떠한 것도 존재할 수 없었을 것이다.

두려워 함"29)이 지닌 의미에 접근할 수 있을 것이다.

따라서 타자의 존재를 허용하는 이 근원적 의미에서의 사이 즉 인(仁)이 존재하지 않는다면 어떠한 나와 타인의 구분도 존재할 수 없을 뿐만 아니라 어떠한 천과 인간의 구분도 존재할 수 없을 것이다. 지극히 높은 지위에 위치해서 인간들로 하여금 자신을 경외하도록 만드는 타자로서, 그리고 인간을 향해 윤리적 명령을 내릴 수 있는 타자로서, 천은 오직 나와 타인 간의 인(仁) 안에서만, 또한 이러한 인(仁)을 통해서만 자신을 완성할 수 있다. 이것은 진정한 윤리적 의미에서의 천은 오직 타인을 통해서만 실현되며, 오직 타인으로서만 드러날 수 있다는 의미이다. 『서경』「태서太誓」편에서는 다음과 같이 말했다.

하늘이 보는 것은 나의 백성이 보는 것을 통해서 보고, 하늘이 듣는 것은 나의 백성이 듣는 것을 통해서 듣는다.30)

이 시기 중국의 정치 및 윤리·문화에서의 천은 이미 타자인 백성을 통해 군주 앞에 명확하게 드러나기 시작했다. 천은 타인으로서의 백성을 통해서만 보고 들을 수 있기 때문에 오직 이 타인을 통해서만 자신을 지극히 높은 지위에 위치한 초월적 타자로서 드러낼 수 있었다. 따라서 한 인간이 자신의 뜻에만 따라서 어떤 일을 독단적으로 강행하게 되었을 때, 그리고 의도적으로(악한 뜻이든 선한 뜻이든 상관없이) 하늘과 인간의 사이 혹은 간격을 소멸시켜 버렸을 때, 어떤 의미에서 이때의 인간은 천을 소멸시켜 버린 것이기도 하다.31)

---

29)『論語』,「季氏」, "孔子曰: 君子有三畏. 畏天命, 畏大人, 畏聖人之言. 小人不知天命而不畏也, 狎大人, 侮聖人之言."
30)『尚書』,「太誓」, "天視自我民視, 天聽自我民聽."

이러한 천을 인仁과 비교해 보면, 경외를 불러일으키는 타자, 윤리적 의미에서의 타자로서의 천은 인仁보다 뒤에 존재하고 인仁이 천보다 앞서 존재할 수밖에 없다. 왜냐하면 윤리적 의미에서의 천은 오직 인仁 속에서만 자신을 완성할 수 있고 오직 인仁 속에서만 모든 개인을 향해 자신을 드러낼 수 있기 때문이다. 이는 나와 타인의 관계에서의 진정한 윤리적 관계라는 것은 결국 천과 인간의 사이에 갖추어진 윤리적 관계이자, 이러한 천인관계를 이해하는 기초라는 의미이기도 하다. 천은 결국 나와 타인의 관계 속에서 자신을 드러낸다. 천에 대한 나의 경외는 오직 타인에 대한 근본적인 존중을 통해서만 드러날 수 있으며, 타인에 대한 이러한 근본적인 존중으로서만 존재할 수 있다. 따라서 만약 타인이, 혹은 나와 타인의 관계가 존재하지 않는다면, 그리고 나와 타인의 사이로서의 인仁과 나를 통해 실현되는 인仁이 존재하지 않는다면 진정한 의미에서의 윤리적 천은 존재할 수 없을 것이다. 우리는 바로 이러한 의미에서 천보다 앞서는(先天) 인仁에 대해 논할 수 있게 된다.32)

이러한 하늘보다 앞서는 인仁의 필연성을 통해 우리는 『논어』에서 공자가 왜 그처럼 제자들과 반복적으로 인仁의 문제를 논했는지, 천은 어째서 공자가 문제의 형식으로 논했던 개념들 안에 포함되지 못했는지, 공자가

---

31) 이것은 윤리적 의미에서의 천을 소멸시켜 버린 것일 뿐 아니라 자연적 의미에서의 천 즉 우리의 자연환경을 파괴해 버린 것이기도 하다. 타자에 대한 존경이 결핍된 채 독단적으로 강행하게 될 때 인간은 타자로서의 자연 역시 파괴하게 된다. 자연 역시 '나' 혹은 우리가 책임을 져야 할 타자이다. 환경문제 혹은 생태문제가 이미 인류의 생존이 걸린 문제가 되어 버린 오늘날에는 더욱 그러하다.

32) 『주역』 乾괘 「문언」에서는 다음과 같이 말했다. "무릇 대인이란…… 하늘보다 앞서 행해도 하늘에 거스르지 않고, 하늘보다 뒤에 행해도 하늘의 때에 따른다."(夫大人者……先天而天弗違, 後天而奉天時.) 여기에서 『주역』의 설명방식을 응용한 것은, 그 본래적 언어환경 안에서 함축하고 있는 관념 자체를 받아들이기 위해서가 아니라 이 호응관계가 가지는 효과를 얻기 위해서였다.

인에 대해 관심을 기울일 때 천이 어째서 주변적인 것으로 밀려났는지 등의 문제에 대해 부분적으로나마 이해할 수 있게 될 것이다.33) 물론 천 개념 또한 공자가 계승한 주나라 문화에서 매우 중요한 개념이었다는 점은 명백하다. 그런데 공자에게 있어 천은 마땅히 경외해야 할 지극히 높은 것이지만, 주재자 혹은 절대자 같은 것과는 거리가 멀었다. 이는 중국문화의 매우 독특한 지점일 것이다. 이러한 독특성은 유대교, 기독교, 이슬람교와 같은 일신교문화들과 비교했을 때 더욱 눈에 띈다. 어째서 중국문화에는 서구적 의미에서의 신 개념이 출현하지 않았던 것일까? 만약 신이라는 절대자가 존재하지 않고 천은 주로 윤리적 의미의 상대적인 존재라고 한다면, 이러한 문화에서는 절대적 주재자라는 것이 존재하는 것일까? 여기에서 우리가 주재 혹은 지배로서의 힘에 대해 사고하거나 토론하지 않을 수 없다면, 공자에게서 유일하게 가능한 주재 혹은 지배로서의 힘은 아마도 특정 개인이 결코 소유할 수 없는 인仁일 것이다. 특정 개인이 결코 인仁을 소유할 수 없는 이유는, 인仁이라는 것이 기본적으로 개체로서의 개인을 인간으로서의 개인으로 완성하는 것, 즉 타인을 받아들이고 책임질 수 있으며 타인이 타인으로 존재할 수 있도록 해 주는 것이기 때문이다. 인간은 오직 인仁을 통해서만 인간이 될 수 있으며, 인仁은 오직 인간을 통해서만 자신을 실현할 수 있다.

그러므로 공자에게서의 인仁은 주재하지 않는 주재로서의 의미만 가질 수 있다. 왜냐하면 인仁을 어떤 주재(主)로 본다면, 우리를 신이나 절대자에게로 이끌어 가는 개념으로서의 어떤 절대적 자아나 절대적 타자도 존재할

---

33) 이러한 까닭에 공자의 제자들은 공자가 천 혹은 천도에 대해 논하는 것을 거의 듣지 못했던 것 같다. 『논어』 「공야장」에서 자공은 다음과 같이 말했다. "선생님의 문장은 들어볼 수 있었지만, 선생님께서 성과 천도에 대해서 말하는 것은 들어볼 수 없었다."("夫子 之文章, 可得而聞也. 夫子之言性與天道, 不可得而聞也.")

수 없게 될 것이기 때문이다. 천이라는 지극히 존귀한 타자가 중국문화의 인仁의 전통에서 절대자의 지위에 오를 기회를 갖지 못한 것은 바로 인仁의 구조 그 자체와 관련이 있을 것이다. 만약 모든 것이 나와 타인의 '사이'에서 시작되는 것이라면 절대적 기원이나 출발점으로서의 자아도, 주재가 되고 귀결점이 될 자아도 이미 존재할 수 없을 것이며, 이와 동일하게 작용하는 절대적 타자 역시 존재할 수 없을 것이다.

서양철학의 개념을 빌려 온 '절대絶對'라는 말의 문자적 의미는 상대함 (對)이 끊어진(絶), 즉 그 무엇과도 상대하지 않는 유일무이한 존재라는 뜻이다. 정말로 이 말이 정확하다고 한다면 우리는 결코 진정한 절대를 상상할 수 없다. 나의 사유를 통해 상대할 수 있는 것은 어떤 대상일 수밖에 없는데, 절대자를 상상한다는 것은 곧 그 절대자와 상대하는 것이 되기 때문이다. 따라서 정말로 어떤 절대자가 존재한다면 그 절대자는 첫째, 자신의 외부에 어떠한 타자도 남겨 놓지 않을 것이며, 둘째, 자신에 대해 아무것도 알 수 없는 상태에 놓일 수밖에 없을 것이다. 진정한 절대자는 자신에 관한 어떠한 개념도 발생시킬 수 없으며 자신을 상상할 수도 없다. 왜냐하면 자신을 상상한다는 것은 곧 자신과 상대한다는 것이며, 이것은 자신을 대상 혹은 상대자로 만드는 것이기 때문이다. 따라서 절대적인 절대자는 불가능한 개념이다. 절대자를 상상한다는 것은 곧 이 절대자를 사유하고 상대할 수 있는 타자로 만든다는 것이다. 만약 절대자가 하나의 타자로서 존재하며 오직 나 혹은 주체에 상대되는 대상일 수밖에 없다면, 이 절대자는 사실 존재하지 않았거나 단 한 번도 절대적이었던 적이 없는 것이다. 타자와 타인은 절대자보다 선재하며, 인仁은 천보다 선재한다.

5. 가까이서 예시를 취함(近取譬)과 인간의 이상으로서의 인仁

인仁이란 인간을 구성하는 나와 타인의 관계 그 자체이다. 이러한 인仁은 모든 개인 즉 모든 윤리주체를 향해 인仁을 요구한다. 우리가 그 요구를 받아들인다면, 그리고 타인에 대한 결코 미룰 수 없는 책임을 받아들인다면 우리는 인仁을 실현하거나 체현한 사람이 될 수 있다. 인仁의 요구를 실현하거나 체현할 수 있다는 것은 모든 나 혹은 모든 타인이 인仁의 가능성, 즉 인仁을 실현할 가능성 혹은 인仁이 실현되도록 할 가능성을 갖추었다는 것을 의미한다. 따라서 인仁을 실현하고 체현하는 것은 인간 자체의 가능성을 실현하는 것이기도 하다. 이처럼 인仁이 근본적인 의미에서 인간을 구성하는 것이라고 한다면, 인仁을 실현하고 체현할 수 있는 인간이야말로 인간의 이상에 부합하는 인간 즉 '이상적 인간'이라 할 수 있다. 따라서 나와 타인 간의 관계에서 생겨날 수밖에 없는 인仁, 윤리적 요구로서 존재하는 인仁은 곧 인간에 관한 이상이기도 하며, '어질게 됨'은 곧 '인간이 됨'을 의미하기도 한다. 인仁이 곧 인간의 이상이며 인간의 이상이 곧 인仁인 것이다. 바로 이것이 공자 이후의 유가 경전인 『맹자』와 『중용』에서 "인仁이란 인간다움이다"와 같은 명확한 언명이 출현한 이유이기도 하다. 여기에서 인仁은 직접적으로 인간과 동치를 이룬다. 그렇다면 인仁은 어떻게 인간의 이상 혹은 이상적 인간이 될 수 있었는가?

비록 공자 자신은 직접 "인仁이란 인간다움이다"라고 말한 적이 없지만, 사실 그가 "자신이 서길 바라면 타인을 세워 주고, 자신이 도달하길 바라면 타인을 도달시켜 줌"을 인仁 혹은 인仁의 드러남이라고 확정했을 때부터 이미 "인仁이란 인간다움"이라는 사유가 언어적으로 드러날 수 있는 길이 닦이게 되었다고 할 수 있다. 그 길은 바로 "가까이서 예시(譬)를 취할 수 있으면, 이것이 바로 인仁의 방법이라고 할 수 있다"34)는 것이다. 이제 우리는 이 길을 따라 "인仁이란 인간다움이다"라는 구절의 의미에 다가가 보도록 하겠다.

주체로서의 나와 객체(타자)로서의 나를 포함하는 모든 '나'의 인仁은 근본적인 의미에서 타인을 인간으로 여기는 것이고 타인을 나와 마찬가지의 인간으로 확립시키는 것이며, 또한 반대로 나를 타인과 마찬가지의 인간으로 확립시키는 것이다. 따라서 여기에서는 마찬가지(像: 혹은 비슷하다)의 의미를 이해하는 것이 매우 중요하다. 마찬가지는 '서로간의 유사성'과 '이로 인해 서로 드러내고 나타낼 수 있음'을 의미한다.

공자는 '비譬'(예시)자를 통해 마찬가지의 의미를 드러내고 있다. 그는 "무릇 인仁이란 자신이 서길 바라면 타인을 세워 주고, 자신이 도달하길 바라면 타인을 도달시켜 주는 것이다"라고 말한 후 곧바로 "가까이서 예시(譬)를 취할 수 있으면, 이것이 바로 인仁의 방법이라고 할 수 있다"라고 말했다. 공자의 관점에서 보았을 때 인仁을 실현하는 방법이나 길은 바로 '가까이서 예시(譬)를 취함'이었다. '예시를 취함'이란 무엇인가를 이해하거나 설명하기 위해 유사한 사례를 찾는 것이며, 이는 결국 유사성의 원칙에 근거해서 작용한다. 이것과 저것이 '비슷할'(像) 경우 이것이 저것의 예시가 될 수 있는 것이다. 그런데 예시의 근거가 되는 유사성의 원칙에는 구조적인 모호성이 내포되어 있다. 이것이 저것과 비슷하다는 것은 저것이 이것과 비슷하다는 것이며, 따라서 이것과 저것은 서로 예시가 될 수 있다. 우리는 이 점이 아래의 논의에서 매우 중요하다는 것을 일단 기억해 두고, 지금은 우선 '예시를 취함'의 문제를 계속 고찰해 보도록 하자.

공자는 우리가 마땅히 취해야 하는 예시의 범위를 '가까이'(近)로 한정하

---

34) 『論語』, 「雍也」, "能近取譬, 可謂仁之方也已."

고 있다. 인仁을 추구하기 위해, 그리고 인仁의 길을 걷기 위해, 우리는 마땅히 가까이서 예시를 취해야 한다. 여기에서 인仁의 길은 가까이서 예시나 예시를 취할 수 있는 능력으로 나타나고 있다. 그러나 공자의 관점에서 보았을 때, 가까이서 취해야 하는 예시들은 도대체 가까운 곳 어디에 있다는 것이었을까? 또한 이러한 예시들은 도대체 무엇이었을까?

이 대목에 대한 전통적인 해석은 "가까이서 예시를 취할 수 있음"을 "나를 미루어 타인에게 미침"(推己及人)이라고 번역하는 것이다. 내가 서기를 바랄 때, 이러한 바람에 근거해서 나는 타인 역시 나와 마찬가지로 서기를 바라리라는 것을 미루어 상상할 수 있다. 그러므로 나는 나 자신을 타인의 예시로 삼을 수 있으며, 서고자 하는 나의 욕망은 서고자 하는 모든 타인의 욕망에 대한 예시가 될 수 있다. 이처럼 너무나 가까워서 더 이상 가까울 수 없는 예시를 통해 타인을 이해하고 또 나 자신에게 바라는 것과 똑같이 타인을 대한다면, 나는 이미 인仁으로 통하는 길, 인仁 자체의 길을 따라 걷고 있는 것이다.35) 그러나 이러한 설명은 "'나'는 타인보다 앞선다"는 기본적인 가정을 함축하고 있는데, 이것은 지금까지의 논의에서 줄곧 극력 부정해 오던 내용이다. 이러한 전통적 해석과 여기에 함축된 가정은 나와 타인의 관계에서 오직 나로부터 출발해서 타인에게 미치는 과정만을 상상할 수 있도록 만들고, 또한 당연하게도 지금까지 진행해 왔던 우리의 복잡한 분석을 반박하게 된다. 즉 "나를 미루어 타인에게 미침"의 순서는 단순명료

---

35) 주희는 다음과 같이 말했다. "자신(의 바람)을 가지고 타인에게 미치는 것은 어진 사람의 마음이다.…… 가까이 자신에게서 취한다는 것은 자신이 바라는 것을 타인에 대한 예시로 삼는 것으로, 타인이 바라는 것 역시 나와 같다는 것을 알게 된다. 그렇게 된 후 내가 바라는 것을 미루어 타인에게까지 미치게 되는 것이니, 恕의 일은 仁을 실천하는 방법이다."(『論語集注』, "以己及人, 仁者之心也……近取諸身, 以己所欲, 譬之他人, 知其所欲, 亦猶是也. 然後推其所欲, 以及於人, 則恕之事, 而仁之術也.") 여기에서 반드시 언급해야 할 것은 "자신이 서길 바라면 타인을 세워 주는" 仁을 이해함에 있어 "가까이서 예시를 취할 수 있음"이 매우 핵심적인 지점이라는 것이다.

하며 동요되지 않는 것이므로 굳이 나와 타인의 관계를 끌어와서 복잡하게 만들 필요가 없다는 것이다. 그러나 이러한 설명은 여전히 설명되지 못한 중요한 문제를 남겨 두고 있다. 나는 어떻게 이와 같이 가까이서 '예시를 취할' 수 있으며, 또한 어떻게 나의 절근한 사례를 모든 타인에 대한 예시로 간주할 수 있을까?

내가 나 자신을 모든 타인에 대한 예시로 볼 수 있는 이유, 혹은 내가 전통적 의미에서 "나를 미루어 타인에게 미칠" 수 있는 이유는 오직 나 역시 나 자신에게 있어 하나의 타자이기 때문이다. 내가 이미 나 자신에 대해 타자이기 때문에 나는 나 자신에 대해 욕망을 가질 수 있고 서길 바랄 수 있으며 나 자신을 세우길 바랄 수 있는 것이다. 바로 이러한 의미에서 나는 자신을 타인과 대비시킬 수 있게 되고, 자신을 타인에 대한 예시로 간주할 수 있게 된다. 만약 내가 결코 깨지거나 분리될 수 없는 단일한 나일 뿐이라면, 즉 만약 내 안에 주체로서의 나와 타자로서의 나를 분리시키는 근원적인 '사이'가 존재하지 않는다면, 그리고 만약 내가 나를 하나의 타자로 대하지 않아서 내 안에 타자가 존재하지 않는다면 나는 "나를 미루어 타인에게 미칠" 수도 없고 나 자신을 타인에 대한 예시로 간주할 수도 없을 것이다.[36]

---

36) 일찍이 데리다는 이러한 자기애의 가능성이 존재하지 않는다고 한다면 나와 타자의 관계 또한 이미 소멸되어 버렸을 것이라고 보았다. 자기애의 가능성이 없다면 나와 타자의 관계는 애당초 존재할 수도 없었을 것이라는 의미이다. 어째서 그러한가? 자기애의 독특한 지점은 자기애의 과정에서 '내'가 자신 안에서 자기 자신과의 대상적 관계를 맺는다는 점이다. 그리고 여기에서의 대상은 물론 타자로서의 '나 자신'이다. 타자로서의 자신과 관계를 맺을 수 있고 타자로서의 자신을 사랑할 수 있어야 비로소 타자와 관계를 맺을 수 있고 타자를 사랑할 수 있다. 물론 이것은 자신을 '이기적으로' 사랑해야 비로소 타인을 사랑할 수 있다는 의미가 아니라, 자기애의 가능성이 존재하지 않는다면 타자와 관계를 맺을 가능성이 아예 존재하지 않는다는 의미이다. 데리다, "There is no One Narcissism", *Points······: Interviews, 1974~1994* (ed. Elizabeth Weber, trans. Peggy Kamuf, California: Stanford University Press, 1995, pp.96~215)를 참고하라.

내가 가까운 곳에서, 그것도 너무 가까워서 더 이상 가까울 수 없는 나 자신에게서 타인의 이해에 도움이 되는 예시 및 타인을 어떻게 대해야 하는지에 관한 예시를 발견할 수 있는 이유는 오직 '나'를 추상적인 유(類)적 범주 즉 '인간'에 대한 예시로 이해했기 때문이다. 이때의 나는 주체로서의 나에 대해 하나의 타자로 존재한다. 만약 이러한 독특한 타자로서의 가능성이 존재하지 않는다면 나는 나 자신까지도 포함하고 있는 이 유적 범주를 가지지 못할 것이다.[37] 바로 "나는 이미 타인이다"라는 의미에서, 나는 자신을 타인의 예시 혹은 범주로 삼을 수 있고 '나'를 미루어 '타인'에게 미칠 수 있다. 즉 타자로서의 자신으로부터 타자로서의 타인에게까지 미루어 나갈 수 있다는 것이다. 그리고 그 반대 역시 가능하다. 내가 아닌 타인, 나의 눈앞에서 나와 상대하고 있는 타인 역시 나에 대한 예시가 되는 것이다. 나는 그들의 입장에서, 혹은 그들을 통해 나 자신 즉 타자로서의 나를 볼 수 있다.

이렇게 볼 때, 통상적으로 이해되는 "나를 미루어 타인에게 미침"의 과정에서 우리는 단 한 번도 명확한 출발점으로서의 자신과 명확한 종점으로서의 타인을 지목해 낼 수 없었다. 이것은 "나를 미루어 타인에게 미침"이 결코 단선적으로 이루어지는 것이 아니라는 의미이기도 하다. 우리가 확실하다고 판단할 수 있는 것은 오직 내가 이미 타인과 대면하고 있다는

---

37) '대상으로서의 나'를 어떤 개념의 사례로 이해할 수 있다는 것은, 자신을 자아와 분리된 하나의 타자로 간주할 수 있으며 하나의 사례로서 그 개념 안에 집어넣을 수 있음을 의미한다. 만약 그러한 내가 자아와 결코 분리될 수 없다면, 만약 내가 자신을 외부의 관점에서 볼 수 없거나 자신을 타자로 간주할 수 없다면, 나는 영원히 나 자신을 한 개념의 사례로 간주할 수 없을 것이다. 따라서 추상적 개념의 층위에서 나와 타인을 모두 '인간'으로 이해할 수 있다는 것은 주체와 대상으로서의 내가 이미 분리되었으며 나 자신이 이미 나에 대해 타인이라는 것을 의미한다. 만약 이러한 타자로서의 자신이 없다면 이른바 '나'도 존재할 수 없고 나와 타인의 관계 역시 존재할 수 없으며, 나와 타인의 관계가 존재하지 않는다면 '인간'이라는 개념 역시 존재할 수 없을 것이다.

사실뿐이다. 이때의 타인에는 필연적으로 자신도 포함되며, 경우에 따라서 타인은 오직 자기 자신만을 가리키기도 한다. 고대 한문의 '인人'자가 지니는 중의적 용법, 즉 좁게는 타인, 넓게는 나를 포함한 인간 전체를 가리키는 용법은 마치 이러한 점을 입증해 주는 것처럼 보인다. 따라서 자신을 타인에 대한 예시로 삼는 것은 또한 타인을 나에 대한 예시로 삼는 것이기도 하고 타인으로 하여금 나와 유사하도록 하는 것은 사실 나로 하여금 타인과 유사하도록 하는 것이기도 한데, 이것은 유사성이나 예시 혹은 범례의 구조적 모호성 때문이라고 할 수 있다. 그런데 자신을 타인에 대한 예시로 삼는 것이 결코 자신을 표준으로 삼아 이것을 타인에게 강요하는 것은 아니며, 타인을 자신의 예시로 삼는 것 역시 타인을 표준으로 삼아 이것을 자신에게 강요하는 것은 결코 아니다. 그렇기 때문에 서로 상대방의 예시가 되는 자신과 타인의 사이에서, 그리고 어떤 신성한 '비인간성'과도 대립하지 않는 근원적인 인간과 인간 사이에서 이상적 인간의 이미지 혹은 인간에 관한 이상이라 할 수 있는 인仁이 등장할 수 있었던 것이다.

6. '인人의 반복'(二人)으로서의 인仁

이제 우리는 이러한 이상으로서의 인仁이 형성된 과정과 그것이 함축하고 있는 의미에 대해 한층 더 깊이 고찰해 보도록 하겠다.

"자신이 서길 바라면 타인을 세워 주는" 인仁을 통해서, 혹은 그러한 인仁 속에서 나와 타인은 서로를 상상할 수 있는 인人이 되기 시작했다. 즉 하나의 원본에 대한 복사본들이 아니라 유類적 공통성을 갖춘 존재로서의 인人이 되었다는 것이다. 이러한 의미에서의 인人은 나를 포함하지 않는 타인, 나와 상대하는 타인으로만 의미가 국한되는 것이 아니라, 모든 '나'들을 포함하는, 즉 '나'라고 말해질 수 있는 모든 주체, 타인을 상대하고 타인에 대해 책임질 수 있는 모든 윤리주체로서의 인人으로 구성되어 있다. 이러한 인人은 어떤 의미에서 볼 때 분명 '이상적 인간'이고, 이러한 이상적 인간은 필연적으로 '인간의 이상'일 수밖에 없다. 인간과 인간 사이에서 생겨난 이상, 인간에 관한 이상, 반드시 인간이 자신의 몸으로 직접 실현해야 할 이상이기 때문이다.

이러한 이상은 항상 개념적일 수밖에 없다. 공자 이후로 유가전통에서 '인간의 이상' 혹은 '이상적 인간' 등의 의미로 사용되어 온 개념이 바로 인仁이다. 공자는 다양한 설명을 통해 이 개념을 사상사의 무대에 등장시켰고, 이후 『중용』이나 『맹자』에서는 인仁과 인人을 등치시켜 "인仁이라는 것은 사람이다"[38]라고 말했다. 문자로만 보면 인仁의 의미는 곧 '인간'(人)이며, 심지어 인仁 자체가 곧 '인간'인 듯도 하다. 그러나 인仁이 어떻게 '인간'을 의미하게 되었을까? 인仁이 어떻게 곧바로 '인간'일 수 있으며, 이것이 가능하기는 한 것일까? 나와 타인의 사이로서의 인仁과 윤리적 요구로서의 인仁이 어떻게 '인간'을 대표하고 '인간' 그 자체일 수 있을까? "인仁은 인간(다움)이다"(仁者, 人也)라는 설명이 고대인들이 동음의 글자로 뜻을 밝히는 호훈互訓의 습관에 의한 것이 아니라면 도대체 어떤 의미를 담고 있는 것일까?

인仁은 곧 '인간'이라는 말은 '인간'의 의미를 통해 인仁의 의미를 이해하고 설명하고자 한 것으로, 정의라기보다는 비유에 가깝다. 여기에서 '인간'은 사실 추상적 개념인 인仁을 설명하기 위해 요청된 구체적 형상에 불과하다. 그런데 "인仁은 인간(다움)이다"라는 말은 그저 동어반복적인 서술 혹은

---

38) 『中庸』, 20장, "仁者, 人也"; 『孟子』, 「盡心下」, "孟子曰: 仁也者, 人也."

별 의미 없는 반복처럼 보일 것이다. 그러나 우리가 이러한 반복이 정말로 아무런 의미가 없는지 확정지을 수 없는 이상 '반복'이라는 개념과 관련된 이론적 문제는 잠시 미루어 두도록 하자.

먼저 문헌 속에서의 인仁자를 자세히 살펴보도록 하겠다. 한대漢代의 허신許愼(30~124)은 『설문해자』에서 인仁자의 뜻을 "친하게 대함"(親)으로 확정하고 글자의 형태에 대해서는 "인人자를 따르고, 이二자를 따른다"라고 분석하였는데,[39] 이에 대해 송대의 서현徐鉉(917~992)은 다음과 같이 주석하였다.

인仁이란 애愛를 거듭한 것이다. 그러므로 이二자를 따랐다.[40]

여기에서 드는 한 가지 의문은, 애愛를 거듭한 것이라고 했는데 어째서 한 번만 거듭할 뿐 여러 번 거듭하지는 않았냐는 것이다. 분명 고금의 수많은 학자들은 대부분 인仁자를 회의자會意字로 이해하는 경향을 띠었다. 즉 "인仁은 두 사람이다" 혹은 "인仁은 인人의 반복이다"와 같은 것들이다. 그러나 인仁자가 처한 언어·사상·문화적 배경에 대한 심층적인 분석이 뒷받침되지 않는다면 '두 사람'(二人)의 형상은 그저 온갖 억측을 낳을 뿐이다. 따라서 문자학과 어원학이 제공하는 단서들은 우리에게 기껏해야 제한적인 도움만 줄 수 있을 따름이다.[41] 만약 현재 널리 사용되고 있는 인仁자의

---

39) 『說文解字』, 「人部」, "親也. 從人從二."
40) 『說文解字』(大徐本), "仁者兼愛, 故從二."
41) 廖名春은 仁자가 본래 人자와 心을 따른 것이지만 후에 위는 身자, 아래는 心자, 혹은 좌는 人자, 우는 二자로 잘못 사용되었다고 보았다. 따라서 그는 仁자의 본래 의미는 "마음 속에 사람이 있다"(心中有人)이지 결코 '두 사람'(二人)이 아니라고 보았다.(廖名春, 「仁字探原」, 『中國學術』 제8집, 2001) 이른바 "마음 속에 사람이 있다"는 말은 "나의 마음 속에 타인이 있다"로 이해될 수 있을 것이다. 따라서 "마음 속에 사람이 있다"를 仁자의 본래 용법으로 보는 것은 이 책의 仁에 대한 이론적 설명과 결코 충돌하지

형태가 우리가 대강 짐작해 낸 대로 '두 사람'일 수 있다고 한다면, "자신이 서길 바라면 타인을 세워 준다"와 같은 인仁의 의미에 대한 공자의 구체적인 설명들이 있어야만 비로소 이 '두 사람' 즉 나와 타인의 관계에 대해 엄격하게 분석하고 사고할 수 있는 출발점을 얻을 수 있을 것이다.

"자신이 서길 바라면 타인을 세워 줌"으로서의 인仁 안에서 우리는 중요한 반복 현상을 목격할 수 있다. '타인을 세워 줌'(立人)은 어떤 의미에서는 '자신을 세움'(立己)의 반복이라고 할 수 있으며, '자신을 세움' 역시 '타인을 세워 줌'의 반복이라고 할 수 있다. 그리고 이러한 반복 가운데서 나와 타인의 이미지는 중첩되고 겹쳐지기 시작한다. 이러한 중첩 혹은 겹쳐짐으로서의 반복 가운데 떠오르는 것은 비록 한 인간의 이미지이지만, 그러나 어떤 의미에서 이때의 인간은 이미 다른 인간이며, 이러한 반복행위 가운데 더욱 강화된 인간이고, 인간을 인간일 수 있도록 하는 인仁을 체현한 인간 즉 이상적 인간이다. 이것은 '자신을 세움'과 '타인을 세워 줌'의 상호 반복 가운데 떠오르는 것은 바로 이 인仁 개념이며, 이러한 인仁을 체현한 인간은 인간의 본성 혹은 본질을 체현한 관념적이고 이상적인 존재라는 의미이기도 하다.

따라서 근본적 의미에서 말하자면 현재 사용되는 "인人자를 따르고 이二자를 따르는" 인仁자에서의 '이二'는 분명 인仁이 인人의 이체자임을 알려 주는 것으로 간주될 수 있으며, 이러한 인仁자는 인人자와는 서술 차원에서 차이가 있는, 인人자의 반복으로 간주될 수 있다. 그러나 만약

않는다. 李零은 말했다. "仁은 人자에 횡으로 짧은 획을 두 번 그린 것이다.…… 전국시대 진나라 계열의 문자에서 人자는 이렇게 쓰였으며, 초나라 계열의 문자에서는 心자의 뜻을 따르고 '身'으로 읽었다. 이 글자에서 횡으로 짧은 획을 두 번 그린 것은 아마 人자와 구분하기 위해서일 것이다. 이는 이체자와 비슷하다."(李零, 『喪家狗: 我讀<論語>』, 太原: 山西人民出版社, 2007, p.55)

정말로 우리가 논의의 목적을 위해 이렇게 인仁자를 설명할 수 있다고 한다면, 이것은 아마도 인仁으로 설명되는 "자신이 서길 바라면 타인을 세워 줌"의 행위 가운데 "한 인간이 다른 인간을 반복하고 있기"(人重復人) 때문일 것이다. 그래서 우리는 인간, 즉 한 인간과 다른 한 인간, 나와 타인으로 하여금 상호 반복하도록 함으로써 인仁을 가질 수 있으며, 인人자를 반복함으로써 인仁자를 가질 수 있다.

인仁이 가리키는 바는 본래의 인人자 즉 개념으로서의 인仁이 출현하기 이전의 인人자와 결코 동일한 것이 아니지만, 어떤 의미에서는 여전히 '인人'을 의미하고 있으며 또한 인仁 자체가 곧 '인人'이기도 하다. 이러한 이유로 인해, 인仁과 인人 사이에 나타나는 시각적 차이가 언어를 매개로 하는 청각적 차원에서는 잘 드러나지 않는다. 즉 인仁자와 인人자는 비록 형태는 다르지만 음은 동일하다는 것이다. 이러한 동일함은 어째서 인仁자가 인人자 대신 사용되는지를 어느 정도 설명해 줄 수 있다. 『논어』 안에서도 이러한 경우가 확인된다. 예컨대 아래와 같다.

(그 사람의) 과오를 살펴보면 그 사람의 인仁을 알 수 있다.[42]

이러한 동일함은 『중용』과 『맹자』의 작자들이 어째서 동음 글자인 인人자를 가지고 인仁의 의미를 해설했는지에 대해서도 어느 정도 설명해 줄 수 있다. 지금 살펴보면, 이러한 현상은 결코 동음의 글자로 뜻을 밝히는 습관 때문이었다고만 볼 수는 없다. "인仁은 인人이다"라는 서술의 미묘한 지점은 인仁과 인人의 공통점과 차이점에 있다. 따라서 이처럼 음은 같고 형태는 다른 글자를 교묘하게 이용한 서술은 인仁자와 인人자 사이에서

---

42) 『論語』, 「里仁」, "子曰: 人之過也, 各於其黨. 觀過, 斯知仁矣."

반복과 차이를 발생시켰다.

　여기에서 인仁자와 인人자 사이에서 반복과 차이가 발생된다는 말의 미묘한 의미를 조금 상세하게 분석해 보자. 이러한 서술을 이해하는 것, 즉 인仁의 의미를 이해하는 것의 관건은 바로 인人의 의미가 무엇인지를 이해하는 데 있는데, 이것은 "인仁은 인人이다"라는 구절의 저자나 우리 독자들에게는 별 문제가 되지 않을 것처럼 보인다. 우리는 당연히 우리 자신이 자신일 수 있도록 하는 것이 무엇인지 잘 알고 있으며, 인간(人)이 무엇인지 잘 알고 있기 때문이다. 그러나 만약 한 걸음 더 나아가 "인仁은 인人이다"의 의미를 설명해야 한다면, 즉 이러한 서술에 담긴 '인간'(人)의 의미를 설명해야 한다면 우리는 "인간은 인간이다"라고 말할 수밖에 없을 것이다. 이러한 서술은 더욱 순수한 동어반복으로, 어떤 새로운 내용도 없다. 그러나 사실 이것은 우리가 아직 자각적 경지에 도달한 '인간'(人) 개념을 가지지 못했으며, 여전히 '인간'(人)의 의미를 이해하지 못하고 있음을 밝히는 것에 불과할 것이다.

　물론 인간이 인人자를 처음 사용하기 시작했을 때, 인간이 어떤 특정한 사람을 지목하여 '그 사람'이라 지칭하거나 "아무개는 사람이다"라고 말하기 시작했을 때, 이러한 말 자체에는 필연적으로 이미 인간(人)의 의미에 대한 어떤 이해가 함축되어 있을 수밖에 없다. 즉 인간이란 무엇인지 이미 알고 있음을 드러내는 것이다. 그렇지 않다면 우리는 수천 명의 사람을 만난들 결코 그가 사람임을 알지 못할 것이다. 그러나 상형자인 인人자로 대표되는 인간에 대한 관념과 사유는 일정 정도는 인人자가 묘사하는 구체적인 이미지로부터 벗어날 수 없다. 따라서 비록 인人자의 존재 자체가 이 부호를 사용하는 이들이 필연적으로 인간에 관한 모종의 이해를 가질 수밖에 없음을 의미하는 것이기는 하지만, 그러한 이해는 하이데거의 소위

전이해前理解(preunderstanding)의 수준에 머물러 있는 것일 수도 있다.

전이해라는 것은 '명확한 해석 이전의 이해'와 같은 것으로, '알기는 하지만 제대로 알지는 못하는 것' 혹은 '이해는 하지만 제대로 이해하지는 못함'이다. 여기에서의 사유의 역할은 바로 그러한 '제대로 알지 못하는 것'을 알고 '제대로 이해하지 못하는 것'을 이해하는 것일 뿐이다. 이를 위해 사유는 하나의 핵심적 개념을 요청하여 그 안에 이미 함축되어 있던 인간에 대한 이해를 밝혀내야만 한다. 공자에게 있어서는 그 개념이 바로 인仁이다. 따라서 "인仁은 인간이다"라는 서술로 인해 제기되는, "그렇다면 '인간'이란 또 무엇인가?"라는 질문에 대한 답은 사실 이미 이 서술 자체에 함축되어 있는 것이다.[43] 만약 '인仁이 인간'이라면 또한 '인간은 곧 인仁'이라는 것이 바로 그 답이다. 이러한 "인仁은 인간이다"라는 대칭적 아름다움을 가진 동음호훈同音互訓(동음의 글자로 뜻을 밝히는 방식)의 구조 속에서 우리는 흥미로운 대류현상을 발견할 수 있다. 한편으로는 인간의 의미가 인仁의 의미를 규정하면서도 다른 한편으로는 인仁의 의미가 인간의 의미를 규정하고 있고, 한편으로는 인仁이 끊임없이 인간 속으로 유입되면서도 다른 한편으로는 인간이 끊임없이 인仁 속으로 유입되고 있는 것이다. 인간이 인仁 속으로 유입되는 과정은 인간이라는 관념 속에 함축된 전이해를 명확하게 만드는 과정이기도 하다.

이제 우리는 "인간이란 무엇인가?"라는 중요한 질문에 대해 답을 할 수 있게 되었다. '인간'은 인仁을 의미하며, '인간' 자체가 곧 인仁이다. 인仁의 출현은 중국적 사유에서의 인간에 관한 관념이 종전의 전이해 수준에서

---

43) 『논어』에서 공자의 제자 및 기타 여러 사람들이 仁, 知, 禮, 孝 등 주요 개념들에 대해 공자에게 가르침을 청했지만, 공자에게 '인간' 즉 인간의 의미와 인간이 무엇인지에 대해 물었던 사람은 없었다.

명확한 이해로 나아가기 시작했음을 상징한다. 중국에서의 인간에 관한 이해는 주나라라는 특정 시기의 문화를 통해, 그리고 이 시대를 대표하는 공자라는 개인을 통해 인人자와 연결되기도 하고 구별되기도 하는 인仁자를 계기로 삼아 보다 엄밀해질 수 있었다. 이미 명확하게 인식되고는 있었던 '인간을 인간으로 만드는 것' 즉 인간의 본성이나 본질 등을 이 '인仁'자를 통해 표현하고 강화해 나갔던 것이다.

　인仁자는 인人자와 발음상 구별되지 않지만 형태상·의미상으로는 서로 연결되는 면이 있을 뿐 그저 인人자를 반복한 것에만 그치는 것이 아니다. 이러한 인仁자는 우리의 사유로 하여금 "인간이란 무엇인가?"라는 문제를 보다 엄격하게 규정하도록 만드는 것이기도 하다. 인仁이 결국 인간(이상적 인간)으로만 체현될 수 있는 것이라면, 인간 역시 결국 인仁만을 의미할 수 있고 인仁으로만 체현될 수 있다. 인仁에 의해 규정되는 인간은 인仁의 규정을 지닌, 즉 어진(仁) 인간이다. 이것은 "인仁은 인간이다"라는 동어반복적 서술이 인간의 의미를 통해 인仁의 의미를 규정하려고 시도하고 있는 동시에 '인간'과 '인간' 사이, 즉 전이해로서의 '인간'과 명확하게 사유된 '인간' 사이에서 어떤 차이를 발생시키고 있음을 의미하기도 한다. 그리고 이러한 차이를 보여 주는 것이 바로 '인人'자와 독음은 같으나 형태는 다른 '인仁'자이다. 이제 인간은, 즉 인仁을 의미하는 인간, 인仁에 의해 규정되고 인仁이 스며든 인간은 여전히 예전과 같은 인간이면서도 동시에 더 이상 예전과 같은 인간일 수 없게 되었다.

　인간에 대한 인仁의 반복은 문자와 개념이라는 두 층위에서 모두 발생했다. 즉 인仁자는 인人자를 문자적으로 반복했고, 또 인仁이라는 개념은 '인간'이라는 개념을 반복한 것이다. 반복이라는 중요한 현상은 결코 사유의 임시변통이 아니라, 언어적 차이에 따라 변화하는 사유의 근본적인 법칙

중의 하나이다. 모든 추상적 개념 혹은 이상들은 반복의 산물이다. 우리는 '인仁'자 외에도 한자 안에서 반복의 법칙이 적용된 한자들을 두루 확인할 수 있다. 예컨대, '목木'자를 반복한 '임林'자와 '삼森'자, '일日'자를 반복한 '정晶'자, '구口'자를 반복한 '품品'자 등이 그러하다. 반복을 통해 구성된 이러한 한자들은 어떤 사물들의 집합을 가리키기도 하고, 구체적 '형상'(象)들로부터 끌어낸(抽) 추상적 개념들을 가리키기도 한다. 가령 '삼森'자와 '임林'자는 '목木'자의 집합이며, '정晶'자는 '일日'자의 추상이다. 물론 그들이 함축하고 있는 철학적 의미에 대해서는 보다 심도 있는 연구가 필요한 만큼[44] 여기서는 어떤 경솔한 문자학적 억측도 시도하지 않겠지만, 적어도 이러한 한자들의 반복 원칙은 분명 일목요연하다.

'인仁'자는 당연히 인人자의 단순한 집합 혹은 무리가 아니다.[45] 인人자의 반복으로서의 '인仁'자는 인人자로부터 추상되어 나온 인간에 관한 개념과 이상, 즉 인간의 본성 및 본질을 알려 주는 것, 혹은 인간이 인간답다고 판단될 수 있도록 만드는 것이다. 인仁자는 인人자가 중첩되고 겹쳐져 있는 것으로, 마치 서로 다른 사람들의 사진이 겹쳐진 채 인화된 것과 같다. 그리고 이것은 결국 이상적 이미지 즉 어진 인간이다. 이에 근거하여 우리는 개체로서의 한 인간이 과연 어진 인간인지 아닌지, 즉 인仁에 부합하는

---

44) 허신은 『설문해자』에서 "晶자는 정미하고 밝음이다. 日자를 세 번 따랐다."("晶, 精光也. 從三日")라고 했는데, 段玉裁의 『설문해자주』에서는 이렇게 설명하고 있다. "대체로 사물의 풍성함을 말하는 것은 그 사물을 의미하는 글자를 세 번 그렸다. 日자를 세 번 그렸다는 것은 日이 누적되었다는 것이다."(『說文解字注』, 上海: 上海書店影印經韵樓閣本, 1992, p.312.) 단옥재는 이러한 유형의 글자들에 내포된 구성원칙에 대해 일종의 철학적 해석을 가하고 있는데, 그러나 '사물의 풍성함'이 이미 사물 그 자체는 아니라는 점에서 반복은 중요한 차이를 발생시키고 있다. 이에 관해서는 王鳳陽의 『漢字學』(長春: 吉林文史出版社, 1989, p.367)을 참고하라.

45) 이를 증명해 주는 한자로는 衆자의 간체자인 '众'자가 있다. '众'자가 물론 현대 중국어의 간체자이기는 하지만, 이 간체자 구성에 관한 원칙은 아마도 본문에서 열거한 글자들의 구성원칙과 일맥상통할 것이다.

이상적 인간인지 아닌지를 판단할 수 있다. 이러한 개체로서의 인간은 결코 낭만주의적 의미에서의 '특수한 개인'이 아니다. 절대적 특수성은 절대 반복될 수 없고, 따라서 판단될 수도 없기 때문이다. 개체로서의 인간은 오히려 이와 반대로 인간답다고 판단될 수 있는 인간이며, 그러한 인간은 이상적 인간에 관한 개념인 인仁의 반복일 수밖에 없다.[46] 공자에게 있어서는 "자신이 서길 바라면 타인을 세워 줄" 수 있는 사람이 바로 인간의 관념 혹은 이상에 진정으로 부합하는 인간 즉 어진 인간이며, 어진 인간이 반복하고 있는 것은 바로 이러한 반복 가운데 비로소 생겨나고 존재할 수 있는 인仁의 이상이다. 따라서 어진 인간은 이러한 이상 즉 인仁을 체현한 인간이다.

우리는 정명론正名論을 견지했던 공자가 "군주는 군주답고 신하는 신하답고, 아버지는 아버지답고 아들은 아들다워야 한다"[47]라는 주장을 통해 정명의 의미를 밝혔다는 것을 알고 있다. 정명은 군주와 신하, 아버지와 아들이 각기 군주답고 신하답고, 아버지답고 아들답도록 하는 것, 즉 군주와 신하, 아버지와 아들이 각기 자신들이 마땅히 어떠해야 하는지에 관한 관념 혹은 이상에 부합하도록 하는 것이다. 이러한 정명은 계급차별을 강조하고 옹호하고자 하는 의도를 짙게 풍기고 있는 것처럼 보인다. 그러나 군주와 신하, 아버지와 아들 등은 사실 인간이 가질 수 있는 여러 직분들일 뿐이고, 이러한 구체적인 직분보다 더 위에 있는 존재가 바로 인간이다. 즉 타인과 대면했을 때 비로소 '나'를 이룰 수 있는 인간은, "자신이 서길

---

46) 여기에서 다시 한 번 강조하자면, 이른바 '반복'이라는 것은 앞서 존재하는 원본을 그대로 복사하는 것이 결코 아니다. 모든 어진 인간은 당연히 이상적 인간의 반복이겠지만 이상적 인간은 결코 이러한 반복 이전에 존재하는 것이 아니라 오직 이러한 반복 가운데에서만 존재할 수 있다. 즉 그것은 나와 타인의 '사이', '나를 세움'과 '타인을 세움'의 '사이'에서만 존재할 수 있는 것이다.
47) 『論語』, 「顔淵」, "孔子對曰: 君君, 臣臣, 父父, 子子."

바라면 타인을 세워 주는" 인간은 이러한 신분이나 직분 너머에 있는
것이다. 그리고 이러한 인간은 당연하게도 공자가 궁극적으로 강조한 것이
었다. 따라서 인仁을 자기 사상의 가장 기본적인 핵심으로 두는 공자의
시선은 "군주는 군주답고 신하는 신하답고 아버지는 아버지답고 아들은
아들다워야 함"을 넘어 궁극적으로 "인간을 인간답게 함"(人人)으로 향하고
있다. 즉 인간이 인간다워지도록 함, 인간을 어질게 함, 개체로서의 인간이
인간다움을 체현한 인간이 되도록 함을 목표로 했던 것이다. 어떤 측면에서
볼 때, 공자가 『논어』의 여러 지점에서 인仁자를 통해 추구했던 것은 바로
궁극적인 정명 즉 '인간을 인간답게 함'이었다. 공자가 추구하고 희망했던
것은 바로 이러한 인仁 / 인人(인간다움)이었던 것이다.

7. 오직 범례만 존재하는 문화

『논어』에 등장하는 인仁에 관한 논의들을 살펴봤을 때 공자에게 있어
진정한 인仁 / 인人은 우리가 여전히 그것의 도래를 기다려야 하는 것이며,
이는 이상으로서의 인仁이 마땅히 갖추어야 할 내용이다. 공자가 그 자신뿐
아니라 다른 어떤 사람에 대해서도 어짊을 인정하지 않았던 것도 이러한
이상에 대한 기대를 표현했던 것일 수 있다. 그런데 항상 그 도래를 기다려
야만 하는 미래의 것으로서의 인仁 / 인人은 신이나 어떤 선험적 관념 같은
것과는 결단코 같지 않다. 여기서 신과 선험적 관념이 언급된 만큼, 우리는
먼저 중국의 사상적 전통과 그리스-유럽의 사상적 전통 간의 중요한
차이에 대해 논하지 않을 수 없다.

유럽의 사상 발전에 심대한 영향을 끼친 고대 그리스 철학자 플라톤은

'이데아'(eidos / Idea: 이상) 즉 한 사물로 하여금 동류의 사물들과 집합을 이룰 수 있도록 해 주는 원형을 이상적인 객관존재로 간주하였다. 예컨대 침대의 이데아는 모든 구체적인 침대보다 선재하고 그들을 초월하는 것으로, 모든 구체적인 침대들의 원형이다. 이러한 사유가 가진 엄격성은 바로, 이러한 이상적 존재가 없다면 사유가 불가능하다는 것을 발견했다는 데 있다. 만약 이러한 이데아가 없다면 일시적인 감각만 존재할 뿐이거나, 혹은 심지어 이렇게 감각한 것조차 지시될 수 없을 것이다. 왜냐하면 어떤 구체적 감각대상(예컨대 나무 한 그루와 같은)을 지시할 때 사용되는 지시대명사인 '이 것' 자체에 이미 모든 구체적이고 특정한 '이것'에 대한 초월 및 소멸이 함축되어 있기 때문이다. 다시 말해, 어떤 구체적 사물을 가리키기 위해 '이것'이라고 말한다면, 바로 그 순간 '이것'은 더 이상 구체적이고 특수한 '이것'일 수 없기 때문이다. 이러한 의미에서, 우리는 이데아적 '이것' 혹은 이데아로서 존재하는 '이것'에 대해서도 논해야 할 것이다.

서양철학에서 후설은 선험적 관념의 기원에 대해 가장 엄격하게 한계를 규정한 현대철학자라고 할 수 있다. 후설은 관념적이고 이상적인 존재의 '본질'은 이것이 무한히 반복될 수 있는지의 여부에 달려 있다고 주장했다. 관념적이거나 이상적인 존재는 무한히 반복되는 가운데 동일성을 유지하고 있다는 것이다. 그러나 데리다는 후설 철학에 대한 해체적 독해의 과정에서, 이상적 존재가 무한한 반복 가능성을 보증하는 것이 아니라 반복 가능성이 이상적 존재를 낳는 것이라고 보았다. 다시 말해, 반복 가운데에서 이상적 존재가 출현한다는 것이다. 따라서 초월적이고 이상적인 존재는 결코 반복보다 선재하거나 반복의 바깥에 존재하는 것이 아니다. 이러한 반복은 선험적 관념의 기원을 설명할 수도 있고, 또 해체시킬 수도 있다. 선험적 관념이 중요한 이유는, 본래적 의미의 형이상학(근본, 근원, 기원, 궁극에 대한 탐구로서의)은 자기 안에 그러한 자신을 탄생시키고 작용하도록 했던 것들로부터의 억압과 제2성질화(第二性化)를 포함하고 있다는 점을 알려 주기 때문이다.

반복은 매우 독특한 논리를 따르고 있다. 단 한 번 출현한 '부호'는 결코 부호가 될 수 없다. 부호는 반드시 변별되어야 하는데, 그 부호를 변별한다는 것은 이미 그 부호를 반복하고 있다는 것이기 때문이다. 부호는 필연적으로 반복 가능성을 지닐 수밖에 없다. 따라서 '반복 불가능한 부호'란 자기모순적인 표현일 뿐이다. 반복은 한 부호에 대한 이상적 존재 즉 이상적 동일성을 발생시킨다. 이러한 이상적 존재는 어떠한 구체적인 경험적 부호에도 의존하지 않지만, 결코 플라톤식의 초월적이고 객관적인 이데아 같은 것이 아니다. 반복을 통해 출현한 관념적인 이상은 "출현했지만 출현하지 않은 것"으로, 오직 반복 안에서만 존재할 수 있다. 다시 말해, 이러한 이상은 오직 반복 '사이'에서만, 모든 상호 반복할 수 있는 것들 '사이'에서만 존재할 수 있는 것이다.

인간의 이상으로서의 인(仁)은 "존재하지만 존재하지 않는" 존재 방식을 지니고 있다. 이렇게 이상적 존재 혹은 특정한 방식으로 존재하는 인(仁)은 자신과 타인의 '사이', 인간과 인간 '사이'에서 출현했다. 따라서 인간의 이상으로서의 인(仁)은 어떤 측면에서는 나와 타인의 '사이'에 대한 관념화 혹은 구체화라고 할 수 있다. 사람이라면 마땅히 자신을 통해 인(仁) / 인(人)을 실현 혹은 체현해야 한다는 것은 사실 진정으로 이상적인 나와 타인의 관계 그 자체이며, 모든 사람들을 진정한 인간으로 존재하도록 만드는 '인간과 인간의 관계'이다. 하나의 이상으로서의 인(仁)은 인간과 인간의 '사이', 인간과 인간의 반복 '사이'에서 생겨나며, 어떤 측면에서 볼 때 "자신이 서길 바라면 타인을 세워 줌"이 바로 그러한 반복이다. 따라서 일단 타인이 본보기 혹은 이상에 의해 반복되기만 한다면, 일단 이러한 본보기 혹은 이상에 의해 반복되는 타인이 존재하기만 한다면 우리는 인仁을 지녔다고 말할 수 있다. 반대로 말하자면, 일단 우리가 인仁을 반복할 수 있기만 하다면, 일단 우리가 자신과 타인으로 하여금 인仁의 이상에 부합하도록 할 수만 있다면 우리는 인간다움(人)을 지녔다고 할 수 있는 것이다.

인仁은 본질적으로 오직 이상으로서만 존재할 수 있기 때문에 인仁 자체는 볼 수 없고, 단지 일종의 범례로서 체현되고 존재할 수 있을 뿐이다.[48] 이것이 바로 공자와 그의 학생들 간에 이루어졌던 인仁에 대한 논의가 끝내 인仁의 범례에 대한 논의와 분리되지 못할 수밖에 없었던 이유이다. 따라서 "무엇을 인仁이라고 하는가?"라는 질문은 곧 "어떤 사람이 어진가?" 혹은 "어떤 사람을 어질다고 할 수 있겠는가?"라는 질문이 된다.[49] 어진 사람은 곧 범례이며, 내가 본보기로 삼아 배워야 할 사람이다. 본보기로 삼아서 배운다는 것은 곧 본보기로서의 범례를 반복하는 것이다. 나는 인仁의 범례에 대한 반복을 통해 인仁 / 인人에 다가가고 그것을 완성할 수 있다. 나는 마땅히 (본보기로서의) 타인을 반복해야 하며, 동시에 나

---

48) 물론 엄격하게 말해서 仁 자체는 어떠한 범례도 가질 수 없다. 아래 본문의 범례에 관한 논의를 참고하라.

49) 예컨대 다음과 같다. "자로가 말했다. '환공이 공자 규를 죽이자 소홀은 그를 위해 죽었지만 관중은 죽지 않았습니다. 그러니 어질다고 말할 수 없습니다!' 공자가 말했다. '환공이 천하의 제후들을 규합함에 무력을 쓰지 않았던 것은 모두 관중의 힘이다. 누가 이처럼 어질 수 있겠는가! 누가 이처럼 어질 수 있겠는가!'"("子路曰: 桓公殺公子糾, 召忽死之, 管仲不死. 曰, 未仁乎! 子曰: 桓公九合諸侯, 不以兵車, 管仲之力也. 如其仁! 如其仁!": 『論語』,「憲問」) "자장이 물었다. '영윤 자문은…… 이전의 영윤의 일을 반드시 신임 영윤에게 알려주었습니다. 어떻게 생각하십니까?' 공자가 말했다. '충실한 사람이다.' 자장이 물었다. '어질다고 할 수 있겠습니까?' 공자가 말했다. '잘 모르겠다. 어떻게 어질다고 할 수 있겠는가?'"("子張問: 令尹子文,……舊令尹之政, 必以告新令尹. 何如? 子曰: 忠矣. 曰: 仁矣乎? 曰: 未知. 焉得仁?": 『論語』,「公冶長」)

자신으로도 하여금 타인에 의해 (본보기로서) 반복될 수 있는 사람이 되도록 해야 한다. 인仁 / 인人은 바로 이러한 반복 속에서, 특정 방식으로 반복되는 '자신을 세움' / '타인을 세움'의 '사이'에서 발생한다. 그러므로 모든 '나'에 대한 무조건적인 윤리적 요구로서의 인仁은 특정한 본보기(예컨대 요순)를 배울 것에 대한 요구로 나타나기도 한다. 항상 본보기에 의해 환기되는, 본보기와 같은 사람이 되고자 하는, 즉 "성인을 희구하고 현인을 희구하는" 욕망으로 나타나는 것이다.50)

중국의 문화전통은 범례들을 매우 중시했는데, 이러한 경향은 초월적 신이 존재하지 않는 중국문화의 근본적인 특징을 반영하고 있다. 중국의 역사, 문학, 철학의 문헌들은 긍정적인 것이건 부정적인 것이건 범례들로 가득 채워져 있다. 전통적인 저자들은 범례를 끌어와서 말을 하거나, 범례 자체가 말을 하도록 하는 경향을 항상 가지고 있었다. 범례들은 전통적 사유와 저술의 가장 근본적인 층위를 구성하고 있다. 범례의 운용이 없었다면 전통문화의 언어 역시 없었을 것이다. 이러한 의미에서 우리는 '범례의 문화'에 대해서 담론을 시작할 수도 있을 것이다.

그러나 범례의 의미는 사실 매우 모호하다. 범례가 모호할 수밖에 없는 가장 근본적인 이유는, 이것은 결코 자신을 범례로 만들어 줄 수 있는 사물보다 앞서 존재할 수 없기 때문이다. 어떤 것이 범례가 될 수 있는 것은 오직 그것이 어떤 부류의 사물의 범례이기 때문이다. 개별 사물은 어떤 범례의 반복으로서, 반드시 어떤 범례를 반복함으로써만 그 자신 즉 그 개별 사물이 될 수 있는 반면에, 범례는 그것을 범례로 만들어 주는 사물들의 지지가 있어야만 비로소 그 자신 즉 범례로서 존재할 수 있는 것이다. 이처럼 범례는 오직 자신을 범례로 만들어 주는 것들에 의해 반복될

---

50) 제1장 「인간과 인간 사이에서의 仁(上)」의 주52)에서 논한 내용을 참고하라.

때 비로소 범례로서 존재할 수 있고, 개별 사물은 오직 범례에 의해 대표될 때, 즉 하나의 범례를 반복할 때에 개별 사물이 될 수 있다.[51] 그러므로 근본적인 의미에서 말하자면, 범례와 범례에 의해 대표되는 사물, 혹은 사물과 사물이 본보기로 삼는 범례는 상호 지지해 주는 관계에 있다. 바로 이러한 의미에서 범례는 그것이 대표하는 해당 부류의 사물 혹은 '범례가 아닌 것들'보다 결코 선재하는 것이 아니며, 이러한 '범례가 아닌 것들'은 어떤 의미에서는 '범례의 범례'이기도 하다고 말하는 것도 가능하다. 다시 말해, 사례는 또 다른 사례의 사례일 뿐이며 본보기는 또 다른 본보기의 본보기일 뿐이라는 것이다. 때문에 우리는 결코 범례와 '범례가 아닌 것들' 사이에 분명한 경계선을 그을 수가 없다. 이것은 범례가 근본적으로 어떤 초월적 지위를 누리는 것이 아님을 의미한다. 사실 범례는 오직 그것을 범례로 만들어 주는 사물들 '사이'에서만 존재하는 것이다.

이처럼 범례 자체는 결코 초월적 존재가 될 수 없으며, 범례의 배후에 어떤 궁극적인, 완벽한 초월적 존재가 한층 더 높은 범례로서 존재하는 것도 아니다. 오직 신만이 절대적이고 완벽한 초월적 존재일 수 있다. 우리는 공자에게서, 혹은 범례를 중시하는 중국의 문화전통에서 이러한 초월적 존재를 발견할 수 없다. 중국문화에는 고대 그리스 신화에 나오는

---

51) 예를 들어, 요순은 오직 타인들이 본받는 가운데서만 범례 혹은 본보기로서 존재할 수 있으며, 타인은 요순을 본받을 때 비로소 요순 '같은' 사람이 될 수 있다. 타인들이 본받지 않는다면 요순은 결코 범례 혹은 본보기가 될 수 없는 것이다. 『맹자』에는 다음과 같은 대화가 나온다. "조교가 물었다. '사람은 누구나 요순과 같은 성인이 될 수 있다고 하셨습니다. 그렇게 말씀하신 적이 있습니까?' 맹자가 대답했다. '그렇습니다.…… 요순의 도리는 부모에게 효도하고 형을 공경하는 것(孝弟)일 뿐입니다. 그대가 요임금이 입던 옷을 입고 요임금이 했던 말을 하고 요임금이 했던 행동을 한다면 그대가 곧 요임금이 되는 것입니다.'"(『孟子』, 「告子下」, "曹交問曰: 人皆可以爲堯舜, 有諸? 孟子曰: 然.……堯舜之道, 孝弟而已矣. 子服堯之服, 誦堯之言, 行堯之行, 是堯而已矣.") 내가 요임금을 본받기만 한다면, 내가 곧 요임금인 것이다.

172

올림포스의 신들이나 플라톤식의 선험적 이데아 같은 개념은 존재하지 않는다. 중국문화에서, 특히 유가전통에서 공자 이후 최고의 본보기 혹은 범례는 오직 성인이었다.[52] 만약 공자가 보통사람의 능력을 한참 뛰어넘는 "널리 베풀고 백성들을 구제하는"(博施濟衆) 그런 업적은 요순조차 하기 어려운 것으로 보았다고 한다면, 진정으로 성인이 될 수 있는 사람은 사실 오직 나와 같은 보통사람들일 것이다. 나는 분명 "널리 베풀고 백성들을 구제할" 능력을 가지지 못했겠지만 이것은 요순 역시 마찬가지일 테고, 반면에 요순이 인간으로서 인仁을 바랄 수 있다면 나 역시 인간으로서 인仁을 바랄 수 있을 것이기 때문이다. 따라서 신비한 광채를 걷어치운 성인은 다만 훌륭한 인仁 / 인人의 전범, 인仁 / 인人의 극치일 뿐이고, 인仁은 모든 '나'가 추구할 수 있고 성취할 수 있는 것이다.

이러한 까닭에 유가전통에서의 성인은 결코 아득하여 닿을 수 없는 존재가 아니다. 모든 사람은 성인이 될 가능성을 가지고 있으며, 모든 사람은 성인이 될 수 있다. 성인은 반복될 수 있고, 이러한 반복은 성인을 낳을 수 있다. 공자 이후 사상적 측면에서 상반된 길을 걸었던 맹자와 순자 역시 이 점을 긍정했고, 이후의 유학자들도 이 점에 대해서는 예외가 없었다. 따라서 이러한 전통 안에는 결코 인간과 동떨어진 신이 존재하지 않고, 오직 반복될 수 있고 지척에 있는 성현만이 존재할 뿐이다. 중국문화의 무신론적 성격은 바로 이러한 각도에서 어느 정도 이해될 수 있을 것이다.[53] 인仁 / 인人에 관한 사유는 근본적으로 '인간과 인간 사이'로부터

---

52) "맹자가 말했다. '그림쇠와 곱자는 원과 사각형의 기준이고, 성인은 인간의 기준이다.'"(『孟子』, 「離婁上」, "孟子曰: 規矩, 方員之至也; 聖人, 人倫之至也."); "맹자가 말했다. '성인은 백 세대에 걸친 스승이다.'"(『孟子』, 「盡心下」, "孟子曰: 聖人, 百世之師也.")

53) 중국문화의 이러한 성격은 도가사상과 불가분의 관계에 있다. '道라는 개념은 갖가지 방식으로 중국문화의 이러한 동일한 특징 혹은 성격을 규정해 왔다. 이 점에 관해서는 졸저 『文本之'間' - 從孔子的魯迅』의 「道'何以'法自然'」장(pp.105~136)을 참고하라.

생겨나서 그 주위를 맴도는 사유이다. 이 안에서 인仁은 인간다움과 분리될 수 없으며, 인간 역시 인仁과 분리될 수 없다. 이러한 까닭에 인仁 / 인人에 관한 사유는 초월적인 신이 결코 생겨날 수 없도록 만든다. 결국 중국 전통 안에는 신이 존재하지 않고 오직 성인과 현인만이 존재할 뿐이기에, 천天과 인간이 덕을 합할 수 있고 모든 사람은 요순이 될 수 있다. 이러한 문화에서는 궁극적이고 초월적인 종교적 인격신이 존재하지 않으며, 필요 하지도 않다. 오직 역사 안에서만 존재하고 역사로서 존재하는, 즉 문헌으로 서 존재하는 인仁 / 인人의 범례만이 있을 뿐이다.[54] 물론 이것이 중국의

---

54) 중국문화에는 매우 중요한 서사로서의 '역사'의 전통이 존재한다. 역사가 이러한 전통 안에서 사실상 '본체론'적인 핵심 지위를 누릴 수 있었던 것은 역사적 범례를 극단적으로 중시하는 전통 덕분이다. 仁의 범례 또한 오직 문헌으로서 과거의 작품과 역사 안에서만 존재하는데, 이것은 다음과 같은 의미로 인해 결코 '반복'과 분리될 수 없다. 첫째, 범례가 범례로서 성립되는 것은 범례가 인정되고 기록되었는지에 달려 있다. 인정과 기록은 이미 반복되었음을 의미하기 때문이다. 이것은 범례가 오직 문헌으로만 존재할 수 있다는 의미이기도 하다. 이때의 문헌은 반드시 해석되어야 하는 문헌, 반드시 반복적으로 다시 읽혀야 하는 문헌이며, 따라서 해석과 다시 읽기 역시 일종의 반복이다. 둘째, 범례 역시 '역사적으로 반복되는' 과정에서 범례로서 성립되고 인정되며 긍정된다. 그러나 이러한 후세 사람들에 의한 역사적 반복은 최초로 범례를 범례로 성립시키는 것이기 때문에 또한 창조이기도 이다. 따라서 반복은 창조와 동일하며, 창조 역시 반복과 동일하다. 예컨대, 屈原은 『離騷』에서 彭咸이라는 역사적 인물을 언급하면서 그를 자신의 본보기로 삼기를 희망했다. "비록 지금 사람들과는 맞지 않겠지만 옛 현인 팽함의 법도를 따르고 싶구나"("雖不周於今之人兮, 願依彭咸之遺則."), "이미 함께 아름다운 정치를 행할 사람이 없으니, 나는 팽함이 있는 곳으로 가야겠구나."("旣莫足與爲 美政兮, 吾將從彭咸之所居.") 그러나 역사적 인물로서의 팽함은 상고할 방법이 없고, 우리가 알 수 있는 것은 팽함이라는 인물이 굴원에 의해 반복됨으로써 비로소 굴원보다 앞서 존재하는 본보기로서 '최초로' 성립되었다는 점뿐이다. 이러한 의미에서 우리는 오히려 굴원이 팽함보다 '앞서며', 굴원의 반복이 팽함이라는 범례보다 '앞선다고' 말할 수도 있다. 이러한 기묘한 '앞섬'은 굴원의 『楚辭』를 편집한 王逸(89?~158)에 의해 다소 희극적으로 드러난다. 왕일은 굴원이 본받고자 했던 팽함을 주해하기 위해 오히려 굴원이라는 본보기에 호소함으로써, 거꾸로 굴원을 팽함의 본보기로 만들어 버렸다. 그리하여 팽함은 굴원과 마찬가지로 군주에게 간언했으나 받아들여지지 않자 물에 몸을 던져 죽은 충신으로 각색되었다. 굴원이 본보기로 삼았던 인물이 어떤 측면에서는 굴원을 본보기로 삼은 인물이 되어 버린 것이다. 이런 우연한 사례는 본질적으로 반복 가운데 존재하는 범례가 필연적으로 가질 수밖에 없는 모호성을 드러내어 주고 있다. 셋째, 우리는 역사와 범례에 관한 한층 진일보한 관점으로서

문화전통 안에는 어떠한 종교성도 없다는 의미는 아니다. 왜냐하면 인격신이라는 존재가 종교성의 근본적인 상징이거나 유일한 상징인 것은 아니기 때문이다.55)

8. 인仁은 정말로 어질지 못하고(不仁) 비인간적이며(非人) 사람을 잡아먹는가(食人)?

5·4운동시대, 즉 중국 전통문화에 대한 격렬한 비판사조가 일었던 시대 이후를 살아가는 중국은 결코 회피할 수 없는 몇 가지 문제를 안고 있다. 그것은 곧 양면적 의미를 지닌 이른바 '인도仁道 혹은 인도人道의 문화'를 어떻게 다시 읽을 것인지와 관련된 문제이다. 인仁 / 인人의 문화는 과연 비인간적인 문화인가? 인간을 극도로 존중하는 문화가 과연 '사람을 잡아먹는'(食人)56) 문화인가? 전통적 의미에서의 인仁 / 도道의 문화는 과연 현대적·서구적 의미에서의 '인도주의적'(humanitarian) 문화인가?

공자의 인仁에 대한 다시 읽기에 비추어 본다면, 인仁을 강조하는 중국문화는 당연하게도 인간(다움)의 문화이다. 인仁의 범례는 오직 인간(다움)일 따름이다. 인간과 인간 사이의 인仁은 구체적으로 이상적 인간, 어진(仁)

역사적 범례로 가득 찬 전통, 역사를 범례화시키는 전통, 근본적으로 종교적 인격신과 무관한 전통 등을 제시할 수 있을 것이다. 여기에서 반복은 법칙이자 모든 것일 뿐이며, 그 외의 어떠한 인격신도 존재하지 않고 요청되지도 않았던 것이다.

55) 이 문제에 관해서는 이 책 제4장 「효와 타인」의 주17), 제5장 「타인에게 충실함」의 주40)을 참고하라. 졸저 『天命之謂生! – 片讀<中庸>』에서 '천명' 개념을 논할 때 중국문화의 종교성 문제에 대해 언급한 것 역시 참고할 만하다.

56) 역자주: 魯迅의 소설 『狂人日記』에서 연유한 표현. 이 소설에서 魯迅은 유교문명을 '食人'의 문명으로 매도하면서 한시바삐 퇴락한 인습에서 벗어날 것을 강조하고 있다.

인간으로 체현된다. 이러한 까닭에 "인仁은 인간(다움)"인 것이다. 만약 인仁이 인간의 이상을 의미한다면 그러한 이상에 부합하는 인간 즉 어진 인간 역시 인仁을 의미할 것이다. 이렇게 볼 때, 인仁은 곧 인간다움 즉 인간 본성에 대한 규정이며 인간다움을 정의하는 것이라고 할 수 있다. 그렇다면 불인不仁이라는 표현은 단순히 어질지 못한 상태의 인간을 묘사하는 형용어에 그치는 것이 아니라, 어떤 의미에서는 인간답지 못함(不人)을 의미하는 말이기도 할 것이다. 어질지 못한 상태란 아직 인仁이라는 경지에 도달하지 못했거나 이 경지로부터 타락한 상태, 아직 인仁 / 인人이라는 이상에 부합하는 인간이 되지 못한 상태, 즉 인간이라고 취급될 수 없거나 인간으로 불릴 수 없는 상태이기 때문이다.

인간은 반드시 어질어야만 하는 존재이다. 만약 공자가 "인간으로서 어질지 못하다면 예禮가 무슨 소용이겠는가? 인간으로서 어질지 못하다면 악樂이 무슨 소용이겠는가?"[57]라고 물었다면, 우리는 공자의 화법을 활용해서 "인간으로서 어질지 못하다면 인仁 / 인人이 무슨 소용이겠는가?"라고 말할 수 있을 것이다. 인간이 어질지 못하다면 어떻게 인仁 / 인人을 이룰 수 있겠는가? 인간이라면 어떻게 어질지 못할 수 있겠는가? 인간이 어질지 못하다면 인간이라 할 수 없고, 인간으로서 떳떳할 수 없다. 인仁이 인간을 의미하고 궁극적으로는 인간다움 혹은 인간본성을 의미하는 만큼, 인仁에 대한 가장 좋은 영문 번역은 아마도 'humanity'[58]일 것이다. "인자仁者, 인야人也"는 곧 "인仁은 인간(다움)이다"인 것이다.

---

57) 『論語』, 「八佾」, "子曰: 人而不仁, 如禮何? 人而不仁, 如樂何?"
58) 仁의 영문번역에는 아직 만족스러운 번역이 존재하지 않는다. 仁은 각기 다른 맥락에서 각기 다른 방식으로 번역되고 있다. 'benevolence', 'benevolent action', 'goodness', 'love', 'human-heartedness', 'kindheartedness', 'virtue', 'true virtue', 'humanity' 등의 번역어들이 있지만, 그나마 인간다움, 인간본성, 인간 등을 의미하는 'humanity'가 다른 번역어들과 비교했을 때 仁의 의미를 가장 잘 드러내고 있다고 할 수 있다.

"인간이 아니다!"(不是人, 즉 인간답지 못하다고 하거나 짐승이라고 하는 것은 중국어에서 다른 사람에게 가할 수 있는 가장 강도 높은 비난 중의 하나이다. 이러한 현대적인 표현은 맹자의 유명한 '인간과 짐승의 구분'[59] 으로까지 거슬러 올라갈 수 있다. 그러나 당장 여기에서 맹자의 그러한 관념이 내포하고 있는 복잡한 문제까지 다룰 여유는 없고, 다만 그러한 이원대립적 의미규정은 자칫 인仁을 본래적으로 인간 안에 내재된 타고난 것으로 간주하게 될 위험성을 안고 있음을 지적해 두고자 한다. 분명한 점은 맹자 이래의 유가전통에서 인仁이 항상 인간의 본심 혹은 본성으로 여겨졌다는 사실이다. 만약 이러한 설명이 '어질지 못함'은 곧 인간다움이 결핍된 상태, 인간의 이상에 부합하지 못한 상태를 가리키므로 반드시 어질어야만 곧 인간이라고 할 수 있다는 의미라고 한다면, 우리는 이러한 설명에 동의하지 않을 수 없을 것이다. 그러나 문제는, 인간을 인간답게 하는 것, 즉 맹자와 같은 유학자들에 의해 모든 사람에게 본래부터 내재해 있다고 간주되는 인仁에 대해, 우리는 사실 이것이 오직 나와 타인의 사이에 서만 발생하고 존재하는 것으로 이해하고 있다는 점에 있다.

인仁이 오직 나와 타인의 사이에서만 생겨날 수 있다면, 설사 우리가 맹자의 관점에 따라 인仁을 인간의 본심 혹은 본성으로 본다고 할지라도, 그 누구도 결코 이러한 본성을 태어나면서부터 갖추고 있지 못할 것이다. 물론 이것은 의도적으로 역설적 화법을 사용한 것이다. 이른바 본성이라는 것은 그 정의의 측면에서 말하자면 마땅히 생래적으로 갖추어진 것이어야

---

59) 맹자에게 있어 인간과 짐승의 구분은 매우 미세할 수도 있다. "맹자가 말했다. '인간이 짐승과 다른 점은 매우 적다.'"(『孟子』, 「離婁下」, "孟子曰: 人之所以異於禽於獸者幾希.") 인간과 짐승의 이원대립을 통해 인간의 의미를 규정하는 것은 유가사상과 중국문화전통 의 고전적인 방식인데, 이와 관련되는 복잡한 문제들은 전문적인 논의가 필요하므로 여기에서는 논하지 않겠다.

하기 때문이다. 이것은 인간의 본심 혹은 본성으로서의 인仁이 결코 인간이 생래적으로 갖추어진 것이 아니고, 또 절대적인 근원 역시 아니라는 의미이다. 왜냐하면 오직 한 명의 개인만 존재할 때 우리는 아직 '인간'이라고 말할 수 없으며, 인간은 오직 나와 타인 간의 '사이'에서야 비로소 한 개인이 결코 '본래적이지 않은' 본성을 획득할 수 있기 때문이다. 그리고 이것은 나에 대한 타인의 요구를 받아들일 때 비로소 자기 '자신', 타인에 대해 책임질 수 있는 '나', 윤리주체, 어진 인간이 될 수 있다는 의미이기도 하다. 나는 타인과의 '사이'로부터, 즉 타인으로부터 자신의 '본래적 본성'을 실현하거나 회복하여 인간이 될 수 있는 것이다. 따라서 만약 이러한 중요한 전통적 용어를 계속 지키고자 한다면, 엄격한 분석틀을 통해 우리는 최종적으로 이러한 본성을 '인仁 / 인人의 가능성'으로 독해해 낼 수 있다. 본성이 생래적으로 갖추어진 것이라면 인仁은 인간의 본성이라기보다는 인간의 가장 궁극적인 가능성이라고 할 수 있을 것이다.[60] 심지어 인간이 곧 인仁의 가능성 그 자체라고까지 말할 수도 있다.

인간은 결국 항상 인간이 되기를 바라는 존재 혹은 자신을 '완성된 인간'(成人)으로 만드는 존재이다. 공자 이래로 유가전통에서 매우 강조해 온 '완성된 인간'이라는 관념 속에 함축되어 있는 것은 인간, 진정한 인간, 어진 인간 등 '완성되어야' 하는 것들이다. 여기에서 완성이란 필연적으로 자신이 완성해 가는 것일 수밖에 없다.[61] '인간(다움)을 완성하는 것'(成人,

---

60) 졸저『文本之'間' - 從孔子到魯迅』,「心性天人: 重讀孟子」장(pp.137~177)의 이와 관련된 분석을 참고하라.
61) "자로가 완성된 인간에 대해 묻자 공자가 말했다. '장무중의 지혜, 공작의 무욕, 변장자의 용기, 염구의 기예를 갖추고 이를 예악으로 꾸며 준다면 완성된 인간이라고 할 수 있다.' 또 말했다. '오늘날의 완성된 인간이 어찌 반드시 이렇겠는가? 이익을 보면 의로움을 생각하고 위기를 맞으면 목숨을 아끼지 않으며 오래된 약속이라도 평생 잊지 않는다면, 이 역시 완성된 인간이라고 할 수 있다.'"(『論語』,「憲問」, "子路問成人. 子曰: 若臧武仲之知, 公綽之不欲, 卞莊子之勇, 冉求之藝, 文之以禮樂, 亦可以爲成人矣. 曰:

즉 진정으로 어진 인간이 되는 것은 인간의 이상을 실현하는 것이며 이상적 인간이 되는 것이다. 따라서 '완성된 인간'은 곧 '완성된 인'(成仁)인 것이다. 또한 완성된 인(成仁)에 함축된 "자신을 희생함으로서 인(仁)을 달성함"의 사상은 다음과 같은 사실을 분명하게 보여 준다. 즉 만약 인(仁)이 경우에 따라서는 반드시 특정 개인의 희생을 통해서만 달성될 수 있다고 한다면, 인(仁) 자체의 완성은 분명 구체적 인간과 분리될 수 없지만, 그렇다고 모든 구체적 개인과 동등하게 여겨질 수도 없다.

하나의 이상으로서의 인(仁)은 인간을 초월하며 개인도 초월한다. 인(仁)은 항상 실현되어야 하는 이상 혹은 모든 개인이 실현해야 하는 이상이다. 또한 인간의 이상으로서, 그리고 모든 개인이 지켜 나갈 수 있고 지켜 나가야 하는 이상으로서의 인(仁)은 인간과 분리될 수 없고 모든 개인과도 분리될 수 없다. 따라서 인(仁)은 모든 개인과 분리될 수 없지만 또한 모든 개인을 초월하는, '초월하면서 내재하고' '내재하면서 초월하는' 존재인 것이다. 그러나 여기에서의 '초월'은 모든 개인을 초월한다는 의미일 뿐이며, '내재'는 인간과 인간 '사이'에 내재한다는 의미일 뿐이다.[62] 공자는 말했다.

뜻 있는 선비와 어진 사람은 살아남기 위해서 인(仁)을 해치지 않고, 자신을 희생하여 인(仁)을 완성한다.[63]

今之成人者, 何必然? 見利思義, 見危授命, 久要不忘平生之言, 亦可以爲成人矣.") 여기에서 '成人'이 강조하는 것은 '이미 완성된 인간'이다. 그리고 '완성'은 제작 혹은 성장의 과정을 함축하고 있다. 따라서 중국어에서 '成人'은 아동 및 청소년에 대비되는 성인을 의미하기도 한다. 이 두 가지 의미는 어떠한 관계도 없지만, 인격적 의미에서의 '완성된 인간'뿐만 아니라 생물학적 의미에서의 '성인'에서도 '成'자는 곧 인간이란 그 자체로 완성된 존재가 아니라 완성해 가야 하는 존재임을 의미하고 있다.

62) 중국 전통에서의 내재와 초월의 문제에 관해서는 졸저 『天命之謂性 — 片讀『中庸』』에서 '天命之謂性'의 '天' 개념에 대한 분석 중에 제시된 구체적인 논의를 참고하라.

이 구절이 의미하는 바는 아마도 위에서 언급한 "인仁은 모든 개인과 분리될 수 없지만 또한 모든 개인을 초월함"일 것이다. 왜냐하면 많은 경우 이것은 '개인'을 버리고 '인仁'을 보존하는 것이 되기 때문이다. "살아남기 위해서 인仁을 해침"은 특수한 개체적 존재 즉 나에 대한 집착으로 인해 이상적 존재인 인仁을 해치거나 위협한다는 의미이고, "자신을 희생하여 인仁을 완성함"은 이상적 존재인 인仁을 위해서 필요하다면 개체적 존재 즉 자신의 생명까지도 포기할 수 있다는 의미이다. 따라서 "자신을 희생하여 인仁을 완성함" 즉 살신성인殺身成仁은 다소 극단적인 방식을 통해 개체로서의 개인이 어떻게 인仁의 이상을 지킬 수 있는지 제시한 것이다. 이러한 살신성인은 곧 인간의 이상을 의미하는 것이기도 하다.

인仁을 위해 '자신을 희생할'(殺身) 수 있다는 것은 '내'가 인仁을 위해 자발적으로 자신의 생명을 포기할 수도 있다는 뜻이다. 그러나 이것은 인仁을 달성하기 위해 실제로 자신의 생명을 포기한다는 의미가 아니다. 단지 근본적인 의미에서 인仁을 달성한다는 것은 인간다움을 완성함, 타인을 완성함, 타인을 인간으로서 존재하도록 해 줌 등을 의미할 뿐이라는 뜻이다. 따라서 한편으로는 이상으로서의 인仁이 '나', 즉 '나라고 말할 수 있는 모든 사람, 타인에 대한 책임을 지닌 '주체'와 이러한 주체의 규정에 의지해서 실현되지만, 다른 한편으로 인간 즉 모든 개인이 인仁에 가까운 존재로 변화된다. 인仁은 모든 개인에 의지하지면서도 이를 초월하기도 하고 모든 개인을 초월하면서도 모든 개인에게서 실현되며, 또한 모든 개인, 즉 '나라고 말할 수 있는 모든 '나'는 타인을 세워 줄 수 있는 윤리주체가 되어 타인을 타인으로서 존재할 수 있게 하는 사람이 될 수 있는 것이다. 이처럼 인仁은 모든 개인을 필요로 하며, 모든 개인은 인仁을 필요로 한다.

---

63) 『論語』, 「衛靈公」, "子曰: 志士仁人, 無求生以害仁, 有殺身以成仁."

따라서 인仁은 곧 인간인 것이다.

　이러한 까닭에 인간의 이러한 본성은 결코 그 어떤 '단일한' 개인에게 완전히 내재되어 있는 것이 아니다. '단일한' 개인, 단 한 번도 타인과 대면해 본 적 없는 인간, 타인과 어떠한 관계도 없는 인간은 결코 어질 수 없으며 어질어야 할 필요도 없다. 더욱이 근본적인 의미에서 이러한 순수한 개인은 '인간'일 수 없으며 인간으로서 존재할 수도 없다. 이러한 설명에는 그 어떤 비하의 의미도 들어 있지 않다. 여기에서 말한 '인간으로서 존재할 수 없음'은 절대 도덕적 판단이 아니기 때문이다. 그 누구도 고립된 개인으로서 홀로 존재할 수 없다. 왜냐하면 인간은 곧 인仁을 의미하며, 타인 즉 모든 개인을 인간으로서 존재하도록 할 수 있음을 의미하기 때문이다. 타인을 인간답도록 할 수 있는 사람이라야 인仁의 이상에 부합할 수 있고 인간의 이상에 부합할 수 있다. 타인을 인간답도록 할 수 있는 사람이 바로 이상적 인간인 것이다. 앞서 논한 바와 마찬가지로, 이러한 이상적 인간은 타인이 살아가도록 해 주며 타인이 타인으로 존재하고 심지어 자신과 같은 경지에 도달할 수 있도록 해 주는 존재이다. 그래서 우리는 타인을 위해, 그리고 타인의 삶을 위해 자신의 일부분을 포기하는 결정을 해야 하며, 나아가 자신의 목숨까지도 희생해서 인仁을 달성하고 타인을 완성해야 하는 것이다.

　우리는 여기에서 우리 모두가 이러한 극단적인 결정 즉 살신성인의 결정에 직면해 있으며, 인仁이 '자신을 버리고 타인을 위함'으로 표출되었고 이러한 살신성인의 표출이 중국의 문화전통에서 한껏 찬양과 칭송을 받았다는 것을 확인했다. 그러나 우리는 근대화시기에 인仁이라는 전통적 관념을 향해 제기되었던 강렬한 비판 역시 잊지 않고 있다. 5·4신문화운동시기에 집중적으로 제기되었던, 중국의 현대화를 위해 반드시 벗어던져야 할

낙후한 전통으로 지적되었던 주요 내용 중 하나는 바로 인仁이 인간을 소멸시켜 버렸으며 유가의 인의도덕이 개인을 집어삼켰다는 것이다. 예컨대, 20세기 초의 중국사상문화사에 친숙한 사람이라면 노신魯迅이 1918년에 내놓은 소설 『광인일기』에서 중국 전통문화에 대해 내린 "인의도덕仁義道德이……사람을 잡아먹는다"[64]라는 단언에 대해 잘 알고 있을 것이다. "인仁이란 인간(다움)이다"로부터 "인仁이 사람을 잡아먹는다"에 이르기까지, 이러한 인仁에 대한 상반된 이해에 놀라지 않을 수 없다.

노신 및 그와 함께 격렬하게 중국 전통문화를 비판했던 다른 인물들은 모두 특수한 역사적 이유를 가지고 있었고, 또한 그들 자신만의 이유도 가지고 있었다. 노신에게 있어 인간은 근본적으로 '개인'이었고, 마찬가지로 서구 사상의 영향을 받은 강유위康有爲는 『대동서大同書』에서 '독인獨人'이라는 개념을 통해 자신이 이해한 인간의 원래적 상태와 궁극적 상태를 표현했다. 이렇게 이해된 인간 즉 현대적·서구적이고 낭만주의적인 인간, 형이상학적 인본주의에 입각한 인간은 인仁을 통해 이해된 '자신을 버리고 타인을 위하는' 인간과 완전히 상반된다. 이런 이해에 따르면, 인간은 오직 인간과 인간의 '사이'를, 타인의 요구와 속박을 완전히 벗어날 때 비로소 진정한 인간, 독립적 인간, 타인에 대항할 수 있는 역량을 가진 인간이 될 수 있다. 왜냐하면 오늘날 타인은 나를 압박하고 박해하는 사람, 나를 비인간적으로 변하게 하는 폭력으로 간주되기 때문이다. 따라서 전통문화

---

64) "내가 역사책을 살펴보니, 역사책에는 연대도 적혀 있지는 않은 채 삐뚤삐뚤한 글씨로 '仁義道德' 네 글자만 쓰여 있었다. 나는 어차피 잠들지 못할 바에 밤새 자세히 책을 살펴보니, 마침내 글자 사이로 빼곡히 쓰여 있었던 글자들이 보이기 시작했다. 한 권 책을 가득 채우고 있던 글자는 바로 '식인'이었다!"(魯迅, 『狂人日記』, 「吶喊」; 『魯迅全集』 제1권, 北京: 人民文學出版社, 1981, p.425) "인의도덕이 사람을 잡아먹는다"는 논의에 관해서는 『文本之'間' － 從孔子的魯迅』, 「他者的迫害 － 魯迅與列維納斯」 장(pp.303~329)의 상세한 분석을 참고하라.

에 대한 근대의 비판자들은 인仁과 인人 사이의 선택에 직면하게 되었고, 깊은 고찰과 질문을 거치지 않은 상태에서 타인과 대립되는 개인을 선택한 노신 등은 인仁을 거부하지 않을 수 없었다. 이것은 어떤 측면에서는 중국의 전통사상 및 문화 전체를 거부한 것이라고도 볼 수 있다.

그런데 지금 인仁이라는 공자와 중국 문화전통에서의 핵심적인 개념과 사상에 대한 다시 읽기를 시도할 때, 우리는 여전히 전통과 현대, 인仁과 인간 사이에서 양자택일의 선택을 강요받고 있는 것은 아닐까? 우리는 무조건 자신을 우선시해야 하거나 혹은 반드시 자신을 버리고 타인을 위해야만 하는 것일까? 사실 이것은 인간이 자신을 위해야 하는가 아니면 타인을 위해야 하는가, 혹은 자신에 대해 책임을 져야 하는가 아니면 타인에 대해 책임을 져야 하는가의 문제가 결코 아니다. 이미 인간은 항상 타인과 대면하고 있기 때문에, 항상 인仁에 의해 간파되고 점유되며 요구받는다. 바로 이러한 까닭에 인간은 인간(다움)을 완성하고 인仁을 달성해야만 하는 것이다. 따라서 인간(다움)의 완성과 인仁의 달성은 한 개인의 타인에 대한 책임일 뿐만 아니라 한 개인의 자기 자신에 대한 근본적인 책임이며, 그렇기 때문에 인간 즉 모든 개인에 대한 책임인 동시에 모든 개인에 의해 완수되는 것이기도 하다.

바로 이러한 까닭에 우리는 인仁을 다시 읽고 이해하며 완성해야 하고, 인간(다움)을 다시 완성해야 한다. 노신으로 대표되는 중국 전통에 대한 현대 사상의 비판이 우리에게 제시하는 핵심적인 문제 중 한 가지는, 이미 이러한 전통에 완전히 사로잡힌 사람은 이제 다시는 진정으로 인仁의 관념이 지닌 역량을 체현할 수 없게 되었다는 점이다.65) 그리하여 인간다움

---

65) 노신의 첫 번째 단편소설집 『呐喊』의 서문에서 말한 '철로 만든 집'(鐵屋子)이 바로 이러한 각도에서 분석될 수 있다. 『鲁迅全集』 제1권(pp.419~420)을 참고하라.

즉 인간다움에 대한 감각과 사유는 어떤 의미에서는 "마비되어 (감각이) 통하지 않게"(萎痺不仁, 麻木不仁) 변해 버렸다. 즉 인仁에 대한 감각을 잃어버렸고, 그로 인해 인仁 역시 잃어버리게 된 것이다.66) 이미 인仁을 잃어버렸거나 더 이상 어질 수 없는 사람은 다시는 자신의 인仁을 감각할 수 없을 것이고 또한 타인을 어질게 대할 수도 없을 것이다. 이런 상황 속에서 전통의 타성에 의지한 채 공허해져 가는 관념에만 집착한다면, 이 관념은 진정으로 감각되고 이해되지 못하게 될 것이며 심지어 강압으로 작용할 것이다. 그러나 이것이 결코 공자가 말한 인仁 즉 인仁의 개념과 사상 자체가 그 의미를 상실했다는 뜻은 아니다. 인仁은 항상 그 자체로 내재적 힘을 지니고 있기 때문에 새로운 사상을 불러일으키는 힘이 될 수 있다.67) 이 책의 공자의 인仁에 대한 다시 읽기는 바로 이러한 '인仁의 힘'에 의한 추동 아래 이러한 사상이 지니는 힘을 제한적으로나마 다시 한 번 체험하고자 하는 시도이다.

---

66) 이 설명은 程顥의 유명한 "醫書言, 手足痿痺爲不仁, 此言最善名狀"(『二程遺書』 2上-17)라는 구절을 차용한 것이다. 우리가 여기에서 밝히고자 하는 것은, 전통은 타자와의 접촉 가운데에서만, 즉 타자와의 대면을 통해서만 비로소 자신의 생명력과 비판능력을 유지할 수 있다는 점이다. 따라서 설사 仁을 위주로 하는 전통이라고 할지라고 역시 이러한 접촉과 대면을 결핍한다면 "마비되어 (감각이) 통하지 않는" 상태에 빠지고 말 것이다. 이것은 어떤 전통도 교조화될 수 있다는 의미이다. 전통의 교조화를 막는 유일한 방법은 아마도 타자를 향한 개방적 태도일 것이다.

67) 예컨대, 중국이 현대로 진입하던 시기 仁의 관념은 譚嗣同의 『仁學』과 같은, 서양 물리학적 관념을 가지고 仁이라는 관념을 재해석하고자 했던 노력을 불러일으키기까지 했다.

제3장 예禮와 타인

"자신의 사욕을 극복하여 예를 회복하는 것이 인이다"

저 쥐도 몸뚱이를 가지는데, 사람이면서 예가 없을 수 있겠는가!
사람이면서 예가 없는데, 어찌 빨리 죽어 버리지 않는가?[1]

인仁과 예禮라는 두 핵심적 개념이 공자 사상에서 가지는 지위와 양자
간의 관계는 역대 수많은 저명한 『논어』 독자들이 가장 관심을 기울이고
논했던 문제 중 하나이다. 각각의 논자들은 인仁과 예禮 중 하나에만 집중하
기도 했고, 양자의 타협을 시도하기도 했다. 그러나 이들은 결국 공자가
『논어』에서 제시한 간단하면서도 설명하기 어려운 유명한 언명인 "자신의
사욕을 극복하여 예禮를 회복하는 것이 인仁이다"(克己復禮爲仁)로 끊임없이
돌아와서 이를 거듭 마주할 수밖에 없었다. 이러한 설명이 독자들은 곤혹스
럽게 하는 이유는 바로 이 구절의 '극기복례克己復禮'와 '인仁'이 상호 교환될
수 있기 때문이다. 따라서 이 구절은 "자신의 사욕을 극복하여 예禮를
회복하는 것이 인仁이다"로 이해될 수도 있고, "인仁은 자신의 사욕을 극복
하여 예禮를 회복하는 것이다"로 이해될 수도 있다.

'위爲'자에 의해 연결되는 두 항 즉 '극기복례克己復禮'와 '인仁'은 순환적
으로 상호 설명 및 해명하는 것 같지만 또한 상호 흡수하는 관계이기도

---

1) 『詩經』, 「鄘風」, '相鼠', "相鼠有體, 人而無禮! 人而無禮, 胡不遄死?"

하다는 점에서 독자들에게 이해하기 쉬운 설명을 제공하지 않는다. 이 장이 "자신의 사욕을 극복하여 예禮를 회복하는 것이 인仁이다"라는 언명을 다시 읽고자 하는 것인 만큼, 공자 사상의 핵심이 인仁인지 예禮인지의 문제에 대해서는 본격적으로 다루지 않을 것이다. 하나의 핵심을 잡아 어떤 사상을 규정지으려는 독해 방식은 공자 사상 자체와 어울리지 않기 때문이다. 우리의 제한적인 목표는 우선 『논어』 본문에 다시 접근하고 대면해서 "자신의 사욕을 극복하여 예禮를 회복하는 것이 인仁이다"라는 서술 자체를 최대한 존중하고, 또한 이러한 서술의 구성 부분과 기본적인 맥락에 대해 심층적으로 분석하는 것이다. 이러한 기초적인 작업이 완료되면 자연스럽게 우리는 인仁과 예禮가 공자 사상 안에서 어떻게 연결되는지의 문제에 대한 대체적인 답을 얻을 수 있을 것이다.

『논어』 안에서 "자신의 사욕을 극복하여 예禮를 회복하는 것이 인仁이다"는 어떻게 인仁을 행하는지에 대해, 즉 어떻게 인仁을 달성하고 실현하는지에 대해 공자가 가장 구체적이고 상세하게 설명한 부분 중 하나이다.

안연이 인仁에 대해 물었다.
공자가 말했다. "자신의 사욕을 극복하여 예禮를 회복하는 것이 인仁이다. 하루라도 자신의 사욕을 극복하여 예를 회복한다면 온 천하가 인仁으로 돌아올 것이다. 인仁의 실천은 나로부터 말미암을 따름이지, 다른 사람으로부터 말미암는 것이겠는가!"
안연이 말했다. "그 조목들에 대해 여쭙고 싶습니다."
공자가 말했다. "예禮가 아니면 보지 말고, 예가 아니면 듣지 말며, 예가 아니면 말하지 말고, 예가 아니면 행하지 말라."
안연이 말했다. "제가 비록 불민하기는 하지만, 꼭 이 말씀을 받들어 보겠습니다."[2)]

공자와 안연 간의 이 유명한 문답은 어떻게 해야 인仁을 달성하고 실현할 수 있는지에 관한 것이었다. 공자는 안연의 질문에 대답하면서 "자신의 사욕을 극복하여 예禮를 회복함"이 곧 인仁을 달성하고 실현하는 것이며, "자신의 사욕을 극복하여 예를 회복함"을 통해 인仁을 달성하고 실현하는 것은 전적으로 자신에게 달린 것이지 타인에게 달린 것이 아니라고 말했다. 안연이 더 자세히 질문해 오자 공자는 "자신의 사욕을 극복하여 예禮를 회복하는" 방법에 대해 구체적인 설명을 제시한다. 이것이 바로 그 유명한 "네 가지 하지 말아야 할 것"(四勿) 즉 "예禮가 아니면 보지 말고, 예가 아니면 듣지 말며, 예가 아니면 말하지 말고, 예가 아니면 행하지 말라"이다. 여기에서 우리는 공자가 말한 "자신의 사욕을 극복하여 예를 회복하는 것이 인仁이다"의 다소 모순되어 보이는 지점을 확인할 수 있다.

"인仁의 실천은 나로부터 말미암는다"는 것, 즉 인仁을 달성하고 실현하는 것은 전적으로 자신에게 달린 것이지 타인에게 달린 것이 아니라는 말은 내가 인仁을 실천할 것인지 실천하지 않을 것인지에 대한 자유를 가진다는 뜻이기는 하지만, 인仁의 실천을 자유롭게 선택한다는 것은 자유를 포기하고 예의 엄격한 구속을 받아들인다는 것을 의미하기도 한다. 오늘날의 관점에서 보았을 때 "네 가지 하지 말아야 할 것"을 언급한 대구들에는 분명 인간의 자유와 발전에 대한 강력한 속박이 담겨 있다. 5·4운동시기 전면적으로 전통을 비판하며 "예교禮敎가 사람을 죽인다"고 격렬하게 지탄했던 인물들에게 이러한 공자의 말은 인간의 개성에 대한 전면적인 억압으로 이해될 수밖에 없었을 것이다. 그렇다면 예禮는 정말로 인간의

---

2) 『論語』, 「顏淵」, "顏淵問仁. 子曰: 克己復禮爲仁. 一日克己復禮, 天下歸仁焉. 爲仁由己, 而由人乎哉! 顏淵曰: 請問其目. 子曰: 非禮勿視; 非禮勿聽; 非禮勿言; 非禮勿動. 顏淵曰: 回雖不敏, 請事斯語矣."

자유와 발전을 제한하는 외재적이고 강제적인 완고한 행위규범이란 말인가?[3] 우리는 이러한 예 어디에서 인仁 혹은 인간다움(人)을 찾을 수 있을까? "자신의 사욕을 극복하여 예를 회복함"이 어떻게 인仁일 수 있을까? "자신의 사욕을 극복하여 예禮를 회복하는 것이 인仁이다"라는 말에 함축된 속박 및 금지와 "인仁의 실천은 나로부터 말미암는다"라는 말에 함축된 인간의 자유와 주체성은 서로 모순되는 것이 아닌가? 만약 "자신의 사욕을 극복하여 예를 회복하는 것이 인仁"이라는 말이 인仁을 달성하고 실현하는 길을 가리킨 것이라면, 인仁의 실천은 오직 자신으로부터만 말미암고 타인으로부터는 말미암지 않는 것이라는 말인가?

이러한 문제들을 고찰하기에 앞서 먼저 『춘추좌전』 소공昭公 12년조의 기록을 살펴보도록 하자. 이 기록에 근거하자면 "자신의 사욕을 극복하여 예를 회복함"은 당시에 이미 존재하고 있던 관점이다.

> 공자가 말했다. "옛날 책에 '자신의 사욕을 극복하여 예禮를 회복하는 것이
> 인仁이다'라는 말이 있습니다."[4]

『춘추좌전』의 기록이 잘못되지 않았다면, 공자의 "자신의 사욕을 극복하여 예禮를 회복하는 것이 인仁이다"라는 말은 기존의 사상을 인용하거나 반복한 것에 불과하다. 그러나 이처럼 선인 혹은 타인의 말을 인용하거나

---

3) 이것은 吳虞의 관점이다. 그는 『新青年』 제6권 6호(1919. 11. 1)에 실린 『吃人與禮教』(『신청년』에 실렸던 노신의 소설 『광인일기』에 대한 평론)에서 말했다. "공자의 예교는 자극한 지점을 말하고 있지만 살인과 식인이 아니라면 성공을 얻을 수 없으니, 참으로 잔혹하구나." 그는 1920년 발표된 『說孝』에서도 말했다. "마비되어 통하지 않는 예교가 수천 년 동안 무고하게 죽인 억울한 사람이 얼마나 많은지 모르겠구나. 정말로 슬픈 일이 아니겠는가!" 이상의 말들은 오우의 문집인 『吳虞文錄』(合肥: 黃山書社, 2008, p.19·31)에서 확인할 수 있다.

4) 『春秋左傳』, 昭公 20年, "仲尼曰: 古也有志, 克己復禮, 仁也."

188

반복함으로써 그 사상에 동의할 때, 이러한 인용과 반복은 곧 그 사상에 대한 점유이다. 이것이 바로 공자가 "(선인의 사상을) 따르되 새로이 만들어 내지 않음"(述而不作)을 통해 이룬 '동의-점유'일 것이다. 여기에서 '점유'라는 말은 어떤 비하의 의미를 담은 것이 아니라, 다만 사상이 창조될 때 나타나는 특정한 규칙성을 표현한 것이다. 과거에 대한 반복과 점유는 전통을 현재로 소환하고 고대가 현대가 되도록 만든다. 따라서 사상의 반복과 점유는 그 자체로 새로운 역사적 사건이다. "자신의 사욕을 극복하여 예를 회복하는 것이 인仁이다"라는 전통사상은 공자의 반복과 점유를 통해 공자 사상과 유가전통이 되었고, 공자는 이러한 반복과 점유를 통해 더 이전의 과거 즉 공자 자신보다 앞서 존재했던 중국의 사상, 문화, 역사를 현대의 우리와 연결시켜 준다.

그런데 공자는 선인들의 설명을 접했을 때, 거기에 포함된 기본 개념들에 대해 결코 오늘날 우리에게 익숙한 방식으로 분석을 진행하지 않았다. 현대적 의미에서의 분석은 공자가 선호한 사유방식이 아니라고도 말할 수 있을 것이다. 그러나 우리가 "자신의 사욕을 극복하여 예를 회복하는 것이 인仁이다"라는 공자의 말을 현대의 사상적·문화적 맥락 속에서 우리의 방식(반복과 점유)으로 다시 읽기 위해서는, 아마 공자였으면 동의하지 않았을 분석 작업에 임하지 않을 수 없다. 이러한 작업은 "자신의 사욕을 극복하여 예를 회복하는 것이 인仁이다"에서 언급된 기본 개념의 구조에 대한 분석과 그 사상적 맥락의 재건을 포함하고 있다. 따라서 우선 우리는 "자신의 사욕을 극복하여 예를 회복함"이 곧 '인仁'이라고 인정한 공자에 대해 다음과 같은 질문들을 제기해야 할 것이다. 무엇을 예라고 하고, 무엇을 자신의 사욕(己)이라 하는가? 자신의 사욕은 어떻게 극복될 수 있으며, 예는 어떻게 회복될 수 있는가? "자신의 사욕을 극복하여 예를 회복함"

이 어째서 인仁 혹은 인仁의 실현이 될 수 있는가? 문자적으로 볼 때 "자신의 사욕을 극복하여 예禮를 회복함"이 곧 인仁이며 '예를 회복하는 것'이 '자신의 사욕을 극복하는 것'의 목적이라는 의미인 만큼, 우리는 먼저 공자가 관심을 기울였던 예의 본질을 분석하고 이를 통해 "자신의 사욕을 극복하여 예를 회복함"이 어째서 '인仁'인지 이해해 보고자 한다.

1. 공자가 태묘에서 질문을 한 이유: 타자에게 최대의 경의를 표하는 방식

비록 예禮라는 용어의 각기 다른 용법으로 인해 그 지칭 대상이 광범위해지고 모호해져서 현재로서는 그 개념을 명확하게 정의하기 어렵지만, 인仁이라는 사실상 설명 불가능한 개념과는 달리 예禮는 구체적인 역사적 문화현상을 설명하는 명사로서 구체적인 지칭대상을 지니는 것처럼 보인다. 예의 역사적 기원을 고찰하는 현대학자들은 고대 제사의식으로 거슬러 올라가기도 하고, 고대 씨족사회의 생활습속을 예의 기원으로 보기도 한다. 그러나 언어의 기원을 이해했다고 해서 언어의 문화적 의미를 이해한 것이 아닌 것과 마찬가지로, 예의 역사적 기원을 이해하는 것이 곧 예의 문화적 의미를 이해하는 것은 결코 아니다. 따라서 여기서는 예의 역사적 기원과 고대인의 삶 속에서 언급된 예의 광범위한 용례에 대해서는 따로 논하지 않을 것이다. 이 분야에서는 이미 과거의 학자들과 현대 학자들이 많은 공헌을 한 바 있다.[5]

---

5) 陳來의『古代宗敎與倫理』(北京: 三聯書店, 1996), 제6절「禮樂」(p.224 이하)의 禮에 관한 문헌 및 연구들에 대한 개괄적 설명 및 논의를 참고하라.

우리가 가장 관심을 두는 지점은 예禮로 대표되는 시대를 살아간 사상가이자 학자로서, 또 자신의 시대를 향해 의문을 제기하고 사고했던 한 인간으로서의 공자가 예에 대해, 그리고 예와 인仁의 관계에 대해 어떻게 이해했는지이다. 우리는 아래의 논의를 통해 예 안에서 살아갔던 공자에게 중요했던 것은 사람들이 무엇보다도 예의 진정한 의미와 작용을 이해해야 한다는 것이었음을 밝힐 수 있을 것이다. 이것은 예가 사람들에게 있어 도대체 무엇을 의미하는지, 그리고 사람들이 예 안에서 혹은 예를 통해서 무엇을 할 수 있는지에 대해 알아야 한다는 말이기도 하다. 전통 예악의 붕괴라는 역사적 변화가 진행되던 시대에서는 이러한 것들을 이해하는 것이 매우 중요했다. 예에 대한 관심은 자신과 밀접한 관심사에 대한 시대적 사유이다. 공자가 예의 중요성을 인식하고 강조하며 견지했던 것은 바로 '예악이 붕괴되는' 시대를 살면서 예의 의미와 작용에 대해 심오한 사고를 했기 때문이다.

여기에서는 이러한 사고가 『논어』에 남긴 흔적들을 추적해 보도록 하겠다. 예禮의 문제를 중점적으로 다루는 『논어』「팔일」편에서는 임방林放이라는 사람이 공자에게 제기한 "무엇이 '예의 근본本'입니까?"라는 질문이 등장한다. 무엇이 예의 근본 혹은 본질인가? 이러한 질문이 제기되었다는 것은 당시 삶에서 예가 중요한 지위를 차지했다는 것을 보여 주는 동시에 당시의 시대적 병리현상을 보여 주는 것이기도 하다. 당시 사람들은 예의 의미를 제대로 이해하지 못하고 있었기 때문에 임방은 예의 의미에 대해 회의하고 고찰하며 탐색했기 시작했던 것이다. 물론 이 질문은 예를 잘 아는 것으로 유명했던 공자를 향해 직접적으로 제기된 것이었지만, 이 문제는 또한 그 시대를 향해 제기된 것이기도 하다. 왜냐하면 당시의 문화는 예를 그 문화의 근본 혹은 본질로 규정했기 때문이다. 따라서 이것은 예로 대표되는 시대가 그 시대 자신을 향해 제기한, 근본에 관한 질문이라고 할 수 있다.

이렇게 볼 때, 우리는 공자가 임방의 질문을 듣고 난 후 어째서 진심으로 감탄하면서 "훌륭한 질문이로다!"라고 말했는지 이해할 수 있을 것이다. 그러나 비록 공자가 이 질문의 문제의식이 매우 중대하다는 것을 인정하기는 했지만, 그의 대답은 예를 실천할 때의 소소한 절목들과 관련된 것에 불과한 것처럼 보인다.

> 공자가 말했다. "훌륭한 질문이로다! 예禮는 사치스럽기보다는 차라리 검소해야 하며, 상례喪禮는 그 절차를 세밀하게 처리하기보다는 차라리 슬퍼해야 한다."[6]

이것은 예를 행할 때는 지나치게 낭비하는 것이 소박하고 검소한 것에 미치지 못하고, 상례와 장례를 치를 때는 의식을 주도면밀하게 진행하는 것이 진실로 슬퍼하는 것에 미치지 못한다는 의미이다.[7] 공자의 말은 다소 의외로 들린다. 예는 '장중함'과 분리되기 어려운 것으로서 항상 '장중한 형식'으로 드러났으며, '화려함'과 '세밀함'은 예를 최대한 장중하게 만드는 것들이었다. 그러나 공자는 예상 외로 '검소함'과 '슬픔'을 강조하고 있다.

---

6) 『論語』, 「八佾」, "子曰: 大哉問! 禮, 與其奢也, 寧儉; 喪, 與其易也, 寧戚."
7) 劉寶楠의 『論語正義』에서는 '易'자를 '느슨함'(弛)으로 해석했다. "상례를 치를 때는 의식과 문식의 절도를 지켜야 하는데, 슬픔에 잠겨서 그것을 게을리하게 되면 예의 근본을 잃어버리게 된다는 것을 말한다."(『論語正義』, 第24頁, "言喪禮徒守儀文之節, 而哀戚之心浸而怠弛, 則禮之本失矣.") 楊伯峻은 『論語譯注』(p.24)에서 '易'자를 "의식과 문식을 주도면밀하게 함"(儀文周到)으로 해석했다. 『예기』 「檀弓上」에는 자로의 말이 기록되어 있다. "자로가 말했다. '나는 공자로부터 상례는 슬픔이 부족하고 禮가 남는 것이 禮가 부족하고 슬픔이 남는 것보다 못하다. 제례는 공경함이 부족하고 禮가 남는 것이 禮가 부족하고 공경함이 남는 것보다 못하다'고 들었다.'" 이 말은 공자의 말과 서로 의미를 밝혀 줄 수 있다.

설마 검소함과 슬픔과 같은 것들이 공자가 생각하는 예의 근본이라는 말인가? 분명한 것은, 공자가 이 중대한 질문에 대해 결코 긍정의 답변을 내놓은 적이 없다는 사실이다. 그는 단지 예의 근본이 형식이 아닌 내용에 있다는 점을 암시했을 뿐이다. 외재적 형식의 장중함은 핵심적인 것이 아니거나, 최소한 가장 중요한 것은 아니라는 것이다. 공자는 다른 곳에서 이와 동일한 사고방식을 반문의 형식으로 드러낸 적이 있다. 그는 옥이나 비단 등 예를 실행할 때 사용해야 하는 기물들은 예의 본질과 아무 관계도 없다고 보았다.

> 공자가 말했다. "예禮가 어떻고 예가 어떻고 하는데, 그것이 어찌 옥과 비단을 말한 것이겠는가? 악樂이 어떻고 악이 어떻고 하는데, 그것이 어찌 종과 북을 말한 것이겠는가?"8)

그런데 예가 소박한 형식에 불과한 것이 아니라 실재적인 내용을 담고 있는 것이 확실하다면, 만약 예의 근본이 외재적인 것이 아니라 그 실질과 내용이며 그것은 인간의 마음과 관련되는 것이거나9) 심지어 인간의 인仁과 직접적으로 관련되는 것이라고 한다면,10) 예의 내용에 대한 진정한 접근과 설명이 있어야만 비로소 예의 의미를 이해할 수 있을 것이다. 그러나 공자는 무엇이 예의 본질인지 묻는 질문에 대해 답할 때 결코 자신이 이해하는 예의 내용과 의미 그 자체에 대해서 직접적으로 밝히지 않았다. 인仁의

---

8) 『論語』, 「陽貨」, "子曰: 禮云禮云, 玉帛云乎哉! 樂云樂云, 鐘鼓云乎哉!"
9) "공자가 말했다. 윗자리에 있으면서 관대하지 못하고, 禮를 행함에 있어 공경스럽지 못하며, 상례에 임해서 슬퍼하지 않는다면, 나는 그 사람의 무엇을 봐주어야 한단 말인가?"(『論語』, 「八佾」, "子曰: 居上不寬, 爲禮不敬, 臨喪不哀, 吾何以觀之哉") 『孝經』 「廣要道」에서는 심지어 다음과 같이 단언하였다. "禮란 곧 공경함일 따름이다."(禮者, 敬而已矣.)
10) "인간으로서 어질지 못하다면 예가 무슨 소용이겠는가? 인간으로서 어질지 못하다면 음악이 무슨 소용이겠는가?"(『論語』, 「八佾」, "子曰: 人而不仁, 如禮何? 人而不仁, 如樂何?")

의미를 논할 때와 마찬가지로, 공자는 예의 근본 혹은 본질에 대해 질문을 받았을 때 마치 명쾌한 설명을 제시하길 꺼려하는 것처럼 보인다.

다행스럽게도 공자가 각기 다른 방식과 용어로써 간접적으로만 예를 논했던 것은 아니다. 그는 때때로 직접적이고 실천적인 방식을 통해 예의 실질이나 의미에 대한 자신의 이해를 드러내기도 했다. 비록 어떤 의미에서는 판별 및 분석이 더욱 어렵기는 하지만, 『논어』 안에도 예에 대한 공자의 실천적 이해의 흔적이 남겨져 있기는 하다. 예악에 대한 공자의 말이 상대적으로 집중되어 있는 『논어』 「팔일」편에서, 우리는 다음과 같은 흔적을 발견할 수 있다.

> 공자가 태묘에 들어갔을 때 매사에 질문을 했다. 그러자 어떤 이가 말했다.
> "누가 공자가 추나라 사람의 아들(공자)이 예를 잘 안다고 했는가? 태묘에 들어와서는 매사에 질문을 하고 있구나."
> 공자가 이 말을 듣고서 말했다. "이것이 바로 예이다."[11]

당시 공자는 예를 잘 아는 것으로 명성을 얻었는데, 그런 그가 노나라의 태묘(周公의 묘)에 갔을 때 매사를 사람들에게 물어 가면서 처리하자 사람들은 그의 능력에 의심을 품었고 심지어 멸시하기까지 했다. "숙량흘(叔梁紇:공자의 아버지)의 자식은 예를 알지도 못하는구나. 어째서 태묘에서 사사건건 다른 사람에게 질문을 한단 말인가!" 물론 공자의 면전에서 이런 말을 하지는 않았겠지만, 아마도 공자의 귀에 들어가도록 고의로 흘린 말일 것이다. 그러나 공자는 이 말을 듣고서는 "이것이 바로 예"라고 말한다. 그의 말투에는 약간의 놀라움도 섞여 있다. 즉 "당신들은 어떻게 이것이 예라는 것을

---

11) 『論語』, 「八佾」, "子入大廟, 每事問. 或曰: 孰謂鄹人之子知禮乎? 入大廟, 每事問. 子聞之曰: 是禮也."

모를 수 있는가?", "당신들은 어떻게 내가 지금 예의 요구를 이행하고 있는 중임을 모를 수 있는가?"라는 것이다. 그러나 당시 태묘에서의 공자의 언행을 목격하거나 듣고서 잘 이해가 가지 않았던 사람들과 마찬가지로, 우리 역시 다음과 같은 질문을 제기할 수 있다. 그것이 어떻게 예란 말인가? 설마 태묘에서 그렇게 이것저것 질문하는 것이 곧 예라는 말인가? 예라는 것이 어떻게 그렇게 사소하고 범범할 수 있겠는가? 분명한 것은 공자가 여기에서 자신이 "예를 안다"고 밝혔다는 점이다. 그는 실천이라는 방식을 통해 예의 의미에 대한 자신의 이해를 밝혔고, 말을 통해 다시 한 번 이것을 긍정하고 있다. 다만 이해할 수 없는 것은, 어째서 공자가 이처럼 예상치 못한 장소에서의 예상치 못한 행위를 예로 긍정했는가 하는 문제이다. 과연 공자가 이러한 행위를 통해 드러내고자 했던 예의 의미는 무엇일까? 이제 이에 대한 해명을 시도해 보겠다.

공자가 정말로 노나라 태묘의 일에 대해 아무것도 몰랐을 수도 있지만, 그보다는 잘 알고 있으면서도 일부러 질문을 던졌을 가능성이 더 높다. 왜냐하면, 만약 공자가 정말로 무지하였다면 굳이 질문을 해서 자신의 무지를 드러내고 명성을 해치게 되는 일이 없이, 그저 침묵을 유지하는 것만으로도 충분했을 것이다. 그러나 공자는 매사에 반드시 질문을 했다. 이것이 설마 정말로 아무것도 몰라서였겠는가? 그는 이미 어려서부터 예를 잘 아는 것으로 명성을 얻지 않았던가? 그렇다면 왜 공자는 마치 아무것도 모르는 것처럼 행동했던 것일까? 공자는 분명 태묘에서 그러한 행동을 통해 무엇인가 보여 주려 했던 것이다. 다만 도대체 그가 보여 주려고 했던 것이 무엇인지를 우리가 아직 알고 있지 못할 뿐이다.

우선 공자가 질문을 했던 장소부터가 주목할 만하다. 공자가 질문을 제기한 장소는 태묘이다. 태묘는 노나라의 시조인 주공 단旦의 신위를 모셔 놓은 곳으로, 가장 존경받는 조상의 제사를 지내고 예를 행하는 특별한 장소이다. 여기에는 이미 세상을 떠난 특정한 타인 즉 선조의 흔적이 보존되어 있다. 그래서 이곳에 온 사람은 숙연한 마음이 들고 존경심을 표해야 할 필요를 느끼게 된다. 이러한 존경심은 특정한 타인에 대한 존경심이자, 그러한 타인의 흔적을 보존하고 있는 장소에 대한 존경심이다. 다시 말해, 이곳은 내가 타인에 대해 특별히 예의를 갖추어야 하는 장소, 특히 기존의 예 즉 의식을 통해서 타인을 향해 존경심을 표해야 하는 장소이다. 다른 사람들은 나의 존경심이 모종의 형식을 통해 표현될 때 비로소 내 마음속 존경심을 알 수 있기 때문이다. 따라서 나의 마음에 내재된 존경심은 반드시 바깥으로 표현되어야만 한다. 이것은 존경심이란 나로부터 표출되어야 한다는 의미이다. 만약 이러한 형식의 표현이 없다면 타자에 대한 공자의 존경심은 타인에게 전달되지 못할 수밖에 없다. 표현으로 드러나지 않는다면 타자에게 어떤 영향을 끼치거나 흔적을 남길 수 없을 것이기 때문이다. 게다가 만약 존경심을 드러낸다는 것이 내용으로서의 존경심에 어떤 표현 형식을 부여하는 행위라고 할 경우, 이러한 존경심은 아예 형성되지 못할 수조차 있다.

그런데 당시 공자는 정식으로 태묘의 제사의식에 참여한 것이 아니라 단지 참관자로서 방문한 것처럼 보인다. 때문에 그는 비록 태묘가 반드시 합당한 방식을 통해 존경심을 드러내야 하는 장소라고 느끼기는 했지만, 기존의 어떤 의식을 통해서도 태묘에 대한 자신의 존경심을 드러낼 수가 없었다. 그리하여 공자는 자신이 곤경에 빠졌다는 것을 알아차렸다. 물론 공자는 예를 잘 아는 인물이었다. 다른 사람들이 공자가 사실은 예를 잘 알지 못하는 것이 아니냐고 의심했던 이유도 바로 공자가 이미 예를 잘 아는 것으로 크게 명성을 얻고 있었기 때문이었다. 그는 예가 무엇인지 잘 이해했기 때문에, 태묘와 같은 장소에서 어떤 합당한 방식을 통해 자신의 존경심을 표현하지 못한다면 실례가 될 수도 있음을 이미 알고 있었던 것이다. 그러나 당시에는 공자가 자신의 존경심을 표현할 만한 완성되고 공인된 의식이 아직 없었고, 이러한 상황에서 공자의 선택은 바로 자기 자신이 임시적으로 존경심을 표하는 방법을 직접 만들어 내는 것이었다. 즉 예를 알지 못한다는 비웃음에 개의치 않고, 태묘를 돌보는 관리인을 향해 매사에 반드시 겸손하게 질문하는 것이었다.

분명 이러한 행위는 결코 사람들의 눈에 예를 행하는 것으로 보이지 않았을 것이다. 그러나 '질문'이란 무엇인가? 좀 더 정확하게 말해서, 타인에게 질문한다는 것은 무엇을 의미하는 것인가? 그것은 곧 타인에게 가르침을 청한다는 것이고, 타인이 나를 가르치게 한다는 것은 타인이 나보다 높다고 인정하는 것이다. 우리는 어떤 사람을 업신여길 경우 그 사람에게 질문하지 않거나, 최소한 그 사람에게 질문하고 싶어하지 않을 것이다. 그렇게 가르침을 청하는 것 자체가 스스로 자신의 지위를 낮추는 것이라고 느끼기 때문이다. 타인에게 질문한다는 것은 타인을 나의 스승으로 존중한다는 것이며, 타인을 나를 가르치는 사람으로 여긴다는 것이다. 타자를 향해 질문한다는 것은 이미 나를 타자의 아래에 위치시키는 것이므로, 질문은 타인에 대한 나의 겸양과 공경의 표현 중 하나이다. 질문한다는 것 자체가 타인에 대한 나의 겸양과 공경인 것이다. 따라서 어떤 의미에서는 결국 질문이란 "아랫사람의 위치에서의 물음"(下問)이라고 할 수도 있을 것이다.

질문은 타인을 인정하는 것이며, 타인을 향해 마음을 활짝 열고 타자의 가르침을 환영하는 것이다. 타자를 향한 질문이라는 이 행위는 그 자체로 타자를 향해 내가 그를 인정하고 환영하며 존경함을 보여 주는 것이다. 따라서 질문은 그 질문의 내용보다는 질문 자체가 더욱 중요한 것이 된다.

왜냐하면 이러한 질문은 단순히 지식을 획득하거나 진리를 발견하기 위한 목적으로 제기되는 것이 아니라, 보다 근본적인 목적을 가진 것이기 때문이다. 질문은 나와 타인 사이에 진행되는 접촉 방법 중의 하나로서, 그리고 타인을 다가오게 하는 기본 방법 중의 하나로서 때로는 그 자체가 목적이 되는 경우가 있다. 공자는 질문을 이런 식으로 이해했고, 그래서 "아랫사람에게 질문하기를 부끄러워하지 않았다"[12]라고 말했던 것이다. 그의 "세 사람이 걸어가면 그 중에는 반드시 나의 스승이 있다"라는 말의 정신 역시 이러한 각도에서 명확하게 이해될 수 있다.

타인은 본질적으로 나의 스승이며, 나는 언제든지 타인의 가르침과 깨우침을 받을 준비가 되어 있어야 한다. 이 때문에 공자는 태묘에서 자신이 예를 잘 안다는 것을 내세우지 않고 타인에게 겸손하게 가르침을 청했다. 이때 공자가 이 특수한 장소에서 질문했던 문제들은 분명 모두 예에 관한 문제들이었을 것이다. 다른 사람들이 공자의 행동을 이해하지 못하고 심지어 경시하기까지 할 때, 공자는 오히려 더욱 적극적으로 그처럼 타인을 향해 공경스럽게 가르침을 청하는 것이 바로 예라고 주장한 것이다. 어떤 면에서 예는 너무나 복잡해서 공자와 같은 큰 스승조차도 완전히 이해하고 파악할 수 없는 것일 수 있다. 그러나 다른 한편으로, 공자는 자신의 겸손한 질문 가운데서, 그리고 타인 앞에 자신의 무지를 드러내는 행위 가운데서, 바로 여기에 예가 있다고 말하고 있는 것이다.

공자는 예와 딱히 관련되지 않을 것 같은 장소에서, 단지 타인을 향해 예의 특정한 문제에 관해 가르침을 청할 뿐인 것 같은 때에, 실천적 방식을 통해 우리에게 그가 이해한 예의 의미와 작용을 보여 주고 있다. 공자가 태묘의 예에 대해 아무것도 몰랐던 것은 결코 아니지만, 그럼에도 그는

---

12) 『論語』, 「公冶長」, "子曰: 敏而好學, 不恥下問, 是以謂之文也."

타인에게 가르침을 청해야 한다고 느꼈다. 태묘라는 특수한 장소에서는 겸손하고 공경스런 태도와 행동으로 자신의 존경심을 표현해야 한다는 것을 아주 분명하게 알고 있었기 때문이다. 이미 알고 있으면서도 짐짓 물어 보았던 것이 아니라, 질문을 하는 태도 자체에 그가 표현하고자 하는 바가 담겨 있었던 것이다. 예의 있는 태도는 존경심을 표하는 것이며, 존경심은 곧 어떤 타자에 대한 나의 존경심이다. 우리는 결국 어떤 타자에 대해 존경심을 표할 수밖에 없다. 공자는 모종의 방식을 통해 타자에게 자신의 존경심을 표하는 것이 곧 타자에 대한 '예의 있음'을 의미하며, 이것이 곧 예禮를 의미한다고 보았다. 그래서 공자는 다른 사람들이 자신의 행동을 이해하지 못할 때 오히려 더 적극적으로 "이것이 바로 예이다"라고 말할 수 있었던 것이다.

2. 공경의 마음을 표현하는 예禮

예禮는 타자와 관련된다. 특정 항목의 예는 타자에 대한 나의 특정한 태도를 반영하고 드러낸다. 그러나 설사 내가 타자에 대해 특정 항목의 예에 의해 규정되는 태도를 취하지 않는다고 할지라도, 예는 모종의 방식을 통해 스스로 그 자신을 드러낸다. 따라서 나의 태도가 설사 어떤 특정 항목의 예에 의해 규정되는 것이 아닌 일상적인 태도라고 할지라도, 그것은 '예의 있는 것'일 수도 있고 '예의 없는 것'일 수도 있다. 여러 규정화되고 의식화된 태도로서의 예, 즉 여러 특정 항목의 예들은 타자에 대한 나의 여러 특정한 존중과 공경을 표현한 것이다. 그런데 우리는 역으로 이렇게 말할 수도 있다. 즉 어디엔가 그러한 존경의 표현이 있다면 이미 그곳에는 예가 있는 것이라고 할 수도 있다는 것이다. 설사 형식적으로 그 어떤 특정 항목의 예에도 속하지 않는다고 할지라도 이미 거기에는 예가 존재하고 있는 것이다. 공자가 태묘에서의 행동을 통해 드러내고자 했던 바도 바로 이러한 뜻이 아니었을까? 따라서 예를 이해한다는 것은 바로 예의 이러한 정신을 이해하는 것이라고도 할 수 있다.

『논어』에는 공자가 제자들에게 '각자 자신의 뜻을 말하도록' 하는 아주 유명한 대화가 있다.[13] 여기에서 그는 옅은 미소를 지으며 제자 자로의 말에 반대의 뜻을 드러냈다. 어째서 자로의 말에 조소했던 것일까? 공자는 마지막 부분에서 뒤에 남아 있던 증석에게 다음과 같이 말했다.

> 국가를 통치함은 예禮로써 해야 하는데, 그 말이 겸손하지 않았기에 자로를
> 비웃었던 것이다.[14]

공자와 네 명의 제자들이 각자의 뜻에 대해 대화를 나눌 때 자로는 가장 먼저 나서서 다음과 같이 말했는데, 공자의 지적은 바로 이 말의 겸손하지 못함을 겨냥한 것이었다.

> 천승지국이 대국 사이에 끼여서 군사적 위협을 당하고 이로 인해 기근까지
> 겪고 있을지라도, 만약 제가 이 국가를 맡아 다스린다면 3년 안에 용기를
> 알고 올바름을 알도록 하겠습니다.[15]

---

13) 『論語』, 「先進」, "子路曾晳冉有公西華侍坐. 子曰: 以吾一日長乎爾, 毋吾以也. 居則曰: 不吾知也.
如或知爾, 則何以哉?……唯赤 則非邦也與? 宗廟會同, 非諸侯而何? 赤也爲之小, 孰能爲之大?"
이 대목은 아마 『논어』에서 공자와 제자들 간의 가장 긴 대화일 것이다.

14) 『論語』, 「先進」, "曰: 爲國以禮, 其言不讓, 是故哂之."

15) 『論語』, 「先進」, "千乘之國, 攝乎大國之間, 加之以師旅, 因之以饑饉, 由也爲之, 比及三年, 可使有
勇, 且知方也."

자로의 이 말은 한 국가를 충분히 다스릴 수 있다는 자신감을 무심결에 드러낸 것이지만, 이것은 일방적인 소망일 뿐이다. 이러한 일방적인 소망은 자신의 관점이나 의지를 타인에게 강요하는 것으로, 자신이 무언가를 실행하기만 하면 상대방이 바로 어떻게 될 수 있을 것이라고 여기는 것이다. 여기에는 타인에 대한 어떠한 배려도 없다. 자로는 만약 자신이 무엇을 실행하기만 하면 주재할 수 있고, 타인들은 자신의 교화와 개조를 기대하고 있을 것이라고 보았다. 이것이 바로 공자가 자로의 말 가운데에서 발견한 '겸손하지 않음'일 것이다. 여기에서 '겸손하지 않음'은 적어도 두 가지 함의를 지닌다. 하나는 자로의 말하기 방식 자체가 '겸손하지 않음'을 드러내고 있다는 것으로, 그가 다른 제자들보다 앞서 발언했기 때문이다. 다른 하나는 자로가 한 말의 내용이 '겸손하지 않음'을 드러내고 있다는 것으로, 그는 피통치자를 안중에도 두지 않았기 때문이다.

그렇다면 어떻게 해야 겸손 혹은 겸양일 수 있을까? 겸양이란 타인을 나보다 앞세우거나 먼저 가도록 하는 것이다. 따라서 겸양은 '자발적으로' 타인의 앞자리를 점하지 않는 것이며, 타인이 나보다 앞서 무엇인가를 하도록 하는 것 혹은 나의 것을 타인에게 주는 것이다. 이것은 타인을 지배하지 않고 타인으로 하여금 나를 지배하도록 하는 것이며, 내가 아닌 타인을 위주로 하는 것을 의미한다. 만약 나의 말하기 방식이 이러한 양보를 드러내고 있다면 '겸손함'이라고 불릴 수 있을 것이며, 나의 말과 나의 행동이 이러한 양보를 드러내고 있다면 '겸양'이라고 불릴 수 있을 것이다. 『예기』 「곡례曲禮」의 설명을 따르자면 겸양은 곧 '자신을 낮추고 타인을 높이는 것'이다.[16] 공자는 이러한 겸양을 "국가를 통치함에 예로써 해야 함"에서의 예禮와 연결시켜서, 어떤 의미에서는 겸양 자체가 곧 예를 의미하

---

16) 『禮記』, 「曲禮」, "夫禮者, 自卑而尊人."

며 겸양하지 않음은 곧 무례라는 점을 밝힌 것이다.

겸양과 예禮 간의 내재적 연결은 우리가 『춘추좌전』의 다음과 같은 설명들을 더욱 정확하게 이해할 수 있도록 도와준다.

겸양이란 예禮의 주된 것이다.[17]

자신을 낮추고 겸양하는 것은 예禮의 으뜸이다.[18]

국가를 통치함에 예로써 할 수 있다는 것은 국가를 통치하는 전장제도들을 따르는 방법을 이해했다는 것을 의미할 수도 있지만, 겸양할 수 있다는 것은 '국가를 통치할' 수 있는 예의 정신을 이해했다는 것을 의미하기도 한다. 바로 이러한 까닭에, 공자는 때때로 예와 겸양을 직접적으로 연결시켜서 말한다.

예양禮讓으로써 국가를 통치할 수 있겠는가? 무슨 어려움이 있겠는가? 예양으로써 국가를 통치할 수 없다면 예는 무엇에 쓰겠는가?[19]

예禮와 겸양이 연결될 수 있는 것은 바로 겸양 안에 예가, 예 안에 겸양이 필연적으로 존재하기 때문이다. 어떤 측면에서 보자면 예는 오직 겸양일 뿐이기도 하다. 공자는 여기에서 예와 겸양을 나란히 기술함으로써 예의 본질에 대한 자신의 핵심적 이해를 드러냈다. 그는 다른 곳에서 윗사람을 어떻게 대해야 하는지에 대해 언급할 때, 다음과 같이 탄식했다.

---

17) 『春秋左傳』, 襄公 13年, "讓, 禮之主也."
18) 『春秋左傳』, 昭公 2年, "卑讓, 禮之宗也."
19) 『論語』, 「里仁」, "子曰: 能以禮讓爲國乎? 何有? 不能以禮讓爲國, 如禮何?"

군주를 섬김에 예를 다했더니, 사람들은 내가 아부한다고 여긴다.[20]

　내가 타인으로서의 군주에 대해 예를 다할 때, 즉 내가 마땅히 행해야 할 예를 다할 때 어째서 다른 사람들은 내가 아부한다고 여기는 것일까? 원래 예는 타인에 대한 나의 존경심을 표현하는 것이며, "군주를 섬김에 있어 예禮를 다함"은 군신관계에서 군주를 섬김에 있어 예의 모든 요구를 최대한 이행한 것이다. 따라서 이것은 특정한 나와 타인의 관계에서 타인에 대한 나의 존경심을 충분히 표현한 것이다. 그러나 모든 타자에 대해 차별이 없어야 할 존경심이 나와 윗사람인 군주 간이라는 특정한 관계에서 표현될 때에는 존경과 아부의 경계선이 모호해질 수 있다. 그러나 역으로 말하자면, 만약 존경이 항상 윗사람에 대한 아부처럼 보인다면 이것은 내가 타인을 존경할 경우 그의 실질적 지위에 관계없이 이미 그는 나에 의해 높고 중요한 지위에 오르게 된다는 것을 의미하는 것일 수도 있다. 내가 타인을 예로써 대할 때, 즉 내가 타인을 '공경, 겸손, 사양'(恭敬撙節退讓)[21]의 태도로 대할 때 나는 이미 타인의 아랫자리에 처하게 된다.

　이처럼 타인에 대해 예의를 갖추는 것은 곧 타인에 대한 공경을 의미하고, 역으로 타인에 대한 공경은 또한 타인에 대해 예의를 갖추는 것을 의미한다. 그래서 맹자는 다음과 같이 공경과 예 사이에 등호를 그려 넣은 다음, 그러한 예의 실마리로 사양지심辭讓之心을 들고 있다.

　공경하는 마음이 예이다.[22]

---

20) 『論語』, 「八佾」, "子曰: 事君盡禮, 人以爲諂也."
21) 『禮記』, 「曲禮」, "是以君子恭敬撙節退讓以明禮."
22) 『孟子』, 「告子上」, "恭敬之心, 禮也."

사양하는 마음은 예의 실마리이다.[23]

이러한 맹자의 관점은 우리가 예와 공경의 내재적 연결을 밝혀내는데 도움을 주는데, 공경과 예가 어떻게 내재적으로 상호 연결되는지의 문제는 잠시 후에 심도 있게 논하게 될 것이다.

비록 공자가 예를 고수하고 유지한 사람으로 유명하기는 하지만, 이는 기존의 모든 예들을 원래 형태 그대로 고수하려는 것이 결코 아니며, "예가 아니면 보지 말고, 예가 아니면 듣지 말며, 예가 아니면 말하지 말고, 예가 아니면 행하지 말라"는 식의 극도로 경직된 주장도 아니다. 예를 진정으로 고수하고 유지하기 위해서는 우선 예의 의미에 대한 이해가 요구된다. 예는 나로 하여금 타자에 대한 나의 존경을 최대한 충분히 표현하는 것이다. 각종 구체적인 예절과 의식으로서의 예 그 자체가 바로 타자에 대한 나의 존경을 각종 방식으로 구체적으로 표현한 것이다.[24] 이렇게 예가 바로 타인에 대한 나의 공경을 드러내는 것인 만큼, 공자가 예를 고수하고 유지하려 했던 것은 결국 타인에 대한 나의 공경을 고수하고 유지하기 위함이었다. 바로 이러한 정신에서 출발했기 때문에 공자는 예에 관한 모든 구체적인 문제들을 대함에 있어, 어떤 때는 세속과 여러 사람들의 의견을 따르기도

---

23) 『孟子』, 「公孫丑上」, "辭讓之心, 禮之端也."
24) 이 때문에 북송의 範祖禹(1041~1098)는 공자가 "『시경』의 시 삼백 수를 한마디로 말하자면, 생각에 사특함이 없는 것이다"(『論語』, 「爲政」, "子曰: 詩三百, 一言以蔽之曰, 思無邪")라고 말한 것을 본떠서, 금본 『예기』의 첫 번째 구절인 "공경이 아닌 것이 없다"(毋不敬)를 들어 禮의 근본정신을 개괄했다. "배우는 이들은 반드시 요점을 아는 것에 힘써야 한다. 요점을 알면 핵심을 지킬 수 있고, 핵심을 지키면 그것을 최대한 널리 적용할 수 있다. 경례 삼백 조목과 곡례 삼천 조목은, 역시 한마디로 말해서 '공경이 아닌 것이 없다'고 할 수 있다."(『論語集註』, 「學而」, "學者必務知要. 知要則能守約, 守約則足以盡博矣. 經禮三百, 曲禮三千, 亦可以一言以蔽之曰, 毋不敬") 주희는 『논어집주』에서 공자의 "생각에 사특함이 없다"를 주해할 때 범조우의 이 설을 인용했다. 이에 관해서는 陳戌國의 『禮記校注』(長沙: 岳麓書社, 2004, pp.1~2)를 참고하라.

하고 또 어떤 때는 자신의 견해를 홀로 밀고 나가기도 했던 것이다. 예컨대
『논어』에는 다음과 같은 공자의 말이 기록되어 있다.

공자가 말했다. "삼베로 만든 관을 쓰는 것이 예禮이지만 지금 사람들은
명주로 만든 관을 쓴다. 이것은 검소한 것이므로 나는 여러 사람들의 방식을
따르겠다. 당 아래에서 절을 올리는 것이 예이지만 지금 사람들은 평상에
올라서 절을 한다. 이것은 태만한 것이므로 비록 여러 사람들의 방식과
어긋나더라도 나는 당 아래에서 절을 올리겠다."[25]

여기에서 공자는 어떤 것에 대해서는 따르고 어떤 것에는 어긋났는데,
여기에는 매우 깊은 뜻이 담겨 있다. 삼베를 재료로 삼아 짠 예관이 비록
전통적 예에 부합하기는 하지만 당시 모든 사람들이 사용하던 명주 예관의
검소함에는 미치지 못했기 때문에 공자는 이 문제에 대해서는 여러 사람들
의 방식에 동의했던 것이다. 왜냐하면 예관의 재료가 바뀌었다고 해서
예관의 '예禮'자가 의식 중에서 표현하고자 하는 의미에 어떤 손상도 가해지
지 않기 때문이다. 즉 예의 물질적 형식에는 변화가 있었지만 그 예의
전체 구성은 변화 없이 유지되었다는 것이다. 그러나 '당 아래에서 절하는'
의식을 행할지의 여부는 내가 타인에게 어떻게 존경을 표할 것인지의
문제와 직접적으로 관련된다. 전통에 따르면 신하가 군주를 알현할 때는
먼저 당 아래에서 절을 올린 다음 당 위에서 다시 한 번 절을 올리는데,
공자 당시에는 사람들이 당 아래에서 절하는 절차를 생략한 채 곧바로
당 위에 올라 절을 올렸다. 공자가 보기에 이것은 태만함泰 즉 공경스럽지
못함이었다. "당 아래에서 절을 올리는" 의식은 타인에 대한 나의 각별한

---

25) 『論語』, 「子罕」, "子曰: 麻冕, 禮也. 今也純, 儉, 吾從衆. 拜下, 禮也. 今拜乎上, 泰也. 雖違衆,
吾從下."

존경을 표현하는 것으로, 당 아래에서 절을 올리고 당 위에서도 절을 올리는 것은 자신을 두 번 낮추는 것이다. 따라서 "당 아래에서 절을 올리는" 의식을 생략한다는 것은 타인에 대한 나의 존경심이 그다지 깊지 않음을 의미한다. 이러한 까닭에 공자는 비록 일반 대중의 방식에 어긋나더라도 "당 아래에서 절을 올리는" 의식을 고수했던 것이다.

이처럼 공자는 무조건 과거의 예절과 의식만을 고수하고자 했던 것이 결코 아니었다. 그가 이해한 예의 진정한 본질은 타인에 대한 나의 존경심의 표현이었다. 예관의 재료를 교체하는 문제는 이러한 본질에 어떠한 손상도 가하는 것이 아니었기에 공자는 그것의 검소함을 받아들였고, "당 아래에서 절을 올리는" 의식을 생략하는 것은 공경심의 표현으로서의 예의 정신에 손상을 가하는 것이었기 때문에 끝내 옛 방식을 고수하고자 했다. 만약 예가 단순히 사회적으로 약속된 행위규범만을 의미한다고 한다면, "당 아래에서 절을 올리는 것"이 이미 철지난 예법으로 여겨져서 생략되고 있는 당시에 그런 옛 법도를 고수하려는 것이 오히려 예가 아니었을 것이다. 그럼에도 공자는 예가 아니라는 비웃음을 무릅쓰고라도 자신이 이해한 예의 정신을 진정으로 지키고자 했던 것이다.

"당 아래에서 절을 올림"이라는 구체적인 예절은 나로 하여금 타자로서의 군주를 향해 공경을 표현할 수 있도록 해 준다. 만약 이러한 예절이 없었다면 나는 당이라는 특정한 장소에서 타인을 향한 나의 공경을 충분히 표현할 수 없었을 것이다. 이상의 논의에서 '표현하다', '드러내다' 같은 유의어들을 통해 강조하고자 했던 것은, 내가 타인을 향해 나의 공경을 드러낼 수 있도록 해 주는 '예'라는 것은 보편적 의미에서의 언어 안에서 중요한 작용을 하고 있는 특수한 언어이자, 개인으로서의 나와 타자로서의 타자와의 관계를 발생시키는 매개체라는 점이다. 바로 이러한 까닭에 예는 나와 타인의 관계 그 자체로서의 인仁과 밀접하게 관련된다. 만약 예라는 이 특수한 언어가 없었다면 나는 타인을 향해 딱 알맞게 '공경을 다할'(致敬) 수 없었을 것이다.('공경을 다함'의 문제에 대해서는 뒤에서 좀 더 구체적으로 다룰 것이다.)

만약 구체적인 예禮가 없었다면 어떤 의미에서는 효孝 역시 존재하지 않았을 수도 있다.[26] 따라서 현대 중국인의 삶에서 나타나는 효 관념의 실종도 전통적 예교 즉 예禮라는 언어의 쇠락과 일정한 관계를 가지지 않을 수 없다. 공자가 살았던 당시에는 무엇을 효성스러운 행실로 볼 수 있는지, 어떻게 해야 효자인지 등의 문제에 관해서 매우 구체적이면서 표면적으로 극도로 번잡해 보이는 행위규범들이 다수 존재했다. 때에 맞춰 부모님께 문안인사를 드리고, 부모님이 살아계실 때 멀리 다니지 말며, 세상을 떠난 부모를 위해 삼년상을 지내고, 돌아가신 후 3년 동안은 아버지의 도를 바꾸지 말라는 것 등이 그것이다. 절차화된 측면이 적지 않은 이러한 행위들은 본질적으로 타자로서의 부모에 대한 특정한 공경(즉 孝)을 드러내는 특정한 표현방식이다. 물론 한 번 규범으로 성립되고 나면 그것은 반드시 갖추고 있어야 할 유연성을 상실하게 된다. 사회적 삶의 방식이 변화함에 따라 이러한 규범들은 더욱 경직화되고 시대에 뒤떨어지게 된다. 예컨대, 예전부터 정확하게 효심을 표현하는 '어휘'와 '문법'으로 통용되던 예禮도 낡은 것이 되어 버릴 수 있고, 예전부터 널리 사용되었던 기존의 표현방식도 그 힘과 의미를 상실하여 사람들이 제대로 이해하지 못하게 될 수도 있다. 물론 우리는 오래된 예의 '어휘'와 '문법'을 경신할 수 있다. 즉 새로운 표현방식을 만들어 낼 수 있는 것이다.

---

26) 공자가 孝의 본질과 정신에 대해 집중적으로 논한 대목에 관해서는 제4장 「효와 타인」을 참고하라.

우리는 항상 어떤 '예禮의 언어'를 통해서만 우리 자신의 효심을 표현할 수 있다. 그 표현이 이루어지지 않을 경우 나는 자신이 다음과 같은 지경에 빠져 있다는 것을 발견하게 될 것이다. 즉 자기 자신은 마음속으로나 실천상으로나 부모에 대해 매우 효성스럽다고 생각하지만, 부모를 포함한 타인들에 의해서 효성스러움을 인정받지 못할 수도 있다. 그 까닭은 타인에 대한 나의 진실한 감정을 주장하지 못했기 때문이며, 이러한 감정을 타인에게 표현해 내거나 전달하지 않았기 때문이다. 타인에 대한 나의 감정이 타인에 대한 감정으로 존재하길 바란다면 반드시 표현될 수 있고 이해될 수 있어야 한다. 즉 타인과 나 자신에 의해 반복적으로 사용되는 기호가 있어야만 하는 것이다.

그런데 이러한 반복은 나만의 것이 아닌, 모두가 공유하는 표의체계 속에다 나만의 감정을 새기는 것이다. 그리고 이러한 공유된 표의체계 즉 여러 종류의 언어들은 타인에 대한 나의 감정을 표현할 수 있게 해주지만, 동시에 필연적으로 감정의 어떠한 개체성이나 특수성, 개인성 같은 것을 남김없이 지워 버린다. 이러한 의미에서 순수한 '개인의 감정' 혹은 '개인의 언어'로서 존재하는 효는 존재하지 않으며, 효를 행하는 예는 이른바 '자연감정'을 구속하고 억압하는 질곡이 아니다.[27] 오히려 이것은 부모에 대한 특정한 감정(孝)을 형성하고 표현할 수 있는 언어, 즉 의식儀式적 성격과 실천적 성격을 지닌 언어인 것이다. 인간은 이러한 언어를 수정할 수도 있고 만들어 낼 수도 있다.—예컨대 공자와 그의 제자 재아宰我의 대화는 삼년상의 문제에만 그치는 것이 아니라 특정한 효孝의 언어를 수정하는 과정이었다.[28]— 다만 우리

---

27) 孝가 자연감정인지 다른 무엇인지에 관해서는 제4장 「효와 타인」의 '제2절 孝의 敬: 자연감정인가? 인간의 본질인가?'을 참고하라.

28) 『論語』, 「陽貨」, "宰我問: 三年之喪, 期已久矣? 君子三年不爲禮, 禮必壞, 三年不爲樂, 樂必崩. 舊穀旣沒, 新穀旣升, 鑽燧改火, 期可已矣. 子曰: 食夫稻, 衣夫錦, 於女安乎? 曰: 安. 女安則爲之.

는, 설사 어떠한 언어도 존재하지 않는다는 전제 하에서 의미 있는 '표현'의 문제에 대해 논하고 있다고 할지라도, 모든 예禮의 언어를 버리고서 직접적으로 자연감정을 표현해 낼 수 있다는 환상을 가져서는 안 된다. 언어가 없으면 어떠한 표현도 불가능하듯이, 언어로서의 예가 존재하지 않는다면 이른바 효심이라는 것은 결코 표현될 수 없을 것이다.

바로 이러한 의미에서 우리는 효孝에 관해 공자가 "거스름이 없는 것이다"(無違)라고 말한 대목을 더욱 잘 이해할 수 있다. 맹의자孟懿子가 효孝의 의미에 대해 묻자 공자는 "거스름이 없는 것이다"라고 답했다. 공자는 이어지는 대목에서 이렇게 대답한 이유를 제자 번지樊遲에게 일러 주지만, 후대 사람들은 여전히 공자의 뜻을 이해하지 못하고 있다. 공자는 여기에서 "거스름이 없음"이란 부모가 살아계실 때나 돌아가신 뒤에나 항상 합당한 예禮에 따라 모시는 것이라고 설명한다.

> 살아계실 때에는 예禮로써 모시고, 돌아가시면 예禮로써 장례를 치르고 예禮로써 제사를 올린다.29)

왜냐하면 나는 오직 기존의 공인된 의식을 통해서만 부모에 대한 자신의 효심과 공경심을 표현할 수 있기 때문이다. 그렇지 않으면 나의 효심과 공경을 충분히, 그리고 형식화된 방식으로 표현해 낼 수 없다. 설사 부모에 대한 나의 보살핌이 세밀해서 미치지 않음이 없더라도, 이러한 '예와 무관한' 보살핌은 개나 말에 대한 보살핌과 구분하기가 어렵다. 따라서 나의 효를 효로 만들어 주는 것은 내가 부모를 향해 표현하는 '예를 갖춘' 공경이

夫君子之居喪, 食旨不甘, 聞樂不樂, 居處不安, 故不爲也. 今女安則爲之. 宰我出. 子曰: 予之不仁也.
子生三年然後, 免於父母之懷. 夫三年之喪, 天下之通喪也. 予也有三年之愛於其父母乎!"
29) 『論語』, 「爲政」, "孟懿子問孝. 子曰: 無違……子曰: 生事之以禮; 死葬之以禮; 祭之以禮."

지 단순한 물질적 부양이 아니다.30) 공자는 다른 곳에서 효에 관한 자유子游의 질문에 답하면서 이 지점을 보다 명확하게 지적했다.

> 자유가 효에 대해 묻자 공자가 말했다. "오늘날 효라는 것은 부모를 잘 부양하는 것을 말한다. 개와 말에 대해서도 모두 이러한 부양함이 있을 수 있다. 만약 공경함이 없다면 부모를 모시는 것과 개와 말을 먹이는 것에 무슨 차이가 있겠는가?"31)

우리의 효가 제멋대로 표현되는 이상, 즉 효가 부모에게 제대로 전달되지 않는 이상, 나의 효 역시 말할 수 없게 될 것이다. 그리고 예禮만이 이러한 효가 표현될 수 있게 하는 것인 이상, 우리는 어떤 의미에서 효는 그것을 충분히 표현해 줄 수 있는 예보다 앞서 존재하는 것이 결코 아니라고까지 말할 수 있을 것이다. 부모라는 특수한 타인에 대한 공경의 마음으로서의 효는 오직 예 안에서만 존재할 수 있고, 또한 이러한 의미에서 효는 여러 구체적인 예로서만 존재할 수 있다. 이것은 '겨울에는 따뜻하게, 여름에는 시원하게 해 드리기', '저녁에 잠자리를 보살피고 아침에 문안인사 드리기', '부모님이 살아계실 때 멀리 다니지 않기', '돌아가신 후 3년 동안은 아버지의 도를 바꾸지 않기' 등을 떠나서는 효를 말할 수 없다는 의미이다. 어쩌면 형식주의적인 것처럼 보일 수 있고, 개성을 억압하고 자유를 속박하는 것처럼 보일 수도 있으며, 순전히 보여 주기 위한 것으로 전락할 수도 있는, 그러한 예절과 의식이 가지는 근본적인 작용이란 바로 효자로서의 내가 타인으로서의 부모를 향해 나의 공경을 딱 알맞게 표현하도록 하는

---

30) 이 책의 제4장 「효와 타인」에서는 孝와 공경의 문제에 관해 각기 다른 관점에서 진행된 매우 상세한 논의가 등장한다.
31) 『論語』, 「爲政」, "子游問孝. 子曰: 今之孝者, 是謂能養. 至於犬馬, 皆能有養. 不敬何以別乎?"

것이다. 나는 오직 예라는 언어를 통해서만 타인으로서의 부모를 향한 공경의 마음을 충분히 표현할 수 있으며, 따라서 그들이 존재할 수 있도록 한다. 예는 내가 타인을 향해 나의 공경의 마음을 표현할 수 있도록 하는 의식으로서의 언어인 것이다.

3. 예禮의 분별: 언어로서의 예禮

나의 삶을 영위해 가고 타인과 관계를 맺을 수 있도록 해 주는 예禮는 복잡한 어휘체계를 가지고 있으며, 이러한 어휘체계는 일단 성립되고 나면 갈수록 복잡화되는 경향을 가지고 있다. 예컨대, 집대성된 주나라 예법은 은나라의 예법과 하나라의 예법을 복잡화한 것이었다.[32] 그런데 예법이 복잡화됨에 따라 예禮의 각종 어휘의 의미와 용법들에도 변화가 생기기 시작했고, 이러한 변화는 혼란을 불러왔다. 공자의 유명한 '정명正名'(직분을 바로잡음)사상은 이런 측면에서 당시 근본 개념들의 의미를 안정시키고자 한 것이었다.

---

32) "공자가 말했다. '나는 하나라 예법에 대해서 말할 수 있다. 하지만 하나라의 후예인 기나라는 그것을 증명하기에 부족하다. 나는 은나라 예법에 대해서 말할 수 있다. 하지만 은나라의 후예인 송나라는 그것을 증명하기에 부족하다. 이는 문헌이 부족하기 때문이다. 만약 문헌이 충분했다면 나는 그것들을 증명할 수 있었을 것이다.'"(『論語』, 「八佾」, "子曰: 夏禮, 吾能言之. 杞不足徵也; 殷禮, 吾能言之, 宋不足徵也. 文獻不足故也. 足則吾能徵之矣.") 공자가 말했다. '주나라는 하나라와 은나라를 본받았다. 하지만 그 문채가 더욱 성대하구나! 나는 주나라의 예법을 따르겠다!'"(『論語』, 「八佾」, "子曰: 周監於二代, 郁郁乎文哉! 吾從周!") 주나라 예법은 하나라와 은나라 두 왕조의 예법을 아우르면서 그 가운데 더하고 덜어냄이 있는 것이다. 하나라와 은나라의 예법은 비교적 간이했고, 주나라의 예법은 비교적 복잡했다. 공자가 "그 문채가 더욱 성대하구나!"라고 찬탄했던 이유는 바로 주나라 예법의 복잡성 때문이다. 물론 딱 적당한 복잡함에서 한 걸음 더 나아가게 된다면 '번잡한 문채와 번거로운 禮'가 될 수도 있다.

의미를 안정시킨다는 것은 핵심적 용어들의 '본의'를 회복시키는 것을 가리킨다. 하나의 어휘체계 안에서 '군주', '신하', '아버지', '아들'과 같은 직분들은 모두 저마다의 특정한 의미를 지니며, "군주는 군주답고, 신하는 신하답고, 아버지는 아버지답고, 아들은 아들다워야 한다"[33]라는 주장은 실제로 특정 직분을 실현하는 개인들로 하여금 '예'라는 언어의 사전에 나오는 '군주', '신하', '아버지', '아들'의 기존 정의에 부합하도록 하고자 하는 것처럼 보인다. 그렇다면 어째서 이처럼 '정명'을 해야 하는 것일까? 한 가지 가능한 설명은, '명名' 즉 명칭, 용어, 직분은 '예'라는 언어의 기본 단위로서 예의 일상적 작용을 통제하는 것이기 때문이다. 우리는 '명名이 바르지 않은' 상태 즉 개념이 혼란한 상태에서 '예에 부합하는' 의미행위를 할 수 없다. 이러한 까닭에 공자는 다음과 같이 말했다.

> 명名이 바르지 않으면 말이 순리대로 나올 수 없고, 말이 순리대로 나오지
> 않으면 일이 이루어질 수 없으며, 일이 이루어지지 않으면 예악이 일어날
> 수 없고, 예악이 일어나지 않으면 형벌이 중절할 수 없으며, 형벌이 중절하
> 지 않으면 백성들이 손발을 둘 곳을 찾지 못한다. 그러므로 군자는 명분을
> 세웠으면 반드시 말할 수 있어야 하고, 그 말한 것은 반드시 실천에 옮겨야
> 한다.[34]

명名과 예악의 관계에서 명名이란 곧 예禮라는 언어의 어휘체계이다. 예의 어휘체계라는 관점에서 보자면 인간의 모든 직분이 곧 명名인 것이다. 특정한 의식에서 특정한 기물을 사용하는 것 즉 삼베로 짠 예관(麻冕)이나

---

33) 『論語』, 「顔淵」, "孔子對曰: 君君, 臣臣, 父父, 子子."
34) 『論語』, 「子路」, "名不正, 則言不順; 言不順, 則事不成; 事不成, 則禮樂不興; 禮樂不興, 則刑罰不中; 刑罰不中, 則民無所措手足. 故君子名之必可言也, 言之必可行也."

은나라의 수레(殷輅) 등을 사용하는 것도 명名이고, 특정한 의식에서 특정한 공연을 행하는 것 즉 사일무四佾舞나 팔일무八佾舞를 행하는 것 역시 명名이다. 명名으로서의 기물이나 공연 등은 반드시 예라는 언어의 각종 규칙과 약속, 즉 예의 문법에 합치되어야 한다. 예컨대 만약 내가 예禮의 규정에 따라 특정한 장소에서 특정한 예복과 예관을 착용하고 특정한 음악과 가무를 공연하게 하면서 나를 만나고자 하는 사람들을 특정한 방식에 따라 대하고 빈객 및 향당과 더불어 특정한 방식으로 술을 주고받는다면, 이것은 내가 예라는 언어의 기본 의미와 용법을 이해했음을 보여 주는 것일 뿐만 아니라 내가 '예의 문법'에 따라 규범에 부합하는 '예의 문장'을 지었음을 밝히는 것이다. 또한 예라는 언어를 정확하게 운용하여 타인을 상대한 까닭에, 내가 예를 통해 타인에게 한 말이 이해될 수 있게 되고 받아들여질 수 있게 된다. 그리하여 나는 타인에게 '공손하고 예의 있는 사람'으로 여겨질 수 있는 것이다. 유가전통 안에서 타인에게 '공손하고 예의 있는 사람'은 '사해 안에 있는 모든 사람이 형제와 같은' 사회, 모든 사람이 '타인에게 겸손하고 예의 있는' 이상사회를 실현할 사람으로 신뢰받는다. 예에 대한 이러한 정치적 신념에 함축된 복잡한 문제는 별도로 논해야겠지만, 적어도 이러한 신념이 예의 의미에 대한 유가전통의 근본적인 이해를 보여 준다고 할 수는 있을 것이다.

예禮라는 것이 이미 우리가 살아가면서 사용하는 언어라고 하더라도, 원칙적으로 나는 다음과 같은 두 가지 상황에서 예에 부합하는 말을 하지 못할 수도 있다. 첫째, 내가 '예'라는 언어를 능숙하게 장악하지 못했기(예컨대, 과거 '오랑캐'로 불리는 이들과 같은 상태) 때문에 주어진 상황에 자유롭게 대응하지 못하는 경우이다. 이러한 상황에서 나는 어색하고 서툰 모습과 '예에 대한 무지'를 타인 앞에 드러내야 한다. 둘째, 내가 고의로 '예에 맞지 않게' 타인을 대하는 경우이다. 그러나 '예에 맞지 않음' 역시 예禮라는 언어의 존재를 전제로 한 것이다. 오직 '예'라는 언어가 먼저 있은 후에야, 또한 오직 '예'라는 언어 안에서만 내가 예에 어긋나게 타인을 대하는 것도 가능하다. 예에 어긋나게 타인을 대하는 방법 중 하나는 일부러 예라는 용어의 의미와 용법을 바꾸고, 나아가 자신이 만든 새로운 예를 타인에게 강요하는 것이다.

뿐만 아니라 사회가 변화함에 따라 예의 어휘체계 역시 변화하지 않을 수 없다. 어휘체계의 변화를 직면하고서 변화된 새로운 용어를, 혹은 기존의 용어에 부여된 새로운 의미를 받아들일지의 여부는 예를 실천하는 특정한 개인이 타인에 대해 어떤 태도를 지니는지에 달려 있다. 그리고 바로 여기에서 논쟁과 충돌이 발생한다. 예컨대, 공자가 "고觚가 고답지 않구나!"[35]라고 개탄했던 것은 아마도 명名과 실實이 부합하지 않았기 때문이었을 것이며, 또 대부인 계씨가 자신의 뜰에서 천자의 예禮인 팔일무를 추게 한 것에 대해 분노했던 것은 아마도 계씨가 그 '용어의 의미'를 곡해했기 때문이었을 것이다. 그래서 공자는 정명을 통해 예라는 언어체계의 혼란을 바로잡음으로써 예의 어휘체계에 의해 구성된 사회가 명확한 질서를 회복하도록 하고자 했던 것이다. 전통적 표현방식으로 말하자면, 이러한 질서는 곧 '인륜'이다.

공자가 정명正名을 추구했다는 것은 분명하고 명확한 예의 어휘체계를 자신의 이상으로 삼았다는 것을 보여 준다. 왜냐하면 이러한 기호체계는 이상적 사회질서를 의미하기 때문이다. 그러나 모든 어휘체계와 마찬가지로, 이러한 예의 어휘체계 역시 오직 '분별'을 통해서만 작용한다. 그러므로 예라는 언어의 어휘체계 안에서 각각의 항목들은 오직 그 자신과 기타

---

35) 『論語』, 「雍也」, "子曰: 觚不觚. 觚哉! 觚哉!"

항목들 간의 차별적 관계 안에서만 의미를 지닐 수 있다. 신하는 오직 군주와 상대되고 구별됨으로써 신하가 될 수 있고, 아들은 오직 그 아버지와 구별됨으로써 아들이 될 수 있는 것이다.36) 이렇게 볼 때, 소쉬르(Ferdinand De Saussure, 1857~1913)의 "언어 속에는 오직 차이만이 존재한다"라는 명제는 예의 어휘체계를 형용할 때도 적용될 수 있을 것이다. 이러한 차이들의 체계 속에서 중요한 것은, 군주나 신하 혹은 아버지나 아들과 같은 개인의 구체적인 신분이 아니라 이들 각각의 항목이 다른 항목들에 상대해서 무엇을 말하고 있는가 하는 점이다. 이른바 '예치禮治' 아래에서 군주와 신하, 아버지와 아들로서의 구체적 개인이 지니는 의미는 다만 그 '직분'일 뿐인 것이다.

이처럼 예禮는 명名들의 관계망으로서 인간과 인간 사이에서 차별적 관계를 성립시키는데, 명名에 의해 구성된 이러한 차별적 관계망 안에서 인간은 항상 명名 속으로 완전히 함몰되어 버릴 위험을 마주하고 있다. 그리고 만일 신분으로서의 어떤 '직분'이 한정하는 범위 안에 완전히 함몰되어 버릴 경우, 인간은 명名의 관계망 속에서 하나의 단위(cell)로 전락하거나 혹은 예의 체계 내에서 하나의 추상적 기호가 되어 버릴 수 있다. 공허한 예교의 '직분'은 구체적 존재의 의미를 소진시켜 버리기 때문이다. 그리하여 인간은 더 이상 구체적인 개인일 수 없고, 오직 관계망 안에서만 의미를 획득할 수 있을 뿐 어떠한 '실질'도 가질 수 없는 개체적 의미단위에 불과하게 된다. 신하, 아들, 아내, 동생 혹은 군주, 아버지, 남편, 형 등이 그것이다. 인간은 각자의 명名에 주어진 직분을 다할 것을 요구받는다. 이것은 아들, 신하와 같이 특정한 신분이 규정하고 제한하는 바에만 충실하고, 그러한

---

36) 이러한 까닭에 『예기』「곡례」에서는 다음과 말했다. "군신, 상하, 부자, 형제의 관계는 禮가 아니고서는 안정될 수 없다."(君臣上下父子兄弟, 非禮不定.)

신분을 넘어서는 희망을 가지거나 행위를 해서는 안 된다는 의미이다. 그런데 상하 차등관계에 따라 구성되는 명名의 관계망 안에서는 그 누구도 진정으로 자유롭고 초월적인 개체일 수 없다. 아들, 신하, 아내 같은 아랫사람은 물론이고 아버지, 군주, 남편 같은 윗사람 역시도 '직분에 의한 제약을 받기에,[37] 모든 개인(심지어 천자까지도)은 타인에 대해 공손하게 자신을 낮추어야만 한다. 따라서 오늘날 자주 쓰이는 표현에 따르자면, 다소 적절하지는 않은 면이 있기는 하지만, 예교는 인간이 자아를 상실하게 만든다고 할 수 있는 것이다.

이로써 우리는 5·4운동 이래의 현대 인본주의자들이 명名의 관계망, 이른바 명교名敎나 예교에 대해 가했던 비판을 이해할 수 있게 되었다. 현대적·서구적 인본주의에 근거해서 보면, 중국 전통의 '인도人道' 즉 예禮는 인간을 비인간적으로 만드는 '비인간인 도'(非人之道)이며 타파되어야 할 대상이다. 과연 예가 진실로 그런 것이었다고 한다면, 공자가 그토록 사랑하고 온 힘을 다해 지키고자 했던 '예'를 실제로는 사람을 잡아먹는 도구에 불과한 것으로 보지 못할 이유가 있을까? 또한 공자의 "자신의 사욕을 극복하여 예를 회복함"이 실제로는 사람들로 하여금 명名의 관계망 안에서 자각적으로 자신을 버리도록 만드는 전통의식 형태의 계획된 설계에 불과한 것이라고 하지 못할 이유가 있을까? 그렇다면, 철저하게 "자신의 사욕을 극복하여 예를 회복한" 이후에 인仁 / 인간다움(人)은 어디에 있는 것일까?

---

37) 이러한 까닭에 이러한 사회나 가정 내의 상하관계 안에서는 높은 지위에 있는 사람이라 해도 결코 자유롭거나 초월적이지 못하다. 그들 역시 그들이 반드시 책임져야 할 타인을 대면하고 있다. 그러나 이러한 높은 지위에 있는 사람들 속에 등장하는 '타자'는 초월적 성격을 지닌다. 우리는 이 장 말미에서 타자의 이러한 초월성에 대해 한 걸음 더 나아가 논할 것이다.

만약 우리가 오직 정태적이고 공시적인 관점에서 하나의 언어체계로서의 예禮 및 이러한 예禮가 발생시키는 개인에 대한 제약과 억압의 작용을 바라본다면, 명교 혹은 예교의 전통과 이에 대한 현대의 비판 양측은 모두 어느 정도 타당성을 가지고 있으며, 어느 쪽도 완전히 부정될 수는 없다. 분명한 것은 어떤 의미에서 예禮는 나보다 앞서 존재하고 있으며, 또한 나를 지배하고 통제하고 있다는 점이다. 예禮는 내가 받아들인 외재적 규범일 뿐이다. 예禮는 나의 진실한 자연적 본성의 희생을 대가로 해서 나를 완고하게 규정하고 개조하는 것이다. 따라서 특정한 역사적 시기에 만들어진 것일 뿐 결코 진정한 존재의 이유를 가진 것은 아닌 예禮가 타인에 대해 공경할 것을 요구하기 때문에 순순히 혹은 억지로 타인에 대해 공경하는 것처럼 된다. 아마도 바로 이러한 이유 때문에, 즉 예禮의 본질에 대한 이러한 이해 때문에, 전통적인 예禮, 이천오백여 년 동안 중국문화가 자랑스럽게 지켜온 예禮는 현대에 들어와 처음으로 마주한 엄중한 도전 앞에 산산이 무너지고 있다.

그렇다면 어째서 예禮는 중국문화전통 안에서 이토록 중시되고 강조되었던 것일까? 어째서 중국 전통은 나에게 타인에 대해 공경하고 예의를 갖출 것을 요구할 수 있는 것일까? 어째서 나는 타인 앞에서 '소리를 낮춰 부드럽게 말해야' 하며, 나의 자아존엄성을 내세워서는 안 되는 것일까? 어째서 나는 손을 모아 읍하고(揖), 절을 하며(拜), 무릎을 꿇고(跪), 머리를 땅에 대는(叩) 등의 예절을 통해 실질적인 의미에서나 상징적인 의미에서나 자신을 타인의 아래에 위치시켜야 하는 것일까? 어째서 손을 모아 읍하고, 절을 하며, 무릎을 꿇고, 머리를 땅에 대는 등의 행위가 중국문화에서 가장 오래도록 변치 않는 중요한 예절이 된 것일까? 어째서 이러한 전통은 손을 모아 읍하고, 절을 하며, 무릎을 꿇고, 머리를 땅에 대는 등의 의식화된 행위를 통해 우리 현대인들이 보기에 굴욕적이어 보이는 '타인의 아래에 처함'을 의식화시킨 것일까?[38] 설마 예禮라는 것이 아무런 근거 없이 '타인에 대한 나의 공경'을 형식화한 것이란 말인가? 다시 말해, 옛 사람들에 의해 항상 '이치'(理)와 연결되거나 혹은 이와 동등한 의미를 가지는 예禮 안에 심층적인 '도리'라고 말할 만한 것이 조금도 존재하지 않는다는 말인가?[39] 예禮를 유지하는 것은 반드시 이치의 희생을 그 대가로 해야만 가능한 것이란 말인가? 만약 그렇다고 한다면 "자신의 사욕을 극복하여 예禮를 회복함"인 어떻게 '인仁'일 수 있다는 것일까?

---

38) 필자는 여기에서 청나라 건륭제 재위 시절이었던 1793년 9월14일, 영국의 특사 매카트니 (George Macartney)가 처음 접견해서 국서를 전달할 당시 매카트니가 고두의 禮(역자주: 황제를 알현할 때 행하는 청나라의 예절로, 세 번 절하고 아홉 번 머리를 땅에 대는 三跪九叩頭禮의 줄임말)를 행할지 여부를 두고 중국과 영국 사이에 발생했던 다툼을 상기하지 않을 수 없다. 매카트니는 황제를 접견하기 전 몇 차례 황제를 향해 고두의 禮를 올릴 것과 두 무릎을 꿇을 것을 권고 받았지만 모두 거절했다. 그는 동급의 청나라 관리 역시 영국의 국왕에게도 고두의 禮를 올리거나, 자신이 영국의 국왕을 알현할 때의 禮로 청나라 황제를 대하거나, 아니면 한쪽 무릎을 꿇고 손등에 입을 맞추겠다는 입장을 고수했다. 결국 중국 측에서는 한쪽 무릎을 꿇는 禮에는 동의했지만 손등에 입을 맞추는 것에 대해서는 거부했다.(*Embassy to China: Being the Journal Kept by Lord Macartney during His Embassy to the Emperor Ch'ien-lung, 1793-1794* [George Macartney, ed. J. L. Cranmer-Byng, Longmans, 1962] 참조) 분명 매카트니는 타국의 황제에게 두 무릎을 꿇는 것이 국가와 자신의 존엄을 해치는 것이라고 보았던 것이다. 그러나 한쪽 무릎을 꿇는 것은 儀式화된 "타인의 아래에 처함"이 아니란 말인가? 결국 당시 두 문화 사이의 상징적인 의견충돌은 형식과 관련된 것일 뿐 본질과는 무관한 일이었던 것이다. 분명 모든 문화권에는 반드시 어떤 방식으로든 의식화된 "타인의 아래에 처함" 혹은 "타인의 뒤에 섬"이 있을 것이다. 레비나스는 그의 첫 번째 라디오 인터뷰에서, 만약 나와 타인의 관계라는 근본적인 층위가 존재하지 않는다면 사람들은 타인과 함께 문으로 들어갈 때 "먼저 들어가세요"라는 말조차 하지 못할 것이라고 하면서, 자신은 "먼저 들어가세요"라는 말에 담근 근원적인 철학적 함의를 설명하고자 한 것이라고 말했다.(*Ethics and Infinity: Conversation with Philippe Nemo* [Emanuel Levinas, trans. Richard A. Cohen, Pittsburgh: Duquesne University Press, 1985], p.89 참조)

39) 우리가 여기에서 『예기』 「악기」편의 禮를 이치(理)와 연결시켜서 서술한 대목을 떠올릴 수 있다. "禮는 이치(理)의 바꿀 수 없는 것이다."(禮, 理之不可易者也.)

4. '공 – 경'의 본질

이러한 문제에 답하기 위해 우리는 우선 다음의 문제에 대해 고찰할 것이다. 만약 예禮의 본질이 타자를 향해 자신의 공경을 표현하는 것이라고 한다면, 타인에 대한 우리의 공경이 가지는 본질은 또한 무엇인가? 이러한 공경의 함의를 충분히 이해하기 위해서는 먼저 공恭과 경敬을 엄격하게 구분해서 살펴볼 필요가 있다.40)

비록 '공 – 경'이 항상 연결되어 사용되기는 하지만 이들을 나누어서 살펴보면, 공恭은 용모와 태도를 가리키고 경敬은 마음가짐을 가리킨다. 즉 "용모와 태도에 있어서는 공恭이 되고, 마음에 있어서는 경敬이 된다"(在貌 爲恭, 在心爲敬41))는 것이다. 이것은 내 마음 속에 내재한 경敬의 뜻을 용모와 태도에서의 공恭으로 나타낸다는 의미이다. 나의 경이 타인에 의해 인지되고 받아들여지기 위해서는 반드시 그 경의 뜻이 용모와 태도에서 드러나야 한다. 다시 말해, 나와 타인의 사이에서 경은 반드시 공으로 드러나야 비로소 경으로서 존재할 수 있게 된다는 것이다. 이것이 바로 공자가 공恭을 특별히 강조했던 이유일 것이다.

공恭은 공자가 말하는 군자의 도道 중의 하나이다. 따라서 만약 군자의 도를 따르고자 한다면 나는 용모와 태도 상에서 공恭을 추구해야 한다.

---

40) 恭은 타인에 대한 나의 敬을 표현하는 것이며, 禮는 恭을 형식화·제도화한 것이다. 이 장의 주제는 禮이므로, 이 절에서는 恭을 집중적으로 논할 것이다. 敬의 본질에 관해서는 제4장 「효와 타인」에 상세히 나온다.

41) 이 대목은 공영달이 『예기정의』에서 『예기』 「곡례」편의 "是以君子恭敬撙節退讓以明禮"를 주해할 때 인용한 何胤의 설이다. 공영달은 한 걸음 더 나아가 다음과 같이 해설했다. "무릇 용모와 태도에 의미를 많이 두고 마음에 의미를 적게 둔 것이 恭이 되고, 마음에 의미를 많이 두고 용모와 태도에 의미를 적게 둔 것이 敬이 된다.…… 개괄해서 말한다면 공경은 하나이다."(夫貌多心少爲恭, 心多貌少爲敬.……通而言之, 則恭敬是一.)

즉 "용모와 태도는 공하기를 바라야 한다"[42]는 것이다. 공자는 다른 사람의 공을 칭찬하기도 했는데, 예컨대 자산子産의 공에 대해 "자신의 몸을 움직임에 공恭하다"[43]라고 평가했다. 공자 역시 자공 등의 제자로부터 공한 인물로 평가받는다.

> 자공이 말했다. "선생께서는 온화함, 간이함, 공경함, 검소함, 겸양함을 갖추신 분이었기에 (그 나라의 정치에 대해) 들을 수 있었던 것이다."[44]

심지어 공자는 공恭을 인仁과 직접적으로 연결시키기도 한다. 그는 제자 자장子張이 인仁에 대해 물었을 때 다음과 같이 말했다.

> 공자가 말했다. "이 다섯 가지를 천하에 실행할 수 있다면, 그것이 곧 인仁이다."

이 다섯 가지란 곧 공손함(恭), 관대함(寬), 믿음직스러움(信), 영민함(敏), 은혜로움(惠)으로, 그 중에서도 '공손함'이 가장 앞자리를 차지하고 있다. 여기에서 공자는 공恭에 대해 "공恭하면 욕됨이 없다"(恭則不侮)고 설명하고 있다.[45]

그런데 "공하면 욕됨이 없다"는 말은 그 설명이 너무 간략한 까닭에

---

42) 『論語』, 「季氏」, "孔子曰: 君子有九思. 視思明; 聽思聰; 色思溫; 貌思恭; 言思忠; 事思敬; 疑思問; 忿思難; 見得思義."
43) 『論語』, 「公冶長」, "子謂子産: 有君子之道四焉. 其行己也恭; 其事上也敬; 其養民也惠; 其使民也義."
44) 『論語』, 「學而」, "子禽問於子貢曰: 夫子至於是邦也, 必聞其政. 求之與, 抑與之與? 子貢曰: 夫子溫良恭儉讓以得之."
45) 『論語』, 「陽貨」, "子張問仁於孔子. 孔子曰: 能行五者於天下, 爲仁矣. 請問之, 曰: 恭寬信敏惠 恭則不侮; 寬則得衆; 信則人任焉; 敏則有功; 惠則足以使人."

의미가 명확하게 와 닿지 않는다. 비록 양백준의 현대 중국어 번역과 라우(D. C. Lau), 레게(James Legge), 진영첩陳榮捷, 수실(Edward Soothill)의 영어 번역이 모두 "내가 공손하다면, 나로 하여금 (타인으로부터) 모욕을 당하지 않게 할 수 있다"로 이해하고 있고[46] 또 『논어』의 "공恭이 예禮에 가까우면 치욕을 멀리할 수 있다"[47]라는 말이 이러한 이해를 지지하고는 있지만, 한편으로 『맹자』에는 다음과 같은 대목도 있다.

　　공손한 자는 타인을 모욕하지 않고, 검소한 자는 타인을 수탈하지 않는다.[48]

　이렇게 볼 때, 공자가 말한 "공하면 욕됨이 없다"는 "공손한 자는 다른 사람을 모욕하지 않는다"로 읽힐 수도 있을 것이다. 사실 이렇게 두 방향으로 해석의 여지가 열려 있는 것은 결코 우연이 아니다. 타인을 모욕하는 것과 스스로를 모욕하는 것 사이에는 본래부터 내재적 연결이 존재하고 있기 때문이다. 공하지 않은 것은 타인에 대한 모욕이지만, 내가 타인을 모욕하면 타인 역시 나에 대한 공경을 철회하게 되기 때문에 결국 나는 나 자신을 모욕되게 하는 것이다. 따라서 "공하면 욕됨이 없다"에는 타인을 모욕함과 스스로를 모욕함이라는 두 가지 의미가 모두 함축되어 있다고 할 수 있다.

　공恭은 타인에 대한 나의 경敬을 용모와 태도에 드러낸 것이다. 『논어』

---

46) 『論語譯注』(楊伯峻, p.183), *Confucius: The Analects*(D. C. Lau, Penguin Books, 1979, p.144), *The Chinese Classics vol.1*(James Legge, Oxford, Clarendon Press, 1893, p.320), *A Source Book in Chinese Philosophy*(Wing-Tsit Chan, Princeton, N. J., Princeton University Press, 1963, p.46), *Confucius: The Analects*(W. E. Soothill, Dover Thrift Edition, 1995, p.106) 등을 참고하라.

47) 『論語』, 「學而」, "恭近於禮, 遠恥辱也."

48) 『孟子』, 「離婁上」, "孟子曰: 恭者不侮人; 儉者不奪人."

「향당」편에는 공자의 행실 및 용모와 태도를 집중적으로 묘사한 부분이 다수 등장한다. 공자는 공을 주창했을 뿐만 아니라 그것을 힘써 실천했던 인물이다. 그럼에도 공자의 실천을 주로 기록한 「향당」편은 공자의 말을 위주로 하는 다른 편들과 달리 『논어』에서 그다지 주목받지 못했고, 심지어 오해에 직면하기도 했다.[49] 따라서 공恭의 본질에 접근하기 위해 우리는 「향당」편에 기록된 공자의 공恭의 실천이 지니는 의미에 대해 깊이 논의해 볼 필요가 있다.

『논어』「향당」편은 공자와 매우 친숙하고 공자를 잘 이해한 사람에

---

49) 예컨대, 蔡尙思는 다음과 같이 말하기까지 했다. "왕부지는 온갖 추태가 다 드러난 「향당」편을 두고 성인을 공부할 때 보아야 할 만세의 귀중한 책이라고 평가했는데, 이것이야말로 협소한 견해로써 옳고 그름을 전도시킨 것이다."(『論語導讀』, 成都: 巴蜀書社, 1999, pp.66~67) "오직 맹목적으로 공자를 신봉하는 왕부지만이 옳고 그름을 전도시킨 채 「향당」편을 공개적으로 신봉했다. 이것이야말로 신선은 보지 못하고 신선의 손에 들린 부채만 보는 꼴이다."(『論語導讀』, p.65) 이러한 '의분'은 사람을 곤혹스럽게 만든다. 李澤厚는 『論語今讀』에서 다음과 같이 말했다. "이 장은 공자가 각기 다른 사람들 사이에서 사용하는 말과 취하는 태도를 기록하고 있다. 가소로워 보일 수 있는 점은, 각기 다른 계급의 사람들에게 말하는 태도가 모두 다르다는 것이다. 사실 오늘날 역시 그렇기는 하다. 기업주에게 하는 말과 동료에게 하는 말은 크게 다를 수밖에 없다. 공자는 그저 옛날부터 이미 규정되어 있던 禮를 충실히 이행했을 뿐이다."(『論語今讀』, 合肥: 安徽文藝出版社, 1998, p.240) 李澤厚는 공자가 감정을 본위로 한다는 점을 강조했지만, 여기에서는 공자의 행위에 대해 그저 외재적 규범을 기계적으로 따를 뿐 어떠한 감정적 혹은 심리적 기초도 존재하지 않는 것처럼 설명하고 있다. 杜維明은 「향당」편을 제대로 감상할 줄 아는 학자 중 한 명이다. 그는 말했다. "『논어』는 공자의 태도와 처신에 대한 생동적인 사례들로 가득 차 있다. 예컨대 「향당」편에서는 공자가 어떻게 옷을 입고, 어떻게 앉고, 서고, 읍하고, 걸어가며, 어떻게 먹고 마시는지를 감탄스러울 정도로 섬세한 화법으로 묘사해냈다." 또한 그는 「향당」편의 "공자가 홀을 들고 있을 때에는 마치 읍하는 것처럼 하였다"(執圭, 鞠躬如也)고 한 대목을 예시로 들어, 공자의 처신에 대한 『논어』의 묘사가 얼마나 세밀했는지 설명했다.(Tu Wei-ming, Confucian Thought: Selfhood as Creative Transformation, Albany, State of New York University Press, 1985, p.98. 중역본으로는 『儒家思想新論: 創造性轉換的自我』[杜維明, 南京: 江蘇人民出版社, 1996, pp.100~101]를 참고하라.) 그러나 여기에서 杜維明이 밝히고자 했던 것은, 말로만 禮를 가르치는 것보다 禮의 규정에 부합하는 처신이 훨씬 큰 교육적 효과를 가진다는 점이었다. 우리가 여기에서 심층적으로 연구해야 할 것은 바로 이러한 설명들이 함축하고 있는 윤리적 의미이다.

의해 구술되고 기록된 것이 분명하다. 이 편의 생동감 있는 묘사는 아마도 공자의 곁에 있는 제자들로부터 나왔을 것으로 보인다. 「향당」편의 서두에서는 공자에 대해 자신의 향당에서 너무 공경스워서(恂恂如也) 마치 말을 하지 못하는 것처럼(似不能言者) 보일 정도였다고 묘사하고 있다. 그러나 바로 다음 문구에서 우리는 공자가 말을 잘 할 수 있는지에 대한 어떠한 의심도 남기지 않게 된다. 공자는 말을 유창하게 해야 할 곳에서는 신중하면서도 유창하게 말을 했다.

> 종묘와 조정에서는 유창하고 분명하게 말을 했지만, 다만 신중하게 했을
> 따름이다.50)

따라서 공자가 자신의 향당에서 "마치 말을 하지 못하는 것처럼" 보였던 것은 단지 공경의 표현 중 하나였던 것이다.

말이라는 것은 빈 방에 홀로 앉아 독백51)을 하지 않는 이상 특정한 타인을 청자로 두게 마련이다. 그러나 말은, 특히 지나치거나 스스로 통제하지 못하는 말은, 그래서 타인을 집어삼키는 말은 그 자체로 대화 상대로서의 타인에게 압박과 침해가 된다. 경우에 따라서는 내가 하는 말이 타인에 대한 박탈로 작용할 수도 있다. 그러한 말은 필연적으로 타인을 수동적이고 종속적인 위치로 몰아세우고 타인의 발언권을 박탈한다. 그리하여 타인은 더 이상 나로 하여금 발언을 하게 하는 대상이 아니게 되고, 나의 대화 상대자도 아니게 된다. 이제 타인은 끊임없이 팽창하는 나의 언어로 인해 자신을 억누른 단순한 청중이 되고 마는 것이다. 이러한 상황에서의 '말하

---

50) 『論語』, 「鄕黨」, "孔子於鄕黨, 恂恂如也, 似不能言者.……其在宗廟朝廷, 便便言, 唯謹爾."
51) 그러나 이러한 독백이라고 할지라도 근본적인 의미에서는 타자를 함축하고 있다.

기'와 '듣기'는 근본적으로 낮은 차원의 것일 수밖에 없다. 반면 타인에 대한 나의 공경은, 나에게 타인 앞에서 말을 하도록 요구하기도 하지만 동시에 "마치 말을 하지 못하는 것처럼 보일 것"을 요구하기도 한다. 여기에서 "마치 말을 하지 못하는 것처럼 보임"은 타인으로 하여금 먼저 말을 하도록 하는 것으로, 향당의 타인을 향해 나의 존중과 존경을 표하는 것이라는 점에서 진정한 예의와 겸양이라고 할 수 있다.

"마치 말을 하지 못하는 것처럼 보임"의 근본적인 함의는 타인이 먼저 말을 하도록 하는 것이다. 이와 상응하여, 타인에 대한 나의 공경은 타인이 먼저 가도록 하는 것으로 드러난다. 공자는 향음주례를 거행한 후 노인들이 먼저 나가길 기다렸다가 자신도 뒤이어 나갔다.[52] 이것은 상징적 의미에서의 "타인이 먼저 가도록 함"을 통해 연장자들에 대한 공경을 표한 것이다. 그래서 훗날 맹자는 '제悌'(나이가 어리거나 지위가 낮은 사람의 '공손함', '공경함')의 의미를 "천천히 걸어서 연장자의 뒤를 따르는 것"이라고 규정했다.[53] 임금이 공자를 불렀을 때 공자는 수레와 말이 준비되는 것을 기다리지 않고 걸어서 먼저 출발했는데,[54] 이것 역시 최대한의 공경을 표현하고자 한 것일 뿐이다. 공자처럼 걸어서 먼저 출발하는 것이 잠시 기다렸다가 수레를 타고 가는 것보다 빠른 것은 아니었으리라는 점을 충분히 예상할 수 있기 때문이다. 조정에 들어간 후에도 공자의 용모와 태도는 극도로 공손하고 신중하였다.

　　서 있을 때는 문 가운데에 서지 않았고, 걸어갈 때는 문턱을 밟고 넘어가지

---

52) 『論語』, 「鄕黨」, "鄕人飮酒, 杖者出, 斯出矣."
53) 『孟子』, 「告子下」, "徐行後長者謂之弟, 疾行先長者謂之不弟. 夫徐行者, 豈人所不能哉? 所不爲也. 堯舜之道, 孝弟而已矣."
54) 『論語』, 「鄕黨」, "君命召, 不俟駕行矣."

않았으며, 군주의 비어 있는 좌석 앞을 지나갈 때는 얼굴색을 장중하게 하고 종종 걸음으로 지나갔으며, 말을 할 때는 마치 기력이 부족한 것처럼 하였다. 또한 관복을 차려 입고 묘당으로 나아갈 때는 너무 공경스럽게 한 나머지 마치 숨조차 크게 쉬지 않는 듯이 하였다.[55]

임금을 알현할 때에는 "어려워하고 조심스러워 하는" 태도를 취했는데[56], 이러한 태도 역시 공경하고 긴장하는 용모와 태도이다.

군주의 명을 받아 외국의 사신을 영접할 때나 타국에 사신으로 갈 때, 공자의 태도는 더욱 공손하고 신중했다. 『논어』「향당」편에 형용되어 있는, 공자가 옥홀을 받들고 있는 모습은 비록 그처럼 아주 작은 일이라고 할지라도 감당해 내기 힘들어하는 듯한 인상마저 준다.

홀을 잡음에, 그 공손하고 신중함이 마치 홀을 감당하지 못하는 듯하였다. 홀을 들어 올릴 때는 손을 모아 읍하는 것처럼 하였고, 홀을 아래로 내릴 때는 공손하게 물건을 건네주듯이 하였다.[57]

이러한 묘사는 타인에게 예를 행할 때 사용하는 옥홀에 대해 얼마나 중요한 상징성을 부여했는지를 생동감 있게 보여 준다. 조정에 갈 때는 물론이고 빈객을 접대하거나 사신으로 나갈 때에도 역시 공자는 항상 모든 상황이 마무리된 후에야 절도 있게 긴장을 풀었다. 임금이 공자에게 빈객을 전송하게 했을 때는, 빈객이 더 이상 고개를 돌려 돌아보지 않고 잘 떠난 후에야 돌아와서 군주에게 "빈객께서는 돌아보시지 않고 잘 가셨습

---

55) 『論語』, 「鄕黨」, "立不中門, 行不履閾. 過位, 色勃如也, 足躩如也, 其言似不足者. 攝齊升堂, 鞠躬如也, 屛氣似不息者."
56) 『論語』, 「鄕黨」, "君在, 踧踖如也, 與與如也."
57) 『論語』, 「鄕黨」, "執圭, 鞠躬如也, 如不勝. 上如揖, 下如授. 勃如戰色, 足蹜蹜如有循."

니다"라고 보고를 올렸다.[58] 또 사람을 시켜 고향의 벗에게 선물을 보내고 안부를 물을 때에는 그 심부름 가는 사람에게 반드시 두 번 절을 한 후에야 보냈다.[59]

오늘날의 관점에서 보았을 때, 특히 문화대혁명을 직접 겪었거나 그러한 혁명의 전통을 계승한, '온화함, 간이직절함, 공손함, 검소함, 겸양함'(溫良恭儉讓)과는 완전히 반대되는 현대 중국인의 관점에서 보았을 때, 『논어』「향당」편에 기록된 공자의 태도는 설사 아부까지는 아니더라도 분명히 지나친 면이 있어 보인다. 앞서 인용했던 "군주를 섬김에 있어 예를 다했더니 사람들은 내가 아부한다고 여긴다"라는 공자의 탄식도 그 때문에 나온 것이었다.─다만, 『논어』에 실려 있는 공자의 공경함에 관한 기록들은 확실히 당시에 누구나 누릴 수 있었던 명예가 아니었다.─ 그런데 이러한 묘사들은 결코 아부의 태도들을 기록하고자 했던 것이 아니었다. 그와는 반대로, 공자가 드러내 보였던 이러한 공경들은 당시에 전범으로서의 의의를 지닌 것으로 여겨졌음이 분명하다. 그렇다면 이처럼 예의 전범으로도 여겨질 수도 있는 공자의 공경의 행위들에는 어떠한 의미가 담겨 있는 것일까?

『논어』「향당」편에서 묘사된 공자의 공恭이 보여 주는 바는 무엇보다도 자신이 현재 예의 없이, 타당하지 않게 타인의 영역을 침범하고 있음을 느끼는 듯하다는 점이다. 애초에 나는 타인의 영역에서 존재할 정당한 이유를 결코 가지지 못한다. 따라서 나는 이 영역에 자신이 나타났다는 것 자체에 대해서 미안함을 느끼고, 거기에 내가 있다는 이 사실 자체에 대해서 타인에게 미안함을 느낄 수밖에 없다. 이렇게 볼 때, 나의 공恭은

---

58) 『論語』, 「鄕黨」, "君召使擯, 色勃如也. 足躩如也. 揖所與立, 左右手, 衣前後, 襜如也. 趨進, 翼如也. 賓退, 必復命曰: 賓不顧矣."
59) 『論語』, 「鄕黨」, "問人於他邦, 再拜而送之."

타인을 향해 갑자기 그의 영역에 침입한 불청객인 나를 용인해 주고 잠시 여기에 머무는 것을 허락해 달라고 겸손하게 요청하는 것이다. 그런데 공恭의 용모와 언행은 혹시 자신 주위의 사람과 사물에 해를 끼치지는 않을까 두려워하고 조심스러워하는 모습이기도 하다. 이것은 내가 이미 타인의 공간을 침입했으며 나아가 타인에게 피해를 끼칠 수도 있음을 알고 있다는 의미이며, 내가 침입한 영역의 사람과 사물은 매우 취약하기 때문에 조금이라도 주의를 기울이지 않으면 그들에게 피해를 끼칠 수 있음을 알고 있다는 의미이다. 따라서 나는 어딜 가나 항상 조심하고 긴장하며 최선을 다해 자신을 통제함으로써 어떤 방식으로든 타인에게 피해를 끼치지 않도록 해야 한다. 이렇게 볼 때 공恭이 나타내고 있는 의미는 심오한 자기구속, 자기통제의 태도라고 할 수 있다.

이처럼 자기구속, 자기통제를 해야 하는 이유는 하나의 주체로서의 나는 본질적으로 타자에게 피해를 끼치거나 타자를 억누를 가능성을 가지고 있기 때문이다. 근본적인 의미에서 나는 모든 타자를 나의 일부분으로 환원시킴으로써 거대한 자아 혹은 절대적 주체를 형성하려는 경향성을 가지고 있는데, 이러한 자아확장의 경향성을 통제하고 저지할 수 있는 것이 바로 타인이다. 나는 무엇보다도 타인의 존재로 인해, 그리고 타인의 존재에 대한 직접적인 인식으로 인해 자신을 무한정 확장하는 것이 불가능함을 깨닫게 되는 것이다. 자신의 무한확장이 불가능하다는 말에는 최소한 다음과 같은 세 가지 의미가 담겨 있다.

첫째, 어떠한 타인도 두지 않는 '나'는 분명 이상적인 '나' 혹은 지극히 커서 바깥이 없는 '나'이겠지만, 엄격한 의미에서 볼 때 "지극히 커서 바깥이 없는 나"란 말은 자기모순적이고 성립될 수 없는 서술이다. 왜냐하면 '나'는 논리적으로 타인 혹은 타자를 함축할 수밖에 없기 때문이다. 타자는 '나'라는 개념이 성립될 수 있도록 하는 조건으로, 내가 주체로서의 '나'로 설수 있게 해 준다. 주체는 언제나 객체를 함축하고 있으며, 오직 객체로서의 대상을 통해서만 주체가 될 수 있는 것이다. 이런 의미에서 본다면 객체로서의 대상은 주체로서의 나보다 앞설 수밖에 없다.

둘째, 만약 타인이 윤리적 의미에서 나의 경계 및 한계를 획정해 주지 않는다면 나 자신 역시 성립될 수 없으며 특정한 신분의 자아동일적 개체가 될 수 없다. 왜냐하면 이러한 경계와 한계가 없다면 어떠한 '나'도 형성될 수 없기 때문이다. "지극히 커서 바깥이 없는 나"라는 말이 실제의 '나'라는 명칭에 부합하지 않는다는 것은 곧 진정으로 내가 대면할 수 있는 타인으로서의 '나'가 될 수 없다는 뜻이기도 하다. 이런 의미에서 보면, 타인이 없으면 나 또한 애초에 있을 수 없고, 또 타인이 존재하는 이상은 어떠한 순수한, 완전히 자아동일적인 '나'는 존재할 수 없는 것이다.

셋째, 타자는 형식적이고 추상적인 의미에서만 나를 구성하는 것이 아니다. 타자는 그 존재 자체가 구성하는 지속적인 구속을 통해 나의 존재를 지속시킨다. 다만 나에 대한 타자의 이러한 구속은 소극적이고 비가시적인 것일 수밖에 없다. 왜냐하면 이러한 구속은 타자의 의지나 자발적 행위로부터 나오는 것이 아니라 오직 타자 그 자체, 타자의 존재 그 자체로부터 직접 나오는 것이기 때문이다. 따라서 나에 대한 타자의 근원적인 구속은 나에게 가해질 수 있는 어떠한 구체적인 구속보다도 앞설 수밖에 없다. 타자로부터 오는 근원적인 구속은, 타자가 어떤 구체적 행위를 통해 나의 자유를 구속하기 전에 이미 타자의 존재라는 근본적인 사실로 인해 발생해 있는 것이다. 또한 바로 이러한 이유 때문에 나에 대한 타자의 근원적인 구속은 본질적으로 '제약 아닌 제약', '구속 아닌 구속'일 수밖에 없다.[60]

---

60) "군자는 다른 사람이 보거나 듣지 않는 지점에서 삼간다"(君子愼獨)는 것을 강조하는

228

이것은 나에 대한 타자의 근원적인 구속이 결코 실제적인 의미에서 나의 자유를 제한하거나 나를 억압하는 것이 아니라는 의미이다. 그러나 이처럼 어떠한 현실적 구속력도 없고 본질적으로 매우 무력할 수밖에 없는 속박임에도 불구하고 나는 타자로부터 제멋대로 행동하지 말고 방자해지지 않을 것을 강요받는다. 타인이 존재한다는 이 사실 하나로 인해 나는 결코 "누가 뭐래도 내 방식대로 한다"는 식으로 행동할 수 없게 되었다. 어떤 의미에서 말하자면, 타인 앞에서의 나의 모든 행위는 이미 규정되어 있다고 할 수 있다. 타인의 존재는 미력하게나마 나의 자기확장에 저항하고 이를 제한하면서, 소리 없이 나를 일깨우며 항의하고 있다. 타인의 존재는 내가 들어와서 머무는 이 공간이 이미 타인이 존재하는 공간임을 분명하게 밝히는 것이다. 타인과 비교할 때 나는 항상 더 나중에 오는 존재이다. 따라서

유가의 전통은 바로 이러한 근본적 성격의 "제약 아닌 제약", "구속 아닌 구속"에 대한 철저한 이해를 반영한 것이다. 『중용』에서는 다음과 같이 말했다. "도라는 것은 잠시라도 (우리의 삶과) 분리될 수 없다. 분리될 수 있다고 한다면 그것은 도가 아니다. 이러한 까닭에 군자는 (남에게) 보이지 않는 곳에서 삼가고, (남에게) 들리지 않는 곳에서 조심한다. 감추어진 곳보다 더 잘 보이는 곳은 없고, 미미한 곳보다 더 명확하게 드러나는 곳이 없다. 따라서 군자는 다른 사람이 보거나 듣지 않는 지점에서 삼간다."(제1장, "道也者, 不可須臾離也, 可離非道也. 是故君子戒慎乎其所不睹, 恐懼乎其所不聞. 莫見乎隱, 莫顯乎微, 故君子愼其獨也.") 명말청초의 유학자인 李顒(1627~1705)은 "다른 사람이 보거나 듣지 않는 지점에서 삼감"에 대해 다음과 같이 설명했다. "어두운 방의 구석에 있을 때에도, 대궐이나 수많은 사람 가운데 있을 때처럼 모든 일에 조금의 구차함도 없어야 한다. 밝음으로는 사람을 대할 수 있고 하늘을 대할 수 있으며, 어두움으로 鬼를 대하고 神을 대할 수 있다."(『二曲集』, 陳俊民 点校, 北京: 中華書局, 1996, p.46, "暗室屋漏, 一如大庭廣衆之中, 表裏精粗, 無一或苟. 明可以對人對天, 幽可以執鬼執神.") 이러한 구속들은 제도화가 진행된 이후 나에 대한 禮의 구속으로 체현되었다. 따라서 공자는 사람들을 가르치면서 "검속함에 있어, 禮로써 하라"(『論語』, 「雍也」, "子曰: 君子博學於文, 約之以禮, 亦可以弗畔矣夫")라고 말했고, 안연은 공자의 위대함을 찬미할 때, "나를 검속함에 있어 禮로써 하셨다"(『論語』, 「子罕」, "夫子循循然善誘人, 博我以文, 約我以禮.")라고 감탄했다. 공자의 "禮가 아니면 보지 말고, 禮가 아니면 듣지 말며, 禮가 아니면 말하지 말고, 禮가 아니면 행하지 말라"는 주장 역시 다른 사람이 보거나 듣지 않는 지점에서도 禮에 따라 행동하라는 요구이다. 禮를 통해 자신을 검속하는 것은 자각적으로 스스로를 타인의 속박 아래 두는 것이며, 이러한 검속은 곧 일종의 유연한 속박이다.

나는 타인이 나보다 선재한다는 점을 존중해야 한다.

공恭은 나의 "타자에 대한 인식(존경심)"을 구체적으로 표현하는 것이다. 나는 나의 공恭을 통해서 타자를 향해 내가 그의 존재를 인식하고 존중함을 밝힌다. 나의 공은 타자의 존재에 대한 나의 인정과 존경의 표현인 것이다. 공은 나의 경敬 즉 타자에 대한 나의 근본적인 존중과 존경을 표하는 것으로, 공恭 없는 경敬은 존재할 수 없고 경 없는 공 역시 존재할 수 없다. 따라서 공이 곧 경이고 경이 곧 공이라고도 할 수 있을 것이다. 이러한 까닭에 우리는 점차 공경을 하나의 어휘로 사용하게 된다.

타자에 대한 나의 공경에는 정도의 차이가 있을 수 있다. 일상생활에서, 내가 타인을 보았음을 나타내는 표정, 상대방을 보았음을 인정하는 표시로서 머리를 끄덕이는 것 등은 모두 최소한의 공경의 표현이다. 이러한 표정과 끄덕임은 타자에 대한 나의 반응을 드러낸 것이다. 이러한 행동들은 상대방에 대한 반응이라는 점에서 이미 일종의 언어이다. 그리고 이러한 언어로서의 반응들은 구조적으로 타자를 함축하고 있다. 즉 내가 하는 말은 타자에 의해 요청된 것이며, 동시에 타자를 전제로 한 것이다. 우리의 일상적인 경험 역시 이를 증명해 준다. 타자의 앞에서 우리는 무엇을 말해야만 하는지 알아야 하며, 만약 그렇지 못하다면 곤혹스러움과 난처함을 느낄 것이다. 또한 침묵은 타자에 대해 "공경스럽지 못한 것"이다. 왜냐하면 나의 침묵은 "타자를 소홀히 대함"이라는 의미를 구성하기 때문이다.

타자의 존재는 그 자체로 나의 반응을 요구한다. 바로 이러한 까닭에 나는 타자와 대화를 할 때 단 한 번도 진정한 의미에서 주동적인 입장에 놓인 적이 없다. 설사 내가 먼저 말을 꺼낸 경우라고 하더라도 그 말 역시 타자의 요구에 응해 나온 것이기 때문이다. 따라서 '반응', '호응', '응답'의 의미를 지니는 이러한 '응함'(應)은 그 자체로 타자의 존재에 대한 나의 인정을 의미하는데, 이는 또한 '허락', '승낙', '응낙' 등의 의미를 가지기도 한다. 타자에 대한 나의 '반응', '호응', '응답' 등은 그 자체로 타자에 대한 '허락', '응낙'의 의미를 지니기 때문이다. 이는 어떤 구체적인 '허락'이나 '응낙'보다도 더욱 근원적인 '허락', 응낙'이다. 왜냐하면 내가 타자에게 응하는 모든 상황 속에서 나는 타자에게 "그래, 내가 바로 여기에 있다!" 하고 나 자신 전체를 완전하게 응낙했기 때문이다. 나는 이러한 반응 안에서 이미 자신을 타자의 아래에 위치시켰으며, 이미 타자의 명령에 따르게 되어 버렸다.

　이러한 상황은 다음과 같이 표현될 수 있을 것이다. 타자의 존재 그 자체는 나의 응함을 요구하는데, 일단 내가 입을 열었다면 설사 그것이 "나는 당신의 명령을 따르지 않겠다!"라고 거절을 표하기 위한 것이라고 할지라도 이미 나는 타자에 대해 반응을 드러낸 것이며, 이러한 근원적인 반응으로 인해 나는 이미 타자에게 나 자신을 응낙한 것이다. 이것은 내가 근본적으로 타자에게 반응하고 응낙하지 않을 수 없으며, 이러한 반응과 응낙은 결코 내가 주동적으로 선택할 수 있는 것이 아니라는 의미이다. 타자의 요구에 응답할지 않을지, 그리고 어떻게 응답할지에 대해 선택하기 전, 타자의 존재에 대한 나의 첫 번째 반응은 근본적인 의미에서 나 자신이 타자의 요구에 응하여 타자를 허락하는 것이다. 그 이후에 일어나는 타자에 대한 나의 거절 등은 모두 이러한 근원적인 '응함'을 함축하고 있다. 그렇지 않으면 '타자에 대한 나의 거절'이라는 것은 결코 존재할 수 없을 것이다. 나의 모든 주체적 자유에는 타자 앞에서의 이러한 근원적인 응낙 혹은 근원적인 부자유가 필연적으로 함축된다.

　타자에 대한 나의 가장 근원적인 응낙은 곧 타자의 요구에 응해서 타자를 타자로서 인정한 것이다. 따라서 이것은 타자에 대한 나의 가장 근원적인 공경이다. 이러한 근원적인 공경은 나의 자각적인 선택 이전에 나와 타인의 관계 그 자체가 이미 함축하고 요구하고 있다. 이러한 공경이 없다면 타자는 더 이상 타자일 수 없기 때문이다. 그래서 타자는 나의 공경을 요구하는 것이다. 타자는 오직 나의 공경을 통해, 오직 나의 공경 안에서만 타자다움을 유지할 수 있다. 내가 타자에 대한 공경을 상실하게 되면 타자는 나와 완전히 무관한 도구적 대상 혹은 사물로 전락해 버린다. 더 이상 타자로서 존재할 수 없게 되는 것이다. 나의 "공경하지 않음"(不恭不敬)은 타자의 타자다움을 상실케 하며, 타자가 타자로서 존재할 수 없게 만들어 버린다.

그러나 바로 이러한 의미에서 내가 타자에 대해 진정으로 불경하게 행동하거나 포악하게 구는 일은 불가능할 수밖에 없다. 왜냐하면 나의 불경과 폭력이 타자에게 진정으로 미치는 것은 불가능하고, 그것이 어떤 대상에 미치는 순간 그 대상은 진정한 타자가 될 수 없기 때문이다. 이러한 까닭에 타자는 오직 나의 공경 안에서만 존재하거나, 오직 나의 공경과 공존하는 이상한 존재인 것이다. 타자에 대한 나의 공경은 가장 근원적인 차원에서 내가 타인을 인정했음을 의미한다. 그리고 이것은 나의 외부에 타인이 존재한다는 것을, 나와 타자 사이에 사라질 수 없는 차이가 존재한다는 것을, 그리고 타인이 나와 근본적으로 다르다는 것을 인정한 것이다. 이처럼 가장 근본적인, 가장 깊은 차원의 공경은 타자를 타자로서 인정하는 것이다. 따라서 나의 공경 혹은 예(禮)는 타자가 타자일 수 있도록 한다. 이렇게 볼 때, 순전히 정치적 관계로만 구성될 뿐 "예(禮)가 존재하지 않는" 사회에는 오직 대상이나 적, 지배자와 피지배자만 존재할 뿐 진정한 의미에서의 타인은 존재하지 않는다고 할 수 있을 것이다.

그런데 "나의 공경은 타자가 타자일 수 있도록 한다"는 말은 결코 타자가 순전히 나의 주관에 의해 만들어졌다는 의미가 아니다. 타자는 분명 오직 나의 근원적인 공경과 공존하는 것이지만, 나의 근원적인 공경은 또한 타자의 요청으로부터 나오는 것이다. 즉 타자가 나에게 타자를 타자로 만들어 달라고 요청한다는 것이다. 그런데 이러한 타자의 요청은 '요청 아닌 요청', '요구 아닌 요구'일 수밖에 없다. 왜냐하면 타자는 결코 나에게 인정과 존경을 독촉할 수 없기 때문이다. 만약 이러한 폭력에 직면하게 된다면 나는 도리어 거절과 저항을 선택할 수도 있다. 이것은 이러한 폭력이 도리어 어느 정도 나를 자유롭게 해방시켜 줄 수 있음을 의미한다. 결국 타자에 대한 나의 공경은 타자의 어떤 실제적인 권력이나 지위와는 무관하다. 만약 내가 타자를 공경해야 한다면 그 이유는 권력이나 지위가 아닌 다른 곳, 즉 타자 그 자체, 나의 눈앞에 드러낸 타자의 존재에서만 찾을 수 있다. 타자는 오직 그 존재 자체의 나약하고 무력한 모습으로, 잘 들리지도 않는 목소리로 타자 자신이 타자가 될 수 있는 기회를 나에게 요청하고 있는 것이다. 즉 내가 자신을 타자로 만들어 주길, 자신이 타자로서 존재할 수 있도록 해 주기를 요청하고 있는 것이다.

상술한 설명들은 나보다 낮은 사람들뿐만 아니라 나보다 신분이 높은 사람들, 즉 군주나 아버지, 상급자, 연장자 등에도 적용될 수 있다. 내가 그들을 공경으로 대하지 않는다면 그들은 더 이상 군주나 아버지, 상급자, 연장자 등으로 존재할 수 없기 때문이다. 그러나 바로 이러한 타자의 요구는 타자를 책임지고 타자의 지배를 감수하려는, 근본적인 의미에서의 '주체'의 지위에 나를 위치시킨다. 따라서 가장 근본적인 타자, 더 이상 나눌 수 없는 최소 단위로서의 타자, 어떤 의미에서는 '나를 초월하여 존재하는' 타자는 타자에 대한 나의 가장 근원적인 공경과 함께한다.

5. 가까운 이를 가까이 대함에 있어서의 차등(親親之殺): 예禮의 구조적 기원

예禮의 구조적 기원에 대해 논하는 것은 사실 오직 나와 타인 간의 근원적인 구별에서만 가능하다. 타인은 나와 타인의 구별로 인해 나에게 공경을 요청할 수 있으며, 나의 진정한 공경으로 인해 진정한 타자로서 존재할 수 있다. 타자는 소리 없는 아우성을 통해 나로 하여금 타자 및 타자와의 차이를 인정하고 존중하도록 깨우치는데, 이러한 타자에 대한 나의 인정과 존중은 나와 타인의 구별에 대한 소극적인 인정인 동시에 나아가 적극적으로 그러한 차이 자체를 건립하고 제도화하는 것이기도 하다. 그러므로 어떠한 의미에서 볼 때 타인에 대한 나의 가장 근본적인 경敬—나와 타인의 차이에서 생겨나며, 또한 타인으로부터 요구받는 것이기도 한—은 바로 예를 건립하고 형성하는 것이다. 유가전통 안에서 예의 기원은 보통 부모와 자식 간이라는 근본적인 인륜적 관계 및 이로부터 파생되는 기타 관계들에까지 거슬러 올라간다.[61] 타인에 대한 나의 근본적인 공경은 필연적으로 우선 '가까운 이를 가까이 대함'(親親)과 '존귀한 이를 존귀하게 대함'(尊尊)의

---

61) 그러나 순자는 禮가 인간이라면 필연적으로 마주칠 수밖에 없는 분쟁과 욕망을 절제하고자 하는 사회적 수요로부터 기원했다고 보고 있다. "禮는 어디에서 기원하는 것일까? 인간은 태어나면서부터 욕망을 가지는데, 욕망을 이루지 못하면 그것을 추구하지 않을 수 없고, 그것을 추구함에 있어 그 정도가 정해지지 않고 경계가 분명하지 않으면 다툼이 발생하지 않을 수 없다. 다툼이 발생하면 어지러워지고, 어지러우면 궁색해지니, 선왕께서는 그 어지러움을 싫어하셨다. 그래서 예의를 제정하시어 경계를 나누시고, 사람들의 욕망을 채워주시며, 그들이 추구하는 바를 제공해 주셨다. 그래서 욕망이 물자에 의해 궁해지지 않게 하시고, 물자가 욕망을 꺾이지 않도록 하시어, 이 두 가지가 서로 지탱하여 자라게 하셨으니, 이것이 바로 禮가 일어나게 된 이유이다."(『荀子』, 「禮論」, "禮起於何也? 曰, 人生而有欲, 欲而不得, 則不能無求, 求而無度量分界, 則不能不爭. 爭則亂, 亂則窮, 先王惡其亂也, 故制禮義以分之, 以養人之欲, 給人之求. 使欲必不窮乎物, 物必不屈於欲, 兩者相持而長, 是禮之所起也.")

행위를 통해 체현되고, 이러한 행위 속에서 예가 생겨난다. 이 점에 있어 예가 어떻게 '가까운 이를 가까이 대함에서의 차등'과 '어진 이를 높임에서의 등급'으로부터 나오는지에 대해 매우 간략하게 논한『중용』제20장의 대목은 상당한 대표성을 지니는데, 그 안에 담긴 의미를 파악하기 위해서는 한층 세밀한 분석 작업이 요청된다. 이제 아래에서는 이 중요한 대목을 심층적으로 독해해 보도록 하겠다.

> 인(仁)이란 인간(됨)이니 가까운 이를 가까이 대함이 중하고, 의(義)란 올바름이
> 니 어진 이를 높임이 중하다. 가까운 이를 가까이 대함에서의 차등과 어진
> 이를 높임에서의 등급은 바로 예(禮)가 낳은 것이다.[62]

그렇다면 예(禮)는 구체적으로 어떻게 '가까운 이를 가까이 대함에서의 차등'과 '어진 이를 높임에서의 등급'으로부터 생겨나는 것일까? 여기에서 우리는 '가까운 이를 가까이 대함'(親親)을 예로 들어 보겠다. 명사적 의미에서 볼 때, '친(親)'자의 기본적인 의미는 '가까움'(近)이다.[63] 그리고 부모는 나의 생명과 가장 친근한 이들이기 때문에 나의 가장 '가까운 이'이다. 또한 나와 혈연적 관계를 가지고 있는 이들 역시 나의 '가까운 이'이다. 그들 역시 나와 혈연적 의미에서 다른 사람들보다는 가깝기 때문이다.

---

62) 『中庸』, 제20장, "仁者人也, 親親爲大; 義者宜也, 尊賢爲大; 親親之殺, 尊賢之等, 禮所生也."
63) 『설문해자』에서는 '親'자를 "이르다"(至)로 풀이하였는데, 段玉裁는 다음과 같이 해설했다. "'至部에서 말하길 '到가 至이다'라고 했으니, 그곳에 도착함을 일러 至라고 하고, 감정과 뜻이 매우 자상한 것을 일러 至라고 한다. 부모란 (자식에게) 감정이 가장 지극한 이들이다. 그러므로 이들을 일러 親이라고 한다."(『說文解字注』, "至部曰: '到者, 至也.' 到其地曰至. 情意懇到者曰至. 父母者, 情之篤至者也. 故謂之親) '親'자를 '이르다'(至)로 본 허신의 풀이를 받아들인다면 우리는 '至'자와 '近'자 사이의 논리적 관계를 성립시킬 수 있을 것이다. 至는 '近'의 지극함이다. "어느 곳에 이르다(至)"는 가장 가까움(近), 더 이상 가까울 수 없을 정도로 가까워짐을 의미한다. 물론 그렇다고 해서 '至'를 '近'의 종결로 보아서는 안 된다.

동사적 의미에 대해 말하자면, '친親'은 '밀접하게 접근함', '긴밀하게 접촉함' 등을 의미하며, 이러한 까닭에 우리는 경우에 따라서 '친밀하게 사귐'이라는 동사적 의미를 취할 수도 있다. '친밀한', '가까운' 등의 형용사들 역시 '가까움'(近)이라는 의미를 중심에 놓고 형성된 것이다. 그런데 '친親'자에 함축된 '가까움'(近)은 물리적 공간에서의 가까움일 뿐만 아니라 '가까이 다가갈 수 있음'(能近)이기도 하다. 우리는 오직 공간적 의미에서의 '다가감'만을 말하고자 할 때는 일반적으로 '친親'자를 사용하지 않는다. 우리가 '친親'자로써 '다가감'(近)을 형용한다면, 이때의 다가감이란 주동적이고 감정적인 요인을 품고서 다가가는 것으로 이해될 수 있다. '가까이 다가감'이란 말은 바로 이러한 상황을 형용하는 것이다. 예컨대 『주역』 건괘의 "하늘에 근본을 둔 자는 위를 친히 여기고 땅에 근본을 둔 자는 아래를 친히 여긴다"[64]에서의 '친히 여김'(親)이 바로 '가까이 다가감'의 의미이다. 따라서 '가까운 이를 가까이 대함'(親親)에서의 '가까이 대함'은 나와 가장 가까운 사람 즉 부모에게 친근한 감정을 가지고서 주동적으로 밀접하게 다가간다는 의미이다.[65] 나의 이러한 '가까이 다가감'의 행위는 나와 부모의 관계를 밀착시켜서 양자 간의 거리를 최소화시키고, 심지어 아예 없애 버리기도 한다. 왜냐하면 사람들은 나와 부모 사이의 이상적 상태는 어떠한 거리도 없는 상태라고 여길 것이기 때문이다.

그러나 내가 가까운 사람(나의 부모)에게 가까이 다가가는 것은 거리를 줄이는 일인 동시에 거리를 만들어 내는 일이기도 하다. 왜 그러한가? 일반적인 경우라면 부모는 당연히 나와 가장 '친親－근近한' 사람이겠지만,

---

64) 『周易』, 乾卦, "本乎天者親上, 本乎地者親下."
65) 부모가 어떻게 나 및 나의 생명과 최초의 타인으로서 최초의 관계를 맺는지에 관해서는 제4장 「효와 타인」을 참고하라.

사실 내가 주동적으로 '가까운 이를 가까이 대하기' 전까지는 다만 '근近'하기만 하고 '친親'하지는 않은 상태이다. 그들이 나를 낳아 주기는 했지만, 그것만 가지고서는 '친親' 즉 부모라고 할 수 없다. 왜냐하면 이때의 나는 부모에 대한 어떠한 자각도 없기 때문이다. 이때의 나는 부모와 자신을 분리할 수 없는 '어린아이'(孩提之童)로서 아직 그들이 나와 매우 가까우면서도 나와 근본적으로 구별되는 사람이라는 것을 명확하게 인식하지 못하고 있고, 따라서 아직은 진정한 의미에서의 '가까운 이를 가까이 대함'을 말할 수 없는 상태이다. 이윽고 내가 자발적으로 '가까운 이를 가까이 대하기' 시작할 때, 나는 돈독한 감정을 가지고서 부모에게 밀접하게 다가가게 되지만 동시에 바로 이러한 다가감으로 인해 근본적으로 부모와 거리를 두게 되는 것이다. 이는 곧 나의 부모가 나와 가장 가까운 사람이 되는 동시에 진정한 타인이 된다는 것을 의미한다. 그러므로 '가까운 이를 가까이 대함'은 나의 생물학적 부모가 진정한 '부친과 모친'이 되도록 함과 동시에 나의 부모를 나와 근본적으로 구분되는 타자로 만든다. '가까운 이를 가까이 대함'이 필연적으로 발생시킬 수밖에 없는 이러한 소원함이 없다고 한다면 우리는 그 누구도 가까이 대할 수 없을 것이다. 거리는 차이 / 차등을 의미하며, 이른바 '가까운 이를 가까이 대함에서의 차등'은 나와 나의 부모 간의 근원적인 거리를 가리키는 것이다.

따라서 '가까운 이를 가까이 대함'은 결코 자연적인 행위가 아니다. 어떤 어린아이도 태어나면서부터 자연스럽게 '자신의 부모를 사랑할' 수는 없다.[66] '가까운 이를 가까이 대함'은 가장 근원적인 '타자인식'이 내 안에서

---

66) "맹자가 말했다. 배우지 않아도 할 수 있는 것을 良能이라 하고, 사려하지 않아도 알 수 있는 것을 良知라고 한다. 방긋 웃고 아장아장 걷는 어린아이라 하더라도 부모를 사랑할 줄 알지 못함이 없고 자라나서는 형을 공경할 줄 알지 못함이 없다. 가까운 이를 가까이 대함(부모를 사랑함)은 仁의 일이고, 형을 공경함은 義의 일이다. 이것이

솟구쳐 나온 것이다. 어떤 타자인식이 말과 행동으로 드러날 때, '가까운 이를 가까이 대함'은 타자로서의 부모에 대한 자신의 경敬 즉 공경의 뜻을 공恭 즉 공손한 태도로 드러내게 되는 것이다. 만약 '가까운 이를 가까이 대함'이 배우지 않아도 할 수 있는 '양능良能'이라고 한다면, 이 양능은 내가 인간으로서 지닐 수 있는 가장 근본적인 가능성 즉 내가 장차 실현할 수 있는 것이지 배우지 않아도 할 수 있는 본성이 아니다.

생물학적 부모를 진정한 '가까운 이'로 만드는 '가까운 이를 가까이 대함'은 다가감과 동시에 멀어지는 쌍방향적 운동이다. 그러나 이 운동은 이른바 변증법적 운동은 아니다. 왜냐하면 이 운동은 가까움과 멂을 변증적으로 지양하거나 종합하는 것이 결코 아니기 때문이다. 오히려 이것은 타자로서의 부모와 자녀로서의 나 사이의 가깝고도 먼 이 거리를 유지하는 운동이라고 할 수 있다. 친근한 타인 혹은 부모로서의 '친親'은 바로 그 운동 속에서 생겨나고 존재하며, '가까운 이를 가까이 대함'으로부터 생겨나는 그러한 친근함과 소원함(거리)은 바로 『중용』에서 말하는 '가까운 이를 가까이 대함에서의 차등'이다. 때문에 우리는 이 '차등'(殺 / 差)에 대해 주의를 기울이지 않을 수 없다.

유가전통에서는 '가까운 이를 가까이 대함'에서 발생하는 '차등'과 '비동일성', 즉 부모와 나의 특수관계 안에서 발생하는 나와 타인의 차이 / 차등이야말로 예禮의 기원으로 이해되고 긍정된다. "가까운 이를 가까이 대함에서의 차등과 어진 이를 높임에서의 등급은 바로 예가 낳은 것이다"라는

선천적이라는 것은, 다른 이유가 있어서가 아니라 온 천하가 모두 이를 공유하고 있기 때문이다."(『孟子』, 「盡心上」, "孟子曰: 人之所不學而能者, 其良能也; 所不慮而知者, 其良知也. 孩提之童, 無不知愛其親者; 及其長也, 無不知敬其兄也. 親親, 仁也; 敬長, 義也. 無他, 達之天下也") 『맹자』의 이 핵심적인 구절과 관련된 문제에 관해서는 제4장 '효와 타인'의 제2절 '자연감정 혹은 인간의 본질'에서 진행된 일련의 논의를 참고하라.

말이 그것으로,[67] '가까운 이를 가까이 대함'과 '어진 이를 높임'이 발생시킨 나와 타인 사이의 차등으로 인해 예가 필요하게 되었다는 것이다. 이처럼 예는 바로 '가까운 이를 가까이 대함에서의 차등'에서 발생했으며, '가까운 이를 가까이 대함에서의 차등'은 특수한, 그리고 최초의 형식의 나와 타인의 차이 / 차등일 뿐이다.

'가까운 이를 가까이 대함'이 중국 같은 특정한 종법 혈연사회에만 국한되는 문화현상이 아니라 부모의 존재를 분간해 낼 수 있는 인류사회에서라면 어디에나 필연적으로 존재하는 것이라면, 『중용』에서 긍정했던 예禮의 기원은 결국 구체적인 역사적 사실로서의 기원이 아니라 필연적인 구조적 기원일 것이며, 설사 그것이 역사적 사실로서의 기원이라 하더라도 우연의 소산에 불과할 것이다. 구조적 차원에서 말하자면 예는 필연적으로 나와 타인의 차이 즉 나와 타인 간의 거리와 차등으로부터 발생할 수밖에 없다. 반드시 타인으로부터 부양을 받아야만 성장할 수 있는 모든 구체적 개인들에 있어 이러한 차이에 대한 인식은 그 개체 자신과 가장 가까운 사람 즉 부모 혹은 부모를 대신해서 양육해 준 이와의 차별적 관계 안에서 가장 처음 발생한다. 개체로서의 나는 특정한 방식을 통해 부모라는 특정한 타자를 향해 친애의 감정을 표할 수 있으며, 이러한 존경은 그 외의 타인에게까지 퍼져 나간다.

만약 '가까운 이를 가까이 대함'과 '높여야 할 사람 / 어진 이를 높임'(尊

---

67) 예컨대, 『예기』「악기」편에는 禮와 樂의 동이 문제를 논하는 다음과 같은 대목이 실려 있다. "樂은 동화되도록 하는 것이요, 禮는 차등이 있게 하는 것이다. 동화되면 서로 친해지고, 차등이 생기면 서로 공경한다."(樂者爲同, 禮者爲異. 同則相親, 異則相敬.) 공영달은 『예기정의』에서 이 대목에 대해 다음과 같이 해설했다. "동화되면 서로 친해진다는 것은 간극이 없기 때문에 서로 친해진다는 것이다. 차등이 생기면 서로 공경한다는 것은 다름이 있기 때문에 서로 공경한다는 것이다."(同則相親, 無所間別, 故相親也. 異則相敬, 有所殊別, 故相敬也.)

尊)이 예禮의 기원이 될 수 있는 까닭이, 이러한 행위가 나와 가장 가까운 사람과 나 자신 사이에서조차 발생하는 나와 타인 간의 근본적인 차이 / 차등이기 때문이라고 한다면, 예는 한편으로는 나와 타인 사이의 차이 / 차등으로부터 기원하는 것이며, 다른 한편으로는 이러한 근본적인 차이 / 차등을 적극적으로 확립하고 긍정하는 것이다. 이러한 주장을 제기할 때, 우리는 유가전통이 강조하는 예의 기능 즉 '분별'(分)로 돌아오게 된다. 예는 특정한 어휘체계(職分 혹은 名分)를 통해 분별을 확립하고 굳혀 나간다. 예가 만들어 낸 각종 형식의 분별 즉 인간의 각종 직분들은 결국 가장 근본적인 나와 타인의 분별이 복잡화된 것에 불과하다. 제자백가의 사상들이 총결산되는 전국시대를 살았던 순자荀子는 분별의 작용을 지닌 예에 대한 명확한 학설을 제기했다. 순자는 나와 타인을 분간하는 능력을 '짐승의 도리'(禽獸之道)와 상대되는 '인간의 도리'(人道)의 특징으로 간주했으며, 예는 바로 이러한 분간의 적극적 산물이라고 긍정했다. 순자는 다음과 같이 말했다.

> 그러므로 인간이 인간일 수 있는 까닭은 두 발로 걷고 털이 없기 때문이 아니라 그 구별함 때문이다.…… 무릇 짐승 간에도 부모자식의 관계는 있으나 부모자식 간의 친밀함은 없으며, 수컷과 암컷은 있으나 남녀의 구별이 없다. 그러므로 인간의 도리는 바로 이 구별에 있지 않음이 없다. 구별에 있어서는 분별보다 큰 것이 없으며, 분별에 있어서는 예보다 큰 것이 없으며, 예에 있어서는 고대 성왕聖王들보다 더 탁월한 자가 없었다.[68]

예禮가 분별을 확립하였기 때문에 "분별에 있어서는 예보다 큰 것이 없다"라고 하고, 주공周公 등은 성왕이 예를 제도로 확립하였기 때문에

---

68) 『荀子』, 「非相」, "然則人之所以爲人者, 非特以二足而無毛也, 以其有辨也.……夫禽獸有父子而無父子之親, 有牝牡而無男女之別. 故人道莫不有辨. 辨莫大於分, 分莫大於禮, 禮莫大於聖王"

"예에 있어서는 고대 성왕들보다 더 탁월한 자가 없었다"라고 한 것이다. 나와 타인을 분별할 수 있도록 하는 예는 인간으로 하여금 동물 혹은 순수 동물적 존재들과 구분되게 해 준다. 그래서 예는 '인간의 도리'인 것이다. 따라서 '인간의 도리'는 바로 나와 타인의 차이 / 차등 가운데에 존재하는 것이지, 나와 타인이 혼연하게 분별없이 붙어 있는 가운데 나타나서 형성된 것이 아니다. 이렇게 볼 때, 유가가 소위 '인륜'을 강조한 것은 결국 타자를 나와 다른 타자로서 인정하고 존중할 것을 강조한 것이라고 볼 수 있다.

여기에서 우리는 지금까지의 논의와 관련하여 맹자의 설명을 한 번 언급해 보고자 한다. 우리는 순자와 함께 인성론의 두 축을 이루는 맹자가 양주와 묵적의 사상을 비판하면서, 만약 모든 사람들이 양묵의 주장처럼 겸애를 하거나 자신만을 위하게 된다면 결국은 군신부자지간의 분별과 차이 / 차등이 사라져서 인간과 짐승이 구별되는 지점 역시 함께 사라지고 말 것이라고 말했던 것을 기억하고 있다.[69] 표면적으로 보면 맹자는 그가 살았던 시대의 한계를 뛰어넘지 못한 까닭에 군신관계나 부자관계 같은 '인간의 큰 윤리'(人之大倫)를 고수하고 인간과 인간의 관계를 몹시 중시했던 것처럼 보인다. 그런데 정말로 묵자와 양주의 학설이 나와 타인의 구별을 없애고 인간을 동물의 지경으로 떨어뜨리는지의 여부는 옆으로 제쳐 두고 단지 맹자가 특정한 인륜관계를 다소 독단적으로 고수하는 측면만을 살펴본다면, 이른바 '인간의 큰 윤리'에 대한 맹자의 관심은 궁극적으로 나와 타인 사이의 근본적인 차이 / 차등에 대한 관심이었다고 할 수 있다. 어떤 의미에서 볼 때, 군신·부자 등 특정한 형식으로 체현되는 인륜관계의

---

69) 『孟子』, 「滕文公下」, "聖王不作, 諸侯放恣, 處士橫議, 楊朱墨翟之言盈天下. 天下之言, 不歸楊, 則歸墨. 楊氏爲我, 是無君也; 墨氏兼愛, 是無父也. 無父無君, 是禽獸也."

준칙들은 결국 나와 타인의 구별에 대한 근본적인 인정과 존중이 특정한 역사적 형식으로 드러난 것에 불과할 뿐이다.

구조적 차원에서 말하자면, 만약 나와 타인의 차이 / 차등이 없고 타자에 대한 근본적인 공경이 없다면 예는 존재할 수 없었을 것이고, 역으로 공식화되고 제도화된 예가 없다면 나와 타인의 차이 / 차등을 적극적으로 확립하지도 못하고 또한 타자에 대한 나의 공경 역시 드러날 수 없었을 것이다. 즉 공경이 있어야 예가 존재할 수 있고, 예가 존재해야 충분한 공경이 가능한 것이다. 이것은 오직 예가 제도화되었을 때 비로소 공경을 최대한도로 표현할 수 있다는 의미이다. 타자에 대한 나의 최대한도의 공경이 바로 예의 시작이며, 이러한 예를 통해 타자에 대한 나의 공경이 완성될 수 있다. 내가 '가까운 이를 가까이 대할' 수 있게 되었다면, 즉 나와 구분되는 타인으로서의 부모를 친애하고 공경할 수 있으며 그러한 경애를 특정한 방식으로 표현할 수 있게 되었다면, 바로 그 순간 최저한도의 예는 '가까운 이를 가까이 대함'이라는 행위 속에 이미 존재하고 있는 것이다.

그러나 소박하고 기본적인 공경이 곧바로 고도로 형식화·복잡화된 보편적인 예禮인 것은 아니다. 사람들이 보편적으로 따르는 예는 언어적 성격을 가진 제도로서, 이러한 예의 탄생은 근본적인 중요성을 지닌 역사적 사건으로 받아들여진다. 중국문화에서 이른바 선왕 혹은 성인이 예악을 제정했다는 주장의 진정한 의미는 바로 여기에 있다. 예에는 명확한 형식이 부여되어야만 사람들이 보편적으로 따를 수 있게 되는데, 이러한 제도화의 작업은 전통적 의미에서의 '예禮의 제정자' 즉 성인을 그 근거로서 요청한다고 여겨졌던 것이다. "예禮를 제정한 이가 곧 성인이 된다."(作者爲聖) 성인이 예를 제정한 것 그 자체가 곧 창조이며, 이는 역사적으로 전례가 없는 사건이다. 그리고 이렇게 제정된 예는 법칙으로서의 지위를 지니는 전범이자 모든 사람이 보편적으로 따라야 할 제도로 받아들여진다. 따라서 중국문화에서는 예의 제정자로서의 성인 그 자체가 곧 궁극적인 '리理 혹은 예禮의 근거'가 된다. 성인은 그 자체로 예가 '이치에 부합하고 예에 부합함'을 보증하는 존재인 것이다. 물론 실제 역사에서는 예의 제정과 형성에 그 나름의 굴곡과 가감이 있을 수밖에 없을 것이므로, 유가전통에서 예악을 제정했다고 칭송하는 성인의 이름은 단지 역사적 사건으로서의 예의 탄생을 상징하는 문화적 기호라고 할 수 있을 것이다.

6. "예의 쓰임에 있어서는 조화로움을 귀하게 여긴다"

예禮에 대한 모든 담론과 반성은 제도 혹은 언어로서의 예가 본격적으로 확립된 이후를 대상으로 한다. 그러나 이러한 '본격적인 확립' 즉 예가 확정된 구체적인 시간적 출발점이란 그저 이론적 허구에 그치는 것이 사실이다. 타자가 존재하기만 한다면 예는 어떤 형식으로든 이미 존재할 수밖에 없고, 그만큼 역사적 사실로서의 예의 탄생 시각은 무한히 소급되어 올라가게 되기 때문이다. 일찍이 공자는 "나는 주나라의 예법을 따르겠다!"라고 말했지만, 이미 주나라의 예법 자체가 그 선대인 하나라와 은나라의 예법을 계승 및 발전시킨 것이었다. 그러므로 전통적으로 예악을 제정한 성인으로 추앙받는 주공 역시 결코 예를 최초로 창조했던 인물은 아닌 것이다.

예의 기원을 추적하는 것이 어렵거나 아예 불가능한 이유는, 어떤 측면에서 예는 항상 시작되고 존재하는 상태였기 때문이다. 즉 기본적인 공경이 존재하는 곳이라면 이미 최소한도의, 그리고 가장 기본적인 예 역시 존재한다는 것이다. 공자의 제자 유자有子가 다음과 같이 말한 까닭도 아마 소박한 공恭과 공식화된 예禮 사이의 이러한 내재적 연결 때문이었을 것이다.

공손함(恭)은 예禮에 근접한 것이다.70)

예의 본질과 관련된 이 짧은 대목은 사실 매우 미묘한 의미를 담고 있다. 이 대목은 양자를 명확히 구분하는 동시에 연결시키고 있다. 그는 왜 이런 말을 했을까? 예는 복잡한 학습과 훈련을 요구하는 것으로, 소박하고 아직 제도화되지 못한 공恭은 엄격한 의미에서의 예禮 즉 충분히 형식화된 예라고 할 수 없기 때문이다. 그런데 공恭은 타자에 대한 자신의 경敬을 표현하는 것이다. 그러므로 단지 나의 공이 타자에 대한 나의 경을 전달할 수 있고 받아들여질 수 있기만 하다면, 즉 나의 공이 타자를 향해 효과적으로 나의 경을 다할 수 있도록 하기만 한다면, 나의 공은 의미를 드러내고 전달하는 기호가 되었다고 할 수 있다. 이러한 기호로서의 공은 반드시 반복적으로 사용되어야 한다. 반복적으로 사용되지 않는 것은 기호가 아니기 때문이다. 반복을 통해서만 나의 공은 비로소 나의 경을 드러낼 수 있는 기호와 언어가 될 수 있는 것이다. 따라서 나의 공이 경으로 이해되고 받아들여지도록 하기 위해서는 나 자신 뿐만 아니라 타인에 의해서도 반복적으로 사용될 수 있어야 한다. 타자에 대한 나의 내재적 경은 나의 외재적 공이 끊임없이 반복되는 과정 안에서 비로소 타자에 대해 명확한 의미를 가질 수 있게 된다.

결국 반복될 수 있는 공恭보다 앞서는 소박한 경敬이라는 것은 결코

---

70) 『論語』, 「學而」, "有子曰: 信近於義, 言可復也; 恭近於禮, 遠恥辱也. 因不失其親, 亦可宗也."

존재할 수 없다. 나의 공恭이 타자에 의해 인식되고 이해되며 받아들여지면 최저한도의 예禮가 나와 타인 사이에 존재하게 된다. 타인이 나의 공을 이해했다는 것은 나의 공을 반복적인 하나의 기호로 인정했음을 의미하기 때문이다. 나의 외재적인 공의 태도가 내재적인 경의 의미로 이해될 때 나의 그러한 태도들은 반복 가능한 기호가 된 것이므로, 내가 타인을 향해 취하는 공의 태도들은 일종의 기호로서 타인을 향해 내 마음 속의 여러 경의 뜻을 표현할 것이다. 또한 이것은 나의 공의 태도가 표의적인 언어 즉 예禮가 될 수 있음을 의미하는 것이기도 하다. 따라서 공은 외양 혹은 형식 차원에서만 예에 근접하는 것이 아니라 그 본질과 구조 차원에서도 예에 근접하게 된다. 이것이 예에 근접한다는 것은 타인에 대한 나의 공이 본질적으로 이미 예의 언어 중 하나이기 때문이다.

그러나 만약 이러한 공恭이 사람들 혹은 사회 안에서 제도화되지 않았다면, 즉 보편적인 의식적 언어로 확립되지 않았다면 나는 매번 끊임없이 제한적인 범위 안에서 공경의 언어를 새롭게 생산해 내야만 했을 것이고, 이러한 작업은 너무 수고로웠을 것이다. 공자가 태묘에서 조심스럽게 예를 물었던 일 역시 그러한 사례로 볼 수 있다. 그곳에서 공자는 믿고 따를 만한 기존의 형식이 없었기 때문에 '자신만의 방식'을 통해서 상대방에게 공경을 다하고자 했지만, 그의 방식은 타인들로부터 이해를 받지 못했던 것이다. 때문에 공자는 사람들로부터 이해받지 못했던 자신의 '행위-표현'에 대해 부득이하게 "이것이 바로 예이다"라고 추가적인 설명을 해야만 했다. 바로 이러한 까닭에 또한 공자는 "공손하되(恭) 예가 없으면 수고롭다"[71]라고 말하기도 했다. 이처럼 타인과의 교류에서의 '경제성'을 위해서라도 공식화된 예는 반드시 필요한 것이다.

---

71) 『論語』, 「泰伯」, "子曰: 恭而無禮則勞."

그러나 우리는 한 걸음 더 나아가, 근본적인 의미에서 '공손하되 예가 없음'은 사람을 수고롭게 하는 것일 뿐만 아니라 애초에 불가능한 것이라고 말할 수도 있을 것이다. 타인에 대한 나의 경敬을 표현하는 공恭은 비록 아주 낮은 수준의 것이라 하더라도 이미 예禮로서 존재하고 있다.[72] 따라서 여기에서 이루어져야 할 것은 예인지 아닌지에 대한 구별이 아니라 그것이 '원형의 예'인지 '발전된 형태의 예'인지에 대한 구별일 뿐이다. 또한 여기에 서의 이른바 '원형'은 구조적 의미를 지닌 것일 뿐, 실제 역사적 의미에서 사용된 표현이 아니다. 왜냐하면 근본적으로 예와 완전히 무관하거나 예에 완전히 어긋나는 경이란 존재할 수 없기 때문이다.

타인에 대한 나의 경敬은 필연적으로 어떤 형식의 예禮 안에서만 존재할 수 있고, 또 그러한 예를 통해서만, 그러한 예로서만 존재할 수 있다. 따라서 예는 결국 타인에 대한 나의 경이 가능하도록 하는 것이다. 나와 타인 사이의 매개로서의 예가 없다고 한다면 타인에 대한 나의 경은 표현될 수 없을 것이고, 따라서 경으로서 존재할 수도 없을 것이다. 그러므로 타자에 대한 나의 경이 가능하기 위해서는 나와 타인 사이의 필수불가결한 매개로서의 예가 반드시 필요하다. 그리고 이처럼 필수적인 매개로서의 작용은 예와 관련된 전통적 서술들 속에서 '화和'라는 개념을 통해 설명된다.

예禮의 쓰임에 있어서는 조화를 이룸(和)이 귀하다.[73]

---

72) 이른바 '선물'(禮物)을 예시로 들 수 있을 것이다. 선물은 타인에 대한 나의 존중을 보여 주는 것이다. 따라서 어떠한 물건도 본래부터 '선물'이었던 것은 아니다. 만약 이러한 표현의 조건만 충족시킨다면 아무리 미미한 물건이라 하더라도 소중한 선물이 될 수 있다. 이와는 반대로 겸손은 선물을 보내는 사람으로 하여금 자신의 선물의 실제적·경제적 가치를 최대한 낮게 평가하도록 만든다. "선물을 주다"에 해당하는 중국어 표현들은 그 선물의 가치를 떠나 모두 전통적인 겸양의 표현들이다. 예컨대, 薄禮, 薄獻, 菲仪, 芹意, 献芹, 千里鵝毛, 小意思 등이 그러하다.

73) 『論語』, 「學而」, "有子曰: 禮之用, 和爲貴."

여기에서의 '화和'자는 때때로 '닮음', '꼭 들어맞음' 같은 형용사적 의미로 설명되기도 하지만,[74] 전통적인 학설에서는 "예禮는 분별하고 악樂은 조화를 이룬다"의 경우처럼 '조화를 이룸'이라는 동사적 의미로 이해하여 예禮와 상보적 관계에 있는 악樂에다 배속시켜 왔다. 그러나 조화를 이룰 수 있는 것이 악뿐만인 것은 아니다. 예 역시 조화를 이룰 수 있다. 심지어 예는 다른 무엇보다도 조화를 위한 것이라고 말할 수도 있다.

'화和'자는 인간관계를 조정하고 조화를 이룬다는 예禮의 작용으로서의 의미를 가지고 있지만, 필연적으로 그것은 본질적 관계를 나타내는 더욱 근본적인 의미를 함축하고 있다. 무엇보다도 '화和'자는 관계의 개념으로 이해되어야 한다. 왜냐하면 '조화調和', '화순和順', '화해和解' 등의 말은 그 '화和'자로 인해 필연적으로 더욱 근본적인, 즉 이것'과' 저것(此和彼) 혹은 나'와' 타인(我和人) 사이에서의 화해나 조화라는 뜻을 함축하고 있기 때문이다. 이러한 가장 근본적인 의미에서의 화和가 없다면 '조화調和', '화해和解' 등의 표현은 아예 성립될 수도 없을 것이다. 물론 화和자가 관계를 표시하는 연결사로 사용되는 것은 현대중국어의 용법이기는 하지만, 이 글자가 아무런 이유도 없이 그처럼 연결사로 차용된 것은 결코 아닐 것이다. 화和자가 관계를 표시하는 연결사가 될 수 있었던 까닭은, 서로 의미가 다른 것들을 연결시키고 화합시킬 수 있는 근본적인 '조화'(和), 근본적인 '관계'의 의미를 가지고 있기 때문이다. 따라서 어떤 의미에서 보자면, '화和'자가 현대중국어에서 연결사로 변화·발전된 것은 이 글자가 가지는 근본적인 의미구조가 보다 명료화된 것일 뿐이라고 볼 수 있다.[75]

---

74) 楊伯峻, 『論語譯注』, p.8.
75) '和' 개념에 대한 집중적인 분석에 관해서는 졸저 『文本之間 − 從孔子到魯迅』의 「思和」장 (pp.225~243)을 참고하라.

이렇듯 나와 타인의 관계 혹은 사회적 관계를 조정하거나 조화롭게 한다는 의미로 사용되기 전부터 예禮는 이미 그러한 관계 자체, 즉 나와 타인 사이의 '피차관계' 혹은 '상호관계'로서의 '화和'였다. 이 때문에 "예는 오고 감이 중요하다"(禮尚往來)라고 말해지는 것이다. 여기에서 '오고 감'(往來)은 예 안에서는 모든 사람이 하나의 '나'이며, 모든 '나'는 참된 자아와 대면하는 타자임을 의미한다. 이러한 조건은 나의 사회적 신분이나 지위가 어떠하냐에 따라 바뀌는 문제가 아니다. 이러한 까닭에 공자는, 설사 군신관계와 같은 분명한 상하관계에서도 쌍방이 모두 예를 준수해야 한다고 보았다. 즉 신하가 군주를 섬김에 예로써 해야 할 뿐만 아니라, 군주 또한 신하를 부림에 예로써 해야 한다는 것이다. 이처럼 군신 간 상호 공경의 관계가 가능하도록 하는 예는 단순한 인사치레나 빈말이 아니다. 여기에는 비록 상하의 구분이나 계급의 차이가 존재하기는 하지만 이후 중국 역사에서 간혹 발생했던 것과 같은 "군주가 신하의 죽음을 원하면 신하는 부득이하게 죽을 수밖에 없다"는 식의 절대적인 복종은 결코 존재하지 않는다. 피통치자 혹은 피지배자에 대한 통치자 혹은 지배자의 일방적인 요구는 결코 공자가 주장하는 그러한 예가 될 수 없다.

이처럼 나와 타인이 모두 예禮 안에 속해 있고 예를 통해 연결된다고 한다면, 예 없이는 가장 근본적인 화和도 존재할 수 없을 것이며 진정한 의미에서의 윤리관계 및 사회공동체도 존재할 수 없을 것이다. 그러나 나와 타인의 관계가 항상 존재할 수밖에 없기 때문에, 그리고 나의 외부에는 항상 타인이 존재할 수밖에 없기 때문에 나와 타인을 연결시켜 주는 예는 항상 존재할 수밖에 없다. 바로 이러한 예 혹은 예의 화和를 통해 나는 비로소 타인과 '예의 있게' 연결될 수 있으며, 그리하여 '타인을 존경할 수 있는 나'와 '진정으로 존경받는 타인'이 존재할 수 있게 된다. 나는 바로 이러한 예의 화和를 통해, 타자와 더불어 '타자를 타자로서 존재할 수 있도록 하는' 윤리관계를 맺는다. 따라서 예는 나와 타인의 사이에서 필연적으로 발생하는 것인 동시에 나와 타인의 관계를 형성하는 것, 심지어는 나와 타인 사이의 관계 그 자체로서, 궁극적으로 인간의 본성 혹은 인간됨을 반영하고 있다.

만약 예禮가 존재하지 않는다면 나와 타인의 '관계' 혹은 나와 타인 사이의 '화和' 역시 존재할 수 없을 것이며, 이러한 '화和'로부터 생겨나는 수많은 윤리관계 역시 존재할 수 없을 것이다. 이 점을 좀 더 자세히 밝히기 위해 어떠한 예의 중개도 거치지 않는 절대적 경敬의 상태를 가상해 보도록 하자. 그러한 절대적 경敬은 아마도 '예를 갖추지 않은 경'(無禮之敬)이라고 불릴 수 있을 것이다. 그런데 예의 중개를 거치지 않은 상태의, 즉 외재적이고 가시적인 공恭이 없는 상태의 경敬은, 설사 내 마음이 타인에 대한 경으로 가득하다 하더라도 끝내 드러나지 못하고 내 안에 머물러 있을 수밖에 없다. 이렇게 되면 나는 결코 타인과 어떠한 경의 관계도 맺을 수 없을 것이다. 심지어 나의 경은 나 자신에 대해서조차 존재하지 않는 것이 된다. 타인에 대한 자신의 경이 진정한 것인지 알기 위해서는 나 자신 역시 어떤 방식으로든 그 경을 보아야 하는데, 이미 그러한 시도 자체가 불가능하게 되기 때문이다. 물론 여기에서 본다는 것은 비유적인 표현이다. 이것은 어떤 방식으로든 나의 경을 대상화해서 나 자신에게 표현하고, 그렇게 함으로써 내가 이것의 존재를 알도록 한다는 의미이다. 그런데 나의 경이 표현될 어떠한 가능성도 없다고 한다면 나는 나 자신 안에서 타인에 대한 나의 경과 어떠한 관계도 맺을 수 없을 것이며, 나 자신과도 어떠한 관계도 맺을 수 없을 것이다. 이렇게 된다면 나는 어떠한 '자존감'조차도 가질 수 없게 되고 만다. 왜냐하면 자존감은 자신을 향해 자신에 대한 자신의 경을 표현하는 것이기 때문이다. 나의 경을 표현하는 것은 타인에 대해서뿐만 아니라 나 자신에 대해서도 중요한 일이다.

한 걸음 물러나서, 나 자신 자체가 이미 타인에 대한 경敬이기 때문에 경의 표현 여부가 나 자신에 대해서는 그렇게 중요하지 않다고 가정한다 하더라도, 타자와 더불어 경의 관계를 맺기 위해서는 이 '표현'이라는 과정이 반드시 필요하다. 이 과정이 없다면 나는 나의 경을 타인에게 직접적으로 접촉시킬 수밖에 없겠지만, 이런 식의 접촉은 도리어 타인에 대한 나의 경을 소멸시키고 만다. 직접적인 접촉은 거리 혹은 관계의 소멸이며, 관계의 소멸은 관계항 즉 나와 타인의 소멸이기 때문이다.

예禮의 화和, 혹은 예의 중개작용은 나와 타인 사이의 '접촉 없는 접촉'을 가능하게 해 준다. 이러한 관계 속에서 나와 타인은 끝없이 가까워지는 동시에 끝없이 멀어진다. 즉 나는 타자의 무게와 영향을 고스란히 느낄 만큼 그와 끝없이 가까워지지만, 동시에 영원히 닿을 수 없을 만큼 그로부터 끝없이 멀어진다는 것이다. 이것이 바로 나와 타인 사이의 근원적인 거리를 유지하면서 긴밀하게 서로를 연결시키고, 그러면서도 나와 타자 간의 거리를 또한 끝없이 분리시키는 예의 작용이자 기능이다. 이 거리는 나로 하여금 타인에게 무한히 가까워지도록 하되, 동시에 타인과 나 자신을 파괴하지 못하게 하는 것이기도 하다. 따라서 이러한 거리 즉 예禮는 타자가 타자로서 반드시 유지해야 할 '안전거리'인 셈이다. 이러한 근원적인 거리가 사라지게 되면, 즉 나와 타인의 사이가 사라지게 되면 나와 타인은 한덩어리가 되고 말 것이며, 이것은 타자의 종말일 뿐만 아니라 나의 종말이기도 하다. 따라서 예 안에서 존재하고 예의 형태로 유지되는 이 근원적인 거리야말로 타자에 대한 나의 경이 진정한 경으로 존재할 수 있도록 해 주는 것이며, 타자가 진정한 타자로 존재할 수 있도록 해 주는 것이다.

이로부터 한 걸음 더 나아가 말하자면, 근본적 의미에서의 예禮는 타인에 대한 나의 경敬이 존재하는 지점이며, 나의 이러한 근원적인 경은 타자가 타자로 존재할 수 있도록 하는 지점이라고 할 수 있다. 따라서 타자라는 존재와 경은 불가분의 관계이며, 또한 경은 예와 불가분의 관계이다. 그렇기 때문에 예의 본질은 개인을 속박하는 일련의 완고한 직분, 복잡하게 설계된 일련의 정치·사회·문화적 전범과 제도, 외재적 규범으로서 존재하는 인위적인 허례허식이 결코 아니다. 예의 본질은 타인을 향해 나의 경을 충분히 표시할 수 있도록 해 주는 '언어'이며, 나와 타인이 근본적 차원에서 진정한 윤리관계를 맺을 수 있도록 해 주는 '언어'이다.

어떤 의미에서 보자면, 우리는 거꾸로 "언어76)의 진정한 본질이 바로 예"라고 말할 수도 있을 것이다. 중국의 문화전통 안에서 예는 내가 타인과 진정한 관계를 맺을 수 있도록 해 주는 것, 진정으로 내가 타자를 향해 공경을 다할 수 있도록 하는 매개로 여겨졌다. 즉 예로써 부모를 모셔 효를 다하고 돌아가시면 장례를 치러 드리며, 예로써 돌아가신 이와 조상들을 애도하며, 예로써 빈객을 맞이하고 대접하며, 예로써 정치를 행하고 백성을 부리며 임금을 섬기고 신하를 부리며 친구를 사귀는데, 이러한 것들이 곧 예에 따라 타자에 부름에 응하고 자신(자신의 임무, 심지어는 몸까지)을 다해 타자에게 봉사하는 것이다. 천지, 귀신, 조상, 부모, 자녀, 빈객, 군주, 백성, 스승, 벗 등이 모두 이러한 타자에 해당한다. 나는 예의 언어를 통해서만 타인을 향해 겸손하고 공손하게 나의 경을 표현할 수 있으며, 타자는 나의 예의 있고 예에 부합하며 예 그 자체인 경을 통해서만 진정으로 인정받고 진정한 타자로서 존재할 수 있다.

---

76) 이때의 언어는 비도구적 언어, 혹은 그 도구적 성격보다 앞서 존재하는 언어를 의미한다.

7. '사욕을 극복함'과 '예禮를 회복함': 타자를 향한 초월

제도화된 언어로서의 예禮는 무엇보다도 나의 학습과 이해를 요구한다. 설령 새로운 예를 생산하는 작업이라 하더라도 그것은 기존의 예라는 언어 안에서만 시작될 수 있다. 이러한 의미에서 볼 때, 공자의 "예가 아니면 보지 말고, 예가 아니면 듣지 말며, 예가 아니면 말하지 말고, 예가 아니면 행하지 말라"라는 말은 예교가 사람을 죽인다고 격렬한 비판을 가했던 사람들이 상상하던 것만큼 엄혹한 내용은 아니었을 것이다. 보고 듣고 말하고 행함에 있어 예에 어긋나지 않도록 하라는 것은 다만 사람들에게 예의 어휘체계와 문법들을 학습하고 이해하라고 요구한 것이었다. 그렇게 하지 않을 경우, 우리는 의미가 담긴 표현들, 타인에 의해 받아들여질 수 있는 표현들을 구사할 수 없게 될 것이다. 그리고 내가 타인에 대한 나의 경敬을 '의미를 담아서' 혹은 '이해될 수 있게' 표현하지 못한다면, 즉 내가 예라는 언어 안에서 나 자신을 타인에게 분명하고 드러내지 못한다면, 나 역시 스스로를 타자로서 존중할 수 있는 진정한 타자로서의 '나'를 가질 수가 없게 될 것이다. 여기에서 '존중할 수 있음'이란 타자에 대해 책임질 수 있음을 의미한다. 왜냐하면 타자를 존중한다는 것은 가장 심오한 의미에서 태자에 대해 책임을 진다는 것이기 때문이다. 바로 이러한 예 안에서, 예라는 언어를 통해서 나는 나 자신을 겸허하게 타인의 지배에 내맡기면서 진정으로 타인 앞에 설 수 있는 사람으로 확립시킬 수 있는 것이다.

공자가 "예禮에서 바로 선다"[77]라고 말했을 때, 이것은 "예 가운데에서

---

77) 『論語』, 「泰伯」, "子曰: 興於詩; 立於禮; 成於樂."

바로 선다"의 의미로 이해되어어야지 "예가 우리로 하여금 사회적으로 바로 서게 해 준다"로 이해되어서는 안 된다.[78] 예는 도구가 아니며, 인간과 예의 관계는 결코 도구적 관계가 아니다. 그러므로 인간이 예를 이용한다고 말할 수는 없는 것이다. 예가 나와 타인의 윤리관계 즉 인(仁)이 실현되고 존재함에 있어 반드시 필요한 매개라는 측면에서 볼 때, 인간은 항상 예 안에 놓여 있고 예 안에서 살아가고 있다. 또한 인간은 오직 예(禮) 안에 있을 때 비로소 타자로서의 나와 구분되는 진정한 자아를 형성할 수 있으며, 또 다른 자기가 되어 타인 앞에 설 수 있다. 따라서 예는 진정한 자아를 상실하지 않게 할 뿐만 아니라 자아로 하여금 또 다른 '나'를 가지게 한다. 내가 예 안에서 형성되고 확립되도록 하기 위해서는 반드시 예를 배우고 예를 알아야만 하는 것이다. 그래서 공자는 다음과 같이 말했다.

예(禮)를 배우지 않으면 바로 설 방법이 없다.[79]

공자의 "서른 살에 바로 섰다"는 말이 "예 가운데에서 바로 선다"라는 의미라면, "일흔 살에는 마음이 원하는 바를 따라도 경계선을 넘지 않았다"[80]라는 말은 분명 공자 자신이 예의 경계선 안에서 여유 넘치고 침착할 수 있게 되었다는 의미일 것이다.

만약 '나'의 형성이 예(禮) 안에서 가능한 것이라고 한다면, 공자의 "나(나의 사욕)를 극복함"(克己)이라는 요구는 '예의 학습'을 "나를 완성함"(成己)의 전제

---

78) 이것은 楊伯峻의 해석을 따른 것이다. 楊伯峻의 『論語譯注』 제81쪽을 참고하라. 李澤厚는 『論語今讀』 제203쪽에서 이 대목을 "禮가 사람으로 하여금 성립되게 한다"라고 해석했는데, 다소 모호한 면이 있다.

79) 『論語』, 「季氏」, "不學禮, 無以立."

80) 『論語』, 「爲政」, "子曰: 吾十有五而志于學, 三十而立, 四十而不惑, 五十而知天命, 六十而耳順, 七十而從心所欲不踰矩."

로서 함축하고 있는 것이 된다. 나를 극복하기 위해서는 우선 내가 예안에서 확립되어야 하며, 나의 확립은 나와 타인에 대한 예의 분별로부터 시작된다. '가까운 이를 가까이 대함'(親親)을 예로 들어 보자. 나는 타인에 대한 최소한도의 인식을 가졌을 때 비로소 '가까운 이를 가까이 대할' 수 있게 되지만, 역으로 나는 '가까운 이를 가까이 대할' 수 있게 되었을 때 비로소 부모를 '나와 가까운 타인'으로 확립하는 동시에 자신을 '부모와는 구별되는 나'로 확립할 수 있다. 타인에 대한 인식을 가지게 되었다는 것은 곧 자신에 대한 인식을 가지고 '나'라고 말할 수 있게 되었음을 의미하며, '나'라고 말할 수 있게 되었다는 것은 나와 타인을 구분시키는 차등체계가 자리 잡혀서 작용하기 시작했음을 의미한다. 따라서 타자에 대한 인식 그 자체가 이미 언어인 것이다. 그리고 예는 나와 타인을 구분하는 이러한 언어가 명료화되고 복잡화된 것이다.

예禮는 모든 타인과 구분되는 '나'에 대해 직분을 배정해 주며, 나는 이러한 직분을 통해 자신의 신분을 확인한다. 물론 예의 분별은 나의 직분을 규정해 주는 동시에 나의 신분을 제한하는 것이어서, 어떤 의미에서는 나를 제약하는 존재이기도 하다. 그러나 이 예라는 어휘체계와 차등체계가 없다면, 내가 어떻게 주체가 되어 나를 여타 타인과 구분할 수 있을 것이며 그들과의 복잡한 관계 안에서 자신의 신분을 확정할 수 있겠는가? 바로 이러한 예禮의 어휘체계가 존재하기 때문에 우리는 타인에 대해 자신의 여러 직분을 확정할 수 있으며, "나는 어떤 사람이다", "나는 누구이다"라고 말할 수 있게 되는 것이다.

따라서 예禮는 군주, 아버지, 남편, 형, 스승에게 절대적으로 복종할 것을 요구하는 교조적인 규범이기에 앞서, 경직된 삼강오상, 삼종사덕三從四德이기에 앞서, 나를 통치하고 억압하는 사회적 기제이기에 앞서, 우선 아버지, 아들, 군주, 신하, 남편, 아내, 형, 동생 등의 명칭과 신분이 가능하도록 하는 것이다. 만약 예라는 가장 근본적인 어휘체계를 없애 버리고 예에 의해 규정된 수많은 윤리관계들을 포기해 버린다면 사회 및 공동체에 속한 사람들은 명확한 '나'의 개념을 가질 수 없게 될 것이다. 타인과 상대되거나 구분되는 어떠한 직분도 없다고 한다면 자신이 도대체 누구인지를 알 길이 없게 되기 때문이다. 따라서 '나'는 필연적으로 근본적인 의미에서의 예 가운데에서 발생하고 성립된다고 말할 수 있다.[81] 예가 없다는 것은 인륜이 없거나 윤리적 의미에서의 '나'가 존재하지 않는다는 것이다. 즉 진정으로 타자의 앞에 설 수 있는 사람, 진정으로 타자를 존중할 수 있는 사람, 타인에게 응답하고 그를 인정하는 사람이 존재하지 않는다는 것이다. 만약 우리가 여전히 '주체'라는 번역어를 통해 서양철학의 'Subject'를 번역하고자 한다면, 이처럼 진정으로 타자 앞에 설 수 있는 사람이야말로 바로 진정한 의미에서의 윤리주체라고 말할 수 있을 것이다.

예禮가 '타자로서의 나'를 구성한다는 측면에서 볼 때, 예는 나보다 선재한다. 나는 우선 예 안에 들어와서 이 체계를 통해서야 비로소 타인과 구별되는 '나'를 가질 수 있게 된다. 따라서 나 자신을 완성하기 위해 나는 우선 나 자신을 예의 형태로 존재하는 기존의 차이 / 차등과 구분의 체계 안으로 밀어 넣어야만 한다.[82] 여기에서 자신을 완성한다는 것은, 예 안에서

---

81) 가장 근본적인 禮는 필연적으로 친족의 명칭체계를 중요한 구성요소로서 포함하고 있다. 『중용』에 나오는 "가까운 이를 가까이 대함에서의 차등과 어진 이를 높임에서의 등급은 바로 禮가 낳은 것이다"라는 말에 근거한다면, 우리는 가장 근본적인 禮는 바로 이러한 친족의 명칭체계라고 말할 수도 있을 것이다. 어린아이들은 우선 친족의 명칭체계 안에서 부모와 자신을 구별하는 법을 배우고, 이를 통해 자신과 타인을 구별하는 법을 배운다. 고도로 발달한 禮를 그 특징으로 하는 중국의 전통문화는 다른 문화들에 비해 고도로 복잡화된 친족의 명칭체계를 가졌는데, 이것은 결코 우연한 현상이 아니다.

82) 물론 나는 처음부터 이미 禮로서 존재하는 구분과 차이 / 차등의 체계 안에 밀어 넣어진

타자로서의 나를 구성하는 것 즉 항상 타인과 상대되며 항상 모종의 형식으로 타자를 자신 안에 함축하고 있는 나를 구성하는 것이다. 그렇기 때문에 자신을 완성한다는 것은 어떤 의미에서는 곧 자신을 상실하는 것이기도 하다. 즉 예라는 언어 안에서 사실 그전까지는 결코 존재한 적이 없었던 시원적이고 독립적이며 이념적인 '자아'를 상실하는 것이다.[83]

그러므로 예禮를 학습함으로써 '자신을 완성함'의 근본적 의미에 상대해서 볼 때, "자신의 사욕을 극복하여 예를 회복함"에서의 "자신의 사욕을 극복함"(克己)은 논리적으로 나중에 제기되는 요구라고 이해되어야 할 것이다. 공자가 이 말을 했을 때 '사욕의 극복'과 '예의 회복'은 서로 연결되어 있었다. 그러나 이 서술의 구성방식은 '사욕의 극복'과 '예의 회복' 간의 의미관계에서 구조적인 혼란을 발생시킬 수밖에 없다. 이 대목에서 둘은 병렬적 관계 즉 "자신의 사욕을 극복하고" "예를 회복하는" 것으로 이해될 수도 있고(제임스 레게, 陳榮捷), 목적의 관계 즉 "예를 회복하기 위해 자신의 사욕을 극복한다"로 해석될 수도 있으며(李澤厚), 수단의 관계 즉 "자신의 사욕의 극복을 통해 예를 회복한다"라고 해석될 수도 있다(D. C. 라우).[84] 그러나 예라는 것이 바로 근본적인 나와 타인의 관계가 위치한 지점이라고 한다면, 그리고 나는 항상 나와 타인의 관계를 매개해 주는 예 안에서만 형성될 수 있다고 한다면, "예를 회복함"에 있어 "자신의 사욕을 극복함"은

상태였기 때문에 이러한 설명은 충분히 엄밀한 것은 아니다. 그러나 비록 禮의 체계 안에 수동적으로 진입하게 되기는 했지만, 나 자신은 자발적이고 자각적인 자세를 취해야만 한다. 즉 나는 나 자신이 禮의 체계 안에서 자발적으로 禮를 학습하도록 해야 하며, 자각적으로 禮가 '나'를 형성하고 속박하도록 해야 한다.

83) 그러나 다수의 개인주의 사상에서는 이러한 자아가 존재한다고 가정한다.

84) *A Source Book in Chinese Philosophy* (Wing-Tsit Chan, Princeton, N. J., Princeton University Press, 1963, p.38), *The Chinese Classics vol.1* (James Legge, Oxford, Clarendon Press, 1893, p.320), 『論語今讀』(李澤厚, p.274), *Confucius: The Analects* (D. C. Lau, Penguin Books, 1979, p.112).

내재적으로 반드시 필요한 것이다. 즉 "자신의 사욕을 극복함"이라는 요구는 이러한 연결 그 자체로서의 예가 자기 안에서 서로 연결되어 있는 모든 구성원들에 대해 제기하는 요구인 것이다. 그러나 예禮가 나를 타인에게 연결시키는 연결 혹은 매개의 역할을 한다는 측면에서 볼 때, 이러한 요구는 궁극적으로 타자가 나에게 제기하는 요구이다. 내가 나다움을 유지하고자 한다면 반드시 예의 구속을 받아들여 '나의 사욕'(己)이 예에 의해 '극복'(克)되도록 해야 하는데, 이것은 결국 나에 대한 타인의 구속이라고 할 수 있다. 이러한 구속은 나의 존재와 발전을 제약하는 것이 아니라 오히려 나를 나로 만들어 주는 것이 된다. 따라서 나는 끊임없이 이러한 구속을 받아들여야 하며, 끊임없이 자신을 수용해야만 한다. 이렇게 함으로서 타인을 대면할 수 있는 나를 유지하는 것이다.

'예를 회복함'(復禮)에 대해서도 각기 다른 해석이 가능하다. 왜냐하면 '복復'자는 '돌아옴'(단순한 復歸나 回復)과 '회복恢復'(손상된 것을 원상태로 되돌림)의 의미를 모두 가지고 있기 때문이다.

'자신의 사욕을 극복함'이 모든 나에 대해 예가 나 자신의 일신상에서 실현할 것을 요구하는 것이라고 한다면, '복례復禮'는 나에 대해 예가 자기 안으로, 즉 예의 구속 안으로 돌아올 것을 요구하는 것이 된다. 이러한 돌아옴의 요구는 내가 예로부터 벗어날 가능성이 있거나 이미 벗어나 있음을 의미한다. 그런데 앞서 보았듯이 '나'의 형성이 예 가운데에서 이루어지는 것이라고 한다면, 또 나와 타자는 예가 존재함과 동시에 존재하게 되는 것이라고 한다면, 나는 진정으로 예에서 벗어날 수 없다. 그렇다면 내가 예로부터 벗어날 수 있는 가능성은 하나밖에 없다. 예가 나를 떠나는 것이다.

예가 나를 떠난다는 것은 고도로 제도화된 사회적 언어로서의 예가 역사에 의해 추동되는 격렬한 변화를 겪고 있음을 의미한다. 전통적 표현에 따르면 이러한 상황이 바로 '예악이 붕괴된' 상황이다. 예가 붕괴되었다는 것은 내가 익숙한 언어체계를 포기한 채 어디로 가야 할지 몰라 갈팡질팡하고 있다는 의미이기도 하다. 이러한 혼란이 곧 '자신을 상실하는' 것이다. 그러나 전통적인 예법(주나라 예법)을 고수했던 공자는 이러한 상황에 대해 우리와는 다른 관점을 가졌다. 그는 예가 나를 떠난 것이 아니라 내가 예를 떠난 것이라고 보아, 반드시 다시 자신을 구속하고 예 안으로 돌아와야 한다고 강조하였다. 공자에게 있어 문제는 "그 문채가 더욱 성대한"(郁郁乎文) 예가 아니라, 예를 통해 자신을 구속하지 못하는 '나'(己)에게 있는 것이었다. 그래서 그는 자신을 구속하지 못하고 예를 벗어나는 현상을 비판하면서 "자신의 사욕을 극복할 것"(克己)을 요구했던 것이다.

그런데 '복례復禮'의 '복復'자에는 돌아옴뿐만 아니라 회복恢復의 의미도 있기 때문에, "예로 돌아옴"이라는 해석 속에는 "손상된 예의 회복"이라는 의미도 함축되어 있다. 예는 오직 내가 돌아왔을 때 즉 사람들이 그것을 근거로 삼을 때 비로소 예가 될 수 있지만, '복례復禮'는 또 다른 층위의 함의를 지니고 있을 수 있는 것이다. 즉 예는 근본적인 의미에서 볼 때 반드시 회복되어야 하는 것이라는 함의이다. 물론 공자가 직접적으로 이렇게 말한 것은 아니지만, "예를 회복함"의 설은 분명 이러한 방향을 지향하고 있는 것이다. 그런데 "예를 회복함"은 예악이 붕괴된 이후에만 요구되는 것이 아니라 더 이상 소급할 수 없는 예의 탄생으로부터 끊임없이 존재해 왔던 요구이다. 그렇다면 예는 왜 끊임없이 회복되어야만 하며, 또한 끊임없이 자신을 회복해야만 하는 것일까?

예禮는 타인에 대한 나의 경敬을 표현하는 언어이다. 여기서 나의 경을 충분히 기호화·의식화한다는 것은 나의 내재적인 경을 보편적인 의사소

통체계 즉 예 안에 입력하는 것을 의미하는 것이기도 하다. 그러나 이러한 언어가 타자에 대한 나의 경이 가능하도록 할 때에는 오히려 경의 내용을 고갈시키고 텅 빈 형식만 남겨 놓을 수도 있다. 따라서 "예를 행하나 공경하지 못함"(爲禮不敬)은 충분히 발생 가능한 상황인 것이다. 따라서 언어와 제도로서의 예의 탄생은 곧 타자에 대한 나의 경의 소외이기도 하다. 예는 경이 존재하는 곳이지만, 경이 부패되고 변질되는 곳이기도 하다. 이상적이고 순수한 경은 존재하지 않고, 오직 변질되고 부패될 가능성을 가진 경만 존재할 수도 있는 것이다. 따라서 "예의 본질을 회복恢復하는 것" 즉 나와 타자 사이의 매개로서의 예를 회복하고 타자에 대한 나의 경을 표현하는 방식으로서의 예를 회복하는 것은 끊임없이 요구될 수밖에 없다. 한 번 확립해 놓기만 하면 영원히 유지되는 예는 존재할 수 없으며, 오직 끊임없이 변화하는, 그래서 끊임없이 회복해야 하는 예만 존재할 뿐이다. 공자가 일생동안 진력했던 일이 바로 이러한 의미에서의 "예를 회복함"이 아니었을까?

언어와 마찬가지로 예 역시 항상 협공을 받을 상황에 놓여 있다. 너무 소박해진 나머지 표현에 필요한 어휘들이 부족해질 수도 있고, 반대로 너무 세밀하고 정교해진 나머지 껍데기뿐인 번잡한 허례허식이나 억압의 도구로만 변해 버릴 수도 있다. "공손하되(恭) 예禮가 없으면 수고롭다"는 말이 적절한 예가 없어서 타자를 향해 충분히 경을 다할 수 없음을 걱정하는 말이라고 한다면, 예가 옥과 비단, 종과 북과 같은 기물과 형식(玉帛鐘鼓)에만 그치는 것이 아니라는 주장[85]은 이미 고도로 형식화된 예는 반드시 나의 경에 의해 지탱되어야 한다는 의미이다. 즉 "공손하되 예가 없으면 수고로울 뿐"이고, 예를 행하되 경이 없으면 위선인 것이다. 따라서 우리는 공손하

---

85) 『論語』, 「陽貨」, "子曰: 禮云禮云, 玉帛云乎哉! 樂云樂云, 鐘鼓云乎哉!"

되 예가 없어서도 안 되며, 예를 행하되 경이 없어서도 안 된다.86) 예를
행하되 경이 없는 것은 타자를 모독하는 것이다. 이러한 모독은 타자를
타자로서 존재할 수 없게 만든다. 타자가 더 이상 나의 근원적인 경 안에서
타자로서 존재할 수 없게 되면 예는 불인不仁하고 비인간적인 힘으로 변질되
어 인간의 본성을 억압하는 도구로 전락하고, 이렇게 되면 예 자체도 불인하
고 비인간적인 폭력이 되어 버린다. 왜냐하면 나의 불경이 타자를 소멸시켰
을 때, 예 역시 더 이상 나와 타인을 연결시키는 매개로서 존재하지 않게
되기 때문이다. 또한 이와 동시에 나 역시 더 이상 타인을 대면할 책임을
지는 내가 될 수 없다.

역사적으로 보았을 때 공자의 "예를 회복함"은 보수적이라는 혐의를
피하기 어려워 보이지만, 우리는 공자가 이해하고 고수했던 예에 대한
분석을 통해 다음과 같이 밝힐 수 있을 것이다. "예를 회복함"의 진정한
의미는 특정한 역사적 시점의 예로 돌아가거나 그것을 회복하는 것이
아니라 예의 본질과 정신을 새롭게 이해하는 것이며, 예가 모든 각각의
시대에 필요하고 적절한 형식으로 생산되고 제정되도록 하는 것이다. 어쩌
면 중국의 문화전통에서 예가 일찌감치 '강상綱常', '만고불변의 진리'(天經地
義)87)의 지위에 오르는 바람에 예의 이러한 본질과 정신은 가려져 버렸을
수도 있지만, 그 본질과 정신은 우리의 보편적인 언어 안에 깊은 흔적을
남겼다. 그렇기 때문에 이천오백 년이 지나서 이미 전통적 '예악의 문명'과
는 완전히 멀어진 것처럼 보이는 지금에도 우리는 여전히 '예모禮貌', '예우禮

---

86) 『論語』, 「八佾」, "子曰: 居上不寬, 爲禮不敬, 臨喪不哀, 吾何以觀之哉!"
87) 『春秋左傳』, 昭公 25年, "子大叔見趙簡子, 簡子問揖讓周旋之禮焉. 對曰: 是儀也, 非禮也. 簡子曰:
敢問何謂禮? 對曰: 吉也聞諸先大夫子産曰, 夫禮, 天之經也. 地之義也, 民之行也. 天地之經,
而民實則之."; 『禮記』, 「禮運」, "是故夫禮必本於大一, 分而爲天地, 轉而爲陰陽, 變而爲四時,
列而爲鬼神. 其降曰命, 其官於天也. 夫禮必本於天, 動而之地, 列而之事, 變而從時, 協於分藝."

遇’, ‘예절禮節’, ‘예양禮讓’, ‘예물禮物’ 같은 일상적 어휘들 속에서 아득히 멀면서도 한없이 가까운 문화전통과 조우하고 있는 것이다. 물론 우리에게 있어 예는 과거와 같이 “국가를 경영하고, 사직을 안정시키며, 백성들의 질서를 바로잡고, 후세를 이롭게 하는” 중대한 지위를 점하는 것이 아니다.[88] 현재 우리의 삶은 이처럼 고도로 정치화되고 심지어 국가화된 예와는 멀리 떨어져 있다. 그러나 오랜 시간에 걸쳐 이루어진 예의 전통 속에는 공자 이래로 인간에 대한 이해에서 도달했던 진정한 형이상적 경지가 함축되어 있다. 그리고 겉으로는 잘 드러나지 않는 이러한, 중국 전통이 ‘신’이 아닌 타인을 향해 나아가도록 만들었던 이러한 형이상적 경지야말로 바로 우리가 예에 대한 분석을 통해 제시하고 회복하고자 하는 과제인 것이다. 이러한 경지는 우리에게 유가전통이 나와 타인의 관계 안에서 극도로 중시했던 타인의 근본적인 면모, 궁극적인 진상을 이해할 수 있도록 해 준다. 이러한 근본적인 면모와 궁극적인 진상이란 바로 타자는 나를 초월하는 존재이며, 타자 자체가 곧 초월이라는 것이다!

오랜 시간 동안 유가전통을 다시 읽고 재구성하며 발전시키고자 시도했던 수많은 현대학자들은 항상 다음과 같은 문제들로 인해 곤혹감을 느꼈다. 어째서 중국의 전통문화에는 현대적 의미에서의, 혹은 서양철학적 의미에서의 자아, 개인, 주체, 자율, 자유, 초월, 신 등의 개념이 없고, 타율적이고 수동적인 전제적 문화만 존재했던 것일까? 전통문화에서 주도적 위치를 점했던 유가사상이 강조하는 근본가치 즉 효孝·제悌·충忠·신信·인仁·의義 등은 왜 오직 타인을 높이거나 타인을 위주로 하는 사상인 것처럼 보이는 것일까? 이러한 문제들은 즉각적인 반동을 불러왔다. 그래서 중국 전통의 존엄성을 회복하고자 하는 현대 학자들, 특히 유가적 도통을 정체성

---

88) 『春秋左傳』, 隱公 11年, “君子謂: “鄭庄公于是乎有禮. 禮, 經國家; 定社稷; 序民人; 利后嗣者也”

으로 고수하는 학자들은 중국의 전통 속에서 인간의 주체성을 새롭게 탐색하고 재구성하고자 시도했다.

하지만 안타깝게도 중국의 전통 안에서 주체를 새롭게 구성하고자 하는 열정이나 영감은 그 자체가 이미 서양철학으로부터 온 것이다. 이러한 까닭에 중국 전통 안에서 주체를 새롭게 만들어 내려는 시도는 두 가지 측면에서 허망한 결과에 빠질 위험을 안고 있다. 하나는 이렇게 만들어 낸 주체는 여전히 서양철학적 의미에서의 주체가 될 수 없다는 점이고, 다른 하나는 서양철학에서는 고전적 의미에서의 주체 개념이 이미 끊임없이 심오한 해체와 재구성의 과정을 겪어 왔고 현재도 겪고 있다는 점이다. 또 우리가 어떤 주체를 새롭게 만들어 낸다고 하더라도, 중국 전통 속에서 창조되어 나올 수 있는 이 주체 개념이 결국은 타인을 위주로 하고 있다는 혐의를 피하기 어려울 것이다. 왜냐하면 수많은 학자들이 중건하려는 윤리 주체로서의 인仁이라는 전통적 개념 속에서 타인은 이미 가장 근본적인 구성요소로서의 위치를 점하고 있기 때문이다. 인仁에 대한 공자의 가장 명확한 설명이 바로 "자신이 서길 바라면 타인을 세워 주고 자신이 도달하길 바라면 타인을 도달시켜 주는 것"이 아니었던가?

그렇다면 우리는 어떻게 해야 중국 전통 속에서 '완전히 지족적인 주체'를 추출해 낼 수 있을 것인가? 또한 어떻게 해야 중국 전통 속에서의 주체가 철저하게 타자를 배제하고 자신으로 회귀하도록 할 수 있을 것인가? 어쩌면 우리 자신이 결코 배제해 낼 수 없는 타인, 나를 근본적으로 구성하는 타인, 예禮와 인仁의 궁극적 근거로서의 타인을 다시 한 번 대면하는 것만이 유일한 방법일지도 모른다. 타인 혹은 타자의 논리에 관한 불가사의한 지점은 바로 타인이 없다면 '나' 역시 말할 수 없게 되어 어떠한 도덕적·윤리적 요구도 존재할 수 없고 인과 예도 말할 수 없으며, 일단 타인이 존재하게 되면 본질적으로 타인보다 선재하는 어떠한 자아 혹은 자족적 주체도 존재할 수 없다는 점이다. 이처럼 타인은 나중에 출발해서 먼저 도착하는 것 같기도 하고 먼저 출발해서 나중에 도착하는 것 같기도 한 미묘한 존재이다. 왜냐하면 타인에 대한 나의 '존중'이 우선적으로 요구되기 때문이다. 이러한 의미에서 볼 때, 타인은 타인에 대한 나의 존중 이후에 존재하게 되지만, 또한 나의 존중을 통해 나의 앞으로 오게 되는 것이기도 하다.

유가의 근본적 용어들인 인仁·예禮·효孝·제悌·공恭·경敬·충忠·신信 등은 사실 모두 타인의 이러한 초월적 '선재'로부터 근원하며, 이를 지향한다. 타인에 대한 나의 공경은 결국 이러한 초월성에 대한 존중이다. 타인이 초월성을 가지는 이유는 그것이 경험적 의미에서의 특정한 타인을 의미하는 것이 아니기 때문이다. 경험적 의미에서 말하자면 어떤 타인이 나보다 선재하기도 하고 내가 어떤 타인보다 선재하기도 한다. 이에 비해 나를 초월한 타인, 초월성을 가진 타인은 도덕적·윤리적 근거로서, 나에게 타인에 대한 책임을 요구하고 나를 그러한 책임을 감당할 수 있는 '윤리주체'로 확립시켜 주는 타인이다.[89] 이렇게 볼 때 '주체主體'라는 것은 사실 처음부터 오직 타인을 '주인'(主)으로 삼는 '체體', 혹은 손님으로서의 타인을 위해 온갖 환대를 다 하는 '주인'의 의미만을 가질 뿐이다.[90]

바로 타인이 존재하고, 타인이 나에게 책임을 부여하고 명령을 내리기 때문에 나는 그러한 책임과 명령을 받아들여 윤리주체가 된다. 따라서

---

[89] 이렇게 해야 우리는 표면적으로 어느 특정한 타인(특히 통치자나 지배자로서의 타인)에게 헌신하는 것으로만 보이는 행위의 불가사의성을 설명할 수 있을 것이다. 그러한 관계 속에서도 나의 헌신은 사실 그 특정한 타인을 넘어 그 타인이 함축하고 있는 초월성 자체를 향한 것이다. 예컨대 어떤 군주에 대한 忠이라고 하더라도 그것은 그 군주를 넘어 모든 타인을 향하는 것이다. 이 책의 제5장 「타인에게 충실함」을 참고하라.
[90] 제7장 「손님과 주인으로서의 타인」에 나오는 손님과 주인에 관한 논의를 참고하라.

주체가 온전히 자신을 위주로 하는 것은 끝내 불가능하며, 타인이야말로 곧 나의 '천명'인 것이다. 예가 나에게 존중하고 완성하라고 요구하는 것 역시 바로 이러한 초월적 천명이며, 이때의 천명은 나에게 자신을 초월하여 타인을 향하라고 요구하는 타자로부터의, 혹은 타자로서의 천명이다.[91] 중국 전통에서 예禮가 그 복잡한 형식을 통해 표현하고자 하는 것은 결국 타인에 대한 나의 근본적인 경敬 혹은 존중이다. 그리고 이러한 존중으로 돌아오고 이러한 존중을 회복시키는 것, 이것이야말로 진정으로 '예를 회복함'이다.

따라서 '예를 회복함'은 타인을 진정한 타인 즉 나와 구분되는 진정한 인간으로 존재하도록 하는 것이자, 나를 타인에 대해 근본적인 책임을 지는 인간으로 존재하도록 하는 것이다. 타인을 공경할 수 있는 인간이란 곧 '내 안에 타인이 존재할 수 있는 인간', '나이면서 타인이 될 수 있는 인간'이다. 이러한 인간으로 존재한다는 것은 인仁으로서 존재하고 어진(仁) 인간으로서 존재한다는 것이다. 아마도 이것이 공자가 확신을 가지고 "자신의 사욕을 극복하여 예를 회복하는 것이 인仁이다"라고 말한 이유일 것이다. 예가 회복되기만 한다면, 그리고 사람들이 예로 돌아오기만 한다면 천하 또한 인仁으로 돌아와서 인仁 / 인간다움(人)의 천하가 될 것이다. 즉 "하루라도 자신의 사욕을 극복하여 예를 회복한다면 온 천하가 인仁으로 돌아올 것이다."

그러므로 인仁과 예禮는 결코 대립하거나 충돌하는 것이 아니지만, 상호보완적인 것 역시 아니다. 상호보완이라고 한다면 인과 예가 모두 외재적인

---

91) 타인이 어떻게 나의 천명이 되는지에 관해서는, 졸저 『天命之謂性 - 片讀〈中庸〉』(北京: 北京大學出版社, 2009)을 참고하라. 또한 졸저 『文本之間 - 從孔子到魯迅』의 「心性天人: 重讀孟子」장(pp.137~177)을 참고해도 좋다.

것이라는 의미가 되기 때문이다. 예는 인仁 / 인人의 존립을 위해 반드시 필요한 공간이며, 인仁 / 인人을 실현할 수 있는 공간이다. 따라서 우리는 예가 인仁의 근거라고 말해야 할 것이다. 어쩌면 공자는 사람들이 예의 이러한 본질에 대해 제대로 인식하지 못한 것에 분개해서 "예가 어떻다, 예가 어떻다 하는데, 그것이 어찌 옥과 비단을 말한 것이겠는가? 음악이 어떻다, 음악이 어떻다 하는데, 그것이 어찌 종과 북을 말한 것이겠는가?"라고 개탄했던 것일 수도 있다. 인仁 / 인人의 근거로서의 예악이 비록 '옥과 비단'이나 '종과 북' 즉 형식과 완전히 분리될 수 있는 것은 아니지만, 그렇다고 이러한 형식에만 그치는 것은 결코 아닌 것이다. 따라서 "예를 회복함" 역시 결코 외재적인 기물이나 형식의 회복만을 의미하는 것이 아니다. 예가 인仁의 근거인 까닭에 공자는 다음과 같이 말할 수 있었던 것이다.

인간으로서 어질지 못하다면 예禮가 무슨 소용이겠는가? 인간으로서 어질지 못하다면 악樂이 무슨 소용이겠는가?[92]

만약 인仁이 예禮에 근거하지 않는다면 예는 결코 예라고 할 수 없을 것이며, 또한 예가 인을 상실하게 되면 버려진 빈 집처럼 되어 버릴 것이다. 따라서 공자의 "자신의 사욕을 극복하여 예를 회복함"은 사람들을 다시 예로 돌아오게 하고 예가 다시 인仁의 근거가 되도록 하는 부름이자 소환인 것이다.

물론 예禮와 인仁은 후대 유가사상가들에 의해 갈라지기도 했다. 서로 다른 입장을 지닌 논쟁자들은 예와 인 중 한쪽만을 고집했다. 간략히 표현하

---

92) 『論語』, 「八佾」, "子曰: 人而不仁, 如禮何? 人而不仁, 如樂何?"

자면, 공자 이래로 맹자는 전반적으로 내재적 인을 강조했고, 순자는 화성기
위化性起偽(본성을 변화시켜 인위를 일으킴)의 기능을 가진 예를 더욱 견지했다.[93]
이로 인해 인과 예는 마치 내외의 구분이 있는 것처럼 되어 버렸고, 이러한
분리는 일반적으로 현대에 들어서도 그대로 견지되고 있다.[94] 그러나 역으
로 우리는 이처럼 인과 예를 분리시켜 보는 후대의 관점들로 인해 인과
예에 대한 공자의 사상이 가지는 힘을 다시 한 번 확인할 수 있으며, 이러한
힘은 인과 예 간의 근본적인 연결을 유지하는 것으로 체현된다.

---

93) 『孟子』, 「告子上」, "惻隱之心, 仁也; 羞惡之心, 義也; 恭敬之心, 禮也; 是非之心, 智也. 仁義禮智,
   非由外鑠我也, 我固有之也."; 『荀子』, 「性惡」, "故聖人化性而起僞, 僞起而生禮義. 禮義生而制法
   度. 然則禮義法度者, 是聖人之所生也.……凡所貴堯禹君子者, 能化性, 能起僞, 僞起而生禮義,
   然則聖人之於禮義積僞也, 亦猶陶埏而生之也. 用此觀之, 然則禮義積僞者, 豈人之性也哉!"
94) 禮는 항상 개인의 외부에 존재하면서 개인의 행위를 제약하는 사회규범으로 여겨졌기
   때문에, 공자의 "자신의 사욕을 극복하여 禮를 회복하는 것이 仁이다"는 말은 仁을
   내재화 혹은 감정화하고자 했던 현대의 해석자들을 매우 곤혹스럽게 했다. 풍우란은
   仁과 禮를 대립과 통일로 설명하고자 했다. 그는 仁은 자연의 선물로서 인간의 참된
   감정이자 진실한 본성이며 禮는 인위적인 예술로서 사회의 제도 및 규범이라 하면서
   이 두 가지가 통일되어야 완전한 인격을 이룰 수 있다고 보았다. 李澤厚는 공자의
   근본적인 공헌은 외재적인 禮, 사회적 구속으로서의 禮를 내재적인 仁, 자연감정으로서의
   仁이라는 기초 위에 확립시킨 것이라고 보았다. 杜維明은 처음에는 초월적 정신원칙으로
   서의 仁과 사회적 규범으로서의 禮 사이의 창조적 긴장을 강조했으며, 그 뒤에는 禮의
   인성화 기능에 대한 탐구로 전향했다. 핑거렛(Fingarette)은 이러한 내-외 혹은 심리-사
   회의 대립에서 벗어나지 못했지만, 다만 仁을 완전히 禮로 귀속시키고자 했다.(仁은
   "사람들이 禮가 요구하는 행위적 기술들을 완전히 장악한 이후"의 기질이다.) 이러한
   서로 다른 이해들의 공통적인 부분은 仁과 禮의 관계가 대립적 관계로 이해되며, 이러한
   대립이 궁극적으로 자연과 문화의 대립 혹은 내재적인 것(정신, 개체)과 외재적인
   것(사회, 공동체, 타인)의 대립으로까지 소급되는 것으로 여겨진다는 점이다. 그러나
   문화라는 것이 반드시 자연을 대가로 해야만 하는 것인가? 만약 그렇다고 한다면
   공자는 어째서 仁이 禮의 회복 안에 존재한다고 보았던 것일까? 이상의 논의들은
   각각 풍우란의 『中國哲學新編』 제1권(北京: 人民出版社, 1982, p.145), 李澤厚의 『中國古代思
   想史論』(北京: 人民出版社, 1986, pp.16~29), 杜維明의 『仁與禮之間的創造性張力』(Philosophy
   East and West vol18-1, 2 [April, 1968], pp.29~39), 『作爲人性化科程的禮』(Philosophy East
   and West vol22-2 [April, 1972], pp.187~201), 허버트 핑거렛의 *Confucius: Secular as
   Sacred*(New York, Harper Torchbooks, 1972, p.51)를 참고하라.

8. "인仁의 실천은 나로부터 시작된다": 예禮는 타자를 위해, 그리고 타자로 인해 만들어진다

현대 중국의 현대성이라는 것은 '하나의 인격으로서의 나 자신'(人格自己)에 대한 갈망과 요청으로부터 시작되었다고 할 수 있는데, 자기 혹은 자아에 대한 현대적·서구적 이해는 당시 급진적 지식인들 즉 5·4운동시기 지식인들로 하여금 전통적 예치와 예교를 비판하지 않을 수 없도록 만들었다. 현대화를 추구하는 중국인들은 완전히 타율적이고 수동적인 것으로 여겨지는, 자아를 무시하고 오직 타인에만 관심을 기울이는 전통윤리를 거부하고 자신들에게 가장 필요한 것은 바로 타인의 구속을 거부하고 자유롭게 발전해 가는 자아(나)라고 생각하였다.95) 바로 이러한 이유 때문에 5·4운동

---

95) 여기에서 우리는 5·4운동시기에 '개인', '개성', '자아' 등의 개념들이 열렬한 환영을 받았다는 것을 상기해야 한다. 5·4문화운동이 중국 전통문화에 대해 제기했던 핵심적인 비판은 이것이 인간의 개성 혹은 자아를 압살한다는 것이었다. 그리고 중국이 앞으로 나아가기 위해서는 '개인'이 핵심이 되어야 한다고 보았다. 인간은 반드시 "자신을 중심축에 놓고 자신을 궁극적 목적으로 삼아야" 하며, "절대적 자유로서의 나의 본성을 확립해야" 한다. 이것은 5·4운동을 대표하는 노신이 자신의 초기 작품인 『文化偏至論』에서 서구적 표현을 빌려 주장한 것이다. 노신이 중국 전통에 대해 비판할 때 근거로 삼았던 것은 그가 이해한 서구적 개인주의 혹은 "개성주의"(individualism)였다. 그가 보았을 때, 중국에게 있어 현대화 혹은 현대성의 문제는 무엇보다도 사람들이 "자기 자신을 가져야만 한다"(有己)는 것이었다. 그는 개성이 신장되고 사람들이 각자 자기 자신을 가진다면 중국이라는 모래알 같은 국가가 인민들의 국가로 거듭날 수 있을 것이라고 보았다.(『魯迅全集』 제1권, 北京: 人民文學出版社, 1981, p.51) 노신이 제기한 "자기 자신을 가짐"이라는 구호는 그 구체적 맥락에서 분석되어야 하겠지만, 중국문화전통을 "자기 자신이 없음"(無己)의 전통이라고 보는 관점은 수많은 현대 학자들의 공통된 인식이었다. 그러나 이러한 인식은 사실 제대로 의문이 제기되어 본 적이 없는 가치적 가정에 근거를 두고 있으며, 이 가정의 철학적 핵심 근거들은 개인의 주체성에 대한 현대적 학설들이다. 제1장 「인간과 인간 사이에서의 仁(上)」의 각주 50)에 있는, 홀과 에임스의 저작 *Thinking from the Han*에 대한 간략한 평가를 참고하라. 현대중국에서의 '개인' 혹은 '자아'의 탄생이라는 문제에 관해서는 졸저 『文本之'間' - 從孔子的魯迅』, 「他者的迫害 - 魯迅與列維納斯」 장(pp.303~329)을 참고하라.

이래 전통예교는 사람을 죽인다는 비판을 받았고 전통도덕은 사람을 잡아 먹는다고 규탄되었으며, "공자의 거점을 타도하고"(打倒孔家店) 구문화를 소탕하는 문화·정치·사회적 혁명에 대한 요구가 제기되었다. 이러한 혁명 (특히 1966년부터 1976년까지 중구대륙 전체에서 발생했던 극단적 성격의 '무산계급문화대혁명')이 초래한 심각한 문화적 결과는 바로 전통적 예禮의 철저한 붕괴였다. 그 붕괴가 매우 깊고 철저했음을 알려 주는 증거 중의 하나는, 문화대혁명이 끝난 후 점차 '동지同志'나 '사부師傅' 같은 혁명 호칭 혹은 사회적 호칭들을 사용하지 않게 되었을 때, 현대 중국어에서는 나와 타인의 '예의 있는' 관계를 형성하기 위해 필요한 최소한의 적절한 호칭을 찾는 것이 놀라울 정도로 어렵게 되었다는 점이다.96) 우리가 타인에 대한 나의 경敬을 드러낼 어떠한 표현도 찾을 수 없다고 한다면 타인은 나에게 무엇일 수 있을까? 그리고 타인은 타인일 수 있을까?

이러한 상황으로 인해 앞으로 언젠가는 예禮를 제창할 필요성이 대두될 터인데, 그것은 반드시 "사회가 교양 있고 예의 있게 변화할" 것을 요구하는 온화한 방식으로 진행되어야 한다. 이미 현재의 "예의 없는" 사회에서는 법률적 통제나 경제적 교환에 대해, 그리고 대중문화가 채우지 못하는 부분들에 대해 그 빈곳을 메워 줄 최소한의 예의 있는 태도와 (정신적) 교양을 요청하고 있다. 그러나 이른바 '예의 있는 태도'(禮貌)란 도대체 무엇일까? '예禮'라는 것은 결국 하나의 '태도'(貌)에 불과하다는 뜻일까, 아니면

---

96) 물론 문화대혁명이 절정에 달했던 때에도 '同志'라는 이 혁명 호칭이 전 중국을 완전히 통일했던 적은 없다. '師傅'라는 호칭이 문화대혁명 후기에 유행했던 이유는 당시에 "노동자계급과 지도자"라는 정치원칙이 있었기 때문이지만, 이 호칭은 '同志'와 달리 그렇게 평등한 의미가 아니었다. 그 외에도 전통적인 "자신을 낮추고 타인을 높이는" 호칭들 역시 민간 차원에서는 대륙의 중국어 안에 존재해 있었다. 이 책을 수정할 때, '先生', '太太', '小姐' 등 역사적의 변천을 겪은 현대의 일반적 호칭들 역시 이미 대륙의 중국어로 복귀했다.(그러나 '小姐'의 경우 의미가 항상 모호하고, '老爺', '少爺', '少奶奶' 등의 호칭들은 결코 보편적인 지위를 회복하지 못했다.)

예는 반드시 태도로 체현되어야 한다는 뜻일까? 만약 예가 반드시 태도로 체현되어야 하는 것이라면, 이러한 태도를 갖출 때의 '속마음'은 도대체 무엇일까? 또한 이러한 현대적인 '예의 있는 태도'와 중국 전통에서 중시하는 예 사이에는 어떤 관계가 있는 것일까? 공자의 "자신의 사욕을 극복하여 예를 회복하는 것이 인仁"이라는 사상에 대한 다시 읽기가 결코 이러한 현대사회의 문화적 맥락에서 완전히 벗어날 수는 없겠지만, 우리가 시도하는 다시 읽기는 결코 공자를 현대화하고자 하는 것이 아니다. 문제는 현대사회의 사회적·문화적 맥락이 과연 공자가 관심을 기울였던 문제와 동떨어진 것인가 하는 데 있다. 설마 중국문화가 정말로 어떠한 예도 필요하지 않은 정도까지 진보하고 발전했다고 믿지는 않을 것이다. '예의 없는' 사회는 어떠한 사회이며, '예의 없는' 발전이란 어떤 발전인가?

현대어에서 '예禮'자가 포함된 어휘들을 모두 없애 버릴 수 없는 것처럼, 우리가 계속 인仁 / 인간다움(人)을 유지하면서 존재하기 위해서는 근본적인 의미에서 예禮가 없을 수 없다. 이렇게 볼 때, 어쩌면 우리는 여전히 현대적 의미에서의 "자신의 사욕을 극복하여 예禮를 회복함"을 필요로 하고 있다고 말할 수도 있다. 물론 이것이 전통적 예의 원형 그 자체로 돌아가자는 말은 결코 아니다. 우리가 밝히고자 하는 것은, 만약 인仁은 하루라도 예가 없을 수 없다고 한다면, 그래서 "예를 회복함"이 끊임없는 요구일 수밖에 없고 이러한 "예의 회복"이 예의 끊임없는 재생산을 의미하는 것이라고 한다면, 우리가 필요로 하는 진정한 예는 전통을 초월하는 동시에 현대성 역시 초월하는 것으로 어쩌면 곧 나의 재생산을 필요로 하는 예일 것이라는 점이며, 여기에서 말하는 나의 생산이란 타자를 위한 생산일 뿐만 아니라 타자에 근거한 생산이기도 하다는 점이다. 그렇기 때문에 "인仁의 실천은 나로부터 시작되고, 예禮는 타자를 위해, 그리고 타자로 인해 만들어진다"라고 말할 수 있는 것이다. 이 말이 의미하는 바는, 한편으로는 나의 인仁이 타자를 타자로 존재하게 하기 때문에 내가 타자를 탄생시킨 것이며 예는 타자를 위해 만들어진 것이지만, 다른 한편으로는 타자가 나를 나로서 존재하게 하기 때문에 타자가 나를 탄생시킨 것이며 예는 타자의 요구로 인해 만들어진 것이라는 의미이다. 이를 한마디로 표현하자면, 예는 타자를 위해, 타자에 의해 만들어진 것이라고 할 수 있다. 인仁의 실천은 물론 나 자신으로부터 시작되는 것이지만, 이것은 내가 구속을 받아들인다는 것을 의미할 뿐이다. 구속은 타자와 예로부터 오는 것이다. 오늘날 우리의 일상생활에 적합한 예를 만들어내기 위해 우리는 타자의 예가 지니는 구속을 자발적으로 받아들일 준비를 해야만 한다. "자신의 사욕을 극복하여 예禮를 회복하는 것이 인仁이다"가 궁극적으로 의미하는 바는, 자신을 구속하고, 그렇게 함으로써 나를 구속할 수 있는 타자가 (다시 한 번) 다가오게 하는 것이다.

제4장 효孝와 타인

"효제는 인仁을 행하는 근본이다."

효자의 효孝가 고갈됨이 없다면
영구토록 너에게 선善을 줄 것이다.[1]

1. 효孝에 대한 분석: 정치에서 윤리로

우리가 공자의 효孝에 대해 살펴보려는 까닭은 『논어』 안에서는 효孝 및 효孝와 항상 연결되는 제悌가 인仁의 근본 혹은 토대라고 명확하게 언급되고 있기 때문이다.

> 그 사람됨이 효성스럽고 공경스러우면서도(孝悌) 윗사람을 범하기를 좋아하는 사람은 거의 없고, 윗사람을 범하기를 좋아하지 않으면서도 혼란을 일으키기 좋아하는 사람은 있었던 적이 없다. 군자는 근본에 힘쓰니, 근본이 확립되면 도가 생겨나온다. 효제孝悌는 인仁을 행하는 근본이구나!"[2]

물론 이것은 공자의 제자 유약有若의 말이지만, 효孝에 관한 공자의 언급들을 살펴보면 이 말이 공자의 사상을 인용하거나 체현해 낸 것임은

---

1) 『詩經』, 「大雅」, "孝子不匱, 永錫爾類."
2) 『論語』, 「學而」, "有子曰: 其爲人也孝弟, 而好犯上者鮮矣. 不好犯上, 而好作亂者, 未之有也. 君子務本, 本立而道生. 孝弟也者, 其爲仁之本與!"

분명하다. 따라서 우리는 우선 이 말에 대한 분석을 통해 효孝와 관련된 공자의 사상에 접근을 시도해 볼 수 있을 것이다. 비록 효는 항상 제悌와 함께하며 나와 부모·형제라는 특정한 타인과의 관계를 제시하는 전통적 개념이기는 하지만, 지면에 제한이 있을 뿐만 아니라 제가 효에 비해 상대적으로 종속적인 지위에 있다는 점을 감안해서 우리는 효에만 집중해서 분석을 진행하도록 하겠다.

효孝는 중국문화의 가장 근본적이고 중요하며 유구한 개념일 뿐만 아니라 가장 깊은 영향을 미친 전통적 이념 중 하나이다. 예컨대, 어느 정도 공자 사상을 잘 반영하고 있는 『효경孝經』의 첫머리에서도 효孝는 "덕의 근본"이자 "교육이 시작되는 지점"이라고 정의된다.3) '교敎'(教) 즉 교육은 사람들에게 효孝를 가르치고자 하는 것이다. 『효경』에서는 또 효를 "하늘의 도리(經)이자 땅의 올바름(義)"이며, 인간을 인간답게 하는 가장 중요한 행위라고 설명하고 있다.

> 공자가 말했다. "무릇 효孝란 하늘의 도리(經)이며, 땅의 올바름(義)이며, 백성이 행하는 것이다. 즉 효孝란 천지의 도리를 백성들이 본받는 것이다……천지의 성품 중에는 인간이 가장 귀하고, 인간의 행위 중에는 효보다 중대한 것이 없다."4)

부모에 대한 자녀의 감정 및 행위와 관련되는 효孝는 어째서 이처럼 근본적이고 중요한 것으로 인정되는 것일까? 『효경』에서의 효 개념에 대한

---

3) 『孝經』, 「開宗明義」, "子曰: 夫孝德之本也. 敎之所由生也." 『효경』의 성격에 관한 논의는 胡平生의 『孝經譯注』(北京: 中華書局, 1999)의 「孝經怎樣的一本書」장과 郭沂의 『郭店竹簡與先秦學術思想』(上海: 上海敎育出版社, 2001)의 제2편 2장 「『孝經』新辨」을 참고하라.
4) 『孝經』, 「三才」·「聖治」, "子曰: 夫孝, 天之經也, 地之義也, 民之行也. 天地之經, 而民是則之……天地之性, 人爲貴, 人之行, 莫大於孝."

상세한 분석은 다른 연구에 맡기고, 우리는 여기에서 우선『논어』에 집중하도록 하자.

앞서 인용된 효제孝悌에 관한 유자의 말을 살펴보면, 효제의 의미는 주로 정치적인 관점에서 설명되고 있다. 즉 효제의 덕목을 갖춘 사람은 윗사람을 범하는 경우가 매우 드물고, 윗사람을 범하지 않는 사람은 혼란을 일으키는 것을 좋아하지 않는다는 것이다. 이는『효경』이 효의 의미를 설명하면서 취한 기본적인 입장이기도 하다. 즉 부모를 대하는 태도가 사회·정치질서에 직접적인 영향을 미치므로, 나는 부모와의 관계 안에서 올바르다고 규정되는 태도를 취해야만 한다는 의미이다.『논어』의 다른 대목에서 공자는 효와 '정치'(爲政)를 연결시켰다.

> 어떤 이가 물었다. "선생님께서는 어째서 정치를 하지 않으십니까?" 공자가 답했다. "『서경』에서 말했습니다. '오직 효성스럽고 형제와 우애로워라. 그리고 이것을 정치에서 실행하라.' 이것(효제) 역시 정치를 행하는 것인데, 그대는 어찌 그것(실제로 정치에 참여하는 것)만을 정치를 행하는 것이라고 여기는 것이요?"5)

이는 공자에게 있어서는 효제를 실천하는 것이 이미 정치를 행하는 것이었으며, 심지어 어떤 의미에서는 보다 근본적인 의미에서 정치를 행하는 것이었음을 의미한다. 그러나 내가 부모를 대하는 태도가 어째서 가정이라는 유한한 범위를 넘어 사회와 정치에 광범위한 영향을 미치는 것일까? 그리고 내가 특정한 타인을 대하는 태도가 어째서 그 외의 타인과 관련되거나 직접 그들에게 영향을 미칠 수 있는 것일까?『논어』와『효경』은 이에

---

5) 『論語』, 「爲政」, "或謂孔子曰: 子奚不爲政? 子曰: 書云, 孝乎惟孝, 友于兄弟, 施於有政, 是亦爲政, 奚其爲爲政?"

대해 명확히 밝히지 않았다. 따라서 모든 맥락을 탈락시키고 오직 이 대목만 떼어내서 본다면, 공자가 여기에서 논하는 효제는 오직 정치적 수단이며, 그 목적은 부권과 군권의 절대적인 전제체제를 유지하고 공고화하는 것이라고 볼 수도 있을 것이다. 역사적 사실 역시 이러한 이해를 지지하는 것처럼 보인다. 바로 이러한 이유 때문에 '공자의 거점을 타도'하고자 했던 5·4운동 당시 격렬했던 비판의 칼끝이 전제봉건주의 사상 및 관념의 토대로 이해된 효에 집중되었던 것이다. 그러나 이처럼 정치·통치의 수단 및 전제주의의 토대로 비판받았던 효는 『논어』 안에서 매우. 분명하게 '인仁의 근본'으로 설명되고 있는데, 인仁은 인간다움(人)으로 해석될 수 있다.[6] '인仁의 근본'이 곧 '인간의 근본'이기도 하다는 것은 단지 우연히 '인仁'자와 '인人'자의 발음이 같아서 그런 것이 결코 아니다.

효孝라는 단순해 보이는 인간의 행위가 어떻게 이처럼 근본적이고 중요하게 될 수 있었으며, 심지어 공자 사상과 유가전통 안에서 사실상 '본체론' 이라고 불리는 지위까지 누릴 수 있었던 것일까? 이것이 바로 우리가 이 장에서 분석하고자 하는 문제이다. 공자가 효를 강조했던 것은 분명 이 중요한 개념에 대한 어떤 심오한 이해를 가지고 있었기 때문이겠지만, 이 중요한 사상에 다시 접근하는 통로는 우리의 독해를 통해서만 열릴 수 있을 것이다. 이를 위해 우리는 우선 효의 사회적·정치적 역할에만

---

6) 송대 陳善의 『捫虱新語』 이래, 수많은 학자들은 "仁之本"(仁의 근본)의 '仁'을 '인간(人)으로 해석했다. 이에 관해서는 程樹德의 『論語集釋』 제1권(北京: 中華書局, 1990, pp.13~16)을 참고하라. 그런데 이러한 주장을 고수하는 이들은 주로 仁을 인간(人)으로부터 명확히 구분해 내고자 했다. 효제를 "인간의 근본"이라고 하는 것은 받아들일 수 있지만 "仁의 근본"(仁之本)이라고 하는 것은 받아들일 수 없었기 때문이다. 그러나 이와는 대조적으로 『맹자』와 『중용』 등에서 "仁이란 인간(다움)이다"라고 서술했다는 점에 근거해 볼 때, 우리는 仁이 가지는 중층적인 함의를 염두에 두어야 할 것이다. 물론 "仁이란 인간(다움)이다"라는 서술 역시 상세한 분석이 이루어져야 할 것이다. 이 책의 「제2장 인간과 인간 사이에서의 仁(下)」의 이와 관련된 논의를 참고하라.

집중하는 전통적인 이해(『논어』 안에도 이러한 관점이 존재한다)에서 벗어날 필요가 있고, 또 효를 자연주의적으로 해석하는 방식으로부터도 벗어날 필요가 있다. 이렇게 해야만 비로소 우리는 효의 가장 심층적이고 근본적인 의미, 즉 유가사상 안에서 인仁의 근본 혹은 인간의 근본으로 여겨지는 효의 개념에 접근할 수 있을 것이다. 우선 '효'가 타인을 구조적 요소로서 내포하는 하나의 윤리적 개념이기 때문에, 우리는 '나와 타인의 관계'라는 시각에서 효가 지니는 근본적인 윤리적 의미에 접근해 가도록 하겠다. 그러나 비록 '시각'이라는 표현을 써서 신중하게 접근하기는 했지만, 나와 타인의 관계야말로 윤리 개념의 전부일 수도 있다는 점에서 볼 때 이것은 효에 대한 여러 접근법들 중의 하나인 것이 아니라 어쩌면 유일한 접근법일 수도 있다고 할 수 있을 것이다.

2. 효孝의 경敬: 자연감정인가? 인간의 본질인가?

효孝와 관련되는 타인, 그리고 이 타인과 나의 관계는 매우 특수하면서도 자연스러워 보인다. 말 그래도 '자연'인 것이다! 표면적으로 보았을 때 나와 그 어떤 타인과의 관계라 한들 나와 부모의 관계보다 더 자연스러울 수 있을 것이며 더 불가피할 수 있겠는가? 바로 이러한 까닭에 수많은 학자들은 효를 자연적 관계에 근거한 자연감정으로 이해하는 방향으로 기울어 가서, 이러한 자연적 토대로부터 모든 윤리적·문화적 원칙들을 추출해 내었다. 이처럼 매우 '자연스러워' 보이는 경향은 『맹자』에서 명확하게 표명되고 있다.

맹자가 말했다. "사람이 배우지 않아도 할 수 있는 것을 양능良能이라 하고, 사람이 사려하지 않아도 아는 것을 양지良知라고 한다. 방긋 웃고 아장아장 걸어 다니는 어린아이도 부모를 사랑할 줄 알지 못함이 없고, 자라나서는 형을 공경할 줄 알지 못함이 없다."7)

맹자에 따르면, 어린아이가 부모를 사랑하고 형을 공경하는 것은 학습을 통하지 않아도 저절로 할 수 있고 사고하지 않아도 저절로 알게 되는 인간의 타고난 능력과 지식의 대표적인 사례라는 것이다. 그러나 부모를 사랑하고 형을 공경하는 양지양능이 인간의 자연스러운 본성인가? 인간은 태어나면서부터 자연스럽게 부모를 사랑하고 형을 공경할 줄 알며 이를 실천할 수 있는가? 과연 인간은 태어나면서부터 효제를 아는가?8) 우리는 현재 이러한 질문에 대해 맹자와 마찬가지로 확신에 찬 대답을 할 수가 없다. 물론 맹자는 여기에서 부모를 사랑하고 형을 공경하는 것만을 가지고 인간의 양지양능을 주장했는데, 맹자의 양지양능설 및 이와 연결되는 성선설 등과 관련된 문제9)는 매우 복잡하기 때문에 여기서는 부모를 사랑하고

---

7) 『孟子』, 「盡心上」, "孟子曰: 人之所不學而能者, 其良能也; 所不慮而知者, 其良知也. 孩提之童, 無不知愛其親者; 及其長也, 無不知敬其兄也."

8) 공자가 敬을 가지고 孝를 말한 것과 달리 맹자는 "사랑함"(愛)을 가지고 자녀와 부모의 관계를 논했으며, 敬을 가지고서는 형이나 연장자와의 관계를 설명했다. 전통적인 해석에 따르면, "부모를 사랑함"(愛親)과 "형을 공경함"(敬長)은 서로 호응하는 문장으로서 "사랑함"(愛)과 "공경함"(敬)에는 구별이 없다. 현대 중국어의 "敬愛"라는 어휘 역시 두 가지 뜻이 혼합되어 하나의 어휘를 이루었다는 해석을 지지하고 있다. 그러나 "사랑함"과 "공경"은 사실 각자 엄격한 영역을 가진 개념으로, 맹자는 이 둘을 구분해서 사용하였다. "상대방을 부양해 주되 사랑하지 않는다면 이것은 상대방을 돼지로 대하는 것이다. 사랑하되 공경하지 않는다면, 상대방을 동물로 기르는 것이다."("食而弗愛, 豕交之也; 愛而不敬, 獸畜之也.") 이러한 구분에 관한 논의로는, 칸트 『도덕형이상학』의 조금은 계몽적 성격의 논의를 참고할 수 있을 것이다.(Immsnuel Kant, *The Metaphysics of Morals*, trans. Mary Gregor, Cambridge, Cambridge University Press, 1991, pp.232~244.) 또한 이 책 제6장 「愛와 타인」의 제8절 <공자의 '愛人'과 칸트의 '互愛'>를 참고하기 바란다.

형을 공경하는 것이 양지양능이라는 맹자의 관점과, 그의 관점이 효에 대한 공자의 관점과 구별될 수 있는지의 문제만을 다루고자 한다.

우선 공자에게 있어 효孝는 생래적으로 타고난 자연감정이기만 한 것은 아니었다. 왜냐하면 제자 자유子游가 효에 대해 물었을 때, 공자는 다소 비판적인 어조로 다음과 같이 말했기 때문이다.

> 오늘날의 효孝라고 하는 것은 잘 부양하는 것을 말한다. 개와 말에 대해서도 모두 기를 수 있다. 만약 공경함이 없다면 (부모를 부양하는 것과 개와 말을 기르는 것 간에) 무슨 차이가 있겠는가?[10]

공자 당시에도 이미 부모 부양이 곧 효라는 인식이 있었던 것으로 보인다. 그러나 인간은 개와 말도 기를 수 있다. 그렇다면 개와 말을 기르는 것도 효성스러운 것이라고 볼 수 있을까?[11] 공자는 그렇게 생각하지 않았다. 그는 진정한 효가 단순한 부양과 구분되는 지점은 바로 부모에 대한 자식의 공경이라고 보았다. "만약 공경함이 없다면 (부모를 부양하는 것과 개와 말을 기르는 것 간에) 무슨 차이가 있겠는가?" 따라서 자식이 물질적으로 부모를 부양하는 것 자체를 가지고 곧바로 효라고 할 수는 없다. 공자는 효가 단순한 부양과 구분되는 지점은 내가 부모로서의 타인에 대해 품고 있는 공경이라는 감정이라고 보았다. 그렇다면 '경敬'이라는 이 감정은 도대체 어떤 감정일까?

---

9) 『文本之'間' - 從孔子到魯迅』의 「心性天人: 重讀孟子」장의 관련 논의를 참고하라.

10) 『論語』, 「爲政」, "子曰: 今之孝者, 是謂能養. 至於犬馬, 皆能有養, 不敬何以別乎?"

11) 맹자의 "사랑하되 공경하지 않는다면, 상대방을 동물로 기르는 것이다"라는 말은 당연히도 인간이 개와 말 같은 짐승을 사랑할 수는 있지만 공경할 수는 없음을 의미한다. 그러나 전 지구 생태계가 위기에 빠진 오늘날의 우리는 전통적인 인간-동물의 대립을 뛰어넘어 동물에 대한 회피할 수 없는 책임에 대해서도 성찰해야 하는데, 이러한 책임은 사실 공경 즉 천지만물에 대한 인간의 가장 근원적인 공경에 근거한 것이다.

우선 우리는 공자에서의 '경敬'의 두 용법을 구분해야 한다. 하나는 서술적 의미로서의 용법이고, 다른 하나는 요청적 의미로서의 용법이다. 한편으로 공경은 내재적 감정 상태를 형용한 것이지만, 다른 한편으로는 나에 대해 외부로부터 제기된 요구가 체현된 것이기도 하다. 이러한 두 용법은 공자의 반문 "만약 공경함이 없다면 (부모를 부양하는 것과 개와 말을 기르는 것 간에) 무슨 차이가 있겠는가?" 안에서 동시적으로 체현된다. 공자의 반문은 공경으로 형용되는 내재적 감정 상태가 효를 부모에 대한 단순한 부양과 구분시켜 준다고 말하는 것인 동시에, 효가 진정한 효가 되기 위해서는 부모를 잘 부양하는 데 그치지 않고 또한 공경함도 있어야만 한다고 은연중에 요구하는 것이기도 하다. 표면적으로는 하나의 사실을 서술하고 있는 것처럼 보이지만, 실제로는 하나의 요구를 제기하고 있는 것이다. 즉 단순히 부모를 공경하지 않으면 부모를 부양하는 것과 개와 말을 기르는 것 간에 차이가 없다는 사실을 기술하고 있는 것처럼 보이지만, 실제로는 부모에 대한 우리의 효에는 마땅히 공경이 포함되어야 한다고 요구하고 있는 것이다.

그런데 "마땅히 ~해야만 한다"라는 말은 아직 그것이 실현되지 않았다는 의미를 담은 말이기도 하다. 따라서 공자의 반문은 사실 인간은 언제든지 불경할 수 있음을, 즉 자식은 언제든지 부모에게 불경할 수 있음을 인정하는 말이라고도 할 수 있을 것이다. 이는 행위에 대한 요구 혹은 윤리적 명령으로서의 공경이 결코 자연적인 것이 아님을 의미한다. 그리고 내가 더 이상 부모를 공경하지 않게 되면, 내가 얼마나 부모를 잘 부양하는지와 상관없이 나는 진정으로 효성스러운 것이 아니게 된다. 결국 부모에 대한 자각적 태도로서의 공경은 "배우지 않아도 할 수 있는 것"에 속하지 않을 수도 있는 것이다.[12) 이러한 점은 논의가 진행될수록 더욱 더 우리를 곤란하게 만든다. 우리는 공경이 무엇인지 질문해야 할 뿐만 아니라 어떻게 해야 공경스럽다고 볼 수 있는지, 나는 왜 공경해야만 하며 나에게 공경을 요구하는 것은 누구인지 등에 대해 질문해야 하게 되기 때문이다.

앞서 우리는 공경을 내재적인 감정 상태라고 이해한 바 있다. 그런데 공경이라는 감정은 어떠한 외재적 대상도 없는 순수주관적인 감정(예컨대 우울함 같은)이 아니라 나의 외부에 존재하는 타자를 향한 것이다.[13] 공경은

---

12) 어떻게 보면 이것은 순자의 관점이기도 하다. "지금 사람들의 본성은 배고프면 배부르게 먹기를 바라고 추우면 따뜻하기를 바라며, 힘들면 쉬기를 바라는데, 이것이 인간의 본래 성정인 것이다. 지금 사람들이 배가 고프더라도 연장자를 보면 감히 먼저 먹지 않는 것은 사양함이 있기 때문이고, 힘들어도 감히 쉬기를 바라지 않는 것은 남의 수고를 대신 하려함이 있는 것이다. 무릇 아들이 아버지에게 사양하고 동생이 형에게 사양하는 것, 아들이 아버지의 수고를 대신하고 동생이 형의 수고를 대신하는 것, 이 두 가지는 모두 본성에 반대되고 감정에 거스르는 것이다. 그러나 이것은 효자의 도리이며 예의의 이치이다. 그러므로 본성과 감정을 따르게 되면 예의와 사양이 없게 되고, 예의와 사양을 따르게 되면 본성과 감정에 거스르게 된다. 이렇게 볼 때 인간의 본성이 악하다는 것은 분명하고, 선한 것은 인위적인 것이다."(『荀子』, 「性惡」, "今人之性, 飢而欲飽, 寒而欲煖, 勞而欲休, 此人之情性也. 今人飢, 見長而不敢先食者, 將有所讓也, 勞而不敢求息者, 將有所代也. 夫子之讓乎父, 弟之讓乎兄, 子之代乎父, 弟之代乎兄, 此二行者, 皆反於性而悖於情也. 然而孝子之道, 禮義之文理也. 故順情性則不辭讓矣, 辭讓則悖於情性矣. 用此觀之, 然則人之性惡明矣, 其善者僞也.") 여기에서 우리가 순자와 구분되는 지점은, 순자가 사양 혹은 효제를 인간의 본성과 감정을 완전히 거스르는 것으로서 오직 化性起僞(본성을 변화시켜 인위를 일으킴)의 작용을 가진 禮의 산물일 수만 있는 것으로 보았다면, 우리는 아래에 서술할 관점에 따라서 탐색해낼 것이라는 점이다. 만약 인간이 타인과의 만남 속에서 이러한 공경을 자아낼 수 있다고 한다면, 타인에 대한 공경은 인간이 지닌 가능성이라고 할 수 있다. 이러한 가능성은 필연적으로 인간의 본성 가운데에 내재되어 있는 것이며, 또한 인간의 본성을 이루는 것이다. 비록 순자가 이것을 명확하게 말하지는 않았지만 순자를 자세히 읽어 간다면 우리는 이러한 점을 읽어 낼 수 있을 것이다. 예의와 사양을 타고나지 않은 사람이 교육을 통해 예의와 사양을 익혔다고 한다면, 인간의 본성 안에는 이미 예의와 사양을 실현할 가능성과 이들을 익힐 수 있는 가능성이 갖추어져 있었던 것이다.

13) 물론 우울함은 표면적으로는 어떠한 외재적 대상이 없거나 특정한 타자를 향한 것이 아닌 것 같지만, 이것도 결국 특정한 타자의 상실로 인해 발생한다는 점에서 타자와 완전히 무관하다고 할 수는 없을 것이다. 우울함은 이미 상실한 타자에 대해 가지는 명확하지 않은 혹은 비자각적인 그리움의 감정이다. 이러한 감정은 이른바 "정상적인 상황"에서는 차츰 희미해지지만, 이러한 우울함이 가시지 않고 계속 남아 있게 된다면 일종의 정신병이 될 수도 있다. 이러한 우울함의 문제에 대해서는 프로이트(Sigmund

결국 타자에 대한 나의 공경이다. 따라서 효孝는 타자로서의 부모에 대한 나의 공경이고, 제悌는 타자로서의 형 및 기타 연장자에 대한 나의 공경이며, 충忠은 타자로서의 군주에 대한 나의 공경이다. 물론 이때의 타자가 부모, 형, 연장자, 군주에만 국한되는 것은 아니다. 나는 하늘, 덕, 운명(命)에 대해서도 공경할 수 있다. 공경은 나의 마음 속에서 이러한 타자들을 환기시키는 감정, 혹은 타자가 나에게서 일으킬 수 있는 효과로서, 나로 하여금 타자가 너무 멀리 그리고 너무 높이 있어서 "우러러 볼수록 더욱 높아지고 뚫고 들어가려 할수록 더욱 단단해지기 때문에" 본받고 배우고 싶은 바람을 불러일으키는 동시에 "비록 따르려고 해도 따라갈 길이 없는"14) 것처럼 느껴지게도 한다. 따라잡을 수 없기 때문에 나는 타자와의 사이에 근원적인 거리가 있음을 느끼게 된다. 이 거리는 나보다 상대적으로 초월적인 지위의 타자를 형성하며, 나는 이러한 초월성에 깊은 감명을 받고 자신의 유한함을 절실히 깨닫는다. 즉 나의 외부에 항상 타자가 존재하며, 타자는 나를 한참 멀리 초월해 있음을 깨닫게 되는 것이다.

Freud)의 *Mourning And Melancholia*(The Pelican Freud Library, vol11, ed., Angela Richards, Harmond-sworth, Middlesex, Penguin Books, 1984), pp.245~268을 참고하라.

14) 『論語』, 「子罕」, "顔淵喟然歎曰: 仰之彌高, 鑽之彌堅, 瞻之在前, 忽焉在後. 夫子循循然善誘人, 博我以文, 約我以禮, 欲罷不能. 旣竭吾才, 如有所立卓爾. 雖欲從之, 末由也已." 안연의 이러한 찬탄은 타자에 대한 나의 공경을 매우 잘 묘사하고 있다. 물론 공자가 이러한 공경을 받을 수 있었던 것은 그 자신이 위대했기 때문이며, 만약 그렇지 못했다면 이러한 공경을 요구하거나 받을 수 없었을 것이라고 말하는 사람도 있을 것이다. 그러나 공경이라는 것이 공자와 같은 위대한 타인에 대한 태도일 뿐만 아니라 그렇게 위대하지는 않은 나의 부모와 여타 모든 다른 사람들에 대한 태도라고 한다면, 타인이 나에게 요구하는 공경과 타인이 나에게서 환기해 낼 수 있는 공경은 타인의 품격이나 성취 때문이 아닌 바로 그가 타인이기 때문에 가능한 것이다. 타인은 그 자체로 곧 초월성을 가진 존재이다. 그러나 우리의 사회적 경험과 일상적 삶은 이러한 타인 그 자체의 초월성을 엄폐하려는 경향이 있다. 일상적 삶에서, 나의 부모를 포함한 모든 타인들은 내가 반드시 다가가야 하는 "상대방", "대상"으로 전락해 버렸다. 바로 이처럼 타인 자체의 초월성이 엄폐되었기 때문에 일상적인 나와 타인의 관계에는 오직 공리만 존재하고 윤리는 존재하지 않게 된 것이다.

이러한 초월이 나의 마음에서 환기해 낸 확고한 감정적 인정이 바로 공경이다. 초월적 타자는 가장 먼저 나의 부모라는 신분으로 그 자신을 드러낸다. 왜냐하면 일반적으로 부모는 내가 처음으로 만나는 타인이기 때문이다. 그렇기 때문에 부모가 자식인 나의 마음속에서 환기해 낸 공경은 곧 모든 타자에 대한 공경의 원형인 것이다. 나를 초월하는 타자에 대한 확고한 감정적 인정으로서의 공경은, 역으로 타자의 초월을 인정하고 긍정하는 것이다. 그러나 이러한 인정은 나와 맞서고 있던 타자가 헤겔식의 자아와 타자 사이의 투쟁을 통해 나에게 강요하는 것이 아니기 때문에, 이러한 타자에 대한 나의 확고한 감정적 인정은 결코 타인의 폭력 아래 어쩔 수 없이 굴종하는 것이 아니다. 다시 말해, 타자에 대한 나의 공경은 결코 나와 타인 간에 주종관계를 발생시키는 것이 아니다.[15] 타자를 타자로 확고하게 인정하는 것, 즉 타자를 나와 다른 이로서 공경하는 것은 오히려 나를 나 자신의 위치로 밀어 올려 주고 타자에 대해 확고한 감정적 인정을 할 수 있는 진정한 주체로 만들어 준다. 따라서 타자에 대한 확고한 감정적 인정으로서의 공경이 없다면 어떠한 타자도 존재할 수 없을 것이며, 진정한 효와 진정한 효의 대상도 역시 존재할 수 없을 것이다.

공경을 형식으로 하는 타자에 대한 나의 감정적 인정이 결국 타자를 타자로 인정하는 것인 이상, 이러한 인정은 필연적으로 나와 타인 간의 근원적인 차이에 대한 인정, 주체로서의 나의 근원적인 유한함에 대한 인정, 나를 초월하는 존재와 그러한 초월성 자체에 대한 인정일 수밖에

---

15) 헤겔의 『정신현상학』(賀麟・王玖興 譯, 北京: 商務印書館, 1981, pp.122~132) 중 수많은 철학자들의 주의를 끌었던 주인-노예 간의 변증적 관계에 관한 탁월한 설명을 참고하라. 공자의 忠 개념을 논할 때 우리는 타자에 대한 근원적인 인정이, 타자가 나에게 요구하는 굴복과 순종보다 선재할 수밖에 없다는 주장을 시도할 것이다. 상세한 내용은 제5장 「타인에게 충실함」의 제10절 '타인에게 충실함의 주체와 주인-노예 구도'를 참고하라.

없다. 이러한 감정적 인정으로서의 공경은 나와 타자를 갈라놓는 근원적인 거리를 존중한다. 왜냐하면 이러한 거리가 있어야만 비로소 타인을 나와 근원적으로 다른 것, 나를 초월하는 것으로 존재하도록 할 수 있기 때문이다. 그렇지 못할 경우 세상에는 천지와 함께 생겨나서 만물과 혼연히 일체를 이루는 나(『장자』「齊物論」의 '나')만 존재해서, 나와 사물 간에 구분이 없는 하나의 절대적인 내가 모든 것을 지배한다는 사유(헤겔식의 '나')만 가능하고 어떠한 타인이나 다른 사물도 존재할 수 없게 될 것이다. 여기에서는 진정한 타자, 타자라는 명칭에 걸맞은 타자는 이미 소멸되어 보이지 않는다. 이렇게 볼 때, 우리가 마땅히 타자를 공경해야 하는 이유는 너무나 간단한 나머지 더 이상 언급할 필요조차 없을 정도이다. 그것은 바로 타자와 나 사이에는 구별이 있기 때문이다.

이러한 근원적인 구별 혹은 차이가 존재하지 않는다면, 그리하여 내가 이러한 구별이나 차이에 대해 근원적인 공경의 자세를 가지지 않는다면, 만물과 구분되지 않는 혼연한 나 혹은 지극히 커서 바깥이 없는 나만 존재할 수 있을 뿐인데, 이러한 나만 존재한다면 사실 이미 진정한 나 역시 존재할 수 없게 된다. 따라서 효孝에 있어, 내가 마땅히 부모를 공경해야 하고 부모가 그 존재 자체만으로 나의 공경을 요구할 수 있는 이유는, 부모는 비록 나를 낳아 줌으로써 결코 끊어질 수 없는 혈연관계를 맺게 되기는 했지만 결국은 나와 근원적으로 구분되는 타자이기 때문이다. 이러한 구별 혹은 차이는 그러한 혈연관계에 의해 소멸되거나 약화될 수 있는 것이 아니다. 자식과 부모 사이에 존재하는 나와 타인 간의 근원적인 차이가 없다면, 그리고 타자로서의 부모가 이러한 초월성을 가지지 않는다면 나에게서 발생하여 부모를 향하는 공경의 감정도 존재할 수 없을 것이다. 나는 자신과 어떠한 거리도 없는 존재에 대해서는 공경의 뜻을 품을 수 없기 때문이다. 바로 이러한 까닭에 사람들은 사회적 삶에서 각종 원인으로 인해 보이지 않고 느낄 수도 없는 나와 타인의 거리를 특히 강조하고 유지해야 하는 것이다. 『곽점초묘죽간郭店楚墓竹簡』의 「오행五行」편에는 다음과 같은 말이 있다.

> 떨어져 있지 않으면 공경함이 없고, 공경함이 없으면 존중함이 없으며, 존중함이 없으면 공손함이 없고, 공손함이 없으면 예禮가 무너진다.16)

여기에서의 '떨어져 있음'(遠) 혹은 나와 타인 간의 거리는 결코 인위적으로 설정된 것이 아니다. 나와 타인이 얼마나 서로 다가서든지 간에, 이러한 거리는 결코 완전히 소멸될 수 없다. 이처럼 '떨어져 있음'을 통해 공경을 유지할 것을 강조하는 것은 나와 타자 사이의 근원적인 거리로부터 공경이 생겨난다는 점을 다시 한 번 긍정한 것이다.

공경은 초월적 존재에 대한 인식이며, 초월성 자체에 대한 인식이다. 이는 근본적으로 나를 초월하는 타자가 환기시킨 공경으로, 나는 이러한 공경 혹은 확고한 감정적 인정을 통해 타자를 인정할 수 있는 주체가 된다. 다시 말해, 내가 여타 존재자들과 구분되는 주체로서의 '나'로 될 수 있는 것은 타자를 타자로 인정할 수 있기 때문이다. 나의 공경은 타자가 타자임을 긍정하는 동시에 내가 나임을 긍정하는 것이다.17) 근본적으로

---

16) 『郭店楚墓竹簡』, 「五行」, "不遠不敬, 不敬不嚴, 不嚴不尊, 不尊不恭, 不恭亡禮."

17) 어쩌면 이곳은 타자에 관한 레비나스의 사상과 우리가 시도하는 공자 다시 읽기가 적절했는지 여부를 언급하기에 적합한 지점 중 하나일 것이다. 우리는 이미 레비나스의 사상이 우리에게 새로운 지평을 열어 줄 수 있다는 것을 명확하게 인정한 바 있다. 그러나 공자가 정초한 유가사상과 레비나스가 타자에 대해 가지는 이해 간에는 매우 중요한 차이점이 있다. 레비나스의 타자는 신이 자기 자신을 드러내는 곳이다. 우리가 타인과 대면할 때, 신은 타인의 얼굴에서 자신을 드러낸다. 타인이 없다면 나는 신과 진정으로 의미 있는 어떠한 관계도 맺을 수 없다. 이러한 의미에서 레비나스에게

내가 나일 수 있는 것은 타자를 공경할 수 있기 때문이다. 공경은 나의 자연적인 존재방식이 아니라 윤리주체로서의 내가 타자와 관계를 맺는 근본적인 방식이다. 타자에 대한 나의 공경은 타자의 초월성과 나의 주체성, 즉 "나이면서 타인이 되는"(我而爲他) 주체성을 함축하고 있다.

따라서 공자가 공경으로써 효孝와 단순한 부양을 구분했다는 것은 효가 결코 자연적이고 본능적인 감정이나 행위가 아님을 보여 준다. '자연'이

있어서는 타자가 곧 신이라고 할 수 있을 것이다. 반면 공자의 孝 개념에서는 어떠한 신의 흔적도 드러나지 않고, 오직 절대적인 부모의 이미지만 존재하고 있을 뿐이다. 그런데 우리는 공자가 이 부모라는 특수한 타인에 대한 나의 공경을 강조하는 장면에서 초월적인 차원을 명확하게 확인할 수 있다. 여기에도 타인을 무한히 강화하려는 경향이 존재하고 있는 것이다. 바로 이러한 초월적 차원으로 인해 孝에 관한 공자의 사상은 타자에 관한 레비나스의 사상과 건설적인 대화를 진행할 수 있다. 이것은 나의 공경이 곧 타자의 초월성과 나의 주체성을 동시적으로 긍정하는 것이며, "초월적 타자"라는 관념을 자신의 사유 안으로 수용할 수 있는 주체가 갖춘 주체성이라는 의미이기도 하다. 따라서 우리는 여기에서 레비나스가 열어 준 지평으로부터 전체 중국사상문화전통과 관련될 수도 있는 중요한 문제들을 살펴보도록 하겠다. 어째서 중국 전통은 유대교-기독교에서와 같은 신을 만들어내지 못했던 것일까? 그러나 레비나스가 *Totality and Infinity*에서 제시한 관점에 따르면, 중국문화전통에서 인격화된 신이 "결여"된 것은 중국이 진정한 종교를 결핍했다는 것을 의미하는 것이 아니라 오히려 중국사상이 종교적 측면에서 "성숙하게" 드러났다는 것을 의미한다. "인간과 인간의 관계로 귀결될 수 없는 모든 것들은 그 종교가 영원히 벗어나지 못하는 낮은 수준의 형태를 대표하는 것이지 어떤 고차원적인 형태를 나타내는 것이 아니다."(Levinas, *Totality and Infinity*, p.79) 표면적으로 보았을 때, 신이 존재하지 않는 유가전통은 오직 나와 타인의 관계의 절대성, 특히 부자관계의 절대성만을 강조하는 것처럼 보인다. 예컨대, 로버트 벨라(Robert Bellah)는 다음과 같이 말했다. "서양에서는 모세의 십계명 이래 모든 특정한 사회관계형식들은 원칙적으로 그 목적성을 상실했다. 중국에서 孝와 忠은 절대적인 원칙이다. 서양에서는 결국 오직 신만이 모든 권력을 행사할 수 있다. 중국에서는 아버지가 지배적인 지위를 유지했다."(R. N. Bellah, *Beyaond Belief: Essays on Religion in a Post-Traditional World*, New York, Harper & Row, 1976, p.95.) 가장 주된 문제는 중국 전통에서의 신의 "결핍"과 아버지의 "절대적 지위"를 어떻게 이해할 것인가인데, 우리는 유가에서 강력하게 중시하는 인륜적 관계 그 자체 안에 이미 매우 중요한 초월적 층위가 존재한다는 것을 밝히고자 한다. 우리는 레비나스의 도움을 빌려, 나와 타인의 윤리관계 혹은 일상적인 인륜 안에 이미 초월이 존재한다고 말할 수 있다. 이것이 바로 유가전통 특히 송명성리학 전통에서 주장하고자 했던 사상일 것이다. 이를 심층적으로 연구하는 것은 중국사상문화전통을 이해함에 있어 매우 중요하다.

부모와 자식 간에서 만들어 낼 수 있는 것은 일종의 '사랑'(愛)으로, 이것은 동물에게서도 관찰될 수 있다. 하지만 이것은 공경이 아니다. 왜냐하면 공경은 나와 타자의 철저한 분리를 인식할 수 있고 타자의 초월성을 인식할 수 있을 때 생겨나는 감정이기 때문이다. 따라서 우리는 효 개념을 논할 때 이른바 '부모자식 간의 사랑'(親子之愛)에서의 '사랑'과 공자가 특히 강조했던 '공경'을 먼저 구분해야만 한다. 공자 이후의 유가 경전들—예컨대 앞서 언급한 『맹자』와 같은—은 이 둘을 합쳐서 함께 논하는 경향이 있기 때문이다. 이러한 맥락에서 '사랑'이 가지는 의미 및 이것이 자연으로부터 발생한 것인지의 여부는 나중에 따로 논해야 할 것이다.

공경은 자연적인 것이 아니라 오히려 인간을 다른 모든 자연적 존재로부터 구별되게 하는 특징이다. 공경을 본질로 삼는 효는 나와 타인의 특수한 관계(나와 부모의 관계)에서 드러나는 인간의 본질 즉 인(仁)이다. 이러한 효는 자연적 본능에만 의지할 수 없고 자연 상태에서 저절로 확립되는 것이 아니기 때문에 예(禮)의 학습에 대한 요구가 발생하게 된다. 이것이 바로 맹의자孟懿子가 효에 대해 물었을 때 공자가 "거스름이 없는 것이다"(無違)라고 말했던 이유이며, 한 걸음 더 나아가 "거스름이 없음"이 공자에 의해 "예禮에 거스르지 않음"이라고 규정되었던 이유이다.

> 살아계실 때에는 예로써 모시고, 돌아가시면 예로써 장례를 치르고 예로써 제사를 올린다.[18]

---

18) 『論語』, 「爲政」, "孟懿子問孝. 子曰: 無違……子曰: 生事之以禮, 死葬之以禮, 祭之以禮." 李澤厚는 이 대목을 해석할 때 다음과 같이 말했다. "예제를 준수하는 것을 가지고 孝를 해석한다는 점에서 이것은 심리적인 것과는 무관한 것처럼 보인다."(『論語今讀』, p.54) 그러나 우리의 관점에서 보았을 때 禮와 孝는 분명 내재적으로 연결된 것이며, 이 연결은 당연하게도 심리적인 것과 관계가 있다. 문제는 이러한 심리적 기제를 어떻게 이해하는가에 달려 있다.

당연하게도 이러한 예는 학습한 이후에야 할 수 있는 것이지[19] "배우지 않아도 할 수 있는 것"이 아니다.

3. 부모: 나와 최초의 타인 사이의 '최초의 관계'

효孝는 나의 공경을 요구하는데, 이러한 요구는 타인이 지닌 특정한 지위나 권력으로부터 오는 것이 아니라 타인 그 자체로부터 오는 것이다. 그러나 나의 공경은 결코 모든 사람을 보편적으로 공경하는 것이 아니다. 나의 공경은 나에게 있어 매우 특수한 타인 즉 부모를 우선적으로 향한다. 이러한 사실에로부터 우리는 효에 내포되어 있는 타인에 대한 나의 공경이 가지는 특성을 보다 명확하게 이해해야 할 것이다.

하나의 윤리적 원칙으로서의 효는 부모라는 특수한 타인과 나의 특수한 관계를 규정한다. 이 관계가 특수한 이유는 우리는 이 관계 안에서 처음으로 타인과 만나기 때문이다. 따라서 이 관계는 나와 타인의 '최초의 관계'이며, 이 타인은 내가 만난 '최초의 타인'이라고 할 수 있을 것이다. 이러한 관계와 만남이 나에 의해 결정되는 것이 아니라는 점에서 이 관계는 표면적으로는 마치 자연발생적이고 우연적인 관계인 것처럼 보인다. 그러나 이러한 표면적인 모습과는 반대로 우연적 요소 혹은 자연적 요인들은 사실 중요한 문제들이 아니다. 왜냐하면 이러한 관계는 근본적인 의미에서의 윤리관계

---

19) 공자는 자신의 아들 伯魚(본명은 孔鯉)와의 대화 속에서 "禮를 학습하지 않으면 확립될 수 없다"(不學禮, 無以立)라고 말한 바 있다. 이 대화의 전문은 다음과 같다. "伯魚가 종종걸음으로 정원을 지나갔다. 공자가 물었다. '너는 禮를 학습하였느냐?' 백어가 대답했다. '아직 못했습니다.' 공자가 말했다. '禮를 학습하지 않으면 확립될 수 없다.' 백어는 물러나서 禮를 학습했다."("鯉趨而過庭. 曰: 學禮乎? 對曰: 未也. 不學禮, 無以立. 鯉退而學禮.": 『論語』, 「季氏」)

이며, 유가전통에서 중시하고 강조하는 '인간의 큰 윤리'(人之大倫)에서의 윤리관계이기 때문이다. 물론 내가 부모를 선택함으로써 나의 최초의 관계 안에서의 최초의 타인을 선택하는 것은 당연히 불가능하지만, 부모가 나에게 있어서 진정한 최초의 타인이 될 수 있는 것은 바로 나의 공경 즉 나의 효를 통해서이다. 따라서 나는 항상 효를 통해 구성된 주체이자, 타인으로서의 부모에게 효도하고 공경할 수 있는 주체인 것이다. 이것은 곧 '인간의 큰 윤리' 안에서의 윤리주체이다.

우리에게 부모는 그러한 타인이다. 나는 부모로부터 태어나 그들을 통해 내가 되었으니, 부모는 나에게 생명을 부여해 준 이들이다. 부모는 내가 개체적 존재로서의 나를 획득할 수 있도록 해 주었고, 또한 나를 부양하고 교육시켜 주었다. 따라서 그들이 없었으면 나도 없었을 것이다. 그리고 이처럼 그들이 존재하기 때문에 완전히 독립적인, 어떤 타인보다도 선재하는 나(자아)는 결코 존재할 수 없다. 모든 나, 모든 개체적 생명 앞에는 필연적으로 타자가 존재할 수밖에 없는 것이다.

그런데 이러한 설명은 경험적 사실에 대한 서술일 뿐만 아니라 나와 타인의 관계의 본질과 관련된 진리이기도 하다. 나는 여러 가지 의미에서 내가 나일 수 있도록 해 주는 부모와 비교했을 때 필연적으로 '나중에 오는 이'(後來者)일 수밖에 없기 때문이다. 따라서 이런 '나중에 오는 이'라는 표현은 나와 부모의 관계를 설명하기에 매우 적절한데, 이것은 또한 모든 나와 타인의 관계를 설명할 때에도 적용될 수 있다. 어떠한 나라고 할지라도 그 자신이 존재하기 이전에 이미 어떤 타자가 존재했으므로, 타자는 항상 나보다 선재하는 것이다.

타인이 나보다 선재한다는 것은 근원적으로 선재한다는 것이며, 나는 이러한 근본적인 선재 혹은 초월을 존중해야만 한다. 자식으로서의 나에게 있어 부모는 타인의 근원적인 선재 혹은 초월을 대표하는 존재이다. 따라서 부모에 대한 나의 공경은 결코 '나를 낳아 주었다'는 자연적 의미에서의 혈연관계에서만 비롯되는 것이 아니다. 오히려 혈연은 사실 그다지 중요한 문제가 아니다.[20] 공경의 근본적인 함의는 전적으로 부모에 대한 자식의 공경이 타인에 대한 나의 공경을 함축하고 있다는 점에 있기 때문이다. 이러한 까닭에 부모를 존경할 수 있는 사람은 필연적으로 다른 사람을 존경할 수 있는 것이다.

나에게 있어 최초의 타인인 부모는 모든 타인의 원형 혹은 원형으로서의 타인이며 나와 부모의 윤리관계는 나와 타인의 윤리관계의 원형이라는 것은, 나와 부모의 윤리관계가 나와 나의 인仁 / 인사(인간다움)에 대해 보편적인 의미를 가진다는 것을 의미한다. 이러한 특수한 최초의 관계 속에서 나는 어떻게 해야 보편적인 의미에서의 '올바른 인간', 즉 진정으로 타인을 타인으로 존경할 수 있는 인간이 될 수 있는지를 배우게 된다. 나는 최초의 타인과의 최초의 관계 속에서 잠재적으로 장차 만나게 될 모든 타인들을 만나게 되기 때문이다.[21] 이를 통해 우리는 공자 사상과 유가전통에서 인류의 시작으로서의 효孝가 인仁 / 인간다움(人)의 근본으로 인정되었음을 확인할 수 있다. 즉 나와 타인의 윤리관계는 부자간 즉 부모자식 간의 인륜[22]에서 출발하며, 자식으로서의 나와 부모로서의 타인 간의 윤리관계

---

20) 入養의 역사만 보더라도 이러한 주장은 어느 정도 뒷받침될 수 있을 것이다.

21) 『효경』「廣至德」장을 참고하라. "군자가 孝로써 가르치는 것은 집집마다 가서 매일 같이 살펴보는 것이 아니다. 孝로써 가르치는 것이란 천하의 모든 아버지 된 자들을 공경하는 것이다. 悌로써 가르치는 것은 천하의 모든 형 된 자들을 공경하는 것이다."(君子之敎以孝也, 非家至而日見之也. 敎以孝, 所以敬天下之爲人父者也. 敎以悌, 所以敬天下之爲人兄者也.) 우리가 여기에서 밝히고자 하는 것은 나의 父兄에서부터 세상의 모든 부형, 그리고 모든 타인에 이르는 연결이 어떻게 가능한지이다.

22) 물론 "부자간"이라는 표현으로 부모자식관계를 대표하는 전통적인 서술방식은 가부장적이고 남성중심적인 색채를 띠고 있다. 그러나 이 장에서는 여성주의적 시각에서 비판적

에서 시작되는 것이 분명한 것이다. 따라서 나와 이 특수한 타자와의 관계는 나와 모든 타자의 관계의 원형이라 할 수 있다. 효라는 관념이 역사적으로 번잡한 예절에 의해 얼마나 가려지고 왜곡되었는가와 상관없이, 이 관념이 역사적으로 어떻게 통치계급의 의식형태로 변질되고 수많은 기행과 추문을 야기하게 되었는가와 상관없이,23) 우리가 이러한 타락의 정치·사회·사상·문화·역사적 원인을 어떻게 추적하고 분석해야 하는가와 상관없이, 우리는 공자의 효사상이 함축하고 있는 나와 타인의 관계의 진리에 집중하지 않으면 안 될 것이다.

따라서 공자에서 효孝가 중요한 이유는, 이것이 자연적인 부모자식관계 자체로부터 나오기 때문도 아니었으며, 정치 혹은 통치원칙에 근거하기 때문도 아니었다. 효의 진정한 중요성은 바로 효가 인간을 인간답도록 한다는 데 있었다. 효는 인간이 인간일 수 있도록 하는 근본이며, 따라서 당연히 "인仁의 근본"인 것이다. 이러한 의미에서 말하자면, 효는 우선 자연 그 자체 및 모든 유형의 자연적 존재들로부터 구분된다. 그리고 바로 이러한 이유로 효는 결코 자연적인 것이 아니다. 따라서 효를 자연감정이 정교화(혹은 문명화)된 형태라고 보는 모든 관점들은 공자의 효사상이 내포하고 있는 심오한 의미를 놓칠 수도 있다. 이처럼 너무나도 중요하면서도

독해를 하려는 것이 아니다. 이 문제는 다른 곳에서 집중적으로 다루어져야 할 것이다. 이 책의 제8장 「타인으로서의 異性」을 참고하라.

23) 『二十四孝圖』와 같이 孝를 널리 선전하는 것을 목표로 하는 전통적 작품이 함축하고 있는 복잡한 관념 및 이것이 유가사상전통과 어떤 관계를 맺는지의 문제는 우리 앞에 던져진 난해한 과제이다. 노신은 『朝花夕拾』의 첫 번째 산문에서 『이십사효도』에 관해 논했다. 그는 자신의 유년시절 경험을 바탕으로 孝라는 전통 관념이 야기할 수 있는 잔혹함과 폭력을 비판했다.(『魯迅全集』, 北京: 人民文學出版社, 1981, pp.251~260) 노신은 자신의 경험에 비추어 보았을 때, 다른 여타 윤리 관념들과 마찬가지로 孝 역시 특정한 사회·문화·역사적 환경 안에서 개인을 구속하고 억압하는 기제로 변질될 가능성이 분명히 있다고 주장했다. 그러나 孝라는 관념이 역사 속에서 드러난 모습을 가지고 孝의 심오한 윤리적 의미를 가려서는 안 될 것이다.

비자연적인 것인 까닭에, 효는 반드시 학습되어야만 하는 것이 되었으며 공자의 핵심적인 가르침이 되었다. 즉 효孝는 내가 학습해야 하는 최초의 원칙이며, 또한 나의 삶에서의 가장 중요한 일이다.

4. 부모 사후의 일: 나의 궁극적 섬김

내가 몸소 실천해야 할 원칙으로서의 효孝는 결코 나와 부모의 관계로만 국한되는 것이 아니다. 내가 최선을 다해 효도를 해야 하는 이유는 효가 나에게 요구하는 "부모를 잘 섬기는 것"24)에는 보편적 의미가 담겨 있기 때문이다. 효는 부모에 대한 근본적인 존경 안에서 부모를 책임질 것을 요구하는 것이며, 나의 최초의 타인에게 최초의 책임을 질 것을 요구하는 것이다. 또한 이러한 책임은 모든 타인에 대한 책임을 함축하는 것이기도 하다. 따라서 "부모를 잘 섬기는 것"은 "타인을 잘 섬기는 것"이며, 타인을 잘 섬기는 것은 나의 부모를 잘 섬기는 것에서 출발한다.

부모를 잘 섬기라는 요구는 명문화된 규정을 통해 구체적으로 명시되는 책임 이상의 것을 포함하고 있다. "부모를 잘 섬기는 것"에서의 "잘 섬기는 것"의 범위는 부모가 살아계실 때에만 한정되는 것이 아니다. 그 누구도 자신이 죽은 후의 일에 대해서는 그 일을 직접 처리할 수는 없기 때문에, 이러한 후사後事의 문제 곧 "최후의 문제"(最後問題)에 있어 타인은 또 다른 타인에게 의존할 수밖에 없다. 즉 타인으로서의 부모는 또 다른 타인으로서의 나에게 의존할 수밖에 없는 것이다. 나에 대한 타인의 이러한 최후의

---

24) 『說文解字』, "孝, 善事父母者."

의존은 나와 타인의 관계에서 전형적인 방식으로 가장 근원적인 층위를 드러낸다. 즉 나는 타인이 살아 있을 때에만 책임지는 것이 아니라, 설사 타자가 죽은 이후라고 할지라도 여전히 책임을 져야 한다. 나를 자신들 앞에 소환할 수 있는 타인으로서의 부모는 결국 이중적인 의미(실질적 의미와 비유적 의미)에서 타인에 대한 나의 책임의 '끝'(끝이 없는 끝)이다. 따라서 나는 부모에 대해 살아계실 때 잘 섬겨야(善事) 할 뿐만 아니라 돌아가셨을 때도 '끝'(장례)에 최선을 다해야(慎終) 한다. 왜냐하면 타인의 생명이 내 앞에서 끝을 맞은 것으로서의 '부모의 끝'은 완전히 나에게 맡겨진 일이기 때문이다. 따라서 진정한 '궁극적 섬김'이란 것에 대해 논하고자 한다면, 그것은 결국 타인으로서의 부모에 대한 회피할 수 없는 궁극적 섬김일 것이다. 타인으로서의 부모는 나를 소환해 내고 책임을 요구할 수 있는 존재인 것이다. 이러한 소환과 책임은 피하거나 남에게 미룰 수 있는 것이 아니다. 효(孝)가 진정으로 요구하는 것은 바로 이러한 소환에 응하고 책임을 받아들이라는 것이다.

비록 효가 살아계실 때 잘 부양하고 돌아가셨을 때 장례를 잘 치러드리는 것이기는 하지만, 이러한 것들을 모두 완수했다고 할지라도 부모에 대한 나의 책임이 완전히 끝났다고는 할 수 없다. 『중용』에서는 '효의 극치' 혹은 이상적 효에 대해 다음과 같이 말했다.

> 방금 돌아가신 분을 섬기기를 살아계신 분을 섬기는 것처럼 하고, 이미 돌아가서서 안 계신 분을 섬기기를 아직 계신 분을 섬기는 것처럼 하는 것이 효(孝)의 극치이다.[25]

---

25) 『中庸』, 제19장, "事死如事生, 事亡如事存, 孝之至也."

이미 세상에 계시지 않은 부모를 대하는 나의 태도는 부모에 대한 나의 효孝의 성질과 정도, 혹은 타인으로서의 부모와 나 사이의 윤리관계의 성질과 정도를 가장 진실하게 보여 준다. 이렇게 볼 때, 유가전통에서 "부모의 상에 임하여 효성스러운 태도를 유지하는 것"(居喪守孝)에는 나와 타인으로서의 부모의 관계의 근원적인 비밀 즉 효의 비밀이 담겨 있다.26) 따라서 우리는 여기에서 효의 구성요소 중 하나로서의 '거상居喪'(상에 임함)의 문제를 상세히 독해해 보겠다.

공자는 자식이 부모를 위해 삼년상을 치러야 한다는 입장을 고수했는데, 그 이유는 "자식이 태어나고 나서 삼년이 지난 후에야 부모의 품을 벗어날 수 있기" 때문이라고 했다. 이러한 공자의 관점은 상당히 타율적인 것으로, 충분히 자연주의의 혐의를 벗을 수 있다. 그런데 만약 타자에 관한 인식이라는 시각에서 공자의 삼년상을 본다면 우리는 공자가 예禮를 고집했던 보다 깊은 의도를 확인하게 될 것이다.

> 재아가 말했다. "삼년상을 지키라고 하시지만 기년상이면 이미 충분한 것 같습니다. 군자가 삼년 동안 예禮를 행하지 않으면 예가 반드시 무너지고, 삼년 동안 악樂을 행하지 않으면 악이 반드시 무너질 것입니다. 묵은 곡식이 사라지고 새로운 곡식이 올라오며, 계절이 바뀌어 땔감으로 쓰는 나무도 바뀌니, 1년이면 충분합니다." 공자가 말했다. "너는 (부모가 돌아가셨는데) 쌀밥을 먹고 비단옷을 입는 것이 편하더냐?" 재아가 말했다. "편안합니다."

---

26) 따라서 우리는 『논어』에서는 보이지 않지만 이후에 일반적으로 사용되는 "守孝"(효성스러운 태도를 유지함)라는 표현에 담겨있는 복잡한 의미에 대해 분석해 볼 필요가 있다. 물론 이러한 분석의 출발점은 孝라는 글자의 의미가 어떻게 "효성스럽고 공경함"(孝敬)이라는 본래의 의미에서 거상의 의미로까지 확장되어갔는지를 고찰하는 것이다. 孝의 이러한 의미적 확장은 이미 세상을 떠난 부모를 위해 상을 치름에 있어 孝를 다해야 함을 보여 줄 뿐만 아니라, 어떤 의미에서는 거상이라는 것이 孝의 의미와 본질을 가장 잘 체현한 전형적인 방식이라는 것을 보여 준다.

공자가 말했다. "네가 편하다면 그렇게 해라! 무릇 군자는 상에 임함에 있어 맛있는 것을 먹어도 그것이 맛있는 줄 모르고, 음악을 들어도 즐겁지 않으며, 편안한 곳에서 지내도 편한 줄 모르기 때문에 그러한 것들을 하지 않는 것이다. 네가 그것이 편하다면 그렇게 하도록 해라!" 재아가 나가자 공자가 말했다. "재아는 어질지 못하구나. 자식은 태어나고 나서 삼년이 지난 후에야 부모의 품을 벗어날 수 있다. 그래서 삼년상이 천하의 통상적인 상례인 것이다. 재아는 태어나서 삼년 동안 부모로부터 사랑을 받지 못했단 말인가!"[27)]

삼년상을 기년상期年喪(일년상)으로 바꾸어야 한다는 재아의 건의는 합리적인 이유를 가진 것처럼 보인다. 현실의 공리적인 사고의 관점에서 보면 3년은 지나치게 긴 면이 있다. 이처럼 긴 시간 동안 예악을 행하지 않는다면 예악의 붕괴는 필연적인 것 아니겠는가? 결국 재아는 현실적 판단에 근거해서 예를 개혁하고자 했던 것이다. 그러나 공자는 결코 동의하지 않았다. 그는 재아에게 부모의 상을 치르는 기간을 단축하여 1년이 지난 후부터 바로 자신의 삶을 향유하고도 마음이 편하겠는지 반문하지만, 재아는 이것이 타당치 않은 일이라고 생각하지 않았다. 그래서 공자는 군자들이 그렇게 하지 않는 이유는 1년이라는 짧은 시간으로는 부모가 세상을 떠난 슬픔으로부터 회복될 수 없기 때문이라고 설명할 수밖에 없었다. 이러한 슬픔은 삶의 모든 것에서 의미를 상실하게 만들어, "맛있는 것을 먹고도 맛있는 줄 모르고 음악을 들어도 즐겁지 않으며 편안한 곳에서 지내도 편한 줄 모르게" 되는 것이다. 재아가 떠난 후 공자는 재아에 대해 "어질지 못하다"

---

27) 『論語』, 「陽貨」, "宰我問: 三年之喪, 期已久矣. 君子三年不爲禮, 禮必壞; 三年不爲樂, 樂必崩. 舊穀既沒, 新穀既升, 鑽燧改火, 期可已矣. 子曰: 食夫稻, 衣夫錦, 於女安乎? 曰: 安. 女安則爲之! 夫君子之居喪, 食旨不甘, 聞樂不樂, 居處不安, 故不爲也. 今女安則爲之! 宰我出, 子曰: 予之不仁也. 子生三年然後, 免於父母之懷. 夫三年之喪, 天下之通喪也. 予也有三年之愛於其父母乎!"

고 비판한다. 이때 공자는 비판의 근거로서 자연감정에 호소한다. 즉 아이가 태어나고서 3년이 지나야 비로소 부모의 품을 완전히 벗어날 수 있는데, 재아 또한 부모로부터 이러한 사랑을 받지 않았냐는 것이다.

그러나 공자의 이러한 반문은 어떠한 자연주의적 입장과도 구분되는 것이다. 설사 '부모의 품'이 자식에 대한 부모의 자연적 사랑이 맞다 하더라도 그 '사랑'은 자식들에 의해 느껴지고 인정될 때 비로소 사랑이 될 수 있는데, 자녀에 의해 부모의 사랑이라고 느껴지고 인정되는 사랑은 이미 순수한 자연적 사랑이라 할 수 없기 때문이다. 이것은 자연적인 것이라고 여겨지는 것이 사실은 더 이상 자연적이지 않다는 것을 의미하는 것이기도 하다. 그렇다. 정말로 더 이상 자연적인 것일 수 없다! 왜냐하면 공자의 반문은 재아가 3년간의 부모의 보살핌을 인정해야만 하며, 따라서 부모가 세상을 떠난 후 3년간의 사랑에 보답해야 한다는 요구를 함축하고 있기 때문이다. 이처럼 공자는 재아 혹은 모든 자식들을 타자에게 빚을 진 상태로 설정한다. 설마 재아는 이러한 부모의 사랑을 빚지지 않았단 말인가? 자식으로서의 재아는 부모로부터 받은 사랑에 대해 어떠한 책임도 지지 않겠다는 말인가?[28]

공자는 삼년상을 고수하면서 두 가지 설명을 제시했다. 첫째, 삼년상이 아니더라도 자식으로서의 나는 마음이 불편할 수밖에 없다. 둘째, 갓 태어난 자식에 대한 부모의 사랑은 부모에 대한 자식의 책임을 구성한다. 아래에서는 "마음이 편안함"(安心)의 '안安'자를 중심으로 해서 공자의 첫 번째 설명에 대해 살펴볼 터인데, 고찰의 과정에서 우리는 공자의 두 가지 설명 방식이 서로 연결되어 하나로 통하고 있다는 점을 확인하게 될 것이다.

---

28) 공자와 재아 사이의 이 논변에 담긴 의미에 관해서는 졸저 『文本之間 – 從孔子的魯迅』의 「予欲無言: 『論語』中的論辯與孔子對言的態度」장의 분석을 참고하라.

공자는 자식이 부모를 위해 오랫동안 상에 임해야 하는 이유는 짧은 시간 안에 부모의 죽음을 받아들일 수 없기 때문이라고 보았다. 물론 부모의 죽음은 자식인 나의 감정에 엄청난 충격과 상처로 다가올 것이며, 이러한 충격과 상처는 오랜 시간이 흐른 뒤라야 치유될 수 있을 것이다. 그러나 보통사람이라면 그 비통함과 슬픔으로부터 벗어나는 데 3년까지는 필요하지 않을 것이고, 공자 역시 이를 모르지 않았을 것이다. 따라서 공자는 단순히 부모의 죽음이 나의 감정적 상처들을 치료하는 데 긴 시간이 필요하다는 점을 강조한 것이 아니라, 자식으로서의 나는 너무 짧은 시간 내에 부모를 여의었다는 현실을 편안하게 받아들여서는 안 된다는 점을 강조한 것이다. 예禮로서의 삼년상은 상당 부분 이러한 상징적인 의미를 지니고 있다. 즉 삼년은 긴 시간을 상징하며, 이 긴 시간은 나의 성의를 상징한다. 삼년상의 진정한 의미는, 자식으로서의 내가 부모를 여읜 것에 대해 매우 미안해하고 있으며, 이러한 미안함을 가라앉히는 데에 상당한 시간이 소요됨을 강조하고 있는 것이다.

어째서 공자는 이토록 부모를 여읜 것이 나의 마음속에서 일으키는 미안함을 중시했던 것일까? 어째서 이러한 미안함은 내가 "맛있는 것을 먹어도 맛있는 줄을 모르고 음악을 들어도 즐겁지 않으며 편안한 곳에서 지내도 편한 줄 모르는" 병적 상태에까지 이르게 할 만큼 강렬한 것인가? 여기에서 말하는 미안함이 타인의 사망에서 오는 자연적인 슬픔이 아니라고 한다면, 보통의 슬픔과 구분되는 이러한 미안함이 가지는 의미는 과연 무엇일까?

슬픔은 자연적 감정으로 간주할 수 있지만, 미안함에는 강렬한 윤리적 요구가 담겨 있다. 전자가 자신이 받은 손실 혹은 상실 때문이라면, 후자는 타인이 받은 손실 혹은 상실로 인한 것이다.[29] 나의 미안함은 타자에 대한 유감, 가책, 죄책감 등이 드러난 것이다. 물론 정말로 내가 소홀했거나 잘못을 저질렀기 때문에 이러한 감정들이 발생할 수도 있지만, 이와 반대로 부모가 살아계실 때 효도를 다했음에도 돌아가신 후에는 깊은 가책의 감정이 남는 경우 또한 있다. 어째서인가? 진정으로 나를 미안하게 하는 것은 타인의 죽음이라는 상황에서 마주해야 할 사실, 즉 타인은 떠났지만 나는 여전히 여기에 남아 있다는 사실 때문이다. 이러한 미안함은 내가 나의 생명 혹은 존재가 결코 자연적인 것이 아님을 은연중에나마 느끼고 있음을 보여 주고, 타인의 죽음은 매우 강렬한 방식으로 나라는 존재의 비자연성을 부각시킨다. 타인의 죽음은 나로 하여금 자신의 생명과 삶을 위한 이유를 찾고 변명을 하지 않을 수 없도록 만들지만, 우리는 부모라는 특수한 타인의 죽음 앞에서 어떠한 변명도 내놓을 수 없다. 즉 부모가 돌아가신 후에도 여전히 생명과 삶을 누리는 것에 대해 나는 어떠한 변명도 할 수 없게 되는 것이다.

타인이 존재하지 않으면 나 역시 존재하지 않기 때문에, 나의 생명은 결코 자유롭게 "독화獨化"30)하는 것이 아니며 스스로 부여한 것도 아니다. 나의 생명은 타인으로서의 부모가 선물한 것이다. 생명은 이처럼 특수한 타인으로부터 받은 귀중하고 원초적인 선물인 것이다. 그러나 바로 이러한 원초적이고 절대적인 선물로 인해, 타인으로부터의 이러한 '선물 아닌 선물'(不贈之贈)로 인해 나는 증여자가 되기 전에 필연적으로 상속자로서

---

29) 예컨대 타인의 죽음이라는 상황이 그러하다. 그러나 이 경우 또한 나에게 닥친 하나의 상실이라고 할 수 있다. 나는 어떤 방식으로든 그가 나에게 속해 있다고 느끼는데, 그처럼 나에게 필요한 혹은 내가 의지하는 타자가 결국 나를 버리고 떠났기 때문이다. 결국 타자의 죽음이 나를 슬프게 하는 것이기는 하지만, 이러한 슬픔은 나 자신을 위한 슬픔이다. 즉 나는 본래 타자가 받은 상실(죽음을 포함한)과 무관하지만, 그러한 타자의 손실 혹은 상실로부터 결코 자유로울 수 없는 것이다.

30) 역자주: 獨化는 郭象(252~312)의 개념이다. 그는 이 개념을 통해 모든 개체들이 지닌 개별성을 강조했으며, 동시에 개별적인 개체들 간의 상호 불간섭을 주장했다.

태어날 수밖에 없다. 부모가 나를 낳는 것은 보편적 의미의 "타인으로부터 나의 생명 혹은 나 자신을 받음"이 구체화된 것이다. 이러한 이 선물은 보답할 필요가 없는 것일 뿐만 아니라, 근본적인 의미에서 선물로 인식될 수조차 없어야 한다. 일단 그것을 선물이라고 인식하게 된다면, 선물을 주고받는 양측이 자신들이 선물을 주고받고 있음을 인식하게 된다면, 그것을 인식하는 바로 그 순간 이미 선물 자체는 설사 선물을 주는 사람의 의도가 그렇지 않다고 하더라도 어떤 보답에 대한 요구를 내포하고 있는 것이 되어 버리기 때문이다.

생명이라는 선물을 받은 나는 부모로부터 나의 생명을 받았다는 인식으로 인해 마치 돈도 빌리기 전에 이미 부채감을 느끼는 것처럼, 즉 빚 없는 채무자가 되어 버린다. 나중에 태어난 이로서의 나는 태어나면서부터 이미 타인에게 결코 갚을 수 없는 빚을 진 것처럼 느끼게 되는 것이다. 결코 자발적이지는 않았지만 어쨌든 지게 된 채무, 어떤 의미에서는 이를 '존재론적' 채무라고 할 수도 있을 것이다. 이 때문에 지금 내가 타인에게 보답해야 하고 보답할 수 있을 때, 나 자신을 바쳐 타인을 위할 수 있는 이때, 타인으로서의 부모가 나보다 앞서 먼저 세상을 떠났으므로 나는 미안함을 느낄 수밖에 없다. 마땅히 타인에게 주어야 할 것을 정당하지 못하게 점유하고 있다고 느끼기 때문이다. 타인의 너무 이른 죽음은 내가 시간을 맞춰 마땅히 돌려주어야 할 것을 돌려줄 수 없도록 만들며, 또한 이로 인해 내가 영원한 부채감을 가지도록 만든다.[31] 공자의 "자식이 태어나고 나서 삼년이 지난

---

31) 이것이 이른바 "자식이 부모를 모시고자 해도 부모가 기다려 주지 않음"(子欲養而親不待)이다. 이 말은 『韓詩外傳』에서 두 차례 보인다. "증자가 말했다. '한 번 떠나면 돌아올 수 없는 분이 부모이며, 이르렀다 해도 더할 수 없는 것이 세월이다. 이러한 까닭에 효자가 부모를 잘 모시고 싶어도 부모는 기다려주지 않으며, 나무가 곧아지기를 바라도 시간을 기다려주지 않는다. 그러므로 부모의 묘를 잘 관리하는 것은 닭과 돼지로 부모를 잘 봉양하는 것만 못하다.'"(『韓詩外傳』 7-7, "曾子曰: 往而不可還者, 親也; 至而不可加

후에야 부모의 품을 벗어날 수 있다"라는 표현은 바로 그러한 상환을 요구받은 적 없는 원초적인 채무를 묘사하고 있다. 이것은 곧 빌리지 않아도 존재하는 채무, 결코 상환할 수 없는 채무이며, 나와 타인 즉 나와 부모를 근원적으로 연결시키는 것이다.

따라서 자식으로서의 나에게 있어 삼년상은 매우 상징적인 행위이다. 기호적 혹은 언어적 차원에서 볼 때, 이러한 의식화된 행위는 나 자신이 타인에게 빚지고 있으며 그러한 빚을 영원히 상환할 수 없음을, 또한 부모로서의 타인이 정말로 나에게 상환을 요구할 수 없음을 잘 알고 있다는 사실을 보여 준다. 이것은 그러한 상환이 불가능할 뿐만 아니라, 그러한 상환은 결국 타자의 존엄을 일상생활에서의 나와 타인 간의 교환관계로 전락시킴으로써 나와 타인의 관계가 지닌 윤리적 본질과 초월적 차원을 가려 버릴 것이기 때문이다. 그러나 바로 이 상환할 방법도 없고 상환할

者, 年也. 是故孝子欲養而親不待也, 木欲直而時不待也. 是故椎牛而祭墓, 不如雞豚逮存親也."); "공자가 길을 가고 있었는데, 매우 비통한 울음소리를 들었다. 공자가 말했다. '어서 말을 몰아라! 어서 말을 몰아라. 앞에 현자가 있는 것 같구나.' 도착해서 보니 皋魚라는 사람이었다. 그는 베옷을 입고 낫을 끼고 길가에서 울고 있었다. 공자는 수레를 몰아가서 그와 대화를 나누었다. '그대는 상을 당한 것도 아닌데, 어찌 이렇게 슬프게 우는 것인가?' 도어가 말했다. '저는 세 가지 실수를 범했습니다. 젊어서는 배움을 좇고 제후들을 주유하며 나의 부모를 뒤로 돌렸으니, 이것이 저의 첫 번째 실수입니다. 저는 제 뜻만을 높게 세우고 임금 섬기는 것을 간략히 여겼으니, 이것이 저의 두 번째 실수입니다. 저는 벗들을 사귀었으나 젊어서 모두 끊어졌으니, 이것이 세 번째 실수입니다. 나무가 가만히 있기를 바라도 바람이 그치지 않고, 자식이 부모를 모시고자 해도 부모가 기다려 주지 않습니다. 한 번 지나가면 좇을 수 없는 것이 세월이고, 돌아가시면 다시는 뵐 수 없는 분이 부모님입니다. 나는 이 말씀을 좇아 여기서 서서 말라죽고자 합니다.' 공자가 말했다. '너희들은 이것을 경계하여 기억하도록 하라.' 이때 문인 중 돌아가서 부모를 모신 자가 열 셋이었다."(『韓詩外傳』 9-3, "孔子行, 聞哭聲甚悲 孔子曰: 驅! 驅! 前有賢者. 至, 則皋魚也. 被褐擁鎌, 哭於道傍. 孔子辭車與之言曰: 子非有喪, 何哭之悲也? 皋魚曰: 吾失之三矣. 少而學, 游諸侯, 以後吾親, 失之一也; 高尚吾志, 間吾事君, 失之二也; 與友厚而小絕之, 失之三矣. 樹欲靜而風不止, 子欲養而親不待也. 往而不可追者, 年也; 去而不可得見者, 親也. 吾請從此辭矣, 立槁而死 孔子曰: 弟子誠之, 足以識矣. 於是門人辭歸而養 親者十有三人.")

필요도 없는, 빌린 적도 없고 타인으로부터 상환을 요구받지도 않는 이 채무로 인해 나는 오히려 타인을 향해 명확하게 이 채무를 인정해야 한다. 이 채무를 인정한다는 것은 타인에 대한 나의 채무 혹은 책임을 인정하는 것이며, 내가 타인에 대해 결코 남에게 미룰 수 없는 채무와 책임을 지고 있음을 인정하는 것이다.[32]

이렇게 볼 때, 부모를 위한 삼년상에는 세상을 떠난 타자에 대한 몇 가지 특별한 약속과 보장이 담겨 있다. 즉 나는 내가 어디에서 왔고 어떤 근본적인 선물을 받았는지를 잊지 않을 것이며, 그에 따른 나의 책임을 남에게 미루지 않겠다는 약속과 보장이다. 이것은 타자를 향해 나는 결코 당신을 잊지 않고 영원히 기억하겠다는 약속으로, 부재한 타자를 영원히 기억하는 방법은 그 타자를 자신 안에 살아 있는 채로 남겨 두는 것이다. 따라서 표면적으로는 그저 형식적인 것처럼 보였던 예禮로서의 삼년상은 사실 '타자를 계속 살아 있게' 하려는 노력 그 자체였던 것이다. 이렇게 볼 때 거상수효居喪守孝의 예는 타자를 기억하는 과정, 타자를 내 마음 속에 새기는 과정이다. 이러한 과정을 통해 나는 나의 모든 주의와 생각을 이미 세상을 떠난 타자에 집중시켜서 영원히 그를 기억하고 그의 흔적과 함께하며, 그는 결국 나의 일부분이 되어 영원히 간직될 수 있다.

---

32) '責'자와 '債'자의 어원적 연결은 연구할 만한 가치가 있다. '責'은 '債'의 본 글자이다. '責'자의 본뜻은 '빚', '빌리다' 등으로, '責成'(책임지고 완성하다), '責備'(책망하다), '責任' 등으로 가차되었다가 '責'자에 사람 인(人)변을 더하여 본래의 '빚·빌리다' 등의 뜻을 나타내게 되었다. '빚'(債)은 내가 타인으로부터 빌려서 마땅히 돌려줘야 할 것이다. 즉 내가 빚을 졌기 때문에 타인은 나에게 '책임을 물을'(責) 수 있는 것이다. 따라서 책임이 있다는 것은 빚이 있다는 것을 의미한다. 그러나 책임이 함축하고 있는 채무는 물질적·금전적인 것으로 대표되는 채무의 본래 의미를 넘어서는 것이다. 우리가 여기에서 밝히고자 하는 바는 '빚이 아닌 책임(無債之責)이다. 타인에 대한 나의 책임은 결코 내가 실제로 타자로부터 어떤 구체적인 것을 빌렸기 때문이 아니다. 이러한 설명은 타자로서의 나의 부모에게도 적용된다.

5. 애도의 의미: "선인의 뜻을 이어받고 사업을 계승하다"

내가 타자를 간직한다는 것은 당연히도 내가 타자와 동화된다는 의미가
아니라 타자가 타자로서 계속 존재하도록 하는 것이다. 만약 삼년상을
통한 애도라는 것이 기억과 망각, 간직과 '소화消化'를 동시에 의미하는
것이라면, 이것은 "나와 타자가 하나가 되는" 경우로서 타자를 자신 안으로
완전히 흡수함으로써 현실에서는 완전히 망각함을 의미하는 것이 되는데,
그렇다면 유가전통에서는 그토록 고수해 왔던 거상수효居喪守孝의 예禮 즉
효자가 자신의 미안함을 부각시키는 수많은 형식들로 인해 애도가 성공할
가능성은 전혀 남아 있지 않게 된다.[33]

확실히 거상수효居喪守孝하는 예의 목적이 '성공적 애도'가 아닌 것은
분명하다.[34] 예의 목적은 세상을 떠난 이를 망각하고 다시 자신의 삶을

---

33) 예컨대, 고대의 효자들은 상에 임할 때 다음과 같이 했다고 한다. "곡을 함에 있어
가지런한 목소리를 내지 않으며, 거친 삼베옷을 입고 거친 삼베 띠를 두르고 눈물을
흘리며, 움막에 거처하며 거적자리 위에서 흙덩이를 베고 잔다. 또한 억지로 먹지
않고 굶주리며, 얇은 옷을 입어서 춥게 한다. 얼굴은 앙상히 야위고 얼굴빛은 검어진다.
귀와 눈은 어두워지고 손발에는 힘이 들어가지 않게 된다."(『墨子』, 「節葬下」, 吳毓江
撰, 『墨子校注』, 孫啓治 点校, 北京: 中華書局, 1993, p.264, "哭泣不秩聲, 翁縗垂涕, 處倚廬,
寢苫枕塊. 又相率強不食為饑, 薄衣而為寒. 使面目陷陬, 顔色黧黑. 耳目不聰明. 手足不勁強.")
이러한 행위들은 가식적이거나 심지어 자기징벌적 의미를 지닌 것처럼 보인다. 위
대목은 유가의 厚葬(후하게 장례를 지냄)과 긴 복상기간을 비판한 것이기 때문에 다소
과장한 측면이 없지는 않겠지만, 기본적으로는 정확한 관찰에 근거했다고 볼 수 있다.
이 문제에 있어서의 유가에 대한 묵가의 비판은 당연하게도 "현실적" 의미를 지니고
있으며, 어떠한 의식화·제도화된 행위도 공허한 껍데기로 전락할 가능성이 있음을
시사하고 있다. 그러나 이러한 비판은 묵가가 유가의 후장과 장기간의 복상이 지니는
심오한 의미를 완전히 이해하지 못했음을 드러내는 것이기도 하다.
34) 애도와 관련된 심리적 과정과 기제에 대한 고전적인 설명으로는 프로이트의 *Mourning
and Melancholia*가 참고할 만하다.(Sigmund Freud, *Mourning and Melancholia*, The Pelican
Freud Library, vol. 11. Edited by Angela Richards. Harmondsworth, Middlesex, Penguin
Books, 1984, pp.245~268) 데리다는 *Memoires for Paul de Man* (Jacques Derrida, Trans.
Cecil Lindsay, New York, Columbia University Press, 1986)에서 성공한 애도와 성공하지
못한 애도라는 문제에 대해 심층적으로 논했다. 기본적으로 그는 성공하지 못한 애도

시작하려는 데 있는 것이 아니라, 내가 타자의 타자다움을 간직하고 타자가 타자로서 계속 존재할 수 있도록 하려는 데 있는 것이다. 타자가 타자로서 계속 존재하도록 한다는 것은, 비록 타자가 실제로는 죽었더라도 나에게 있어서는 죽지 않고 여전히 간직되어 있는 것이다. 이와 같은 타자가 세상을 떠난 후의 독특한 존재방식은 나를 편안치 못하게 한다. 이러한 미안함이 강조하는 바는, 나는 타자에 대한 나의 책임이 타자의 죽음과 더불어 종료되는 것이 아니며, 따라서 베개를 높이하고 편안하게 쉴 수 없음을 알고 있다는 것이다.[35] 세상을 떠난 타자는 여전히 말없이 나를 주시하고 있으며, 소리 없이 나를 소환하고 있기 때문이다. 이러한 "있지 않으면서 있고"(不在之在) "떠났지만 떠나지 않은"(不去之去) 타자의 주시와 소환으로 인해 나는 편안하게 나의 삶을 살아갈 수 없다.

물론 나는 돌아가신 이들을 편안하게 모셔야 할 것이다. 그러나 앞에서 말한 바와 같이 돌아가신 이들을 편안하게 모시는 것은 그분들을 안장하는 것에서 끝나는 일이 아니며, 거상수효로 끝나는 일도 아니다. 타자는 한 번 죽은 이후에는 다시 죽지 않는다. 따라서 타자를 안장하고 거상수효하는 것은 의식화된 '발표'에 불과하다. 보다 깊은 의미에서의 타자에 대한 나의 책임은 바로 이때부터 시작되며, 이 책임은 영원히 끝나지 않는다. 비록 부모가 세상을 떠나면 일상적인 실제 효행들은 그 의미를 상실하게 되지만,

---

(impossible mourning)는 성공한 애도(possible mourning)에 비해 더 타자의 타자성을 존중하는 것 혹은 타자를 타자로서 간직하는 것이라고 보는 관점을 가졌다.
35) 노신은 許廣平과의 편지에서 "무릇 나와 관련되고 내가 돌봐야 하는 분들이 살아계시는 한 나는 함부로 마음을 놓을 수 없으며, 오직 그분들이 돌아가신 다음에야 마음을 놓을 수 있다"고 말한 바 있다.(『魯迅全集』, 北京: 人民文學出版社, 1981, p.77) 그가 한 말은 아마도 자신이 돌봐야 하는 분들이 살아 계시는 동안에는 그 자신도 마음을 놓을 수 없다는 의미일 것이다. 그러나 사실 항상 그런 것은 아니었다. 노신의 이러한 생각에 관해서는 다른 글을 살펴봐야 한다. 졸저 『文本之間 - 從孔子到魯迅』의 「我之由生向死他人之無法感激的好意 - 重讀魯迅『過客』」장에서의 관련 분석을 참고하라.

그들과 나의 관계는 심오한 의미에서 여전히 지속된다. 타자의 죽음이 나와 타자의 관계의 단절을 의미하지는 않는 것이다. 오히려 타자의 죽음은 이 관계의 무게를 오직 나 홀로 감당하게 만든다. 타인의 죽음 이후 나는 그의 존재 전체의 책임을 모두 건네받게 되기 때문이다. 타자가 세상을 떠난 지금, 나는 내 안에서 타자를 홀로 감당해야 하며, 타자가 직접 할 수 없는 모든 것들을 완성해야 한다. 따라서 타자의 죽음 이후 나의 책임은 경감되거나 소멸되는 것이 아니라 증가하며, 심지어 절대화된다고도 할 수 있다. 부모가 살아계실 때의 나의 실제 효행들은 결국 부모가 돌아가신 이후의 일을 위한 예행연습이라고도 볼 수 있다.

기성의 구체적인 예절들, 즉 어떻게 해야 부모에게 효도하고 순종하는 것인지 규정하는 것들—예컨대, "밤에 잠자리를 봐드리고 아침에 문안인사 드리기"(昏定晨省), "겨울에 따뜻하게 해드리고 여름에 시원하게 해 드리기"(冬溫夏淸) 등—은 비록 관계의 불평등함을 내포하고 있지만, 이러한 불평등 안에는 또한 균형이 존재한다. 왜냐하면 이 관계의 두 당사자가 모두 살아 있기 때문이다. 그러나 타자의 죽음은 이러한 균형을 완전히 무너뜨리게 된다. 여기에 타자의 죽음이 가지는 근본적인 모호성이 있다. 한편으로 이 죽음은 나에게 있어 벗어남이다. 죽음은 살아 있는 타자와의 실제 관계에서부터 나를 벗어나게 해 준다. 세상을 떠난 타자에 대해 나는 더 이상 일상적인 섬김을 포함한 어떠한 실제적인 책임도 지지 않게 된다. 그러나 다른 한편으로 타자의 죽음은 나의 책임을 절대적으로 가중시킨다. 나는 타자의 모든 무게를 혼자서 감당해야만 하기 때문이다. 타자의 죽음은 이제 타자가 아무런 도움도 줄 수 없음을 더없이 잘 보여 준다. 세상을 떠난 타자는 죽음을 계기로 자신의 모든 것을 완전히 나에게 넘겨주었기 때문이다. 세상을 떠난 타자는 그 자신에 대해 어떤 것도 할 수 없다. 나에게 절대적으로 의존하고 나를 절대적으로 신뢰하는 이러한 타자는 나에게 있어 절대적인 부담이 된다. 살아 있는 타자를 대면하고 있었다면 떠넘길 수 있었을 일들이, 타자가 이미 세상을 떠난 지금에는 더 이상 회피할 수 없는 책임이 된다. 따라서 타인의 죽음은 가장 극적인 방식으로 타인에 대한 나의 책임의 절대성을 부각시켜 준다고 할 수 있다.

타인을 존재할 수 있게 하는 나의 능력은 최종적으로는 더 이상 존재하지 않는 타인도 계속 존재할 수 있도록 하는 것으로 표현된다. 타인에 대한 나의 '궁극적 섬김'은 내가 살아 있는 한 계속되어야 할 무한한 섬김일 수밖에 없다. 바로 이러한 심오한 섬김으로 인해 타인은 "비록 죽었어도 여전히 살아서" 그 생명을 계속 이어갈 수 있다.[36] 이것이 바로 '추도'와 '기념'의 근본적인 의미이다. 이러한 의식을 통해 표현하는 타인에 대한 효란, 궁극적으로 당신의 뜻과 사업을 계승하여 당신에 대한 책임을 지겠다는 것이며, 또한 이러한 방법을 통해 당신이 존재를 지속할 수 있도록 하겠다는 것이다. 따라서 『중용』의 말은 매우 적절하다. 효란 구체적인 부모자식 관계를 뛰어넘어 "선인의 뜻을 이어받고 사업을 계승함"[37]인 것이다. 세상을 떠난 타인의 뜻과 사업을 계승하는 것은 타인에 대한 나의 궁극적인 공경과 효를 표현하는 것이다. 타인의 뜻이 이어지고 사업이 계승되었다는 것은 "타인이 죽은 후 그의 존재 전체를 맡겠다"는 약속이 가장 완전하게 실현된 것이다.

---

36) 우리는 "비록 죽었어도 여전히 살아 있음"이란 것이 위대한 역사적 인물의 업적에 달려 있다고 여기는 경향이 있다. 분명 그렇기는 하다! 그러나 후세 사람들이 선인의 뜻과 사업을 계승해 주지 않는다면 어떻게 세상을 떠난 후에도 계속 존재할 수 있겠는가? 그러므로 결국 살아 있는 사람이야말로 선인을 "비록 죽었어도 여전히 살아 있도록" 해 주는 존재이다. 역사와 전통을 극단적으로 중시하는 우리의 문화에 있어 이와 같은 산 사람의 역할이 가지는 철학적 의미는 심도 있게 논할 필요가 있다.
37) 『中庸』, 제19장, "夫孝者, 善繼人之志, 善述人之事者也."

6. "제사를 지낼 때는 (조상이) 계신 것'처럼'(如) 하라": 귀신과 함께 살아가기

'돌아가신 분을 살아계실 때처럼 모심'은 기존의 장례절차 및 거상수효의 예禮만으로 드러나는 것이 아니라 자손대대로 올리는 제례祭禮에서도 잘 드러난다. 『논어』에는 다음과 같은 증자의 말이 있다.

> 증자가 말했다. "돌아가신 부모의 장례에 최선을 다하고(愼終) 조상에 대한 제사에 공경을 다하면(追遠) 백성들의 덕이 두텁게 될 것이다."[38]

유가의 장례와 상례가 '신종愼終'에 속한다면 제례는 '추원追遠'에 속한다고 할 수 있다. 비록 증자는 신종과 추원의 의미를 교화의 관점에서 말하고 있지만, 앞에서의 분석에 따른다면 신종과 추원은 세속적인 공리적 도덕을 한참 뛰어넘는 근본적인 윤리적 함의를 담고 있다. 앞에서 우리는 이미 신종과 관련된 기본적인 문제들을 분석했으므로 아래에서는 제례로 체현되는 추원의 문제를 중심으로 논의를 진행하겠다.

지금까지의 화법을 따르자면 제례는 제도화된 의식을 통해 세상을 떠난 타자와의 연결을 유지하는 것이라고 설명될 수 있을 것이다. '연결의 유지'가 중요한 이유는, 그러한 연결을 통해 이미 이 세상에 존재하지 않는 타자에 대한 우리의 약속과 보장을 유지하고 완성할 수 있기 때문이다. 그런데 이 세상에 존재하지 않는 타자에 대한 약속과 보장은 또 다른 중요한 약속과 보장을 함축하고 있다. 바로 나의 동포와 백성들에 대한 약속과 보장이다. 나는 성실하게 추원의 책임을 짊으로써 항상 타인을

---

38) 『論語』, 「學而」, "曾子曰: 愼終追遠, 民德歸厚矣."

충실하게 대하고 내치지 않을 것이라는 점을 보여 줄 수 있고, 이를 통해 백성들로 하여금 어떻게 해야 타인에 대한 근본적인 책임을 완수할 수 있는지를 배우도록 할 수 있다. 만약 이러한 근본적인 책임에 대한 인식이 없다면 백성들은 진정으로 덕을 가질 수 없게 된다.

조상을 추원하고 기념하는 예禮로서의 제례는 근본적으로 부모라는 타인에 대한 나의 효孝의 연장이다. 만약 우리가 중국문화전통에서의 제례에 담긴 형이상적 함의를 세밀하게 읽어 낼 수 있다고 한다면, 항상 경직된 형식으로 전락할 가능성을 가지고 있으며 현대적 삶과 이미 동떨어져 버린 듯한 유가적 예의의 규범과 행위 사이로, 중국문화에서의 인仁에 대한 인식 즉 타자에 대한 인식이 엿보인다는 점을 확인할 수 있을 것이다. 이에 근거할 때 우리는 제례를 대하는 공자의 태도가 잘 드러난 『논어』의 한 대목을 보다 깊이 있게 이해할 수 있다.

제사를 올릴 때는 (조상이) 계신 것처럼 하고, 귀신에게 제사를 지낼 때는 귀신이 계신 것처럼 하라.[39]

사실 여기에는 귀신을 믿을 것인지 말 것인지에 대한 어떠한 언급도 없고, 공리적 혹은 현실적 목적을 위한 어떠한 가식도 담겨 있지 않다. '~처럼 한다'는 말에서 명확하게 드러나는 것은 오직 다음의 두 가지 사실이다. 즉 나는 조상이 이미 세상을 떠나서 더 이상 존재하지 않는다는 것을 알고 있다는 점, 그럼에도 나는 그들이 여전히 다른 방식으로 존재한다는 것을 알고 있다는 점이다. 여기서 '다른 방식으로 존재함'을 믿는 것이 곧 천진하고 우매한 종교적 미신을 의미하는 것은 아니다.

---

39) 『論語』, 「八佾」, "祭如在, 祭神如神在."

"제사를 올릴 때는 (조상이) 계신 것처럼 하고, 귀신에게 제사를 지낼 때는 귀신이 계신 것처럼 하라"는 태도는 나와 타자의 관계를 가장 잘 체현하고 있다. 이 말은 제례를 통해 유지되는 나와의 연결 속에서 세상을 떠난 타자가 어떻게 계속 존재하고 있는지를 이해했다는 의미이다. 타자로서의 조상은 나의 제사에 의존하고 있으므로, 조상이 있다는 것은 바로 이처럼 특수한 형태로 있는 것이라고 할 수 있다. 만일 제사가 없다면 조상 또한 존재할 수 없게 된다. 그런데 조상이 존재할 수 없게 된다는 것은 단지 과거 즉 기억이나 전통의 상실만을 의미하는 것이 아니라, 우리의 미래 즉 타자가 참신한 면모를 지니고서 다시 한 번 우리의 삶 속으로 들어와서 만들어 내는 '미래'의 상실을 의미하기도 한다.

우리는 세상을 떠난 타자를 엄숙한 의식과 공경의 마음으로 청하고 성심을 다해 섬긴다. 따라서 제례는 세상을 떠난 타자에 대한 우리의 소환이라고 말할 수도 있다. 그러나 우리가 제례를 통해 타자를 소환하는 것은, 어둠 속에서 보내 온 타자의 소환장에 우리가 응하였기 때문이다. 결국 우리는 제례를 통해 타자를 소환하고, 그렇게 함으로써 우리에 대한 그들의 소환에 응하는 것이다. 이처럼 제례는 세상을 떠난 타자와 우리가 계속해서 연결되고 함께 살아갈 수 있도록 해 주는 근본적인 방식 중의 하나이다. 상례와 거상수효를 통해, 그리고 조상을 추원하는 제례를 통해, 우리는 타자로서의 귀신과 계속 함께 살아가게 되는 것이다.

제례의 중요성으로 인해 드러나듯이 어떤 의미에서 중국문화는 곧 조상 기념의 문화라고도 할 수 있을 것이다. 그러나 조상을 기념하는 문화가 반드시 '과거만 바라보는' 문화인 것은 아니다. 과거로부터 깊게 새겨져 온 조상을 섬기는 문화가 이른바 '전통'을 구성했다면, 전통이라는 것은 또한 우리의 과거에 남겨진 것일 뿐만 아니라 미래에서 우리를 기다리고 있는 것이라고 말할 수도 있다. 따라서 진정한 전통이란 언제든 헌신짝처럼 내버릴 수 있는 것이 아니라, 우리가 끊임없이 나아가 도달해야 할 귀결점이어야 한다. 다만, 이러한 귀결이 숙명적으로 우리들의 삶을 결정하는 것은 결코 아니다. 오히려 우리는 이러한 귀결을 통해 스스로 미래로, 항상 우리를 향해 다가오고 있는 미래로 나아가야 한다.

과거와 미래의 이러한 복잡한 관계는 왜 중국 전통문화에서의 혁신이 항상 '복고'의 형식을 채택했는지에 대해 어느 정도 설명해 줄 수 있다. 타자로서의 귀신은 끊임없이 살아 있는 사람들을 소환해서 자신들과 자신들의 흔적을 간직하라고 요구하며, 우리는 그들을 간직하려는 노력을 통해 그들이 계속해서 살아갈 수 있도록 해 준다. 그런데 그들을 간직하려는 우리의 노력은 곧 우리 자신의 창조적인 문화활동이기도 하다. 사실 모든 문화전통에서 후대 사람들은 이처럼 과거의 흔적을 간직하려는 노력 속에서 자신의 창조와 발명을 진행했다. 비록 이러한 창조 혹은 발명이 공자에게서는 "옛것을 계승할 뿐 새로 만들지 않았으며, 옛것을 믿고 좋아했다"[40]는 식으로만 드러나더라도 말이다. 그러나 어떻게 하는 것이 진정으로 "옛것을 계승하고, 옛것을 믿고 좋아함"일까? "타인의 뜻을 잘 이어받고 타인의 사업을 잘 계승하는 것", 특히 '세상을 떠난 타인'이 나에 의지해서 뜻과 사업을 이어가게 됨을 말하는 것일까?

우리가 "타인의 뜻을 잘 이어받고 타인의 사업을 잘 계승해야" 하는 이유는 타인에 대한 우리의 회피할 수 없는 책임 때문이다. 이러한 책임으로 인해 필연적으로 요구되는 "타인의 뜻을 잘 이어받고 타인의 사업을 잘 계승하는 것"은 넓은 의미의 타인에 대한 효孝일 것이다. 이 때문에 공자는 "옛것을 계승할 뿐 새로 만들지 않았으며, 옛것을 믿고 좋아했던" 것이다.

---

40) 『論語』, 「述而」, "子曰: 述而不作, 信而好古, 竊比於我老彭."

이미 세상을 떠난 타자에 대한 이처럼 깊은 효를 통해 공자는 자기 시대를 위한 창조를 이루어 내고 후세를 위한 모범을 세웠으며, 더 나아가 우리의 미래 즉 우리 자신이 또한 스스로 광의의 효를 통해 맞이해야 할 미래까지도 간직하고 보장해 주었다. 이를 통해 볼 때, 이미 세상을 떠난 이들이 완수하지 못한 뜻과 사업은 필연적으로 미래를 함축하고 있으며 이러한 뜻과 사업이 바로 미래라고 말할 수 있다면, 적극적 의미에서의 "옛것을 계승할 뿐 새로 만들지 않으며, 옛것을 믿고 좋아함"은 결코 미래를 억누르는 일이 아닐 것이다.

우리는 타자와 우리의 과거를 적극적으로 반복하는 과정 속에서만 진정으로 창조와 발명의 가능성을 가질 수 있고 새로운 것들을 만들어 낼 수 있다. 창조와 발명은 오직 과거 타인의 흔적으로 가득 찬 역사라는 공간 안에서만 가능하기 때문이다. 우리는 오직 이러한 반복 가운데에서만 타자를 다시 드러낼 수 있는 것이다.—이러한 드러냄은 중층적 의미에서의 '우리의 드러냄'이다. 우리가 타자를 드러내는 것이면서 동시에, 우리를 타자에게 드러나도록 하는 것인 까닭이다.[41] 후자는 (미래의) 타자가 다가올 수 있도록 우리 자신을 다시 드러내는 것을 의미한다.— 따라서 우리는 효를 다시 드러내어야 하며, 효에 대한 전통적 설명을 뛰어넘는 근본적인 윤리적 의의를 다시 드러내어야 한다. 아울러 우리는 효라는 전통적인 윤리 관념을 전통의 '형이하적' 왜곡과 현대의 '형이상적' 비판으로부터 자유롭게 풀어 주어야 한다.

---

41) "타자의 드러냄" 및 이처럼 논리적이지 못해 보이는 "논리"에 관해서는 데리다의 *Psyche: Inventions of the Other*(Jacques Derrida, Reading de Man Reading, Edited by Lindsay Waters & Wlad Godzich, Minneapolis, University of Minnesota, 1989, pp.25~65)를 참고하라.

제5장 타인에게 충실함

"타인에게 충실하라."

사방에 여유가 넘치거늘 나만 홀로 근심에 머물러 있고,
남들은 편안하지 않음이 없거늘 나만 홀로 쉬지 못하고 있구나.[1]

밤낮으로 게을리하지 않아서 한 사람을 섬기리라.[2]

공자 사상 나아가 전체 유가사상을 다시 읽고자 하는 현대 학자들을
괴롭히는 주요 문제 중 한 가지는 중국문화의 전제주의와 관련된 문제이다.
전제주의라는 개념은 필연적으로 민주와 자유 등의 개념과 상대해서 사용
될 수밖에 없고, 자유의 문제는 이른바 주체의 문제와 관련될 수밖에 없다.
현재 보편적으로 받아들여지는 관점은, 중국문화에는 고질적인 전제주의
경향이 존재하는데 그러한 전통에는 주체와 자유가 결핍되어 있다는 것이
다. 이것은 헤겔이 취했던 관점이기도 하다. 그의 주장을 요약하면 다음과
같다. "중국에는 오직 한 명의 절대적 주체 즉 황제라는 전제군주만 존재한
다. 이로 이해 중국에는 진정한 주체가 존재하지 않았으며, 진정한 자유
역시 결핍했다. 왜냐하면 여전히 자유롭지 못한 인간이 존재하는 시대에는
진정으로 자유로울 수 있는 인간이 존재할 수 없기 때문이다. 따라서 진정으
로 주체를 완성할 수 있는 인간 역시 존재하지 않는다."[3]

---

1) 『詩經』, 「小雅」, "四方有羨, 我獨居憂. 民莫不逸, 我獨不敢休."
2) 『詩經』, 「大雅」, "夙夜匪解, 以事一人."

사실상 중국문화가 태동할 때부터 존재했다고 여겨지는 전제주의에 대한 모든 공로와 책임은 근대 이래로 전부 공자에게 돌려졌다. "공자의 거점(孔家店)을 타도하라"는 기치를 높이 내걸었던 5 · 4운동의 계몽사상가들은, 정도의 차이는 있지만, 모두 공자 사상이 중국의 전제주의 전통에 직접적이든 간접적이든 책임이 있다고 보았다. 따라서 공자를 타도하겠다는 것은 공자라는 인물 자체를 타도하겠다는 것이라기보다는 중국 전제주의의 사상적 · 관념적 토대를 타파하겠다는 의미이다. 그리고 이러한 토대는 항상 충忠과 효孝라는 윤리적 · 정치적 개념으로 귀결된다. 공자 사상에서 충과 효는 직접적으로 인仁과 연결되는 만큼, 인仁의 개념을 중심으로, 또 나와 타자의 관계라는 문제를 통해서 공자 사상의 충효 개념에 다시 접근할 때 우리는 다시 한 번 이 충효 개념이 중국문화의 이른바 '전제주의'4) 정치체제와 어떤 관련이 있는지의 문제와 직면하게 된다.

그러나 복잡한 문제를 여기에서 모두 다 다룰 수는 없기 때문에 우리는 선택을 해야만 한다. 이 책의 목표는 공자의 사상을 다시 읽는 것이므로 우리는 우선 철학적 측면에서 공자의 충효 개념을 고찰할 것이다. 개념 자체에 대한 엄격한 분석을 근거로 할 때 비로소 중국의 전제주의라는

---

3) 헤겔의 이러한 관점은 여전히 깊이 연구해야 할 철학적 · 역사적 관점이다. 이에 대해서는 이미 몇몇 연구가 존재한다. 杜維明은 『現代精神與儒家傳統』(北京: 三聯書店, 1997)에서 "전제"가 중국 전통을 설명하기에 적절한 표현인지에 대해 의문을 제기하면서 헤겔의 관점을 넌지시 반박했다. "사람들이 중국문화에 대해 (특히 현대의 이른바 정치 · 문화적 분석에서) 가장 곡해하는 것은 바로 중국 전통이 오직 황제 한 명만이 자유인인 전제정치체제로서, 황제 한 사람이 관료체제를 통해 모든 사람들을 완전히 장악한 채로 위에서 모든 일들을 좌우했다고 여기는 것이다. 실제로 이러했을 확률은 지극히 낮다. 사실 나는 이러했을 가능성이 전혀 없으며, 중국 역사에서 실제로 이러한 상황이 존재한 적이 결코 없었다고 본다."(p.142) 이러한 까닭에 그는 "권위주의적 사회"라는 표현으로 "전제주의 정치체제"를 대체해야 한다고 건의했다.(pp.145~147)
4) 이 용어는 아직 더 따져 보아야 할 여지가 남아 있기는 하지만, 편의상 잠시 이 용어를 차용하기로 한다.

복잡한 문제에 접근할 수 있게 될 것이기 때문이다. 다만 앞에서 효 개념에 대해 집중적으로 분석한 만큼 이 장에서는 충忠 개념을 중심으로 해석을 전개하고, 이러한 충 개념에 대한 해석과 분석의 과정에서 전제주의의 문제도 함께 다룰 것이다. 전제주의의 문제만을 따로 다루는 것은 다른 연구에서 이루어질 것이다.

1. 충忠에 대한 구조분석: 자신을 타인에게 '바침'

나는 어째서 타인에게 '충실해야'(忠) 하는가? 나는 어떻게 타인에게 '충실할' 수 있을까? '충忠'은 결국 무엇을 의미하는가? '충'이라는 개념을 구성하는 요소들은 무엇인가? 공자가 말한 '충'의 함의를 깊이 탐구하기 위해서는 이 개념의 의미를 이해해야 하며, 따라서 우리는 우선 충 자체의 기본적인 의미 구조에 대해 간략히 분석하고자 한다.

『논어』에서는 '충忠'자가 총 18회 등장한다. 이 글자는 항상 '신信'자와 함께 언급되거나 공恭, 경敬, 효孝, 제悌 등과 병렬된다.5) 『논어』에 따르면, 공자가 학생에게 가르치는 네 가지 항목 중 하나로 충忠이 제시되고 있다.

---

5) 『논어』에서 忠과 信은 총 여섯 차례 나란히 언급되며, 이들이 앞뒤 구절에서 언급되는 경우는 두 차례 있다. 우리는 아래에서 忠과 信이 나란히 언급되는 것이 지니는 의미를 논할 것이다. "忠"자 자체에 대해 말하자면, 楊伯峻은 『論語譯注』에서 忠을 "다른 사람, 특히 상급자를 위해 몸과 마음을 다하는 것"이라고 해석했다. 『설문해자』(中華書局 影印本, 1963)에서는 "忠"자를 "공경"(敬)으로만 해석하고 있는데, 『설문해자주』(上海: 上海書店, 1992, p.502)에서 단옥재는 『孝經疏』에 근거하여 "盡心曰忠"(마음을 다함을 일러 忠이라 한다)의 네 글자를 보충함으로써 통상적인 이해에 더 근접하게 해석하였다. 허신이 어째서 忠을 공경으로만 해석했는지를 설명하기 위해 단옥재는 다음과 같이 말했다. "공경이란 엄숙함이다. 마음을 다하면서 공경하지 않는 자는 없었다."(敬者肅也, 未有盡心而不敬者) 우리에게 있어, 이 문제의 핵심은 어째서 忠을 공경과 연결시켰는가 이다. 아래의 논의에서 이에 대한 설명을 제시할 것이다.

선생님은 문장(文), 행실(行), 충실함(忠), 믿음(信)으로 학생들을 가르치셨다.[6]

물론 공자의 가르침의 내용이 결코 이러한 것들에만 그치는 것은 아니다. 이것은 공자의 가르침에 관한 수많은 설명 중 하나일 뿐이지만, 그렇더라도 이 말은 공자의 사상 안에서 충忠이 차지하는 비중을 잘 반영하고 있다.

충忠이 공자의 가르침에서 중요한 내용이 된 까닭은, 공자에게 있어 충은 인仁으로 통하게 해 주는 충분조건으로, 비록 어떤 사람이 충실하다는(忠) 것이 곧 그 사람이 어질다는(仁) 것을 의미하는 것은 아니지만 어질고자 하는 사람은 반드시 충실해야 하기 때문이다.

번지가 인仁에 대해 물으니 공자가 말했다. "편안히 머물 때는 공손하고, 일을 맡을 때는 공경스럽게 하며, 타인에게는 충실하게 함이다. 이러한 것들은 설사 오랑캐의 땅에 가더라도 결코 버려서는 안 된다."[7]

공자에게 있어 '타인에게 충실함'(與人忠)은 어진 사람이 되고자 한다면 반드시 해야 할 일이며, 내가 충실해야 할 대상은 오랑캐까지도 포함한

---

6) 『論語』, 「述而」, "子以四教, 文行忠信."
7) 『論語』, 「子路」, "樊遲問仁. 子曰: 居處恭, 執事敬, 與人忠. 雖之夷狄, 不可棄也." 이 대답에 따르면 忠은 어질고자 하는 사람이라면 마땅히 해야 할 것이다. 그러나 공자가 충실한(忠) 사람이 반드시 어질다고 본 것은 결코 아니다. 『논어』 「공야장」에는 다음과 같은 대화가 실려 있다. "자장이 물었다. '초나라의 영윤 자문은 세 번 영윤 자리를 맡았을 때도 기뻐하는 기색이 없었으며, 세 번 영윤에서 물러날 때도 노한 기색이 없었습니다. 그리고 이전까지의 영윤의 일을 반드시 후임 영윤에게 알려주었습니다. 선생님께서는 이에 대해 어떻게 생각하십니까?' 공자가 말했다. '충실하구나.' 자장이 물었다. '어질지는 않습니까?' 공자가 말했다. '글쎄다. 어찌 이 정도로 어질다고 할 수 있겠는가?'"("子張問曰: 令尹子文, 三仕爲令尹, 無喜色; 三已之, 無慍色. 舊令尹之政, 必以告新令尹, 何如? 子曰: 忠矣. 曰: 仁矣乎? 曰: 未知. 焉得仁?")

312

모든 사람이지 나와 가까운 사람 특히 나의 윗사람이나 나의 군주에게로만 제한되는 것이 아니다. 이러한 '타인에게 충실함'의 보편적 성격은 공자의 제자인 증삼이 매일 자신을 돌아보는 항목에도 반영되어 있다.

타인을 위해 일을 도모함에 있어 충실하지 못함은 없었던가?[8]

누군가를 위해 일을 계획하고 도모할 때에는 반드시 마음과 힘을 다해야 하며, 충심과 성심 외의 다른 마음이 있어서는 안 된다. 따라서 공자와 그 제자들에게 있어 충忠은 나와 군주 혹은 국가의 관계를 규정하는 데에만 그치는 것이 결코 아니다. 물론 공자 역시 "임금을 섬길 때는 충忠으로써 해야 한다"[9], 정사에 임할 때는 "태만함이 없어야 하며, 일을 행할 때는 충忠으로써 해야 한다"[10]라고 강조하였다. 그러나 나의 임금에게 충성하고 나에게 부여된 정사에 충실한 것은 사실 '타인에게 충실함'의 특정한 형식 중 하나일 뿐이다. 충忠은 모든 타인에 대한 나의 보편적인 근본 준칙이기 때문이다. 따라서 특정한 군주에게 충성하거나 특정한 직분에 충실한 것은 보편적인 근본 준칙이 특정한 방식으로 표현된 것에 불과하다. 또한 내가 군주에게 충성하는 것은 특정한 타인에게 충성하는 것일 뿐만 아니라 그 타인이 책임지고 있는 사람들 즉 나의 군주 치하에 있는 모든 인민에게 충성하는 것이며, 나의 직분에 충실한 것 역시 어떤 특정한 책임에만 충실한 것이 아니라 그 직분과 관련된 모든 타인을 위해 봉사하고 책임을 지는 것이다.[11]

---

8) 『論語』, 「學而」, "曾子曰: 吾日三省吾身. 爲人謀而不忠乎? 與朋友交而不信乎? 傳不習乎?"
9) 『論語』, 「八佾」, "定公問: 君使臣, 臣事君, 如之何? 孔子對曰: 君使臣以禮; 臣事君以忠."
10) 『論語』, 「顔淵」, "子張問政. 子曰: 居之無倦, 行之以忠."
11) 따라서 『춘추좌전』에는 "일을 내팽개치는 것은 不忠이다"라는 말이 있는 것이다. 閔公 2년 晉나라 제후 獻公은 태자 申生을 파견하여 東山의 皐落씨를 공격했다. 태자가 군대를

벗을 사귐의 문제에 있어서는, 물론 최대한 자존심을 지켜 주어야 하기는 하겠지만, 우리는 최선을 다해 벗에게 충고를 해 주어야 한다.

자공이 벗을 사귀는 문제에 대해 묻자 공자가 말했다. "충고해서 잘 이끌어 주는 것이다. 그러나 그것이 불가능하면 그만두어야지, 그렇지 않아서 자신조차 모욕을 당해서는 안 된다."12)

그런데 충고가 벗에 의해 받아들여지지 않거나 심지어 나에게 수모와 모욕을 가져다줄 수 있다는 말은, 공자 역시 벗에 대한 나의 충정이 오해되거나 왜곡될 수 있음을 알고 있었다는 것을 보여 준다. 이러한 충정도 결국 타인에게 도달하지 못할 수 있다는 것이다. 이것은 충忠이라는 것이 우리가 형성한 타인과의 관계에 있어 결코 상호적이거나 대칭적이지 않을 수 있다는 것을 의미한다. 이러한 비대칭에 대한 인식은 공자가 반문의 형식으로 제시한 다음의 평가 안에 은연중에 내포되어 있다.

(타인에게) 충실하게 한다면서 어찌 깨우쳐 주지 않을 수 있겠는가!13)

이 수사적인 반어문은, 타인이 어떤 사람이고 나를 어떻게 보든지 상관없이 나는 타인에게 충실하지 않을 수 없기 때문에, 나의 가르침과 깨우침이 받아들여지지 않고 오히려 미움을 받을지도 모른다는 것을 알면서도 타인을 가르치고 깨우쳐 주지 않을 수 없다고 말하는 것이다. 이렇게 볼 때

지휘할 때 그에게 군주의 명을 거스를 것을 간하는 이가 있었다. 그러자 羊舌大夫가 반대하면서 말했다. "아버지의 명을 거스르는 것은 불효이며, 일을 내팽개치는 것은 불충입니다. 아버지의 냉정한 뜻은 알겠지만 악행을 취할 수는 없으니, 차라리 전사하는 것이 낫습니다."(『春秋左傳』, 閔公 2年, "違命不孝, 棄事不忠, 雖知其寒, 惡不可取, 子其死之")

12) 『論語』, 「顔淵」, "子貢問友. 子曰: 忠告而善道之, 不可則止, 無自辱焉."

13) 『論語』, 「憲問」, "子曰: 愛之, 能勿勞乎! 忠焉, 能勿誨乎!"

타인에 대한 나의 충忠은 '일방적인 태도'인 것 같은 느낌을 주지만, 사실 이것은 타인과는 완전히 무관한 나만의 감정적 충동이 결코 아니다.('일방적인 태도'의 문제에 대해서는 본 장의 뒷부분에서 구체적으로 논하기로 하겠다.) 내가 타인을 가르치고 깨우치는 책임을 결코 포기할 수 없는 이유는, 타인이 나를 어떻게 대하는지와 상관없이 반드시 타인에게 충실해야 함을 알고 있기 때문이다. 타인이 나의 가르침과 깨우침을 받아들이지 않는다고 해서 내가 그것을 포기한다면, 이것은 표면적으로는 타인을 존중하는 것처럼 보이지만 실제로는 타인에 대해 충실하지 못한 것일 수 있는 것이다.

더 나아가서, 공자는 타인에 대한 충忠으로 인해 타인을 가르치고 깨우쳐야 할 뿐만 아니라, 나의 가르침과 깨우침 자체가 반드시 타인의 충忠으로 옮겨 가야 한다고 보았다. 공자의 제자 자장이 행위준칙과 관련해서 공자의 가르침을 받고자 했을 때, 공자는 충忠을 그 가르침의 항목 중 하나로 삼았다.

> 자장이 행위에 관해 묻자 공자가 말했다. "말을 충실하고 믿음직스럽게 하며 행동을 독실하고 공경스럽게 한다면, 비록 만맥蠻貊이라는 오랑캐의 땅에서도 (너의 도가) 행해질 것이다. 그러나 말이 충실하고 믿음직스럽지 못하고 행동이 독실하고 공경스럽지 못하다면, 비록 중원이라고 한들 (너의 도가) 행해지겠는가?"[14]

이것은 충忠이 나를 같은 문화권뿐만 아니라 이질적인 문화권, 심지어는 문화가 없는 오랑캐들로부터도 받아들여질 수 있도록 하는 것이라는 의미이다. 비록 문화적 편견이 담긴 말이기는 하지만, 이 말은 공자가 인간의

---

14) 『論語』, 「衛靈公」, "子張問行. 子曰: 言忠信, 行篤敬, 雖蠻貊之邦, 行矣. 言不忠信, 行不篤敬, 雖州里, 行乎哉!"

가장 근본적인 행위원칙 중의 하나로서의 충忠이 보편성을 지닌다고 믿었음을 보여 준다. 나의 충忠은 중국과 오랑캐의 구분을 뛰어넘어, 그리고 특정한 민족적·문화적 차이를 뛰어넘어 모든 타인을 향하고 모든 타인에게 적용되는 것이다. 그래서 공자의 제자 증삼은 충忠이 가지는 이러한 중요성에 착안하여 오직 충忠과 '서恕'라는 두 개념만을 가지고 공자 사상 전체를 일이관지一以貫之의 도道로 개괄해 낼 수 있었다. "선생님의 도는 '충忠'과 '서恕'일 뿐이다!"15)

따라서 『논어』를 살펴보면, 충忠은 주로 나와 타인의 관계를 지배하는 윤리원칙이지 결코 정치적 개념이 아니다. 공자는 분명 우리에게 타인에게 충실하고 나와 관련된 사람들에게 충실하며 모든 사람에게 충실할 것을 요구하고 있다. 그러나 그의 이러한 요구는 '절대적 충성'이나 '맹목적 충성'의 요구와 같은 극단으로 치닫는 것이 결코 아니다. 이 때문에 공자는 한편으로는 어떤 상황에서도 강직했던 위衛나라의 대부 사추史鰍를 칭송하면서도, 다른 한편으로는 나라에 도가 있으면 출사하고 도가 없으면 은둔했던 거백옥蘧伯玉에 대해서도 칭송했던 것이다.

> 공자가 말했다. "강직하구나, 사추여! 나라에 도가 있어도 화살처럼 곧고, 나라에 도가 없어도 화살처럼 곧구나. 군자답구나, 거백옥이여! 나라에 도가 있으면 출사하고, 나라에 도가 없으면 물러나서 은둔할 수 있구나!16)

---

15) 『論語』, 「里仁」, "曾子曰: 夫子之道, 忠恕而已矣."
16) 『論語』, 「衛靈公」, "子曰: 直哉史魚! 邦有道如矢, 邦無道如矢. 君子哉蘧伯玉! 邦有道則仕, 邦無道則可卷而懷之." 史魚는 춘추시대 衛나라 대부 사추의 자이다. 『한시외전』에는 다음과 같은 말이 나온다. "옛날에 위나라 대부 사어가 병들어 죽을 때 그 아들에게 말했다. '나는 수차례 임금에게 거백옥의 현명함에 대해서 간했지만 그가 벼슬에 오르게 할 수 없었고, 彌子瑕의 불초함에 대해 간했지만 그를 물러나게 할 수 없었다. 신하가 되어 살아서는 현명한 이를 벼슬에 오르게 하지 못하고 불초한 이가 벼슬에서 물러나게 하지 못했으니, 죽은 다음에는 대청에서 상례를 치르지 말고 그냥 방 안에 시신을

사추는 군주가 현명한지, 나라에 도가 있는지의 여부와 상관없이 이 원칙을 항상 고수했으며, 심지어 자신이 죽은 후 제대로 매장되지 못하게 하는 방식으로 군주에게 극간했기에 당연히 '충실하다'는 칭송을 받을 만하다. 그런데 공자는 두 번이나 자신의 국가와 군주를 떠났던 거백옥에 대해서도 역시 칭송의 말을 하고 있다. 군주가 어둡고 용렬하며 나라에 도가 없을 때 '물러나서 은둔했던' 거백옥을 충실하다고 볼 수 있을까? 공자는 이에 대해 명확하게 말하지 않았다. 이러한 문제에 대답하기 위해, 그리고 공자가 말한 충忠의 의미를 이해하기 위해 우리는 충忠 개념의 의미구조부터 분석해야 한다.

'나의 충실함'으로서의 충忠은 필연적으로 타자와 관련된다.—이때의 타자는 '내 안의 타자' 즉 내 안의 또 다른 자아일 수도 있다.— 대부분의 경우 충忠자는 여격조사에 해당하는 '어於(혹은 于)자를 동반함으로써 "~에게 충실하다"(忠於~)의 형식으로 충忠의 대상으로서의 타자를 명확하게 밝힌다.17) 그런데

놓아두어라.' 위나라 군주가 이 일의 까닭에 대해서 묻자, 사어의 아들이 아버지의 말을 전했다. 그러자 위나라 임금은 곧바로 거백옥을 불러서 귀하게 대하고 미자하를 물러나게 했으며, 사어의 시신을 대청에 모시고 예를 갖춘 후 망자를 떠나보냈다. 살아서는 온 몸을 바쳐 간하고 죽어서는 시신으로 간했으니, 강직하다 할 수 있도다."(『韓詩外傳』 7-21, "昔者, 衛大夫史魚病且死, 謂其子曰: 我數言蘧伯玉之賢而不能進, 彌子瑕不肖而不能退. 爲人臣, 生不能進賢而退不肖, 死不當治喪正堂, 殯我於室, 足矣. 衛君問其故, 子以父言聞, 君遽然召蘧伯玉而貴之, 而退彌子瑕, 從殯於正堂, 成禮而後去. 生以身諫, 死以尸諫, 可謂直矣.") 거백옥의 이름은 蘧瑗이며, 백옥은 자이다. 위나라 대부 蘧莊子의 아들이다. 『춘추좌전』 양공 14년에서 16년의 기록에 따르면, 위나라 대신들이 임금의 무도함을 두려워하고 사직이 기울 것을 걱정하여 거백옥에게 모의를 해 왔다. 그러나 거백옥은 신하로서 임금을 배신하길 바라지 않아서 두 번 나라를 떠났다.

17) 『논어』에는 "~에게 충실함"(忠於)이라는 표현이 등장하지 않지만 『춘추좌전』에서는 몇 차례 보인다. 『春秋左傳』, 桓公 6年, "所謂道, 忠於民而信於神也"; 襄公 5年, "君子是以知季文子之忠於公室也. 相三君矣, 而無私積, 可謂忠乎?"; 襄公 25年, "晏子仰天嘆曰: 嬰所不唯忠於君利社稷者是與, 有如上帝!" 이 표현은 『사기』에서도 확인할 수 있다. 『史記』, 「張儀列傳」, "昔子胥忠於其君而天下爭以爲臣, 曾參孝於其親而天下願以爲子.……今軫不忠其君, 楚亦何以軫爲忠乎? 忠且見弃, 軫不之楚何歸乎?" 이상에서 인용한 문장들은 '于(於)'자가 생략될 수도 있음을, 특히 부정적 서술에서는 생략될 수 있음을 보여 준다.

앞에서 언급한 바와 같이 『논어』에서 이 타자는 군주일 수도 있지만 반드시 군주로만 국한되는 것이 아니다. 따라서 충忠에 대한 순자의 "명에 거스르고 서라도 군주를 이롭게 하는 것을 일러 충忠이라 한다"[18]라는 정의는 공자나 그 제자들이 언급한 충忠에는 결코 완전하게 적용될 수 없다. 공자 사상의 근본원칙으로서의, 공자 사상을 '하나로 관통하는'(一以貫之) 도道의 근본적인 구성요소로서의 '충忠'이 향하는 대상, 혹은 '충忠'을 받는 쪽은 바로 '인人' 즉 나에 상대되는 '타인'이다. 덧붙이자면 '충忠'에는 "나는 타인에게 충실하다"라는, 나와 타자의 관계의 상태를 보여 주는 서술적 의미로서의 용법도 있지만 또한 "나는 타인에게 충실해야 한다"라는 윤리적 요구를 제기하는 요청적 의미로서의 용법도 있다.

그렇다면 "내가 타인에게 충실하다"는 것은 무엇을 의미하는가? 우리는 여기에서 오로지 '나에게서 타인에게로'만 향하는 일방적인 방향성을 확인할 수 있다. 즉 충忠의 이러한 방향성 안에서, 충忠에 의해 형성된 나와 타인의 관계 안에서, 나는 바치고 타인은 받는 것이다. 그러나 우리는 이러한 주고받음의 관계를 논하기에 앞서 먼저 이것을 일반적인 교환관계와 구분해야 한다.

일반적인 교환관계에서는 내가 일방적으로 바치기만 하는 것이 아니다. 이러한 관계의 핵심 원칙은 등가교환과 상호이익이며, 가장 근본적인 목적이 되는 것은 최대이익이다. 그러나 이와는 달리 충忠에 의해 형성된 관계 안에서 내가 타인에게 충忠을 바치는 것은, 내가 원해서이거나 반드시 그렇게 해야 한다고 느꼈기 때문이다. 이러한 관계 안에서 나는 결코 충忠에 대한 보답을 목적으로 하지 않으며, 또한 타인이 충忠을 받아줄 것이라는 보장이 있는 것도 아니다. 따라서 충忠을 바치는 것이란 어떤 의미에서는

---

18) 『荀子』, 「臣道」, "逆命而利君, 謂之忠."

어떠한 보장도 없고 확실한 실현가능성도 없는 일이다.19)

충忠에 의해 형성된 관계 안에서 나는 도대체 무엇을 바치고자 하는 것일까? 나는 결국 무엇을 바칠 수 있을까? 그것은 바로 타인에 대한 나의 충忠이다. 내가 타인에게 나의 충忠을 바친다는 것은 나 자신을 타자에게 바친다는 것을 의미한다. 공자의 제자 자하는 "임금을 섬김에 있어 자신을 다할 수 있어야 한다"라고 했고, 자장은 "선비는 타인의 위태로움을 보면 목숨을 바친다"라고 했는데, 이들이 말한 것이 바로 자신의 모든 것을 타인에게 바칠 수 있는 충忠이다.20) 물론 타인에 대한 나의 충忠은 나에게도 필요한 것을 타인에게 바칠 것을 요구한다. 예컨대, 타인이 음식과 의복을 필요로 할 때 나는 내 옷을 벗어 주고 내 음식을 내어 줄 수 있어야 한다. 나의 옷과 음식을 타인에게 주는 것은 자신의 일부를 타인에게 바치는 것이다. 의복과 음식이 나의 일부인 까닭은, 이들이 없으면 나의 생명을 유지할 수 없기 때문이다. 따라서 나의 충忠을 타인에게 바칠 때, 나는

---

19) 물론 이러한 忠의 관계 안에서 타인이 진정으로 나의 忠을 받아들인다면, 나는 교환의 대가로 나에게 이익이 될지 어떨지 모르는 어떤 것을 얻게 될 것이다. 우리는 아래에서 忠의 관계에 내포된 이러한 특수하고 비영리적인 교환의 문제로 다시 돌아올 것이다.

20) 자하는 어떤 사람에 대해 "배웠다"고 판단할 수 있는 기준 중 하나로 "임금을 섬김에 있어 자신을 다할 수 있어야 함"을 들었다. "자하가 말했다. '현명한 이를 현명한 이로 대하는 것을 이성을 좋아하는 것과 바꿀 수 있어야 한다. 부모를 섬김에 있어 그 힘을 다할 수 있어야 하고, 임금을 섬김에 있어 자신을 다할 수 있어야 하며, 벗을 사귐에 있어 말에 믿음이 있어야 한다. (이러한 사람이 있다면) 그가 비록 배우지 못했다고 하더라도 나는 그가 배운 사람이라고 반드시 말할 것이다.'"(『論語』, 「學而」, "子夏曰: 賢賢易色, 事父母, 能竭其力; 事君, 能致其身; 與朋友交, 言而有信. 雖曰未學 吾必謂之學矣.") 楊伯峻은 "能致其身"을 "자신의 목숨을 바치다"로 해석한다.(『論語譯注』, p.5) 이렇게 할 수 있다면 이것은 물론 극도의 忠일 것이다. "타인의 위태로움을 보면 목숨을 바친다"는 말은 『논어』「자장」에 나온다. "자장이 말했다. '선비는 타인의 위태로움을 보면 목숨을 바치고, 얻을 것을 보면 義를 생각하며, 제사를 지낼 때는 공경을 생각하고, 상례에서는 슬픔을 생각한다. 이와 같다면 거의 문제없을 것이다.'"(『論語』, 「子張」, "子張曰: 士見危致命, 見得思義 祭思敬, 喪思哀, 其可已矣.") "타인의 위태로움을 보면 목숨을 바친다"는 말 역시 타인에 대한 忠을 지극하게 표현한 것이다.

어떤 방식으로든 나 자신을 타인에게 바치는 것이 된다.[21]

　이처럼 자신을 타인에게 바치는 것과 우연하게 한 번 내 것을 타인에게 주는 것, 이 두 가지는 결코 동등한 것이 아니다. 우연히 내 것이 된 것들, 나의 생명에 대해 있어도 되고 없어도 되는 것들은 본래부터 나에게 속해 있던 것이 아니며, 끝까지 나에게 속해 있지도 않을 것들이다. 그러므로 나와 그 소유물들과의 관계는 근본적으로 우연적인 것에 불과하다. 이러한 소유물들을 타인에게 주는 것은 우연적 소유관계의 변화를 의미한다. 이에 비해 나 자신은 필연적으로 나 자신의 것일 수밖에 없다. 따라서 충忠의 관계에서 이미 타인에게 바쳐진 나는 그럼에도 불구하고 여전히 나 자신에 속한 것이 된다. 나는 이미 타인에게 바쳐진 나를 계속해서 지배하고 있다. 그렇지 않다면 나는 나의 충忠을 말할 수 없게 된다.

　충忠을 바치는 것, 나의 충忠 안에서 나 자신을 타인에게 바치는 것은 이처럼 독특한 성격을 가진다. 나는 이미 그것을 바쳤음에도 여전히 그것을 가지고 있으며, 그것을 가지고 있음에도 이미 그것을 바친 상태이다. 따라서 타인에게 충실할 수 있기 위해서 나는 반드시 타인에게 바쳐진 나 자신을 계속해서 지배할 수 있어야 한다. 이것은 곧 내가 항상 충忠의 주체가 되어야 한다는 의미이기도 하다.—설사 내가 이미 자신을 타인에게 바친 주체이고 타인을 주인으로 여기는 주체라고 할지라도— 이미 타인에게 충실하고 있는 자신을 지배할 수 있는 '나', 즉 윤리적 의미에서의 주체는 여전히 충忠을 가능하도록 하는 필수요건 중의 하나이다.

　그러나 바로 이러한 까닭에 충忠이 가능하도록 하는 것들, 즉 타인에게

---

21) 따라서 주희는 忠을 "자신을 다함"(盡己)으로 해석했다.(『論語集註』,「學而」) "자신을 다함"이란 타인을 위해 나의 모든 것을 다한다는 의미이다. 『춘추좌전』成公 9년조에서는 忠을 "사사로움이 없음"(無私)으로 해석했다. "사사로움이 없어야 忠이다."(無私, 忠也.)

충실할 때 자신에게도 계속해서 충실할 수 있는 자신은 동시에 절대적으로 보장되고 의지할 만한 충忠이 불가능하게 만들어 불충이나 속임수가 되도록 하는 것이기도 하다. 내가 나 자신으로 하여금 충실하도록 할 수 있기 때문에, 마찬가지로 나 자신으로 하여금 불충하게 할 수도 있는 것이다. 내가 타인에게 충실하지 않을 때, 나는 타인을 속일 수 있다. 나는 타인으로 하여금 내가 충실하다고 느끼도록 속일 수 있지만, 이것은 결코 진정으로 자신을 바치는 것이 아니라 자신의 일부만을 바친 것이다.[22]

이렇게 볼 때, 한편으로는 타인이 나의 충忠을 얻을 수 있는지 여부는 전적으로 나의 주관적 의지 즉 내가 그에게 충실하기를 원하는지의 여부에 달린 것처럼 보이기도 한다. 이 경우 충忠을 받는 사람으로서의 타인은 오직 나의 일방적인 태도에 의존할 수밖에 없을 것이다. 타인은 내가 진정으로 충忠을 바쳤는지 즉 그 자신이 나의 충忠을 가졌는지 보장할 방법이 없다. 간혹 타자가 강대한 폭력으로 나를 노예로 부릴 수도 있겠지만, 그는 결코 나의 충忠에 대한 보장까지는 얻을 수 없다. 그러나 다른 한편으로, 설사 내가 나의 충忠을 온전히 타인에게 바치고자 하더라도 나 역시 타인이 나를 반드시 신임해 줄 것이라고 보장할 수 없다. 즉 타인이 반드시 나의 충忠을 신뢰하고 받아들여 줄 것이라는 보장이 없는 것이다. 이처럼 충忠에 의해 형성된 관계 안에서 한편으로는 내가 항상 타인에게 불충하고 타인을 속일 가능성이 있고, 다른 한편으로는 나의 충성에 관계없이 타인이 나를 받아들이지 않을 가능성도 있는 것이다. 그렇다면 충忠에는 어떤 의미가 남아 있는 것일까?

---

22) 자신의 일부만 바쳤다는 것은 두 명 이상의 군주에 동시에 충성한다는 것이 되기도 한다. 이것이 곧 전통적으로 "두 마음을 품다"(貳 혹은 有二心)라고 말하는 것이다.

2. 보장과 약속

타인이 나를 믿고 나의 충忠을 믿도록 하기 위해서는 나의 충을 타인에게 드러내 보여야 한다. 이를 위해서는 언어가 필요하다. 물론 나의 행동거지 역시 이러한 역할을 맡을 수 있지만, 내가 나의 충을 드러내기 위해 취한 행동은 이미 일종의 언어라고 할 수 있다. 내가 언어로서의 행위를 통해 타인을 향해 나의 충을 드러내 보이는 것은 언제나 하나의 보장이 된다.23) "내가 당신에게 충실하겠다"는 표현 자체가 이미 일종의 보장을 내포하고 있는 것이다. "그래, 나는 당신에게 보장한다. 나는 당신에게 충실할 것이며, 당신은 영원히 나의 충을 가질 것이다."

말은 항상 '의미'(意義)24)를 담고 있다. 그런데 '보장'의 말이 표현하고자

---

23) 『논어』 「양화」의, 공자가 길에서 양화를 만났을 때의 일을 예로 들어 보겠다. "양화가 공자를 만나길 바랐다. 그러나 공자가 만나주지 않자 공자에게 삶은 돼지를 선물로 보냈다. 공자는 그가 없는 때를 보아 찾아가서 감사 인사를 올렸다. 그리고 돌아오는 도중에 양화를 만났다. 양화가 공자에게 말했다. '이리 오시오 나는 당신과 이야기를 하고 싶소' 양화가 말했다. '보물을 품고 있으면서 나라가 어지러워지도록 내버려 둔다면 어질다고 할 수 있겠소?' '그럴 수 없습니다.' '일하기를 좋아하면서 자주 때를 놓친다면 지혜롭다고 할 수 있겠소?' '그럴 수 없습니다.' '해와 달은 저처럼 흘러가고 있소 세월은 우리를 기다리지 않소이다.' 공자가 말했다. '알겠소 나는 장차 벼슬에 나가겠소'"(『論語』, 「陽貨」, "陽貨欲見孔子. 孔子不見. 歸孔子豚, 孔子時其亡也, 而往拜之. 遇諸途, 謂孔子曰: 來, 予與爾言. 曰: 懷其寶而迷其邦, 可謂仁乎? 曰: 不可. 好從事而亟失時, 可謂知乎? 曰: 不可. 日月逝矣! 歲不我與! 孔子曰: 諾, 吾將仕矣.") "알겠소 나는 장차 벼슬에 나가겠소"는 공자가 양화의 말에 약속한 것이다. 이러한 약속은 보장(保證)을 함축하고 있다. 주지하다시피 양화는 노나라 계씨 가문의 가신이었다. 계씨가 노나라의 국정을 주도할 때 양화는 계씨 가문 안에서 권력을 장악하고 있었다. 공자는 양화가 권력을 잡고 있을 때 결코 출사하지 않았다. 공자가 출사한 것은 노나라 정공 9년(기원전 501) 양화가 실각하고 晉나라의 趙簡子에게로 달아난 이후의 일이다. 양화의 일에 관해서는 楊伯峻의 『論語譯注』, p.181, 李零의 『喪家狗: 我讀論語』, pp.296~197, 楊伯峻의 『春秋左傳注』의 정공 5년에서 9년까지의 기록(pp.1553~1573)을 참고하라.
24) 역자주: 중국어에서 "의미"는 "意義"이다. 저자는 "意義"의 "意"자와 "義"자를 분리해서 각각 "意"는 "의지", "義"는 "뜻"을 의미한다고 보고, 양자가 완전히 일치할 때 비로소 완전한 "의미"(意義)를 이룬다고 파악하였다.

하는 마음의 '의지'(意)와 말 자체가 지닌 '말뜻'(義)이 완전히 일치하는 것은 결코 아니다. 내가 사실은 충실하지 않으면서 다른 사람으로 하여금 충실하다고 믿게 하고자 할 때의 말에는 '말뜻'(義)은 있지만 '의지'(意)는 담겨 있지 않고, 반대로 나의 충을 적절히 표현하지 못하여 말이 의지에 못 미칠 수도 있다. 어쨌든, 오직 나의 주관이 참된 의지를 가질 때 비로소 나의 말은 진정으로 나의 충을 보장할 수 있게 된다. 즉 진정으로 '의지'와 '말뜻'이 일치할 때 비로소 나의 보장이 진정한 의미(意義)를 지닐 수 있게 되는 것이다. 따라서 내가 타인에게 어떤 보장을 하기 위해서는 무엇보다도 나에 의해 먼저 보장되어야 하는데, 이것은 곧 내가 진정으로 타인에게 충실하고자 한다면 먼저 그러한 '충실함'에도 충실해야 한다는 의미이다. 만약 내가 자신이 보장하는 바를 제대로 보장하지 못한다면 내가 타인에게 약속한 충은 결코 어떠한 보장도 확보하지 못할 것이다.

그러나 나는 어떻게 해야 나의 충실함에 충실할 수 있고, 나의 보장을 보장할 수 있을까? 설마 나의 충실함에 대한 보장은 영원히 오직 내 주관의 '일방적인 태도'에 달려 있는 것에 불과하다는 말인가? 그렇다면 나는 원하기만 하면 언제든 변심할 수 있으며, 이것은 나의 보장 자체가 결코 믿을 만한 객관적인 보증이 될 수 없다는 말인가? 바로 여기에서 나와 타인의 관계에 있어서의 충忠에 두 가지 문제가 발생한다. 첫째, 타인을 향해 나의 충忠을 보장하는 것은 개인적이고 주관적인 약속을 벗어난 적도 없고 벗어날 수도 없다. 둘째, 타인은 내가 보장하는 충을 믿는 것 외에는 아무것도 할 수 없다. 따라서 타인에 대한 나의 충은, 한편으로는 나 자신의 주관적 보장을 기대해야 하며, 다른 한편으로는 타인의 주관적 믿음을 기대해야 한다. 나의 충은 나 자신이 결코 변하지 않을 것임을 보장하지도 못하고, 내가 타인으로부터 믿음을 얻고 받아들여지도록 할 수도 없다. "말이 충실하면 (상대의) 의지에 미치는"25) 이상, 충이 어떤 의미에서는 '의지'일 뿐이고 의지 자체는 직접 드러나거나 형태를 가질 수 없는 이상, 내가 믿음을 저버리고 충을 버리거나 "충을 바쳤지만 군주가 쓰지 않는"26), 즉 충을 바치고도 버림을 당할 가능성은 항상 존재한다.

이렇게 말한다면, 충忠으로 인해 형성된 나와 타인의 관계는 나와 타자 각자의 자아 혹은 주관의 범위를 결코 벗어날 수 없는, 어떠한 보장도 없는 유희나 모험처럼 보이기도 한다. 그러나 어떠한 보장도 없는 충이 진정한 충이 될 수 있을까? 충은 타인에 대한 보장, 타인에 의한 보장은 될 수 없다는 말인가? 우리는 한 걸음 더 나아가 이 보장에 대해 고찰해 보도록 하겠다.

"나는 당신에게 충실하겠다"라는 보장의 말은 내가 당신에게 나의 충忠을 보장하고 약속하는 것이다. 그런데 언어철학자 오스틴(John L. Austin, 1911~1960)의 언어-행위이론(speech-act theory)에서 제시된 '진술'(the constative)적 발화와 '수행'(the performative)적 발화의 구분에 따르면, 언어상에서 제시되는 '약속'은 진술적 발화와 수행적 발화의 두 범주에 동시에 속하는 것으로, 최소한 양쪽 범주의 요소를 모두 포함하고 있다. 한편으로 우리는 오직 언어상에서만 나의 충忠을 말할 수 있으며, "나는 당신에게 충실하다"라고 당신에 대한 나의 충忠을 진술할 수 있다. 그러나 다른 한편으로 나는 하나의 말을 통해 하나의 일을 수행할 수 있으며, 이 하나의 일은 오직 언어상에서 완성되고 드러나서 타인을 향해 보장을 약속할 수 있다. 이처럼 약속은 오직 언어상에서만 제시될 수 있는 것이며, 필연적으로 언어적 보장으로

---

25) 『國語』, 「周語下」, "言忠必及意, 言信必及身." 『韋昭注』에서는 "마음속 의지에서 나오는 것이 忠이다"(出自心意爲忠)라고 설명했다.
26) 『荀子』, 「大略」, "比干子胥忠而君不用."

체현되었을 때에만 완성될 수 있는 것이다. "나는 당신에게 충실하다!"라는 말이 의미하는 바는, 나는 지금 당신에게 충실하고 있으며 앞으로도 계속해서 충실할 것이라는 약속이다. 왜냐하면 이 말은 비록 현재시점만 언급하고 미래시점에 대해서는 말하지 않고 있기는 하지만, 그 속에 이미 일종의 약속을 담고 있기 때문이다. 즉 나는 앞으로 나의 충이 계속해서 현재적으로 존재하도록 할 것을 보장하겠다는 것이다. 이것은 다가오는 '미래'에도 여전히 나의 충이 존재하도록 하겠다는 의미이다.

따라서 약속되는 것은 결국 미래적 존재이다. 우리는 이미 존재하는 것에 대해서는 약속할 수 없다. 모든 약속되는 것들은 필연적으로 미래적인 것일 수밖에 없다. 그리고 이러한 약속은 곧 '미래에 대한 기억'이라고 할 수 있을 것이다. 약속을 한 사람은 자신이 약속한 것에 대해 기억해야만 하고, 자신의 약속을 기억하는 것은 곧 미래를 기억하는 것이기 때문이다. 때문에 약속 그 자체는 필연적으로 그 자신이 약속한 것에 대한 기억, 미래에 대한 기억을 내포하고 있는 것이다. 따라서 약속은 어떤 미래를 약속한 것이어야 할 뿐만 아니라 동시에 그 미래에 대한 기억 즉 약속 자체에 대한 기억이기도 해야 한다. 이것은 약속이 이루어짐과 동시에 약속 자체에 대한 약속도 이루어짐을 의미한다. 따라서 "나는 영원히 당신에게 충실하겠다!"는 이 약속은 타인에 대한 나의 미래의 충忠을 약속한 것일 뿐만 아니라, 나 자신이 이 약속 자체에 대해 약속한 것이기도 하다. 이것은 구조상 필연적으로 "나는 영원히 이 '약속'에 충실하겠다"거나 "나는 영원히 이러한 '충실함'에 충실하겠다!"는 뜻을 내포하고 있기 때문이다. 따라서 이러한 약속은 어떤 미래를 약속한 것인 동시에 '자기 자신을 그 미래에 약속한 것'(미래의 나)이라고 할 수 있다.

내가 충실하겠다고 약속한 미래, 내가 자신을 약속한 미래는 곧 타자 그 자체이다. 왜냐하면 타자를 향해 나의 충忠을 약속할 때, 나는 곧 나의 충이 체현된 미래의 타자를 약속한 것이기 때문이다. 이러한 타자는 바로 내가 충을 약속하면서 기억한 미래, 충실하고자 약속한 미래, 나의 충 안에서 다가올 미래이다. 이처럼 내가 나 자신을 미래에 약속할 때, 나는 이미 나 자신을 타자에게 약속한 것이다. 왜냐하면 (나 자신에 대한 약속을 포함한) 나의 약속은 필연적으로 어떤 타자에 대한 약속일 수밖에 없기 때문이다. 따라서 근본적인 의미에서 말하자면 오직 타자만이 나의 약속을 가능하게 만들 수 있는 존재이다. 이것은 타자가 곧 나로 하여금 미래를 가질 수 있도록 하고, 미래에 대해 약속할 수 있도록 하며, 또한 내가 약속하는 미래를 가질 수 있도록 하는 존재라는 의미이기도 하다. 그러므로 나는 이미 나 자신 및 나 자신의 순수한 주관성을 넘어서서, 나를 소환한 미래로서의 타자 혹은 나의 의사와 상관없이 필연적으로 약속해야만 하는 미래 / 타자를 향하고 있는 것이다.

이렇게 볼 때 나의 충忠에 대한 보장 속에 필연적으로 내포된 약속은 순수하게 주동적이거나 완전히 나로부터 시작된 것은 결코 아니다. 내가 약속을 하는 것은 타자가 존재하기 때문이다. 내가 약속을 하는 것은 내가 대면하고 있는 타자가 필연적으로 나의 반응을 요구하기 때문이며, 타자와 대면하고 있는 나 역시 그에 대해 반응하지 않을 수 없기 때문이다. 또한 내가 일단 타자를 대면하고 그에 반응한 이상 이 반응 자체로 나는 이미 나 자신을 타자에게 허락하고 약속한 것이 되고, 이것은 내가 이 순간 이미 타자에게 충실하기 시작했다는 것을 의미한다.[27] 바로 이러한 까닭에,

---

27) 이 책의 제3장 「禮와 타인」에서 우리는 중국어에서 "應"이 가지는 다층적인 의미에서 "근원적인 응함"이라는 의미를 분석해 냈다. 이 부분을 참고하라. 이 분석은 레비나스가 강조한 타자에 대한 나의 근본적인 "responsabilité"(영문 responsibility)로부터 영향을 받은 것이다. 우리는 통상적으로 "responsabilité"를 "책임"이라고 번역하지만, 이 어휘는

이러한 '근원적 약속' 혹은 타자에 대한 나의 '근원적 충'은 결코 나에게 달려 있는 것이 아니다. 그러나 나는 필연적으로 타자에 대한 나의 근원적 약속 혹은 충[28] 안에서만 자신을 발견할 수 있기 때문에, 내가 말을 통해 타자를 향해 나의 충忠을 약속할 때 나는 이미 타자를 향해 해 버린 근원적인 약속이나 보장을 재차 긍정할 수밖에 없다. 이것은 내가 이러한 약속의 구조 안에서 필연적으로 이중의 약속을 할 수밖에 없었음을 의미하고, 또 타자에 대한 나의 근원적이고 피동적인 충을 자신의 것으로 만들었음을 의미한다.

따라서 내가 타자를 향해 충忠의 약속을 할 때, 타자는 이러한 보장이 보장하는 충의 대상인 동시에 내가 타자에게 '충실할 것이라는 보장'을 보장해 주는 존재이다. 왜냐하면 나는 타자가 존재해야만 최초의 근원적이고 피동적인 보장을 할 수 있고 또 나의 보장을 보장할 수 있지만, 동시에 나의 보장은 필연적으로 타자에 대한 보장이자 타자를 위한 보장이며 타자가 보장을 얻도록 하기 위한 보장이기 때문이다. 여기에서 타자의 보장은 아무런 구속력이나 강제력도 없는 윤리적 보장으로, 이것은 윤리 및 윤리관계의 가능성을 보장해 준다. 왜냐하면 타자가 없으면 어떠한 윤리관계도 존재할 수 없기 때문이다. 따라서 타자는 그 존재 자체로 내가 윤리관계 안에 놓일 수밖에 없음을 보장한다는 의미에서의 보장인 것이다. 다만 이러한 윤리적 보장이 결코 내가 실제 삶에서 항상 윤리적이고 도덕적일 것임을 보장해 주는 것은 아니다. 이미 앞에서 밝힌 바와 같이, 타자에

"respondre"에서 유래한 것이다. 즉 "반응하다", "~에 대해 반응하다", "반응으로서의 행위를 취하다" 등의 의미인 것이다. 타자에 대한 우리의 책임은 이러한 근원적인 응함(應)으로부터 온 것이며, 이는 내가 타자와 대면했을 때 반드시 해야 할 반응이다. 설사 표면적으로는 타자에 대한 거절만을 드러낼 뿐일지라도 말이다.
28) 어떤 의미에서 이러한 忠은 "피동적"인 忠이라고 설명될 수도 있을 것이다.

대한 나의 충을 가능하도록 하는 것은 동시에 타자에 대한 나의 불충이
가능하도록 하는 것이기도 하기 때문이다.

3. 가장 '근원적인' 믿음

타인에 대한 나의 충忠은 타인에게 있어서는 과연 어떤 의미를 가질
수 있을까? 앞에서 언급한 바와 같이, 충忠은 바로 타인이 나를 신임할
수 있게 해 주는 근거가 되는 것이다. 그렇다면 현대어에서도 일상적으로
사용되는 '신임信任'이란 도대체 무엇을 의미하는 것일까? '신임'의 '신信'자
는 『논어』에서 충忠과 나란히 언급된다. 따라서 여기서는 이 단어의 의미를
구체적으로 고찰해 봄으로써 앞서 진행한 충忠의 약속과 보장에 대한 분석
을 더욱 심화시켜 보고자 한다.

『논어』에는 '신임'이라는 단어 자체가 사용된 예는 없지만, 공자가 제자
자장의 인仁에 대한 질문에 "믿음직스러우면(信) 사람들이 그를 신임한다(任)"
라고 대답한 대목이 있다.29) 어쩌면 여기서의 '신信'자와 '임任'자가 결합해
서 '신임'이라는 단어가 생겨나게 된 것일지도 모른다.30) '신임信任'이라는
말은 "믿고(信) 맡긴다(任)"는 의미이다. '임任'의 의미는 책임을 진다는 것으
로, 다른 한자어들과 마찬가지로 '임任'자 또한 '책임을 진다'거나 '맡긴다'는

---

29) 『論語』, 「陽貨」, "子張問仁於孔子. 孔子曰: 能行五者於天下爲仁矣. 請問之. 曰: 恭寬信敏惠.
恭則不侮; 寬則得衆; 信則人任焉; 敏則有功; 惠則足以使人."

30) 선진 문헌에서는 "信任"이 한 어휘로 사용된 경우를 발견할 수 없고, 『사기』와 『한서』에서
는 "信任"이 나란히 언급된 경우가 수차례 보이지만 이들은 결코 하나의 어휘로 사용된
것이 아니다. 예컨대 아래와 같다. 『史記』, 「本紀」, 「項羽本紀」, "兩人嘗有德於項梁, 是以項王信
任之."; 『漢書』, 「列傳」, 「匡張孔馬」, "孔光字子夏, 孔子十四世之孫也……光以高第爲尙書, 觀故
事品式, 數歲明習漢制及法令, 上甚信任之, 轉爲仆射, 尙書令."

의미의 행위를 지칭하는 말인 동시에 이러한 행위의 대상을 지칭하는 '책임'이라는 의미의 명사로 사용될 때도 있다. 후자의 의미인 '책임'은 물질적인 것 즉 '짐'일 수 있도 있고, 정신적인 것일 수도 있다. 예컨대, 문자적 의미로만 보자면 증자의 "짐은 무겁고 길은 멀다"31)라는 말은 물질적인 것으로서 "무거운 짐을 짊어지고 먼 길을 가다"라고 해석될 수 있고, '인仁'과 같은 것은 정신적인 것이면서 하나의 책임으로 주어질 수 있는 것이다. 어쨌든, 물질적인 것이든 정신적인 것이든 일단 그것이 나의 책임이 된다면 나는 그것에 대해 책임을 져야 한다. 그리고 타인이 내게 부여하는 모든 임무 혹은 책임에는 필연적으로 나에 대한 타인의 믿음이 함축되어 있다. 타인은 나를 믿기에 책임을 부여하였고, 책임을 부여하였기에 나를 믿는 것이다.

그런데 '임任'에 대한 '신信', 즉 타인이 나에게 부여한 임무에 함축되어 있는 믿음은 타인에 대한 나의 충忠으로부터 획득되는 것이다. 나는 타인을 향해 "나는 당신에게 충실하겠다"고 보장함으로써 타인의 믿음을 획득하기를 기대하지만, 타인이 나를 믿도록 하기 위해서는 반드시 말에 신뢰가 있어야 한다. 만약 내가 한 말이 그대로 이행되지 않는다면 타인은 나를 믿지 못하게 된다. 그렇기 때문에 공자는 믿음(信)을 '인仁이 체현된 다섯 가지 덕목' 즉 공경함(恭), 관대함(寬), 믿음(信), 영민함(敏), 은혜로움(惠) 중의 하나로 포함시켰던 것이다.32) 물론 공자가 말한 '믿음'은 나에 대해 타인이 가지고 있는 믿음을 의미하는 것이 아니라, 내가 타인에게 주는 '믿음직스러움' 즉 타인으로부터 믿음을 얻을 수 있는 나의 '믿음직스러움'을 의미한다.

---

31) 『論語』, 「泰伯」, "曾子曰: 士不可以不弘毅, 任重而道遠. 仁以爲己任, 不亦重乎! 死而後已, 不亦遠乎!"

32) 『論語』, 「陽貨」, "子張問仁於孔子. 孔子曰: 能行五者於天下爲仁矣. 請問之. 曰: 恭寬信敏惠 恭則不侮; 寬則得衆; 信則人任焉; 敏則有功; 惠則足以使人."

따라서 '임任'에 대한 '신信'으로서의 '믿음'(信)과 '믿음직스러움'(信)의 의미는 완전히 일치하는 것이 아니다.

타인이 나를 믿도록 하기 위해서는 먼저 내가 타인에게 믿음직스럽게 느껴져야 한다. 내가 타인에게 주는 '믿음직스러움'(信)은 공자 사상에서 자주 충실함(忠)과 나란히 언급되는 중요한 개념이다.[33] 공자는 우리에게 충실하라고 요구하는 동시에 믿음직스러울 것 즉 타인에게 믿음직스럽게 느껴질 것을 요구한다. 우리는 앞에서 신信과 충忠이 모두 공자의 사교四教[34] 의 내용에 포함된다고 언급한 바 있는데, 『논어』의 다른 곳에서도 공자가 충과 신을 나란히 언급하는 것을 확인할 수 있다. 예컨대, "충실함과 믿음직스러움을 주로 하라"(主忠信), "말에는 충실함과 믿음직스러움이 있어야 한다"(言忠信) 등이 그러하다.[35] 이러한 서술들은 충과 신이 이미 독립된 개념으로서의 '충신忠信'으로 사용될 경향을 지니고 있었음을 보여 주는 증거이다. 『춘추좌전』 및 기타 선진시기 문헌들을 살펴보면 충과 신이 이처럼 나란히 언급되거나 대구를 이루는 경우가 빈번하게 확인된다.[36] 어째서 신과 충은

---

33) 『논어』에서 "忠"자는 총 18회 나온다. 우리가 논하고 있는 타인에게 주는 "믿음직스러움"이라는 의미에서의 "信"자가 24회 나오고, 나에 대한 타인의 믿음이라는 의미에서의 "信"자가 11회, "믿도록 함"이라는 의미에서의 "信"자가 1회 나온다. 그 밖에 부사적 성격의 "信"자가 2회 나온다.

34) 유가의 네 가지 가르침, 즉 詩·書·禮·樂.

35) 이러한 말들은 『논어』의 「학이」, 「자한」, 「안연」, 「위령공」편에서 발견된다. 『논어』 「공야장」에도 다음과 같은 말이 있다. "공자가 말했다. '열 집 남짓이 사는 마을에서도 충실함(忠)과 믿음직스러움(信)이 나만큼 되는 사람은 있겠지만, 나만큼 배움을 좋아하는 사람은 없을 것이다.'"("子曰: 十室之邑, 必有忠信如丘者焉. 不如丘之好學也.")

36) 예컨대 다음과 같다. 『春秋左傳』, 「文公元年」, "忠信卑讓之道也. 忠, 德之正也; 信, 德之固也"; 『春秋左傳』, 宣公 2年, "賊民之主, 不忠; 弃君之命, 不信. 有一于此, 不如死也"; 『周易』, 乾卦, "子曰: 君子進德修業, 忠信, 所以進德也." "忠信"이 나란히 사용되는 경우는 『맹자』와 『순자』에서도 자주 보인다. 1998년 출판된 『郭店楚墓竹簡』(北京: 文物出版社, 1998)에서 편집자에 의해 「忠信之道」로 제목이 정해진 편에서도, 전편에 걸쳐 忠과 信을 대구로 배치하는 방식을 통해 忠信의 의미를 논하고 있다. 이 역시 하나의 증거가 될 수 있을 것이다.

이토록 밀접한 관계를 맺고 있는 것일까?

만약 충忠이 필연적으로 보장과 관련된다고 한다면, 충忠은 구조적으로 신信을 내포하게 된다. 신信의 기본적인 의미는 말과 실제가 부합하는 것이다. 따라서 『설문해자』에서는 신信에 대해 "진실함의 뜻으로, '인人'자와 '언言'자를 따른다"[37]라고 했다. 앞서 인용한 오스틴의 언어–행위이론을 다시 한 번 적용해 보면, 진술적 발화로서의 신信은 단순히 나의 말이 사실이라는 것—예컨대, "나는 어제 그를 보았다"와 같은 경우—을 의미하고, 수행적 발화로서의 신信은 나의 말 자체로 그 신뢰성에 대한 보장을 완성하고 있음—예컨대, "나는 내가 어제 그를 보았다고 맹세한다"와 같은 경우—을 의미한다. 후자 역시 사실에 대한 진술을 포함하고 있기는 하지만, 이 문장의 가장 근본적인 작용은 이 말 자체를 가지고 타인을 향해 내가 한 말의 신뢰성을 보장하는 것이다. 이것은 오직 언어적 사건으로만 완성될 수 있는 행위이다. 『논어』로 돌아와서 보자면, 공자가 자로에게 했던 맹세를 예로 들 수 있을 것이다.

> 공자가 위령공의 부인인 남자南子를 만나자 자로가 그것을 못마땅하게 여겼다. 이에 공자가 맹세를 하며 말했다. "내가 옳지 못한 일을 했다면, 하늘이 나를 버리리라! 하늘이 나를 버리리라!"[38]

"공자가 남자南子를 만나자 자로가 못마땅하게 여겼다"라는 말은 진술적 발화이고, "내가 옳지 못한 일을 했다면 하늘이 나를 버릴 것이다"라는 말은 수행적 발화이다. 전자는 단순히 사실을 말하는 것이고, 후자는 나의 떳떳함을 보장하는 말이다.

---

37) 『說文解字』, 「人部」, "誠, 從人言."
38) 『論語』, 「雍也」, "子見南子, 子路不說. 夫子矢之曰: 予所否者, 天厭之! 天厭之!"

수행적 발화는 진술적 발화를 포함하고 진술적 발화 역시 수행적 발화를 포함한다는 점에서 볼 때, 이 둘의 구분이 절대적인 것은 아니다. 그러나 어쨌든 진술적인 신(信)이나 행위적인 신(信) 모두 구조적으로 타자를 함축하고 있다. 나의 신(信)은 곧 타자에게 주는 '믿음직스러움', 타자가 나를 믿도록 하는 '믿음직스러움'이기 때문이다. 따라서 나의 믿음직스러움은 타자의 참여와 협조 즉 타자가 믿음과 신임의 형식으로 나의 믿음직스러움에 긍정을 부여할 것을 요구한다. 설사 이 타자가 나 자신, 즉 내 안에 내재한 타자, 타자로서의 나일 경우라고 하더라도 마찬가지이다.[39]

그러나 우리가 여기에서 논하고 있는 신(信)은 여전히 타인의 믿음을 얻고자 하는 나의 '믿음직스러움'이다. 비록 나의 믿음직스러움이 구조적으로 타인을 요청하고 있기는 하지만, 타자의 그러한 신임은 반드시 나의 믿음직스러움을 전제로 하고 있다. 내가 믿음직스럽지 못하다면 타인은 나를 믿을 수 없다. 그러므로 나는 언어와 행위를 통해 타인으로부터 믿음을 얻어야 한다. 이렇게 볼 때, 우리는 원칙적으로 나의 믿음직스러움이 타인의 믿음보다 앞선다고 말할 수 있을 것이다.

그런데 이러한 상호적 성격의 믿음은 우리를 두 가지 곤란에 직면하게 만든다. 한편으로, 내가 최종적으로 타인의 믿음을 얻을 수 있는지의 여부는 사실 결코 나 자신이 확신할 수 있는 일이 아니다. 다른 한편으로, 우리는 어째서 타인으로부터 믿음을 얻어야 하는지 말하기 어렵다. 내가 진정으로 믿음직스러운지의 여부를 떠나 타인이 나를 믿는다는 사실 자체를 확신할 수 없다면, 우리는 왜 타인으로부터 믿음을 얻고자 노력해야 하는 것일까?

---

39) 바로 이러한 까닭에 우리는 나 자신에 대해 믿을 수 있으며, 나 자신을 믿어야 하는 필요성이 생기는 것이다. 그러나 이 '필요성'은 다시 나 자신 안에 이미 타자가 있음을, 나 자신 역시 나에 대해 타자임을 증명해야 한다.

만약 내가 나의 믿음직스러움으로 타인의 믿음을 얻어서 이를 통해 사리사욕을 추구한다면, 이것은 이미 다른 목적이나 동기를 지닌 '믿음직스러움'이기 때문에 진정한 '믿음직스러움'이 아니게 된다. 따라서 만약 우리가 이처럼 상호성의 차원에서 신信을 고찰하는 데 머무르고 만다면 신信은 유효한 윤리원칙이 될 수 없을 것이다.

그러나 반대로 말해서, 내가 진정으로 진실하고 속임이 없는지, 즉 진정으로 타인에게 믿음을 줄 수 있는지의 여부를 떠나서 타인이 이미 나의 믿음직스러움을 신임하고 나를 믿고 있을 수도 있다. 그리고 나에 대한 타자의 이러한 신임은 나로 하여금 어떤 책임을 느끼도록 만든다. 즉 내가 반드시 타인에게 믿음을 주어야 하며 타인으로부터 믿음을 얻어야 한다고 느끼도록 만드는 것이다. 따라서 만약 우리가 타인으로부터 믿음을 얻어야 한다면, 그 이유는 무엇보다도 타인이 이미 나를 믿고 있을 것이기 때문이다. 그러나 이처럼 경험적으로 가능한 믿음은 사실 보다 근본적인 어떤 믿음, 심지어 결코 타자의 명확한 인식에 달려 있지 않은 어떤 믿음을 지향하는 것일 수밖에 없다. 따라서 여기에서 우리는 보다 근본적이고 근원적인, 나의 믿음직스러움보다 선재하는 타자의 믿음에 대해 고찰해야 할 것이다.

『맹자』에 나오는, 우물로 기어 들어가려는 어린아이의 비유는 나에 대한 타자의 가장 근본적이고 근원적인 믿음, 타자 자신조차 인식하지 않았거나 인식할 수 없는 믿음을 가장 잘 보여 주는 사례일 것이다. 우물로 기어가는 어린아이는 위험한 상황에 놓인 타자로서 이미 자신을 무조건적으로 나에게 맡겨 놓은 상태이다. 즉 목숨을 잃을 위기에 처한 타자로서의 자신을 윤리주체인 나에게 맡겨 놓은 것이다. 따라서 어린아이는 그 자체로 나에 대한 가장 근본적이고 근원적인 믿음, 즉 책임을 감당할 수 있는 모든 윤리주체들에 대한 믿음을 구성한다. 이것은 자신을 구해 주러 올 사람이 있을 것이라는 믿음이며, 이러한 믿음은 나에게 타인에 대한 가장 근본적인 윤리적 책임을 부여한다.

나에 대한 타자의 이러한 가장 근본적이고 근원적인 믿음은 언어로 서술되거나 기호화될 수 있는 모든 믿음 속에 필연적으로 함축되어 있다. 왜냐하면 내 앞으로 다가온 타자 자체, 혹은 타자가 내 앞에 다가온다는 사실 자체가 이미 나에 대한 타자의 가장 근본적이고 근원적인 믿음을 구성했기 때문이다. 여기에서 타자는 선택의 여지가 없다. 타자는 나를 믿을 수밖에 없으며, 가장 근본적이고 근원적인 믿음을 나에게 부여할 수밖에 없다. 그리고 이것은 타자 자신을 나에게 인계하고 맡긴다는 것을 의미하기도 한다. 내 앞에 있는 타자는 가장 근본적이고 근원적인 믿음을 몸으로 체현해 낸 화신인 것이다.—여기에서 우리는 '체현', '화신' 같은 표현들조차 생략한 채, 내 앞의 타자가 그 자체로 가장 근본적이고 근원적인 믿음이라고 바로 긍정할 수도 있다.— 이러한 가장 근본적이고 근원적인 믿음 안에서 타자는 어떠한 숨김이나 남김, 어떠한 조건도 없이 자기 자신을 나에게 맡긴다. 즉 타자 자신을 내가 가진 신信과 충忠의 가능성에 맡기는 것이다.

이제 이러한 믿음 안에서 우리는 타자로부터 회피할 수 없는 책임을 부여받게 되었다. 이러한 책임을 미룰 수 없는 이유는 타자에 대한 반응 안에서 우선적으로 드러난다. 앞에서 서술한 바와 같이, 타자에 대한 반응은 그 실제 내용이 무엇인지에 관계없이 이미 나 자신을 타자에게 약속한 것이다. 나에 대한 타자의 근본적인 믿음이나 신임, 마치 어린아이가 성인에 대해 가지는 천진하고 완전하며 절대적인 신임, 나에 대한 이 회피할 수 없는 신임으로 인해 나는 타자에 대해 책임을 가지게 된다. 믿음 자체로서의 타자는 나에게 책임을 부여하며, 따라서 나는 타자에 대해 진실하고 정직해야 할 책임을 느끼게 된다. 나는 우선 나 자신을 타자에게 활짝 열어야한다. 타자의 다가옴을 환영해야 하고, 타자가 나의 믿음직스러움을 점검하고 확인하도록 두어야 한다. 내 앞의 타자가 그 자체로 이미 가장 근본적이고 근원적인 믿음인 이상, 타자가 나로 하여금 타자 자신에게 반응하여 약속하도록 하며 충忠을 보장하도록 한다는 것은, 타자의 근원적인 믿음이 나로 하여금 결코 타자에 대한 윤리적 책임에서 벗어날 수 없도록 한다는 의미이다. 따라서 타자가 존재하지 않는다면 나에 대한 타자의 이러한 근원적인 믿음도 존재하지 않을 것이고, 타자에 대한 나의 기본적인 책임도 존재하지 않을 것이며, 나와 타자 사이의 진정한 윤리적 관계 역시 불가능할 것이다.

결국 나와 타자의 관계에 처음부터 필연적으로 내포되어 있는 근본적인 믿음은 결코 타자에 달려 있는 것도 아니고, 나 자신의 주관적 희망이나 동기에 달려 있는 것도 아니다. 예컨대, 원한과 증오를 품은 두 사람이 극도의 '불신' 속에서 불가피하게 서로 만나 담판을 진행하고 있다고 치자. 그러나 양측이 함께 이러한 상황에 직면하고 있다는 것 자체가 두 사람 사이에 이미 근원적인 믿음이 있음을 증명해 주고 있다. 사실 사기나 배신 등의 행위들은 "믿음을 배반하고 올바름을 버리는 것"(背信棄義)으로, 그러한 행위들 역시 필연적으로 근본적인 의미의 믿음에서 출발할 수밖에 없다. 이러한 의미에서 이 근본적이고 근원적인 믿음은 필연적으로 모든 나와 타인의 관계 안에 함축되어 있으며, 나와 타자를 연결시키는 가장 근본적이고 근원적인 연결고리로서 존재한다.40)

---

40) 이러한 의미에서의 믿음은 이미 종교적 의미에서의 신앙을 향하고 있다. 왜냐하면 나는 나에 대한 타자의 이러한 근원적인 믿음이 결코 인식의 영역에 속하지 않으며 지식의 대상도 아니라는 점을 '느낄' 수 있기 때문이다. 물론 종교적 의미에서의 신앙을 논하고자 한다면, 우리는 먼저 '종교'(religion, 라틴어 religio)로 번역되는 용어 혹은

4. 믿음직스러움(信)과 충실함(忠)

내가 '충실함(에 대한 보장)'을 통해 타인의 신임을 얻기 전에, 타자가 나의 충실함(에 대한 보장)을 믿고 그에 상응하는 신임을 나에게 부여하기 전에, 타자는 이미 가장 근본적이고 근원적인 의미에서의 믿음 안에서 나를 믿고 있다. 그리고 이러한 믿음은 이미 그 자체로 어떤 임무 혹은 책임이다. 그 자체로 필연적으로 책임을 함축하고 있는, 모든 구체적인 책임에 선행하는 책임인 것이다. 나의 믿음직스러움 즉 나의 진실함 및 타자를 향해 열려 있는 태도는 내가 타자에게 가지는 책임에 대한 최초의 반응이자 긍정이다. 나는 나의 진실함과 믿음직스러움을 통해 타자에게 속이지 않겠다고 약속한다. 타자는 타자로서 나에게 믿음직스러울 것과 기만하지 말 것을 요구할 수 있을 뿐, 강제력을 가지지 못한다. 이러한 요구는 일상적 의미에서의 언어에서는 모습을 드러낼 수 없고, 근본적으로 타자라는 존재 자체로 체현될 뿐이다. 타자는 순수한 윤리적 요구 그 자체인 것이다. 이러한 요구는 그 자체로 나에 대한 타자의 믿음이라고 말할 수 있으며, 그 때문에 나로 하여금 타자에 대해 가장 근본적인 책임을 가지게 만든다. 즉 타자를 기만하면 안 되고 타자로부터 믿음을 받아야 한다는

개념이 도대체 무엇을 의미하는지 이해해야 하지만, 이것은 결코 쉬운 일이 아니다(데리다의 『신앙과 지식: 이성의 한계에 자리한 종교의 두 원천, 세기와 용서』[信仰與知識: 在理性的界限之上的"宗教"的兩个來源]의 관련 논의 참조. 데리다의 이 글의 출처는 「서론: 공자 다시 읽기」의 주12)에 나와 있다. 물론 불경에도 '宗敎'라는 표현이 나오기는 하지만, 이때의 "종교"는 현대 중국어에서 "religion"의 번역어인 "宗敎"[zōngjiào]와는 완전히 다른 것이다.) 유가는 분명 서양적 의미에서의 종교로 분류되지는 않을 것이다. 그러나 이러한 개념이 최종적으로 나에 대한 타인의 가장 근원적인 믿음으로까지 거슬러 올라간다고 한다면, 그리고 이 믿음은 신앙과 관련될 뿐 결코 지식의 영역에 속할 수 없다고 한다면, 바로 여기에 유가와 중국문화의 종교성에 대한 이해로 향하는 길이 존재하는 것은 아닐까?

책임을 가지도록 하는 것이다.

　이러한 '신(信)'은 공자에게서 충실함(忠)과 함께 강조되는 믿음직스러움(信)이며, 윤리주체로서의 나에게서 출발하는 믿음직스러움이다. 그리고 어떤 의미에서 이러한 믿음직스러움은 이미 필연적으로 충실함이다. 즉 최저한도의 피동적인 충실함이라고 할 수 있는 것이다. "타인으로부터 믿음을 받음"은 주동적으로 타인을 기만하지 않는다는 것을 의미한다고 할 때, 나의 믿음직스러움이란 오직 자신의 진실하고 속임이 없음에만 주목한 것일 뿐 타자의 반응에 달려 있는 것이 아니다. 그러므로 이것은 어떤 의미에서 "나 자신으로부터 믿음을 받는 것"만을 충족시키는 것이라 할 수 있다. 이 경우 나의 믿음직스러움은 나 자신의 정직함만 보장하면 되기 때문이다. 그러나 이러한 "소극적이고 피동적인" 믿음직스러움은, 비록 이것 역시 어떤 의미에서는 타자에 대해 책임을 지는 것이기는 하지만, 진정한 그리고 완전한 충실함이라고 할 수 없다. 『춘추좌전』에서는 다음과 같이 말했다.

　　이른바 도라는 것은 백성들에게 충실하고(忠) 귀신에 대해 믿는(信) 것이다.[41]

　이것은 아마도 충실함과, 소극적 성질의 믿음 간의 미세하면서도 중요한 구별을 밝히는 말이 될 수 있을 것이다. 여기에서는 귀신에 대한 기본적인 태도를 '믿음'으로, 백성들에 대한 기본적인 태도를 '충실함'으로 정의하고 있다. 귀신에 대해 믿음을 말하는 것은 어째서인가? 귀신 앞에서 우리는 믿음의 책임만을 가질 뿐이며, 내 의지가 진실하고 속임이 없음을 보장해야만 할 뿐이다. 이러한 믿음은 귀신에 대한 나의 충실함을 함축하고 있지만,

---

41) 『春秋左傳』, 桓公 6年, "所謂道, 忠於民而信於神也."

이것이 충실함 그 자체인 것은 아니다. 이에 비해 백성 앞에서 나는 믿음직스러워야 할 뿐만 아니라 반드시 충실해야 한다. 여기에서 충실함은 믿음직스러움을 포괄하고 있는, 믿음직스러움보다 더 큰 범주이다.[42] 왜냐하면 충실함을 통해 우리는 자신(즉 자신의 믿음직스러움에 대한 보장)뿐만 아니라 타인까지도 책임져야 한다. 이러한 충실함 속에서, 나는 타인을 나의 임무로 여긴다.

타인에 대한 나의 충실함을 통해, 혹은 나 자신을 타인에게 바치는 자기헌신을 통해 나는 '믿음'(信)과 '임무'(任), 즉 나에 대한 타인의 믿음과 이로 인해 가지게 되는 임무 / 책임을 얻게 된다. 만약 나의 충실함이 다른 사람으로부터 믿음을 얻게 된다면, 타인은 아마도 나로 하여금 자신의 책임을 분담하도록 할 것이기 때문이다. 다만, 타인을 위해 책임을 진다는 것은 결국 필연적으로 "타인 자체를 책임지는 것"일 수밖에 없다. 내가 타자로부터 받아들인 가장 근본적인 책임, 내가 받아들인 모든 책임들 안에 필연적으로 함축되어 있는 책임은 바로 타자 그 자체이다. 충실함은 내가 타인에 대해 책임을 진다는 것을 의미한다.

또한 타인이 내 앞에 있고 내가 타인에 대해 어떤 반응을 하기만 한다면, 나는 이미 나에 대한 타자의 가장 근본적이고 근원적인 믿음으로 인해

---

42) 『논어』「학이」편에서 증삼은 매우 자신에 대해 반성한다고 나온다. "다른 사람들을 위해 일을 도모함에 있어 충실하지 못함이 있지는 않았는가? 벗과 사귐에 있어 믿음직스럽지 못함이 있지는 않았던가?"(爲人謀而不忠乎? 與朋友交而不信乎?) 그리고 자하는 다음과 같이 말했다. "임금을 섬김에 있어 자신을 다할 수 있어야 하고, 벗을 사귐에 있어 말에 믿음이 있어야 한다."(事君能致其身, 與朋友言而有信.) 이러한 말들은 모두 충실함과 믿음직스러움의 연결점과 구별점을 밝힌 것들이라고 할 수 있다. 임금이나 기타 다른 사람을 위해 일을 도모한다는 것은 타인에 대해 더욱 적극적이고 주동적으로 책임을 지는 것이며, 따라서 충실함을 필요로 한다. 그리고 이미 확립된 교우관계에서도 믿음직스러움은 이러한 관계를 유지시키는 "소극적 조건"이다. 따라서 벗과의 사귐에 있어서도 "말에 믿음이 있어야" 하는 것이다.

338

타자에 대해 책임을 지기 시작한 것이다. 이것은 내가 이미 타자에 의해 피동적 형식으로 믿음을 주고 충실하고 있음을 의미하는 것이다. 나는 결국 나에 대한 타자의 가장 근본적이고 근원적인 믿음 및 타인에 대한 나의 가장 근원적인 책임 안에서 나 자신을 발견하게 되고, 또한 내가 필연적으로 이미 어떤 방식으로든 나의 이러한 책임을 긍정했음을 발견하게 된다.

'신信'은 비록 번역된 이후로는 상호 관련된 다중적 함의들을 상실하지 않을 수 없었지만,[43] 원래 그것은 '나에 대한 타인의 믿음'과 '내가 타인에게 주는 믿음직스러움'이라는 전혀 대칭되지 않는 개념을 동시에 담고 있다. 오상五常의 하나로서 유가전통 안에서 특히 강조되었던 '신信'은 윤리주체인 나에 대한 윤리적 요구로서, 나에 대한 타인의 근원적인 믿음으로 인해 발생하게 되는 타인에 대한 나의 윤리적 책임을 의미한다. 분명 공자는 이러한 근원적인 순수한 신信에 대해 명확하게 논하지 않았지만, 그럼에도 유가에서 신信이 중요한 윤리원칙이 될 수 있었던 이유는 이 개념이 바로 그러한 순수한 신信을 필연적으로 함축하고 있기 때문이다. 이것은 나와 타인 사이의 모든 신信이 이러한 비상호적이고 비대칭적인 순수한 신信, 절대적인 신信을 함축하고 있음을 의미한다. 만약 이러한 의미의 신信이

---

43) 'trust'는 과거에 '믿을 수 있음'(trustworthiness)과 '충성'(loyalty) 등의 의미도 가졌기 때문에 우리가 여기에서 분석하고자 하는 중국어에서의 '믿음'(信)의 두 가지 의미에 대체로 대응한다고도 볼 수 있다. 그러나 현대 영어에서의 'trust'는 '신앙'이라는 의미에서의 믿음(信)이며, 또한 이로 인해 '임무'(任, responsibility, obligation)의 의미가 있게 되지만, 이러한 어휘들로는 "진실하여 속임이 없음"(誠實不欺) 혹은 "타인으로부터 믿음을 받음"(信於他人) 등에서의 '믿음'(信)이라는 의미를 나타낼 수 없다. 한편, 공자의 "믿음직스러우면, 사람들은 그를 신임한다"(信則人任焉)에 대한 영문 번역 중에서는 D. C. 라우의 번역이 가장 충실하다. "만약 그가 말에 있어 동료들 사이에서 믿음직스러움 (信)이 있다면, 동료들은 그에게 책임(任)과 함께 신뢰를 보낼 것이다(信)."(D. C. Lau, *Confucius: The Analects*; Penguin Books, 1979, p.144, "If he is trustworthy[信] in word, his fellowmen will entrust[信] him with responsibility[任].")

없다면 나와 타인 사이의 상호신뢰는 이해관계에 따른 교환이나 냉정한 수지타산에 불과할 것이다.

구체적 윤리원칙으로서의 신(信)과 충(忠) 사이에는 분명 명확한 구별이 존재하지만, 이 둘은 또한 필연적으로 서로를 함축하고 있기도 하다. 즉 타인은 나에게 믿음직스러움(信) 것을 요구하고, 내가 타인에게 주는 믿음직스러움(信)은 필연적으로 어느 정도의 충실함(忠)을 함축하고 있으며, 이것은 일종의 "피동적 충(忠)"이다. 타인에 대한 나의 "주동적 충(忠)"은 필연적으로 내가 타인에게 주는 믿음직스러움(信), 즉 진실함, 신의, 신용 등을 함축하고 있다. 왜냐하면 내가 타인을 향해 충(忠)을 보장할 때 나는 우선 그 사람이 나를 믿도록 만들어야 하기 때문이다. 따라서 보장 혹은 약속은 "나의 말을 믿어 달라", "내가 한 말은 꼭 지킨다" 등과 같은 요청을 의미하기도 한다. 또한 나는 구체적 행위로 표현될 수 있는 신(信)을 통해 그 사람이 나를 믿도록 만들어야 할 수도 있다.[44]

그러나 앞에서 언급했다시피, 충(忠)은 신(信)보다 훨씬 더 나아간 것이다. 신(信)은 내 안에 머무는 것이지만, 충(忠)은 타인을 향하는 것으로서 타인에 대한 나의 책임을 '적극적으로 긍정'한 것이다. 바로 이러한 의미에서 이 긍정은 '이중적 충', 즉 타인에게 충실하고 이러한 충실함에 충실하는 것을 의미한다고 말할 수 있다. 내가 타인에게 충실할 뿐만 아니라 이러한 충실함에도 충실하다면, 나는 이미 자각적으로 나 자신 안으로 타인을 받아들인

---

44) 경험적 차원에서, 나는 구체적 행위를 통해 타인에 대해 나의 말에 신뢰가 있음을 주장할 수 있으며, 타인 역시 나의 구체적 행위를 통해 나의 말에 신뢰가 있는지 여부를 판단할 수 있다. 공자는 일찍이 다음과 같이 말했다. "처음에 나는 어떤 사람에 대해 볼 때 말을 듣고서 그 사람의 행동을 믿었다. 하지만 지금은 어떤 사람에 대해 볼 때 그 사람의 말을 듣고 그 사람의 행동을 살핀다."(『論語』, 「公冶長」, "子曰: 始吾於人也, 聽其言而信其行; 今吾於人也, 聽其言而觀其行.") 그러나 경험적 차원에서의 언행일치가 반드시 그 사람이 믿을만한 사람이라는 것을 보장하는 것은 아니다. 여기에는 언제나 기만의 가능성이 존재하기 때문이다.

것이 된다. 그리고 진정한 충忠으로서의 이러한 책임은 필연적으로 "짐은 무겁고 길은 멀다"(任重道遠)에서 의미하는 책임이 된다. 여기에서의 책임은 타인을 내버려 두지 않음, 타인을 떠나지 않음, 타인을 배신하지 않음 등을 의미한다. 나는 타자에 대해 충실한 가운데 이러한 '하지 않음'으로써 자발적으로 자신을 타인에게 저당 잡히는 것이다. 레비나스의 표현을 빌리자면, 타인에 대한 충 속에서 "주체는 인질인" 것이다.45)

5. '일방적 태도'로서의 충忠과 윤리주체의 확립

물론 우리는 다음과 같이 회의할 수도 있다. 만약 타인이 결국 나의 충忠을 신뢰하지 않는다면 위에서 언급한 일련의 '하지 않음'들은 결국 일방적인 태도에 불과하게 되고, 심지어 굴종이나 아첨으로까지 전락하게 되는 것이 아닐까? 그러나 사실 타인에 대한 나의 '일방적인 태도'는 충忠이 반드시 갖추어야 할 요건이다. 만약 이러한 '일방적 태도로서의 충'이 없다면 나는 타자에 대해 어떠한 진정한 책임도 없을 것이며, 따라서 나와

---

45) "Le sujet est otage."(E. Levinas, *Autrement qu'etre ou au-dela de l'essence*, Phaenomenologica 54, 1974, fifth printing 1991, Kluwer Academic Publishers, p.142) 忠의 "일관성"(『周易』, 「恒卦」, "婦人貞吉, '從一而終'也.")에 관한 문제는 너무 복잡해서 여기에서 다루기는 어렵고, 따로 집중적으로 논해야 할 것이다. 다만 간략히 말하자면, 忠이라는 개념에 대한 다시 읽기는 전통적인 "충신은 두 임금을 섬기지 않는다"는 식의 한계로부터 벗어나야 한다. 앞에서도 언급했다시피 공자의 忠은 보편적 타인에 대한 충실함을 의미하는 것이지 특정한 주인이나 군주에 대해서만 충실한 것이 아니다. 따라서 忠의 일관성이란 영원히 타인을 포기하지 않음을 의미하는 것이지, 나의 忠이 특정한 타인에게만 한정됨을 의미하는 것이 아니다. "인질"이란 바로 전자의 의미에서의 인질이다. 문제는 나에게 忠을 요구하는 사람이 한 명 이상일 때, 그리고 이들의 이익이 충돌하고 있을 때, 어떻게 해야 내가 그들에 대해 계속 충실할 수 있는가이다. 이러한 문제는 유가사상의 "義" 개념과 관련된다.

타자의 관계는 기껏해야 호혜적 관계나 이익을 교환하는 관계에 불과할 것이다. 이것은 내가 타자에게 진정으로 충실하지 않고 마치 어떤 물건처럼 타자를 이용할 뿐이라는 것을 의미한다. 이와는 반대로 만약 타자를 진정으로 존중한다면, 나로부터 시작되는 이러한 존중은 내가 타자에 대해 지닌 어떠한 '실제적인 정보'로도 바뀔 수 없다. 따라서 타자에 대한 나의 충이 가지는 이러한 '일방적인 태도'는 타자를 타자로 존중하고 있음의 표현인 것이다.

나와 타인의 관계에서의 이러한 일방적인 태도는 나와 타인의 사이가 결코 평등하고 대칭적인 관계가 아니라는 점을 보여 준다. 이러한 '비대칭성'은 매우 중요하다. 타인 앞에서 나는 항상 '신임'을 받는 자의 입장에 있으며, 타인의 인식 차원이 아닌 근본적인 의미에서 나는 이미 타인의 믿음을 받고 임무를 부여받은 입장에 있다. 이러한 까닭에 타인이 어떻게 하든 간에 나는 항상 타인에게 충실해야 하며, 사실 근본적인 의미에서는 이미 타인에게 충실하고 있다. 이와 같은 가장 근원적인 충忠은 여타 모든 구체적인 충보다 선재하는 충이기 때문에, 비록 어떤 구체적인 상황에서 내가 타인에 대한 특정한 충을 철회한다고 하더라도 타자에 대한 나의 근원적인 충은 바뀔 수 없다.

지금 만약 어째서 나는 타인에게 충실해야만 하는가, 나는 어째서 무조건적인 윤리명령으로서의 충에 복종해야만 하는가 등의 질문을 던진다면, 이에 대한 대답은 다음과 같을 것이다. "나는 마땅히 타인에게 충실해야 한다"에서의 '마땅히 ~해야 함'은 바로 타인으로부터 온 것이다. 만약 충이 마땅히 해야 하는 것이라면, 타인은 바로 이 '마땅히 ~해야 함'의 근거인 것이다. 그러나 타인이 나에게 충을 요구한다는 것은, 결코 타인이 나에게 이러한 경험적이고 실제적인 요구를 제기하거나 강요한다는 의미가 아니다. 왜냐하면 실제로 대부분의 사람들은 나에게 이러한 요구를 제기한 적이 없거나 제기할 수 없기 때문이다. 그럼에도 나는 어떠한 요구도 제기할 수 없는 이러한 타인들에 대해 마땅히 충실해야 함을 느끼게 된다. 이것이 바로 우리가 항상 스스로에게 "타인을 위해 일을 도모함에 있어 충실하지 못함은 없었던가?"라고 반문해야 하는 이유이다.

이처럼 나의 충忠은 타자가 세속적 권력이라는 측면에서 나를 지배할 수 있는지의 여부에 의해 결정되는 것이 아니다. 세속적 권력이나 의식구조의 압력 때문에 충을 다해야 한다는 말은 그야말로 충을 이용한 것이자 왜곡한 것일 수밖에 없다. 우리가 타인에게 충실해야 하는 이유는 타자 자체가 나에게 충을 요구하고 있기 때문이다. 즉 내가 충실해야 하는 이유는 이미 타자가 존재하기 때문이다. 이러한 타자의 다가옴이, 이러한 내 앞의 타자 자체가, 그리고 타자가 나에게 부여한 근원적인 믿음이 나에게 어떤 반응을 요구하고 있는 것이다. 이것은 타자 자체라는 요구가 나에게 책임을 지도록 하는 것이며, 타자의 '지위'와 '신분'은 나에게 그에 상응하는 책임을 맡기는 것일 뿐이다. 타자에 대한 나의 무조건적인 승낙으로서의 충은 타자의 다가옴 및 나에 대한 타자의 근원적인 믿음, 본질적으로 타자 자신조차 인식하지 못할 수밖에 없는 믿음으로부터 시작된다.

타인의 다가옴은 그 자체로 나의 충忠을 요구하고 충의 책임을 맡기는 것이다. 타자는 나보다 선재하며 나보다 앞서 다가온다. 이러한 '선재先在'는 결코 경험적 의미에서의 '선재'가 아니다. 경험적 의미에서 말하자면, 어떤 타인은 나보다 선재하기도 하지만 결국은 필연적으로 내가 어떠한 타인들보다도 선재할 수밖에 없다. 그러나 윤리적 의미에서 말하자면, 이러한 주체로서의 나는 결코 타자보다 선재할 수가 없다. 오직 이러한 의미에서만 우리는 유가사상에서 특히 강조하는, 효제에서부터 출발하는 인륜관계 혹은 윤리관계가 지닌 근본적인 중요성에 접근할 수 있다.

유가전통에서 '하늘과 땅의 불변의 도리'(天經地義)를 강조하고 불교나 기독교 같은 다른 종교에서 '시원성'을 강조하는 것은 결국 근본적으로 나보다 선재하는 타인에 대한 강조를 함축하고 있다. 내가 특히 존중해야 하는 타인으로서의 부모 및 형제자매들 역시 사실은 이처럼 근본적으로 '선재'하는 것들의 흔적 혹은 범례들일 뿐이다.46) 따라서 효孝가 특정한 타자에 대한 충忠이라고 한다면, 충은 모든 타자에 대한 효라고 할 수 있다. 그렇기 때문에 우리는 유가전통 안에서 '충효'가 나란히 언급되는 것이 다만 정치적인 의미, 의식구조적인 의미만을 지닌다고 말할 수는 없을 것이다. 만약 유가전통에서 효자가 충신이 될 가능성이 높다고 말해진다면, 그 이유는 타인으로서의 부모를 책임질 수 있는 사람이라면 자신의 군주와 백성, 국가를 포함한 다른 타인 역시 책임질 수 있는 사람이기 때문일 것이다.47) 그리고 이러한 일을 맡는 것은 결국 내가 타자에 대해 지고 있는 근본적인 책임을 맡는 것일 뿐이다. 따라서 효자와 충신은 이러한 책임의 이미지 혹은 예시일 뿐이다.

이제 우리는 윤리적 문화전통을 강조하는 것이 어째서 타자에 대한

---

46) 『효경』의 저자는 이미 이러한 점을 이해했던 것으로 보인다. "따라서 비록 천자라 할지라도 존귀하게 여겨야 할 바가 있으니, 이는 부모를 말함이다. 그리고 반드시 앞세워야 할 바가 있으니, 이는 형을 말함이다."(『孝經』, 「事君」, "故雖天子必有尊也, 言有父也, 必有先也, 言有兄也") 이러한 서술은 보다 상세하게 분석할 필요가 있다. 전통적인 정치·윤리적 맥락에서, 천자는 절대적인 일인자이다. 이러한 일인자는 절대적인 일인칭 대명사 즉 다른 사람 그 누구도 사용할 수 없는 일인칭 대명사, 예컨대 짐(朕)과 같은 것으로 자신을 규정했다. 그러나 설사 이러한 절대적인 일인자라고 할지라도 여전히 높이고 앞세워야 할 대상이 있다고 한다면 그 절대적인 일인자는 진정한 절대적인 일인자라 할 수 없다. 타인은 여전히 나보다 선재하며, 필연적으로 나보다 선재할 수밖에 없다. 그리고 이것은 절대적 일인자는 존재하지 않으며 존재할 수도 없음을 의미하는 것이기도 하다.

47) 제4장 「효와 타인」 중 공자의 孝사상에 대한 논의를 참고하라.

나의 근원적인 책임을 강조하는 것일 수밖에 없는지 이해할 수 있게 되었다. 윤리주체로서의 내가 지닌 이러한 책임은 필연적으로 타자로부터 온 것일 수밖에 없다. 타자는 늘 나에게 책임을 지우고 있다. 그러나 이것이 1980년대 중국대륙에 유행했던 "타인은 나의 지옥이다"라는 실존주의적 언명과 동일한 의미를 지니는 것은 결코 아니다. 지옥이 없는 삶은 좋은 것이지만, '타인'이 없는 '나'는 상상할 수 없기 때문이다. 따라서 만약 우리가 어떤 의미에서건 타인이 나를 '억압'한다고 말한다면, 그것은 나를 노예로 만드는 억압이 아니라 '주인' 혹은 '주체'로 만드는 억압인 것이다. 나를 주체의 지위에 올려놓는 것은 바로 타자이기 때문이다. 타자와 대면할 때 비로소 나는 자신을 '나'라고 부를 수 있다. 그리고 '나'라고 말하는 것은 이미 내가 타자를 근원적 의미에서 인정했다는 뜻이다.

나에 대한 타자의 가장 근원적인 믿음에 대면할 때 나는 반드시 이에 대해 반응하고 책임을 져야 한다. 바로 이러한 반응과 책임으로 인해 나는 비로소 타자에 대해 책임을 질 수 있는 주체, 신信과 충忠의 주체가 될 수 있다. 이러한 의미에서 타인은 나를 나로 구성하는 존재이다. 만약 타자를 대면하는 것이 나의 필연이라고 한다면 그에 따르는 책임 역시 필연일 것이며, 나에게 있어 이것은 결코 거부할 수 없는 당위일 것이다. 설사 이러한 필연이 내가 나의 책임에 대해 거절하고 저항할 가능성이 전혀 없음을 의미하는 것은 결코 아닐지라도, 이미 '거절'과 '저항'은 그 자체로서 거절과 저항의 대상에 대한 긍정과 인정이 된다.

나와 타자의 관계는 이미 그 자체로 타자에 대한 나의 책임을 함축하고 있다. 내가 타자에 대해 반응하지 않을 수 없다는 사실은 그로부터 주어지는 타자에 대한 책임에 반응하지 않을 수 없다는 뜻이기도 하다. 이렇게 볼 때 타자에 대한 책임은 결코 내가 자유롭게 선택하는 것이 아니며, 나의 자유의지에 달린 것도 아니다.—물론 내가 이후에 그 책임을 '자유롭게' 거절하는 것은 가능하다.— 따라서 이 책임은 결국 내가 자각적으로 책임지는 범위를 넘어서는 책임이다. 어떤 의미에서 이것은 그 누구도 감당할 수 없는 '절대적 책임', '죽은 후에야 끝나는'(死而後已) 책임이라 할 수 있다.

6. 맹목적인 충성(愚忠)의 위험성

타인에 대해 이러한 근본적이고 절대적인 책임을 지는 것은 타자에 대해 '절대적으로' 충실한(忠) 것이다. 여기에서 '절대적'이라고 표현한 것은 이러한 나의 책임에는 어떠한 선택의 여지도 없고 남에게 맡기거나 전가할 수도 없다는 점을 의미할 뿐, 결코 이것이 타자에 대한 무조건적인 복종을 의미하는 것은 아니다. 따라서 타자에 대한 나의 충忠은 타자에 대한 단순한 복종과 구분되어야 한다.

많은 사람들은 충忠이라는 전통적 가치가 타자의 절대화를 야기하는 것은 아닌가에 대해 항상 걱정한다. 특히 내가 충실해야 하는 타자가 현실의 사회관계 안에서 지배자나 권력자일 경우에는 더욱 그렇다. 절대화된 타인이란 곧 전제적인 타인으로, 타인을 절대적으로 복종해야 할 대상으로 만드는 것이다. 그러나 우리는 근대시기 이러한 맹목적인 충성으로 인해 절실한 고통을 겪지 않았던가?48) 그리고 중국 전통문화의 주된 병폐가

---

48) 우리는 여기에서 떠올릴 수 있는 현대 중국의 경험은 바로 문화대혁명 기간 중에 인민들이 요구받았던 "세 가지에 대한 충성"(三忠于)과 "네 가지 무한"(四無限)이다. 즉 "毛澤東 주석에게 충성할 것", "毛澤東 주석의 사상에 충성할 것", "毛澤東 주석의 무산계급혁명노선에 충성할 것"과, 毛澤東의 사상 및 노선을 "무한히 사랑하고" "무한히 믿고 우러르며" "무한히 숭배하고" "무한히 충성하는" 것이다. 1958년, 중국의 정치가 柯慶施(1902~1965)는 다음과 같이 말했다. "毛澤東 주석을 믿기를 미신적일 정도로

바로 이러한 군주, 아버지, 남편으로서의 타인에 대한 절대화가 아니었던 가? 사실 우리는 중국 역사 안에서 이러한 강력한 경향을 발견할 수 있다. 가장 전형적인 것으로는 "군주는 신하의 벼리이고, 아버지는 아들의 벼리이며, 남편은 아내의 벼리"[49]라는 삼강三綱, "군주가 신하의 죽음을 바라면 신하는 죽지 않을 수 없고, 아버지가 아들의 죽음을 바라면 아들은 죽지 않을 수 없다"[50]는 설교, "여자는 시집가기 전에는 아버지를 따르고, 시집가서는 남편을 따르며, 남편이 죽으면 아들을 따른다"[51]는 계율 등이 있다. 여기에서 충忠 및 충과 연결된 효孝·정貞은 절대적 복종의 요구로 변질되어 있다. 즉 나는 권력을 가진 타인 및 이러한 권력을 유지시키는 의식구조의 요구에 의해 자발적으로 타자를 나의 절대적 주재자로 섬기고 '철저하게' 나 자신을 바치는 것을 나의 '임무'로 여기고 있는 것이다.[52]

믿어야 하며, 毛澤東 주석에게 복종하기를 맹목적일 정도로 복종해야 한다." 1962년, 정치가 康生(1898~1975)은 다음과 같이 말했다. "毛澤東 주석의 사상은 마르크스-레닌주의 사상의 최고 표준이며 궁극적 표준이다." 군인이자 정치가인 林彪(1907~1971)는 문화대혁명이 시작될 때 毛澤東의 말은 "구구절절 진리로서, 한마디 말로도 모두 통한다"라고 말했다. 그는 毛澤東의 "학생"이자 "후계자"로서 "(毛澤東의 혁명노선에) "가장 가까이 따라붙고" "(毛澤東의 사상 기치를) 가장 높이 들어올리며" "(毛澤東의 저작을) 가장 잘 배우고" "(毛澤東의 사상을) 가장 잘 활용하는" 모범이었다. http://news.163.com/06/0117/09/27LKM6H100011QS5.html 참조.

49) 君爲臣綱; 父爲子綱; 夫爲婦綱.

50) 君要臣死, 臣不得不死; 父要子亡, 子不得不亡.

51) 『禮記』, 「郊特生」, "女子有三從之道. 在家從父; 適人從夫; 夫死從子." 전통사회에서 여자가 이러한 것을 해낼 경우 매우 "정숙하다"(貞)고 보았는데("부인이 정숙하니[貞] 길하고, 하나를 따라서 좋은 결말이 있다."[『周易』, 「恒卦」, "婦人貞吉, 從一而終也"]), 이러한 "정숙함"(貞)은 이성 간의 忠으로 받아들여졌다. "정숙함"(貞)은 여성들에게 요구된 특수한 忠이었던 것이다. "충성스러운 신하는 두 군주를 섬기지 않고, 정숙한 부인은 두 남편을 섬기지 않는다."(『史記』, 「田單傳」, "忠臣不事二君, 貞婦不更二夫.") 여기에서 나란히 서술된 "충성스러운 신하"(忠臣)와 "정숙한 부인"(貞婦)은 충실함(忠)과 정숙함(貞)이 내재적으로 연결되어 있었음을 보여 준다.

52) 여기에서 '철저하게'를 강조한 것은 독자들에게 우리가 앞에서 진행했던 관련 논의를 상기해 주고자 함이다. 즉 우리는 타인에게 충실함에 있어 결코 자기 자신을 온전히 다 바칠 수는 없다. 이러한 "철저하게 자기 자신을 다 바칠 수는 없음"이 바로 忠을

그러나 나의 충忠이 함축된 책임이 만약 무조건적인 복종을 의미하는 것이라면, 이러한 절대적인 복종이 현실화되는 순간 불충의 가능성은 완전히 소멸될 것이며 진정한 나와 타인의 관계 역시 모두 완결되고 말 것이다. 타자의 절대화는 곧 주체로서의 나의 소멸을 의미할 뿐만 아니라 타자의 종말이라는 의미 역시 내포하고 있기 때문이다. 결국 타자는 어디까지나 '나'의 타자인 것이다. 내가 나로서 존재하는 것을 중지해 버린다면 타자 즉 나에 의해 타자로 칭해질 사람들 또한 타자로 성립될 수 없게 된다. 따라서 타자의 절대화는 나와 타자 사이의 윤리관계의 종결, 또 다른 층위에서의 나와 타인의 관계인 정치의 종결, 심지어 사상 그 자체의 종결을 의미한다.53) 타자의 절대화는 사회적으로는 타자와 나 사이의 경계선 소멸, 정치적으로는 절대적인 전제화, 사상적으로는 천인합일을 의미한다. 다시 말해, 타자의 절대화는 결국 모든 차이를 철저하게 제거하는 총체로서 자기 자신을 완성하고 종결시키는 것이다. 이것은 모든 가능한 전제 중에서 가장 절대적인 전제 즉 총체적 전제이다. 헤겔 철학이 자아 혹은 주체 개념에서 출발해서 이러한 총체적 전제로 나아갔다고 할 때, 맹목적인 충忠은 또 하나의 극단인 타자로부터 출발해서 길만 달리할 뿐 결국 헤겔과 같은 목적지로 향하는 것이 아닐까?

중국 전통에서 이른바 '맹목적인 충성'(愚忠)에 관한 설명들은 모두 충忠이 항상 '맹목적인 충'으로 변질될 가능성을 지니고 있음을 지적하고 있다. 만약 충이 항상 우매하고 맹목적인 것으로 변질될 가능성을 지니고 있다면, 우리는 먼저 그러한 가능성에 대해 고려해야지 그것을 하나의 비본질적인 것이나 외부적인 것으로 치부해 버려서는 안 될 것이다.

가능하게 하는 조건(동시에 불충도 가능하게 하는 조건)이기 때문이다.
53) 여기에서 "사상"이라는 것도 결국 타자에 관한 사상이라는 의미에서 그렇다는 것이다.

충이 '맹목적인 충성'으로 변질될 가능성을 지니고 있다는 것은 충의 구조 자체에 이미 그러한 가능성이 필연적으로 내포되어 있다는 것을 말해 준다. 그런데 만약 애초에 그러한 가능성이 존재하지 않는다면, 즉 충의 내부에 충을 위협하는 가능성이 존재하지 않는다면 곧 어떠한 충도 불가능할 것이다. 왜냐하면, 충忠이 성립되기 위해 나는 나 자신을 타자에게 바칠 때조차도 여전히 자기 자신을 소유하고 있어야 하며 계속해서 충忠의 주체여야만 하는데, 철저하게 자기 자신을 타인에게 바치게 될 경우 나는 충의 주체로서 존재하기를 중지하게 될 것이기 때문이다. 일단 충의 주체가 아니게 되면 다시는 충을 가질 수도 없을 것이다. 따라서 자신을 철저하게 타인에게 바치는 충이 가능한 이유는 곧 그러한 충이 불가능한 이유이기도 하며, 이러한 의미에서 필연적으로 철저한 충의 추구는 동시에 충의 소멸일 수밖에 없다.

'맹목적인 충성'은 바로 이런 '철저한', 그러나 바로 그 철저함 때문에 오히려 불가능한 충忠을 추구하는 것이다. 『관자管子』「칠주칠신七主七臣」편에서는 다음과 같이 말했다.

> 맹목적인 신하는 죄를 엄히 묻고 벌을 심하게 내리는 것을 올바른 정치로 여기고 세금을 무겁게 매기는 것을 좋은 것으로 여겨서, 자신으로 하여금 증오를 받게 하고 군주로 하여금 비방을 듣게 만든다. 그러므로 기록에서 말하기를, "맹목적인 충성은 사특하고 해롭다고 한 것은 바로 이를 가리킨다"라고 하였다.[54]

맹목적인 충성을 바치는 자는 타자를 위해 자신의 모든 힘을 다하고자

---

54) 『管子』, 「七主七臣」, "愚臣深罪厚罰以爲行, 重賦斂, 多兒道以爲上, 使身見憎而主受其謗. 故記稱 之曰: '愚忠讒賊', 此之謂也."

하지만, 바로 그러한 때에 오히려 자신이 타자 자체에 대해 지고 있는 진정한 책임에 소홀하게 된다. 왜냐하면 충忠이 요구하는 타자에 대한 나의 책임이란 타자를 타자로서 존재하도록 책임지는 것이지, 타자의 일들을 대신해서 떠맡고 타자를 절대자로 만들고자 하는 것이 아니기 때문이다. 충의 철저화·절대화로서의 타자에 대한 맹목적인 충성은 필연적으로 타자를 소멸시키고 충마저 소멸시키게 될 수밖에 없다. 나로 하여금 진정으로 충을 다할 것을 요구하는 진정한 타자가 존재하지 않게 된다면 충이라는 것 자체도 존재할 수 없게 되기 때문이다. 결국, 근대시기의 주된 주장처럼 '충'이라는 윤리적 요구 그 자체가 어떤 경로를 통해 전제주의를 지향하는 것이 아니라, 구조적으로 충 그 자체에 맹목적인 충성의 가능성이 함축되어 있기 때문에 진정한 충을 소멸시키고 끊임없이 맹목적인 충성의 욕망을 발생시키게 되었던 것이다.

진정한 충忠, 타인을 절대화하지 않는 충은 타자 그 자체에 대해 충실해야 하고, 타자에 대한 본질적으로 회피할 수 없는 나의 책임에 충실해야 한다. 충이란 나 자신을 '주체'로 해서 타인에 대한 책임이 주는 구속을 기꺼이 받아들이는 것이며, 따라서 자신을 '타인에 대한 주체'로 만드는 것이다. 즉 타인을 통해, 그리고 타인을 위해 '주체'로서의 나를 확립하는 것이다. 타인에 대한 나의 충은 타자 그 자체에 충실한 것인 까닭에, 나의 충은 타자를 절대화하는 것 즉 '타자로 하여금 더 이상 타자일 수 없게 하는 것'에 대해 저항할 수 있어야 한다. 그러나 맹목적인 충성은 타자에 대한 그러한 나의 진정한 책임을 소멸시키고 만다. 이렇게 볼 때, 타자가 위험천만하게 절대자로의 길을 추구한다면 그때가 바로 나의 충이 철저하게 종결되는 때일 것이다.

7. 두 종류의 타자에 대한 두 종류의 책임

나의 충忠이 타자를 타자로 만드는 것 즉 타자에 대한 근본적인 존중인 까닭에, 타자에 대한 나의 충은 곧 인仁을 의미할 수 있게 된다. 타자에 충실함은 곧 인의 표현인 것이다. 충이 어떻게 인을 의미할 수 있는지 증명하기 위해, 우리는 타자에 대한 나의 책임이라는 문제에 대해 한층 더 깊이 고찰해 보도록 하겠다.

비록 타자가 나에게 책임을 부여하기는 하지만 사실 타자는 단 한 번도 나에게 어떤 구체적인 요구를 제기한 적이 없다. 그러나 타자가 나에게 어떠한 요구도 제기하지 않았다고 해서—설사 타자가 정식으로 타자에 대한 나의 책임을 면제해 준다고 선언했다고 할지라도— 타자에 대한 나의 책임이 면제될 수 있는 것은 결코 아니다. 타자에 대한 나의 책임은 절대 면책될 수 있는 것이 아니기 때문이다. 타자 앞에 있는 나는 항상 책임을 가지고 있다. 물론 경험적 차원에서는 타자가 나의 구체적인 책임을 면제해 줄 수도 있고, 또 내가 어떤 구체적인 이유로 주어진 책임을 거부할 수도 있지만, 타자에 대한 나의 근본적인 책임은 여전히 유효하다. 내가 특정한 상황에서 타자에 대한 구체적인 책임을 거절한다고 해서 이것이 곧 타자를 거절하는 것은 아니다. 즉 타자에 대한 나의 실제적인 책임이 결코 타자에 대한 나의 근본적인 책임과 일치하는 것은 아니라는 말이다. 따라서 우리는 좀 더 명확하게 두 가지 서로 다른 책임을 구분해 보고자 하는데, 그 서로 다른 두 가지 책임을 구분하기 위해서는 먼저 서로 다른 의미의 두 타자를 명확하게 구분할 수 있어야 한다.

타자는 결국 특정한 타자이다. 특정한 타자가 만일 사회적 혹은 법률적 의미에서 무뢰배나 불량배, 범죄자들일 경우 나는 특정한 법률규정과 공인된 절차를 통해 타자를 처분해야만 하는 자신을 발견할 수도 있다. 그러나 설사 내가 타자를 '판결'하고 '선고'하는 경우라 할지라도 나는 여전히 나에게 부여된 타자에 대한 근본적인 책임과 대면하고 있다. 따라서 심판자로서의 나의 특정한 지위가 결코 나와 타자의 관계를 단순 대립으로 변질시키는 것은 아니다. 오히려 이러한 지위는 타자가 지닌 타자로서의 '본성'을 부각시킬 뿐 아니라, 타자에 대한 나의 근본적인 책임이 가지고 있는 곤란함과 불확실성을 가장 집약적으로 보여 주고 있다. 법을 위반하고 범죄를 저지른 타자 역시 타자이다. 그 또한 타자로서 나에게 인정과 존중을 요구하고 있다. 따라서 나는 타자를 심판하는 지위에 있을지라도 그를 인정하고 존중해야 한다. 아니, 나의 심판 자체가 이미 그에 대한 '인정'이자 '존중'인 것이다. 이것은 타자에 대한 나의 근본적인 인정과 존중은 결코 철회될 수 없다는 의미이다.55)

---

55) 순자는 이미 이러한 점을 발견하고 긍정했지만, 이에 대해 명확하게 설명을 하지는 않았다. 그는 다음과 같이 말했다. "어진 이는 반드시 다른 사람을 공경한다.……공경함에는 정해진 방법이 있다. 현명한 사람의 경우 그를 귀하게 여기면서 공경하고, 어리석은 사람의 경우 그를 두려워하면서 공경한다. 현명한 사람의 경우 그를 가까이 두고 공경하며, 어리석은 사람의 경우 그를 멀리 두고 공경한다. 그 공경함은 하나이지만 상황이 서로 다른 것이다. 충실하고 믿음직스러우며 단정하고 진실하여 해악을 끼치지 않는 사람은 누구와 만나도 이렇게 하지 않는 경우가 없다. 이것이 어진 사람의 자질이다." (『荀子』, 「臣道」, "仁者必敬人.……敬人有道. 賢者則貴而敬之, 不肖者則畏而敬之; 賢者則親而敬之, 不肖者則疏而敬之. 其敬一也, 其情二也. 若夫忠信端慤而不害傷, 則無接而不然, 是仁人之質也." 王先謙의 『荀子集解』[北京: 中華書局, 1988, p.256]를 참고하라.) 여기에서 주의해야 할 것은 순자가 "必"자를 가지고 "공경함"(敬) 즉 어진 이가 모든 타인에 대해 가지는 공경의 필연성을 강조하고 있다는 점이다. 상황에 따라서 나는 타자를 가까이 대하기도 하고 거리를 두기도 하지만 그 근본적인 존경에는 변함이 없다는 것이다. 더 나아가 순자는 이러한 항상 동일한 공경과 "충실하고 믿음직스러우며 단정하고 진실함"(忠信端慤)을 연결시켰다(그 공경함은 하나이지만 상황이 서로 다른 것이다. 충실하고 믿음직스러우며 단정하고 진실하여 해악을 끼치지 않는 사람은 누구와 만나도 이렇게 하지 않는 경우가 없다.) 여기에서 "(상황이) 서로 다름"과 "충실하고 믿음직스러움"(忠信)은 의미적으로 밀접하게 연결되어 있다. 비록 상황이 다를지라도 공경함은 여전히 동일하며, 충실하고 믿음직스러우며 단정하고 진실하여 다른 사람을 해치고자 하는 마음이 없다면 이것이 바로 어진 이의 보편적 행위원칙이라는 것이다. "충실하고 믿음직스러우며

법을 위반한 타자가 나의 판결을 기다릴 때, 이 결정은 타자의 생사를 좌우할 수도 있을 만큼 중요한 일이다. 그러나 나는 이러한 결정의 무게를 덜어 줄 수 있는, 내가 타자에 대해 져야 하는 근본적인 책임을 덜어 주거나 면제시켜 줄 절대적으로 확실하고 믿을 만한 어떤 것도 가지고 있지 못하다. 특정한 법률이나 여론, 하늘, 신 역시 그러한 것이 될 수 없다. 다시 말해 그 어떤 것도 타자에 대한 나의 판결을 철저하게 합리화·정당화시켜 줄 수 없는 것이다. 이처럼 절대적으로 신뢰할 수 있는 아무런 근거가 없음에도 불구하고 반드시 결정을 내려야 하는 것, 이것이 바로 책임이 지니는 진정한 함의이다. 따라서 책임이란 절대적으로 필요하지만 결코 완수할 수 없는 임무와 마주하도록 요구받는 것이며, 결정이란 근본적인 불확실성을 마주한 채로 선택을 내릴 수밖에 없음을 의미한다. 여기에서의 결정은 구조적으로 근본적인 불확실성을 내포하고 있을 수밖에 없다. 만약 절대적으로 신뢰할 만한 것에 근거한 것이거나 어떤 기정의 절차에 따라 필연적으로 선택한 것이라면, 사실 나에게는 어떠한 책임도 없을 것이며 어떠한 결정도 내릴 필요가 없기 때문이다. 이 경우 나는 그저 이미 결정된 순서에 따라 이미 결정된 목적을 실현한 것에 불과할 뿐이다. 따라서 근본적인 의미에서 볼 때, 타자에 대한 나의 책임이란 결코 완수할 수 없지만 또한 반드시 완수해야만 하는 곤란한 책임인 것이다.[56]

단정하고 진실함"을 仁에 배속시키고 있다는 점에서 우리는 그가 확실하게 공자의 전통 안에 위치하고 있음을 확인할 수 있다.

56) 『춘추좌전』 宣公 2년조에 기록된 鉏麑의 행적은 이러한 근본적인 곤란을 잘 보여 주고 있다. 晉나라 靈公은 자신의 군주답지 못함을 지적하는 대부 趙盾의 간언을 듣지 않고 도리어 力士 서예에게 명하여 조순을 죽이게 했다. 서예가 날이 밝자마자 가서 명령을 집행하려 했는데, 조순이 의관을 정제한 채 집안에 앉아서 조정에 가길 기다리고 있는 것을 보았다. 서예는 이 모습에 큰 감동을 받고서, 명령을 따를 수 없다고 여겨 돌아오면서 탄식했다. "조순은 한시도 공경을 잃지 않으니, 진정으로 백성을 주인으로 여기는 사람이다. 이러한 사람을 죽이는 것은 불충이지만, 임금의 명령을 완수하지

타자와의 관계에서 마주할 수 있는 또 다른 상황은, 내가 현실에서 마주하는 특정한 타자가 나의 아버지나 군주처럼 일정한 범위 내에서 나를 지배할 수 있는 권력과 영향력을 가진 인물인 경우이다. 이러한 타자들에게 진정으로 충실하고 그들에 대한 책임을 다하기 위해서는 어떻게 해야 할까? 여기에서 엄격한 의미에서의 책임과 충忠은 여전히 존재할 수 있는가? 만일 여기에서 가능한 책임이란 것이 타자의 의지에 절대적으로 복종하는 것이라면, 그러한 절대적 복종은 곧 절대적인 무책임에 불과하다. 왜냐하면 절대적 복종에는 근본적으로 어떠한 책임도 존재하지 않기 때문이다. 그렇다면 이러한 나와 특정한 타인의 관계 속에서 나에게는 어떤 선택이 남아 있는가?

나의 아버지나 군주와 같은 특별한 타자와의 관계 속에서 나에 대한 타인의 지배는 내게는 선택의 여지가 없는, 정당성 없이 강요된 불평등조약일 수밖에 없다. 따라서 나는 타자에게 맹목적으로 복종할 것이 아니라,

못한 것 역시 不信이다. 불충하지 않으면 불신하게 되니, 차라리 죽는 것만 못하다." 그러고서 그는 머리로 기둥을 받고 자살했다. 이 일화는 서예가 마주한 난관을 忠과 信의 충돌로 설명했지만, 사실 실질적인 문제는 상호 충돌하고 있는 타인에 대한 두 가지 책임을 어떻게 완수할 것인가이다. 서예가 직접적으로 책임을 져야 할 대상은 군주이지만, 서예를 마주한 순간 그는 자신이 죽여야 할 타인에 대해서도 회피할 수 없는 책임을 느껴 버린 것이다. 또한 서예가 조순에게 충실하고자 노력했을 때, 그는 이러한 충실함을 통해 조순이 책임지고 있는 백성들에게까지 충실하게 된다. 그러나 조순에게 충실하고자 노력할 때, 서예에게는 명령을 내린 진 영공에 대한 책임도 여전히 남아 있다. 이처럼 근본적인 불확정성이 내포된 상황에서 서예의 선택은 자신이 죽음으로써 忠과 信을 다하는 것 즉 타인에 대한 책임을 다하는 것이었다. 그는 죽음으로써 타인에 대한 忠을 지킨 반면 진 영공에 대해서는 信을 잃어버렸다고도 볼 수 있는데, 서예의 결정은 특수한 상황 하에서 내린 어려운 선택이었던 것이다. 서예의 죽음이 보여 주는 것은, 비록 그는 信을 잃고 명령을 완수하지 못했지만 오히려 그런 가운데 군주에 대해 진정으로 충실했다는 점이다. 이러한 책임은 타인에 대한 그 자신의 忠이 허용하는 수단을 통해 한 타인(진 영공)이 다른 타인(조순)에 대해 불충을 저지르는 것을 막는 것으로 체현되었다. 바로 이 지점에서 타인을 '적극적으로' 책임지는 忠은 그저 자신의 올바름을 보장하려고만 하는 '소극적' 信을 초월하게 된다.

그러한 관계에 대해 의문을 제기하고 그러한 지배를 타파하기 위해 노력해야 한다. 그런데 이러한 사유 속에는, 선재하고 자족하는 주체가 타자에 대한 자신의 책임부터 선재하고 또 자신의 책임을 선택할 절대적인 자유를 가지고 있다는 가정이 은연중에 내포되어 있다. 그러나 우리는 앞에서 이미 주체는 타자에 대한 나의 책임보다 선재할 수 없음을 밝힌 바 있다. 나는 타자와 대면해서 책임을 부여받을 때 비로소 책임의 주체로 확립될 수 있는 것이다. 만약 근본적인 책임이 존재하지 않는다면 그 책임의 주체 즉 타자에 대한 책임자 또한 당연히 존재할 수 없을 것이다. 설사 내가 독재자로서의 타인에 대해 저항해야만 할 때일지라도, 이러한 반항은 이미 나의 회피할 수 없는 책임에 대한 인정과 긍정일 수밖에 없다. 이것은 실제로 나를 지배할 수 있는 권력과 영향력을 가진 사람 역시 타인이며, 이러한 타자와 대면하는 것 역시 내가 짊어져야 할 근본적인 책임이라는 것을 의미한다. 바로 이처럼 그를 위해 책임을 져야 하는 까닭에, 나는 경우에 따라서는 그에게 복종하지 않아야 하고 심지어 거절까지 해야만 하는 것이다.

그러나 사실 이러한 불복종과 거절은 모두 타자에 대해 가장 절실하게 책임지고 복종하는 것 즉 타자에 대한 진정한 충忠이다.[57] 이것은 내가 그에게 복종하지 않는 상황이라 할지라도 그에 대한 나의 근본적인 책임을 거절한 것은 아니라는 의미이다. 나는 바로 이러한 책임 때문에 경우에

---

[57] 이러한 까닭에 『효경』에서는 다음과 같이 말했다. "옛날에 천자에게 간쟁하는 신하가 일곱 명만 있으면 비록 도가 없어도 천하를 잃지 않았고, 제후는 간쟁하는 신하 다섯 명만 있으면 비록 도가 없어도 자신의 나라를 잃지 않았으며, 대부는 간쟁하는 신하 세 명만 있으면 비록 도가 없어도 자신의 가문을 잃지 않았다. 선비에게 간쟁하는 벗이 있으면 그 자신이 좋은 명성으로부터 멀어지지 않고, 아버지에게 간쟁하는 아들이 있으면 그 자신이 불의에 빠지지 않는다."(『孝經』, 「諫諍」, "昔者天子有爭臣七人, 雖無道, 不失其下; 諸侯有爭臣五人, 雖無道, 不失其國; 大夫有爭臣三人, 雖無道, 不失其家; 士有爭友, 則身不離於令名; 父有爭子, 則身不陷於不義.")

따라 그에게 복종하지 않을 수밖에 없는데, 내가 그에게 복종하지 않는 것은 바로 나에게 주어진 근본적인 책임을 다하기 위해서이다. 나의 불복종은 다양한 방식으로 나타날 수 있겠지만 본질적으로는 모두 나의 근본적인 책임을 다하기 위한 불복종인 것이다. 다만 여기에는 내가 의지할 수 있는 어떤 확실한 기준이 있는 것이 아니어서, 내가 내리는 결정은 필연적으로 모든 진정한 결정들이 반드시 무릅써야 할 근본적인 위험을 안고 있다. 또한 이러한 결정은 때와 장소, 대상과 상황에 따라 달라질 수밖에 없다. 타인에 대한 나의 인(仁)은 이처럼 타자와 관련된 어려운 결정들을 함축하고 있다.

8. '은나라의 세 명의 어진 이'가 가지는 의의

공자는 은나라 말기의 세 충신을 들며 어진 이로 칭송한 바 있다. 은나라 주왕의 혼란하고 잔혹한 통치 아래에서, 은나라 말기 세 명의 유명한 충신들은 서로 다른 각자의 길을 선택했다. 미자(微子)는 나라를 떠나 멀리 은둔해 버렸고, 기자(箕子)는 머리를 풀어헤치고 미친 척하다 노예가 되어 버렸으며, 비간(比干)은 힘써 간하다가 죽임을 당했다. 이 세 사람은 폭군을 대함에 있어 각자 방법을 달리했지만, 공자는 이들의 선택을 모두 지지하면서 '어질다'(仁)고 평했다.

> 미자는 떠났고, 기자는 노예가 되었으며, 비간은 간하다가 죽었다. 공자가 말했다. "은나라에는 세 명의 어진 이가 있었다."[58]

---

58) 『論語』, 「微子」, "微子去之, 箕子爲之奴, 比干諫而死. 孔子曰: 殷有三仁焉."

그들의 행위가 어질다고 평가받을 수 있었던 이유는 진정으로 타인에게 충실하였기 때문이다. 여기에서 구체적이고 특정한 타인인 주왕은 이들 세 어진 이들에게 있어 군주일 뿐만 아니라 이복형제 혹은 조카였다. 사마천의 『사기』에서는 주왕에 대해 이렇게 기록하고 있다.

주왕은 분별력이 빼어나고 보고 듣는 것이 민첩했으며 재능과 힘이 남들보다 뛰어나서 맨손으로 맹수를 때려잡았다. 지혜는 충직한 간언을 거절하기에 충분했고 언변은 잘못된 것을 포장하기에 충분하여, 신하들에게 자신의 재능을 자랑하여 천하에 명성이 울려 퍼지게 했으며 모든 사람들을 자기 아래로 여겼다.[59)

또한 그는 무거운 세금을 매기고 가혹한 형벌을 내려서 백성들로부터 원망을 샀다. 이처럼 제멋대로 행동하는 독재자는 결국 국가를 혼란에 빠뜨릴 뿐만 아니라 자기 자신조차 망가뜨린다. 은나라의 세 어진 이들의 타인에 대한 충忠은 이러한 국가의 혼란과 군주의 자기파괴를 저지하는 것으로 드러났는데, 이러한 일들을 막는 것이야말로 타자에 대한 가장 궁극적인 관심과 책임이며 진정으로 타자를 타자로 존중하고 타자가 존재하도록 노력하는 것이었다.

그러나 타자는 타자이기 때문에, 나는 원칙적으로 나 자신을 타자에게 강요할 수 없고 강요해서도 안 된다. 나는 그저 타인에 대한 나의 진정한 충忠을 바치고, 타자가 그것을 받아주길 기대할 수 있을 뿐이다. 다행히 타자가 나의 충을 받아준다면 그는 자신의 국가와 자기 자신을 파멸로부터 구해 낼 수 있겠지만, 나는 나의 충과, 내가 나의 충에 충실할 것만을

---

59) 『史記』, 「殷本紀」, "帝紂資辨捷疾, 聞見甚敏; 材力過人; 手格猛獸. 知足以距諫; 言足以飾非; 矜人臣以能, 高天下以聲, 以爲皆出己之下."

보장할 수 있을 뿐 타자가 나의 충을 받아줄지에 대해서는 보장할 방법이 없다. "충을 바쳤지만 군주가 쓰지 않을" 때, 주왕을 돕는 것이 학정을 행하는 일밖에 되지 않을 때, 미자, 기자, 비간은 결정을 내려야만 했다. 이들의 경우처럼 진정으로 자신의 충에 충실한 사람들이라면 어떠한 결정을 내리든 그것은 책임 있는 결정일 것이며, 그 결정은 결코 타자를 간단하게 포기하지 않고 타자에 대해 계속 책임질 것임을 의미할 것이다. 이러한 의미에서 볼 때, 미자가 나라를 떠나 멀리 은둔해 버린 것, 기자가 머리를 풀어헤치고 미친 척하다 노예가 되어 버린 것, 비간이 힘써 간하다가 죽임을 당한 것은 모두 가능한 선택, 책임 있는 선택, 정당한 선택, 즉 '어진' 선택이었다.

세 명의 선택 가운데 단순히 떠나 버리는 것은 비교적 온화한 방식으로 권면한 것이라고 할 수 있다. 원하지 않지만 떠나지 않을 수 없었기에, 충성하지만 떠나야만 하는 이는 큰 심적 고통을 느낄 수밖에 없다.[60] 이런 식의 떠남은 마냥 훌쩍 떠나 버린 것이 아니라 떠나도 떠나지 못한 것이다. 즉 주왕의 학정을 돕기를 거절한 것이지 자신이 져야 할 책임을 거절한 것이 아니며, 타자에 대해 희망의 끈을 계속 유지했던 것이지 철저히 절망했던 것이 아니다. 미친 척하다 노예가 되어 버린 것은 한 걸음 더 나아간 것으로, 비록 굴욕적인 신분에 처했음에도 계속해서 타자와 대면한 것이다. 힘써 간언하다 죽임을 당한 것은 가장 극단적인 선택으로, 받아들여지지 않는 자신의 충忠을 희생의 형식으로 타자 앞에 바친 것이다. 결국 중국문화에서 주왕이 포악한 정치의 전형이 되었다면 이들 세 명의 어진 이들은

---

60) 이러한 감정적 고통은 屈原의 여러 시를 통해 절절히 드러나고 있다. 물론 굴원의 忠은 그의 작품 및 그 역사·문화적 배경과 연관해서 다른 곳에서 따로 집중적으로 분석되어야 할 것이다.

충의 상징이 되었고, 이들의 은거함, 미친 척함, 힘써 간함은 중국역사에서 몇몇 바람직한 정치윤리적 선택의 원형이 되었다.61)

물론 다른 방법들도 충분히 가능하다. '혁명' 또한 가능한 방법 중의 하나인데, 공자는 이에 대해 아무런 언급도 하지 않았다. 그런데 공자가 직접적으로 혁명의 문제를 논하지 않은 것이 단순한 역사적 한계, 계급적 한계 때문만은 아니었을 것이다. 애초에 어질지 못한 '혁명革命'은 그저 타자의 '명命'을 '고침'(革) 즉 무책임한 살육만을 의미할 뿐이며, 나는 근본적으로 타자를 살육할 어떠한 권리도 가지고 있지 않다. 따라서 특정한 역사적 환경 속에서, 그리고 폭군이라는 특정한 타자와의 관계에서 은나라의 어진 이들이 보여 준 행동은 결코 무력한 모습이 아니었다. 잔혹하고 포악해질 수 있는 타자에 저항하는 것은 타자에 대한 근본적인 책임을 포기하지 않은 것이며, 타자의 악행에 협조하는 것을 거절하는 것 역시 단순히 타자를 포기하는 것이 아니다. 이것이 바로 이들 세 명의 어진 이의 비폭력·불복종 행위가 지니는 진정한 함의이다. 이러한 시각에서 중국역사의 어리석고 포악한 군주들 아래에 있었던 수많은 충신들을 바라본다면, 그들의 행위가 가지는 성격을 '어리석은 충성'으로 치부하기만은 어려울 것이다.

---

61) 순자는 신하의 忠을 상중하 세 가지로 분류했다. "忠에는 큰 충(大忠)이 있고 그 다음 가는 충(次忠)이 있으며 하등의 충(下忠)이 있고, 또 오히려 국가를 해치는 자가 있다. 덕으로 군주를 덮어 주고 교화하는 것이 큰 忠이고, 덕으로 군주를 바로잡고 보좌하는 것이 그 다음 가는 忠이며, 군주의 잘못을 간해서 그를 노하게 하는 것이 하등의 忠이다. 군주의 영욕을 고려치 않고 국가의 흥망을 고려치 않으면서 남의 비위를 맞춰가며 자신의 봉록을 지키고 사귐을 넓히려고만 한다면 국가를 해치는 자이다. 주나라 성왕에게 있어서의 주공이 큰 忠이고, 제 환공에 있어서의 관중이 그 다음 가는 忠이며, 오왕 부차에게 있어서의 오자서가 하등의 忠이고, 주왕에게 있어서의 조촉룡이 국가를 해치는 자라 할 수 있다."(『荀子』, 「臣道」, "有大忠者, 有次忠者, 有下忠者, 有國賊者. 以德復君而化之, 大忠也; 以德調君而輔之, 次忠也; 以是諫非而怒之, 下忠也. 不卹君之榮辱, 不卹國之臧否, 偷合苟容以持祿養交而已耳, 國賊也. 若周公之於成王也, 可謂大忠矣; 若管仲之於桓公, 可謂次忠矣; 若子胥之於夫差, 可謂下忠矣; 若曹觸龍之於紂者, 可謂國賊矣.")

9. 혁명으로서의 충忠

은나라 탕왕과 주나라 무왕은 천자가 되기 전의, 신하로서의 자신이 어떤 극단적인 상황 속에서 혁명의 필요성과 마주하고 있음을 발견할 수 있었을 것이다. 중국 전통에서 혁명이론은 폭군을 몰아내고 정권을 교체하는 폭력행위에 대해 정당성을 부여하는 것이었다.62) 중국역사에서 이러한 폭력행위는 '탕왕과 무왕의 혁명'(湯武革命) 이래 끊임없이 이어졌다. 맹자는 이 문제를 논한 적이 있는데, 그는 '임금을 시해하는 것'(弑君)과 '잔인무도한 인간을 주살하는 것'(誅殺殘賊之人) 사이에 명확한 경계선을 그었다.63) 충신과 폭군의 관계를 논할 때, 맹자의 이러한 사상을 타자에 대한 나의 책임이라는 각도에서 분석한다면 우리의 사유를 더욱 심화시켜 줄 수 있을 것이다.

맹자가 살았던 전국시대는 혁명의 문제를 절박하게 마주할 수밖에 없었다. 폭군들은 잔인무도함과 포악함으로 타인들을 위협하고 그들 자신

---

62) 『주역』 혁괘의 괘사에서는 다음과 같이 말했다. "천지가 크게 바뀌어 사시가 이루어졌다. 탕무가 혁명을 한 것은 하늘에 따르고 뭇사람들에 응한 것이니, 그 혁명을 한 시기가 위대하도다."(『周易』, 「革卦」, "天地革而四時成, 湯武革命, 順乎天而應乎人, 革之時大矣哉!") 공영달은 『주역정의』에서 혁괘의 괘명에 대해 다음과 같이 설명했다. "革이란 변화를 이르는 것이다. 이 괘는 체제를 바꾸고 명을 혁파함을 밝힌 것이므로 '혁'이라고 이름을 붙였다."(『周易正義』, 「革卦」, "革者, 改變之名也. 此卦明改制革命, 故名革也.") 혁명의 문제에 관해서는, 졸저 『文本之間 - 從孔子到魯迅』의 「若保赤子: 中國傳統文化的理想之政」장, 특히 pp.259~261의 논의를 참고하라.

63) 제나라 선왕이 맹자에게 물었다. "탕왕이 걸왕을 내쫓고 무왕이 주왕을 죽였다고 하는데, 그런 일이 있었습니까?" 맹자가 대답했다. "전하는 기록에 따르면 있었다고 합니다." 선왕이 물었다. "신하가 임금을 시해하는 것이 옳은 일입니까?" 맹자가 답했다. "仁을 해치는 자를 賊이라고 부르고, 義를 해치는 자를 殘이라고 합니다. 저런 잔인무도한 (殘賊) 인간은 그저 '한 명의 사내'(一夫)일 뿐입니다. 저는 한 명의 사내일 뿐인 주왕을 주살했다는 말은 들었어도 군주를 시해했다는 말은 들어보지 못했습니다."(『孟子』, 「梁惠王下」, "齊宣王問曰: 湯放桀, 武王伐紂, 有諸? 孟子對曰: 於傳有之. 曰: 臣弒其君可乎? 曰: 賊仁者謂之賊, 賊義者謂之殘, 殘賊之人謂之一夫. 聞誅一夫紂矣, 未聞弒君也.")

마저도 위험에 빠뜨려서 더 이상 '천명天命'을 지녔다고 볼 수 없게 되었다. 왜냐하면 이러한 천명은 백성에 대한 군주의 책임을 신성화한 것으로, 타자로서의 백성에 대한 무한책임이 신성한 방식으로 군주에게 부여된 것에 불과하기 때문이다. 이러한 상황에서 군주에 대한 신하들의 충忠은 세 은나라 충신들의 '온화한' 방식을 넘어서는 선택도 배제할 수는 없었다. 이제 더 이상 인자한 방법만으로는 폭군의 잔학한 정치를 제지할 수가 없었기 때문이다.

폭군을 제지하는 방법에는 폭군의 생명을 빼앗는 것까지도 포함된다. 이것은 특정한 역사적 맥락에서의 군신관계에 대한 이해와 관련될 뿐만 아니라 사형에 처할 권리나 사형제도 같은 지극히 복잡한 정치·윤리의 문제와도 관련되어 있는데, 이러한 문제의 출발점은 타자에 대한 나의 근본적인 책임과 분리될 수 없다. 다만 여기에서는 사형의 문제에 관해, 맹자의 언급을 인용하는 것으로 만족하고자 한다.

> (백성들을) 살리는 도로써 백성들을 죽이게 되면, 죽더라도 죽인 사람을 원망하지 않을 것이다.[64]

여기에 대한 구양수의 설명은 상당히 설득력 있는 이해를 제공해 준다.

> 이러한 사형은, 내가 그를 살리고자 했으나 그렇게 하지 못한 것일 뿐이다. 그를 살리고자 했으나 그렇게 하지 못한 것이므로, 죽은 이와 나 모두 여한이 없는 것이다.[65]

---

64) 『孟子』, 「盡心上」, "孟子曰: 以佚道使民, 雖勞不怨; 以生道殺民, 雖死不怨殺者."
65) 『瀧岡阡表』, "此死獄也, 我求其生不得爾, 求其生不得, 則死者與我皆無恨也." 楊伯峻은 『孟子譯注』, p.305에서 이를 인용했다.

그러나 맹자의 혁명사상은 결코 상술한 노선을 완전히 따르는 것이 아니었다. 맹자는 폭군을 주살하는 것에 윤리적·정치적 정당성을 부여하기 위해 폭군을 이상적 군주 혹은 진정한 군주와 구분한다. 이러한 구분에 따르면 폭군은 더 이상 군주가 아니게 되며, 폭군을 죽이는 것 역시 '군주를 시해하는'(弒君) 일이 아니라 '폭군을 주살하는'(誅暴) 일이 되므로 폭군을 죽인 자는 더 이상 군주를 시해했다는 오명을 뒤집어쓰지 않게 된다. 이것은 맹자의 전형적인 논변방식이다. 즉 이것(此)과 저것(彼)으로 선명하게 대립되는 두 부류를 구성하여, 어떤 것이 이것에 속하지 않으면 저것에 속한다는 식이다. 여기에서 '이것'은 마땅히 '저것'을 주재해야 한다. 자체의 이상적 정의에 부합하지 않는 '이것'은 더 이상 '이것'에 속하지 않으며, '이것'에 속하지 않는 것은 '저것'에 속한다. 어떤 것이 이미 '저것'이 되어 버렸으면 다시는 '이것'이 될 수 없기에, 그것은 반드시 주재를 받고 통치되어야 하며 심지어 소멸되어야 한다. 따라서 맹자의 주장은, 잔인무도한 폭군은 이제 군주가 아닌 '한갓 필부'(一夫)에 불과하고, 한갓 필부에 불과한 폭군을 죽이는 것은 결코 군주를 시해하는 것이 아니라는 것이다.

　　맹자의 유명한 인간과 금수의 구별 및 중원과 오랑캐의 구별에도 마찬가지의 논리가 담겨 있다. 맹자는 자신만을 위하는 '위아爲我'와 모두를 사랑하자는 '겸애兼愛'는 군주도 없고 부모도 없는 자들의 주장이며, 군주도 없고 부모도 없는 자들은 곧 인간이 아닌 짐승에 불과하다고 보았다. 짐승은 사람을 잡아먹으므로 소멸되거나 길들여져야 한다. 마찬가지로, 오랑캐들에게는 군주가 없는데, 군주가 없으면 인간이 아니므로 오랑캐들은 짐승들과 동급이 될 수밖에 없다. 이러한 입장에서 맹자는 주공으로 대표되는 '중국문화'의 중요한 공적 중의 하나가 바로 "오랑캐를 정벌하고 짐승들을 몰아낸 것"이라고 보았다.[66]

맹자에게 있어서는 이처럼 어떤 군주들은 군주가 아닌 자로 멸시될 수 있고, 어떤 사람들은 인간이 아닌 자로 멸시될 수 있다. 이러한 멸시가 담긴 구분에 따라, 인간 도덕의 범위를 벗어나는 타자는 '우리'와 대립되는 '인간답지 않은 인간'(非人)으로 간주된다. 우리는 이러한 '인간답지 않은 인간'(非人)에 대해 존중할 필요도 없고 책임을 질 필요도 없다. 따라서 우리는 이러한 '인간답지 않은 인간'을 처리할 무한한 윤리적 권력을 가지며, 이러한 윤리적 권력은 나와 타자 간의 근본적인 윤리관계를 취소시키거나 종결시킨다. 그러므로 맹자의 문제는 "잔인무도한 인간을 주살하는 혁명"에 찬성했다는 것이 아니라, 이것 아니면 저것이라는 논리로 어떤 타자들을 타자에 대한 우리의 근본적인 책임 바깥으로 배제시키도록 했다는 점이다.

---

66) "楊朱와 墨翟의 학설이 세상을 채웠다. 그래서 천하의 모든 이론들은 모두 양주가 아니면 묵적으로 귀결되었다. 양주의 학설은 오직 자신만 아는 爲我로 군주도 없는(無君) 학설이다. 묵적의 학설은 모두를 사랑하자는 兼愛로, 부모도 없는(無父) 학설이다. 군주도 없고 부모도 없는 자들은 곧 짐승들이다……양주와 묵적의 학설이 사라지지 않는다면 공자의 도가 드러나지 못할 것이고, 이렇게 되면 사악한 학설이 백성들을 속이고 인의를 막아서 없애게 될 것이다. 인의가 막혀서 사라져 버리면, 이는 짐승을 몰아서 백성들을 잡아먹게 하는 것이고 사람들이 서로를 잡아먹게 만드는 것이다……옛날에 우임금이 홍수를 통제해 내자 천하가 평안해졌고, 주공이 오랑캐들을 정벌하고 짐승들을 몰아내자 백성들이 평안을 누렸다. 공자께서 『춘추』를 지으시자 정치를 어지럽히는 신하들과 아버지를 해친 못된 자식들은 자신들의 오명이 기록에 남을까 두려워했다. 『시경』「魯頌」편에 이런 시구가 있다. '서쪽 오랑캐(戎)와 북쪽 오랑캐(狄)를 치고, 형나라(荊)와 서나라(舒)를 굴복시키니, 아무도 나(주공)에게 감히 대항하지 못했다.' 부모도 없는 묵적의 무리들과 군주도 없는 양주의 무리를 주공께서 응징하신 것이다. 나 역시 사람들의 마음을 올바르게 하고 사악한 학설이 사라지게 하며 편파적인 행동을 물리치고 정도를 지나친 학설을 없애서 앞선 세 성인의 뜻을 계승하고자 한 것이다. 내가 어찌 논쟁하길 좋아한 것이겠는가? 나도 어쩔 수 없었던 것이다."(『孟子』,「滕文公下」, "楊朱墨翟之言盈天下. 天下之言, 不歸楊, 則歸墨. 楊氏爲我, 是無君也; 墨氏兼愛, 是無父也. 無父無君, 是禽獸也……楊墨之道不息, 孔子之道不著, 是邪說誣民, 充塞仁義也. 仁義充塞, 則率獸食人, 人將相食. 吾爲此懼……昔者禹抑洪水而天下平; 周公兼夷狄驅猛獸而百姓寧; 孔子成春秋而亂臣賊子懼. 詩云: 戎狄是膺, 荊舒是懲, 則莫我敢承. 無父無君, 是周公所膺也. 我亦欲正人心, 息邪說, 距詖行, 放淫辭, 以承三聖者, 豈好辯哉? 予不得已也.")

사실 나와 타자의 관계는 어떠한 타자에 대해서도 근본적으로 멸시를 허락하지 않는다. 따라서 문제는 타자의 '명命'을 '고치는'(革) 일을 해도 되는지, 혁명에 윤리적·정치적 정당성이 있는지의 여부가 아니다. 바로 무엇이 진정으로 타자에 대해 책임을 지는 방식인지, 또 어떻게 해야 충忠의 정신과 인仁의 방식으로 어떤 타자의 다른 타자에 대한 폭력을 저지할 수 있을지의 문제인 것이다. 설사 혁명의 방식으로 타자의 폭력을 저지하고자 시도한다 하더라도 역시 나는 타자를 타자로서 존중해야 한다. 이렇게 할 때, 노신이 풍자했던 무한 반복되는 혁명의 악순환67)은 그것의 근본적인 결함을 노출하게 될 것이다.

10. '타인에게 충실함'의 주체와 '주인 - 노예' 구도

결국 타자에 대한 나의 충忠은 타자가 나에게 무례하다고 해서, 혹은 타자가 범죄자나 폭군이라고 해서 중지되는 것이 아니다. 다시 말해, 타자에 대한 나의 진정한 충忠은 특정 타자가 실제로 나를 어떻게 대하는지에 따라 결정되는 것이 아니다.68) 타자가 어떤 사람이건 간에 나는 항상 타자에

---

67) "혁명적인 것은 반혁명적인 것에 의해 살해당하고, 반혁명적인 것은 혁명적인 것에 의해 살해당한다. 혁명적이지 않은 것들 가운데서도, 혁명적인 것으로 간주되는 것은 반혁명적인 것에 의해 살해당하고 반혁명적으로 간주되는 것은 혁명적인 것에 의해 살해당하며 어느 쪽으로도 간주되지 않는 것은 혁명적인 것이나 반혁명적인 것에 의해 살해당한다. '명'을 바꾸고, '명을 바꾸는 것'을 바꾸고, '명을 바꾸는 것을 바꾸는 것'을 또 바꾸고(革命, 革革命, 革革革命)……."(『魯迅全集』, 제3권, p.539)

68) 그러나 맹자는 이렇게 보지 않은 듯하다. 그는 다음과 같이 말했다. "어진 이는 타인을 사랑하고, 예의가 있는 이는 타인을 공경한다. 타인을 사랑하는 이는 타인 역시 그를 사랑하고, 타인을 공경하는 이는 타인 역시 그를 공경한다. 그런데 여기에 어떤 사람에 나에게 난폭하고 도리에 어긋나게 대한다면 군자는 반드시 자신을 반성한다. '분명 내가 어질지 못했거나 내가 예의바르지 못했을 것이다. 그렇지 않았다면 상황이 어떻게

대한 책임을 회피할 수 없어서, 내가 그 책임을 인정하거나 그로부터 도피하는 것도, 즉 타인에게 믿음을 주고 충실하거나 타인을 포기하고 배반하는 것도 역시 항상 그러한 책임 안에서 이루어지는 것이다.

내가 진정으로 타인에게 충실할 때, 타자에 대한 나의 충忠으로부터 드러나는 것은 바로 타자에 대한 나의 진정한 관심이다. 내가 타인에게 충실한 이유는 타인이 근원적인 믿음 안에서 그 자신을 나에게 맡겼기 때문이다. 그리고 바로 내가 타인에게 충실하기 때문에, 나는 타인이 진정으로 타인으로서 존재하도록 하는 것이다. 이것은 그들이 근본적으로 나를 넘어서는 자로서 존재함을 의미하는 것이기도 하다. 나를 믿는 타인은 이러한 근본적이고 근원적인 믿음을 체현한 존재이자 이러한 근본적이고 근원적인 믿음 그 자체로서, 나를 초월한다. 이러한 초월이 없다면 어떠한 진정한 타자도 존재할 수 없다. 초월이 없다면 오직 지극히 커서 바깥이 없는 '절대적인 나'와, 그러한 나와 공생적이거나 적대적인 관계를 맺고 있는 '세계' 즉 '대상으로서의 타인'의 세계만이 존재할 수 있을 뿐이다.

이 지경에 이르렀겠는가?' 그런데 반성해 보아서 자신이 어질었고 예의가 있었는데도 그게 여전히 난폭하고 도리에 어긋나게 군다면, 군자는 반드시 다시 자신을 반성한다. '분명 내가 마음을 다하지 못했을 것이다.' 그런데 자신을 반성해 보아서 마음을 다했는데도 여전히 난폭하고 도리에 어긋나게 군다면 그때 가서야 군자는 말한다. '저 사람은 몹쓸 사람이구나! 저런 사람이라면 짐승과 무엇이 다르겠는가? 짐승에게 무슨 비난을 하겠는가?'"(『孟子』,「離婁下」, "仁者愛人; 有禮者敬人. 愛人者人恒愛之; 敬人者人恒敬之. 有人於此, 其待我以橫逆, 則君子必自反也. 我必不仁也; 必無禮也, 此物奚宜至哉? 其自反而仁矣; 自反而有禮矣, 其橫逆由是也, 君子必自反也. 我必不忠. 自反而忠矣, 其橫逆由是也, 君子曰: 此亦妄人也已矣! 如此則與禽獸奚擇哉? 於禽獸又何難焉?") 여기에서 나에 대한 타인의 태도는 타인에 대한 나의 태도에 말미암은 것으로 간주된다. 그런데 군자가 자아반성을 통해서 자신에 대한 타인의 태도에 대해 자신이 책임져야 할 부분을 가려낸 뒤에 남는 유일한 가능한 설명은, 바로 그 타인이 "짐승"(禽獸)이라는 것이다. 이러한 식의 논리를 통해 군자는 상대방을 자신이 근본적으로 책임져야 할 "인간"에서 배제시켜 버린다. 그리고 이러한 배제를 통해, 군자로서의 나는 이러한 타인에 대한 책임으로부터 나를 배제시켜 버린다. 앞의 절에서 살펴본 내용이 바로 이러한 "배제"에 내포된 문제였다.

타자가 나를 초월하는 까닭에, 그리고 이러한 근본적이고 근원적인 믿음으로서의 타자를 내 앞에 두는 까닭에 나는 타인에게 충실할 책임을 가진 사람이 되는 것이다. 따라서 타인에 대한 나의 충忠은 초월적 타자에 대한 존중이 될 수밖에 없다. 나의 충은 이러한 타자의 초월을 인정하고 존중하는 것이다.

내가 타인에 대한 책임을 근본적으로 회피할 수 없는 것처럼 타자에 대한 나의 존중 역시 이미 타자에게 바쳐져 있다. 우리가 흔히 쓰는 "다른 사람은 안중에도 없다", "안하무인眼下無人" 등의 표현은 이러한 근본적인 존중이 결여되어 있음을 지적한 말이다. 그러나 설사 '다른 사람은 안중에도 없음'이 타자를 자신의 눈 밖에 놓아버리는 것이라고 할지라도, 이러한 의도적인 부정 역시 필연적으로 타자의 인정과 그에 상응하는 존중을 함축하고 있다. 따라서 타자에 대한 근본적인 인정과 존중은 더 이상 환원될 수 있는 것이 아니다. 나는 근본적인 의미에서 타자를 인정하고 존중하지 않을 수 없다. 내가 타인을 안중에 두든 두지 않든, 이미 나는 항상 타자를 인정하고 존중하고 있는 것이다. 따라서 충忠은 헤겔이 『정신현상학』에서 제시한 주인-노예의 구도와는 분명히 구분된다.

헤겔이 제시한 주인-노예 구도는 타자의 인정을 쟁취하기 위해 사투를 벌이는 자아로부터 발생한다. 여기에서 용감히 목숨을 건 자는 승리를 얻고 소심하게 몸을 사린 자는 투항하게 되며, 승자는 주인이 되고 패자는 노예가 된다. 노예가 되어 버린 자는 자신의 통치자에 대한 충忠을 논할 수 없고, 그저 주인을 위한 노동을 강요받을 뿐이다. 이 노동은 노예로 하여금 점차적으로 자신의 진면목을 인식하도록 만든다. 그 진면목이란, 그 자신이 사실은 세계의 진정한 지배자라는 것이다. 따라서 주인과 노예의 관계에는 점차적으로 변증적 변화가 발생하며, 노예는 최종적으로 진정한 주인 / 주체가 된다. 여기에서 나와 타인 사이의 관계는 생존투쟁으로 여겨진다. 이 투쟁의 시작은 내가 타자에게 인정 및 존중을 요구하는 것이며, 그 결말은 나와 타자 사이의 변증적 통일이다. 따라서 절대주체란 나와 타인 간 변증법의 숙명이며, 이러한 과정 안에서 타자는 필연적으로 그 자신을 상실한다.[69]

그러나 설사 타자와 대면하여 나를 인정하도록 압박할 때조차도, 타자에 인정되길 요구하는 자는 사실 이미 타자를 인정한 것일 수밖에 없다. 즉 타자가 나에게 예속될 수 없음을, 내가 나로 인정됨에 있어 타자가 필수적인 존재임을 인정한 것이다. 내가 타자의 인정을 요구함과 동시에, 내가 타자에 의해 인정되기 이전에, 내가 먼저 타자를 근본적으로 인정해야만 하기 때문이다. 여기에서 우리는 다시 한 번 타자가 근본적인 의미에서 나보다 선재할 뿐만 아니라 항상 나의 반응과 인정을 요구하고 있다는 점을 확인할 수 있다.—비록 이러한 나의 근본적인 인정이 타자에 대해 나를 인정하라는 요구로 드러난다고 하더라도.— 따라서 타자에 대한 나의 근본적인 인정 및 존중과 비교했을 때, 내가 나 자신의 주권에 대한 인정을 쟁취하기 위해 타자와 사투를 벌이는 것은 필연적으로 후차적인 일이 될 수밖에 없다. 또한, 타자가 내가 나이기 위해서 반드시 필요한 존재라고 한다면 타자와 나의 소위 변증법적 통일은 필연적으로 나와 타자의 관계의 종결을 의미한다. 근본적인 의미에서 볼 때 절대주체나 절대정신은 사실상 죽음과 동의어라 할 수 있다.

반면 충(忠)에 의해 형성되고 충으로 연결되는 나와 타인의 관계에서, 나는 결코 타자의 노예가 아니며 타자는 결코 나의 주인이 아니다. 나는

---

69) 헤겔의 『精神現象學』(賀麟・王玖興 譯, 北京: 商務印書館, 1981, pp.122~132) 중 주인-노예 간의 변증적 관계에 대한 설명 참조

타자에게서 절대 자신의 '진면목'을 발견할 수 없다. 왜냐하면 타자의 '진면목'은 어떤 의미에서 바로 '타자는 내가 아니다'라는 것이기 때문이다. 아마도 이것이야말로 유일하게 가능한 '타자'의 형식적 정의일 것이다. 결코 '나'는 변증적 전환을 통해 모든 타자를 자신 안에 포괄하는 절대주체가 되는 것이 아니다. 타인에게 충실하다는 것은 나에게 믿음을 요구하는 타인이 곧 주체가 되는 것이기 때문이다. 물론 이를 '내가 타인을 위해 주체가 된다'고 표현할 수도 있는데, 이처럼 나를 주체로 삼는 표현이라 할지라도 이 말은 결코 타인을 좌지우지한다는 말이 아니라 타인을 책임진다는 의미일 뿐이다.

만약 내가 절대주체가 되어, 내가 타인의 주인이 되기 위해 필요한 타인이 존재하지 않게 된다면 나는 또 어떻게 주체가 되어 타인을 책임질 수 있을까? 따라서 충忠의 구조는 나와 타인의 관계에서 우리로 하여금 필연적으로 "주인이면서 하인이 되고" "하인이면서 주인이 되는" 지위에 놓이도록 만든다. 이것은 가장 근본적인 윤리관계인 나와 타인의 관계가 사실은 이미 '권력'의 개념범주에 속하는 어휘들로는 설명될 수 없음을 의미하는 것이기도 하다. 이 관계 안에서 '주동적이고 자발적으로' 자신을 타인에게 저당 잡히는 나는 결코 타인의 지배를 받는 노예가 아니며, 타인을 지배하는 주인은 더더욱 아니다.

11. 충忠·용勇·인仁

앞서 우리는 충忠의 표면적인 불가사의함의 원인이, 타인에 대한 일방적인 태도로서의 나의 충이 결코 나 자신으로부터 발생하는 것이 아니기 때문이라는 점을 살펴보았다. 바로 이러한 까닭에 충은 결코 주관적 성격만을 지니는 것이 결코 아니다. 충은 결코 전적으로 나 자신에 의해 '결정'되는 것이 아니다. 왜냐하면 결국 내게 이러한 '결정'을 내리도록 요구하는 타인이 항상 존재하기 때문이다. 그러나 타인은 다만 나에게 타인에게 충실할 것을 결정하라고 요구할 수 있을 뿐이고, 나는 필연적으로 불충을 선택할 수도 있다. 왜냐하면 처음부터 끝까지 충은 나에게 속하는 것이기 때문이다. 결국 충忠은 "나에게 속하는 것"인 동시에 "타인에게 바쳐진 것"이라는 점에서, 이것은 타인이 요구한 것이자 반드시 나로부터 나와야만 하는 것이다. 이렇게 볼 때, 나의 충忠은 단 한 번도 완전히 내 안에만 머물렀던 적이 없으며, 결국 나를 타인에게 연결시키는 것으로서 나와 타인 '사이'에 존재하고 있다. 이를 '주관'과 '객관'이라는 용어를 차용하여 설명한다면, 충忠은 주관이기도 하면서 객관이기도 한 것이라고 말할 수 있고, 또 주관도 아니요 객관도 아닌 것이라고 말할 수도 있을 것이다.

충忠이 그려내고 있는 것은 나에게서 타자를 향하는 혹은 나를 타자로 여기는 궤적이다. 충忠은 필연적으로 내가 타자를 타자로 만들기 위해 결코 거절함 없이 용감하게 감당해야 할 책임이 될 수밖에 없다. 그리고 이러한 용감함이 필요한 이유는 그 책임이 나의 힘으로는 미치기 어려운 것이기 때문이다. 충忠에 있어, 나는 내가 책임질 수 있는 것보다 더 많은 것들을 책임지고 있다. 따라서 비록 용감한 자가 반드시 충실할 필요는 없지만, 충실한 자는 반드시 용감해야 한다.70)

타인에게 충실한 것, 타인을 책임지는 것, 타인을 위해 책임지는 것

---

70) 이는 다음과 같은 공자의 말을 응용한 것이다. "공자가 말했다. '덕이 있는 자는 반드시 말을 하게 되지만, 말을 하는 자가 반드시 덕이 있는 것은 아니다. 어진 이는 반드시 용기를 가지지만, 용기를 가진 이가 반드시 어진 것은 아니다.'"(『論語』, 「憲問」, "子曰: 有德者必有言, 有言者不必有德. 仁者必有勇, 勇者不必有仁.")

등은 타자를 타자로서 존재하도록 할 때 가장 잘 드러난다. 이것이 바로 타자에 대한 인仁이다. 왜냐하면 인仁은 '타인'이 '타인'일 수 있도록 하는 것이지, 단순히 '타인'을 '나'로 여기는 것이 아니기 때문이다. 충忠은 타자에 절대적으로 복종하려는 것도 아니고, 타자를 절대주체로 확립하려는 것도 아니며, 타자를 겸병하여 나를 절대주체로 확립하려는 것 역시 아니다. 충은 타자를 타자로서 존재하도록 하는 것이기에, 나 역시 나로서 존재하도록 한다. 비록 나는 타자를 위해 '자신의 생명을 희생하는'(殺身) 선택까지도 내릴 수 있지만, 이러한 '자신을 희생함'(殺身)은 '인仁을 완성하기'(成仁) 위한 것이다.71) '인仁의 완성'(成仁)은 '인간됨을 완성하기'(成人) 위한 것 즉 타인과 자신이 어진 인간이 되도록 하는 것이다. 인仁이 의미하고 기대하는 바는 바로 '타인을 세워 줌'(立人)이기 때문이다.72) 이러한 의미에서 볼 때, 타인을 위해 존재하고 타인이 타인으로 존재하도록 하는 충忠은 곧 인仁이라고 할 수 있다. 이러한 "자신이 서길 바라면 타인을 세워 줌"으로서의 충忠은 아마도 공자가 말한 인仁에 부합한다고 볼 수 있다. 따라서 이제 우리는 어째서 공자가 인仁의 표현 중 하나로 충忠을 들었는지 이해할 수 있게 되었다.

이처럼 충忠이 인仁에 속하는 것이고 구조적으로 인仁을 함축하고 있는 것이라면, 이제 우리는 '중국의 전제주의 전통'과 공자가 말한 충忠 사이에는 어떠한 직접적인 인과관계도 없다고 말할 수 있을 것이다. 물론 특정한

---

71) 『논어』 「위령공」에 다음과 같은 말이 있다. "공자가 말했다. '뜻있는 선비는 어진 사람이니, 자기 생명을 구하려다 仁을 해치지 않고, 자신의 생명을 희생하여 仁을 완성한다.'"(子曰: 志士仁人, 無求生以害仁, 有殺身以成仁.) 『논어』 「자장」에서 공자의 제자 자장은 "선비는 타인의 위급을 보면 목숨을 바쳐야 한다"(子張曰: 士見危致命)라고 하였는데, 우리는 이 말을 통해 공자가 한 말의 의미를 이해할 수 있게 된다.

72) 제1장 「인간과 인간 사이에서의 仁(上)」 가운데 "자신이 서길 바라면 타인을 세워 줌"에 관한 상세한 논의를 참고하라.

정치적 맥락에서 공자의 충忠 사상에 대한 오독이나 왜곡, 악용 등이 이루어지기도 했고, 또 엄격한 의미에서 모든 사상이나 관념이 이러한 맥락에서 독해(오독)되어 온 것도 사실이지만, 어떤 특정한 독해나 이용 그 자체가 본래 사상의 공과를 논하는 직접적인 근거가 될 수는 없다. 분명 한대 이래로 충 개념은 특정한 정치적 맥락에서 강조되어 피지배자로서의 신하와 백성들이 통치자로서의 제왕에 대해 지녀야 할 태도 혹은 책임이라는 정치·윤리적 명령이 되어 갔다. 그러나 충 사상이 어떻게 정치적으로 이용되고 어떻게 정치화되었는가 하는 문제는 그 자체로 매우 복잡하기 때문에 간단하게 분석해 낼 수 없다. 이러한 분석은 다른 연구에서 보다 집중적으로 다루어져야 할 것이다. 우리가 여기에서 시도한 작업은, 충의 기본적인 구조에 대한 분석을 통해 진정한 충이 강조하는 것은 타자에 대한 나의 근본적인 충에 충실해야 함과 내가 타자에 대한 충을 용감하게 감당해야 함을 밝히는 것이었다.

그런데 진정한 충忠, 절대적이지 않은 충이 가능하도록 하는 조건은 맹목적인 충성이나 불충이 가능하도록 하는 조건이기도 하다. 만일 맹목적인 충성이나 불충이 가능하도록 하는 조건이 존재하지 않는다면 어떠한 진정한 충도 불가능할 것이다. 그럼에도 불구하고 맹목적인 충성이나 불충 혹은 배신 등은 또한 항상 충을 위협하는 필연적인 요소들이기도 하다. 따라서 이들은 충으로 하여금 진정한 충이 되도록 하기 위해 반드시 무릅써야 할 요소들일 수밖에 없다. 결국 이러한 필연적인 위험 요소들, 즉 독재와 배반을 초래할 가능성이 있는 위험 요소들이 존재하지 않는다면 타인에 대한 나의 진정한 충 또한 결코 존재할 수 없을 것이며, 나와 타인 사이의 진정한 윤리관계도 결코 존재하지 않게 될 것이다.

이상과 같이 충忠에 관한 공자의 사상을 다시 읽는 것은 중국 전통 특히 유가전통에서 중시하는 나와 타인 사이의 윤리관계의 깊은 의미를 새롭게 이해하는 것을 의미한다. 그리고 이러한 윤리 문제에 대한 깊고 절실한 관심은 윤리적 기초로 다시 돌아가고자 하는 일련의 현대 서양철학적 사유와도 맞닿아 있다.[73]

---

73) 프랑스 철학자 레바나스는 이러한 철학적 방향에 있어 가장 영향력 있는 대표인물이다. 「서론: 공자 다시 읽기」의 주40)을 참고하라.

제6장 애愛와 타인

"인仁이란 타인을 사랑함이다."

마음으로 사랑하니 어찌 고하지 않으리오마는
마음속에 간직하고 있는바 어느 날인들 잊으리오!1)

이 장에서는 인仁이란 것이 과연 어떤 의미에서 '애인愛人'(타인을 사랑함)이란 뜻을 지닐 수 있는지를 논해 보고자 한다. 이를 위해 우선 '애愛'라는 말의 의미부터 분석해 보고, 이어 공자의 인仁에 관한 견해가 어떻게 송명성리학자들의 '인의 본체화' 사유로 이어지는지를 밝혀 보고자 한다.

1. '애인愛人'의 수수께끼

『논어』에서 인仁이라는 개념과 관련된 가장 간결하고 가장 포괄적이며 가장 자주 인용되는 설명은 결국 '애인愛人'(타인을 사랑함)이라는 개념으로 수렴된다. 따라서 "인仁이란 타인을 사랑함이다"라는 설명은 가장 단도직입적이면서도 또한 가장 해석이 필요한 설명이기도 하다.

때로 공자의 눈에 차지 않았던 제자 번지樊遲는2) 공자에게 "무엇을

---

1) 『詩經』,「小雅」, "心乎愛矣, 遐不謂矣; 中心藏之, 何日忘之!"
2) 공자가 번지를 마음에 들어 하지 않았던 한 가지 이유는 그가 종종 "작은 것을 보고

인仁이라고 합니까? 무엇을 지知라고 합니까?"라고 두 가지 질문을 동시에 던진 적이 있었다.―이것은 당시 사상에서 인仁과 지知라는 두 가지 개념이 밀접하게 연관되어 있었다는 것을 보여 준다. 하지만 두 개념 간의 관계는 여전히 분명히 밝혀지지 않은 채로 남아 있는 것이 사실이다.― 공자는 이 두 문제에 대답할 때 대구의 방식을 사용하여 완벽히 대칭을 이루어 놓았는데, 이로 인해 공자의 언명을 강렬한 수사적 효과를 지닐 수 있었다.

> 번지가 인仁에 관해 물었다. 공자가 말했다. "타인을 사랑하는 것이다."
> 지知에 관해 물었다. 공자가 말했다. "타인을 아는 것이다."[3]

그렇다면 '애인愛人'(타인을 사랑함), '지인知人'(타인을 앎)은 무엇을 말하는 것일까? 번지는 공자의 이 첫 번째 대답에 대해서는 완전히 이해한 것처럼 보인다. 왜냐하면 뒤에서 공자는 자하와 '애인愛人'의 문제는 제쳐 두고 오직 '지인知人'의 문제에 관해서만 집중적으로 토론을 벌이기 때문이다.[4] 당시의 언어맥락에 따르면 '애인愛人'은 애초에 그리 심오하거나 난해한

큰 것을 놓치는" 오류를 범했기 때문이다. "번지가 논농사를 배우기를 청했다. 공자가 말했다. '나는 논농사를 짓는 노련한 농부만 못하다.' 번지가 밭농사 배우기를 청했다. 공자가 말했다. '나는 밭농사를 짓는 노련한 농부만 못하다.' 번지가 물러가자 공자가 말했다. '소인이로구나, 번지여! 윗사람이 禮를 좋아하면 백성들이 감히 공경하지 않음이 없을 것이고, 윗사람이 義를 좋아하면 백성들이 감히 복종하지 않음이 없을 것이며, 윗사람이 신뢰를 좋아하면 백성들이 감히 진실로써 하지 않음이 없을 것이다. 무릇 이렇게 되면 사방의 백성이 자기 자식을 포대기에 감싸 업고 모여들 것인데, 어찌 농사일을 쓰려 하는가?"(『論語』, 「子路」, "樊遲請學稼. 子曰: 吾不如老農. 請學爲圃. 曰: 吾不如老圃. 樊遲出. 子曰: 小人哉樊須也! 上好禮, 則民莫敢不敬; 上好義, 則民莫敢不服; 上好信, 則民莫敢不用情. 夫如是, 則四方之民襁負其子而至矣. 焉用稼?")

3) 『論語』, 「顔淵」, "樊遲問仁. 子曰: 愛人. 問知. 子曰: 知人."

4) 『論語』, 「顔淵」, "樊遲問仁. 子曰: 愛人. 問知. 子曰: 知人. 樊遲未達. 子曰: 擧直錯諸枉, 能使枉者直. 樊遲退. 見子夏曰: 鄕也吾見於夫子而問知. 子曰: 擧直錯諸枉, 能使枉者直, 何謂也? 子夏曰: 富哉言乎! 舜有天下, 選於衆, 擧皋陶, 不仁者遠矣. 湯有天下, 選於衆, 擧伊尹, 不仁者遠矣."

표현이 아니었다. 그래서 번지는 자신도 모르게 '애인愛人'의 의미를 잘 이해하고 있다고 가정했던 것 같고, 우리도 마찬가지로 당연히 스스로 이를 이해했다고 여기고 있는 듯하다.

이 진술은 너무도 명료해서 더 이상 간명해질 수 없는 표현처럼 보인다. 이런 이유로 근본적으로 어떠한 오해조차 불러오지 못했던 것이다. 따라서 양백준의 『논어역주論語譯注』나 이택후의 『논어금독論語今讀』 같은 현대중국어 번역에서도 '애인愛人'이라는 표현은 어떤 번역도 거치지 않은 채 그대로 답습되었다. 그리하여 이천오백 년이 흘렀지만 '애인愛人'은 여전히 예전과 같이 '애인愛人'이다! 이 두 번역자가 '지인'에 대해 번역한 것과 비교해 본다면 이 '번역되지 않은 번역'은 더욱 놀랍다.5) 『논어』에 대한 현대어 번역 과정에서 두 번역자들은 '애인愛人'이라는 표현은 더 이상의 번역이 필요하지 않다고 여겼거나, 오직 '애인愛人'이라고만 번역이 가능하다고 생각했던 것으로 보인다. 그러나 이 번역은 번역하려는 원문과 번역된 문구가 표면적으로 완전히 일치하여 번역의 의미가 잘 드러나지 않는다. 번역 후의 '애인愛人'은 고전의 개념을 번역한 '애인愛人'이지만, 문자 상에서 '애인愛人'은 번역 전후 모두 '애인愛人'인 것이다.

현대어의 '애인愛人'은 어쩌면 공자의 '애인愛人' 개념과 이미 달라져 버렸을 수도 있다. 우리가 익히 알고 있는 현대어로서의 '애愛'자와 '인仁'자에는 이미 엄청나게 많은 현대적이거나 서구적·형이상학적인 내용이 유입되어 있기 때문이다. 따라서 원문을 손대지 않은 그대로의 번역은 사실 오독과 오해를 불러일으킬 수 있다. 그렇다면 우리는 '애인愛人'이라는 표현

---

5) 두 번역자는 모두 "愛人"에 대해서 다시 번역이 필요하지 않고, 다만 "타인을 이해함"(知人)에 대해서만은 번역이 필요하다고 여겼던 것 같다. 그래서 楊伯峻은 이를 "인물을 잘 감별하다"(『論語譯注』, p.131, "善于鑑別人物")로 해석했고, 李澤厚는 "남을 잘 이해하다"(『論語今讀』, p.296, "了解別人")로 해석했다.

의 '애愛'자를 도대체 어떤 의미로 이해해야 할까? 전통적 의미의, 혹은 공자가 이해한 바로서의 애愛인가, 아니면 현대적이고 일상적인 의미 혹은 우리가 사용하는 것과 같은 의미의 애愛인가? 그것도 아니면 낭만주의적 혹은 기독교적 의미의 서구적 애愛인가? 공자가 이해한 애愛, 우리가 이해하고 있는 애愛, 서구적 의미의 애愛 등을 어떻게 구별할 것인가? 이러한 문제가 제기되었다는 것 자체로, 우리는 어쩌면 우리가 애愛의 진정한 의미를 알지 못한다는 사실을 깨달을 수 있을 것이다. 우리는 여전히 이 애愛라는 말에 담긴 다중적 의미 속에서 갈피를 잡지 못하고 있으며, 공자가 말한 "인仁이란 타인을 사랑함愛이다"에서의 '애愛'자를 진정으로 이해하지는 못하고 있는 것이다. 따라서 공자의 "타인을 사랑함"이라는 풀이에 관해 살펴보고 그 속에서 공자의 인仁을 이해하는 길을 발견하고자 한다면, 우리는 무엇보다도 공자가 언급한 '애愛'의 의미부터 먼저 분석해야 할 것이다.

2. "사랑한다는 것은 그것이 살기를 바라는 것이다"의 '애愛'

『논어』 「안연」편에서의 '애愛'자부터 시작해 보도록 하자. 이 대목은 공자가 그의 제자 자장에게 답변하면서 다른 한 가지 문제를 제기하고 있는 부분이다. "어떻게 해야 덕을 존숭하고 미혹을 가려낼 수 있는가?" 이 숭덕변혹崇德辨惑의 문제에 관한 질문에 공자는 한 가지 예를 들어 '미혹'(惑)이 무엇인지에 대해 설명하고 있다.

사랑한다는 것은 그것이 살기를 바라는 것이고, 미워한다는 것은 그것이 죽기를 바라는 것이다. 이미 그것이 살기를 원했으면서 다시 그것이 죽기를

원한다면, 이것이 바로 미혹이다.6)

여기에서 사랑함(愛)은 미워함(惡)과 대립하고, 삶(生)은 죽음(死)과 대립한다. 이 때문에 사랑함과 삶, 그리고 미워함과 죽음은 상호대립하면서도 상호연관되는 양극단으로 분류된다. 만약 이 양극단적 개념이 동시적으로, 혹은 번갈아서 하나의 의식 속에 출현한다면 의식은 양자 사이의 대립을 이해하지 못하여 공자가 언급한 '미혹된' 상태에 이르게 될 것이다. 즉 공자가 보기에 동일한 하나의 대상 혹은 타인에 대해, 자신이 만약 그를 사랑한다면 그가 오랫동안 살아가기를 바랄 것이고, 미워한다면 그가 당장 죽어 버리지 않는 것을 한탄하게 될 것이다. 그런데 일반적으로 이러한 자신의 마음 혹은 행위 가운데 모순적인 측면이 존재한다는 것을 알아차리지는 못한다. 이러한 상태는 바로 미혹(惑)이라고 묘사될 수 있다. 미혹은 여기에서 다음과 같은 의미를 지닌다. 첫째, 나는 자아 속에서 발생하는 동일한 타자에 대한 두 가지의 상반된 감정을 이해할 수 없다. 둘째, 나는 부지불식간에 자신의 모순된 감정에 의해 좌우된다.

그러면 왜 이러한 미혹이 발생하는 것일까? 이 문제에 관해서는 공자가 언급한 "오직 어진 이만이 타인을 좋아할 수 있고 타인을 미워할 수 있다"7) 라는 말과 관련지어 논해야 하므로 여기에서는 잠시 다루지 않기로 하겠다. 우리의 현재 논의와 관련해서 말하자면, 우리는 우선 사랑과 미움이라는 두 가지의 상반된 감정이 두 가지의 상반된 충동을 불러일으킬 수도 있다고 여겨진다는 사실에 주목해야 한다. 타자에 대한 나의 사랑은 나로 하여금 그가 살아 있기를 희망하게 만들고, 타자에 대한 나의 미움은 그가 죽어

---

6) 『論語』, 「顏淵」, "愛之欲其生, 惡之欲其死. 旣欲其生, 又欲其死, 是惑也."
7) 『論語』, 「里仁」, "子曰: 唯仁者能好人, 能惡人."

버리기를 희망하게 만든다. 이처럼 나의 사랑과 미움이 직접적으로 타자의 삶과 죽음에 영향을 미칠 수 있기 때문에─물론 자신이 타자의 삶과 죽음에 실질적으로 영향을 줄 만한 권력을 지니고 있을 경우에는 더욱 그러하다.─ 나의 감정은 진실하게 다루어질 필요가 있다. 내가 그러한 실질적인 권력을 지니고 있는지의 여부와는 관계없이, 나의 존재는 타자에게 항상 위협 또는 잠재적 폭력이 될 수 있다는 것을 생각해야 하는 것이다.

"사랑한다는 것은 그것이 살기를 바라는 것이고, 미워한다는 것은 그것이 죽기를 바라는 것이다." 이 구절에서 공자는 단순히 일종의 심리현상에 대한 서술을 통해 혹惑(미혹)을 드러내고자 했던 것일 수도 있지만, 어쨌든 이 대목에서의 '애愛'는 당연하게도 사랑이다. 그런데 공자는 "어진 이가 타인(모든 인간)에게 베푸는" 사랑이라는 표현도 사용한 바 있으며, 우리는 이러한 '애愛' 즉 인仁으로서의 애愛라는 개념을 좀 더 '보편적이면서도 깊은 사랑'으로 이해하는 경향이 있는 것 같다. 하지만 이러한 보편적이면서도 깊은 인仁으로서의 애愛와, 특정인에게 집중되는 것 같은(상대방을 사랑한다면 그가 살기를 바라고 사랑하지 않을 경우 그가 죽기를 바라는) 애愛 사이에는 과연 의미상 관련이 있을까? 인仁으로서의 애愛 역시 "그가 살기를 바라거나 죽기를 바라는" 것과 동일한 형식적 구조를 가지고 있는가? 이러한 의문들은 우리가 "인仁이란 타인을 사랑함이다"의 관념을 이해하는 데 필요한 실마리를 '두 가지의 서로 다른 사랑' 안에서 찾을 수 있다는 점을 시사한다. 하지만 이 복잡한 문제를 살펴보기 전에 먼저 애愛가 『논어』의 서로 다른 맥락 속에서 어떠한 의미구조를 보이고 있는지 대강의 윤곽을 그려 보도록 하겠다.

3. '석惜'으로서의 애愛

『논어』에서는 '애愛'자가 모두 9번 등장하는데, 그 중 8번은 동사로 사용되었고 단 한 번만 명사[8]로 사용되었다. 그리고 동사적 용법 가운데 '애인愛人'이라는 표현이 세 군데의 서로 다른 맥락 속에서 등장한다.

천승지국을 다스리는 도리는, 일을 공경히 처리하여 신임을 얻으며 씀씀이를 아껴서 타인을 사랑하는 것이다.[9]

번지가 인에 관해 물었다. 공자가 말했다. "타인을 사랑하는 것이다."[10]

군자가 도를 배우면 타인을 사랑하게 된다.[11]

이 표현들과 의미가 서로 밀접한 것은 "널리 많은 사람들을 사랑하고 어진 이를 가까이하라"[12]와 "사랑한다면서 어찌 수고롭지 않을 수 있겠는가."[13] 두 대목이다. '애愛'자를 포함하는 이들 구절 및 앞서 살펴본 "사랑한다는 것은 그것이 살기를 바라는 것이다"의 대목에서는 '애愛'의 대상이 모두 인간 즉 타인이지만, '애愛'의 대상이 사물인 경우도 물론 있다. 공자는 자공이 예禮를 대함에 있어 지나치게 현실적인 태도를 보이는 것에 대해 다음과 같이 비판한 바 있다.

---

8) 『論語』, 「陽貨」, "予也有三年之愛於其父母乎?"
9) 『論語』, 「學而」, "道千乘之國, 敬事而信, 節用而愛人."
10) 『論語』, 「顏淵」, "樊遲問仁. 子曰: 愛人."
11) 『論語』, 「陽貨」, "君子學道則愛人."
12) 『論語』, 「學而」, "汎愛衆, 而親仁."
13) 『論語』, 「憲問」, "子曰: 愛之, 能勿勞乎!"

자공아! 너는 그 양을 아끼지만(愛), 나는 그 예를 아낀다(愛).14)

이 두 개의 '애'자를 양백준은 '안타까워함'(可惜)으로 번역하였고, 이택후
는 '소중히 여김'(愛惜)으로 번역하였다. 양백준의 번역에서는 '애愛'자가 완
전히 자취를 감추었고, 이택후의 경우 '애愛'자를 포함하는 2음절 단어로
원문을 번역하는 전략을 구사했다. 하지만 '안타까워하다'로 번역하든 '소
중히 여기다'로 번역하든 상관없이, 그리고 이 두 가지 번역이 타당한지
여부와 상관없이, 원문에 등장하는 두 '애愛'자가 지니고 있는 의미들 간의
관계와 긴장은 상당히 감소했다고 볼 수 있다. 왜냐하면, 공자의 이 말이
지니는 수사적 효과는 공자 자신의 애愛와 자공의 애愛를 대비시킴으로써
두 가지 애愛의 의미가 완전히 상통하지는 않지만 또한 완전히 관계가
없는 것도 아니라는 것을 밝히는 데 있기 때문이다. 하나는 '좋아하다'(喜愛),
"열렬히 사랑하다"(熱愛)로 번역될 수 있는 애愛이고, 다른 하나는 '안타까워
하다'(可惜), "소중히 여기다"(愛惜)로 번역될 수 있는 애愛이다. 이 두 '애愛'자
간의 관계를 어떻게 이해해야 할까? 공자의 예禮에 대한 '열렬히 사랑함'과
'좋아함'의 감정은 '안타까워함', '소중히 여김'의 의미를 포함하고 있는
것일까? 자공이 양에 대해 보였던 '안타까워함' 혹은 '소중히 여김'의 뜻
역시 '열렬히 사랑함'과 '좋아함'의 감정을 포함하고 있을까? 만약 '안타까워
함' 혹은 '소중히 여김'을 의미하는 '석惜'자의 뜻이 '애愛'자 안에 섞여
있고, 거꾸로 '열렬히 사랑함'과 '좋아함'을 의미하는 '애愛'자의 뜻 역시
'석惜'자 안에서 나타난다고 한다면, 우리는 이러한 의미 간의 관계를 어떻게
이해하고 설명해야 하는 것일까?

공자의 '애愛' 즉 '예禮를 사랑함'에서의 애愛로 말하자면, '열렬히 사랑함'

---

14) 『論語』, 「八佾」, "賜也! 爾愛其羊, 我愛其禮."

과 '좋아함'의 의미가 있는 '애愛'자 속에서 '안타까워함', '소중히 여김'의 의미를 발견하는 것은 어렵지 않다. 공자는 예禮를 열렬히 사랑하기도 하고 소중히 여기기도 했는데, 이에 대해 우리는 그가 예를 소중히 여겼기 때문에 예를 열렬히 사랑했다거나 예를 열렬히 사랑했기 때문에 예를 소중히 여겼다고 말할 수 있을 것이다. 어쨌든 공자는 예에 대한 자신의 사랑과 양에 대한 자공의 사랑을 연결시키고 또 구별시키는 방법을 통해 '애愛'자에 담긴 최소 둘 이상의 뜻을 함께 나타내고자 했던 것이다. 만약 제사에서 양을 아낀 것 때문에 예禮가 손상된다면 공자는 분명 예를 '안타까워할' 것이지만, 그가 안타까움을 느낀 까닭은 예를 열렬히 사랑하기 때문이었을 것이다. 그런데 우리는 이미 '열렬히 사랑함'이라는 표현을 통해 공자의 애愛를 해석하기로 했고 또 '열렬히 사랑함'이라는 말의 의미를 완전히 이해하고 있다고 여기고 있기는 하지만, 어쩌면 우리는 '열熱'자가 더해졌을 뿐인 '애愛'의 확실한 함의에 대해서는 여전히 분명히 이해하지 못했다고 할 수 있다. 따라서 지금부터는, 분명 '애愛'자가 '석惜'자의 의미를 지니고 있고 또 이 '석惜'자('안타까워함', '소중히 여김')가 '애愛'자의 어떤 특성을 암시한다고 볼 수 있는 만큼, 우선 '애愛'자에 담긴 '석惜'자의 의미에 대한 분석을 통해 '애愛'자의 의미에 접근하는 편이 좋을 것이다. 이를 위해 먼저 '애愛'자와 '호好'자의 뜻을 비교 분석해 보겠다.

4. '애愛'와 '호好'

동사로서의 '호好'는 『한어대사전』의 해석에 의하면 '좋아하다'(喜愛, 愛好)의 의미이고, 송대의 『사원詞源』[15]에서도 이를 '좋아하다'(喜愛), '친하다'(親善)

로 해석했다. 이 사전들은 대체로 '호好'자를 '애愛'자로 풀이한 듯하다. 실제로 현대어의 '애호愛好'라는 말을 보더라도 이 말은 '호好'자와 '애愛'자가 의미적으로 유사하며 심지어 동일할 수도 있다는 사실의 반증일 수 있다. 공자 또한 "인仁은 타인을 사랑함(愛人)이다"라고만 말한 것이 아니라, 다른 한편으로는 "오직 어진 사람만이 타인을 좋아할(好人) 수 있고 타인을 미워할 수 있다"고 말하지 않았던가? 그러나 『논어』 원문에 나오는 호好와 애愛의 일반적 용법을 살펴보면, 우리가 이미 동일한 것으로 취급하는 호好와 애愛 사이에 매우 중요한 구별이 있음을 발견할 수 있다. 따라서 이 둘의 의미 차이가 발생하는 핵심적 지점들을 살펴본 후, 다시 돌아와 '애인愛人'과 '호인好人'의 구분과 관련된 문제들을 논할 것이다.

양백준의 통계에 따르면 '호好'자는 『논어』에서 모두 53번 등장하고 있으며 대부분 경우 동사로 사용되었는데, 그 가운데 깊은 인상을 주는 구절 중의 하나는 바로 "나는 여색을 좋아하는 만큼 덕을 좋아하는 자를 본 적이 없다"라는 대목이다.16) '색色'은 여기에서 미모 또는 용모, 특히 여성의 미모를 의미하므로 여성을 은유한 것이다. 공자가 이 구절을 통해 표출했던 탄식의 의미는, 마치 여성을 좋아하는 것처럼 덕을 좋아하는 사람을 찾기 힘들다는 것이다. 하지만 '덕을 좋아한다'는 이 말은 사실

---

15) 송대의 학자 張炎이 송대에 유행한 가곡과 가사 및 관련 음악 이론과 표현들을 논한 책이다. 상하 두 권으로 되어 있다.

16) 『論語』, 「子罕」, "吾未見好德如好色者也." 사마천의 『사기』 「공자세가」편에 다음과 같은 기록이 있다. "공자가 衛나라에서 한 달 남짓 머무르고 있을 때 靈公이 부인과 함께 수레를 타고 환관 雍渠를 배석하여 외출하였다. 이때 공자를 뒤 수레에 태우고 손을 흔들며 위세를 뽐내었다. 후일 공자는 '여색을 밝히는 것처럼 덕을 좋아하는 자를 본 적이 없다'라고 말하며 영공에 실망한 채 위나라를 떠났다."(『史記』, 「孔子世家」, "居衛月余, 靈公與夫人同車, 宦者雍渠參乘, 出, 使孔子爲次乘, 招搖市過之. 孔子曰: 吾未見好德如好色者也. 於是醜之, 去衛.") 이 단락의 기록은 공자가 이 말을 했던 문맥을 짐작하게 한다.

매우 모호하다. 무엇이 덕에 대한 '좋아함'(喜愛)인가? 우리는 좋은 날씨를 '좋아하기도' 하지만 덕은 단지 그처럼 '좋아하는' 데 그쳐서는 안 된다. 덕은 반드시 자신의 것으로 만들어야 한다. 덕이 있어야 한다는 말은 덕을 소유하고 지녀야 한다는 것으로, 마치 어떤 이성을 위해서 가진다는 것과 같은 의미이다. 이러한 까닭에 공자가 덕을 여인과 연결시켜 말한 것은 결코 단순한 '비유'가 아니다. 만약 덕이 '여인'처럼 '좋아할'(好) 수 있는 성질의 대상이라면 덕 역시 응당 여인처럼 '가질'(有) 수 있어야 한다. 따라서 호好는 여기에서 단순히 좋은 날씨를 '좋아하는'(喜愛) 것과 같은 애매모호한 '좋아함'(喜愛)이 결코 아니다. 호好에는 분명 그것을 얻어서 소유하고 싶다는 강렬한 욕망이 내재되어 있다. 공자의 말은, 덕이란 여색과 마찬가지로 강렬하게 '좋아해야'(喜愛) 하며 그 덕을 자신의 것으로 만들만큼 '좋아함'이 강렬해야 함을 의미한다.

　『논어』 가운데 '호好'자가 포함되어 있는 구절을 자세히 읽어 보면 '좋아함'(好)이 지니고 있는 경향성을 어렵지 않게 이해할 수 있다. 예컨대, 우리는 '색色'을 좋아하고 '덕德'을 좋아할 수 있듯이 또한 인仁이나 예禮, 의義, 신信, 학學, 지知, 용勇, 과(諫) 등에 대해서도 모두 '좋아한다'고 말할 수 있다. 이렇게 용모나 품성, 능력 같은 것들은 좋아한다고 표현하는 것은 곧 그러한 것들을 자신의 것으로 만들고자 한다는 의미를 내포하고 있다. 물론 '좋아함'(好)이 지닌 충동들이 감추어져 드러나지 않는 때도 있다. 공자가 말한 "옛것을 믿고 좋아했다"(信而好古)에서의 '좋아함'(好)이 바로 하나의 예이다. 그런데 공자는 "나는 태어나면서부터 아는 자가 아니다. 옛것을 좋아함으로써 부단히 앎을 구하는 자이다"[17]라고 말하지 않았던가? 여기서의 '구함'(求)이야말로 곧 '호好'에 의한 부단한 소유의 충동으로부터 말미암은 행동이며,

---

17) 『論語』, 「述而」, "子曰: 我非生而知之者. 好古, 敏以求之者."

이것이 바로 '호好'의 욕망에 내재된 논리이다.

'호好'에 담긴 소유의 경향성으로 인해, '호好'가 사람에게 적용될 때 『사원』에서 말하는 '친함'의 의미가 가능하게 된다. '호인好人'은 "어떤 원인으로 말미암아 누군가를 좋아함"을 의미하는데, 이처럼 '좋아하므로' 나는 그 누군가를 소유하고자 하는 것이다. 하지만 인간이란 어떤 구체적이거나 추상적인 물체가 아닌 만큼, 한 인간의 다른 인간에 대한 소유 충동, 정확히 말해 '호好'에서 기인한 소유 충동은 상대방과 가까워지려는 표현이거나 상대에 대한 친함의 표현일 수 있다.

이제야 우리는 '호인好人'과 '애인愛人'이 결코 같은 것이 아니라고 말할 수 있게 되었다. 일반적으로 '호인好人'은 정확히 '누군가를 좋아한다'는 의미이고, "오직 어진 자만이 타인을 좋아할 수 있다"는 구절은 오직 어진 사람만이 정확한 이유, 정확한 동기에 기초하여 누군가를 좋아할 수 있다는 것을 의미한다고 볼 수 있다. 하지만 '호인好人'은 결코 '애인愛人'이 될 수 없다. '오인惡人'이 곧 '불호인不好人'이라고 했을 때, 우리가 설령 누군가를 싫어하고 미워하는 상황이라 할지라도 여전히 '애인愛人'하고 있을 수 있기 때문이다.

'호好'는 소유의 충동, 소유욕을 발생시키며, 욕망은 항상 타동사적 성격을 가진다. 욕망은 특정한 대상을 지향하여 그 대상을 획득하고 소유하는 것을 목표로 한다. 따라서 현대적 의미의 '애'(애정)는 확실히 강렬한 '욕'(욕망)의 성분을 띠고 있고, 현대어에서의 '애愛'는 주로 '호색好色'(이성을 좋아함)만을 의미하기 십상이다. 욕欲으로서의 호好는 대상을 소유하고 나아가 그 욕망의 대상과 하나가 되는 것을 완성으로 여기지만, 한 가지 욕망의 완성은 또 다른 욕망의 시작일 뿐이다. 욕망은 구조상 본래부터 스스로 완결이 불가능한 조건을 지니고 있다. 어떤 욕망이 이루어졌다 하더라도 그것은 결국 어떤 한 가지 욕망의 완결에 다름 아니기 때문이다. 따라서 욕망은 비록 만족을 추구하지만, 만일 궁극적인 만족이 성립된다면 그 욕망은 더 이상 욕망으로서 존재하지 않게 될 것이고, 욕망이 그 욕망 자체를 유지하면서 무언가를 욕망하고자 한다면 필연적으로 진정한 만족에 이를 수 없게 될 것이다. 이런 이유로 "욕망의 구렁텅이는 메우기 어렵다"(欲壑難塡)라는 성어가 있게 된 것이다. '욕망의 구렁텅이'는 실제로 메우기 어려운 것일 뿐만 아니라, 논리상으로도 결코 메울 수 없다.

5. 타자를 '살아가도록 함'과 타자를 '소중히 여김'

물론 '호好'자에 필연적으로 대상에 대한 욕망이 내포되어 있다고 한다면 '애愛'자에도 역시 욕망의 의미가 있다는 혐의를 벗기는 어려울 것이다. '애愛'에도 역시 욕망하는 바가 있기 때문이다. 하지만 호好와 비교했을 때 애愛의 욕망이 가리키는 방향은 오히려 명백히 반대된다. 공자의 "사랑한다는 것은 그것이 살기를 바라는 것이다"라는 말을 근거로 해서 살펴본다면, 내가 어떤 사람을 사랑한다는 것은 곧 내가 사랑하는 그 사람이 '사는'(生) 것을 욕망하는 것이라고 말할 수 있다. '삶'(生)은 존재를 지속함, 그것이 그것다움을 지속함을 의미한다.[18] 이러한 까닭에 "그것이 살기를 바람"은

---

18) 여기에서 한 가지 더 지적하자면, 중국문화 특히 유가전통에서 "生"은 곧 최고의 덕목이다.("천지의 큰 덕을 생이라 한다."[天地之大德曰生].) 生은 단지 타인을 살아가게 하려는 것일 뿐만 아니라 천지만물까지도 살아가게 한다는 의미를 지닌다. 인간의 시각에서 볼 때 生과 근본적 의미에서의 愛가 서로 연결되며 이 愛가 바로 仁이라고 할 수 있다면, 공자의 仁이 송명유학의 "천지만물일체의 인"(天地萬物一體之仁)의 사상으로 발전해 나갈 수 있었던 단서는 바로 이곳에 존재하는 것이다. 또한 이러한 仁은 하이데거의 "존재사상"(the thought of Being)과도 함께 연결시켜 이해할 수 있다. 牟宗三의

곧 자신이 사랑하는 것이 계속 살아가도록 하고 계속 그대로 존재하도록 하는 것이다. 타자의 타자다움 혹은 타자의 본질은 그는 "오직 그대로 그러할 뿐"이라는 것이다. 타자는 내가 아니므로, "타자는 내가 아니다"라는 말이 바로 내가 타자에 대해 말할 수 있는 모든 것이다. 따라서 타자가 살아가도록 하는 것은 타자로 하여금 나를 위해서, 혹은 나의 일부분으로서 살아가도록 하는 것이 아니라, 나와 독립된 하나의 존재로서, 즉 타자 자신으로서 살아가도록 하는 것이고 타자 자신의 '자신다움'을 긍정하도록 하는 것이다. 나의 이러한 근본적인 사역성(하도록 함)이 없다면 타자의 진정한 삶도 없을 것이다.

"그것이 살기를 바람"이 내포하는 '하도록 함'은 자 / 타관계라는 중요한 구조적 특징을 상징한다. 내가 타자를 살아가도록 한다는 것은 곧, 타자를 살아가게 할 수도 있고 살아가지 않게 할 수도 있다는 의미이다. 이러한 측면에서 타자는 나의 '세력 범위' 안에 있고 나의 '하도록 함'에 의존한다. 하지만, 타자가 살아가도록 한다는 것은 타자가 자신의 삶을 긍정하도록 하는 것이기도 해서, 타자로 하여금 나에게 의존하지 않고 내 앞에서 직접 자신을 긍정하고 자신의 '그러함'(본성)을 긍정하도록 하는 것이다. 어떤 의미에서 이것은 내가 지닌 권력을 타자에게 '내어 준다'는 의미를 내포하고 있다. 타자는 나의 '하도록 함'에 의존해서 살아가는 것이기 때문이다. 내가 만약 "지극히 커서 바깥이 없는" 존재라면 남에게 무엇을 '하도록 함'도 없을 것이다. 타인에게 무엇을 하도록 한다는 것은 필연적으로 그 자신만으로는 한계가 있음을 의미한다.

仁 개념에 대한 이해 역시 때때로 하이데거의 존재 개념에 대한 이해와 연관된다.(졸저, 『文本之'間' - 從孔子到魯迅』의 「失之交臂? - 牟宗三與海德格爾的哲學遭遇」장, pp.290~299 참조) 공자의 仁과 이러한 仁에 대한 송명유학사상의 이해 간의 연결점과 차이점에 대해서는 이 장의 제9절 <'사랑'과 '천지와 일체를 이루는 仁'>의 논의를 참고하라.

타자를 살아가도록 한다는 것은 타자를 어떤 대상이나 물건으로 소유하고자 하는 것이 아니라 나 자신을 '내어 주고자' 하는 것이다. 나는 나 자신을 '내어 줌'으로써 타자로 하여금 그 자신을 성립하게 할 수 있다. 이러한 까닭에 만약 앞서 말한 것처럼 애愛 역시 욕망을 불러일으킨다고 하더라도, 이 '욕망'의 특수성은 타자를 소유하거나 지배하려는 욕망이 아닌, 타자에게 자신을 '내어 주려는' 욕망, 타자를 위해 헌신하고자 하는 욕망이라는 점에 있다.

따라서 "사랑한다는 것은 그것이 살기를 바라는 것이다"에서의 진정한 애愛는 '좋아해서 소유하고자 하는' 좋아함이 아니며, "물고기도 내가 원하는 것이고 곰발바닥도 내가 원하는 것이다"[19]에서의 욕망은 더욱 아니다. 욕망은 욕망을 충족하는 과정에서 욕망의 대상이 희생되거나 훼손되어도 애석함을 느끼지 않을 것이다. 물고기나 곰발바닥에 대한 나의 욕망은 내가 그것을 먹어서 소화시키는 일로 이어질 것이고, 색 혹은 덕에 대한 나의 좋아함 역시 내가 그들을 소유하는 결과를 가져 올 것이다. 하지만 내가 타자를 진정으로 사랑한다면 나는 타자가 살아가기를 바랄 뿐이다. 즉 타자가 생존하고 존재하기를, 혹은 타자가 타자 그대로의 상태이기를 바랄 뿐인 것이다.

타자의 삶이 나의 죽음을 의미하는 것은 결코 아니지만 간혹 어떤 사람이 타자를 살리기 위해 죽음을 택하는 경우도 없지 않은데, 이러한 극단적인 경우 속에서도 우리는 나의 '하고자 함'이 없었다면 타인의 '삶' 또한 없었을 것이라는 점을 확인할 수 있다. 그러나 이에 대해 다음과 같은 반론이 있을 수도 있다. 내가 타자로 하여금 그렇게 하도록 했건 하지 않았건 간에, 타자는 이미 그 자체로 존재하고 있지 않은가? 물론

---

19) 『孟子』, 「告子上」, "孟子曰: 魚, 我所欲也; 熊掌, 亦我所欲也."

나 자신이 신이 아닌 만큼 내가 타자를 창조하거나 생사를 결정할 수 있는 것은 결코 아니다. 타자는 분명하게 이미 존재해 있고, 이미 이곳에 있다. 하지만 이미 내 앞에 존재하고 있는 타자는, 여전히 타자로서 나의 '하도록 함'을 필요로 한다. 타자는 오직 나의 '하도록 함'을 통해서만 진정으로 타자로 살아갈 수 있는 것이다.

이처럼 나와 타자의 '관계' 속에서 윤리주체로서의 나의 '하도록 함'은 어떤 불가사의한 논리를 내포하고 있다. 결코 나의 창조 없이 이미 존재하고 있는 타자가, 다시 나의 '하도록 함'을 통해 비로소 스스로를 성립시키고 타자로서 존재하게 되는 것이다. 이는 그 타자가 바로 나의 '하도록 함'으로 인해 비로소 타자로서 살아갈 수 있는 '나의 타자'이기 때문이다. 따라서 타자는 나에 의존하지 않으면서도 나에 의존하고, 나에 의존하면서도 나에 의존하지 않는다. 다시 말해, 타자는 결코 내가 '창조'한 것이 아니지만, 여전히 나의 '창조'를 기다리고 있는 것이다. 타자와 나 사이의 이런 기묘한 관계는 이분법적 논리와는 어긋날 수밖에 없다.

사실 일체 사물을 포괄하는 광의의 타자는 모두 윤리주체로서의 '나' 혹은 인간에 의존할 수밖에 없다. 왜냐하면 윤리주체로서의 나는 모든 타자에 대해 책임을 지니기 때문이다. 따라서 내가 창조한 타자가 아니더라도 결국 타자는 역시 필수적으로 나를 '통해서만' 성립되고 타자로서 존재해 나갈 수 있다. 나는 최선을 다해 절약할 수 있지만 거꾸로 최대한 자원을 낭비할 수도 있고, 조심스럽게 생태계를 보존할 수도 있지만 멋대로 훼손시킬 수도 있으며, 최선을 다해 생물들을 보호할 수도 있지만 광기에 홀린 듯 그들을 멸종시킬 수도 있듯이, 나는 타자를 존중하고자 할 수도 있지만 거꾸로 그들을 말살하고자 할 수도 있는 것이다. 이 때문에, 타자를 살아가게 하고 존재하게 한다는 것은 결코 신(창조주로서의 신)과 같이 무無로부터 타자를 창조하고 그들의 생사를 결정한다는 뜻이 아니라, 타자에 대해 관심을 가지고 타자가 살아가도록 보살피며 타자를 타자로서 존재하게 한다는 뜻이다. 만약 내가 타자에 대해 관심을 두지 않아서 타자가 나와 어떠한 '관계'도 없게 되고, 그리하여 내가 그에게 '하도록 하지' 않게 되었다면 나는 의도하건 의도치 않건 타자에 대한 살인자가 될 수도 있는 것이다. 이러한 의미에서 타자는 나의 '하도록 함'을 필요로 한다.[20]

나를 타자와 연결시키는 '사랑'은 내가 타자에게 관심을 가지도록 하는데, 이러한 관심이 바로 타자와 나 사이의 진정한 '관계'이다. 관심으로 인해 나는 비로소 타자를 안타깝게 여길 수 있게 되는 것이다. 타자를 안타깝게 여기고 소중히 여기는 감정은 바로 '애愛'자를 구성하는 기본 요소이며, 이것이 바로 '애愛'자에 '석惜'(안타깝게 여김, 소중히 여김)의 뜻이 내재되어 있는 이유이다. 자공이 '양을 아낀'(愛羊) 이유는 바로 희생되는 양에 대해 안타까움을 느꼈기 때문이었다. 제사가 이미 형식적으로만 거행되는 이상, 더 이상 제사를 위해 헛되이 양을 죽일 이유가 없다. 우리는 자공의 이러한 '안타까워함'(愛惜)의 애愛 속에서 광의의 타자(동물, 사물)에 대한 관심을 발견할 수 있다. 이 관심은 자공으로 하여금 양을 아무런 관련이 없는 것일 수 없게 만들었고, 이로 인해 공자로부터 '양을 아낀다'는 비판을 듣게 만들었다. 공자는 이 '애愛'자를 매개로 자공의 경우와 자신의 '예를 아낌'(愛禮)을 의미적으로 연관 및 대비시켰던 것이다.

광의의 타자에 대한 관심(예컨대, 제사의 양)은 필연적으로 그 사물의 그러함을 존중함을 의미한다. 강요를 통해 호의를 받아들이게 하는 것은 진정한

---

20) 현대 중국어에서 '하도록 함'의 뜻을 지닌 사역동사로서의 '讓'자는 겸양 혹은 사양의 뜻도 지니고 있으며, 이러한 의미에서 맹자가 말한 '사양지심'의 禮와 내재적으로 연결된다. 이 책의 제3장 「禮와 타인」의 禮에 대한 상세한 논의를 참고하라.

호의가 아니며, 남을 억지로 배려하는 것도 진정한 배려가 아니다. 그러한 호의나 배려는 타자를 '나'의 범주 속에 포함시키려는 것이기 때문이다. 진정한 배려는 타자가 진정으로 '그 자신'에게로 나아가도록 하는 것이다. 내가 타자에게 베풀 수 있는 궁극적인 배려는 타자가 그 자신의 모습으로 존재하고 살아가도록 하는 것이다. 타자가 살아가도록 한다는 것은 곧 타자에 대한 나의 가장 근본적인 사랑이다. 이러한 사랑의 실천이 반드시 널리 사랑을 베푸는 성인이어야만 가능한 것은 아니다. 나는 공자의 제자 안연처럼 일생동안 빈궁할 수도 있지만, 그렇더라도 나는 얼마든지 타자에게 그러한 사랑을 베풀 수 있다. 즉 타자로 하여금 반드시 "~을 하도록 할" 수 있는 것이다. 그리고 타자는 바로 이러한 사랑, 이러한 '하도록 함' 속에서 비로소 타자로서 존재할 수 있다.

그러므로 애愛는 타자를 '타자'이도록 하는 것이다. '양을 사랑함'은 따라서 단순히 양 한 마리를 아끼려는 것이 아니라, 양이 '양 그대로'일 수 있도록 하는 것이다. 물론 '양 그대로'라는 것은 양이 제물로 희생되는 경우까지도 포함해서이다. 제물이 되는 것 또한 어떤 의미에서는 양의 본연일 수 있기 때문이다. 자공은 다만 제사가 제사답지 않게 되었을 때 양을 아꼈고, 그래서 양이 양으로서 존재할 수 있도록 관심을 베풀었던 것이다. 그 애愛가 비록 제사의 양으로만 그 대상이 제한되고는 있지만, 자공은 여전히 애愛의 기본 구조를 잘 보여 주고 있다. 즉 '사랑으로서의 욕망'(愛欲)은 타자로 하여금 '자신 그대로' 살도록 하는 것이며, 이러한 '자신 그대로 살도록 하는 것'은 필연적으로 '자신 그대로' 죽게 하는 것을 또한 포함한다.

공자가 양에 대한 자공의 관심(愛羊)에 대비시켜서 말했던, 공자 자신의 예에 대한 관심(愛禮) 또한 마찬가지이다. 물론 이러한 대비는 적어도 공자가 타자라는 대상에 가치등급을 매겼음을 의미하는 만큼 결코 소홀히 여겨져서는 안 되겠지만, 타자가 본질적으로 가치등급이 매겨질 수 있는 존재인지는 더욱 집중적인 논의가 필요한 문제이기 때문에 지금은 논외로 하겠다. 여기서는 다만 공자가 예禮를 아꼈던 것 역시 예에 대한 관심과 배려를 의미한다는 점을 말해 두고자 한다. 공자는 예를 아꼈기 때문에 예가 명실상부하게 예로서 존재할 수 있도록, 즉 예를 '예 그대로'이도록 하려 했던 것이다.

'애愛'의 의미에 그 대상이 '그것 그대로'일 수 있음이라는 의미가 내포되어 있다면, 사랑하지 않음은 어떤 대상이 더 이상 나와 상관이 없음을 선포하고 더 이상 그의 삶과 존재에 관심과 배려를 베풀지 않는 것, 타자가 자신 그대로일 수 있게 하려 하지 않고 어떤 목적에 따라 단순한 도구로 사용하는 것 등을 의미한다. 이것은 현재 나에게 있어 타자는 어찌되어도 좋은 도구에 불과한 것이 되었음을 의미한다. 이 경우 나는 타자에 대해 소중히 여기는 어떠한 마음도 없으므로, 나는 더 이상 타자를 '사랑'하지 않는 것이다.

6. '타인을 사랑함'(愛人): 타인에 대한 나의 근본적인 관심

이제 우리는 '애愛'에 담긴 '소중히 여김'(愛惜) 혹은 '안타까워함'(可惜)이라는 의미가 결코 원래의 '애愛'가 지닌 기본적 의미를 벗어나지 않는다는 사실을 분명하게 알게 되었다. 애愛는 필연적으로 '석惜'의 의미를 내포하는데, 특히 공자가 언급한 애愛의 경우 그 핵심적인 의미는 타자에 대한 근본적인 관심이지 어떤 '좋아함'(喜好)이나 '추구追求'가 아니다. 그리고 관심으로서의 애愛는 필연적으로 타자에 대한 '소중히 여김'과 '안타까워함'의 감정을 포함한다. 다시 말해, 나는 사랑하기 때문에 소중히 여기는 것이며, 나의 소중히 여김에는 나의 애愛가 체현되어 있다는 것이다.

내가 이처럼 타자를 사랑할 때, 나는 타자가 살아가기를 바란다. 그렇기 때문에 이러한 사랑은 서양 낭만주의 전통에서의 사랑 개념과는 분명히 구분되어야 한다. 서양의 사랑 개념은 서양의 철학과 종교 전통에서 기원한 것이다. 서양 낭만주의적 전통에서의 사랑은 본질적으로 융합적이다. 사랑받는 존재는 사랑하는 존재에 의해 병합되고, 사랑하는 존재 또한 사랑받는 존재에 의해 병합된다. 사랑 속에서 쌍방은 각자의 자아를 소실한 채 서로 융합되어 하나가 된다. 이러한 사랑은 종교적 성격의 사랑에도 적용된다. 즉 신의 사랑과 신에 대한 사랑 속에서 신의 품속으로 들어가 신과 하나가 되는 것이다. 이렇게 볼 때, 영어의 'love'는 공자의 '애愛'를 번역하기에 적합하지 않는 단어이다.21)

낭만주의적 사랑은 융합적이거나 소모적인 사랑이다. 이러한 사랑은 사랑하는 존재와 사랑받는 존재의 완전한 융합을 의미한다는 점에서 둘을

---

21) 陳榮捷(A Source Book in Chinese Philosophy (Princeton, N.J.: Princeton University Press, 1963, p.40), D. C. 라우(Confucius: The Analects, Penguins Books, 1979, p.116), 제임스 레게(The Chinese Classics vol. I, Oxford: Clarendon Press, 1893, p.26)는 모두 『논어』 「안연」 22절"樊遲問仁, 子曰: 愛人)의 '愛'자를 'love'로 번역하였는데, 그레이엄은 '愛'를 '타인을 걱정함'(A. C. Graham, Disputers of the Tao, Chicago and La Salle, Illinois: Open Court, 1989, p.21, "One is concerned for others.")으로 번역하였다. 이는 그가 이미 愛를 'love'로 풀이하는 것이 타당하지 않다는 것을 정확하게 인식하고 있었음을 말해 준다. 다만 그레이엄은 이러한 풀이에서 더 이상 앞으로 발전하지 못하였다. 한 가지 더 언급할 것은, 중국어의 愛 개념이 서양과는 매우 다른 문화 전통에 근거하고 있기 때문에, 영어에서 가장 일상적으로 많이 반복되는 "I love you"라는 구절을 제대로 번역할 중국어 문장은 결코 있을 수 없을 것이라는 점이다. "나는 너를 사랑한다"를 의미하는 중국어 문장인 "我愛你"를 여전히 많은 중국인들이 말하기 꺼려하는 이유는 동양 특유의 신중함이나 수줍음 때문이 아니다. 여전히 어색한 이 번역은 중국어로는 결코 영어 원문이 전달하고자 하는 의미를 그대로 표현하지 못하기 때문이다.

녹여 하나로 만드는 화염을 떠올리게 한다. 이러한 사랑 속에서는 사랑받는 존재가 더 이상 그 존재 그대로 보존될 수 없다. 사랑받는 존재는 다만 해체되고 융해되어 사라질 뿐이다. 사실 이러한 사랑의 근원은 성욕이다. 따라서 우리는 여기에 성욕과 관련된 프로이트의 분석을 일정 부분 적용시켜 볼 수 있을 것이다. 비록 프로이트의 분석이 애정관계 속에서의 대상의 이상화 및 자아의 축소 또는 소실 문제에 집중되어 있지만, 이 분석은 본질적으로 애정관계의 쌍방을 모두 분석하는 데 적합하다.

이제 우리는 공자의 인仁에 대한 설명 중 하나인 '애인愛人'에서의 애愛가 지닌 의미에 대해 접근할 수 있게 되었다. 우리는 공자의 '애인'이 인간에 대한, 즉 타인 또는 타자에 대한 근본적 관심으로 이해되어야 함을 확인할 수 있었다. 이러한 근본적 관심은 "타인이 타인으로서 살아가기를 바람"으로 드러난다. 여기에서 우선적으로 강조되어야 할 것은 그러한 관심이 '근본적이고 근원적인' 관심이라는 점이다. 왜냐하면 현실적 상황에서는 얼마든지 '애인'이 목적을 위한 수단으로 전락해 버릴 수 있기 때문이다. 하지만 그러한 실용적 의미의 '애인'은 결코 진정한 의미의 '애인'이라 할 수 없다.

물론 공자도 "쓰임을 절약하고 사람을 아끼다(愛人)"22)라고 말함으로써 '애인愛人'이 올바른 통치를 위해 통치자가 따라야 할 정치의 공리원칙으로만 보이게 만들어 버린 경우가 있었다. 하지만 다른 한편으로 그는 번지의 "무엇을 인仁이라고 합니까?"라는 질문에 대해 "타인을 사랑함이다"라는 식으로 인仁의 의미를 규정하는 답변을 내놓음으로써 상대방이 가장 넓은 맥락에서 자신의 대답을 이해할 수 있도록 했는데, 여기에서 '지인知人'과 대구를 이루고 있는 '애인愛人'은 이제 더 이상 '쓰임을 아낌'과 연관되어

---

22) 『論語』, 「學而」, "子曰: 道千乘之國, 敬事而信; 節用而愛人; 使民以時."

설명될 수 없다. 이 애愛와 지知의 대상은 모두 인간으로, '애인'은 명확히 인仁으로 여겨진다. 인仁은 '인간을 사랑함'을 의미하며, 여기에서의 '인간'(人)은 바로 나와 대비되는 '타인'이다.

애愛는 나와 타인을 서로 '관련된'(關) 존재로 만든다.—'관關'은 관계나 관련을 의미하지만, 관심의 의미도 있다.— 바로 이처럼 밀접한 '관계' 안에서, 그리고 관심 어린 사랑으로 충만하고 '관계'가 유지되는 가운데 비로소 타인은 타인으로 존재할 수 있다. 여기에서 말하는 존재란, 경험적 의미에서의 단순한 생존이 아닌, 타인이 타인 그 자체로서 존재하는 것을 말한다. 내가 아닌 존재가 바로 타인인 만큼 타인을 타인이게끔 하는 것은 바로 타인의 '타인다움' 즉 타인의 '타자성'을 존중하는 것이며, '남과 나의 합일'이라는 절대적 전체를 추구하지 않는 것이다.

7. 윤리명령으로서의 '애인愛人'과 주체의 성립

타자는 나의 사랑(愛)을 필요로 한다. 타자에 대한 나의 사랑은 타자를 타자로서 살게 한다. 따라서 '애인愛人'(타인을 사랑함)이란 단지 인仁에 대한 공자의 서술 또는 정의에만 그치는 것이 아니라 일종의 윤리적 요구이자 명령이다. 공자는 인仁이란 "타인을 사랑함"이라고 했다. 만약 내가 어진(仁) 이가 되고자 한다면 나는 마땅히 타인을 사랑해야 하는 것이다! 이러한 윤리적 요구나 명령으로서의 '타인을 사랑함'은 당연히 어떠한 조건도 없어야 한다. 그렇다면 나는 어떻게 해야 어떠한 조건도 없이 타인을 사랑할 수 있을까? 사랑이라는 것은 참으로 어떠한 객관적 보장도 없는, 오직 나의 순수한 주관적 감정에 그치는 것일까? 나는 어떻게 해야 타인을 사랑할 수 있을까? 누군가를 좋아하지 않을 때, 즉 '타인을 미워할'(惡人) 때조차도 타인에 대한 나의 사랑을 잃어버리지 않으려면 어떻게 해야 할까? 타인을 사랑하는 것이 내게 주어진 윤리명령이라면, 우리는 반드시 위와 같은 문제들에 대해 답할 수 있어야 할 것이다.

일반적으로 우리는 '타인을 사랑함'에서의 사랑이 나 자신의 심리나 감정에 의해 결정되는 문제에 지나지 않는 것으로 이해하고 있다. 그러나 그것이 설령 감정(情) 혹은 맹자가 말한 '마음'(心)에 지나지 않는 것이라고 하더라도, 나의 사랑 즉 타인에 대한 관심은 필연적으로 타인을 향해 있게 마련이다.[23] 타인을 향한 관심은 무엇보다도 타인에 의해 환기될 수밖에 없기에, 타인이 없다면 나의 사랑을 논하는 것 자체가 불가능할 것이다. 따라서 윤리주체로서의 '나'의 타인에 대한 사랑은 사실 나에게 결정권이 있는 것이 아니다. 나는 내가 타인을 사랑할지 여부를 결코 자유롭게 '결정' 하지 못한다. 그것은 내 앞에 있는 타인—예컨대 맹자가 말한 '우물에 빠지려는 아이'와 같은—이 나의 사랑을 '요구'하는지의 여부에 달려 있다.[24] 이렇게 볼 때, 본질적으로 타인에 대한 나의 사랑은 순수한 나의 '자발'적인 감정충동이나 '자각'적인 의지행위일 수 없다. 나의 사랑은 항상 타자를 '조건'으로 하고 있는 것이다. 물론 이 말이 나의 사랑은 타자가 '사랑받을 만한지 아닌지'의 여부에 달려 있다는 뜻은 아니다. 만일 타자가 정말로 사랑받을 만한 요건을 충족시킬 것이 내가 '타자를 사랑함'의 조건이 된다고 하더라도, 이를 위한 어떤 보편적 원칙으로서의 '타인을 사랑함'은 결코 존재할 수 없기 때문이다.

---

23) '情'의 의미에 대해서는 졸저 『文本之間 – 從孔子到魯迅』의 「情與人性之善」장의 상편 "情 – 從事物之(實)情到人之(感)情"(pp.178~190)의 분석을 참고하라.
24) 졸저 『文本之間 – 從孔子到魯迅』의 「心性天人: 重讀孟子」장(pp.154~161)의 이 문제와 관련된 논의를 참고하라.

타자의 존재 그 자체가 내 사랑의 '조건'인 이유는, 타자가 존재하지 않는다면 타자에 대한 나의 사랑도 존재하지 않을 것이기 때문이다. 내가 타인을 사랑하라고 요구받고 명령받을 이유는 오직 이미 타자가 존재하고 있고, 그러한 타자가 타자로서 나의 사랑을 요구하고 있기 때문이다. 이러한 근본적인 의미에서 타자는 항상, 그리고 유일하게 '사랑받을 수' 있는 존재이다. 이 '사랑받을 수 있는' 타자는 오직 나의 사랑을 통해서만 진정으로 '사랑받을 수 있는' 타자로 살아갈 수 있다.

이 속에서 우리는 어떠한 형식논리도 거부하는 구조를 발견할 수 있다. 즉 관심, 배려, 보살핌으로서의 나의 사랑은 항상 타자로 인해서만 환기되고 결정되며, 그러한 타자는 또한 나의 사랑을 통해서만 타자일 수 있는 것이다. 이것을 '주동'과 '피동'이라는 이분법적 용어를 빌려 표현해 본다면, 사랑을 주고받는 가운데 나는 피동적으로 주동적이고 타자는 주동적으로 피동적이라고 할 수 있다. 타자가 요구하고 환기하는 사랑은 오히려 나의 '주동'적인 실천에 의해 완성되므로, 이 사랑을 필요로 하고 환기하는 타자는 오히려 '피동'적으로 사랑을 기다리고 받아들일 수밖에 없다. 타자가 절대적으로 나를 지배하는 듯 보이면서도, 다른 한편으로는 내가 절대적으로 타자를 지배하는 듯 보이기도 하는 것이다. 따라서 나는 결코 타자에 대한 사랑의 '절대적인' 주체일 수 없고, 타자 역시 내 사랑의 '절대적인' 객체나 대상일 수 없다.

나는 오직 '피동적으로만' 내 사랑의 주체일 수 있다. 내가 '주동적으로' 타인을 사랑할 수 있기 전에, 또 '자유롭게' 타인을 사랑해야 할지의 여부를 결정하기 전에, '타인에 의해' 나는 이미 '타인에 대한 사랑'이라는 문제 앞에 소환되어 있다. 나 자신에게로 소환되어 주체가 된 나는, 항상 타인과 대면하여 자신을 일인칭으로 지칭하는 하나의 주체—절대적 주체가 아닌—에 불과한 것이다. 따라서 타인에 대한 근본적 관심으로서의 사랑은 결코 나의 순수한 주관적 감정이라고만은 볼 수 없을 것이다. 그러한 나의 사랑은 항상 타자로부터 환기되기 때문인데, 이 사랑은 사실 어떤 의미에서는 이미 타자에 의해 '보장'되었다고도 할 수 있다. 내가 타자를 통해 존재하게 될 때, 나는 필연적으로 나 자신이 이미 타인에 대한 '근원적 사랑' 속에서 존재하고 있음을 발견하게 되기 때문이다. 이 근원적 사랑은 필연적으로 무조건적이며 인仁과 동일한 것으로 간주되는 사랑이다. 바로 이러한 점으로 인해 '타인을 좋아함'(好人)은 '타인을 사랑함'(愛人)과 완전히 동일할 수는 없다. 또한 이러한 점으로 인해 나는 '타인을 미워하는'(惡人) 가운데서도 '타인을 사랑할'(愛人) 수 있다. 왜냐하면 '타인을 미워함' 역시 이미 나와 타자의 '관계'를 함축하고 있기 때문이다.

물론 앞서 서술한 "타자에 의한 보장"이 타자에 대한 나의 사랑이 문자 그대로 "변함없이 한결같음"을 보장한다는 말은 아니다. 왜냐하면, 타자에 대한 나의 사랑이 피동적이면서 주동적으로 드러나는 순간 나는 이미 타자에 대한 사랑의 주체가 되어 있을 것이며, 주체로서의 나는 '자유롭게' 타인을 사랑할지의 여부까지 결정할 수 있게 되기 때문이다. 그러나 만약 타자가 없다면, 타자가 나를 주체가 되도록 해 주지 않았다면, 나는 결코 '주체로서의 자유'를 향유하지 못할 것이다. 이처럼 그 자유가 곧 타인으로부터 부여된 것인 까닭에 나는 근본적으로 완전히 자유로울 수는 없다. 타인을 사랑한다는 것은 결국 사랑과 윤리의 주체로서의 내가 타인에 대한 나의 사랑 속에서 타인을 위해 이 자유를 '희생'할 준비를 한다는 의미일 것이다.

이제 우리는 인仁으로서의 애인愛人이 결코 단순히 순수한 심리적 현상이나 주관적 감정이 아니라는 것을 알게 되었다. 이러한 인仁으로서의 애인愛人은 타인이 타인일 수 있도록 하는 것이기 때문에 매우 근본적인 중요성을 지닌다. 타인에 대한 나의 관심은 타인이 타인일 수 있도록 하는 것이자, 내가 나일 수 있고 어진 이일 수 있도록 함으로써 나로 하여금 타인을 사랑할 수 있는 윤리주체가 되도록 하는 것이다. 바로 이러한 이유로 인해 애인愛人은 인仁의 의미를 지니게 되며, 인仁은 곧 인간다움(人)을 의미하기 때문에 인仁이란 바로 인간을 인간으로 만들어 주는 것이다. 따라서 '인간다움의 완성'(成人)은 '인을 갖춤'(成仁)을 의미하기도 한다. 즉 인仁의 완성과 실현은 인仁이 인간에게서 실현되게 함, 인간다움(人)이 인仁을 통해 실현되도록 함을 의미하는 것이다.

8. 공자의 '애인愛人'과 칸트의 '호애互愛'(mutual love)

공자의 '사랑'(愛), 즉 인仁의 표현으로 나타나는 사랑이 타인에 대한 근본적인 관심으로 이해된다면, 이 사랑이 결코 나와 타인 사이의 근본적인 간격을 단축시키거나 소멸시켜서는 안 될 것이다. 이러한 간격이 소멸하게 되면 사랑 역시 소멸하게 되기 때문이다. 이러한 점에서 우리는 공자의 사랑 개념을 앞서 낭만주의적 사랑과 구별해 보았듯이 또한 칸트가 『도덕형이상학』에서 언급했던 '인간이 지닌 윤리적 책임'으로서의 '호애互愛'(mutual love)와도 구분해야 할 것이다. 왜냐하면 칸트의 사랑은 '형제간의 사랑' 혹은 자신을 배제한 '아가페적 사랑'과 매우 밀접하다는 이유로 공자의 사랑과 자주 비교되기 때문이다.

칸트는 "호애의 원칙은 사람들을 서로 끊임없이 가까워지도록 하고, '호경互敬'(상호공경)의 원칙은 사람들이 일정한 거리를 유지하도록 경고한다"

라고 하였다. 이 두 가지 도덕적 역량 가운데 하나라도 유지되지 못한다면 도덕적 존재로서의 인간은 허무(비도덕)에 의해 침몰되고 말 것이다.[25] 여기에서 칸트는 사람들이 서로 사랑하지 않음으로 인해 부단히 서로 가까워지지 못하고, 서로 공경하지 않아서 항시 일정한 거리를 유지하지는 못하는 경우를 걱정했다. 그렇다면 어째서 칸트는 그가 보기에 서로 대립된다고 여겨졌던 이 두 가지의 도덕적 역량이 인간에게 동시에 필요하다고 보았던 것일까? 그는 어째서 사랑만이 하나의 주도적 원칙이 될 수 없다고 여겼던 것일까? 어쩌면 그 이유는 칸트가 이해하는 인간의 도덕적 책임으로서의 사랑이 여전히 플라톤적인 서양철학 전통에서 출발한 사랑의 기본관념에 뿌리를 내리고 있기 때문이었을 수도 있다.

서양의 철학전통에서 사랑이라는 관념의 가장 근본이 되는 요소는 바로 '욕망'이다. 그런데 욕망은 당연하게도 본질적으로 타자를 계속해서 타자로서 존재하도록 해 주지 못한다. 따라서 호애를 도덕원칙 및 인간의 책임으로 확정했던 칸트는, 다른 하나의 원칙 즉 호경互敬의 원칙을 통해 호애의 원칙이 지닌 위험을 상쇄시킬 필요가 있었다. 즉 사랑을 통해 타인과 나 사이의 거리를 좁히면서 다시 공경을 통해 그 거리를 늘리고 유지하며, 반대로 공경에 의해 늘어난 거리는 반드시 사랑으로 줄이고 없애 나가야 했던 것이다. 따라서 칸트의 도덕원칙으로서의 사랑과 공경 간에는 긴장이 존재한다고 볼 수 있다. 그러나 인간의 도덕 혹은 윤리적 책임으로서의 사랑이 명확히 타인에 대한 근본적인 관심으로 이해되는 한, 이러한 사랑은 필연적으로 일정한 거리를 내포하고 있을 수밖에 없다. 이러한 간격이나 거리를 칸트의 호애를 통해 소멸시켜 가게 되면 결국은 타자에 대한 나의

---

25) I. Kant, *The Metaphysics of Morals* (trans. Mary Gregor, Cambridge, Cambridge University Press, 1991), pp.243~244.

사랑의 소멸로 이어지게 될 것이 분명하다.

결국 타자를 사랑하기 위해서는, 나아가 계속해서 타자를 사랑할 수 있기 위해서는, 타자는 반드시 타자로서 살아갈 수 있어야 하고 나의 사랑에 잠식당하지 않아야 한다. 내가 타인에 대한 사랑을 지속할 수 있는 것, 즉 내가 타자에 대한 나의 근본적 관심을 지속할 수 있는 것은 타인과 나 사이에 놓인 근본적인 거리를 유지하고 있기 때문이다.

9. '사랑'과 '천지와 일체를 이루는 인'(天地─體之仁)

이제 우리는 공자가 말한 인仁이 후대 유학사상가들 특히 송명성리학자 및 심학자들에 의해 어떻게 '본체' 또는 그와 유사한 개념으로 발전해 나갔는지를, 그리고 그러한 철학적 발전의 과정에서 파생될 수 있는 각종 문제들을 어떻게 대면해 갔는지를 설명할 수 있게 되었는데, 사실 이 과정은 애愛로서의 인仁 개념을 따라 전개되어 갔다고 할 수 있다.

간단히 말하자면, 맹자의 '측은지심惻隱之心'이야말로 애愛로서의 인仁에 대한 진일보한 정의라고 할 수 있다. 어린아이가 우물로 들어가려 할 때 느끼는 측은지심은 곧 타인에 대한 나의 무조건적이고 절대적인 관심에 다름 아니기 때문이다. 맹자는 분명 이런 관심을 인仁으로 이해하고자 했다.26) 당唐대에 이르러 측은지심으로서의 인仁, 즉 타인에 대한 나의

---

26) "측은지심은 仁의 실마리이다."(『孟子』, 「公孫丑上」, "惻隱之心, 仁之端也.") ; "측은지심은 仁이다."(『孟子』, 「告子上」, "惻隱之心, 仁也.") 졸저 『文本之間 - 從孔子到魯迅』의 「心性天人: 重讀孟子」장(pp.154~161) 및 「情與人性之善」장의 하편 "惻隱之心與人性之善"(pp.190~210)에서 측은지심에 관해 상세히 분석하였다. 「萊維納斯與孟子, 或, 作爲感受性的主體性與惻隱之心」장(pp.211~221) 역시 참고할 만하다.

관심은 한유에 의해 '박애博愛'로 규정되었다.27) 이는 모든 타인에 대한 사랑을 의미한다. 확장된 박애는 그 범위가 천지만물에까지 이른다. 천지만물에까지 이르게 되는 인仁은 필연적으로 모든 덕목을 초월하여 '완전한 덕'(全德) 내지는 '본체'가 되어 간다. 『맹자』에서는 '네 가지 마음'(四心) 중의 하나에 불과했던 인仁이 이제 절대적이고 우선적인 위치를 향유하기 시작한 것이다. 송대에 이르러 성리학자 정호程顥는 『식인편識仁篇』에서 "배우는 자는 우선 인仁을 잘 파악해야 한다"라고 강조하였다. "의예지신義禮知信이 모두 인仁"이기 때문이다. 인仁을 파악하는 까닭은 인仁을 소유하고 완성시키기 위해서이다. 그는 인仁의 완성이란 "혼연하게 만물과 하나가 되는"28), 혹은 "천지만물을 일체로 여기는"29) 어진(仁) 인간이 되는 것이라고 보았다. 명대 심학자 왕수인도 『대학문大學問』에서 다음과 같이 말했다.

대인은 천지만물을 일체로 여기는 자이다.30)

대인이 천지만물과 일체가 될 수 있는 것은 의도하였기 때문이 아니다. 그 마음의 인仁이 본래 그러한 것이니, 이 때문에 그가 천지만물과 하나일 수 있었던 것이다.31)

---

27) 한유는 『原道』에서 말했다. "널리 사랑함을 仁이라고 한다. 행함이 이치에 맞는 것을 義라고 한다. 이를 따라가야만 하는 것을 道라고 한다. 이미 자신에게 갖추어져 달리 외재적인 것을 필요로 하지 않는 것을 德이라고 한다."(『原道』, "博愛之謂仁. 行而宜之之謂義. 由是而之焉之謂道. 足乎己無待於外之謂德.") 한유의 "박애(널리 사랑함)를 仁이라고 한다"가 말하는 사상의 연원에 관해서는 劉寧의 「韓愈'博愛之謂仁'說發微 - 兼論韓愈思想格局的一些特点」(『中國古籍與文化』 2006년 3기, 중국사회과학원 문학연구소 중국문화 네트워크 [http://www.literature.org/cn/Article.aspx? ID=16709])을 참고하라.

28) 『二程遺書』, 2上-28, "學者須先識仁. 仁者渾然與物同體義禮知信皆仁也."

29) 『二程遺書』, 2上-17, "醫書言手足痿痺爲不仁. 此言最善. 名狀仁者以天地萬物爲一體, 莫非己也."

30) 『大學問』, "大人者, 以天地萬物爲一體者也."

31) 『大學問』, "大人之能與天地萬物爲一體也, 非意之也. 其心之仁本若是, 其與天地萬物而爲一也."

풍우란은『중국철학사신편中國哲學史新編』에서 이 대목에 대한 정호와 왕수인의 견해가 기본 개념에서뿐만 아니라 세부적인 사상의 내용까지 완전히 일치한다고 지적했다.[32] 풍우란의 견해가 맞다면, 정호와 왕수인의 견해가 완전히 일치하게 된 그 근원은 바로 애愛로 이해되는 인仁일 것이다. 이 인仁으로서의 애愛는 관심, 측은지심, 박애를 통해 천지만물에 미치게 된다. 천지만물에 대한 나의 인仁 안에서 천지만물은 비로소 나와 '일체'를 이루게 된다. 만약 이러한 근본적인 관심이 없다면 천지만물은 나와 무관하게 될 것이다. 그래서 정호는 의학적 의미에서의 '불인不仁'(마비) 현상을 통해 인仁에 대한 자신의 이해를 제시했다.

> 의서에서는 손발이 마비되는 것을 일러 '불인不仁'이라고 한다. 이 말은 그 증상을 가장 잘 설명한 것이다. 인仁이라는 것은 천지만물을 일체로 여기는 것이므로 내가 아닌 것이 없다. 그것이 나라고 여긴다면 미치지 못할 곳이 어디 있겠는가마는, 만약 자신에게 있는 것이 아니라고 한다면 절로 자신과는 서로 상관이 없게 된다. 이는 손발이 마비되는(不仁) 것처럼 서로 기가 통하지 않는 것으로, 모두 나에게 속하지 않는 것이다.[33]

내가 어질게 되었을 때, 나는 천지만물에 대해 절실하게 느끼게 된다. 나는 마치 내 신체의 각 부분을 느끼듯이 직접 천진만물의 존재를 느낄 수 있다. 하지만 내가 불인不仁할 경우, 나는 이러한 느낌을 가질 수 없게 되어 더 이상 천지만물을 보살필 수 없게 되고, 천지만물 역시 나와 무관한 존재가 되어 버린다. 천지만물에 대한 근본적인 관심으로서의 인仁에 대해

---

32) 馮友蘭,『中國哲學史新編』제5권, pp.210~211.
33) 『二程遺書』, 2上-17, "醫書言手足痿痺爲不仁. 此言最善名狀. 仁者以天地萬物爲一體, 莫非己也. 認得爲己, 何所不至? 若不有諸己, 自不與己相干. 如手足不仁, 氣已不貫, 皆不屬己." 馮友蘭, 『中國哲學史新編』제5권, p.111에서 인용되었음.

서는 왕수인이 더욱 명확하게 설명한 바 있다.

> 그러므로 어린아이가 우물로 기어가는 것을 보게 되면 반드시 그로 인하여 '깜짝 놀라고 측은해하는 마음'(怵惕惻隱之心)이 생기게 되는데, 이것은 곧 인(仁)이 어린아이와 일체가 되는 것이다. (이렇게 되는 것은) 아마도 어린아이가 나와 동류이기 때문일 것이다. 짐승의 슬픈 울음소리를 들으면 반드시 '차마 잔인하게 대하지 못하는 마음'(不忍之心)이 생기게 되는데, 이것은 곧 인(仁)이 짐승과 일체가 되는 것이다. (이렇게 되는 것은) 아마도 짐승이 지각을 가졌기 때문일 것이다. 초목이 베어지고 부러지는 것을 보면 반드시 불쌍히 여기는 마음이 생기게 되는데, 이것은 곧 인(仁)이 초목과 일체가 되는 것이다. (이렇게 되는 것은) 아마도 초목이 생의를 가졌기 때문일 것이다. 기왓장이 깨어지고 망가지는 것을 보면 반드시 애석한 마음이 생기는데, 이것은 곧 인(仁)이 기와돌과 일체가 되는 것이다. 이러한 것이 (대상과) 일체를 이루는 인(仁)이다.[34]

이 구절에서 인(仁)의 형상은 철저하게 '깜짝 놀라고 측은해하는 마음', '차마 잔인하게 대하지 못하는 마음', '불쌍히 여기는 마음', '애석한 마음' 등 타자(즉 모든 사물을 포함하는 광의의 타자)에 대한 관심을 의미하는 단어들 속에서 떠오른다. 인(仁) 즉 '타자에 대한 근본적인 관심'이라는 개념에 따르면, 내가 구한 어린아이만 나와 '일체'가 되는 것이 아니라 생명이 없는 돌덩이조차도 나와 '일체'가 될 수 있다. 돌덩이 역시 광의의 타자로서 나의 관심과 사랑을 필요로 하기 때문이다.

---

34) 『大學問』, "是故見孺子之入井, 而必有怵惕惻隱之心焉. 是其仁之與孺子而爲一體也. 孺子猶同類者也. 見鳥獸之哀鳴觳觫而必有不忍之心焉, 是其仁之與鳥獸而爲一體也. 鳥獸猶有知覺者也. 見草木之摧折而必有憫恤之心焉, 是其仁之與草木而爲一體也. 草木猶有生意者也. 見瓦石之毀壞而必有顧惜之心焉, 是其仁之與瓦石而爲一體也. 是其一體之仁也." 馮友蘭, 『中國哲學史新編』 제5권, p.209에서 인용되었음.

하지만 왕수인의 ‘천지만물과 일체가 됨’(與天地萬物爲一體) 혹은 정호의 ‘혼연히 사물과 일체가 됨’(渾然與物同體)과 같은 표현들은 두 사람이 모두 사용한 바 있는 ‘천지만물을 일체로 여김’(以天地萬物爲一體)이라는 표현과 명확히 구분되어야 한다. 정호와 왕수인의 사상은 전자에 더 가까운 듯 보인다. 정호에 의하면 어진 이로서의 나는 인仁 속에서 천지만물을 나 자신의 일부로 여김으로써 그것들을 감각하고 포용하며, 왕수인에 따르면 인仁으로서의 심은 본래부터 천지와 하나이다. 그들에게 있어 이러한 상태야말로 인仁의 이상이다. 그들은 이러한 이상을 말할 때 약속이나 한 듯 동시에 “천지만물을 일체로 여긴다”라는 표현을 사용하기도 했는데, 이 표현이 그들 사상의 돌파구를 열어 주는 핵심지점이 된다는 점에 대해서는 전혀 인식하지 못했던 것 같다.

“~와 하나가 된다”(與~爲一)라는 표현은 나와 대상이 지닌 개별성이나 차이의 소멸을 의미하지만, “~를 하나로 여긴다”(以~爲一體)라는 표현은 주체로서의 나와 그 ‘여겨지는’ 대상과의 사이에 차이가 있다는 의미뿐만 아니라 나아가 무언가로 여기는 행위 자체가 그 차이가 될 수 있다는 의미까지 내포하고 있다. 여기에서는 나와 천지만물 사이에 이미 ‘분별’이 있어서, 나와 천지만물로서의 타자 ‘사이’가 이미 나누어져 있다.─이 사이는 본래부터 존재하는 근원적인 ‘사이’일 수도 있고, 나의 ‘~으로 여김’이라는 행위로 인해 생겨나는 ‘사이’일 수도 있다.─ 이러한 핵심적인 사이가 존재하지 않는다면 “~를 하나로 여길” 가능성 역시 결코 존재할 수 없을 것이다. 이 사이가 존재하지 않는다면 “혼연히 사물과 일체”인 상태일 수밖에 없으며, 정호가 ‘인仁’이라고 표현했던 이상적인 상태 역시 오히려 인仁이라는 것을 말할 수조차 없는 상태 혹은 이미 인仁이 종결된 상태일 수 있을 것이다.

만약 어진 이는 “천지만물을 일체로 여길 수 있을” 뿐이라고 한다면 그는 영원히 천지만물과 일체가 될 수는 없을 것이고, 반대로 어진 이가 천지만물과 일체가 되었다거나 이미 본래부터 친지만물과 일체였다고 한다면 그는 더 이상 천지만물을 일체로 여길 수 없을 것이다. 따라서 "천지만물을 일체로 여긴다"라는 말은 사실, 천지만물을 일체로 여기고자 한다는 의미가 아니라 천지만물의 요구와 소환에 순응하여 천지만물 앞에서 천지만물을 보살핀다는 의미가 되어야 한다. 나의 이러한 '일체로서의 인仁'이란 오직 천지만물을 천지만물로 여겨서 그들을 살아가게 하고 그들로 하여금 그 자신으로 존재할 수 있도록 하는 것일 따름이다. 이것이 바로 어진 이가 타자로서의 천지만물에 베푸는 사랑이다. 천지만물은 이 사랑 안에서 타자로서, 즉 내가 사랑을 베풀고 책임을 지는 타자로서 살아가게 되는 것이다.

10. '욕망'으로서의 인仁: '일체화'와 '사이'

타자가 나의 사랑 안에서 계속 살아가고 타자 자신의 자신다움을 이어 간다면 여전히 타자는 존재할 수 있다. 또한 타자가 여전히 존재한다면 어떠한 일체화 體化도 진정으로 있을 수 없을 것이다. 진정한 의미의 일체화가 이루어진 후에는 어떠한 타자도 진정으로 존재할 수 없기 때문이다. '일체화'란 바로 타자의 소멸을 의미하는 것으로, 타자는 모든 것을 자신 안에 포함하는 절대적 자아 속에서, 혹은 모든 것을 녹이는 욕망의 화염 속에서 소멸되고 말 것이다. 따라서 애초에 일체였다거나 일체화가 이루어진다면 다시는 애愛 혹은 인仁이 존재할 수 없게 될 것이다. 이렇게 볼 때, 정호나 왕수인 같은 전통적 유가사상가들이 강조했던 일체화의 충동은 사실 인仁과 애愛를 완성시키고 종결시키려는 충동이라고 할 수 있다. 일단 일체가 되면 나와 타자는 어떠한 사이도 없는 완벽한 합일의 상태로 진입하게 되고, 이러한 이상적 상태에서는 더 이상 인仁과 애愛가 필요치 않게 될 것이기 때문이다. 따라서 인仁의 실현이나 완성은 동시에 인仁의 결말이나 종결이기도 하다.

하지만 인仁을 완결시키려는 충동은 결코 어떤 우연적이고 주관적인 충동이 아니며, 일부 유가사상가들의 기상천외한 착상 역시 아니다. 이 충동은 본래 애愛로서의 인仁 안에 이미 그 구조적 가능성을 지니고 있었다. 앞서 서술했듯이, 타자에 대한 근본적인 관심으로서의 사랑愛은 타자를 '조건'으로, 엄격히 말하자면 나와 타자의 다름을 조건으로 두고 있기 때문이다. 이것은 사랑이 '개체성' 및 타인과 나의 '사이'를 조건으로 한다는 의미이기도 하다. 물론 우리는 '자기애' 즉 자신에 대한 사랑을 지닐 수 있기는 하다. 하지만 자기애라는 현상은 단지, 나를 사랑하는 '나'(자아)와 내가 사랑하는 '나'(대상으로서의 나) 사이에 이미 분별이 있으며, 대상로서의 나는 이미 하나의 타자이기에 내가 그를 사랑하거나 보살필 수 있음을 의미하는 것이다. 자기애의 상황에서 나는 결코 타자로서의 나와 완전히 동일해질 수 없으며, 혼연히 일체가 될 수도 없다. 자아로서의 나와 타자로서의 나 사이에는 이미 필연적으로 간극이 존재한다.

비록 타인에 대한 관심으로서의 애愛가 대상을 소유하려 하거나 대상이 되려 하는 욕망인 것은 아니지만, 애愛의 구조 혹은 인仁의 구조 자체는 부단히 욕망을 생산하고 있다. 이 욕망은 '차이 그 자체' 혹은 '타자와 나의 사이'라는 미묘한 '사이'에서 발생되는 욕망이다. 즉 이 욕망은 차이 혹은 사이가 부단히 만들어 내는 '사이 없음'(無間) 즉 일체화에 대한 욕망이고, 이 욕망이 맹목적으로 추구하는 것은 바로 그 욕망을 낳는 조건의 소멸이다. 인仁이 그 자신을 철저히 '완성'시키려는 충동은 이렇게 만들어지는 것이다. 타자에 대한 나의 사랑은 결코 의도적으로 타자를 삼켜 버리려거나 소유하고자 한 것이 아니겠지만, 이 사랑의 구조에 본래부터 내재되어 있는 욕망이나 충동은 항상 어떤 완결이나 이상적 최후, 본래의 상태, 철저한 합일 등을 지향한다. 이러한 '욕망으로서의 인仁'에 대해서 다음과 같이 말할 수 있을 것이다. 욕망으로서의 인仁이란 어떤 개인이 인仁을 추구하고자 하는 욕망이 아니라 인仁이라는 구조 자체가 만들어 내는 욕망으로, 인仁 그 자체가 필연적으로 끊임없이 만들어 내는 '자신을 완성하고 종결시키려는' 욕망이다. 또한 이것은 본질적으로 결코 실현될 수 없는 욕망이다. 중국문화의 근본적 경향을 의미한다고 여겨지기도 하는 '천인합일'이라는 개념이 바로 이 욕망의 한 가지 표현이다.

우리가 이러한 욕망이 결국 실현될 수 없으리라는 사실을 이미 알고 있다는 것은, 이 욕망의 실현이 의미하는 바가 무엇인지를 이미 알고 있기 때문이라고 볼 수 있다. 어떠한 욕망일지라도 필연적으로 그것은 자신을 완전하게 실현시키지 않음으로써 현재의 자신을 유지하기를 욕망할 수밖에 없다. 따라서 핵심은 "지극히 커서 바깥이 없는" 일체를 불가능하게 만드는 '사이'를 어떻게 지키고 관리할지이다. 타인과 나의 '사이'가 여전히 존재한다면 어떠한 일체도 존재할 수 없을 것이다. 타인을 살아가게 하는 사랑, 이러한 사랑으로서의 인仁은 타인과 나의 '사이'에서만 존재할 수 있다. 또한 이것은 타자에 대한 나의 사랑이 결코 절대화될 수 없음을 의미한다. '타자가 살아가도록 하는' 사랑은 오직 절대화되지 않는 사랑, (노자를 빌려 말하자면) "살아가도록 할 뿐 소유하지는 않는"[35] 사랑, 타자를 타자로서 존재하도록 하는 사랑일 수밖에 없다. 천지만물을 포함하는

---

35) 『老子』, 제2장, "生而不有, 爲而不恃."

타자는 타자에 대한 나의 이러한 근본적인 사랑 속에서 비로소 진정으로 다가올 수 있게 되고, 계속해서 타자로서 존재할 수 있게 된다. 바로 이러한 의미에서, 공자의 인仁으로서의 사랑은 타고난 본연의 감정이 아니라 윤리 주체인 내가 타자에 대해 느끼는 근본적인 책임감이다.

11. 남은 이야기

우리가 타자로서의 공자, 즉 이미 과거가 되어 버린 타자를 계속해서 우리 사이에 살아 있게 하고 존재할 수 있게 하려는 것은 모두 그러한 타인에 대한 근본적인 사랑, 근본적인 책임감 때문이다. 그래서 우리는 오늘날에도 여전히 공자가 말했던 사랑을 다시 읽어야만 한다. 그렇게 공자의 사랑을 다시 읽을 때, 우리는 인仁의 표현으로서의 사랑 안에서, 즉 남에게 전가할 수 없는 윤리적 책임 안에서 다시금 우리들 자신을 발견하게 된다. 유가전통에서의 '천지일체로서의 인仁', 즉 "지극히 커서 바깥이 없는" 경향이 없지 않은 사랑과 비교했을 때, 공자의 간결하지만 핵심을 찌르는 사랑은 우리에게 풍부하고도 열려 있는 가능성들을 보장해 준다.

물론 우리가 인仁으로서의 사랑을 읽고 이해하고 실행할 수 있는 것은 어디까지나 특정한 맥락 속에서이다. 공자의 시대 및 그 이후의 역사에서 공자의 '타인을 사랑함'이 계급사회의 구조 속으로 진출하는 것은 결코 쉽지 않았다. 이러한 구조 속에서 정치·윤리의 원칙으로서의 '타인을 사랑함'은, 항상 통치자 눈에는 허공에 떠 있는 순수한 이상에 지나지 않았다. 그래서 그것은 대체로 군주가 신하에게 베푸는 제한적 사랑, 상위계급에 속한 사람이 하위계급에 속한 사람에게 베푸는 제한적 사랑으로 나타날 뿐이었다. 그럼에도 불구하고 우리는 그 속에서 "사랑한다는 것은 그것이 살기를 바라는 것"의 경향을 목격할 수 있다. 이 사랑은 노역을 줄이고 세금을 낮추어 농민의 부담을 줄이거나 백성과 함께 쉬고 백성이 살아가도록 하는 '안민정책' 등으로 구체화될 수 있을 것이다. 이러한 경우, 백성은 하나의 타자로서 제한적으로나마 존중을 받을 수 있다. 그러나 반대로, 통치자가 자신의 위세를 내세우고자 억지로 어떤 성과를 내놓으려 할 경우 백성은 통치자를 위한 단순한 도구로 전락하고 만다. 이러한 경우에는 무제한적으로 확장되는 절대적인 자아 즉 "지극히 커서 바깥이 없는 일체"만이 존재하게 되며, 사랑을 받으면서 사랑 안에서 타자로서 살아나가는 타자 즉 백성은 더 이상 존재할 수 없게 된다.

그런데 현대사회에서는 그러한 '타인을 사랑함'조차도 이미 그 설자리를 잃어버리고 말았다. 적어도 표면적으로는 제왕과 신민, 통치자와 피통치자라는 신분이 지금은 존재하지 않는다. 우리는 최소한 원칙적으로는 상호 평등한 개인으로 함께 존재하고 있다. 그러나 '상호 평등한 개인'이라는 이 표현은 빈번하게 "나는 항상 타자와 대면하고 있다"라는 중요한 윤리적 면모를 엄폐하는 경향이 있다. 사실 타자는 항상 내 앞에 있다. 타자는 항상 자신에 대한 나의 근본적인 사랑과 관심을 필요로 한다. '타인을 사랑함'은 심리적 범주와 정치적 업적을 넘어서 근본적인 윤리적 책임을 추구한다. 그런데 바로 이러한 타자에 대한 윤리적 책임이 아주 깊은 의미에서 내가 타인과 결코 평등할 수 없도록 만드는 것이다. 타인이 어떠하든, 타인이 나를 어떻게 대하든 나는 마땅히 타인을 사랑해야 한다. 타자와 마주하고 있을 때, 나는 이미 그러한 타자에 대한 사랑 안에서, 즉 피할 수도 없고 모든 사랑에 앞서는 가장 근본적이고 시원적인 사랑 안에서 나 자신을 발견할 것이기 때문이다. 이것이 바로 우리가 공자의 "인仁이란 타인을 사랑함이다"에서의 '사랑함'(愛)으로부터 계속해서 받고 있는 윤리적 요구 또는 명령이다. 이러한 요구 또는 명령은 어떠한 번역도 필요 없고 어떠한 현대어로도 번역될 수 없는 '애愛'를 통해 계속해서 우리에게 전해질 것이다.

제7장 손님과 주인으로서의 타인

"문밖에 나가서는 큰 손님을 맞이하는 듯이 하고,
백성들을 부릴 때는 큰 제사를 받드는 듯이 하라."

우는 사슴은 들판의 풀을 뜯어먹고,
나는 귀한 손님이 있어 거문고를 타고 비파를 뜯네.[1]

문밖에 나가서는 큰 손님을 맞이하는 듯이 하고, 백성들을 부릴 때는 큰
제사를 받드는 듯이 하라. 내가 원하지 않는 바를 남에게 행하지 말라.
그러면 조정에서도 원망이 없고, 집안에서도 원망이 없을 것이다.[2]

이것은 인仁에 관한 제자 중궁仲弓의 질문에 대한 공자의 답변이다.
공자의 인仁에 대한 논설들 가운데 이 대목은 특히 그 서술이 구체적이기는
하지만, 여기에서도 공자는 인仁이 드러난 형상만을 묘사했을 뿐 어떠한
개념정의도 내리지 않았다. 이 장에서는 공자의 이러한 특별한 서술을
중심으로 그의 인仁 사상에 내포된 의미에 대해 논의를 진행할 것이다.
이를 위해 우리는 먼저 "큰 손님을 맞이하는 듯이" 하고 "큰 제사를 받드는
듯이" 하는 태도가 어떻게 공자에게서 인仁으로 인정되는지를 살펴보고,
이어서 유명한 "내가 원하지 않는 바를 남에게 행하지 말라"라는 격언의
심층적 의미를 분석한 뒤, "조정에서도 원망이 없고, 집안에서도 원망이

---

1) 『詩經』, 「小雅」, "呦呦鹿鳴, 食野之芩, 我有嘉賓, 鼓瑟鼓琴."
2) 『論語』, 「顏淵」, "出門如見大賓, 使民如承大祭. 己所不欲, 勿施於人. 在邦无怨, 在家无怨."

없을 것이다"라는 대목을 심도 있게 분석해 볼 것이다.

앞에서 인용한 공자의 말은 표면적으로는 모두 나 자신의 입장에서 나의 행동에 관해 서술한 것이지만 실제로는 타인을 그 중심에 두고 있다. 전적으로 나와 타인의 관계 속에서 인仁이 고려되고 있는 것이다. 공자의 이 대목은 최소한 세 가지 차원으로 구분될 수 있다. 첫째, "문밖에 나가서는 큰 손님을 맞이하는 듯이 하고, 백성들을 부릴 때는 큰 제사를 받드는 듯이 하라"라는 대목은 비유적이고 형상화된 표현을 통해 우리가 어떻게 타인을 대해야 하는지를 설명한다. 둘째, "내가 원하지 않는 바를 남에게 행하지 말라"라는 대목은 격언의 형식을 통해 타인을 대하는 보편적인 원칙을 제시한다. 셋째, "조정에서도 원망이 없고, 집안에서도 원망이 없을 것이다"라는 대목은 마치 자기 자신에 대한 요구인 것처럼 보이기도 했던 그 행위가 가져올 결과에 대한 서술이다. 다시 말해 이 말은, "문밖에 나가서는 큰 손님을 맞듯이 하고 백성들을 부릴 때는 큰 제사를 받들듯이 하며" "내가 원하지 않는 바를 남에게 행하지 않는다면", 타인을 원망하지도 타인으로부터 원망을 받게 되지도 않을 것이라는 의미이다. 이 마지막 단락이 지닌 구조적인 양면성에 대해서는 차후 구체적인 분석을 통해 다시 논하게 되겠지만, 그 어떤 경우에도 "원망이 없음"에서의 '원망'은 항상 나와 타인을 서로 연루시키고 있다.

1. "문밖에 나가서는 큰 손님을 맞이하는 듯이 하라"

우리는 "문밖에 나가서는 큰 손님을 맞이하는 듯이 하고, 백성들을 부릴 때는 큰 제사를 받드는 듯이 하라"는 말이 공자가 전적으로 지어낸 말은 아니라는 것을 알고 있다. 『춘추좌전』 희공僖公 33년(기원전 672)조에 따르면 진晉나라의 구계臼季는 진문공에게 기결冀缺을 추천하면서 다음과 같이 진언하였다고 한다.

신이 듣기로, "문밖에 나가서는 손님을 대하듯이 하고, 일을 처리할 때는 제사를 받드는 것과 같이 하는 것이 인仁의 원칙이다"라고 하였습니다.[3]

이미 공자 이전부터 "문밖에 나가서는 손님을 대하듯이 하고, 일을 처리할 때는 제사를 받드는 것과 같이 하는 것"이 인仁의 방법으로 여겨져 오고 있었던 것이다. 따라서 공자의 설명은 단지 옛날부터 전해 오던 말을 더욱 명확하게 한 것처럼 보일 뿐이다.[4] 그런데 여기서 "손님을 대하듯이"로 해석되고 있는 "여빈如賓"이라는 표현은 그 자체로만 보면 구조적으로 모호성을 지니고 있다. 때문에 '빈賓'자가 동사적인 용법(손님으로 대하다)으로 사용되어 "(타인을) 손님을 대하듯이 하다"로 해석되기도 하고, '빈賓'자가 명사적인 용법(손님)으로 사용되어 "(내가) 손님처럼 하다"로 해석되기도 한다. 그러나 다음 대목인 "승사여제承事如祭"의 '제祭'자가 동사적 의미로 사용된 만큼, "여빈如賓"의 '빈賓'자 역시 마땅히 동사적 용법으로 이해해야 할 것이다. 최소한 공자는 이 전통적인 설명에 관해서 이렇게 이해했던 것으로 보인다. 그래서 공자는 "출문여빈出門如賓"의 "여빈如賓"을 "여견대빈如見大賓"(큰 손님을 맞이하는 듯이 함)으로 새롭게 표현했고, "승사여제承事如祭"에 대해서도 역시 "여제如祭"를 "여승대제如承大祭"(큰 제사를 받드는 듯이 함)로 표현

---

3) 『春秋左傳』, 僖公 33年, "初, 臼季使過冀, 見冀缺耨, 其妻饁之, 敬, 相待如賓. 與之歸, 言諸文公曰: "敬, 德之聚也. 能敬必有德, 德以治民, 君請用之. 臣聞之, 出門如賓, 承事如祭, 仁之則也."
4) 楊伯峻은 『논어』 「안연」편의 "문밖에 나가서는 큰 손님을 맞이하는 듯이 하고, 백성들을 부릴 때는 큰 제사를 받드는 듯이 하라"(出門如見大賓, 使民如承大祭)라는 기록이 이것과 의미가 같다고 보았다.

하고 "승사承事" 또한 "사민使民"(백성을 부림)으로 새롭게 고쳤다.

공자가 '빈賓'자와 '제祭'자 앞에 각각 '대大'자를 더한 까닭은 그 손님과 제사의 중요함을 더욱 강조하기 위해서이다. 문밖으로 나설 때에는 아주 중대한 귀빈을 대하듯이 공손해야 하며, 백성을 부릴 때에도 마찬가지로 아주 성대한 제사를 받들 듯이 신중해야 한다는 것이다. '손님'(賓)은 '큰 손님'(大賓)이고 '제사'(祭)는 '큰 제사'(大祭)인 만큼 결코 가벼운 마음으로 소홀히 대해서는 안 된다. 그런데 '문밖에 나가는 것'과 '백성을 부리는 것'은 '손님을 맞는 것'이나 '제사를 받드는 것'에 비해서도 더 평범하고 일상적인 일인데, 어째서 그것이 '큰 손님'을 맞고 '큰 제사'를 지낼 때처럼 되어야 한다는 것인가? 이처럼 "문밖에 나가서는 큰 손님을 맞이하는 듯이 하고, 백성들을 부릴 때는 큰 제사를 받드는 듯이 하라"에서의 '~듯이 / 처럼'(如)이라는 말은 우리를 곤혹스럽게 한다. 나는 어째서 문밖을 나서거나 백성을 부릴 때 손님을 맞이하고 제사를 받드는 것처럼 해야 하는 것일까? 게다가 단순히 손님을 맞이하고 제사를 받드는 것을 넘어, 어째서 다시 '큰 손님을 맞이하고'(見大賓) '큰 제사를 받드는'(承大祭) 것처럼 해야 하는 것일까? 먼저 "문밖에 나가서는 큰 손님을 맞이하는 듯이 한다"라는 대목의 함의부터 이해해 보도록 하자.

우선 '문밖에 나감'(出門)의 의미부터 분석을 시작하겠다. 양백준과 이택후는 모두 이를 "문을 나서서 일함"과 "나가서 일함"으로 옮겼고, D. C. 라우와 제임스 레게는 "국외로 나가다" 즉 '출국'으로 해석하였다.[5] 그러나 우리는 "문밖에 나감"을 반드시 "나가서 일함"이나 '출국'으로 해석해야 할 필요는 없다. 일단 "문밖에 나감"의 문자적 의미는 자기 집 문을 나선다는

---

5) 楊伯峻, 『論語譯注』, p.124; 李澤厚, 『論語今讀』, p.278; D. C. Lau, *Confucius: The Analects*, p.112; James Legge, *The Chinese Classics* vol. I, p.251.

것, 즉 자신의 집을 떠난다는 의미이다. 이것은 아마도 우리의 가장 일상적인 행위 중의 하나일 것이다. 그러나 바로 이러한 까닭에 "문밖에 나감"의 철학적 의미에 관해서는 별 다른 관심과 논의가 없었다.[6]

만약 누군가가 '두문불출'한다고 일컬어진다면, 이러한 행위에는 이미 사람을 출입하게 하는 문의 의미, 즉 '나가지 않음'(不出)의 행위 이전에 이미 문의 존재가 필수불가결의 전제가 되어 있는 것이다. 이러한 문은 집에 대한 은유 혹은 상징이고, 집은 나와 타인의 분리를 의미한다. 내가 문을 나서지 않고 집에 있을 때, 나는 '우리 집 사람들'과 함께 머무르고 있다. 비록 '우리 집 사람들' 역시 본질적으로는 '서로 손님처럼 대해야' 할 타인이지만, 이들 '우리 집 사람들'은 어디까지나 나와 가장 가깝고 친밀한, 다른 타인들과는 구별되는 타인이며 나의 문 안에 있는 사람으로서의 타인이다. 문은 일종의 경계로서 나와 타인을, 즉 나와 '우리 집 사람이 아닌 사람들'을 분리시켜 준다. 문은 나와 이들 타인 사이의 분리시키고, 나와 자신의 동일함을 실현시킨다. 문안에 머무르는 동안 우리는 타인을 마주하지 않을 수 있다. 문은 내가 나로서 존재할 수 있도록 해 주고,

---

6) 왕부지는 『讀四書大全說』(『船山全書』第6冊, 長沙: 丘麓書社, 1996, p.772)에서 『논어』의 이 단락에 대해 평하면서 "문밖에 나감"(出門)의 의미를 집중적으로 논한 바 있는데, 그의 관심은 단지 "문밖에 나감"이 動靜 가운데 어디에 속하는가를 판정하는 데만 있었다. 그는 '意'(의념)가 일어났는지의 여부에 따라 동정을 구분하여, 굳이 동정을 구분한다면 "문밖에 나감"은 靜에 속하고 "백성을 부림"은 動에 속하므로 "문밖에 나감"과 "백성을 부림" 외에 다른 하나의 靜을 세우는 것은 불가하다고 하였다. 왕부지가 한 말의 의미는 "문밖에 나감"과 "백성을 부림" 사이를 억지로 動과 靜으로 구분해서는 안 된다는 것이다. 그는 여기에서 다른 학자와 벌인 논쟁에 관해 언급했는데, 그는 주돈이의 "動靜無端說"에 바탕을 두고 動 중에 靜이 있고 靜 중에 動이 있다고 주장하였다. 그러나 왕부지의 설명이 지닌 함의를 진정으로 이해하기 위해서는 이 문장의 본래 의미를 파악해야만 한다. 왕부지의 문제의식은 동정 개념에서 기인한 것이므로, 그가 문제의 올바른 방향으로 나아가고 있다고는 볼 수 없을 것이다. "문밖에 나감"은 인간의 행위로서 완전히 "의도가 없을" 수는 없고, 따라서 靜이라고 부를 수도 없다. 오히려 어떤 의미에서 "문밖에 나감"은 靜의 타파라고 할 수 있을 것이다.

나의 재산이나 비밀 같은 사적인 것들을 지켜 준다. 따라서 내가 문을 걸어 잠그고 나가지 않은 것이나 문을 굳게 닫아걸고 타인의 방문을 거절하는 것은 모두 타인을 거절하려는 태도를 의미한다.

그런데 이처럼 타인의 출입을 막아 주는 것이 문이지만, 그 출입을 가능케 해 주는 것 또한 문이다. 따라서 문은 구분이자 격리이고 폐쇄와 단절인 동시에 통로이자 연결이며 개방이기도 하다. 만약 문의 작용이 단지 '집으로 돌아오고' '집에 머무를' 수 있게 해 주는 것, 타인을 떠나 나에게로 돌아와 자아의 고립성과 폐쇄성을 실현시켜 주는 것이라면 문은 목적의 실현 이후에는 버려질 수밖에 없는 것일 수도 있다. 토끼 사냥이 끝난 후 잡아먹히는 사냥개나 고기잡이가 끝난 후 버려지는 통발(筌)과 같이 순전히 하나의 수단일 뿐일 수도 있다는 것이다. 그러나, 설마 문도 없이 완전히 폐쇄된 집, 내부만 있고 더 이상 바깥이 없는 그러한 집은 결코 있을 수 없다. 그처럼 완벽하게 어떠한 문도 없는 집은 완벽함에 도달하는 그 순간 더 이상 집이 아니게 된다.

우리는 내부를 상상하는 동시에 외부를 생각하지 않을 수 없다. 하나의 집에는 적어도 하나 이상의 문이 필요하다. 이 문은 나를 밖으로 나가게 해 주고 안으로 들어오게 해 주며, 나를 타인과 분리시켜 주고 연결시켜 준다. 이러한 문이 없으면 집이라고 불릴 수 없다. 그리고 이러한 문을 매개로 한 분리와 연결이 생겨나면, 나는 결코 타인과 분리될 수 없다. 우리는 결코 집 안에서만 영원히 머무를 수 없고, 절대적인 사적 공간과 완전한 자기 자신을 향유할 수 없는 것이다. 문의 존재는 단순히 자기 자신을 절대적으로 고립시킬 수 없다는 것을 의미할 뿐만 아니라, 반드시 자신의 집을 떠나 밖으로 나가서 타인과 마주해야 한다는 것을 의미한다. 이러한 까닭에 공자는 '문밖에 나감'(出門)을 말했던 것이다.

'문밖에 나감'이 말하는 바는, '내가' 문밖에 나가는 것이고 내가 나의 집을 '떠나는' 것이다. 내가 집을 떠난다면 나는 타인을 만날 가능성에 직면하게 된다. 그러므로 '문밖에 나감'은 타인을 조우하는 것이고, 타인과의 관계가 발생하는 것이다. 이러한 관계는 임금을 섬기고, 정치를 행하고, 백성을 부리고, 인간을 교화하고, 친구를 사귀는 등등의 관계를 포함한다. 물론 실제로 이러한 타인들이 전부 나의 손님일 수는 없고, 이들 모두가 '큰 손님'인 것은 더욱 불가능하다. 하지만 공자의 "문밖에 나가서는 큰 손님을 맞이하는 듯이 하라"는 말에 따르면, 나는 '문을 나서기만' 하면 곧 '큰 손님을 맞이하듯이' 해야 한다. 이것은 곧 타인과의 관계 속에서 내가 주인으로서의 지위를 받아들였음을 의미한다. 왜냐하면 타인을 '큰 손님을 맞이하는 듯한' 행위 속에는 이미 주인으로서의 나의 신분이 내포되어 있기 때문이다. 게다가 주인으로서의 이러한 지위는 내가 타인을 공경스럽고 겸손하게 대할수록 더욱 강조되고 강화될 것이다.

동시에 타인을 손님 대하듯이 하는 나의 행위 속에는 이미 '집'의 의미가 포함되어 있다. 타인을 손님으로 환대한다는 것에는 내가 손님을 환대할 수 있도록 해 주는 집이 내포되어 있기 때문이다. 비록 내 입장에서 말하자면 "문밖에 나가서는 큰 손님을 맞이하듯 하는" 것이 우선적으로는 '나감'이고 내 집을 '떠나' 타인을 만나는 것이지만, 이 '나감'은 타인의 입장에서는 손님으로서 나의 집에 '들어오는' 것이 된다. 따라서 나와 타인을 분리시켜 주는 동시에 연결시켜 주는 '문'은 단지 나 자신의 집을 떠나 타인을 마주해야 함만을 의미하는 데 그치는 것이 아니다. 이러한 문은 나의 집을 타인을 향해 개방하여 타인이 집 안으로 들어오도록 하고 그를 환대해야 한다는 의미까지도 함축하고 있다.

이처럼 내가 '문밖으로 나가는 것'은 동시에 타인이 '문안으로 들어오는 것'이기도 하다. 내가 문을 나선다는 것은, 그 자체로 이미 타인을 향해 나를 공개하여 타인이 내게로 '들어오도록' 하는 것이다. 따라서 실제로는 정말로 집이 필요한 것이 결코 아니다. 언제 어디에서건 타인을 대할 때, 특히 타인을 접대하고 환대할 때 '큰 손님을 맞이하듯이' 한다는 것은, 내가 이미 나의 집으로 손님을 접대하는 주인의 직분을 받아들인 것이다. 이것이 바로 "문밖에 나가서는 큰 손님을 맞이하는 듯이 함"이라는 표현에 내포된 복잡한 논리이다.

타인을 손님처럼 대한다는 것은, 타인을 위해 손님을 대접할 주인으로서의 책임을 진다는 의미이다. 나는 그 누구와의 관계 속에서건 이미 주인인 것이다. 그런데 이 '주인'의 의미가 아주 애매하다. 우리는 보통 주인을 말할 때 어떤 '지배적인 위치'에 있는 사람을 떠올린다. 하지만 손님과 주인의 관계에서 주인은 사실상 손님의 분부를 잘 들어야 하는 '지배받는 사람'이라고도 할 수 있다. 왜냐하면 손님과 주인은 다음과 같이, 아주 미묘한 타인과 나의 관계에 놓여 있기 때문이다.

한편으로 손님은 단지 나의 손님, 나를 찾아온 손님일 뿐이다. 그는 손님으로서 나에게 찾아와 주인인 나에게 스스로를 맡기고 완전히 나의 지배하에 들어가게 된다. 상식적으로 생각했을 때 주인이 있는 곳에서는 주인이 주관자로서 결정권을 지녀야 하기 때문이다. 물론 손님으로서의 타인의 방문이 아무런 원하는 것 없는 단순한 예방禮訪일 수도 있고 곤경에 처해 도움을 구하러 오는 것일 수도 있으며 오갈 데 없어서 신세를 지고자 오는 것일 수도 있지만, 어찌되었건 타인이 내게로 왔고 내가 그를 맞이했다면 그는 나의 손님인 것이다. 타인이 나의 손님으로서 나로부터 받게 될 '대우'는 오롯이 주인인 내가 어떤 격식을 차리는가에 따라, 즉 내가 그 손님을 어떻게 대접하는가에 따라 결정된다.

그런데 다른 한편으로, 나의 손님은 나의 주인이기도 하다. 타인이 손님이 되어 나를 방문하게 되면 나는 타인의 요구를 만족시켜야 하는 위치에 놓이게 될 것이기 때문이다. 따라서 타인의 방문은 그 자체로 나를 지배하게 된다. 손님과 대면할 때 나는 그에 대해 주인으로서의 책임을 느끼지 않을 수 없다. 나는 그의 요구를 만족시키지 않을 수 없고, 심지어 그의 명령에 복종하지 않을 수 없다. 나의 손님이 어떤 구체적인 요구를 제기했기 때문이 아니라, 그 손님 자체가 이미 나에게 하나의 요구나 명령이 되는 것이다. 간혹 그러한 요구나 명령이 무언의 겸손 혹은 아무것도 하지 않음으로써 표현될 수도 있지만, 이 요구하지 않는 요구 혹은 명령하지 않는 명령은 도리어 그 요구와 명령의 강제성을 더욱 강화시킨다. 어쩌면 손님이 무뢰배일 수도 있으며, 이런 경우 그를 보호하기는커녕 당장 쫓아내어야 할지도 모른다. 하지만 그렇다고 하더라도 이것이 주인과 손님 관계의 본질을 조금도 변화시키는 것은 아니다.

주객관계의 기묘한 논리는 이렇다. 손님은 주인이 되고 주인은 손님이 되며, 손님은 주인을 주인으로 만들고 주인은 손님의 손님이 된다. 손님이 없다면 주인도 없을 것이기에, 손님은 주인에 앞서면서 주인을 주인으로 만드는 존재이다. 손님이 바로 나를 주인의 지위로 밀어올리고, 나에게 주인으로서의 책임을 요구하는 것이다. 물론 내가 타인을 위해 주인으로서의 호의를 다할 때 비로소 타인은 진정으로 나의 손님이 되고 나 역시 진정으로 타인(손님)의 주인이 되는 것이지만, 이러한 주인은 도리어 손님이 자신을 지배하도록 둔다. 주인의 주된 책임은 손님을 받드는 것이며, 이는 곧 자신의 손님에 대한 '복종'이라 할 수 있다.7)

---

7) "賓從" 혹은 "賓服"은 일반적으로 제왕의 지위에 있는 통치자에게 충심으로 "歸服"하거나 "歸順"하는 것을 가리킨다. 이것은 명백하게 "손님"(賓)이 "주인"(主)에게 복종한다는

이처럼 모호한 중의성을 띠고 있는 주객관계는, 그 구조의 애매함으로 인해 오히려 없앨 수 없다. 한편으로 나는 주인으로서 반드시 나의 손님을 위해 주도적으로 일을 처리해야 한다. 이는 곧 손님을 위해 내가 주관하고 결정함을 의미한다. 이러한 안배와 결정이 없다면 나는 주인으로서의 책임을 다하지 못한 것이 된다. 그러나 다른 한편으로, 나는 주인으로서 손님의 희망을 존중해야 하며 반드시 손님들을 만족시켜야 한다. 주인으로서의 내가 안배하고 결정하는 것들은 모두 손님들로부터 올 수밖에 없는 것이다. 그러므로 주인으로서의 나와 손님으로서의 타자의 관계에서 '나'는 손님에 의해 안배되고 결정된다. 나의 손님이 이미 주인으로서의 나의 지위를 안배하고 규정했다는 것이다. 이처럼 주객관계 속에서 손님을 안배하는 주인이 실은 손님에 의해 안배되고 결정된다는 측면에서 볼 때, 나의 손님은 어떤 의미에서는 이미 나의 주인이라고 할 수 있다. '손님으로서 주인이 된' 손님은 주인인 나에 대해, 손님을 위해 일을 주관하고 호의를 베풀며 손님을 잘 접대하는 주인이 될 것을 요구하게 된다.

의미로, 주인이 위이고 손님이 아래이거나 주인이 귀하고 손님이 천하다는 이분법적 대립 구조가 내포되어 있다. 하지만 『예기』 가운데 손님의 예절에 관해 서술한 부분들을 보면 우리는 주인과 손님 간의 지위가 사실 완전히 고정된 것이 아니라, 미묘한 교환／교류의 과정을 계속하고 있음을 발견하게 된다. 『예기』 「曲禮上」에는 다음과 같은 대목이 있다. "무릇 손님과 함께 들어오는 자는 항상 문 앞에서 손님이 먼저 들어가게 양보하며, 손님이 안채의 문 앞에 이르면 주인은 먼저 들어가서 자리를 마련한 후 다시 나와서 손님을 맞이한다. 이때 손님이 굳이 사양하면 주인은 손님에게 절을 하고 들어간다. 주인은 문에 들어갈 때 오른편에 서고 손님은 왼편에 서며, 주인은 동쪽 계단을 오르고 손님을 서쪽 계단을 오른다. 만약 손님의 계급이 낮아서 주인의 계단으로 나아가면, 주인은 깊이 사양하며 손님이 다시 서쪽 계단으로 오르게 한다……"(凡與客入者, 每門讓於客. 客至於寢門, 則主人請入爲席, 然後出迎客. 客固辭, 主人肅客而入. 主人入門而右, 客入門而左, 主人就東階, 客就西階, 客若降等, 則就主人之階. 主人固辭, 然後客復就西階……) 여기에서, 한편으로 주인은 반드시 손님에 대한 지극한 존중, 즉 손님을 자신의 위에 두는 예절을 보여야 하지만, 다른 한편으로 손님 역시 주인에 대해 지극한 존중을 보여야 한다. 이는 손님 역시 주인을 자신의 위에 두어야 한다는 의미이다. 물론 이러한 상호 존중이 단순히 겉으로 드러나는 데 그쳐서는 안 된다.

일상생활에서 우리가 '문을 나섰을 때' 만나게 되는 타인이 실제로 모두 나의 '큰 손님'인 것은 당연히 아니다. 공자 역시 이 점을 알고 있었기 때문에 "문밖에 나가서는 큰 손님을 맞이하는 '듯이'(如) 하라"라고 말했던 것이다. '~듯이'라는 말은 "마치 ~와 같다"는 의미이지, 결코 "바로 ~이다"의 의미가 아니다. 하지만 어떤 규정적 요구나 행위의 보편원칙으로서의, 인仁의 체현으로서의 "문밖에 나가서는 큰 손님을 맞이하는 듯이 하라"라는 언명은 타인과 나의 관계를 다음과 같이 이해할 수 있음을 의미한다. 즉 타인은 지극히 깊은 의미에서 이미 나의 손님이며, 나는 타인을 대면하고 있는 자로서 이미 타인에 대해 주인으로서 손님을 대할 책임을 지고 있다. 이러한 주인과 손님의 관계는 본래적 의미에서 나와 타인의 관계가 변형된 형식에 지나지 않는다.

나에게 다가오는 타인은 결국 내가 진정으로 '손님을 잘 접대하는' 주인이 되기를 요구한다. 손님으로서 타인은 주인인 나를 일종의 '주재자'로 여길 것이다. 타인이 다가온다는 것은 나에게 타인에 대해 전적으로 책임질 것을 요구하는 것과 같고, 그렇기에 나는 "문밖에 나가서는 큰 손님을 맞이하는 듯이" 해야 한다. 손님인 타인을 위해 내가 주인의 역할을 맡는 것은, 하나의 윤리주체로서의 내가 타인에 대해 감당해야만 하는 회피할 수 없는 책임이다. 따라서 "타인을 대하는 것을 손님 대하듯이" 해야 한다는 이 원칙은 결코 나 자신의 '주관적' 선의가 아니라 하나의 '객관적' 요구이다. 즉 주인과 손님의 관계 혹은 타인과 나의 관계 속에서 갖게 되는 나의 피할 수 없는 윤리적 책임인 것이다. 공자는, 이러한 피할 수 없는 주인으로서의 책임을 지는 것, 즉 타자의 지배를 받고 타자를 위해 봉사하는 것이 곧 인仁이라고 보았던 것이다.

2. "백성들을 부릴 때는 큰 제사를 받드는 듯이 하라"

이제 "백성들을 부릴 때에는 큰 제사를 받드는 듯이 하라"(使民如承大祭)에 내포된 개념을 분석해 보도록 하자.

'백성을 부림'(使民)의 '부림'(使)은 지배와 복종의 관계를 내포하지 않을 수 없고, 다시 지배와 복종의 관계는 억압과 강제 심지어는 폭력까지 함축하게 된다. 백성을 부릴 만한 권력을 지닌 사람은 자연히 한 사회의 통치자 혹은 지배자이다. 공자가 살았던 귀족계급사회에서 백성을 부리는 자는 이른바 '군자君子'였고, 부림을 당하는 백성은 '소인小人'이었다. 군자에게 있어 이런 계급사회에서 백성을 부리는 것은 지극히 일상적인 일의 하나였다. 밭 갈지 않고도 밥을 먹고 실을 짜지 않고도 옷을 입을 수 있었던 군자는 무시로 백성을 부렸을 것이다.[8] 그리고 이런 '백성을 부리는' 일은 별도의 의식이나 격식이 필요하지 않은 단도직입적인 지배와 복종 행위일 뿐이다. 반면에 제사는 사회의 매우 중요한 의식 행위로서, 어떤 상징적인 의식을 통해 타자에게 경의를 표하는 행위이다. 제사는 결코 백성을 부리는 것과 같이 아무 때에 아무렇게나 진행될 수 없다. 제사의 태도를 규정하는 것은 고도의 '삼감'(愼)과 '공경'(敬)이다. 제례에서 내가 중시하고 경외해야 할 대상으로서의 타자는 선조와 귀신으로, 이들은 나에게 지대한 영향을 미칠 수 있기 때문이다.

이처럼 "백성들을 부릴 때에는 큰 제사를 받드는 듯이(如) 하라"라는 말에는, 한편으로는 '백성을 부림'이라는 실용적 행위 속에 함축된 군자와 소인 간의 지배와 사역 관계가 있고, 다른 한편으로는 '제사를 받듦'이라는

---

8) 『詩經』, 「魏風」, '伐檀', "坎坎伐檀兮, 寘之河之干兮. 河水淸且漣猗. 不稼不穡, 胡取禾三百廛兮? 不狩不獵, 胡瞻爾庭有縣貆兮? 彼君子兮, 不素餐兮!"

의식 행위 속에 함축된 공경과 신중의 태도가 있다. 그리고 여기서도 역시 '듯이'(如)라는 말이 서로 먼 관계에 있는 둘을 하나로 연결시켜 주는 작용을 한다. 이 '여如'자가 의미하는 것은, 단지 '백성을 부림'에 그치지 말고 마치 "큰 제사를 받드는 듯이" 백성을 부려야 한다는 것이다. 그렇다면 '마치 큰 제사를 받드는 듯이' 백성을 부린다는 것은 어떤 의미일까? '여如'의 본질은 이 문제에 관해 단 하나의 정답만이 존재할 수 없게 만든다. '여如'자에 의해 연결되는 것들은 반드시 서로 다른 층위와 측면을 포함하기 때문이다. 예컨대 제사의 종교적 측면에 주목하더라도 이 말은, "백성을 대하기를 마치 신을 대하듯이 하라"는 '종교와 도덕의 사회에로의 전향' 및 '이성화' 등으로 해석될 수도 있을 것이고,[9] 아니면 반대로 일상적인 사회생활을 의식화·종교화시키려는 시도로 해석될 수도 있을 것이다. 그런데 이런 설명을 위해서는 먼저 신을 어떻게 대할 것인지, 우리가 신을 대하는 특정한 태도에 함축된 의미는 무엇인지, 의식화·종교화의 본질은 무엇인지 하는 의문들의 해소가 선행되어야 하겠지만, 지금은 이런 복잡한 문제들까지 언급할 여유가 없다. 따라서 여기서는 일단 우리의 독해를 이끌어 가고 있는 핵심 주제인 타자의 측면으로부터 분석을 진행해 가도록 하겠다. '백성을 부림'이든 '제사를 받듦'이든 결국에는 우리가 어떻게 타인을 대해야 하는가에 대한 문제로 환원될 것이기 때문이다.

'백성을 부림'(使民)이 '부림'(使)이라는 의미를 지니고 있는 만큼, '백성을 부림'이 함축하는 '타인에 대한 지배'라는 의미는 매우 분명하다고 할 수 있겠다. '제사를 받듦'의 경우, 그 형식이 어떻든 간에 모두 선조나 신을 향해 경의를 표하는 것이다. 내가 제사를 지낼 때 그들을 향해 경의를 표해야 하는 이유는, 타자로서의 그들이 나로 하여금 그들을 경외하도록

---

9) 李澤厚의 『論語今讀』, p.279를 참고하라.

만들기 때문이다. 결국 "백성들을 부릴 때에는 큰 제사를 받드는 듯이 하라"라는 말 속에는 나와 타인에 관한 두 종류의 관계가 존재하게 된다. 나는 '백성을 부리면서' 타인을 지배하고, '제사를 받들면서' 타자에 대해 경외를 표한다. 따라서 공자의 말은, '제사를 받듦'이야말로 내가 어떻게 백성을 부려야 하는지에 대한 기준이 된다는 의미이다.

물론 '백성을 부림' 그 자체가 '제사를 받듦'인 것은 아니다. 내가 백성을 부릴 때는 어떤 명령을 내리지 않을 수 없고, 타인을 지배하지 않을 수 없다. 그 때문에 '여(如)'자가 있는 것이다. 백성을 부릴 때에는 "마치 제사를 받드는 듯이(如)" 해야 한다는 것은 곧, 제사를 받드는 마음가짐과 태도로써 백성을 대해야 한다는 의미이다. 제사를 규정하는 핵심적인 마음가짐과 태도가 '삼감'과 '공경'이라 한다면, 이런 '삼감'과 '공경'의 태도로 백성을 대해야 한다는 것이다. 또한 이는 마치 도구를 사용하듯 거리낌이 없이 타인을 지배해서는 안 된다는 의미인 동시에, 공경스럽고 조심스럽게 행동해서 나에게 부림을 받는 타인에게 경외를 보여야 한다는 의미이기도 하다.

그런데 우리는 왜 그렇게 해야 하는 것일까? 군자인 내가 소인인 백성을 부리고 지배하는 것은 '하늘과 땅의 불변의 도리'(天經地義)인데, 왜 반드시 "백성들을 부릴 때는 큰 제사를 받드는 듯이" 해야 하는가? 만약 나와 백성의 관계가 본질적으로 부리는 자와 부림을 당하는 자 사이의 관계에 지나지 않는다면 공자의 요구는 완전히 실용적 차원(도구의 수명과 활용)에서 제기된 요구에 불과하게 된다. 오직 어떤 방식으로 백성을 부리는 것이 가장 좋은가 라는 측면에만 천착해서 말하자면 "백성들을 부릴 때는 큰 제사를 받드는 듯이 함"은 확실히 백성을 부리는 더욱 좋은 수단이기는 하겠지만, 역시 그뿐이다. 도구를 아껴서 잘 사용하는 것은 도구의 수명을 늘려 줄 수 있을 것이지만, 내가 설령 도구를 아끼지 않아서 그 도구가 역할을 다하지 못하게 된다고 하더라도 그저 예정된 수명보다 앞당겨 폐기시키면 그만일 뿐이다. 그러나 제사의 근본적인 의미가 내가 타자에게 경의(타자에 의해 요구되고 발생한)를 표하도록 하는 것이라면, "백성들을 부릴 때는 큰 제사를 받드는 듯이 함"의 진정한 의미는 단순히 공리적이거나 정치적인 것일 수만은 없다. 공자가 활동했던 당시의 사회구조 속에서 제사가 지녔든 중요성을 고려한다면, "백성들을 부릴 때는 큰 제사를 받드는 듯이 함"이 지니는 의미는 결코 가벼운 것이 아니다.

물론 군자와 소인이라는 특수한 사회적 관계 속에서 백성은 명백히 지배와 부림을 당하는 자이고, 어떤 의미에서 '도구적 존재'였다고 할 수 있다. 하지만 군자와 소인이라는 근본적인 윤리관계 속에서도 백성은 실질적으로 하나의 타인이고 타자이다. 타자는 타자로서 나의 존중과 경외를 요구한다. 따라서 백성을 부리는 과정에서도 반드시 나와 타인 간의 윤리관계가 선행해야 하는 것이다. 한 인간이 지니는 사회적 지위 또는 계급적 지위는 타자의 본질을 결정할 수 없다. 타인이란 단순히 특정한 사회적 관계 속에서의 신분 혹은 역할을 말하는 것이 아니다. 이러한 신분이나 역할은 결코 타인의 본질이 될 수 없다. 타인이 타인인 것은, 그가 단지 특정한 신분과 역할로만 나에게 다가온 것이 아니기 때문이다. 만약 어떠한 '본질'로서 타자를 규정해 본다면, 타자는 결코 개념화(대상화)될 수 없고 어떤 한 가지 개념의 구체적 사례로서 파악될 수 없다는 것, 이것이 바로 타자의 본질일 것이다.

타자는 나의 지척에 있으면서도 결코 도달할 수 없는 존재이다. 타자의 본질을 파악하여 나의 지식의 대상으로 만들려고 하거나 타자를 나의 특정한 목적을 위해 사용되는 도구로 만들려고 하는 시도는 결코 성공할 수 없다. 내가 그 본질을 파악하려고 시도하는 바로 그 순간 타자는 그 본질을 상실하고 더 이상 타자가 아니게 되고, 내가 그를 지배하고 사용하고자 시도하는 그 순간 타자는 단순한 도구로 전락하여 더 이상 타자일 수 없게 된다. 이런 이유로 타인에 대한 지배와 사역, 즉 '백성을 부림'은 확실히 타인을 비인간화하는 위험성을 안고 있다. 바로 이러한 위험성 때문에 군자로서의 나는 백성을 부릴 때는 각별히 공경하고 삼가야 하는 것이다. 따라서 나는 타자로서의 백성에 대해 타인이 내게 요구하는 진정한 존경을 갖추고 유지해야 한다. 표면적으로는 백성으로서의 타인이 나의 지배와 부림을 기다리고 있는 것처럼 보이지만, 실은 그러한 타인이 내게 '큰 제사를 받드는 듯한' 태도로 자신을 대하기를 요구하고 있는 것이다. 이러한 의미에서 백성으로서의 타인은 나보다 까마득히 높은 곳에 있으면서 나를 지배하고 부리고 있다고 하겠다. 백성으로서 타인은 그 자체로 나에 대한 윤리적 요구인 것이다. 계급적 구별과 사회적 관계, 공리적 원칙 등을 넘어, 백성으로서 타인은 내가 자신을 진정으로 경외하면서 자신에 대한 윤리적 책임을 지기를 요구한다.

우리는 여기에서 모순적인 상황에 직면하게 된다. 한편으로 군자로서의 나는 분명 백성을 부리는 자이고 백성의 지배자이지만, 다른 한편으로 나는 백성으로부터 부림과 지배를 받는 자이다. 깊은 의미에서 말하자면, 사실 백성이 나로 하여금 백성을 부릴 수 있도록 한 것이다. 군자로서의 나는 백성의 지배를 받아 백성을 지배하는 자인 것이다. 이러한 특수한 사회관계 속에서 나는 타인에 대한 나의 윤리적 책임을 받아들이고 그 책임을 다해야만 한다. 타인에 대한 책임을 다하는 것은 타인을 위해 헌신하고 심지어 희생하는 것까지도 포함하는데, 이는 마치 내가 선조와 신에 대해 제사를 올릴 때 희생의 제물을 바치는 것과 같다.[10] 여기에 이르면 비로소 "백성들을 부릴 때는 큰 제사를 받드는 듯이 함"에서 '백성을 부림'과 '제사를 받듦' 사이를 연결시켜 주는 '여(如)'자의 힘을 느낄 수 있게 된다. 앞에서 거듭 살펴보았듯이, 이 표현은 '백성을 부림'과 '제사를 받듦' 사이에 깊은 의미관계를 성립시켜 내고 있는 것이다.

'백성을 부림'이 타인으로 하여금 나를 위해 봉사하고 헌신하며 희생하도록 하는 것이라면, '제사를 받듦'은 내가 타인을 위해 봉사하고 헌신하며 희생하는 것이다. 이처럼 "백성들을 부릴 때는 큰 제사를 받드는 듯이 함"은, 나를 위해 봉사하고 헌신하며 희생할 것을 요구당하는 타인을 위해 내가 봉사하고 헌신하며 희생해야 한다는 것을 의미한다. 바로 이러한 점이 유가의 '정치와 윤리의 경계선'을 모호하게 만드는 것은 아닐까? 물론 여기에서 '모호'하다는 말이 가리키는 바는, 한편으로는 타인을 부리고 타인에게 의존하며 타인으로 하여금 나를 위해 봉사하도록 하면서도 다른 한편으로는 내가 타인을 책임지고 타인에게 부림을 당하며 타인이 나를 의지할 수 있도록 한다는 점이다. 나는 이러한 '부림'과 '부림을 받음'의 사회관계 속에서 타자에 대한 나의 무한한 윤리적 책임을 고수해야만 한다. 공자는 이런 행동이나 태도를 인(仁)이라 부를 수 있다고 보았기 때문에

---

10) 우리는 여기에서 『춘추좌전』文公 13년조에 실려 있는, 邾文公이 백성을 이롭게 하고자 거처를 옮긴 일을 떠올려 볼 수 있을 것이다. "주문공 邾이 繹땅으로 천도했다. 점을 치는 사관이 말했다. '백성에게는 이로우나 임금에게는 이롭지 못합니다.' 주문공이 말했다. '만약 백성들에게 이롭다면 그것은 나의 이로움이다. 하늘은 백성을 내고 군주를 세웠으니, 이는 군주로 하여금 백성을 이롭게 하라는 것이다. 백성들이 이롭다면 나는 반드시 그들과 함께하리라.' 좌우에서 말했다. '수명을 더 늘릴 수 있는데 임금께서는 어찌 그 방법을 행하지 않으십니까?' 주문공이 말했다. '나의 사명은 백성을 보호하는 데 있다. 나의 생사는 시간문제일 뿐이니, 백성에게 이롭다면 천도해야 한다.' 결국은 역땅으로 천도했고, 얼마 못 가 주문공은 죽었다. 군자들은 이를 두고 '命을 알았다'고 말한다."(邾文公卜遷於繹. 史曰: "利於民而不利於君." 邾子曰: "苟利於民, 孤之利也. 天生民而樹之君, 以利之也. 民既利矣, 孤必與焉." 左右曰: "命可長也, 君何弗爲?" 邾子曰: "命在養民. 死之短長, 時也. 民苟利矣, 遷也, 吉莫如之!" 遂遷於繹. 五月, 邾文公卒. 君子曰知命.)

"백성을 부릴 때에는 큰 제사를 받드는 듯이 함"을 통해 인(仁)을 형용하였던 것이다.

"문밖에 나가서는 큰 손님을 맞이하는 듯이 하고, 백성들을 부릴 때는 큰 제사를 받드는 듯이 하라"라는 대목이 말하고자 하는 바를 만약 '공경함'이라는 개념 하나로 포괄할 수 있다면, 이 공경은 항상 타자를 향해 있는 공경이며 타자에 대한 공경이다. 이 근본적인 공경은 이미 부모 등과 같은 특별한 타인을 넘어 모든 타인에게로 향하고 있다. 그리하여 나의 '손님'을 오히려 나의 '주인'으로 여길 것이 요구되고, 내가 부리는 '백성'을 나의 '신'으로 받들 것이 요구되고 있다. 그들의 실제 사회적 지위가 나보다 높은지 낮은지와 무관하게 그들은 이미 나의 '주인' 혹은 '신'으로, 내가 타인을 지배하고 부리는 것이 아니라 타인이 나를 지배하고 부리는 것이다. "타인이 나를 지배하고 부린다는 것"은 내가 주동적으로 타인에 대한 회피할 수 없는 윤리적 책임을 져야만 한다는 것을 의미한다.

비록 공자의 이 말은 '소인'이 아닌 '군자' 혹은 군자가 되려는 자에게 초점이 맞추어져 있지만, 군자에게 이를 요구하는 것은 윤리주체로서의 군자가 반드시 '소인'을 포함한 타인에 대해 윤리적 책임을 져야 함을 의미한다. 공자가 살았던 당시 사회에서 이러한 윤리적 책임은 구체적으로 "백성을 구제하고 안정시킴"(濟民安民)으로 표현되었다. 이것이 바로 공자가 자로에게 '군자'란 어떤 사람인지를 설명할 때 "공경함으로써 자신을 수양하는 자"(修己以敬), "타인을 편안하게 하는 것으로써 자신을 수양하는 자"(修己以安人), "백성을 편안하게 하는 것으로써 자신을 수양하는 자"(修己以安百姓)라고 말했던 이유이다.[11] 이러한 일련의 표현들 속에서 우리는 '공경'(敬)과

---

11) 『論語』, 「憲問」, "子路問君子. 子曰: 修己以敬 曰: 如斯而已乎? 曰: 修己以安人. 曰: 如斯而已乎? 曰: 修己以安百姓. 修己以安百姓, 堯舜其猶病諸."

'타인'(人)의 관계 및 '타인'(人)과 '백성'의 관계를 발견할 수 있다. "공경함으로써 자신을 수양함"은 스스로 공경함을 유지하도록 해야 함을 의미하는데, 공경이란 필히 타자가 불러일으키는 공경이자 타자를 향한 공경이므로 이것은 곧 "타인을 공경함으로써 자신을 수양함"의 의미가 되고, 결국은 "타인을 편안하게 하는 것으로써 자신을 수양함"으로 이행해 갈 수 있다. 그리고 '타인'(人)은 필연적으로 '백성'까지도 포함하고 있는 것이다. 타인을 공경하고 타인을 편안하게 함으로써 자신을 수양할 수 있는 자는 곧 군자이고, 나아가 성인이다. 유가전통이 칭송하는 성인들은 모두 백성을 구제하고 편안하게 함으로써 자신을 수양했다는 이미지를 가지고 있다.

공자가 볼 때 "타인(백성)을 편안하게 하는 것으로써 자신을 수양함"은 요순조차도 완전히 도달하지 못한 이상적 목표이다. 따라서 성인이 짊어지고 있는 것은 백성으로서의 타인에 대한 무한한 책임이다. 타인에 대한 이러한 책임은 무거워서 도저히 다 짊어질 수 없을 것 같지만, 그렇다고 피할 수도 없다. 그러므로 강인해지지 않을 수 없는 것이다. 『논어』「태백」에서는 다음과 같이 말했다.

> 증자가 말했다. "선비는 뜻이 넓고 굳세지 않을 수 없으니, 짐은 무겁고 길은 멀기 때문이다. 인(仁)을 자신의 임무로 삼았으니, 어찌 무겁지 않을 수 있겠는가! 죽은 후에야 끝나는 일이니, 어찌 멀지 않을 수 있겠는가?"12)

백성으로서의 타인에 대한 이런 진실한 경외는 유가의 "백성은 귀하고 임금은 가볍다"라는 원칙으로 확장될 수 있다. 이러한 원칙이 강조된다는 것은, 군자가 백성으로서의 타자의 앞에서 피할 수 없는 책임을 짊어지게

---

12) 『論語』, 「泰伯」, "曾子曰: 士不可以不弘毅, 任重而道遠. 仁以爲己任, 不亦重乎! 死而後已, 不亦遠乎!"

된다는 것이다. 비록 '민주民主'사상까지는 아니지만, 특정 사회의 정치체제 안에서 드러나는 이 타자의식은 군주가 백성을 주인으로 여기고 신처럼 공경할 것을 요구한다. 백성으로서의 타인 앞에서 군주는 피할 수 없는 윤리적 책임을 짊어져야만 하는 것이다.

나와 타인의 사회적 관계가 어떠한지, 내가 사회 속에서 어떤 위치에 있는지 등과는 무관하게 나는 이미 타인에 대해 책임을 지니고 있다. 따라서 나는 큰 손님을 대하는 태도와 정신으로, 또 큰 제사를 받드는 태도와 정신으로 모든 타인을 대해야 한다. 즉 나는 타인의 주인이 되어야만 하지만, 이 주인은 스스로 타인에 대해 무한한 책임을 져야 하는 주인인 것이다. 내가 주인인 이유는 다름이 아니라, 오직 나에게 다가오는 타인이 나를 주인으로서 책임을 져야 하는 위치로 올려놓았기 때문이다. 나는 그를 위해, 그리고 그로 인해 비로소 '나'가 될 수 있는 것이다.

이러한 나 자신은 당연히 하나의 '주체'로 불릴 수 있겠지만, 이 주체는 무엇보다도 '타인을 위한 주체'이다. 그런데 이러한 의미의 주체성은 단연코 비서구적 형이상학에서만 가능하다. 서구 형이상학에서의 주체성이란, 내가 주체로서 자신을 포함한 모든 타자의 주재가 된다는 것을 의미한다. 이러한 주체성의 발전의 끝은 어떠한 타자와도 맞서지 않고 모든 타자를 자기 안에 포함하는 '절대적 주체'이다. 그리고 서구 형이상학을 집대성한 헤겔의 절대정신이야말로 이러한 '절대적 주체'임을 우리는 잘 알고 있다. 이와 반대로, 공자가 말한 "문밖에 나가서는 큰 손님을 맞이하는 듯이 하고, 백성들을 부릴 때는 큰 제사를 받드는 듯이 하라"라는 행위 속에서의 주체는 피동적인 주체, 즉 인仁에 의해 결정되는 주체이자 타인에 의해 결정되는 주체, 바로 타인을 위해 책임을 지는 '나'일 것이다.

3. "자신이 원하지 않는 일이면 타인에게도 하지 말라"

"문밖에 나가서는 큰 손님을 맞이하는 듯이 하고, 백성들을 부릴 때는 큰 제사를 받드는 듯이 하라"라는 비유는 타인에 대한 영원한 책임을 지닌 윤리적 주체로서의 내가 구체적으로 어떻게 타인을 대해야 하는지를 말해 주고 있다. 내가 이렇게 행동하기를 요구받았을 때, 이 요구는 오직 타인으로부터만 제기될 수 있다. 타인은 자신의 존재 그 자체로써 나에게 자신을 마치 손님 대하듯이, 제사 받들듯이 대해 주기를 요구한다. 하나의 요구로서의 인(仁), 즉 인(仁) 그 자체로서의 요구, 내가 반드시 어질어야 한다는 요구는 오직 타인으로부터만 올 수 있다.

공자는 "문밖에 나가서는 큰 손님을 맞이하는 듯이 하고, 백성들을 부릴 때는 큰 제사를 받드는 듯이 해야 함"을 주장한 후에 다시 "자신이 원하지 않는 일이면 타인에게도 하지 말라"[13]라고 강조했다. "자신이 원하지 않는 일이면 타인에게도 하지 말라"라는 말 역시 인(仁)과 관련된 유명한 언명 가운데 하나이다. 이 말은 공자가 인(仁)에 관해 비슷하게 묘사했던 "자신이 서길 바라면 타인을 세워 주고 자신이 도달하길 바라면 타인을 도달시켜 주는 것"[14]이라는 구절을 떠올리게 한다. 그렇다면 인(仁)을 의미하는 이 두 구절은 과연 어떤 관계인 것일까?

"자신이 원하지 않는 일이면 타인에게도 하지 말라"라는 원칙은 "자신이 서길 바라면 타인을 세워 주고 자신이 도달하길 바라면 타인을 도달시켜 주는 것"과 결코 같지 않다. 이 원칙은 타인을 대할 때 어떻게 해야 할지에 관한 것이 아니라, 어떤 것을 하지 말아야 할지에 관한 내용이다. 하지만

---

13) 『論語』, 「顔淵」, "己所不欲, 勿施於人."
14) 『論語』, 「雍也」, "己欲立而立人, 己欲達而達人."

이 두 구절은 모두, 내가 원하는 것은 타인 또한 원하는 것이고 내가 원하지 않는 것 역시 타인 또한 원하지 않는 것일 수밖에 없음을 의미한다. 이둘은 공통적으로 자신을 미루어 타인의 상황을 짐작해야 함을 말하고 있는 것이다. 이것은 사실 이 두 유명한 언명에 대한 전통적 이해, 즉 "자신을 미루어 타인에게 미치게 함"(推己以及人)에 근거한 설명이다. 공자는 『논어』의 다른 대목에서 "자신이 원하지 않는 일이면 타인에게도 하지 말라"의 원칙을 명확하게 '서恕'로 규정한 바 있다.

> 자공이 물었다. "평생 동안 실천할 만한 한 마디 말이 있겠습니까?" 공자가 말했다. "바로 서恕로다! 이것은 자신이 원하지 않는 일이면 타인에게도 하지 않는 것이다."15)

우리는 앞의 제1장에서 "자신이 서길 바라면 타인을 세워 주고 자신이 도달하길 바라면 타인을 도달시켜 줌"에 관해 이미 상세히 논한 바 있는 만큼, 여기에서는 "자신이 원하지 않는 일이면 타인에게도 하지 않음"을 집중적으로 분석해 보도록 하겠다.

"자신이 원하지 않는 일이면 타인에게도 하지 않음"은 자신을 대하는 것처럼 타인을 대할 것을 요구한다. 이를 해석하는 통상적인 방식은, 나와 타인은 서로 비슷하거나 같은 존재이므로 타인을 대하기를 자기 자신을 대하듯이 해야 한다고 해석하는 것이다. 이것을 긍정의 방식으로 표현한 것이 "자신이 서길 바라면 타인을 세워 주고 자신이 도달하길 바라면 타인을 도달시켜 줌"이라고 한다면, 이것을 부정의 방식으로 표현한 것이 "자신이 원하지 않는 일이면 타인에게도 하지 않음"이라고 할 수 있을

---

15) 『論語』, 「衛靈公」, "子貢問曰: 有一言而可以終身行之者乎? 子曰: 其恕乎! 己所不欲, 勿施於人."

것이다. 이러한 요구에는 자신과 타인 간의 관계에 대한 이해가 함축되어 있는데, 그 관계의 의미에 관해서는 여전히 설명이 필요하다.

타인과 나의 관계에서, 구체적 상황에서 내가 긍정의 방식으로 타인을 세워 주고 도달시켜 주든지, 아니면 부정의 방식으로 자신이 원하지 않는 것을 남에게 하지 않든지 간에, 나는 '나 자신'을 타인을 이해하는 가까운 범례로 삼을 수 있다. 어떤 상황에서든 나는 스스로를 하나의 예시로 삼고 그것을 미루어 타인을 생각해야 한다. 만약 내가 좋아하지 않는 어떤 것이 있다면, 이로 미루어 보아 타인 역시 이를 좋아하지 않을 수 있으므로 그것을 타인에게 해서는 안 된다고 생각할 수 있다. 타인은 나와 '같은' 존재로 여겨질 수 있고 심지어 '본질'적으로 나와 구별되지 않는 자라고 볼 수 있으므로, '나 자신'은 의심할 바 없이 타인을 이해하는 가까운 범례일 수 있고 나와 타인 사이의 관계에서 발생하게 될 문제를 처리하기 위한 선행적 표준일 수 있다.

상술한 설명에서는 '내'가 문제의 중심이자 출발점이 된다. '내'가 타인과의 관계를 결정하는 근거가 되는 것이다. 나는 나 자신을 대하는 방식으로 타인을 대한다. 즉 타인을 나 자신으로, 정확히는 또 하나의 나 자신으로 대한다. 그런데 타인을 다른 하나의 자신으로 여긴다는 것은 이미 나 자신을 타인으로 마주하고 있음을 의미한다. 이러한 대상으로서의 나는 이미 하나의 '타인', 즉 내가 책임져야 할 '타인'이라 할 수 있다. 이런 의미에서 나와 '타자로서의 나'의 관계는 곧 나와 타인 간의 관계와 같다. 나와 '타자로서의 나'와의 관계가 없다면 어떠한 나의 자아도 존재할 수 없을 것이며, 나와 타인의 사이에서 발생하는 어떠한 관계도 또한 존재할 수 없을 것이다. 결국 "타인을 대할 때 나를 대하는 것과 같이 함"이 가능한 이유는, 내가 마주하는 '내 속의 나'가 이미 타인일 뿐이기 때문이다.

그렇다면 나는 어떻게 나 자신을 '타인을 이해할 하나의 근거'로 삼을 수 있는 것일까? 그리고 '타자로서의 나'는 어떻게 '원하는 것'과 '원하지 않는 것'이 있을 수 있을까? 지금부터는 이 문제에 대한 해답으로, 나는 타자(혹은 대상)로서의 나를 지닐 수 있고 또 이러한 타자로서의 나는 원하는 바를 지닐 수 있으며, 그것은 이미 타인이 내 앞에 와 있어서 내가 타인을 마주하고 있기 때문이라는 점을 밝히고자 한다.

나의 어떠한 욕망도 오직 타자로부터만 올 수 있고 타자에 대한 욕망일 수만 있다. 같은 이유로, 내가 원하지 않는 것 역시 타인과 나의 관계 속에서 내가 원하지 않는 것으로부터만 생겨날 수 있다. "자신이 서길 바라면 타인을 세워 줌"에서의 '자신'이든 "자신이 원하지 않는 일이면 타인에게도 하지 않음"에서의 '자신'이든, 여기서의 자신은 모두 '나의 타인'(타자로서의 나)이지만—다만 전자의 '자신'은 아직은 확립되지 못한 '미래의 나'이고 후자의 '자신'은 이미 성립된 '과거의 나'라는 차이는 있다.—, 그러한 자신은 또한 '타인의 타인'이기도 하다. '타인의 타인'으로서의 '나'는 이미 타인을 경험하고 받아들인 '나'이다. 나는 타인이 나에 대해 베푸는 여러 가지 것을 이미 경험하고 받아들였기 때문에 비로소 원하지 않는 바를 지닐 수 있게 된 것이다. 이러한 관계 안에서 내가 원하지 않는 모든 것들은 오직 타인이 나에게 하지 않았으면 하는 것일 수밖에 없다.

"자신이 원하지 않는 일이면 타인에게도 하지 않음" 속에 담긴 타인과 나 사이의 상대적 관계를 설명해 주는 대표적인 예가 바로 자공이 공자에게 했던 "저는 타인이 저에게 가하길 원치 않는 것이라면 저 역시 타인에게 가하지 않길 원합니다"[16]라는 말이다. 여기에서 자공이 원하지 않는 바는 곧 '타인이 그에게 (타인 자신을) 강요하는' 것이다. 나는 타인이 그 자신을

---

16) 『論語』, 「公冶長」, "子貢曰: 我不欲人之加諸我也, 吾亦欲無加諸人."

나에게 강요하는 것을 원하지 않기 때문에, 거꾸로 나 역시도 자신을 타인에게 강요하지 말아야 한다. 이처럼 "자신이 원하지 않는 일이면 타인에게도 하지 않음"에서 '내가 원하지 않는 바'란 반드시 타인과 관련되어 있다. 내가 원하거나 원하지 않는 것은 근본적으로 볼 때 타인으로부터 올 수밖에 없기 때문이다. 오직 타인만이 내가 원하거나 원하지 않도록 할 수 있고, 오직 나에 의해 직접 '체험'된 '원치 않음'만이 타인에게도 역시 그처럼 강요하지 않고자 하는 '원치 않음'일 수 있다.

공자의 사상전통에 속하는 『대학』의 유명한 "나의 마음을 자로 삼아 타인의 마음을 헤아리는 방법" 즉 '혈구지도絜矩之道'도 역시 공자의 "자신이 원하지 않는 일이면 타인에게도 하지 않음"을 설명한 한 예로 보인다.

> 윗사람에게 당하기 싫은 것으로써 아랫사람을 부리지 말고, 아랫사람에게 당하기 싫은 것으로써 윗사람을 섬기지 말며, 앞사람에게 당하기 싫은 것으로써 뒷사람 앞에서 하지 말고, 뒷사람에게 당하기 싫은 것으로써 앞사람 뒤에서 하지 말며, 오른쪽 사람에게 당하기 싫은 것으로써 왼쪽 사람과 사귀지 말고, 왼쪽 사람에게 당하기 싫은 것으로써 오른쪽 사람과 사귀지 말라. 이것이 바로 혈구지도이다.[17]

복잡한 나와 타인의 관계 안에서 나는 자신이 누군가의 아래에 있으면서 또 다른 누군가의 위에 있음을, 누군가의 앞이나 뒤에 있으면서 또한 다른 누군가의 뒤나 앞에 있음을 발견한다. 즉 나는 자신이 나 자신이면서 한편으로는 타인이라는 점을 발견하게 되는 것이다. 이는 바로 나 자신 역시도 타인으로부터 타인으로 여겨지는 '타인의 타인'이라는 의미이다.

---

17) 『大學章句』, 제10장, "所惡於上, 毋以使下; 所惡於下, 毋以事上; 所惡於前, 毋以先後; 所惡於後, 毋以從前; 所惡於右, 毋以交於左; 所惡於左, 毋以交於右. 此之謂絜矩之道."

이러한 관계 속에서 '타자의 타자'라는 지위에 처해 있는 나는, 자신이 곧 타인을 받아들이는 자라는 것을 발견하게 된다. 타자로서의 나는 필연적으로 타인을 받아들이는 자, 혹은 타인을 위해 받아들이는 자일 수밖에 없는 것이다. 그리고 이처럼 항상 타인을 자기 안에 받아들이고 있기 때문에 나는 타인으로부터 미움을 받는 바 혹은 타인이 원치 않아하는 바 또한 없을 수 없다. 그러나 내가 주체가 될 수 있는 것은, 타인으로부터 미움을 받는 바나 타인이 원치 않아하는 바가 전혀 없기 때문이 아니다. 그것은 내가 내 안에서 타인에 대한 '원치 않음'이나 '미워함'을 견디고 감당할 수 있기 때문이다. 만약 내가 내 속으로 타인을 받아들이지 못한 채 그저 내 안에서 일어난 불쾌함이나 미움의 감정 등을 타인에게 똑같이 되돌려주는 것밖에 모른다면, 나는 단순한 인과율의 한 고리로서 피동적인 것이 되고 말 것이다. 이러한 나는 오직 피동적으로만 반응할 뿐 주동적으로 받아들일 수는 없다. 나는 주동적으로 타인을 받아들음으로써 피동적 인과관계를 초월하는 윤리주체가 될 수 있는 것이다.

이런 이유에서 윤리원칙으로서의 "자신이 원하지 않는 일이면 타인에게도 하지 않음"은 문자적 의미를 뛰어넘어 매우 심원하고 적극적인 원칙을 포함하게 된다. 만약 "자신이 원하지 않는 일이면 타인에게도 하지 않음"이 요구하는 바가 '타인이 당신을 대할 때 당신이 좋아하지 않았던 것이라면 그것을 다시 타인에게 베풀어서는 안 된다'라는 의미라면, 이것은 윤리주체로서의 내가 그 내면에 타인을 수용하고 받아들여야 함을 요구하는 것이다. 윤리주체로서의 나는 그 내면에 타인이 나에게 하려는 바를 받아들여야만 한다. 그리하여 이 '받아들임'은 궁극적으로 타인으로서의 타인 그 자체에 대한 무조건적인 받아들임을 의미하게 된다![18]

---

18) 졸저, 『文本之'間' - 從孔子到魯迅』의 「心性天人: 重讀孟子」장과 「情與人性之善」장의 忍

이러한 수용과 받아들임은 나의 입장에서 말하자면 결코 쉬운 문제가 아니다. 이 때문에 공자는 자공이 "저는 타인이 저에게 가하길 원치 않는 것이라면 저 역시 타인에게 가하지 않길 원합니다"라고 말했을 때 "자공아, 그것은 네가 미칠 수 있는 바가 아니다"[19]라고 대답했던 것이다. 타인이 나에게 강요하는 것을 원치 않기란 그리 어려운 일이 아니지만, 자신을 타인에게 강요하지 않는 것은 결코 쉽지 않다. 전자의 경우가 그저 외부의 자극에 피동적으로 대응하는 것일 뿐이라면, 후자는 타자에 대한 윤리주체의 주동적인 받아들임이다. 따라서 "자신이 원하지 않는 일이면 타인에게도 하지 않음"은, "눈에는 눈, 이에는 이"라는 식의 노골적이고 원초적인 복수의 논리를 뛰어넘어 타인을 위해 윤리주체로서의 책임을 떠맡는 데에까지 나아가야 한다는 것을 의미한다.

타인을 책임질 수 있는 자, 하나의 윤리주체로서의 나는 타인으로부터 겪은 원치 않는 바를 다시 타인에게 되돌려 주어서는 안 된다. 나는 내가 경험하고 싶지 않고 원하지 않는 것들, 즉 타인의 과실 및 나에 대한 무시, 오해, 모욕, 학대 등을 포함한 타인의 모든 것을 받아들여야 한다. 바로 이러한 이유 때문에 "자신이 원하지 않는 일이면 타인에게도 하지 않음"은 단지 "자신을 미루어 타인에게 미침"의 서恕에 그치는 것이 아니라, 용서와 관용으로서의 서恕의 의미까지 띠게 된다. 따라서 진정한 "자신이 원하지 않는 일이면 타인에게도 하지 않음"은 타인을 이해하고 용서하고 받아들이는 것이다. 용서는 용서가 불가능한 자나 용서가 불가능한 일까지도 용서할 때에 진정한 용서가 될 수 있다. 그리고 그러한 용서가 이루어져야만 타인과 나의 관계가 영원한 원수지간이 되는 것을 막을 수 있다.

개념에 대한 분석, 특히 pp.166~169 및 191~201을 참고하라.
19) 『論語』, 「公冶長」, "子曰: 賜也, 非爾所及也."

4. "조정에서도 원망이 없고, 집안에서도 원망이 없다"

만약 "문밖에 나가서는 큰 손님 맞이하듯 하고, 백성들을 부릴 때는 큰 제사 받들듯이" 하며 "자신이 원하지 않는 일이면 타인에게도 하지 않음"을 실현할 수 있다면 분명 "조정에서도 원망이 없고 집안에서도 원망이 없음"을 바랄 수는 있을 것이다. 물론 '원망이 없음'(無怨)이란 타인으로부터 원망을 받지 않는다는 뜻이지, 내가 타인에게 원망을 지니지 않는다는 뜻이 아니다. 그런데 이 마지막 구절에 대해서는 두 가지 해석이 가능하다.

먼저 "조정에서도 원망이 없고, 집안에서도 원망이 없음"을 앞서 서술한 행위들의 '결과', 즉 "문밖에 나가서는 큰 손님을 맞이하듯이 하고, 백성들을 부릴 때는 큰 제사를 받들듯이 함", "자신이 원하지 않는 일이면 타인에게도 하지 않음"의 행위가 불러오게 될 '결과'로 해석하는 경우이다. 내가 앞의 요구조건들을 충족시키게 된다면 타인은 나에 대해 불만을 가지지 않게 될 것이라는 의미이다.[20] 그런데 "조정에서도 원망이 없고, 집안에서도 원망이 없음"을 앞서 요구되었던 조건들과 병렬적인 관계에 있는 또 하나의 '요구'로 해석하는 것도 가능하다. 이러한 해석에 따르면 "조정에서도 원망

---

[20] 주희의 관점 역시 이와 동일하다. 그는 "조정에서도 원망이 없고, 집안에서도 원망이 없음"에 대해 "안팎으로 원망이 없는 것은 그 공효를 가지고 말한 것으로, 그들로 하여금 스스로 사고하도록 했기 때문이다"라고 해석했다.(『論語集注』, 「顔淵」, "內外無怨, 亦以其效言之, 使以自考也") 劉寶楠은 『論語正義』에서, 이 대목에 대한 菫瀬의 『四書考異』의 해석을 인용하여 "無怨"이란 타인이 나에 대해 원망이 없는 것이라고 보았다. "나라와 집안에서 원망이 없다는 것은, 어진 이가 타인을 사랑하니 타인들 역시 어진 이를 사랑하여 원망을 가지지 않는 것이다."(『論語正義』, "在邦在家無怨者, 仁者愛人, 故人亦愛之, 無可复怨也.") 그러나 楊伯峻은 『論語譯注』(p.124)에서 다음과 같이 해석했다. "자신의 직분을 다하지 못하면 원망이 생기는데, 직분이 없으니 원망도 없는 것이다." 李澤厚의 해석도 동일하다. "국가의 일에 원망이 없고, 가족생활에도 원망이 없다."(『論語今讀』, p.279) 李零 역시 "無怨"을 "제후를 위해 일을 함에 있어서 원망이 없고, 경과 대부를 위해 일을 함에 있어서도 원망이 없다"라고 해석한다.(『喪家狗: 我讀論語』, p.224)

이 없고, 집안에서도 원망이 없음"은 내가 직접 적극적으로 실현해 나가야 하는 것이 된다. 우리는 이러한 두 가지 해석 가운데 후자의 해석이 좀 더 설득력이 있다고 본다. 왜냐하면, 이 부분의 공자의 말은 인(仁)에 대한 정의인 만큼 "조정에서도 원망이 없고, 집안에서도 원망이 없음"은 마땅히 앞의 행위들에 대한 해석과 마찬가지로 "타인으로 하여금 조정에 있더라도 원망이 없고 집안에 있더라도 원망이 없도록" 해야 한다는, 나의 인(仁)이 드러나는 방식 중의 하나로 보아야 할 것이기 때문이다.

타인이 나에 대해 원망이 없기를 희망한다는 말은 타인의 시선을 통해 나 자신을 살핀다는 것을 의미한다. '원망이 없음'은 내가 타인에게 기대하는 것이지만, 이는 오히려 나 자신의 행위를 통해 나 자신으로부터 쟁취해 내는 것이다. 따라서 타인이 나에게 원망을 가지지 않기를 희망하고 그것을 위해 노력하는 것은 독특한 논리를 내포하고 있다. 여기서는 자신이 노력하고 도달해야 할 목표에 대한 척도를 완전히 타인에게 내어 주고 있다. 나는 타인으로부터 원망을 사지 않기만을 바랄 수 있을 뿐, 내가 타인이 아닌 이상 타인이 원망을 가지는지의 여부를 결코 완전히 파악할 수 없다. 바로 이러한 이유에서 매순간 나는 타인이 원망을 가질 수도 있음을 염려하며, 최대한 그 원망을 없애기 위해 노력해야 한다.

내 앞의 타자는 나에게 부단한 관심과 보살핌을 요구하고 있지만 나는 영원히 타자의 원망 여부나 만족 여부를 알 수 없다고 한다면, 결국 타인과 나의 관계 속에서 나는 영원히 타인의 원망을 받아들여야만 하는 존재일 수밖에 없다.[21] 나는 필연적으로 타인의 원망을 받아들여야 하는 윤리주체인 것이다. 그런데 이러한 주체는 결코 전통적인 의미의 주체로는 될 수

---

[21] 제8장 「타인으로서의 異性」 중 "멀리하면 원망한다"(遠之則怨)의 '원망'(怨)에 관한 분석을 참고하라.

없다. 왜냐하면, 타인이 원망을 지니지 않기를 바라는 나는 오직 '타자를 통해서만' 내가 타자의 원망을 샀는지의 여부를 알 수 있는 만큼, 나는 하나의 '또 다른 나'(타자로서의 나)를 내 속에 담고 있는 것과 같기 때문이다. 이처럼 '내 속에 담긴' 나는 헤겔의 '타자 속에서도 여전히 자기동일적인' 주체와는 당연히 구별되어야 한다.

타자 속에서도 여전히 나 자신과 동일할 수 있는 주체는 인식주체 혹은 사유주체라 할 수 있다. 이러한 전통적 의미의 주체 속에서는 인식이나 사유의 주체와 대상이 동일해서, 대상이나 내용 즉 '또 다른 나' 혹은 '타자'는 그것을 인식하고 사유하는 주체 그 자체이기도 하다. 즉 인식이나 사유는 그 주체와 대상이 서로 구별되면서도 또한 구별되지 않기도 한다는 것이다. 이와 반대로, 타인이 원망을 가지지 않기를 바라는 나는 비록 주동적이고 자각적으로 타자를 만족시킬 책임을 맡았다고 할지라도 결코 내가 '독립'적으로 그 책임을 완수할 수 있을지는 확답할 수 없다. 타자가 존재하는 한 나는 영원히 독립적일 수 없기 때문이다.

내 속에 타자가 존재한다면 나는 이미 "자신이 서길 바라면 타인을 세워 주는" 인(仁)을 요구받은 것과 다름없다. 내 속의 타자가 나에게 '어질기'를, '타인을 세우기'를, '타인의 원망이 없기'를 요구하고 있는 것이다. 나는 이러한 타자로서의 나를 내 속에 담고 있으며, 이 '담고 있음'을 통해 '주체로서의 나'와 '타자로서의 나'는 하나로 연결된다. 일체화가 아닌 '담고 있음'이기에, 나 자신과 완전히 같지는 않은, 내면에 '또 다른 나' 혹은 '타인'을 포함하는 윤리주체가 성립될 수 있는 것이다. 이러한 주체는 타인을 만족시킬 책임 혹은 타인이 원망을 갖지 않게끔 해야 할 책임을 지니고 있다. 하지만 타자가 타자인 이상 결국 최종적이고 완전하게 만족되지는 않을 것이고―이러한 '최종적', '완전함'은 오히려 타자의 소멸을 의미한다―, 따라서 타자가 존재하는 한 원망은 없을 수 없다. 그러나 이처럼 타자가 항상 존재해 왔다는 점은 오히려 우리에게 긍정적일 수 있는 소식이다. 그러한 타자로 인해 우리는 결코 완전하고 철저하게 자신의 내면으로 돌아갈 수 없었고, 자기 자신과 절대적으로 동일해질 수 없었다. 우리는 항상 "문밖을 나서 왔고", "자신을 떠나 왔으며", "타인을 향해 가고" 있다.

만약 내가 타자를 최종적이고 완전하게 만족시키는 것이 불가능하다면, 그리고 타자라는 존재가 영원히 멈추거나 소멸될 수 없다면, "조정에서도 원망이 없고, 집안에서도 원망이 없고자" 하는 나의 내면에 있는 누군가에 앞서 반드시 다른 하나의 시선과 인식, 즉 타인의 시선과 인식이 존재해야 할 것이다. 나는 항상 그러한 타인의 시선으로 나를 살펴서, 나에 대한 타인의 만족을 통해 만족할 것이고 타인이 만족하지 못하거나 원망을 가지게 되면 나 자신에 대해 불만과 우려를 느낄 것이다. 그러나 완전히 원망이 없어지는 단계는 타인의 완전한 부재와 종결을 통해서만 가능하므로 사실상 나는 결코 타인으로 하여금 원망이 아예 없는 상태에 이르도록 만들 수는 없고, 따라서 자신에 대한 완전한 만족에도 이를 수 없다. 바로 이러한 까닭에 나는 매순간 자신을 반성할 필요가 있는 것이다. 증자의 "나는 하루 세 번 자신을 반성한다"라는 언명은 이러한 반성의 전형을 보여 주는 사례라 할 수 있다.[22]

이러한 측면에서 '타자로서의 나'는 헤겔이 『정신현상학』에서 말한 '불행한 의식' 혹은 '고뇌의식'을 닮았다. 불행한 의식은 절대정신의 발전 과정에서의 한 단계에 해당한다. 이 단계에서 절대정신은 두 개의 서로 대치하는 자아의식으로 분열되고, 이에 조화와 통일을 이룰 수 없음으로 인해 고뇌에 빠지게 된다.[23] 이 단계는 더 높은 차원의 단계에 의해 극복되

---

22) 부록 「예치와 법치」장의 '자기반성'(自我反省) 개념에 관한 분석을 참고하라.

거나 지양될 수 있는데, 아마도 헤겔이었다면 중국사상이 여전히 '불행한 단계'에 머무르고 있다고 보았을 것이다. 실제로 우리는 "조정에서도 원망이 없고 집안에서도 원망이 없게" 하려는 어진 사람에게서 명백한 '고뇌의식'을 발견할 수 있다. 그러나 다음과 같은 이유로 우리는 이 '고뇌의식'을 통해 오히려 헤겔을 극복할 요소를 읽어 낼 수 있을 것이다.

어진 사람의 내면에 '고뇌의식'이 존재하는 이유는, 정신이 내부에서 분열하여 두 개의 의식으로 대치하고 있기 때문이 아니라 자신의 내부에 이미 타자가 존재하고 있기 때문이다. 우리는 오직 '타자를 통해서만' 자신을 가늠하고 판단할 수 있다. 나는 타자가 나에게 원망을 가지지 않기를 바라지만, 결코 진정으로 타자가 내게 원망을 갖지 않게 할 수는 없다. 따라서 타자는 그 자체로 나의 '고뇌'이다. 타자가 존재하는 이상 나는 영원히 나 자신의 내면으로 완전히 돌아올 수 없을 것이고, 영원히 나 자신과 완전히 동일해질 수 없을 것이다. 결국 나는 타자를 위해 고뇌하는 자이다. 나는 타자에 대해 윤리적 책임을 지지 않을 수 없기 때문이다. 책임에는 당연히 자유와 주체성도 함축되어 있지만, 나는 '자유롭게' 타인에 대한 책임으로부터 벗어나고자 할수록 타인에 대한 책임으로부터 결코 벗어날 수 없다는 사실까지도 긍정할 수밖에 없다. 내가 결코 타인에 대한 책임을 회피할 수 없는 까닭은, 이미 나와 타인의 관계 속에 놓여 있는 나는 타인과 대면하지 않을 수 없기 때문이다. 그리고 타인이 존재한다면 나는 고뇌와 걱정을 가질 수밖에 없다.

---

23) 헤겔 『정신현상학』(賀麟 · 王玖興 譯, 北京: 商務印書館, 1981), pp.140~142 참조. '고뇌의식'의 특징은 이 의식 속에 영원히 다른 하나의 의식이 존재한다는 것이다. 고뇌의식은 자아의식을 응시하는 다른 하나의 의식인 동시에, 그 두 개의 자아의식 전체이다. 우리는 이를 빌려, 타자를 통해 자신을 보는 윤리주체의 상황을 묘사할 수 있을 것이다. 문제는 타자의 원망이 없기를 바라는 윤리주체는 영원히 자신의 내면에서 이 두 개의 상이한 의식을 통일할 수 없다는 것이다. 이 통일은 타자의 종결과 다름없기 때문이다.

인仁을 중심으로 하는 공자의 사상은 확실히 '고뇌의식' 혹은 '우환의식'으로 표현될 수 있을 것 같다. 혹시 우환의식에서 염려하는 것이 결국 내가 책임을 지는 '타인'을 가리키는 것은 아닐까? 우환의식이라는 것은 결국 타인에 대한 나의 관심과 의식을 말하는 것은 아닐까? 만약 그렇게 이해할 수 있다 하더라도, 이 우환의식이라는 것은 결코 여타 문화와는 다른 중국만의 어떤 외재적인 환경, 예컨대 척박한 자연지리 환경 같은 것에서 기인한 것은 아닐 것이다. 다시 말해, 우리는 중국문화의 '역사적 기원'을 가지고서는 이러한 우환의식을 설명해 낼 수 없다. 우환의식은 오직 나와 타인의 관계 그 자체로서, 본래부터 모든 개인들에 스며들어 있는 인仁으로부터 나온 것이다. 나의 우환은 내가 어질고자 하기 때문이며, 내가 어질고자 하는 것은 타인에 의해 인仁을 행할 것을 요구받기 때문이다. 나의 인仁은 타자에 대한 무한한 관심이고, 무한한 관심이 있으면 반드시 끝없는 우려가 있게 된다. 이렇게 볼 때, 인仁은 그 자체로 이미 내가 타인을 위해 지니고 있는 무한한 걱정과 우려라고 할 수도 있을 것이다. 인仁은 영원히 완수할 수 없는 타자에 대한 나의 책임에 관한 것이면서, 동시에 타자의 완전한 '원망 없음'이나 완전한 만족이 영원히 불가능함에 대한 끝없는 우려이다. 따라서 군자는 항상 우려를 가지고 있다! 이러한 우려는 인仁의 심원한 표현이라 할 수 있다.

주지하다시피, 공자는 자신이 지닌 우려에 대해 언급한 적이 있다.

덕이 닦이지 않음, 학문이 나아가지 않음, 올바른 것을 들어도 따르지 못함, 불선함을 고치지 못함, 이러한 것이 내가 우려하는 것들이다.[24]

---

24) 『論語』, 「述而」, "子曰: 德之不修, 學之不講, 聞義不能徙, 不善不能改, 是吾憂也."

표면적으로 보면 공자가 우려하는 것들은 그 자신의 부족함에 대한 것인 듯이 보이지만, 그가 덕을 닦고 학문에 정진하며 올바른 것을 따르고 선하지 않은 것을 고칠 수 있기를 바랐던 것은 진정으로 타인을 보살필 수 있는 '어진 이'(仁者)가 되기 위해서였다. 따라서 공자의 우려는 그의 인(仁)의 표현이다. 물론 공자가 오히려 "어진 이는 우려하지 않는다"(仁者不憂)라고 말한 적이 있기는 하지만, 이는 다만 "어진 이는 인(仁)을 편안하게 여기기"(仁者安仁) 때문이었을 수 있다. 어진 이는 우려하지 않는다는 것은, 어진 이에게는 우려함이 없어야 한다는 뜻이 결코 아니라 어진 이는 인(仁)에 편히 근거할 수 있고 힘써 인(仁)을 행하므로 '불인(不仁)'에 대한 우려가 없다는 뜻이다.[25] 이는 공자가 "군자는 우려하지 않고 두려워하지 않는다"라고 말한 것과 함께 설명될 수 있다. 비록 공자는 군자가 이와 같을 수 있는 것은 "안으로 반성하여 가책이 없기"[26] 때문이라고 말했지만, 이미 인(仁)은 그 자체로 타인을 위해 우려한다는 뜻을 지니고 있다. 이러한 근본적인 우려는 영원하고 무한한 것이다. 이러한 의미에서 이것은, 공자가 몸소

---

25) 杜維明 역시 공자의 "어진 이는 우려하지 않는다"라는 설명이 표면적으로는 우려가 仁과 대립되는 것처럼 느껴지게 만들지만 결코 공자는 어진 이에게는 어떠한 우려도 없다고 단언한 적이 없었다고 했다. 그는 『논어』에서 "勇"과 "智"(知)와 관련된 장절을 결합시켜서, 비록 공자가 "용기 있는 이는 두려워하지 않는다"고 말했지만 자로를 가르칠 때는 "반드시 일에 임하여 두려워하고, 잘 도모해서 성사시키는 자"(『論語』, 「述而」, "必也臨事而懼, 好謀而成者也.")가 진정한 용자라고 말했고, 또 "자로야, 내가 너에게 안다는 것이 무엇인지 알려주겠다. 아는 것을 안다고 여기고, 모르는 것을 모른다고 여기는 것, 이것이 아는 것이다"(『論語』, 「爲政」, "子曰: 由誨女知之乎! 知之爲知之, 不知爲不知, 是知也.")라고 하여 지혜로운 자 역시 미혹될 수 있다고 말했음을 지적한다. 이로써 "어진 이는 우려하지 않는다" 역시 단순히 "우려하지 않음"을 말한 것이 아님을 알 수 있다.(Tu Wei-ming, *Confucian Thought: Selfhood as Creative Transformation*, Albany: State of New York University Press, 1985. 중역본은 『儒家思想新論: 創造性轉換的自我』, 曹幼華·單丁 譯, 周文彰 等校, 南京: 江蘇人民出版社, 1996, pp.91~92)

26) 『論語』, 「顏淵」, "司馬牛問君子. 子曰: 君子不憂不懼. 曰: 不憂不懼, 斯謂之君子矣乎? 子曰: 內省不疚, 夫何憂何懼!"

인仁을 실천했음에도 불구하고 스스로는 어째서 '우려하지 않는' 경지에 도달하지 못했다고 여겼는지에 대해 설명해 줄 수 있을 것이다.

> 군자의 도는 세 가지이지만, 나는 그것을 할 수 없다. 지혜로운 이는 미혹되지 않고, 어진 이는 우려하지 않으며, 용기 있는 이는 두려워하지 않는다.[27]

이 말에 대해 자공은 공자가 자신을 낮춘 것이라 여겼지만, 이 말에는 단순한 겸손으로 보기만은 어려운 심원한 이치가 담겨 있다.

사실 "어진 이는 우려하지 않는다"라는 말 자체는 근본적으로 성립될 수 없다. 이것은 이 말 자체의 구조적인 문제라고도 할 수 있을 것이다. 따라서 공자가 말하고자 했던 숨은 뜻은, 사실 그것은 근본적으로 실현될 수 없는 경지이며 자신은 결코 그러한 경지에 도달하지 못하리라는 것이었다. 만약 인仁과 우려가 불가분의 관계를 맺고 있다면 어진 이는 근본적으로 우려가 없을 수 없기 때문이다. 이러한 측면에서 보면 우리는 '우려하지 않음'이 인仁의 궁극이라고까지 말할 수도 있을 것 같다. 마찬가지로 '미혹되지 않음'은 지知의 궁극, '두려워하지 않음'은 용勇의 궁극이 될 것이다. 여기에서 '궁극'이라는 말은 두 가지 의미를 지니고 있다. 이 말은 곧 궁극적 완성상태를 가리키는 말인 동시에, 종결이나 결말을 가리키기는 말이기도 하다. 어진 이는 당연히 우려하지 않기를 바라고, 지혜로운 이는 당연히 미혹되지 않기를 바라며, 용기 있는 이는 당연히 두려워하지 않기를 바란다. 하지만 '두려워하지 않음'은 용勇으로 하여금 그 용맹을 잃게 하고, '미혹되지 않음'은 지知로 하여금 그 지혜로움을 잃게 하며, '우려하지 않음'은 인仁으로 하여금 그 어짊을 잃게 한다. 따라서 두려워하지 않는다면 더

---

27) 『論語』, 「憲問」, "子曰: 君子道者三, 我無能焉. 仁者不憂; 知者不惑; 勇者不懼."

이상 용勇이라 할 수 없고, 미혹되지 않는다면 더 이상 지知라고 할 수 없으며, 우려하지 않는다면 더 이상 인仁이라 할 수 없다.

인간은 항상 두려움, 미혹, 우려를 지니고 있기 때문에 두려워하지 않음, 미혹되지 않음, 우려하지 않음이라는 완전한 단계에 도달하기를 끊임없이 갈망하지만, 그 목표하는 최종 단계가 실은 용勇・지知・인仁 자체의 종결이라는 사실을 깨닫지 못하고 있다. 이렇게 볼 때, 용勇・지知・인仁이라는 세 가지 욕망의 구조 속에는 자신을 부정하고 종결시키려는 무의식적인 '죽음에의 충동'(Thanatos) 혹은 '죽음의 욕망'이 은밀히 포함되어 있다. 물론 공자가 이러한 욕망까지 생각했던 것은 아니겠지만, 또 공자가 "어진 이는 우려하지 않는다"의 경지를 자부하지 않은 까닭을 밝힌 적은 없었지만, 적어도 겸손은 그다지 중요한 이유가 아니었을 것이다.

군자 혹은 어진 이는 반드시 우려가 있다. "조정에서도 원망이 없고, 집안에서도 원망이 없고자" 하는 군자 혹은 어진 이의 우려는 끝이 없고, 살아 있는 한 계속될 것이다. 이것이 바로 인仁이 인仁일 수 있는, 혹은 인간다움(人)이 인간다움일 수 있는 이유이다.

제8장 타인으로서의 이성異性

"오직 여자와 소인만큼은 보살피기 어렵다."

곰의 꿈은 남자를 낳을 상서로움이요,
뱀의 꿈은 여자를 낳을 상서로움이다.[1]

인仁과 인간다움(人)의 사이를 직접 등호로 이은 "인仁이란 인간다움이다"라는 말은 『맹자』와 『중용』에 이르러서야 비로소 나오는 말로, 공자가 정확하게 이렇게 말했던 것은 아니다. 그러나 공자가 논했던 인仁은 이미 인간다움(人)과 관련이 있었고, 그렇기에 '타인'과도 관련이 있다. 공자에게서 인仁이 의미하는 바는 "타인을 사랑함", "자신이 서길 바라면 타인을 세워 주고 자신이 도달하길 바라면 타인을 도달시켜 줌", "타인을 가르침에 있어 불성실하지 않아야 함"[2], "문밖에 나가서는 큰 손님을 맞이하는 듯이 하고, 백성들을 부릴 때는 큰 제사를 받드는 듯이 함", "쉴 때에는 공손하고 일을 할 때는 공경스러우며 타인에게 충실함"[3], "온화함, 간이함, 공경함, 검소함, 겸양함", "공손함, 관대함, 믿음직스러움, 영민함, 은혜로움"[4] 등으로 나타난다. 이러한 태도와 행위는 모두 인人과 관련된 것이어서, 인仁을 고려하는 것은 곧 인간(人)을 고려하는 것과 같다. 이때의 인간은 다른

---

1) 『詩經』,「小雅」, "維熊維羆, 男子之祥, 維虺維蛇, 女子之祥."
2) 『論語』,「述而」, "誨人不倦."
3) 『論語』,「子路」, "居處恭, 執事敬, 與人忠."
4) 『論語』,「陽貨」, "恭寬信敏惠."

사람 즉 타인이다. 타인이 없다면 인仁 역시 있을 수 없고, 타인이 없다면 인仁이라고 말할 것도 없게 된다. 내가 어질어야(仁) 하는 것은 내가 항상 타인과 대면할 수밖에 없기 때문이다. 타인은 항상 내 앞에 와서 나로 하여금 자기를 사랑하고 세워 주고 도달시켜 줄 것을 요구하며, 자기에 대한 나의 효제孝悌, 공경恭敬, 충신忠信 등을 요구한다. 이 책의 제1장에서 언급한 바 있는, 더 이상 통속적일 수 없을 설명을 다시 한 번 사용해서 말해 보자면, 인仁이란 타인을 잘 대해 주는 것이다.

　그런데 설사 내가 이러한 윤리원칙 혹은 규범을 완전하고 충실하게 따른다고 하더라도, 만약 '성공'의 기준이 타자의 '원망 없음'이나 '만족'에 달려 있다고 한다면 타인과의 관계가 반드시 성공할 것이라고는 결코 보장할 수 없다. 공자 또한 설사 어진 이라 할지라도 타인이 완전히 원망을 가지지 않도록 하기는 힘들다는 사실을 느낀 적이 있었다. 『논어』에는 단 한 곳에 불과하지만 이처럼 공자에게 난처함을 느끼게 한 타자로서의 여자와 소인에 관해 논한 부분이 있는데, 이들에 관한 공자의 간단한 평가는 분석할 만한 가치가 있다.5) 왜냐하면, 이 평가는 나와 타인 사이의 윤리관계

---

5) 확실히 여성은 『논어』에서 매우 드물게 등장한다. 공자에 제자 중에서도 여성은 없었던 것 같다. 도덕 칭호로서 군자의 칭호도 남성이 독점하고 있었다. 하지만 『논어』 중에서도 공자가 여성과 조우했던 일에 대한 기록은 있다. 비록 몇 마디 말뿐이지만, 자세히 읽어볼 만하다. 공자가 만났던 여인은 南子이다. 여성 타자로서의 南子는 다소 특별하다. 그녀는 衛 영공의 부인으로 위나라의 정치를 좌지우지하고 있었고, 매력적인 것으로 유명했다. 그녀는 공자의 높은 명성을 흠모하여 그를 만나고 싶어했다. 이 상당한 세력가의 부름은 공자를 진퇴양난에 빠지게 만들었다. 이런 타자의 부름이 공자에게는 썩 달갑지 않은 일이었으나, 그가 사양할 방법은 없었다. 공자가 그녀를 만난 이후에 가장 먼저 맞닥뜨린 것은 제자 자로의 불만이었다. 공자는 이런 상황에서 뜻밖에도 하늘에 대고 다음과 같이 맹세하였다. "내가 옳지 못한 일을 했다면, 하늘이 나를 버리리라! 하늘이 나를 버리리라!"(이 일은 『사기』「공자세가」에 생생히 기록되어 있다.) 공자는 어째서 이처럼 공자답지 않은 태도를 취했을까? 공자의 이런 경험이 과연 우리가 여기서 분석하고자 하는 여자와 소인에 대한 공자의 평가와 관련이 있을까? 우리가 여기에서 할 수 있는 작업이란 이들 둘을 연결하는 것뿐이다.

중에 내재된 근본적인 곤란함을 드러내는 가운데, 인仁과 예禮를 핵심으로 타자에 대한 존중과 책임을 강조하는 사상이 어떤 특정한 타자를 대할 때 지니게 될 근본적인 애매함을 폭로하고 있기 때문이다.

1. 타자와 미래

사실 어떠한 타인과 나의 관계 속에서도 타자는 나에게 곤혹스러움과 난처함을 느끼게 만들 수 있다. 이 관계 속에서 나는 결코 타자가 대체 나에게 무엇을 가져다줄지 알 수 없기 때문이다. 타자는 나의 기대와 추측, 상식, 말과 의미 등을 무너뜨릴 수 있기 때문에 타인인 것이다. 만약 '내'가 자기동일성과 자기폐쇄성을 지닌 전통적 의미의 '나'라면, 타자는 항상 그러한 나를 분열시키고 개방시키는 가운데 존재한다. 이러한 분열과 개방이 없다면 나는 진정으로 타자를 환영할 수 없고, 따라서 나와 타자 간의 진정한 접촉과 관계도 존재할 수 없다. 이러한 분열과 개방이 존재하지 않는다면 완전히 폐쇄된, "지극히 커서 바깥이 없는" 나 하나만 존재하게 될 것이다.

물론 이러한 분열과 개방이 존재한다 하더라도, 정해진 순서에 의해 통제되어 어떤 위험도 존재하지 않으면서 나에게 절대적으로 안전한 타자와의 관계란 결코 있을 수 없다. 나와 타인 사이의 관계는 미리 기획될 수 없는 것이기 때문이다. 기획될 수 있는 타자는 더 이상 진정한 타자가 아니다. 내가 타자를 기획하는 바로 그 순간, 타자는 나의 기획 속에서 사라지고 만다. 이렇게 볼 때, 타자는 일종의 예측할 수 없는 '미래'라 할 수 있다. 진정한 미래란 알 수도 기획할 수도 없으며, 타자를 향해 열려 있다는 것은 미래를 향해 열려 있다는 말이기 때문이다. 위험과 위기가 존재하는 이러한 '열려 있음'이 없다면 타자나 미래도 결코 존재할 수 없을 것이다.

미래로서의 타자와 나는 항상 '우연히 마주치는' 것일 뿐 '약속해서 만나는' 것이 아니다. 나와 타자의 관계는 본질적으로 이런 불확실성으로 가득 차 있다. 타자는 내 예상을 완전히 벗어나거나 내가 전혀 손쓸 수 없게끔 움직일 것이다. 만약 내가 예상할 수 있고 손쓸 수 있는 범위 내라면 타자가 진정으로 다가오는 일은 아예 없을 것이고, 따라서 어떠한 진정한 미래도 있을 수 없게 된다. 이것으로 볼 때, 만약 나의 자아가 욕망하는 것이 단지 "만물이 모두 나에게 갖추어진" 자족적 경지에 도달하거나 이를 유지하는 것이라면, 타인은 나의 안녕을 방해하고 나의 자족을 깨뜨리는 자일 것이다. 하지만 타자의 이러한 예측불가능성 및 비계획성은 나와 타인이 급작스럽게 마주치는 과정에서 진정한 새로움을 발생시킨다.

2. "나를 나로 여김"(我我)과 "나를 나로 여기지 않음"(毋我)

타자와 직면할 때 어진 이가 유일하게 준비할 수 있는 것은 "근거 없이 추측함이 없고, 독단함이 없고, 꽉 막힘이 없고, 나를 나로 여김이 없음"[6]으로, 바로 『논어』에 나오는 공자의 태도이다. '근거 없는 추측'(意)과 '터무니없는 독단'(必)과 '꽉 막힌 고집'(固)의 세 가지는 흔히 '지나치게 주관적'이라고 불리는 태도들로서 자신의 감각과 판단을 고수하는 것을 가리키

---

6) 『論語』, 「子罕」, "子絶四. 毋意, 毋必, 毋固, 毋我."

는데, 이 셋은 모두 마지막의 '나를 나로 여김' 즉 동사로서의 '아我'자에 포괄될 수 있다. "근거 없이 추측함이 없고, 독단함이 없고, 꽉 막힘이 없음"은 결국 "나를 나로 여기지 않음"(毋我)으로 귀결될 수 있다는 것이다. 그렇다면 우리는 이 동사로서의 '아我'를 어떻게 이해해야 할까?

"나를 나로 여기지 않음"(毋我)이라는 이 부정적인 표현은 "나를 나로 여김"(我我)에 기초하고 있다.—물론 이 "나를 나로 여김"은 『논어』에 등장하는 개념이 아니다.— "나를 나로 여기지 않음"은 "나를 나로 여김"의 부정이며, "나를 나로 여김"은 곧 "나를 들어 나로 삼는다"(以我爲我)라는 의미이다. 이 "~을 들어 …로 삼다"(以~爲…)라는 문장구조는 은연중에 두 개의 지시대상 사이에 필연적으로 간극이 존재할 수밖에 없음을 암시하고 있다. 따라서 "나를 나로 여김"은 결코 단순한 동어반복이 아니다. 두 개의 나는 이미 자아와 대상 즉 나와 타자와의 관계라고 할 수 있기 때문에 나를 나로 여기는 것이 가능한 것이다. 이는 곧 '주체로서의 나'는 결코 '대상으로서의 나'와 절대적으로 동일할 수는 없다는 말이기도 하다. 이처럼 '대상으로서의 나'와 동일하지 않다거나 구별된다는 것은 자기동일적이라고 일컬어지는 어떠한 나(혹은 주체)에 대해서도 그것을 비동일적 주체로 성립될 수 있게 하는 조건이 된다.

그러나 "나를 나로 여김"은, 비록 자아의 비동일성을 조건으로 하지만, 두 개의 나(자아와 대상) 사이에 근본적으로 존재하는 사이 혹은 거리를 메꾸거나 없애려는 욕망으로 드러난다. 따라서 "나를 나로 여김"이란 바로 자아와 대상의 근본적 비동일성에서 발생하는, 자아의 절대적 동일성을 추구하려는 욕망이며, 이것은 필연적으로 내가 더 이상 나이지 않기를 바랄 수밖에 없기에 결코 실현되거나 충족될 수 없는 욕망이다. 일상에서는 그것이 본질상 결코 실현되거나 충족될 수 없다는 것을 알지 못하는 까닭에 나 자신에 대한 맹목적인 긍정, 집착, 고집으로 드러나지만, 사실 "나를 나로 여기고자" 하는 욕망을 끊임없이 실현하고 충족시키려 하는 것은 그러한 욕망이 가능하도록 하는 조건인 자아와 대상 간의 불일치를 소멸시키는 것이다.

"나를 나로 여기려는" 자가 볼 수 있고 생각할 수 있는 것은 오직 '자아'뿐이다. "나를 나로 여김"에서는 오직 자아밖에 없다. 이러한 자아에 대한 고집과 집착은 '나 아닌 모든 것'(非我) 즉 타자를 억압하고 잊음으로써만 이룰 수 있다. 타자는 내가 성립될 수 있도록 해 주는 자이기도 하지만, 동시에 '나의 자아'가 '대상으로서의 나'와 완전히 동일해지지 않도록 해 주는 자이기도 하기 때문이다. 극단적인 "나를 나로 여김"으로 나아간다는 것은 곧 나의 자아 외에 더 이상 어떤 타인도 없게 되는 것, 또는 "지극히 커서 바깥이 없는" 자가 되는 것을 의미한다. 하지만 이것은 결국 나의 자아마저도 종결되는 것이라 할 수 있다. 따라서 어진 이, 즉 타인을 잘 보살피는 자는 반드시 "나를 나로 여기지 않아야" 한다.

물론 "나를 나로 여기지 않음"이란 당연하게도 나의 나다움을 부정하는 것이 아니다. 만약 '나를 들어 나로 삼는다면'(以我爲我), 즉 나의 자아가 대상으로서의 나를 인식하여 그것을 나로 삼는다면, 바로 그 순간 나는 애초부터 두 개의 나 사이에 거리가 있었고 나의 안팎에 모두 타자가 있었다는 사실을 알게 될 것이다. 바로 이러한 이유로 인해, 언제 어디서나 나는 타인을 염두에 두어야지 나를 나로 여기기만 해서는 안 된다. 나는 주관적이고 절대적이며 타인을 받아들이지 못하는 나에 집착하지 말고, 오직 타인을 향해 자신을 개방해야 하는 것이다. 이것이 바로 "나를 나로 여기지 않음"이다. 그러므로 "나를 나로 여기지 않음"이란 나의 나다움에 대한 포기나 부정을 의미하는 것이 아니라, 타인을 위해 자신에 대한 고집과

452

아집, 나아가 자기 자신마저도 포기하고 자신을 타인에게 내어줄 수 있는 것을 의미하는 것이어야 한다. 이렇게 할 때 비로소 나는 타자가 어떻게 다가오더라도 제대로 맞이할 수 있게 될 것이다.

3. 남성인 군자 입장에서의 타자: '여성'과 '소인'

『논어』에서, 자신이 이미 "나를 나로 여기지 않을" 준비를 하고 있다고 믿는 군자는 여전히 특정한 타자로 인해 곤란을 겪는 것처럼 보인다. 주지하다시피 『논어』에서 이러한 타자는 여자와 소인이라는 이름으로 다가온다. 여자는 군자로 하여금 곤란함을 느끼게 할 수밖에 없는 타자였던 것이다. 어째서 공자는 군자로서의 내가 여성으로부터 곤란을 겪게 될 것이라고 보았을까? 이것이 바로 우리가 직면한 문제이다.

사실 여성이 『논어』에서 등장하는 방식에는 딱히 놀라운 점이 있는 것은 아니다. 그것은 군자가 단지 이 여성 및 소인과 '어떻게 지낼 것인지'에 관한 문제였을 뿐이다. 공자 사상의 가치기준에서 보았을 때 이러한 문제는 분명 아버지를 섬기고 군주를 섬기는 등의 큰일과 동일한 수준에서 논할 수 없는 문제였겠지만, 이러한 '여성' 및 '소인'과 함께 지내는 것은 분명 공자를 성가시게 하고 심지어 좌절까지도 느끼게 한 문제였던 것 같다. 그래서 공자는 다음과 같이 말했다.

오직 여자와 소인만큼은 보살피기 어렵다. 가까이하면 불손해지고, 멀리하면 원망한다.[7]

---

7) 『論語』, 「陽貨」, "子曰: 唯女子與小人爲難養也. 近之則不孫, 遠之則怨."

소인에 대응하는 것이 군자라면, 여성에 대응하는 것은 남성일 것이다. 공자는 여기에서 명백히 한 명의 남성, 그리고 군자의 입장에 서서 말을 하고 있다. 이러한 남성인 군자가 여자나 소인과 함께 있는 것은 '예에 부합하지' 않으며 이상적인 군자의 사귐도 아니다. 물론 주체인 '나'에 대해서는 여성과 소인까지도 전부 타자이지만, 남성이자 군자인 화자의 입장에서 보자면 여성과 소인은 매우 특수한 타자라 할 수밖에 없다. 남성인 군자에게 이 둘은 '보살피기 어려운' 자들이기 때문이다. '보살피기 어렵다'는 점에서 여성과 소인은 같은 유형일 수 있다. 이들은 모두 남성인 군자와 함께 있을 때 그들을 난처하게 하고 심지어 좌절하게 만든다. 이들은 같은 유형의 특수한 타자, 즉 '보살피기 어려운' 타자인 것이다.

여기에서 '남성인 군자'라고 말하는 것은 전적으로 불필요한 것일지도 모른다. 군자는 원래 남성이기 때문이다. 그런데도 굳이 군자의 성별을 명확히 드러내는 까닭은, 공자가 '소인'만을 언급한 것이 아니라 '여자와 소인'이라고 말을 했기 때문이다. 게다가 이 둘이 공자의 말 속에서 배열되는 순서 역시 주의할 필요가 있다. 공자는 '소인과 여자'라고 말하지 않고 '여자와 소인'이라고 하였다. 『논어』에서 '군자'는 늘 '소인'과 나란히 대구되어 언급된다. 공자는 습관적으로 군자와 소인의 대비를 통해 군자의 특징이나 성품을 형용하고 규정하고 있다. 그런데 '여자'라는 말이 등장했을 때에는—비록 직접적으로 다룬 부분은 단 한 차례에 불과하지만— '소인'이 여자의 뒤에 배치되었다. 소인과 여자를 하나로 묶으면서 공자는 특히 여자가 '보살피기 어려운' 타자의 특징을 대표한다고 여겼던 것이다. 이러한 서술 방식의 함의는 복잡하지만 탐구해 볼 만한 가치가 있다. 이는 군자와 대비되는 소인의 각종 '소인적 특징'이 여자를 원형으로 하고 있음을 암시한다. 여자는 소인 중의 소인, 곧 소인의 전형이다. 공자는 이들을 이미 하나의

'이성異性' 즉 군자와 차별화되는(異) 성질(性)의 존재로 보았는데, 소인을 여자의 뒤에 둔 까닭은 소인이 여자를 닮았기 때문이다. 따라서 소인을 여자의 뒤에 놓은 수사방식은 '군자'의 특징을 보여 주는 동시에 '남성'의 특징을 부각시키기 위한 것이기도 하다.

여자가 '보살피기 어려운' 타자의 표상으로 등장함에 따라 『논어』에서 언급되는 군자의 '남성'이라는 신분이 명확하게 드러나게 되었다. 여자와 소인만이 보살피기 어렵다고 여겼던 군자는 남녀 성별의 '중간'에 서서 이 말을 한 것이 아니다. 이 군자는 결코 '중성'적이지 않다. 일단 남성의 목소리로 이성異性을 논하고 있고 남성과 다른 존재란 저절로 여성일 수밖에 없는 만큼, 우선은 여자로 대표되고 있는 타자에 집중해서 논의를 이어 가도록 하겠다. 먼저 이렇게 물어 볼 수 있겠다. 공자는 왜 이러한 타자에 대해 '보살피기 어렵다'고 여겼던 것일까?

4. 여자는 '보살피기 어렵다'(難養)의 의미

중용의 도는 공자가 제창한 것이다. 하지만 중용의 도를 힘써 행했던 공자도 스스로 여자 앞에서는 중용을 유지할 수 없다고 여겼다. 여자는 중용의 도를 신봉하고 따르는 공자마저도 딜레마에 빠지게 했던 것이다. "가까이하면 불손해지고, 멀리하면 원망한다"에서는 이미 멀고 가까움의 '사이', 즉 중용의 도가 실행될 수 있는 그 중간점이라는 것을 찾아볼 수 없다. 여자는 이 중용의 도를 시험에 들게 하고 있는 것이다. 공자가 "여자는 보살피기 어렵다" 했던 것도 이와 같은 이유에서이다. 그렇다면 '보살피기 어려움'(難養)이란 어떤 의미일까?

'보살피기 어려움'은, 사실 '보살핌'(養)이라는 표현의 애매함으로 인해 해석자와 번역자에게 큰 고민을 안겨 준다. 이를 양백준은 "그들과 함께 처하기 어렵다"라고 풀었고, 이택후는 아예 "대응(對付)하기 어렵다"로 옮겼으며, D. C. 라우의 영역 역시 "대하기 어렵다"(difficult to deal with)로 옮기고 있다. 그런데 첫 번째 번역은 지나치게 돌아간 듯한 감이 있고, 두 번째와 세 번째는 공자가 여성을 공경하지 않았던 것처럼 느껴지게 만든다. 오히려 백년도 더 지난 제임스 레게의 "예절바르게 행동하기 어렵다"(difficult to behave to)가 한결 우아하고 여기에서의 타자 즉 여자에게 보다 예의 있는 표현으로 보인다.8) 예절바르게 행동한다는 것은 곧 "나의 몸을 움직임에 있어 공손함"(行己也恭)으로, 이것은 공자가 정(鄭)나라 자산(子産)의 군자다운 풍모를 칭찬하면서 한 말이다.9) 군자가 자신의 몸을 움직일 때는 반드시 공손해야 하며, 이때의 공손함은 당연히 타인에 대한 공경이다. 하지만 여성 앞에서는 군자도 그 행동에 곤란함이 없을 수 없다. 그래서 여자는 '보살피기 어렵다'고 여겨지는 것이다. 따라서 위의 '함께 처하기 어려움', '대응하기 어려움'이라는 해석도 나름의 일리는 있지만, 이러한 해석은 '양(養)'자의 원의에서 크게 벗어나 있다. '양(養)'자의 본의를 통해 직접 이 구절의 의미를 밝힐 수는 없는 것일까?

'양(養)'자의 기본적인 뜻은 어떤 대상에게 생존에 필요한 것을 제공하여 그 대상이 살아갈 수 있도록 해 준다는 의미이다. 따라서 "여자는 보살피기 어렵다"(女子難養)의 '보살핌'(養)이 말하는 것은, 우선 여자를 보살펴야 한다는 것이다. 윤리주체로서의 내가 타인을 보살핀다는 것은 내가 타인에 대해

---

8) 楊伯峻, 『論語譯注』, p191; 李澤厚, 『論語今讀』, p418; D. C. Lau, *Confucius: The Analects*, p148; Legge, James, *The Chinese Classics* vol. I, p330.

9) 『論語』, 「公冶長」, "子謂子産: 有君子之道四焉. 其行己也恭; 其事上也敬; 其養民也惠; 其使民也義."

지고 있는 기본적인 책임 가운데 하나가 될 것이다. 따라서 여자라는 타인 앞에서 나는 다른 타인—'부모'나 '백성' 같은—의 앞에서와 마찬가지로 보살핌의 책임을 질 수밖에 없다.[10] 따라서 공자가 "여자와 소인은 보살피기 어렵다"라고 말하는 순간, 비록 '보살피기 어렵다'는 표현이 다소 고압적이기는 하지만, 그 역시 '타인을 살아가도록 하는' 군자의 윤리적 책임을 기꺼이 떠맡음으로써 여자와 소인이라는 타인에 대한 보살핌의 책임을 지게 된 것이다.

이처럼 나는 윤리주체로서 반드시 타인을 보살펴야 할 책임을 지고 있지만, 동시에 그러한 나 자신이 이미 타인으로부터 보살핌을 받고 있는 자이기도 하다. 타인의 보살핌을 필요로 하지 않는 인간이란 존재하지 않으며, 타인과 떨어져서 살 수 있는 인간 역시 존재할 수 없다. 그런데 공자의 말투는 오직 여자와 소인만이 보살핌을 필요로 한다는 것처럼 들린다. 그렇다면 군자는 과연 보살핌을 필요로 하지 않는 자인가? 군자는 여자와 소인에 비해 보살피기 쉬운 존재인가? 어느 누가 타인을 보살피면서

---

10) 『논어』에서 '養'자는 총 네 번 등장한다. "자유가 孝에 대해 물었다. '오늘날 孝라는 것은 부모를 잘 보살피는 것을 말하지만, 개와 말에 대해서도 모두 이러한 보살핌이 있을 수 있다. 만약 공경함이 없다면 부모를 모시는 것과 개와 말을 먹이는 것에 무슨 차이가 있겠는가?'"(『論語』, 「爲政」, "子游問孝. 子曰: 今之孝者, 是謂能養. 至於犬馬, 皆能有養. 不敬何以別乎?") 여기에서는 효가 단순히 보살핌만을 의미할 수는 없다고 강조하고 있지만, 이것이 효가 보살핌의 의미를 포함하지 않는다는 말은 결코 아니다. 보살핌은 결국 타인이 잘 살아갈 수 있도록 한다는 의미를 포함하고 있다. 따라서 효의 문제는 부모와 같이 나와 특별한 관계에 있는 타인을 어떻게 보살펴야 하는가에 달려 있을 뿐이다. 이 문제는 어떻게 타인을 어떻게 부양하는지에 관한 것이지, 단순히 부양을 할지 말지의 문제에 관한 것이 아닌 까닭에, 공자가 말한 것과 같은 "여자와 소인은 보살피기 어렵다"의 문제가 발생하게 되었다. "보살피기 어렵다"는 말이 표현하고자 하는 것은 타인을 보살펴야 하는 나의 책임이 여자와 소인에게 이르러 완수되기 힘든 책임이 되었다는 것을 의미한다. 공자는 자산이 군자의 도리를 지니고 있음을 칭찬하는 자리에서 "백성을 보살핌에 은혜롭다"(養民也惠)는 것을 군자의 특징 중 하나로 본 적이 있다. 백성은 곧 공자가 말한 소인의 범주에 들어가는 존재들이다. 따라서 진정한 군자는 반드시 여자와 소인을 포함한 모든 타인을 잘 보살펴야 한다.

도 정작 자신은 보살핌이 필요 없는 자이겠는가? 어느 누가 완전히 타인과 분리되어 살아갈 수 있겠는가?

'주체로서의 나'라는 입장에서 보면 타자를 보살피는 것은 나에게 주어진 하나의 책임이다. 하지만 타자를 보살피는 정도와 태도는 각기 다를 수 있다. 예를 들어, 자식이 부모를 봉양하는 것에 대해 공자는 단순히 생물학적으로 부양하는 것이 중요한 것이 아니라 공경의 태도가 더욱 중요한 것이라고 하였다. 따라서 핵심은 공경이다. 그런데 공경은 곧 타자가 나에게 요구하는 태도라고 할 수 있다. 이때 나는 이미 주체가 될 수 없다. 타자는 타자로서 반드시 나에게 공경을 요구하게 되어 있다. 부모가 나에게 공경을 요구하는 것은 부모 역시 나의 타자이기 때문이다. 그리고 광의의 타자는 결코 인간에만 국한되는 것이 아니므로, 개나 말과 같은 동물을 기르더라도 나에게 최소한의 '공경'의 태도조차 없다면 타자를 진정으로 타자로서 살아가도록 하는 것이 아니다. 여성 또한 하나의 타자로서 근본적으로 나에게 공경을 요구하는 존재임이 분명하다. 바로 여기서, "여자는 보살피기 어렵다"라는 공자의 토로는 어려움에 직면할 수밖에 없다. 어째서 여자는 보살피기 어려운가?

"여자는 보살피기 어렵다"는 말에서의 어려움이란, 멀고 가까움의 적절한 관계를 파악하기가 어렵고 또 적절한 거리를 유지하기가 어렵다는 뜻이다. 만일 필요 이상으로 가까워진다면 여자가 지나치게 거리낌이 없어짐을 걱정해야 하고, 만일 너무 멀어진다면 여자가 원망의 마음을 가지게 될 것을 걱정해야 된다. 그런데 공자가 여기서 이러한 군자와 여성의 곤혹스러운 관계를 설명하고 있다는 사실은 이미 여성을 하나의 타자로 인정하고 있음을 의미하고 있다. 그렇지 않다면 공자는 여자를 어떻게 대해야 할지, 혹은 어떻게 함께 처해야 할지의 문제를 고려할 필요조차 없었을 것이다.

이러한 고려를 했다는 사실 자체가 이미 공자가 군자와 여자 사이에서 드러나는 '나와 타자'의 관계가 처음부터 필연적인 것이었음을 인정했다는 의미이다.

5. "멀리하면 원망이 있다"의 의미

여자가 "가까이하면 불손해지고 멀리하면 원망이 있게 되는" 것은 왜 그러한가? '가까이하면 불손해진다'는 것은, 가까이할수록 '안전거리'가 점차 줄어들어 가다가 서로 직접 부딪치는 데까지 이르러 '서로간의 관계가 오히려 고통이 되는'(痛癢相關) 경우이다. '멀리하면 원망이 있게 된다'는 것은, 거리가 멀어질수록 서로간의 관계 또한 멀어져서 끝내는 '상대의 고통도 나와는 아무런 관계가 없게 되는'(無關痛癢) 경우이다. '원망'이란, 바로 후자의 이 '멀어지는' 상황이 발생했을 때 타인이 나에게 지니게 되는 불만을 말한다.

불만은 항상 '다른 사람'이나 '다른 대상' 즉 타자를 향하게 마련이다.— 물론 이 타자가 때로는 다른 사람이 아닌 자기 자신일 수도 있다.— 이러한 불만으로서의 '원망'은 곧 타자에게 기대하는 바가 충족되지 않았을 때 생기는 타자에 대한 반감이다. 기대 받는 사람이 기대하는 사람에게 충족시켜 주어야 할 내용은, 기대 받는 사람 그 자신으로부터 생겨나게 된 것이 아니라 타인의 요구(기대)로 인해 책임을 지게 된 것이다. 바로 이러한 요구로 인해, 기대 받는 사람은 기대하는 사람에 대해 그를 만족시켜 주어야 할 책임을 지고 있다고 할 수 있다. 나는 내가 기대 받고 있다는 사실조차 인식하지 못할 때도 있겠지만, 그러한 때에도 이미 타자는 나를 자신의 기대 속에 위치시켜서 내가 그러한 기대를 만족시키지 못한 것에 대해 원망을 지니고 있을 수도 있다.

사실 우리가 상대방의 원망에 아무런 이유가 없다고 여길 때라 할지라도 나에 대한 타자의 원망은 나로 하여금 타자에 대한 책임을 다하지 못했다고 자책하게 만들고 양심의 가책까지 느끼게 한다. 내가 타자에 대해 자책감을 가지는 것은, 타자가 나에게 있어 이미 하나의 기대가 되었다는 사실을 스스로 알고 있기 때문이다. 설사 타자가 나에게 직접 어떠한 요구를 제기하지 않았더라도, 그가 내 앞에 존재하는 것만으로도 이미 나는 그를 보살펴야 할 책임을 느끼게 된다. 물론 이것은 내가 타자를 보살필 수 있는 능력을 실제로 지니고 있는지와는 전혀 무관하다. 타자의 앞에서 나는 이미 하나의 기대를 받는 자이고 그러한 책임을 지니게 된 자인 것이다. 이 때문에 나는 매순간 타자 앞에서 각별히 조심하면서 혹 소홀한 것이 있지는 않았는지, 빠뜨린 것은 없는지 염려하는 것이다. 그러므로 그 원망의 이유를 알지 못하면서도 내가 타자의 원망을 염려하는 것은 충분히 이유가 있는 행위이다. 또한 내가 타자를 잘 대하지 못하거나 소홀히 대하지 않았을까 걱정한다는 것은, 이미 그 자체로 타자를 위한 걱정이요 타자에 대한 걱정이다.

하지만 설사 내가 이미 진심을 다해 세밀하게 타자를 보살폈다 하더라도, 실제적으로 내가 완전히 타자를 만족시켰다고는 보장할 수 없다. 왜냐하면 타자가 자신의 존재 그 자체로 이미 나에 대한 기대를 구성하고 있다면, 그러한 타자의 기대는 영구적일 것이기 때문이다. 타자가 존재하는 한 나는 영원히 기대를 받게 될 수밖에 없고, 또한 영원히 타자를 만족시킬 수 없을 것이다. 이런 의미에서 나는 항상 타자에게 빚을 지고 있다고 볼 수 있다. 타자가 진정으로 '완전히' 만족하고자 한다면 그는 타자로서 존재하기를 멈추어야 한다.

타자와 대면하는 나는 언제나 타자의 기대를 받게 될 것이며, 타자는 항상 나에게 원망을 지닐 수밖에 없다. 그러므로 나는 의도했건 의도하지 않았건 남을 소홀하게 대하여 원망을 사지는 않을지 항상 걱정해야 한다. 따라서 공자가 말한 "멀리하면 원망한다"라는 표현은, 표면적으로는 비록 '까다로운' 타자 앞에서 근심하는 자신의 무력함과 그런 타자의 원망을 은연중에 드러내고 있는 것처럼 보이지만, 사실 남성으로서의 내가 이미 언제든 불만과 원망을 가질 수 있는 여성에 대해 피할 수 없는 책임을 지니고 있음을 말하고 있다. 이 책임은 그 여자의 모든 기대에 대한 책임, 그 여자를 보호하고 그 여자에게 관심을 가질 책임이며, 혹은 공자가 말한 바와 같은 '보살핌'(養)에 대한 책임이다. 따라서 나는 항상 타자를 위해 걱정해야 하며, 타자에 대한 나의 책임을 다하지 못할 수 있음을 우려해야 한다. 나는 타자로부터 원망을 사는 것을 두려워해야 하겠지만, 타자로부터 전혀 원망을 사지 않는 일 역시 불가능하다.

6. "가까이하면 불손하다"의 의미

여자와의 관계 속에서 공자가 걱정했던 다른 한 가지는 바로 "가까이하면 불손하다"는 것이었다. 이것은 타자와 소원해지거나 타자의 원망을 사게 되는 것을 걱정해서 타자와의 거리를 지나치게 좁힘으로써 생길 수 있는 결과이다. 나는 반드시 타자에게 접근해야 하고 또 타자가 내게 다가오도록 해야 하지만, 가까움은 일정한 거리가 제공해 주는 안전망을 약화시키거나 제거해 버릴 수도 있는 위험을 안고 있다. 가까움은 나를 과도하게 타자에게 노출시켜서 나와 타자 사이의 직접적인 충돌을 불러올 수도 있다. 따라서 타자가 나에게 부여한 가까움 혹은 친근함에 대한 요구는 나에게 있어 일종의 위협이 될 수도 있는 것이다.

가까움은 내가 타자 앞에서 자유롭게 응대하거나, 이리저리 숨어 다니거나, 어물쩍 피할 수 없도록 만든다. 가까움은 나 자신을 몰아세운다. 나에게 기대를 하는 타자와 직면했을 때 나는 어떤 반응이라도 직접, 그리고 즉각적으로 내어놓지 않으면 안 된다. 그 반응이 '즉각적'이고 '직접적'이어야 만큼 나는 대책을 마련하거나 계략을 꾸밀 수가 없다. 나로 하여금 타인 앞에서 스스로를 보호할 수 없게 만드는 것이다. 따라서 가까움은 나 자신을 쉽게 상처 입는 자로 만든다. 그렇다고 해서 타자에 접근하지 않거나 의도적으로 타자를 멀리할 수도 없다. 그렇게 되면 나는 타자로부터 원망을 사게 된다. 따라서 타자로부터 멀어지지 않기 위해 나는 '가까이함'이 불러올 수 있는 위험과 대가를 무릅쓰고라도 반드시 타자를 가까이해야 한다. 그리고 '불손함'이라는 말은 바로 이러한 위험과 대가를 포괄하는 표현이라 할 수 있다.

'불손함'(不遜)은 번역하기 난감한 표현이다. 이를 양백준은 '무례함'(無禮) 이라고 보았고, 이택후는 '겸손하지 않음'(不謙遜)이라 번역하였다. D. C. 라우의 영문 번역은 '무례함'(insolent)으로 양백준과 비슷하고, 제임스 레게의 영문 번역은 '겸손함을 잃음'(lose their humility)으로 이택후와 비슷하다.[11] 사실 '손遜'과 '예禮'의 뜻, 즉 '공순恭順'과 '겸손謙遜'의 의미는 모두 '양보 / 사양'의 의미에서 나온 것이다. 가까움과 물러남은 서로 반대된다. 물러남은 양보를 의미한다. 가까움은 물러나지 않음과 양보하지 않음을 의미할 수 있다.

---

11) 楊伯峻, 『論語譯注』, p191; 李澤厚, 『論語今讀』, p418; D. C. Lau, *Confucius: The Analects*, p148; Legge, James, *The Chinese Classics* vol. I, p330.

따라서 "가까이하면 불손하다"라는 말의 표면적인 뜻은 타인에게 가까이 가면 그가 나에게 불손할 수도 있다는 의미이고, 이 '불손'이 일정한 범위 내에서는 분명 '공손치 않음'(不恭), '무례함'(無禮), '겸손하지 않음'(不謙遜)으로 해석될 수 있다. 그러나 이는 사실 타자를 직접 대면한 나의 주관적인 느낌이거나 가까움 그 자체가 나에게 주는 감각일 뿐이지, 타인의 어떤 무례한 행위로 인해 직접적으로 발생하는 것은 아니다.

내가 그러한 '주관적인 느낌'을 지니게 되는 것은 나와 대면한 타자가 나를 타자에 대한 회피할 수 없는 책임으로 몰아세웠기 때문이다. 따라서 가까움이 가져올 나에 대한 타자의 '불손'은 사실 내가 타자와 대면하는 가운데에서 느낄 수 있는, 타자가 책임의 주체인 나에게 가하는 일종의 윤리적인 압력이다. 다만, 이러한 '윤리적 압력'이 비록 타자 그 자체로부터 만 올 수 있는 것이라고는 하지만 결코 타자가 능동적으로 어떠한 행위를 가하여 생겨난 결과일 수는 없다. 이러한 압력은 타자가 존재하는 바로 그 순간부터, 즉 그가 나에게 어떤 의식적인 결정을 내리기 이전부터 이미 존재하고 있다.

타자와 가까워진다는 것은 더 이상 내가 타자의 존재를 무시하는 등의 방식으로 자기방어를 하기 힘들게 되었다는 것을 의미한다. 나와 가까이 있는 타자는 이미 소홀함을 용납하지 않기 때문이다. 따라서 타자가 나와 가까워진다는 것은 타자와 나 사이에 어떠한 '안전거리'도 없게 된다는 것을 의미한다. 그러므로 내가 노출되고 상처받는 것을 피하기 위해서는 타자와 가까워지는 것을 피해야 할 것이다. 나는 지나치게 타자에 가까이 가지 않아야하며, 타자가 지나치게 가까이 다가오지 못하도록 해야 한다. 이러할 때 나는 나의 '체면'을 유지하거나 나를 보호할 수 있으며, 타자의 '불손'이라는 위협을 피할 수 있다. 하지만 그 대신 타자는 나로부터 소홀한 대우를 받게 됨에 따라 나와 '대수롭지 않은' 사이가 되고 만다. 타자가 나와 가깝지 않으면 나는 가까움이 나에게 가져올 수 있는 아픔이나 중요한 일 같은 것이 없게 되고, 진정으로 타자의 고통을 경험하는 일이 없을 것이므로 타자에 대한 어떤 진정한 '감정'도 없게 될 것이다. 이 감정이란 곧 타자에 대한 진정한 감각에서 생겨나는 '공감'과 '관심'이다.

타자와 나 사이에 어떠한 가까움도 없다면 타자는 더 이상 내게 아픔을 주는 존재일 수 없게 되고 더 이상 내게 '절실한' 존재가 아니게 되겠지만, 그로 인해 나는 타자로부터 원망을 사게 되고 양심의 가책을 느끼게 될 것이다. 그러나 내가 양심의 가책을 느낀다는 사실은, 내가 타자로부터 벗어날 길이 없다는 것 즉 타자는 항상 나와 관계가 있고 나는 타자에 대해 피할 수 없는 근본적인 책임을 지고 있다는 것을 증명해 준다. 바로 이 때문에 나는 타자와의 관계에서 '가깝고 멂'(遠近), '나아감과 물러남'(進退) 사이에서 모두 어려움을 느끼게 된다.

7. 나의 '자유'

공자가 여자와 소인을 논하는 방식과 어투를 살펴보면, 남성인 군자로서의 내가 여자 및 소인과의 관계 중에서 느낄 진퇴양난은 단지 나와 타자의 관계 중의 예외적인 상황에 불과한 것처럼 보인다. 공자의 뉘앙스는 만일 여자와 소인이 아니라 군자와 교류한다면 그러한 곤경에 빠지지 않을 것이라는 점을 암시하는 듯하다. 그렇다면 나는 여자 및 소인과의 관계를 나와 타자의 정상적 관계에서 배제할 수도 있다는 말인가? 이는 곧 내가 바로 어떠한 타자와의 관계 속에서 스스로 결정권을 지닌 자라는 말이 아닌가? 그러나 군자의 특징은 바로 어떤 외부의 요인에 의해서도 좌우되지 않는다는 것이 아니었던가? 설사 내가 타자와의 관계 속에서 여자와 소인을 완전히 배제할 수는 없다고 하더라도, 그리고 내가 완전히 중용의 도를 따르지는 못한다고 할지라도, 과연 '멀리하고 가까이함'을 내가 자유롭게 선택하는 것이 불가능한 것일까? 나는 정말로 그러한 선택의 자유가 없는 것일까? 타자와의 관계 속에서 나는 언제나 능동적이거나 자유로울 수 없는 것일까?

만약 내가 진정으로 능동적인 선택을 할 수 있고 내게 그런 진정한 자유가 있다고 한다면, 공자는 상술한 진퇴양난의 문제로 고민할 필요가 없었을 것이다. 하지만 그러한 상황에서는 타자는 더 이상 타자라고 부를 수 없게 된다. 타자는 나와 관련이 있는 타자로서, 내가 완전히 자유로울 수만은 없다는 것을 의미하기 때문이다. 타자가 존재하는 한 나는 반드시 타자로부터 책임을 부여받게 된다. 이러한 원근 혹은 친소의 문제를 걱정하고 타자가 나에게 가질 원망이나 불손함을 우려해야 한다는 것은, 바로 나와 타자의 관계가 결코 나의 자유로운 선택에 의한 것이 아니며, 이러한 관계가 원래는 자유로웠던 나에게 후차적으로 강요된 것도 아니라는 점을 보여 준다. 나는 타인과 관계를 맺고 있는 가운데에서 나 자신을 발견할 수밖에 없다.

나 자신은 사실 이러한 타인과의 관계 그 자체라고 할 수도 있다. 따라서 나 자신과 마주하는 것을 포함한 모든 타자들과의 관계는 결코 내가 능동적으로 선택한 것이 아니다. 나는 오직 타자와 마주하고 있을 때에만 타자와의 관계를 어떻게 설정할지, 어떻게 나 자신의 안전을 확보할지 등을 자유롭게 선택할 수 있는 것이다. 이러한 '자유'는 내가 필연적으로 대면할 수밖에 없는 타자 그 자체로부터, 혹은 타자와의 필연적인 대면 그 자체로부터 피동적으로 인정받은 것이다. 주체로서의 '나'의 자유는, 내가 타인을 필요로 할지 여부를 선택할 수 있는 자유가 결코 아니라 다만 주어진 필연적인 책임을 받아들일지 말지를 선택할 수 있는 자유이며, 이러한 '자유로운 선택'이 가능한 까닭은 내가 그 책임을 이미 받아들였기 때문이다. 절대적 자유를 누리는 자에게는 선택이 필요가 없다. 따라서 '자유로운 선택'이란 이미 내가 절대적으로 자유롭지는 않음을 말해 준다. 비록 일상에서는 내가 "타인과 함께 무리를 이루지 '않을' 것"을 선택할 수도 있지만, 내가 스스로 타인과의 어울림을 거절했다는 사실은 그 자체로 이미 내가 타자의 존재를, 즉 타인과 나의 근본적인 관계를 '부정'의 방식으로 인정한 것이다.[12]

나는 반드시 타인을 마주하지 않을 수 없고, 그런 까닭에 여자와 소인 역시 마주하지 않을 수 없다. 그런데 내가 타자를 얼마나 가까이하고 얼마나 멀리해야 하는지에 대한 명확한 기준은 존재하지 않는다. 즉 정해진 중용의 도리란 없는 것이다. 우리는 여기에서 공자를 곤란하게 만드는, 다음과 같은 원근의 문제를 발견하게 된다.

한편으로, 타자를 만족시키는 것은 오롯이 나의 책임인 만큼 나는 타자를 만족시키고 타자로 하여금 원망을 갖지 않도록 하기 위해 타자를 지나치

---

12) "타인과 함께 무리를 이룸"이라는 말은 『장자』 「人間世」 편에 등장하는 "하늘과 함께 무리를 이룸"을 응용한 것이다. "만일 사정이 그렇다면 저는 안으로는 주장을 곧게 지키면서도 겉으로는 부드럽게 하겠습니다. 제 생각을 말하지만 옛날 사람들의 의견을 인용해서 하는 거죠. 마음이 곧은 자는 하늘과 같은 편에 서게 되어 무리를 이룹니다. 하늘과 함께 무리를 이룬 자는 천자든 나든 모두 똑같이 하늘의 자식임을 알고 있습니다. 그런데 저만 다른 사람들이 제가 하는 말을 좋아하길 바라겠습니까? 아니면 제가 하는 말을 좋아하지 않길 바라겠습니까? 이러한 사람은 사람들이 '순진한 어린아이'라고 부릅니다만, 실은 진정으로 하늘과 함께 무리를 이룬 사람입니다."(然則我內直而外曲, 成而上比. 內直者, 與天爲徒. 與天爲徒者, 知天子之與己皆天之所子, 而獨以己言蘄乎而人善之, 蘄乎而人不善之邪? 若然者, 人謂之童子, 是之謂與天爲徒.)

게 멀리하지 말고 오히려 타자와 가까워지도록 해야 한다. 하지만 다른 한편으로, 얼마나 가까워져야 가깝다고 할 수 있을까? 일단 타자와 지나치게 가까워지게 되면 나는 나를 난처하게 만드는 타자의 '불손함'을 걱정하지 않을 수 없게 된다. 이러한 근본적인 문제는 나와 타자의 가까움이 어떤 실제적인 척도에 의해 결정된 것이 아니라는데 그 원인이 있다. 따라서 여기에는 믿을만한 기준이 없으며, 있을 수도 없다. 우리가 상술한 것과 같은 '불손함'을 두려워한다는 것은 사실 다음과 같은 의미를 지닌다. 그것은 나와 가깝지만 군자의 풍모가 없는 '여자와 소인' 같은 타자와 함부로 뒤섞여서 곤란한 상황에 내몰리는 것을 두려워한다는 뜻이고, 또한 내가 직접 타자와 대면한 결과 타자로부터 벗어나 다시 나 자신으로 돌아오지 못할 것을 두려워한다는 뜻이며, 타인에게 좌우되지 않는 품위 있는 나 즉 '만물을 모두 자신 안에 갖추고 있는'(萬物皆備於我) 나를 유지할 방법이 없음을 두려워한다는 뜻이다. 이러한 두려움들은 결국 타인이 나에게 요구하는 근본적인 개방 즉 나 자신을 타자에게 내어주는 개방에 대한 두려움, 혹은 타자가 나에게 가져다줄 예측불가능한 미래 즉 미래로서의 타자에 대한 두려움이라고 할 수 있을 것이다.

나와 여자 및 소인 간의 관계 속에서 원근의 문제가 부각되는 원인은 사실 나와 타자의 관계 속에 내재된 근본적인 애매함에 있다. 한편으로 나는 타자를 보살피고 아끼며 타자를 위해 책임을 지는 윤리적 주체가 되어야 한다. 타자를 위해 책임을 지는 것이야말로 바로 내가 나일 수 있게 되는 의미인 것이다. 하지만 다른 한편으로, 이와 같이 형성된 나는 타자 앞에서 자신을 유지할 필요를 느낀다. 즉 자신을 '완전하고' '동일하며' '자족적으로' 유지할 필요를 느끼는 것이다. 내가 대면하고 있는 타자로부터 위협을 받을 때 스스로를 유지하려는 이러한 경향은 도리어 타자를 억압하고 배제하려는 행위로 발전될 수도 있다.

　나와 타자의 관계는 사실 '근본적으로' 애매한 관계이다. 나는 타자에 대해 반응하고 타자를 위해 책임을 져야할 수밖에 없는데, 이러한 반응과 책임은 나를 타자에 대한 책임의 주체로 만들어 준다. 그러나 이러한 주체는 또한 타자를 향해 이미 개방되어 있을 수밖에 없다. 왜냐하면 책임을 진다는 것은 우선 타자가 나에게 자신에 대한 책임을 떠맡을 것을 요구해 와야 하기 때문이다. 따라서 책임을 진다는 것은 타자의 요구에 대해 진정으로 반응할 수 있으며, 타자에 대한 나의 책임을 받아들일 수 있다는 것을 의미한다. 타자에 대해 반응한다는 것은 타자의 고통을 받아들이고 보살필 수 있으며 타자의 기대를 이해하고 만족시킬 수 있게 되었음을 의미한다. 어떤 의미에서 보면, 나는 그저 타자의 기대와 요구에 대해 끊임없이 반응하여 그러한 것들을 만족시키고자 하는 존재일 뿐이다. 나는 타자에게 무언가를 주는 과정 속에서 존재하며, 나아가 이러한 '줌'으로서 존재한다. 따라서 타자가 존재하는 한, 철저히 자족적이고 절대적으로 동일하며 완전히 폐쇄된 나란 존재할 수 없는 것이다.

　주체로서의 나와 대상으로서의 나는 근본적으로 비동일적이지만, 내가 나일 수 있게 하는 이 자아의 비동일성으로 인해 내 안에서는 '나를 나로 여기고자 하는'(我我) 욕망이 존재하게 된다. 타자와 대면할 때 나는 항상 나 자신으로 돌아오기를 갈망한다. 나는 항상 나 자신을 일정 정도 (다시) 폐쇄하고자 하고 나 자신을 (다시) "만물을 모두 갖추고 있는" 나, 타인으로부터 완전히 독립해 있는 나, 철저히 무리에서 벗어나 은거하고자 하는 나로 나아가고자 하고, "오직 하늘과 더불어 무리를 이루는" 나를 추구해 간다.─물론 이 '하늘'은 하늘과 인간의 대립 속에 드러남으로써 그 자체로 이미 인간(타인)을 긍정하고 있는 만큼 근본적으로는 오히려 나와 타인의 관계에 대한 긍정이 된다.─ 다시 말해, 나는 타자를 마주할 때 비로소 나 자신이 될 수 있고 타인과 나의 관계 속에서 비로소 나 자신을 확립할 수 있게 되지만, 이러한 관계 혹은 대면은 또한 그 자체로 나의 내면으로 회귀하려는 욕망을 만들어 내어 나로 하여금 타인을 회피하고 거절하며 나 자신을 폐쇄하게 만들 가능성도 제공해 주는 것이다.

8. 이성과 타자

우리는 여기에서 공자가 남성인 군자와 여자 및 소인이라는 특정한 관계의 문제만을 논한 것에 대해 좀 더 깊이 따져 볼 필요가 있다. 동일한 타자임에도 어째서 여자와 소인, 그 중에서도 특히 여자는 타인과의 관계 속에서 '문제'를 지니는 대표적인 사례가 되었을까? 단지 여자라는 특정한 성별 때문이었을까? 만약 그렇다면, 성별이란 여기에서 대체 어떠한 의미를 지니는 것일까?

공자는 타인의 대한 나의 책임을 강조할 때에도 나와 타인의 관계를 '예禮에 부합하는'(合禮) 범위 내로 제한시키고자 했는데, 문제의 원인은 바로 여기에 있을 수 있다. 이러한 제한은 필연적으로 타자의 타자성을 제한하고 억압하게 된다. 전통적으로 말하는 '군자의 사귐'(君子之交)은 이러한 '예에 부합하는' 범위를 형상화시킨 것이다. 군자의 사귐의 특징은 바로 타인이 항상 예측 가능한 범위 내에 있다는 점이다. 이러한 사귐에서 나와 타인은 모두 군자이거나 적어도 군자에 가깝기 때문에, 나는 군자인 타인이 나에게 어떠한 영향을 가져올지, 또 내가 타자에게 무엇을 기대할 수 있을지를 알 수 있다. 군자와 교류할 때에는 항상 이것을 파악할 수 있는 것이다.

그런데 이러한 '파악'이란 군자의 사귐에 있어서 한 가지 애매한 지점이 아닐 수 없다. 군자의 사귐은 나와 타자의 관계를 어느 정도 절차가 확립된 일로 변화시키게 되는데, 이러한 이상적 관계는 비록 타인을 난처하게 만들 의외의 일을 발생시키지는 않을 수 있지만 동시에 타자가 진정으로 다가오는 것을 막을 수도 있다. 이른바 군자의 사귐에는 타인을 멀리할 수도 가까이할 수도 없는 곤란한 문제가 발생하지 않는다고 한다면, 이러한 관계에는 사실 진정한 미래가 없다고 할 수 있다.

여자(혹은 소인)는 보살피기 힘들다고 한 까닭은 그들이 군자가 아니기 때문이었을 것이다. 그들은 불행히도, 어쩌면 다행히도 '태어날 때부터'(天生) 군자가 아니었으며 또한 군자로 길러질 수도 없었다. '군자'라는 개념은 여성(혹은 소인)에게는 적합하지 않으므로 군자라는 이 개념을 통해서 여성(혹은 소인)을 '파악'하기는 힘들다. 군자 즉 남성인 군자로 말하자면 여성은 태생적으로 '이성異性'[13]이다. '이성'으로서의 그들은 계획될 수 없고 예측될 수 없는 존재이다. 따라서 그들이 나에게 다가오는 것은 항상 지나치게 갑작스러운 일일 수밖에 없다.

여성(혹은 소인)들이 다가올 때 그들은 나의 잘 짜인 방어진을 돌파할 수도 있다. 이 때문에 공자는 당시 사회에서 종속적인 지위에 처해 있던[14]

---

13) 역자주: 이때의 異性은 남녀나 암수와 같은 생리적인 성별의 차이가 아니라, 군자와 소인 혹은 선인과 악인 같은 '본성'적·'성품'상의 차이를 말한다. '同性'의 경우 또한 마찬가지이다.

14) 여기에서 여성은 사실 남성들의 세계 밖으로 배제되고 있다. 심지어 여자는 진정한 타인에 속하지도 않는다. 이러한 사실은 다음 대목에서 분명히 드러난다. "순임금은 휘하에 훌륭한 신하 다섯을 두고 천하를 잘 다스렸고, 무왕은 '나에게는 혼란을 다스릴 만한 신하(亂臣) 열 명이 있다'라고 말했다. 공자가 말했다. '인재를 얻기가 어렵다고 하더니 정말 그렇지 않은가? 요순시절은 주나라보다 더 융성했다. 무왕은 열 명의 신하 중에 부인 한 명을 빼면 아홉뿐이었지만 천하의 삼분의 이를 가졌다. 그럼에도 은나라를 섬겼으니 지극한 덕이었다고 할 수 있다.'"(『論語』, 「泰伯」, "舜有臣五人而天下治. 武王曰: 予有亂臣十人. 孔子曰: 才難, 不其然乎? 唐虞之際, 於斯爲盛. 有婦人焉, 九人而已.

그들을 대하게 되었을 때 곤란함을 느낄 수밖에 없었을 것이다. 그러나 비록 당시의 사회통념상 남성에게 종속된 보잘것없는 위치에 불과하다 하더라도 여성은 원칙적으로건 경험적으로건 남성인 군자와 인간관계를 형성하지 않을 수 없다. 그런데 남성인 군자는 이러한 곤란함이 단지 여성의 '이질적 본성'(異性)에서 기인하는 것일 뿐이라고 보았다. 여자 또한 나와 대면하는 하나의 타자임을 몰랐던 것이다.

물론 오직 남성만이 이상적 인격인 '군자'일 수 있는 사회구조 속에서, 남성인 군자의 입장에서 말하자면, 그들끼리는 '동일한 본성'(同性)의 타자인 데 비해 여성은 분명 '이질적 본성'(異性)의 타자이다. 즉 여성은 남성 중심의 사회문화 안에서 중층적 의미(다른 성별 및 이질적 본성)의 '이성'이라는 지위에 놓인 타자인 것이다. 그런데 '이질적 본성'은 바로 타자가 타자로서 지니게 될 의미가 아닌가? 타자는 필연적으로, '본성'적으로 나와 다를 수밖에 없다. 이 '다름'은 비록 성별의 차이를 포함하고 있기는 하지만 결코 그것을 기초로 하는 것이 아니다. 성별의 차이는 타자와 나의 차이를 '강화'시켜 주는 것일 뿐, 그 차이를 '결정'하는 요소는 아니다. 따라서 이성(이질적 본성)이란 나와는 다른 성질, 즉 타자의 타자성을 말하는 것이라고 할 수 있다. 나의 입장에서 말하자면 남성이든 여성이든 타자는 모두 나의 이성이다. 내가 누구를 만나든 나는 이미 그 타자로부터 책임을 떠맡고 있으며 그 타자에 대해 책임을 지고 있다. 공자의 말을 통해 보면, 나는 이미 타자를 '보살펴야' 하는 것이다. 이렇게 볼 때, 성별은 타자에 대한 나의 윤리적 책임을 결정하는 데 있어서 별로 중요하지 않다. 타자는 모두 근본적으로 이성(이질적 본성)이기 때문이다.

三分天下有其二, 以服事殷. 周之德, 其可謂至德也已矣.") 여기에서 여자 혹은 부인은 계산에 포함되지 않는 존재이므로 무왕을 보좌할 인재의 명단에서 배제될 수밖에 없었다.

그러나 여성으로서의 타자는 이러한 남성 중심의 사회문화에서 남성 타자에 비해 확연한 차이가 있는데, 이 중대한 차이는 생리적인 성별의 차이 그 이상의 것에 기초하고 있다. 남성 타자는 비록 그 역시 나의 타자인 것은 똑같지만 매우 중요한 측면에서 나와 동일한 존재로 여겨진다. 왜냐하면 나와 남성 타자는 같은 남성이어서, '이성'인(성별이 다른) 여성과는 구별되는 '동성'인(성별이 같은) 타자의 타자성은 그다지 중요한 요소가 되지 못하기 때문이다. 그래서 이 '동성' 타자의 진정한 '이성성'(이질적 본성)은 본질적으로 잘 드러나지 않는다. 이에 비해 여성은 남성인 나와 남성인 타자 간에 공유되는 '동성'이라는 성질을 결여하고 있기 때문에, 본질적으로 '군자'라는 개념 속에 포함되지 않는 '여성'인 타자는 남성 타자에 비해 더욱 '이질적인' 타자이며 중층적 의미의 '이성'이다. 따라서 여자의 '이성성'(이질적 본성)은 이성 중의 이성, 즉 절대적인 이성인 것이다.

타자 개념이 말 그대로 나와 다름 혹은 동성이 아님을 의미한다면, 여성은 결국 나와는 다른 '이질적인 본성'(異性)의 한 극단이라고 할 수 있을 것이다. 나와 여성의 관계는 나와 타자 간 관계의 극단적인 형태일 수 있는 것이다. 따라서 언제나 타자와의 관계 속에 있는 나는 필연적으로 여성 타자의 타자성 앞에서 철저한 시험을 경험하게 된다. 여성 타자의 절대적인 '이질적 본성'은 나의 자아성을 시험하고 나의 남성성을 드러낼 것이기 때문이다.

이미 타자가 '본성'적으로 말해 예측하기 어렵고 파악하기 힘든 존재라고 한다면, 여성 타자는 남성 타자에 비해 한층 더 예측하기 어렵고 파악하게 힘든 존재이다. 따라서 나와 여성의 관계는 더욱 많은 불확실성을 내포하면서 이 관계가 떠안고 있는 더 큰 위험으로 진입하게 된다. 여성 타자와 대면한 나는 무엇이 가까운 것이고 무엇이 먼 것인지 파악하기가 어렵고,

또한 다음 순간에 그가 나에게 어떠한 태도를 보일지도 알 수 없다. 원망일까, 아니면 불손함일까? 그럼에도 나는, 공자가 '양養'자를 통해 비록 어렵기는 하지만 그를 포기할 수 없음을 인정한 이상, 여전히 그 타인을 '보살펴야養' 한다. 다시 말해, 나는 여전히 여성을 잘 대할 필요가 있으며, 타자로서의 여성에 대해 피할 수 없는 책임을 지고 있는 것이다. 여성이란 이처럼 나와 타자의 관계 속에 내포된 '곤란함'과 '위험'이 가장 선명하게 드러나게 해 주는 존재이다.

바로 이것이 극단에 위치한 '여성 타자'를 마주하고 있을 때 공자가 느꼈던 난처함이다. 나의 인仁, 즉 군자의 인仁은 당연히 여자(와 소인)에게도 미쳐야 한다. 그렇지 않으면 나는 여성 타자로부터 원망을 사게 되어, 나의 책임을 다하지 못했다고 자책하거나 양심의 가책까지 느끼게 될 수도 있을 것이다. 그런데 여성 타자는 나를 시험에 들도록 함으로써 나의 인仁을 측정할 시금석이 되어 주기도 한다. 공자가 여자를 어진 이가 보살펴야 하는 사람의 범위에서 완전히 배제하지는 않았다는 것은, 타자인 여성에 대한 윤리주체로서의 피할 수 없는 책임을 인정하였다는 것을 의미한다. 하지만 공자의 입장에서 볼 때 이러한 여성 타자는 반드시 보살핌을 받아야 하는 존재인 동시에 매우 보살피기 어려운 존재였다. 따라서 "오직 여자와 소인만큼은 보살피기 어렵다"라는 공자의 말 속에서 독자들은 일종의 유감, 심지어는 숨겨진 원망의 감정까지 읽어 낼지도 모르겠다. 타인을 난처하게 만드는 이러한 여성 타자가 없다면 군자의 인仁, 즉 나와 타인의 관계는 완전무결하게 될 것이기 때문이다.

공자는 '군자의 사귐'만이 물처럼 맑을 수 있고 정도를 유지할 수 있다고 보았다. 오직 군자와 군자만이 진정으로 예禮로써 서로를 대할 수 있고 마치 손님을 대하듯 서로 공경할 수 있다는 것이다. 하지만 이런 이상적인 나와 타인의 관계는 동시에 단일성별화된 것이기도 해서, 이러한 관계 속에서 타자의 진정한 타자성은 제한되고 약화되는 경향이 있으며 심지어 동화되려는 경향까지도 있다. 이러한 관계 속에서 군자의 면모로 내 앞에 등장할 수 없는 타자는 내가 가서 맞이해야 하지만 매우 대하기가 어려운 '이성'(이질적 본성)으로 여겨지게 된다. 이것이 바로 '보살피기 어려움'이라는 문제에서, 성별의 차이를 중시하는 사회문화에 의해 제기된 '여성'과 더불어 '소인'이 나란히 논의되었던 이유이다. 그리고 여기에는 타인과 나의 관계를 중시하는 윤리사상이 지니는 모호성이 존재한다. 이를 모호하다고 부르는 이유는, 이러한 윤리사상이 타인의 중요성을 강조하고 있는 동시에 타인의 타자성 혹은 이성성을 억압하고 있기도 하기 때문이다. 이러한 윤리사상에서는 나와 타자의 관계 속에 존재하는 '위험'이 예외로 간주되며, 이러한 예외는 여성 및 소인으로 대표되고 있다.

그런데 여성이라는 이 '이질적 본성'으로서의 타자는 오히려 상술한 타인과 나의 관계의 이상화, 즉 단일성별화 및 남성화를 억제하고 무너뜨린다. 진정한 중층적 의미(다른 성별과 이질적 본성)의 이성인 여성은 윤리주체로서의 나로 하여금 극단적인 시험에 들도록 한다. 우리는 이러한 여성 타자와 마주한 공자가 어쩔 수 없이 내릴 수밖에 없었던 평가가 결국은 유가전통에서 인仁을 자신의 소임으로 확신하는 윤리주체들의 특정한 성별 즉 남성을 드러내고 있음을 확인할 수 있다. 이 특정한 성별은 여자라는 '보살피기 힘든' 타자를 대할 때에 겉보기에 다소 고압적인 태도를 드러내었다. 이 특정한 성별은 자신과 여자의 관계를 번거롭고 예외적인 것으로 여긴다. 하지만 이와 동시에 이러한 태도는 여자 역시 윤리주체인 남성 군자가 대면하지 않을 수 없는 타자이고, 군자 자신이 필연적으로 윤리적 책임을 져야 할 타자라는 사실을 보여 준다.

공자가 여성(과 소인)은 '보살피기 힘듦'을 토로할 수밖에 없었던 것은 그들 또한 타자로서 '보살핌'을 요구해 오고 있기 때문이다. 따라서 어진 이의 인仁은 여자(와 소인)에게까지도 미쳐야만 한다. 이로 볼 때 공자가 여자(와 소인)에 관한 논했을 때는, 비록 그 말투가 여성이라는 이성 혹은 타자성에 대한 폄하이기도 하지만 동시에 그 자체로 타자로서의 이성을 인정한 것이기도 하다. 공자가 폄하의 방식으로 승인한 이러한 특수한 이성은 모든 타자인 이성을 대표한다고 볼 수 있다. 공자는 표면적으로 승인하지 않는 것처럼 보이는 승인을 통해 여성(과 소인)을 남성 군자가 지니는 윤리적 책임 속에 포함시키고 있는데, 이러한 인정은 곧 나와 타자의 윤리관계 속에 내재된 근본적인 곤란함에 대한 인정이기도 하다. 즉 타자가 필연적으로 '보살피기 어려운' 자라는 점을 인정한 것이다. 보살피기 어려운 이유는 바로 내가 이미 타자에 대한 무한한 윤리적 책임을 떠안고 있기 때문이다. 아울러, 남성 중심의 문화에서 드러나는 이러한 '나와 여성 타자와의 관계'는 나와 타자의 윤리관계에 내재된 근본적인 난제를 더욱 잘 반영해 주고 있다.

9. 소인은 어질 수 있는가?

군자의 입장에서 여성이 이성(이질적 본성)인 일차적인 이유가 생리적 성별 때문이라고 한다면, 소인이 이성인 이유는 그들의 계급지위 때문이라고 할 수 있다. 여성의 생리적 성별과 소인의 계급지위는 모두 바꿀 수 없는 것이지만, 어쨌든 여자와 소인은 군자인 나에게 있어 타자이며 나는 이러한 타자에 대해 피할 수 없는 윤리적 책임을 진다. 그리고 내가 타자에 대해 지니는 가장 근본적인 책임은 타자를 타자로서 인정하고 존중하는 것이다. 즉 타자가 타자일 수 있도록 하는 것이다.

물론, 타자가 타자일 수 있도록 한다는 것이 결코 모든 타인을 나와 사회적·계급적으로 평등하게 만들어야 함을 의미하지는 않는다. 군자가 지니는 사회적 지위는 특정한 계급사회 속에서 군자를 소인의 위에 있도록 만들어 준다. 군자는 태어나면서부터 소인들의 삶과 도덕에 절대적인 영향을 미치는 존재이다. 바로 이러한 의미에서 공자와 맹자는 각각 다음과 같이 말했다.

> 군자의 덕은 바람과 같고 소인의 덕은 풀과 같다. 풀 위로 바람이 지나가면 (풀은) 반드시 눕게 마련이다.[15]

> 마음이 수고롭게 하는 일을 하는 사람은 타인을 다스리고, 몸을 수고롭게 하는 일을 하는 사람은 타인으로부터 다스림을 받는다.[16]

설사 군자가 이러한 계급적·사회적 차별 속에서 살아가는 것을 좋아하지 않는다 하더라도, 그가 자신의 사회적 지위를 넘어서서 이러한 사실 자체를 바꿀 수는 없는 노릇이다. 왜냐하면 사회 전체의 구조를 바꾸지 않는 이상 개인은 자신의 의사와는 관계없이 그러한 사회적 계급적 차별 속에서 살아갈 수밖에 없기 때문이다. 바꾸어 말하면, 인간을 군자와 소인으로 구분하는 사회 속에서 개인은 이미 주어진 계급적 차별을 받아들일 수밖에 없다는 것이다. 하지만 이러한 차별도 군자로서의 내가 지니는 소인인 타인에 대한 윤리적 책임을 벗어던지도록 할 수는 없다. 이 윤리적

---

15) 『論語』, 「顏淵」, "君子之德風, 小人之德草, 草上之風, 必偃."
16) 『孟子』, 「滕文公上」, "勞心者治人, 勞力者治於人."

책임은 결국 한 인간이 다른 한 인간 즉 타인에게 지니게 되는 근본적인 책임이다.

확실히 계급적 차별, 생리적 차별 등의 모든 차별들은 결국 더 이상 줄어들 수 없는 타인과 나 사이의 간극으로 귀결될 수 있다. 하나의 타인은 사회학적 혹은 인류학적 관점에 따라 분류될 수 있는 인간이다. 이 타인은 나와 같은 계급에 속할 수도 있고 내 하위 계급에 속할 수도 있으며 성별이 같을 수도 있고 다를 수도 있으며 같은 민족일 수도 있고 다른 민족일 수도 있지만, 어쨌든 여전히 나의 타인이다. 따라서 나는 항상 타자라는 그의 지위를 인정하고 존중하지 않으면 안 된다. 내가 이 타인을 어떻게 대하든 나는 나와 타자 간의 근본적인 관계를 변화시킬 수 없다. 이러한 근본적인 윤리관계 속에는 이미 타인에 대한 나의 인정과 존중이 함축되어 있다. 이런 인정과 존중이 의미하는 것은, 내가 어떤 사회구조 속에서 살아가든, 그 사회의 인간과 인간 사이에 평등 혹은 불평등이 어떻게 형성되어 있든, 나는 매우 근본적이고 근원적인 차이 즉 나와 타자 간의 차이에 직면하게 될 것이라는 사실이다. 이 차이는 내가 하나의 타자(대상으로서의 나)일 때라고 해서 바뀔 수 있는 것이 결코 아니다.

나와 타자 사이의 차이는 내가 그 차이를 인정하고 존중하기를 요구하는데, 이것은 곧 타자를 타자로서 인정하고 존중하기를 요구한다는 것이다. 앞서 공자의 "오직 여자와 소인만큼은 보살피기 어렵다"라는 구절을 분석하면서 살펴보았듯이, 이 말은 의심의 여지없이 여자와 소인을 폄하한 것이면서도 동시에 그들의 타자로서의 지위를 인정하고 존중한 것이기도 하다. 군자인 '나'와 여자 및 소인인 '타인'과의 관계는 필연적으로 상대적일 수밖에 없다. 여자와 타인은 나의 타인이며, 나 역시 여자와 소인의 타인이다. 따라서 내가 만약 "자신이 서길 바라면 타인을 세워 주고, 자신이 도달하길 바라면 타인을 도달시켜 주어야" 하며 "내가 원하지 않는 바를 남에게 행하지 말아야" 한다면, 남이 나에게 바라고 행하는 것도 역시 그러할 것이다. 다시 말해, 만약 내가 어질고자 한다면 다른 사람 역시도 자신이 어질기를 희망하리라는 것이다. 이처럼 '타인이 어질어지기'를 바란다는 것은 곧, 모든 사람이 서로 '타인 역시 나와 같은 인간이며 타인 역시 인仁을 실현할 수 있음'을 믿는다는 의미이기도 하다.

그렇다면 이제부터는 『논어』 속에서의 '소인'의 문제에 대해 좀 더 자세히 논할 필요가 있을 것 같다. 왜냐하면 공자는 소인이 어질仁 수 있다는 것을 분명하게 부정하는 것처럼 보이기 때문이다. 공자의 다음 말은 "인간은 모두 요순이 될 수 있음"[17]을 믿었던 후세의 유학자들을 참으로 난처하게 만들었을 것 같다.

군자이면서 어질지 못한 이는 있지만, 소인이면서 어진 이는 있었던 적이 없다.[18]

"인仁이란 인간다움"(仁者, 人也)이라면, 인仁이 곧 인간의 가장 진실하고 근본적인 본성 즉 인간의 가능성이라고 한다면, 소인이 어질仁 수 없다는 말은 바로 소인은 인간일 수 없다는 의미이다. 그런데 이는 공자가 다른 자리에서 말한 내용과 서로 충돌을 일으킨다.

하루라도 인仁의 실천에 그 힘을 쏟을 수 있겠는가? 나는 힘이 부족해서 인仁을 행하지 못하는 사람을 보지 못했다.[19]

---

17) 『孟子』, 「告子下」, "曹交問曰: 人皆可以爲堯舜, 有諸? 孟子曰: 然."
18) 『論語』, 「憲問」, "子曰: 君子而不仁者, 有矣夫! 未有小人而仁者也."
19) 『論語』, 「里仁」, "有能一日用其力於仁矣乎? 我未見力不足者."

이 말은 공자가 모든 인간이 본질적으로 인仁을 행할 가능성을 지니고 있다고 믿었음을 말해 준다. 그렇다면 "소인이면서 어진 이는 있었던 적이 없다"라는 구절은 과연 어떻게 이해될 수 있을까? 물론 우리는 이를 단순히 공자의 사상이 지닌 사회적·역사적 한계로만 받아들일 수도 있다. 공자가 활동했던 당시 사회는 소인도 어질 수 있다는 명제를 도저히 받아들일 수 없게 만드는 분위기였고, 때문에 소인은 결코 진정한 인간으로 받아들여지지 못했다는 것이다. 하지만 그렇다고 하더라도 우리는 또 공자가 어째서 "군자이면서 어질지 못한 이는 있다"라고도 말했는지에 대해 설명해야만 한다. 어질지 못한(不仁) 군자는 대체 어떤 사람일까? 이 문제는 우리에게 다른 해석의 가능성을 보여 줄 수도 있을 것 같다. 아래에서는 이 두 구절을 분석해 보도록 하겠다.

"군자이면서 어질지 못한 이는 있지만, 소인이면서 어진 이는 있었던 적이 없다"라는 구절 속의 '군자'와 '소인'의 함의에 관해서는 서로 다른 해석들이 있었다.[20] 만약 이 군자와 소인이 단순히 '덕이 있는 자'와 '덕이 없는 자'를 가리키는 것이라고 한다면 뒤의 구절은 사실상 불필요하다. 왜냐하면 이러한 의미에서의 소인은 각종 원인으로 인해 인仁에 힘쓰지 않는 자이기 때문이다. 이때의 소인은 인仁의 본성을 충분히 발휘하지

---

20) 楊伯峻은 "군자, 소인이 만약 덕이 있는 자와 덕이 없는 자를 가리킨다면 두 번째 구절은 말할 필요가 없다"라고 하면서, 따라서 이 '군자'와 '소인'은 통치자와 백성을 가리키는 것이라고 보았다.(『論語譯注』, p147) 李澤厚는 이렇게 말하였다. "여기에서의 '군자', '소인'은 객관적인 사회적 지위를 가리키는 듯하다. 즉 사대부와 일반 평민이다. 그런데 이는 '소인도 士'일 수 있다거나, 인간은 모두 '仁을 행할 수 있다고 한 공자의 다른 설명과 서로 모순된다."(『論語今讀』, pp326~327) 『論語注疏』 제14권에서는 "군자이면서 어질지 못한 이는 있을 수 있겠지만, 소인이면서 어진 이는 있었던 적이 없다"에 관해 "소인의 본성은 仁道에 미치지 못하므로, 아직까지 어진 이가 없었던 것이다"라고 하였다. 이 말은 소인이 본성적으로 인仁을 지니지 못했다는 의미로 해석된다.(李學勤 主編, 『十三經注疏·論語注疏』, 北京: 北京大學出版社, 1999, p.85)

못하거나 이미 그것들을 상실한 상태이다. 혹은 이 구절을, 공자가 인간을 계급적 의미에서 군자와 소인으로 구분한 뒤 그들 각자가 어질 수 있는지 없는지를 논한 것이라고 해석할 수도 있다. 만약 그렇다면 소인은 인간으로서의 지위를 완전히 갖추지 못한 것이며, 여기서는 분명히 공자의 '계급적 편견'이 드러나고 있다. 그런데 우리가 이 중의 어떠한 해석을 받아들이든, "군자이면서 어질지 못한 이는 있다"라는 설명은 여전히 한 가지 문제를 안고 있다. 만약 공자가 군자 가운데에서도 어질지 못한 이가 있음을 인정했다면, 군자와 소인 사이의 경계는 무엇이며 이 경계는 어떻게 유지될 수 있을까? 이제 우리는 인과 불인의 문제에 있어, 군자와 소인에 대한 공자의 분류는 분류 그 자체로 이미 그러한 분류의 결과로 성립된 군자와 소인 간의 경계를 넘어서는 것이었음을 밝히고자 시도할 것이다.

우리는 군자와 소인이 원래는 계급적 구별이었다는 사실을 잘 알고 있다. '군자'는 통치자이며, '소인'은 피통치자이다. 이처럼 원래 서로 대립하면서 상대방을 통해 자기의 정체성을 확립할 수 있었던 이 두 명칭은, 시간이 지나면서 계급적 의미를 넘어서는 함의를 획득하게 되었다. 공자의 경우는 주로 우수한 성품을 지닌 자를 찬양하기 위해 군자라는 용어를 사용했다. 하지만 그가 사용하는 군자와 소인 개념에서 계급과 성품의 구별이 그다지 명확하지 않은 것도 사실이었다. 군자는 분명히 이상적인 성품의 대표자로 긍정되고 있었지만, 은연중에는 이상적인 통치자의 모습으로 긍정되는 경우도 있었다. 덕이 있는 자는 반드시 지위가 있어야 하며, 지위가 있는 자는 반드시 덕이 있어야 한다는 것이다. 따라서 공자가 "군자의 덕은 바람과 같고 소인의 덕은 풀과 같다"라고 하였을 때, 여기에서의 군자는 사실 중층적 의미에서 통치자를 말한다.

『논어』에서 군자의 특징은 때로는 직접 서술되기도 하고 때로는 반의어를 통해 간접적으로 드러나기도 한다. "남이 알아주지 않아도 화내지 않음"[21] 같은 경우는 군자가 지니는 본연의 특징을 직접 서술하고 있는데, 이 말은 또한 비록 직접적으로 소인을 언급하고 있지는 않지만 이미 군자와 군자 아닌 자 사이의 구분을 내포하고 있다. 이처럼 공자가 군자와 소인 간의 차이를 제시하고 있는 대목은 매우 많다.

군자는 가슴속에 덕을 품지만 소인은 가슴속에 땅을 품고, 군자는 가슴속에 형벌로 다스림을 바로잡을 것을 품지만 소인은 가슴속에 은혜가 베풀어지기를 바라는 희망을 품는다.[22]

군자는 올바름에 밝고 소인은 이익에 밝다.[23]

군자는 마음이 평온하고 너그러우나 소인은 항상 조마조마하다.[24]

군자는 위로 통달하고 소인은 아래로 통달한다.[25]

군자는 자기에게서 허물을 찾고 소인은 타인에게서 허물을 찾는다.[26]

군자는 조화를 이루기는 하지만 상대방에게 함부로 동화되지 않으며, 소인은 상대방에게 함부로 조화되지만 조화를 이루지는 못한다.[27]

군자는 두루 친하게 지내되 편당을 짓지 않지만, 소인은 편당을 짓되 두루 친하지 못하다.[28]

---

21) 『論語』, 「學而」, "人不知而不慍."
22) 『論語』, 「里仁」, "子曰: 君子懷德, 小人懷土; 君子懷刑, 小人懷惠."
23) 『論語』, 「里仁」, "子曰: 君子喩於義, 小人喩於利."
24) 『論語』, 「述而」, "子曰: 君子坦蕩蕩, 小人長戚戚."
25) 『論語』, 「憲問」, "子曰: 君子上達, 小人下達."
26) 『論語』, 「衛靈公」, "子曰: 君子求諸己, 小人求諸人."
27) 『論語』, 「子路」, "子曰: 君子和而不同, 小人同而不和."
28) 『論語』, 「爲政」, "子曰: 君子周而不比, 小人比而不周."

이처럼 명확히 대립되는 특징들은 군자와 소인 간의 구별을 굳게 유지시켜 준다. 그러나 공자는 군자와 소인이 어진지의 여부에 대해서는 그리 단호한 답변을 내리지 않은 것처럼 보인다. 물론 소인에 대해서는 "소인이면서 어진 이는 있었던 적이 없다"라고 하여 인仁의 가능성을 완전히 부정했지만, 군자에 대해 논할 때에는 "군자이면서 어질지 못한 이가 있다"라고 하여 군자 또한 어질지 않을 수 있음을 인정하였다. 이 경우, 만약 인仁과 불인不仁으로 누가 군자인지 소인인지가 결정된다면 어질지 못한 군자는 사실상 소인과 어떠한 구별도 없게 될 것이다. 이는 결국 인仁의 문제에 있어서는 군자와 소인 사이에 명확하게 구별되는 대립적 특징이 없다는 말과 같다.

이제 우리는 인仁에 관한 이 중요한 문제에 있어 군자와 소인을 가르는 명확한 경계를 더 이상 찾기 힘들게 되었다. 소인은 필연적으로 어질지 못할 수밖에 없으므로 불인不仁은 분명 소인의 특징이 된다. 그러나 군자 또한 어질지 못할 수도 있다고 했으니, 불인不仁은 동시에 일부 군자의 특징이기도 하다. 어질지 못한 군자는 그 불인不仁으로 인해 '군자'라는 개념적 범주 속에서 다시 어진 군자와 구분된다. 이처럼 소인이 소인임을 알려주는 불인不仁은 단지 소인과 군자 사이의 경계선일 뿐만 아니라, '군자'라는 개념 그 안에서도 구분을 낳는 경계선이다.

어질지 못한 군자 역시 군자인 까닭에, '군자'라는 개념은 모호하게 된다. 어질지 못한 군자는 군자와 소인을 구분하는 경계선을 넘어, 실제로는 소인에 가까워졌다고 할 수 있다. 따라서 공자의 "군자도 어질지 못한 경우가 있다"는 말과 "소인은 반드시 어질지 못하다"는 말 사이에는 일종의 비대칭 혹은 불균형이 존재한다. 인仁은 군자에게 있어 가능하지만 필연적이지는 않은 것이고, 불인不仁은 소인에게 있어 필연적인 것이지 개연적인 것이 아니다. 군자는 인仁의 가능성을 지니되 이 가능성이 군자가 반드시 어질다는 것을 보장해 주지는 못하고, 소인은 인仁의 가능성을 지니고 있지 않으므로 오직 어질지 못하기만 할 뿐이다. 이런 방식으로 군자와 소인은 다시 명확히 다른 두 범주로 귀결될 수 있다. 하나는 '가능성'을 특징으로 하는 범주이며, 다른 하나는 어떤 '필연성'에 의해 제한되는 범주이다.

그런데 가능성을 증명하는 것은 그것의 실현이다. 따라서 만약 단지 인仁만 가지고 말하자면, 어질지 못한 군자는 사실 소인과 구별되지 않고, 반대로 진정한 군자라면 오직 실제로 자신이 어질 수 있음을 드러낼 수 있다. 이처럼 인仁은 군자가 지닐 수도 있고 지니지 않을 수도 있는 덕목이 아니라 군자가 진정한 군자임을 말해 주는 것이다. 만약 어떤 사람이 어질지 못하다면 우리는 그가 군자인지 소인인지를 알 수 있는 방법이 없다. 그가 군자인지 소인인지 우리가 알 수 없다면, 공자가 소인에 대해 말한 설명을 근거로 할 때, 그가 어질 수 있을지 없을지에 대해서도 단언할 방법이 없다. 한 인간은 오직 그 자신의 인仁을 통해서만 자신이 군자임을 드러낼 수 있을 뿐이다.

마찬가지로, 한 인간이 소인임을 밝혀 주는 것이 불인不仁이라는 것이지, 외재적으로 강제되는 소인의 지위로 인해 그가 어질지 못하다고 단정될 수는 없다. 군자가 그 불인不仁으로 인해 소인과 구별되지 않을 수도 있듯이, 우리는 오직 한 인간의 불인不仁을 통해 그가 소인인지의 여부를 판단할 수 있을 뿐이지 소인이기 때문에 그가 어질지 못하다고 판정할 수는 없는 것이다. 결국 인仁과 불인不仁을 제외하고서는 군자와 소인을 구별할 수 있는 선험적인 특징은 없다. 그러므로 우리는 그가 소인이므로 어질지 못하다고 말할 수는 없고, 오직 그가 불인하므로 소인이라고만 말할 수 있다. 소인은 어질지 못할 수밖에 없도록 정해져 있는 것이 아니라, 불인함이 인간을 소인으로 만드는 것이다.

따라서 공자의 말은 다음과 같이 바뀌어야 할 것이다. "어진 이(仁者)는 군자이고, 어질지 못한 이(不仁者)는 소인이다." 소인은 오직 인仁에 힘을 쓰지 못하는 자, 인仁을 실현할 수 없는 자를 가리킬 뿐이다. 이러한 인간 중에는 반드시 군자의 지위와 명성을 지녔으면서도 군자의 덕을 지니지 못한 이들도 포함될 것이다. 군자의 경우 또한 마찬가지이다. 어질 수 있는 자라면 누구나 군자라 불릴 수 있고, 누구나 군자인 것이다. 모든 인간은 인간으로서 필연적으로 이러한 가능성을 지니고 있다. 이것은 또한 공자 후대의 유학자들이 따랐던 길이기도 하다. 예를 들어, 맹자는 "모든 인간이 요순이 될 수 있다"라고 하였고, 순자 역시 "길에서 흔히 볼 수 있는 사람도 우임금이 될 수 있다"라고 하였으며, 왕수인은 심지어 소인의 마음에도 반드시 인仁이 있다고 여겼다.[29]

---

29) "曹交가 물었다. '사람은 누구나 요순과 같은 성인이 될 수 있다고 하셨습니다. 그렇게 말씀하신 적이 있습니까?' 맹자가 대답했다. '그렇습니다.' …… '그대가 요임금이 입던 옷을 입고 요임금이 했던 말을 하고 요임금이 했던 행동을 한다면 그대가 곧 요임금이 되는 것입니다.'"(『孟子』, 「告子下」, "曹交問曰: 人皆可以爲堯舜, 有諸? 孟子曰: 然.……子服堯 之服, 誦堯之言, 行堯之行, 是堯而已矣.") "길에서 흔히 볼 수 있는 사람도 우임금이 될 수 있다. 이는 무엇을 말하는 것인가? 우임금이 우임금일 수 있는 까닭은 그가 仁, 義, 법도, 올바름을 행했기 때문이다. 그렇다면 仁, 義, 법도, 올바름은 알 수 있고 행할 수 있는 이치가 있는 것이다. 그러므로 길에서 흔히 볼 수 있는 사람도 모두 仁, 義, 법도, 올바름을 알 수 있는 자질이 있고 仁, 義, 법도, 올바름을 행할 수 있는 능력이 있다. 그러므로 그들도 우임금이 될 수 있음이 분명하다."(『荀子』, 「性惡」, "塗之人可 以爲禹, 曷謂也? 曰: 凡禹之所以爲禹者, 以其爲仁義法正也. 然則仁義法正有可知可能之理, 然而 塗之人也, 皆有可以知仁義法正之質, 皆有可以能仁義法正之具, 然則其可以爲禹明矣.") "대인이 라고 함은 천지만물을 자신과 일체로 삼는 사람이다. 그는 천하를 한 집안으로, 중국을 한 사람으로 본다. 육체적인 것에 갇혀서 너와 나를 나누는 사람은 소인이다. 대인이 천지만물과 일체가 될 수 있는 것은 의도하였기 때문이 아니다. 그의 마음의 인仁이 본래 그러한 것이어서 천지만물과 하나일 수 있었던 것이다. 천지만물과 일체가 되는 일이 어찌 대인만의 일이겠는가? 비록 소인의 마음이라도 역시 그렇지 않음이 없다. 소인은 다만 스스로 소인이 되었을 뿐이다.…… 이러한 것이 (만물과) 일체를 이루는

이상의 논의들이 공자를 변호하고자 하는 것은 아니다. 다만 우리는 모든 사상이 그러하듯 공자의 사상 역시 완벽하게 일관되거나 한 가지 의미로만 해석될 수 없음을 인정해야 한다. 바로 이러한 이유 때문에 우리는 재차 삼차 공자를 읽을 필요가 있는 것이다. 그리고 이제 우리는, 공자는 비록 소인의 경우 어질 수 없다고 단언했지만 군자 또한 어질지 못할 수 있다고 말한 만큼, '소인'의 의미에 관해 한 가지 다른 해석을 내놓을 수 있을 것 같다. 바로 소인만이 어질지 못한 것이 아니라, 어질지 못한 사람이 소인이라는 것이다. 이처럼 우리의 독해는 공자가 결코 말하지는 않았지만 이미 한 것이나 다름없는 말을 밝혀내는 작업이다.

仁이다. 비록 소인의 마음이라도 반드시 이러한 인仁이 있다.…… 이러한 까닭에 진실로 사욕의 가림이 없다면 비록 소인의 마음이라도 일체가 되는 인仁이 대인과 같게 되고, 조금이라도 사욕의 가림이 있게 되면 비록 대인의 마음이라도 저와 나를 가름과 편협함이 소인의 경우와 같게 된다."(『大學問』, "大人者以天地萬物爲一體者也. 其視天下猶一家中國猶一人焉. 若夫間形骸而分爾我者小人矣. 大人之能以天地萬物爲一體也, 非意之也, 其心之仁本若是. 其與天地萬物而爲一也. 豈惟大人? 雖小人之心亦莫不然. 彼顧自小之耳.……是其一體之仁也. 雖小人之心亦必有之.……是故苟無私欲之蔽則雖小人之心, 而其一體之仁猶大人也. 一有私欲之蔽, 則雖大人之心而其分隔隘陋猶小人矣.")

부록: 예치와 법치

이 부분은 예禮의 대한 논의를 보충하는 내용으로, 이 책의 제3장 「예禮와 타인: "자신의 사욕을 극복하여 예禮를 회복하는 것이 인仁이다"」 뒤에 삽입될 수 있다. 여기에서 우리는 공자가 '정政'과 '형刑', 그리고 '덕德'과 '예禮'의 사이에서 세우고자 했던 어떤 대립을 중심으로 우리의 독해를 확장해 나가도록 할 것이다. 그리고 어째서 공자가 이 대립항들 가운데에서 전자에 해당하는 것들이 인간으로 하여금 수치심을 모르도록 만들고, 후자에 해당하는 것들이 수치심을 알도록 만들어 준다고 여겼는지 이해하고자 시도할 것이다. 우리가 여기에서 관심을 가져야 할 것은 '수치심'의 기원, 즉 타자의 시선이다. 우리의 논의는 우리를 곤혹하게 만드는 공자의 윤리원칙 "아버지가 아들을 위해 숨겨 주는 것과 아들이 아버지를 위해 숨겨 주는 것, 곧음은 바로 이 가운데 있습니다"[1]를 다시 독해하는 것으로 끝을 맺게 될 것이다. 이러한 독해를 통해 우리는 공자가 말한 이 곧음 혹은 정직함이라는 윤리 관념이 진지하게 다룰 만한 중요한 사상을 내포하고 있음을 밝힐 것이다.

---

1) 『論語』, 「子路」, "孔子曰: 吾黨之直者異於是. 父爲子隱, 子爲父隱, 直在其中矣."

1. '수치심이 없음'(無恥)과 '수치심이 있음'(有恥)

국가와 백성을 다스리는 문제에서 공자의 입장은 예禮를 숭상하고 법을 거부하는 것처럼 보인다. 공자는 다음과 같이 말했다.

정치로써 인도하고 형벌로써 다스린다면 백성들이 처벌만 모면하고자 하고 수치심이 없을 것이며, 덕으로써 인도하고 예로써 다스린다면 수치심이 있게 되어 감화도 받게 된다.[2]

공자가 말한 '정치'(政)는 국가의 정책과 그 실시를 포함하는 것이다. 이러한 정책을 실시하는 목적은 바로 '다스림'(治)에 도달하기 위해서이다. 공자는 계강자季康子에게 자신이 이해한 '정치'의 함의를 설명하면서 "정치란 (남을) 바르게 하는 것(正)이다"[3]라고 하였다. '정正'자의 의미는 바로 '바르게 함'으로, 즉 바르지 않은 것을 바로잡아 고치거나 교정한다는 의미이다. 이러한 '정正'은 반드시 명확한 법칙 혹은 통일된 기준을 필요로 한다. 왜냐하면 이러한 바름(正)은 어떤 법칙이나 기준에 대한 바름(正)일 뿐이기 때문이다. 이를 위배하거나 벗어난 '바르지 않음'(不正)과 '곧지 않음'(不直)은 '그릇됨'(枉)이라고 불리게 된다.

정치의 기본 목적은 '백성을 바르게 하는 것'(正民)이다. 백성의 행동거지와 언행은 반드시 국가에서 규정한 '바름'에 부합해야 한다는 것이다. 만약 백성이 이러한 바름을 위배했을 때, 이를 처리하는 한 가지 가능한 방법으로 형벌이 있을 수 있다. 즉 "형벌로써 다스린다"(齊之以刑)는 것이다. 이는 정치

---

2) 『論語』, 「爲政」, "道之以政, 齊之以刑, 民免而無恥; 道之以德, 齊之以禮, 有恥且格."
3) 이것은 正名說과 관련이 있는데, 이에 대해서는 졸저 『文本之間 - 從孔子到魯迅』, 「解構正名」장의 '제6절 正名之政與政之正名'(pp.46~62)을 참고하라.

(政令)를 앞세우고 형벌을 뒤따르게 하는 방식을 말한다. 공자 또한 정치와 형벌이 국가와 백성을 잘 다스린다는 목적에 도달하기 위한 방법 중에 하나라고 여겼다. 하지만 공자는 정치과 형벌로 다스리는 방법은 백성들로 하여금 규율을 잘 지켜서 징벌을 면하도록 할 수는 있지만 인간을 '떳떳하지 못하게' 즉 '수치심을 모르게' 하는 문제를 가진다고 보았다.

공자는 오직 '덕(德)'과 '예(禮)'로써 나라를 다스려야만 백성들이 징벌을 피할 수 있을 뿐 아니라 수치심도 잃어버리지 않게 된다고 보았다. 따라서 그는 '덕치'와 '예치'를 지지하고 '정치에 의한 통치'(政治)와 '형벌에 의한 통치'(刑治)를 비판했다.—물론 여기서의 '정치'가 서양의 'politics' 즉 현대적 의미의 정치 개념이 아니라 '정(政)으로써 다스림에 이르는 것'을 말한다.— 이러한 의미에서 공자가 가장 이상적이라고 생각한 '정치'는 '정(政)이 없는 다스림'이었다. 정(政)은 인위일 수밖에 없으므로, '정(政)이 없는 다스림'(無政之治)은 바로 '무위의 다스림'(無爲之治)이다. 공자의 마음속에서, 그리고 중국의 문화전통 속에서 성군 혹은 이상군주로 손꼽히는 순임금은 이러한 '정(政)이 없는 다스림' 혹은 '무위의 다스림'의 전범이라 할 수 있다.

> 무위로 다스린 자는 순임금일 것이다! 그가 무엇을 했는가? 몸가짐을 공손
> 히 하여 남면했을 뿐이다.[4]

무위가 물론 절대적으로 아무것도 하지 않는다는 의미의 무위는 아니다. 공자는 순임금이 다만 단정하고 공손하게 그곳에 앉아 있었을 뿐이라고 했지만, 몸가짐을 단정하고 공경히 하는 것도 유위(有爲)의 일종이라 할 수 있기 때문이다. 하지만 이러한 의미의 유위는 '정치와 형벌'(政刑)을 실시하는

---

4) 『論語』, 「衛靈公」, "無爲而治者其舜也與! 夫何爲哉? 恭己正南面而已矣."

유위와는 매우 다르다. 여기서는 추상적인 정치나 형벌이 아니라 구체적인 개인이 타인의 법칙이나 기준이 된다. 순임금이 그 자체로 타인의 법칙이나 기준이 될 수 있었던 것은 바로 그의 지극한 덕 때문이었다. 이러한 덕과, '소인' 혹은 '피통치자'의 관계는 바람과 풀의 관계와 같다.

> 군자의 덕은 바람과 같고 소인의 덕은 풀과 같다. 풀 위로 바람이 지나가면 (풀은) 반드시 드러눕게 마련이다.[5]

순임금은 물론 군자의 전범이며, 순임금의 다스림은 곧 이상적인 덕치이다. 이러한 '정政이 아닌 정치'를 추구하려는 경향으로 인해 공자는 "정치란 바르게 하는 것이다"를 설명할 때 '바름'을 구체적으로 지도자로서의 개인과 관련시킨다.

> 그대가 솔선수범하여 바르게 하면, 누가 감히 바르지 않겠는가?[6]

이렇게 하여 '바름'(正)은 더 이상 '정政'이 지니고 있는 추상적인 기준을 의미하지 않고, 한 개인이 제시하는 구체적인 본보기를 의미하게 된다. 공자의 관점에서 나라의 '정치'(政)는 이러한 인간의 '바름'(正)과 관련되어 있다. 지도자로서 '타인을 바르게 함'(正人)은 그 자체로 이미 하나의 모범이자 요구이며 명령인 것이다.

> 자신이 바르면 명령을 내리지 않아도 저절로 행해지고, 자신이 바르지 않으면 명령을 내려도 시행되지 않는다.[7]

---

5) 『論語』, 「顏淵」, "君子之德風, 小人之德草, 草上之風, 必偃."
6) 『論語』, 「顏淵」, "季康子問政於孔子. 孔子對曰: 政者, 正也. 子帥以正, 孰敢不正?"

그 자신을 바르게 한다면 정사에 종사함에 있어 달리 무슨 문제가 있겠는가? 그 자신을 바르게 하지 못한다면 어떻게 타인을 바로잡을 수 있겠는가?[8]

공자의 사상에서 왜 정치와 형벌은 인간을 '수치심이 없게' 만들고 덕과 예는 '수치심이 있게' 만든다고 여겨지는가?

정치와 형벌은 강제성을 지닌 국가제도로서, 현대의 '법률'에 해당하는 개념이다. 법률은 반드시 보편적으로 효과가 있어야만 법률일 수 있다. 따라서 "법 앞에서 모든 인간은 평등하다"라는 말은 법률이라는 개념이 반드시 지녀야 하는 의미이다. 그래서 흔히 비非법치국가였다고 여겨지는 고대 중국에도 역시 "왕자가 죄를 지어도 백성들과 함께 벌한다"[9]라는 말이 있었던 것이다. 그런데 법률이 내세우는 인간과 인간 사이의 평등은 단지 형식적이고 추상적인 평등으로, 본질적으로 차이를 무시하는 평등일 수밖에 없다. 법률이 보편적으로 효과가 있기 위해서는 반드시 모든 사람이 무조건적으로 거기에 복종할 필요가 있기 때문이다. 따라서 법률은 인간과 인간 사이의 구체적인 차별을 고려할 수 없다. 법 앞에서 형식적으로 평등한 개인은 구체적인 윤리적 내용이 추출된 채 하나의 개체가 된다. 여기에서 아버지는 더 이상 아버지로서의 특수한 위치를 고수할 수 없고, 아들 역시 아버지의 체면을 더 이상 고려할 수 없다. 법률은 모든 인간을 차별 없이 대할 수밖에 없다.

그런데 법률이 요구하는 이러한 무조건적이고 무차별적인 복종은 인간을 중층적 의미의 '법률적 주체'로 확립시킨다. 한편으로는 법률에 의해 규정되는, 법률에 복종할 수 있는 주체이고, 다른 한편으로는 법률 앞에서

---

7) 『論語』, 「子路」, "其身正, 不令而行; 其身不正, 雖令不從."
8) 『論語』, 「子路」, "苟正其身矣, 於從政乎何有? 不能正其身, 如正人何?"
9) 『史記』, 「商君列傳」, "王子犯法, 與庶民同罪."

자신을 책임질 수 있는 주체이다. 법률은 모든 인간이 자신을 책임질 수 있기를 요구한다. 따라서 법률의 '시각에서' 자신을 책임질 수 없는 자, 예를 들어 아직 일정한 나이에 도달하지 못한 자는 법률적 의미에서 주체가 아니다.

추상적인 평등한 주체의 확립은 무엇보다도 법률에 의해 그 확립을 요구받는다. 그러나 이러한 주체는 법률의 '시선'을 받아들이는 것 외에는 아무것도 할 수 없다. 법률의 응시는 필연적으로 추상적이며 '비인간적'이다. 이러한 주체와 법률 사이의 관계는 그와 타인 사이의 구체적 관계와는 차이가 있다. 이러한 주체는 법률에 대해서만 책임을 지며, 법률적 책임만 질 뿐이다. 주체로서의 그는 스스로 법률의 요구를 준수할 수 있고, 법률의 기준에 근거하여 옳고 그름이나 올바름과 올바르지 못함을 판단할 수 있다. 이러한 판단은 도덕적·윤리적 함의를 가질 필요가 없다. 법률에 대한 위반이 '죄'를 구성한다면, 법률의 시선 아래 놓인 주체는 필연적으로 '죄의식'만을 느낄 뿐이다.

죄의식이란, 주체가 법률에 근거하여 자신을 헤아려서 법률에 대한 어떤 위반을 인정할 수 있고 또 법률이 주는 징벌을 받아들일 수 있음을 의미한다. 이러한 의미의 죄의식이 있을 수 없다면 진정한 의미의 법률적 주체가 될 수 없다. 정신질환자와 같은 사람들이 법적 처벌을 면제받는 것도 이러한 이유 때문이다. 그러나 죄의식은 결코 수치심과 같은 것이 아니다. 공자가 볼 때 정치와 형벌 혹은 법률의 문제는 바로, 추상적인 법률 앞에서는 범죄자가 설령 자신의 죄를 알 수는 있어도 수치심을 반드시 알게 되지는 않는다는 점이다. 강제적인 법률은 결국 백성들로 하여금 법망을 피하고 징벌을 면하기를 원하도록 만들 뿐이다. 덕德과 예禮로써 정치와 형벌을 대체해야만 비로소 백성들은 '수치심을 알게 되어' 지도자에게 진심으로 복종하게 된다.

왜 덕치와 예치는 인간이 수치심을 가질 수 있도록 만드는가? 덕은 오직 나의 덕, 너의 덕, 타인의 덕과 같이 누군가의 덕으로서만 존재할 수 있다. 따라서 덕은 추상적이지 않고 구체적이다. 물론 '천지의 덕' 같은 것도 있지만, 이러한 덕 역시 '드러난 상태'라는 점에서 하나의 '현상'이며 인간이 감각할 수 있는 것이다. 덕치란 요순과 같이 덕을 지닌 인간이 베푸는 통치이기에 '법치'가 아니라 오직 '인치人治'일 수밖에 없다. 이러한 덕치 속에서 우리가 마주하는 것은 법률적이고 추상적인, 어떤 깊이도 없는 법률적 시선이 아니라 타인의 구체적이고 깊이 있는 시선이다. 타인의 이러한 시선만이 인간에게 수치심을 느끼게 할 수 있는 것이다.

2. '윤倫'의 의미

타인의 시선은 어째서 구체적인가? 언제나 타인은 추상적이지 않은, 특정한 타인이기 때문이다. 타인은 나의 임금, 신하, 아버지, 아들, 어머니, 딸, 남편, 형제자매, 스승, 학생, 친구 등 그 누구일 수도 있다. 타인은 항상 이처럼 구체적인 하나의 타인이며, 따라서 나와 타인의 관계 또한 늘 이처럼 구체적인 타인과의 관계이게 마련이다. 나와 타인의 관계는 이러한 구체적인 타인으로부터 시작된다. 따라서 유가의 "사랑에 차등이 있다"라는 사상은 결코 부모만 사랑하고 타인은 경시해도 된다는 것을 의미하지 않는다. 부모는 이미 특정한 타인이며, 나와 타인의 구체적이고 특정한 관계는 '윤倫' 즉 '인륜'이자 '윤리'이다. 유가전통은 이 '윤倫'이라는 개념으로 설명되는 나와 타인의 관계를 극히 중시하며, 근본적인 중요성을 지닌 것으로 본다. 이렇게 볼 때, 우리는 이러한 전통 속에서 윤리학이 본체론에 우선한다고 분명하게 말할 수 있을 것이다.

맹자는 '인륜'이란 부자, 군신, 부부, 형제, 친구의 다섯 항목을 포괄하는 개념이며, 그 중에서도 특히 부자관계와 군신관계가 중요하다고 보았다.

성인이 이것을 염려하여 설契을 사도司徒(교육을 관장하는 관직)로 삼아 인륜을 가르치게 하였다. 그가 가르친 것은 부모와 자식 사이에는 친애함이 있어야 하고, 임금과 신하 사이에는 올바름이 있어야 하며, 부부 사이에는 구별이 있어야 하고, 나이든 이와 젊은이 사이에는 서열이 있어야 하며, 벗들 사이에는 신뢰가 있어야 한다는 것이었다.[10]

경자景子가 말했다. "안으로는 부모와 자식의 관계가, 밖으로는 임금과 신하의 관계가 인간의 큰 윤리입니다."[11]

『논어』에는 공자의 제자 자로가 은자에 대해 '윤리를 다하지 못했다'고 비판하는 내용이 실려 있다.[12] 삼태기를 짊어지고 지팡이를 짚은 은자의

---

10) 『孟子』, 「滕文公上」, "聖人有憂之, 使契爲司徒, 教以人倫, 父子有親, 君臣有義, 夫婦有別, 長幼有序, 朋友有信."

11) 『孟子』, 「公孫丑下」, "景子曰: 內則父子, 外則君臣, 人之大倫也."

12) "자로가 공자를 따라가다 뒤에 처졌는데, 지팡이를 짚고 삼태기를 둘러맨 노인을 만나게 되었다. 자로가 노인에게 물었다. '우리 선생님을 만났습니까?' 그러자 노인이 답했다. '사지를 부지런히 움직이지도 않고, 오곡을 구분하지도 못하는데, 누구를 선생님이라고 하는가?' 그리고는 지팡이를 땅에 꽂아 두고 김을 매기 시작했다. 자로가 두 손을 모으고 서 있었다. 그러자 노인은 자로를 집에 머무르게 하였다. 닭을 잡고 기장밥을 지어 자로에게 대접하고 두 아들을 소개해 주었다. 다음날 자로가 떠나와서 공자에게 고했다. 공자가 말했다. '숨어 사는 선비로구나!' 그리고는 자로에게 다시 가서 만나 뵙도록 하였다. 자로가 다시 가 보니 이미 떠나고 없었다. 자로가 말했다. '벼슬을 하지 않는 것은 義가 아니다. 어른과 아이 간의 예절을 폐할 수 없는 것이고, 임금과 신하간의 義도 어떻게 폐지할 수 있겠는가? 자신의 몸을 깨끗하게 하려고 한 것이지만, 이것은 도리어 큰 윤리를 어지럽히는 것이다. 군자가 벼슬을 하려는 것은 그 義를 행하기 위함이다. 나 역시 도가 잘 행해지지 않으리라는 것을 잘 알고 있다.'"(『論語』,

시각에서 보면 인간이 외물과 만나는 최초의 관계는 노동이어야 한다. 그래서 그는 공자와 그의 제자를 "사지가 멀쩡하면서도 노동하지 않고, 오곡조차 구분하지 못한다"라고 비판했던 것이다. 하지만 공자의 관점을 받드는 자로가 보았을 때는, 부모형제와의 관계를 폐기할 수 없는 것과 마찬가지로 자신과 군주로서의 타인과의 관계 역시 결코 폐기할 수 없는 것이었다.

어른과 아이 간의 예절은 폐할 수가 없는 것입니다. 임금과 신하간의 의義 또한 어떻게 폐지할 수 있겠습니까?

이러한 설명은 상당히 깊이 있는 사고를 내포하고 있다. 즉 의도했건 의도하지 않았건 '나'는 필연적으로 이러한 관계에 놓이게 될 수밖에 없다는 것이다. 따라서 자로는 노인이 세상에 나가 뜻을 실행하지 않는 것을 "자신의 몸을 깨끗하게 하려고 한 것이지만, 이것은 도리어 큰 윤리를 어지럽히는 것입니다. 군자가 벼슬을 하려는 것은 그 의義를 행하기 위함입니다"라고 비판했던 것이다.

단옥재는 『설문해자주』에서 '윤倫'자와 '논論'자는 모두 '윤侖'에서 뜻을 취한 것이라고 하면서, 『설문해자』에서 이 '윤侖'자를 '사思'로 풀이한 것은 허신이 '윤侖'자를 여기에서 '논論'의 가차자로 여겼기 때문이라고 보았다. 이어서 그는 『모시毛詩』에서 '논論'을 '사思'로 풀이한 것과, 『설문해자』의 '약侖'자조 아래에 있는 '윤侖'자에 대한 해석 즉 "윤侖은 리理이다"(侖,

---

「微子」, "子路從而後, 遇丈人, 以杖荷蓧. 子路問曰: 子見夫子乎? 丈人曰: 四體不勤, 五谷不分, 孰爲夫子? 植其杖而芸. 子路拱而立. 止子路宿. 殺雞爲黍而食之. 見其二子焉. 明日, 子路行以告. 子曰: 隱者也. 使子路反見之. 至, 則行矣. 子路曰: 不仕無義. 長幼之節, 不可廢也; 君臣之義, 如之何其廢之? 欲潔其身, 而亂大倫. 君子之仕也, 行其義也. 道之不行, 已知之矣!")

理也라는 설명을 인용하고 있다. 단옥재는 이처럼 '윤侖'자에 '사思'와 '리理'의 뜻이 있고 나아가 '논論'으로 가차될 수 있는 이유가 바로 '윤侖'자가 '책冊'자에서 나왔기 때문이라고 보았다. '책冊'자는 묶여진 죽간의 형태를 표현하는 글자로, 죽간이 차례대로 순서를 지킬 수밖에 없는 이상 '윤侖'자는 '리理'의 뜻을 포함하게 된다. 단옥재는 "죽간을 모으는 일은 반드시 그 순서와 이치(文理)에 의거해야 한다"라고 말했다. 여기에서 우리는 우리의 독해 목적과 관련해서 '윤侖'자에 포함되어 있는 '편編'의 의미 즉 '연결'(編聯)이나 '편직編織'의 의미를 주의 깊게 보아야 한다. 여기에서의 '편編'자는 사물(죽간 그 자체)의 '연결'이나 '편직'을 의미할 뿐 아니라 부호 혹은 문자의 '연결'이나 '편직'까지 의미한다. 연결이나 편직된 부호와 문자는 곧 광의의 '문文'이 된다. 문장, 문명, 문화 등이 그것이다. 따라서 '윤侖'과 '문文'의 관계는 매우 밀접하다. '논論'과 '윤倫'의 뜻은 모두 '윤侖'자와 통한다. '논論'은 사상적(자구를 따르는) 연결로서 '언言'을 부수로 따르고 '윤倫'은 사회적(사람을 따르는) 교차로서 '인人'을 부수로 따르지만, '논論'과 '윤倫'은 똑같이 광의의 '인문人文'의 영역에 속하는 것이다. '논論'에는 '논論의 이치'가 있고, 이치가 있는 논論이 바로 현대적 의미의 '이론'인 것이다. '윤倫' 역시 '윤倫의 이치'가 있으며, 이치가 있는 윤倫이 바로 중국 전통에서 가장 중시해 왔던 '윤리'이다. 물론 유가전통 속에서 '윤倫'은 단순히 이치만 지닌 것이 아니라 '항상됨'(常)도 지니고 있다. 오륜이 바로 그것이다.

'윤리倫理'라는 단어의 현대적 의미가 정립되었을 때, 우리는 '윤리'라는 말이 중국 전통 내에서 지니는 복잡한 의미를 정리해 볼 수 있었을 뿐더러 이를 전통적 어휘인 '윤상倫常'과 구분해 낼 수도 있게 되었다. 항상된 것이 더 이상 항상되지 않게 되자, 인간관계 속의 많은 전통적 '항상된 규범'(常規)은 그 직접적인 효력을 잃고 말았다. 이처럼 전통적 의미에서의 군신관계는 온데간데없이 사라졌고 기타 각종 인간관계 역시 이미 유가전통의 삼강오상三綱五常의 규범을 벗어나게 되었지만, '항상됨'(常)은 사라졌다고 하더라도 '윤倫'만은 아직까지 남아 있다. "윤倫이 아직 남아 있다"는 것은 인간이란 존재가 항상 타인과의 관계 속에 어울려 있을 수밖에 없음을 의미한다. 이런 어울림 즉 윤리는 본래 독립적인, 전체와 사회에 우선하는 개인을 그것의 종속물 혹은 부속품으로 폄하시키는 것이 아니다. 오히려 이러한 어울림은 개인의 개인다움을 가능케 하는 것이다. 즉 개인을 타인과 차이나는 '자아'로 만들어 준다는 것이다. '윤리' 개념의 부상은 바로 이러한 차이의 관계에 대한 적극적 인식이다. 바로 나와 타인의 관계는 근본적으로 단절될 수 없는 것이기 때문이다.

현대적이고 서구적인, 혹은 기타 유형의 파편적 개인주의는 바로 윤리적 차원의 개인을 '윤리'관계로부터 분리시킨 추상적 결과물이다. 하나의 인간은 차이에서 생겨나고 차이를 긍정하는 구체적인 윤리관계로부터 추출되어 나와서, 인간과 인간을 평등하게 만드는 법률 앞에 놓여 비로소 '개인' 개념으로 성립한다. 반대로 '윤리' 속의 인간은 특정한 타인에 대한 특정한 '나'이다. 이러한 나 자신은 한 아버지의 아들이거나 한 아들의 아버지이며, 한 형의 동생이거나 한 동생의 형이며, 한 아내의 남편이거나 한 남편의 아내이며, 한 스승의 학생이거나 한 학생의 스승이며, 한 사람의 친구이다. 이처럼 나는 상대적으로 다양한 신분을 지니며, 절대적으로 '단일한' 주체가 아니다. 따라서 중국 전통이 견지하는 '윤倫' 개념은 법 개념과는 차이가 있다. '윤倫' 안에서의 인간은 법 안에서의 인간과 차이가 있다. 법이 개인과 개인 간의 추상적인 동등함을 의미한다면, '윤倫'은 인간과 인간 사이의 구체적인 차이를 의미하기 때문이다.

3. 타자의 시선

　유가적 견해에 근거할 때, 예禮는 윤리관계를 근거로 해야만 성립될 수 있지만 반대로 그것은 윤리관계를 윤리관계일 수 있게 해 주는 것이기도 하다. 나는 이러한 윤리와 예禮의 상호작용 속에서 항상 타인과 마주하여 타인의 시선을 조우하게 된다. 만약 이러한 시선이 수치심의 근원이라고 한다면, 어째서 그러할까? 수치심은 어떠한 구조를 지니는가?

　타인의 시선이 나의 수치심의 근원인 까닭은 바로 이러한 시선이 나 자신을 객관화시켜 스스로를 제3자의 입장에서 보도록 만들기 때문이다. 타인이 나를 주시할 때, 나는 이 시선 아래에서 심한 경우 일종의 불안감까지도 느끼게 될 것이다. 이는 우리 일상의 경험을 통해 쉽게 증명할 수 있다. 이런 부자유와 불안이 말해 주는 것은, 타인의 시선은 어떤 힘을 지녔고 나의 신상에 미묘한 영향을 미치게 될 것이라는 점이다. 어째서 나는 타인의 시선 하에서 아무 이유도 없이 부자유스럽게 되는가? 왜냐하면 이러한 시선은 마치 나를 심판대 위로 올려놓는 것과 같아서, 나를 판단한다는 의미를 지니게 되기 때문이다. 일상 회화의 "(사람의 외모 등을) 훑어보다"라는 말이 바로 이를 생생히 표현해 주는 말이다. 나는 자신의 시선을 통해 타인을 위아래로 '훑어볼' 수 있으며, 타인의 시선 역시 나를 위아래로 '훑어볼' 수 있다. 이러한 표현은, 타인의 시선이 마치 무형의 잣대와도 같으며 내가 이러한 잣대의 판단을 받아들일 수밖에 없음을 의미한다. 여기에서 관건이 되는 것은, 설사 내가 타인이 나를 주시하는 시선 중에 담긴 심사와 판단의 의미를 받아들일 수 있다 하더라도, 내가 이를 충족할 수 있는지는 스스로 전혀 알 수 없다는 점이다. 따라서 나는 불편과 불안을 느끼게 되는 것이다. 타인으로부터의 시선이 불러일으키는 불편과 불안의 감정은 바로 수치심의 단초가 된다.

수치심의 한 극단은 '수羞'이고 다른 한 극단은 '치恥'이다. 오늘날에는 대개 '수羞'와 '치恥'를 연결시켜 함께 사용하는데, 이 역시 '수羞'와 '치恥'가 서로 통한다는 것의 증거가 된다. 일상 용례 중에서 '부끄러워하다'(怕羞) 혹은 '수줍어하다'(害羞)라는 말은 타인의 시선에 과도하게 예민한 반응을 보인다는 것을 뜻하는데, 심할 경우 타인의 정상적인 시선에조차 어색함을 느끼기도 한다. 이런 부끄러움이라는 현상은 사람마다 다르게 나타나지만, 구조적 차원에서 보면 모두 아래와 같은 성질을 포함하고 있음을 알 수 있다. 즉 자신이 타인의 시선에 의한 판단을 충족시킬 수 없음을 두려워함, 이런 시선을 만족시킬 수 없음을 두려워함, 타인 앞에서 자신의 허점을 드러내는 것을 두려워함, 남들 앞에서 추태를 부리게 됨을 두려워함 등을 포함한다. 부끄러움이라는 감정은 "쥐구멍에라도 들어가고 싶을" 정도의 강렬한 감정으로 찾아오기도 한다. "몸을 숨긴다"는 것은 당연히 나에게 부끄러움을 느끼게 하는 타인의 시선을 피하고자 한다는 의미이다. 이는 타인의 시선을 벗어나는 것이 바로 부끄러움을 없애는 수단이라는 의미이다. 그런데 나의 주관적인 느낌이라는 측면에서 말하자면, 타인의 시선은 언제 어디서나 나를 주시하고 있다고 느껴질 정도로 강렬하게 찾아올 수도 있다. 내가 근본적으로 타인의 시선을 정확하게 파악할 수 없는 이상, 즉 내가 타인의 기대와 시선을 '만족'시킬 수 있을지를 알 수 없는 이상, 나는 필연적으로 부끄러움을 느낄 수밖에 없다.

부끄러움 혹은 수줍음이라는 현상을 분석하는 것은 수치심이라는 현상을 더 잘 이해하는 데 도움을 줄 수 있다. '수羞'와 '치恥' 사이에는 약간의 구별만 있을 뿐, 본질적인 차이는 없다. 부끄러움은 타인에게 '보이는' 것을 두려워한다는 의미이다. 왜냐하면 타인이 나를 가늠하는 시선을 내가 충족시킬 수 있을지를 알 수 없기 때문이다. 타인의 시선, 그리고 그 시선이 담고 있는 판단과 헤아림을 나는 전혀 알지 못한다. 따라서 부끄러움을 느끼는 사람은 그러한 타인의 시선으로부터 벗어나 있을 때, 온전히 자신의 내면으로 회귀하여 자신의 내면에서 머무르고 있을 때 비로소 '자유'를 느낄 수 있다. 하지만 엄격히 말해서 '자기 자신'이라는 것은 곧 타인의 시선에서 볼 때 바로 그 타인의 맞은편에 서 있는 '대상'일 뿐으로, 사실 타인의 시선이 나를 주시하기 이전에는 결코 존재할 수 없다. 타인의 시선이 나를 주시하기 이전에는, 타인의 시선이 나를 주시하는 것을 내가 느낄 수 없을 때에는, 나는 결코 타인과 나 자신에 의해 주목받는 '대상으로서의 나'를 가질 수 없다. 주체로서의 나로 하여금 부끄러움이나 자부심을 느끼도록 만드는 이러한 '대상으로서의 나'는 오직 타인의 시선으로부터만 '형성'될 수 있다. 그러나 이러한 '형성'은 반드시 나 자신의 근본적인 참여를 필요로 한다. 내가 타인이 나를 주시함을 느끼기 시작할 때, 그러한 타인을 느낀다는 것은 '내가' 타인의 시선으로 나 자신을 보기 시작했다는 것을 의미하기 때문이다. 타인의 시선은 나를 대상으로 세워 놓고 내가 나 자신의 모습을 스스로 볼 수 있도록 만든다.

그런데 내가 나를 주시한다는 것은 바로 내가 타인의 시선과 나 자신을 동일시하기 시작한 것이다. 타인의 시선이 '개입'함에 따라 나의 내면에는 간극이 발생하게 되고, 이러한 간극은 나를 둘로 구분시킨다. 바로 이러한 구분으로 인해 '내가' '스스로를' 반성하고 성찰하는 일이 가능하게 된다. 이런 이유로 타인의 시선은 곧 나의 시선이기도 하다. 이러한 시선은 내 시선의 방향을 나 자신에게로 돌려놓는다.

일반적으로 말해, 만약 부끄러움이라는 상태가 타인의 시선이 사라짐에 따라 없어지는 것이라면, 이는 타인의 시선이 없을 때 나 자신을 주시하는 나의 시선 또한 즉시 멈추었기 때문일 것이다. 내가 타인의 시선을 느끼지 않을 때라면 나 역시 더 이상 자신을 주시할 필요가 없게 되기 때문이다. 그런데 타인의 시선은 내가 그러한 시선이 존재함을 느끼는 바로 그 순간 너무나 쉽게, 철저하게, 흔적도 없이 사라지고 만다. 따라서 타인의 시선은 사실 타인이 직접 눈앞에 나타남으로써 시작되었다가 타인이 사라짐으로써 끝나는 것이 아니라, 내가 타인의 시선을 의식하기 시작함으로써 시작했다가 나의 내면에 영원히 머무르게 된다. 타인의 시선은 결코 나를 주시하고 있지 않으며, 나는 이러한 시선의 존재를 완전히 잊게 된다. 이는 즉 내가 타인의 시선을 완전히 내재화했다는 것이다. 하지만 이러한 내재화는 대상 혹은 타자로서의 나라는 존재가 이미 내 속에 내재화되어 있음을 의미하는 것일 뿐이다. 내가 '나 자신'을 관조할 때, 나는 실은 타자의 시선을 통해 나를 주시하고 있는 것이나 다름없다. 내재된 타자의 시선이 없다면 근본적으로 어떠한 '대상으로서의 나'도 있을 수 없을 것이다.

이러한 '타인 혹은 대상으로서의 나'의 시선은 나에 대한 단순한 심사와 판단의 의미뿐만 아니라 요구와 기대의 의미도 담고 있다. 이러한 시선은 나의 내면에 하나의 이상적 모습을 형성하고, 나는 이에 근거하여 나 자신을 '형상화'하게 된다. 나는 이러한 내 속에 내재하면서도 나와는 이질적인 시선을 통해 나 자신의 '예술' 성과를 심사하게 되고, 내가 응시한 나의 모습이 타인의 시선 속에 내포된 이상적 모습에 가깝지 못함을 깨달을 때 수치심을 느끼게 된다. 이러한 느낌은 직접적인 타인의 시선으로 인해 발생하는 것은 아니지만, 타인의 시선의 개입과 무관할 수는 없다. 따라서 타인으로서의 내가 던지는 시선은 수치심의 조건이며, 수치심은 곧 스스로 생각한 이상이나 표준에 모자란다고 생각했을 때 생겨나는 타인과 나 자신(내 안의 타인)의 시선에 대한 불안함의 감정이다.

『논어』에 등장하는 '치恥'자의 용법은, 수치심의 감정이란 곧 스스로가 이상적 모습에 미치지 못함을 깨달았을 때 생겨나는 감정을 말한다는 것을 알 수 있게 해 준다.

> 자공이 물었다. "공문자는 어째서 '문文'이라는 칭호로 불립니까?" 공자가 말씀했다. "그는 영민하고 배우기를 좋아했으며, 아랫사람에게 질문하는 것을 수치스럽게 여기지 않았다. 이 때문에 그에게 '문文'이라는 칭호를 붙여서 부른다."13)

이 구절에 근거해서 추론해 보자면, 공자가 활동한 시대의 사회적 가치 기준에 근거할 경우, "아랫사람에게 질문하는 것"(下問)은 당시 문인 혹은 지식인들의 이상적인 모습에 어긋나는 행위였을 것이다. 따라서 '수치스러움'(恥)인 것이다. 공자는 "아랫사람에게 질문하는 것"을 부끄럽게 여기지 않을 수 있다면 비로소 진정한 '문文'일 수 있다고 하였다. 수치심은 자신의 가치가 어떤 기준이나 이상적 모습 이하로 떨어지는 것을 막을 수 있다. 예를 들어 『논어』의 "옛사람들이 말을 함부로 하지 않은 것은 몸소 실천함이 말에 미치지 못하는 것을 수치스러워 했기 때문이다"14)라는 구절에서, 감히 말할 수 없거나 감히 지나치게 말하지 않는 것은 자신의 행위가 자신이 말한 것에 미치지 못함을 두려워한 것이다. 왜냐하면 자신이 뱉어낸 말은 자신과 타인의 관점에서 나에게 요구하고 나를 판단하는 행위의 기준이 되기 때문이다. 같은 이치로, 나 역시 어떤 행위나 사람으로 인해 수치심을 느낄 수 있다. 왜냐하면 그는 내가 고수하고자 하고 나에게 요구하고자 하는 이상적 모습에 해가 되기 때문이다.

---

13) 『論語』, 「公冶長」, "子貢問曰: 孔文子何以謂之文也? 子曰: 敏而好學, 不恥下問, 是以謂之文也."
14) 『論語』, 「里仁」, "子曰: 古者言之不出, 恥躬之不逮也."

공자가 말했다. "교묘한 말과 꾸며 낸 얼굴빛, 아부하는 듯한 지나친 공손함, 좌구명은 이것들을 부끄럽게 여겼고 나 역시 이것들을 부끄럽게 여긴다. 원한을 감추고 그 사람을 친구로 삼는 것, 좌구명은 이것들을 부끄럽게 여겼고 나 역시 이것들을 부끄럽게 여긴다."[15]

타자의 시선을 내재화하여 항상 그 시선을 통해 자신의 모습을 주시함으로써 타인의 시선이 형성한 이상적 모습 아래로 자신이 떨어지는 것을 방지하거나 혹은 그러한 추락을 발견했을 때 불안과 부적절함을 느낄 수 있는 것, 이것이 아마도 공자의 제자 증삼이 말한 "나는 하루에 세 번 나 자신을 반성한다"[16]의 의미일 것이다. 그런데 여기서 증자는 매일 수차례 자신을 살펴본다고 하여 '신身'을 거론하였다. 왜 하필 '심心'이 아닌 '신身'이었을까?

증자가 매일 세 번 살피는 것이 '마음'(心)이 아니고 '몸'(身)인 까닭은, 이러한 반성 혹은 살핌이 실은 타자의 시선을 통해 이루어지기 때문이다. 잠시 내외의 구분이라는 개념을 빌려 논해 보자면, 마음은 내면의 자아에게 드러나 있고 신체는 외면의 타인에게 드러나 있다고 말할 수 있다. 따라서 나 자신의 입장에서 보면, 가까운 것을 버리지 않아도 먼 것을 구할 수 있으며, 몸을 생략하고도 마음을 관찰할 수 있다. 하지만 타자는 자아의 밖에 있는 존재인 이상, 직접 나의 내면의 마음 혹은 인식활동으로 들어올 수 없다. 타인의 시선은 나의 몸을 감각할 수 있지만 마음은 들여다 볼 수 없다. 따라서 중요한 것은 감각할 수 있는 나의 신체이지 헤아릴 수 없는 마음이 아니며, 구체적으로 타인에게 보이는 형상이지 드러나지 않는

---

15) 『論語』, 「公冶長」, "子曰: 巧言令色足恭, 左丘明恥之, 丘亦恥之; 匿怨而友其人, 左丘明恥之, 丘亦恥之."
16) 『論語』, 「學而」, "曾子曰: 吾日三省吾身."

은밀한 의식이 아니라는 것이다. 바로 타자에게서는 나의 마음이 오직 신체와 신체의 행위로써 체현될 수 있을 뿐이므로, 타자의 입장에서 나라는 존재는 나의 신체와, 신체의 행위로 구성되는 구체적인 형상일 뿐인 것이다. 따라서 '마음'이 아닌 나의 '몸'을 반성하고 성찰하는 것은 사실 타인의 눈으로 나 자신의 구체적인 형상을 반성하고 성찰하는 것이다.

그런데 이러한 반성과 성찰은 타인의 시선을 통해 이루어질 뿐만 아니라 나와 타인의 관계를 기준으로 해서 가늠되는 것이기도 하다.

> 증자가 말했다. "나는 하루에 세 번 내 몸을 살펴보아야 한다. 타인을 위해 일을 도모함에 있어 충실하지 못함은 없었던가? 벗과 사귐에 있어 믿음직스럽지 못했던가? 전수받은 것을 익히지 않았던가?"[17]

이 세 가지는 모두 나와 타자의 관계를 언급하고 있다. 여기에서 '충실함'(忠), '믿음직스러움'(信), '익힘'(習)은 타인이 나에게 기대하고 요구하는 것이며, 또한 타인의 시선에 담긴 '나'의 이상적 모습이기도 하다. 타인이 없다면 충실함(忠)과 믿음직스러움(信)은 존재하지 않으며, 타인의 가르침을 받아들이는 익힘 또한 필요가 없다. 내가 이처럼 빈번하게 자신을 살펴보고 성찰하고자 하기 때문에 나는 타인의 '시선'에 의해 충실하지 못하고 믿음직스럽지 못하며 익히지 않음으로 여겨지는 것을 피할 수 있는 것이다. 따라서 나의 자아성찰은 이미 타자성찰이기도 한다. 즉 타인의 시선을 통한 자아성찰은 나의 몸이 나에 대한 타인의 요구에 부합한지를 살피게 된다는 것이다. 이러한 중요한 자아성찰 / 타자성찰은 자신 안에서 합당하지 않은 곳을 발견함으로써 나로 하여금 자기수양의 노력을 기울이도록 만들어 주게

---

17) 『論語』, 「學而」, "曾子曰: 吾日三省吾身: 爲人謀而不忠乎? 與朋友交而不信乎? 傳不習乎?"

된다. 수신修身이 의미하는 바는, 최선을 다해 나의 바람직한 모습을 유지하면서 이것이 변치 않도록 하는 것일 수도 있고, 나의 불량한 모습을 개선하여 좋은 방향으로 변화시키는 것일 수도 있다.

『대학』에서는 "격물格物, 치지致知, 성의誠意, 정심正心, 수신修身, 제가齊家, 치국治國, 평천하平天下"를 강조하면서 가까운 곳에서 먼 곳으로, 작은 것에서 큰 것으로 "밝은 덕을 천하에 밝히는"(明明德於天下) 그 순서를 주장했는데, 이 뒤에서는 돌연 '수신修身'을 근본 중의 근본으로 강조하고 있다.

천자로부터 일반 사람에 이르기까지 모두 수신을 근본으로 삼는다.[18]

지금 이 문제는 상술한 분석을 통해 이미 해명이 되었다고 할 수 있다. 내가 반드시 매일 "세 번 내 몸을 살펴보아야" 한다고 느끼는 것은 타인의 시선은 보이지 않으므로 내가 그것을 결코 알 수 없기 때문이다. 하지만 바로 타인의 시선이란 나를 위해 구체적으로 확정된 어떤 것이 아닌 만큼, 이러한 시선은 오히려 나에 대해 거의 무제한적인 속박이 된다. 이는 나로 하여금 부끄러움과 수치심을 느끼게 하여 '신독愼獨'(혼자 있을 때 삼감)하고

---

18) "옛날에 천하에 밝은 덕을 밝히려고 하는 자는 우선 그 나라를 다스려야 한다. 그 나라를 다스리고자 하는 자는 우선 그 일가를 다스려야 한다. 그 일가를 다스리고자 하는 자는 우선 그 몸을 다스려야 한다. 그 몸을 다스리고자 하는 자는 우선 그 마음을 다스려야 한다. 그 마음을 다스리고자 하는 자는 우선 뜻을 진실하게 해야 한다. 뜻을 진실하게 하려는 자는 우선 앎을 지극하게 해야 한다. 앎을 지극하게 하는 것은 격물에 달려 있다. 격물을 한 후에 앎이 지극해지고, 앎이 지극해진 후에 뜻이 진실하게 되며, 뜻이 진실하게 된 후에 마음이 바르게 되고, 마음이 바르게 된 후에 몸이 다스려지며, 몸이 다스려진 후에 집안이 다스려지고, 집안이 다스려진 후에 나라가 다스려지며, 나라가 다스려진 후에 천하가 평정된다. 천자로부터 일반 사람에 이르기까지 모두 수신을 근본으로 삼는다."(『禮記』, 「大學」, "古之欲明明德於天下者, 先治其國; 欲治其國者, 先齊其家; 欲齊其家者, 先脩其身; 欲脩其身者, 先正其心; 欲正其心者, 先誠其意; 欲誠其意者, 先致其知; 致知在格物. 物格而后知至, 知至而后意誠, 意誠而后心正, 心正而后身脩, 身脩而后家齊, 家齊而后國治, 國治而后天下平. 自天子以至於庶人, 壹是皆以脩身爲本.")

'수신修身'하도록 만든다.

이와는 반대로, 앞서 서술한 것과 같이 나와 법률의 관계는 간단하면서도 추상적이다. 법률은 반드시 매우 순결하고 오점이 없으면서도 또한 절대적인 권력을 지녀야 한다. 법률의 명확성은 내가 어떻게 행동하거나 행동하지 말아야 할지를 알게 해 주며, 법률의 권위는 나로 하여금 타인의 시선을 고려하지 않게 하거나 완전히 무시할 수 있도록 해 준다. 추상적인 법률 앞에서 나는 "남보다 못함을 부끄러워할" 필요가 없고 "부끄러움에 괴로워할" 필요는 더더욱 없다. 이는 "수치심이 있을" 필요가 없다는 의미이다. 오직 나는 무엇이 법률을 위반하는 것인지를 알아서 그것을 피하기만 하면 될 뿐이다. 따라서 나는 타인이 나를 어떻게 볼지 전혀 신경 쓸 필요가 없게 된다. 이렇게 하여 '수치'는 내 사전에서 사라질 수 있다. 법은 나와 타인의 관계를 추상적으로 동등한 것으로 만들며, 이러한 동등함은 차이를 중시하는 윤리관계를 사라지게 만든다. 이 모든 것이 바로 '법'이라는 관념이 지니고 있는 의미 혹은 이론적 함의이다. 법률 개념이 지니고 있는 이러한 "수치심이 없음"이라는 경향에 맞서, 공자는 인간이 "수치심이 있도록" 하는 덕과 예를 제시하고자 했던 것이다.

4. "아버지는 자식을 위해 숨겨 주고, 자식은 아버지를 위해 숨겨 준다"

이제 공자가 말한 인간을 곤혹하게 만들 수 있는 '윤리원칙'에 대해 분석해 보도록 하자. 『논어』 「자로」편에는 다음과 같은 기록이 있다.

섭공이 공자에게 말했다. "우리 마을에 정직한 사람이 있습니다. 자기 아버지가 양을 훔치자 아들이 그것을 증언했습니다." 공자가 말했다. "우리 마을의 정직한 사람은 다릅니다. 아버지는 아들을 위해 숨겨 주고 아들은 아버지를 위해 숨겨 주는데, 정직함은 바로 그 가운데 있습니다."[19]

법률의 관점에서 보면 양을 훔친 사람이 설사 자신의 아버지라 할지라도 아들은 반드시 신고를 해야 한다. 이것이 법률이 요구하는 정직함이다. 그러므로 이 요구는 어떤 윤리관계도 고려하지 않는다. 법률은 개인이 하나의 '주체'로서 법률 앞에서 책임을 지기만을 요구할 뿐이다. 각 개인은 모두 법률 속에서 동등하게 책임을 지는 주체가 되기를 요구받는다. 이 책임은 보편적이고 추상적이며, 개인의 구체적인 '신분'으로 인해 변하지 않는다. 하지만 공자는 이런 '정직함'(直)에 동의하지 않는 것처럼 보인다. 이런 정직함에는 '수치심'(恥)이 없기 때문이다. 법률이 요구하는 '정직함'은 결코 타인의 시선을 신경 쓰지 않고, 아버지나 아들의 체면을 고려하지 않는다. 이때의 정직은 자신 혹은 자신과 관계하는 타인을 위해 수치심을 느끼지 않을 것이기 때문이다. 나는 이제 더 이상 타인과 윤리관계를 갖지 않으며 더 이상 타인에 대한 윤리적 책임을 떠안지 않는다.

---

19) 『論語』, 「子路」, "葉公語孔子曰: 吾黨有直躬者, 其父攘羊, 而子證之. 孔子曰: 吾黨之直者異於是. 父爲子隱, 子爲父隱, 直在其中矣." "直躬"에 대해 정현은 "곧은 사람을 弓이라 한다"(直人名弓)라는 주를 달았다. 공영달은 이를 "자신의 몸을 곧게 하여 실천하다"(直身而行)라 하였다. "攘"자의 경우 『論語注疏』에서는 "이유가 있어 훔치다", 즉 "양이 자기 집으로 스스로 들어오자 아버지가 그것을 취한 것을 말한다."(李學勤 主編, 『十三經注疏・論語注疏』, p.177)라고 하였다. "證"에 대해서, 楊伯峻은 『論語譯注』(p.139)에서 『설문』을 인용하여 "'증'은 고한다는 뜻이다. 지금의 '고발', '폭로'와 같다"라고 하였다. 楊伯峻은 이 장의 "直"을 "허심탄회하고 솔직하다"라고 해석하였고, 李澤厚는 『論語今讀』(p.314)에서 이 "直"을 모두 "정직하다"라고 해석했다. 사실 "直"의 본뜻은 정직이라는 두 글자로 통일될 수 있다. 따라서 더 이상 번역을 필요로 하지 않는다. "直"이라는 것은 돌아가지 않고 굽지 않는다는 뜻이다. 우리는 언어의 곧음, 행위의 곧음, 사유의 곧음, 인간으로서의 곧음 등을 상정해 볼 수 있을 것이다.

이러한 가능성에 맞서 공자는 다른 정직함을 요구하는 듯하다. 즉 "아버지는 자식을 위해 숨겨 주고 자식은 아버지를 위해 숨겨 주는" 정직함이다. 이러한 정직함은 수치심에 기초하고 있다. 왜냐하면 나는 자신의 아버지 혹은 자식을 위한 수치심을 느낄 수 있고, 이러한 수치심은 아버지 혹은 아들을 위해 그들의 잘못을 숨겨 주도록 강력히 부추기기 때문이다. 잘못을 숨겨 준다는 것은 보호해 준다는 의미를 가지고 있다. 그런데 나는, 비록 상대가 이미 잘못을 저질렀음을 알고는 있지만 여전히 그에게 이상적 모습을 요구하고 기대하고 있다. 상대의 잘못은 내 마음의 눈에 비친 그의 이상적 모습을 훼손시키지 못하고, 상대의 이상적 모습은 여전히 그의 잘못을 덮을 수 있다. 나는 상대의 이상적 모습으로써 그를 다시금 정직함으로 돌아오도록 노력해야지, 처음부터 책임을 회피하듯 그를 법적 처분으로 내몰지 않는다. 이러한 정직함은 앞서 말한 첫 번째 정직함보다 더욱 복잡하며 더 많은 것을 떠안고 있다. 그 정직함은 문제를 간단하게 법률 앞으로 가져가지 않고, 아버지 혹은 아들이 법을 위반했을 때에도 자신이 맡은 타인에 대한 특수한 책임을 포기하지 않게끔 만든다. 물론 우리는 여기에서 단순히 '부자가 서로 숨겨 주는' 정직함을 권장하려는 것이 아니다. 단지 정직함의 관념이 함축하는 복잡한 사상은 분명 여러 각도에서 진지하게 읽어 볼 가치가 있음을 확인하려는 것일 뿐이다.

공자가 말한 부자가 서로 숨겨 준다는 원칙은 윤리관계의 원칙에 기초하고 있고, 따라서 그 원칙은 보편적인 윤리관계 혹은 인륜관계에서 실시될 수 있다. 이러한 관계 속에서 나와 관계를 맺는 모든 타인은 구체적으로 상이한 타인이며, 나는 이 모든 타인에 대해 본질적으로 피할 수 없는 윤리적 책임을 지니게 된다. 따라서 나는 항상 타인을 위해 "악을 숨겨 주고" "선을 드러내 줄" 책임이 있는 것이며, "악을 숨겨 주고 선을 드러내

준다는" 이 전통적인 사상 역시 이러한 원칙이 보편화된 것이라 말할
수 있을 것이다. 역사적으로 유행한 성어인 "악을 숨겨 주고 선을 드러내
줌"(隱惡揚善)은 본래 『예기』「중용」에서 덕치의 전범인 순임금을 묘사하는
말에서 나왔다.

> 공자가 말했다. "순임금은 매우 위대하구나! 묻기를 좋아하고 가까이서
> 하는 말을 잘 살폈으며, 악을 숨겨 주고 선을 드러내 주었으며, 두 극단적인
> 말을 잘 파악해서 그 중도를 백성에게 사용했으니, 그리하여 그는 순임금이
> 된 것이다!"[20]

원시사회의 지도자의 수중에서 보편화된 "서로의 악을 숨겨 줌"(相隱)의
원칙은 윤리원칙이면서 동시에 정치원칙이다. "악을 숨겨 주고 선을 드러내
줌"은 결코 악행을 방임하거나 모른 척하는 것이 아니라, 선을 드러냄으로
써 악을 제거하는 것을 의미한다. "악을 숨겨 주고 선을 드러내 줌"은
수치심과 분리될 수 없다. 나는 타인(혹은 자신)의 악으로 인해 부끄러움을
느끼게 되며, 이에 선으로써 악을 바르게 만들고자 한다. 이것이 바로
수치심에 기초한 정직함, 그리고 '윤리'에 기초한 정직함인 것이다. 즉
타인을 법률 앞에서 차별이 없고 서로 관계가 없는 추상적인 개체로 여기지
않는 정직함인 것이다.

이러한 공자의 "부자가 서로 숨겨 줌"의 윤리원칙은 여전히 현대적
윤리로 '번역'될 필요가 있다. 여기에서의 관건은 이를 단순화시키는 것을
수용할지 여부가 아니라, 이 복잡한 사상을 읽기에 적합한 복잡한 방식을
찾는 것이다. 최근 유행하는 설명방식을 빌리자면, 인간이 '부끄러움을

---

20) 『禮記』, 「中庸」, "子曰: 舜其大知也與! 舜好問而好察邇言, 隱惡而揚善, 執其兩端, 用其中於民,
其斯以爲舜乎!"

느끼게' 하려는 정치·윤리의 원칙은 사람을 '살기 힘들게' 혹은 삶을 지나치게 '복잡하게' 만든다. 차라리 모든 것을 '법'에 의거하여 실행하면 문제가 훨씬 간단명료하지 않을까? 그런데 이것은 오로지 양자택일만이 가능한 대립적 선택의 문제가 결코 아닐 것이다. 피상적으로 보자면 '윤리적'으로 어진 사람이 되라는 것은 분명 이상적인 도덕주의의 '터무니없이 높은' 요구이다. 하지만 이러한 어려움은 윤리관계 즉 타인과 나의 관계 속에 있을 수밖에 없는 내가 필연적으로 맞이하게 될 '운명'인 것은 아닐까? 타인이 한 번도 직접적으로 요구하지 않은 것을 아무 말 없이 지불하는 것은 과연 나의 '운명' 혹은 '본성'인 것은 아닐까? 이것이야말로 과연 '인간 본성'이 반드시 지니게 되는 의미인 것은 아닐까?

그러나 일단 '인간 본성'이라는 용어를 사용하게 될 경우, 우선 '인간'의 '본성' 그 자체를 어떻게 이해할 것인가 하는 문제가 새롭게 부각될 수 있다. 근대 이래로 '인간' 혹은 '인간 본성'을 이해하는 방식은 주로 서양문화에 의해 결정되어 왔다. 같은 시기에 중국문화를 논하고 고찰하는 사람들은 부단히 중국문화 속에 법치, 개인, 주체성 등의 관념이 결여되어 있었다고 비판해 왔다. 이러한 비판은 어떤 의미에서 여전히 노신의 문화비판으로 귀결된다고 할 수 있다. 즉 중국문화는 '인간'을 결여하고 있으며, '인간'을 말살하고 잡아먹는다는 것이다. 따라서 20세기 초 이래의 법치, 개인, 주체성 혹은 '인간'에 대한 외침은 중국의 각종 정치·사상·문화의 맥락 속에서 대량으로 분출되었다. 그렇다면 '인간'은 과연 무엇을 의미하는가? 엄격한 의미에서 볼 때, '주체' 개념에서는 이미 '인간'의 의미가 사라지지는 않았을까? '인간'은 공자의 사상과 중국의 문화전통 속에서 과연 어떠한 지위를 지니는가? 우리는 인간에 대한 공자의 사상을 진정으로 발견하고 이해하고 있는 것이 아닌가? 아마도 결코 그렇지 않을 것이다.

이 문제는 거부할 수 없는 다문화 혹은 세계화의 맥락 속에서, 그리고 '포스트모던' 즉 주체성에 문제제기를 시도하는 시대이자 전통적 형이상학 적 인간 개념에 의문을 던지는 시대를 맞아 더욱 복잡해진다. 서양문화를 놓고 보면, 우리는 이미 심도 있는 자아비판과 해체운동을 목도한 바 있다. 따라서 니체의 '초인' 이후, 하이데거의 '현존재' 이후, 푸코의 지식고고학이 '인간' 개념이 최근의 발명품이라는 것을 드러낸 이후, 데리다가 서양 형이 상학의 구조를 해체한 이후, 우리는 점점 더 '인간'이란 무엇인지를 알 수 없게 되었다. 중국문화로 말하자면 20세기 이래 노신으로 대표되는 5·4 지식인들이 인의도덕이 '인간'을 잡아먹는 것이라고 폭로한 이후, 서양 형이상학이 인간 개념과 인간이해에 대하여 중국의 현대이론 가운데 에서 지배적 위치를 점거한 이후, 우리는 '인간' 문제에 대해 더욱 곤혹스럽 게 되었다. 우리는 바로 이러한 맥락 속에서 인仁을 중심으로, 공자 다시 읽기에 내몰리게 되었다. 왜냐하면, 이 책의 제2장에서 논한 유가 전통의 고전적 표현에 의하면, "인仁은 인간"이기 때문이다. 인仁은 바로 인간을 의미한다. 따라서 인仁을 사고하는 것은 인간을 사고하는 것이다. 인간의 문제 그리고 그와 관련된 주체성의 문제, 의미의 문제 등은 우리가 세계화를 향해 가는 이 새로운 시대의 관건이다. 이러한 복잡한 문화적·사상적 맥락 속에서 공자의 '인仁' 다시 읽기, 공자 사상 중에 함축된 '타인'의 의미 다시 읽기는, '전통'적 중국의 방식을 통해 앞으로 우리가 필연적으로 마주하게 될 복잡한 '현대'의 문화적·사상적 문제에 새롭게 접근해 나가는 데 도움을 줄 것이다.

초판 후기

　한 책의 후기란 이미 완성한 작품을 독자에게 바치는 하나의 의식이다. 이 의식은 매우 고독한 과정, 사고와 창작의 과정이 끝났음을 알려주어야 한다. 어떻게 보면, '후기'를 통해, 책 '뒤편'(後)에 쓴 '글'(記)을 통해 저자는 그 순간부터 자신의 작품에서 벗어나겠다는 것을 정식으로 선포하게 된다. 그리고 그 순간부터 독자는 저자가 대면하게 되고 책임을 져야 하는 타자로서, 작품의 수용자이자 평론자가 된다. 하지만 독자와 마주해서 이러한 독자의 요구에 떳떳하고 당당할 수 있는 저자는 거의 없을 것이다.

　분명 이러한 '떳떳함'(對得起) 혹은 '당당함'(對得住)은 저자에게 주어진 윤리적 책임임에 틀림없다. 하지만 이 책임은 늘 일개 저자가 감당할 수 있는 것보다 크게 마련이다. 만약 독자에게 절대적으로 '떳떳하고' '당당하기' 위해 자신의 작품을 완벽하게 만들어야 한다면 그 어떤 저자도 영원히 그러한 목표에 도달할 수 없을 것이며, 따라서 세상에 어떤 작품도 존재할 수 없을 것이다. 결국 저자는 다시 독자에게 '떳떳하지 못하고' '당당하지 못하게' 될 것이다. 따라서 한편으로는 타자로서의 독자 앞에서 책임을 지기 위해 저자는 반드시 최선을 다해 자신의 작품을 완벽하게 만들어야 하지만, 다른 한편으로는 역시 독자에게 책임을 다하기 위해 자신의 작품을 독자의 몫으로 내어주어야 한다. 그렇지 않으면 독자가 작품을 자신의 것으로 받아들지 못하게 되므로 저자는 독자에 대한 책임을 완수하지 못하게 되는 것과 같다. 만약 완벽한 작품이라는 것이 유한한 생명 속에서는 도달할 수 없는 경지를 의미한다면, 저자가 독자에 대해 가지는 책임감을 떠나, 독자에게 내어놓는 작품이란 필연적으로 완벽할 수 없을 것이다. 저자는 저자로서 매번 "지나치게 성급하게" 자신의 작품을 내어놓을 수밖에 없다. 이렇게 볼 때, 어떠한 작품이라도 모두 내재적으로 미완성을 지닐 수밖에 없다. 이는 바로 저자가 저자로서 받게 되는 "이중적 속박"이다. 저자는 자신의 작품을 완성시켜야 하는 동시에, 결코 자신의 작품을 완성시킬 수는 없다는 모순에 직면한다.

그러나 바로 이로 인해 독자의 진정한 독해가 가능할 수 있다. 사실 절대적으로 완벽한 작품이 있다면 그 작품은 독자의 어떠한 창조적 독해도 용납하지 않을 것이다. 절대적으로 완벽한 작품 앞에서, 독자는 오직 감탄하는 것을 제외하고는 작품에 대해 더 이상 어떤 것도 할 수 없기 때문이다. 따라서 절대적으로 완벽한 작품은 그 어떠한 독해도 절대적으로 거부할 것이다. 이는 독자에 대한 거부이기도 하다. 그 어떤 것도 절대적으로 완벽한 작품 속으로 침투해 들어올 수 없는 만큼, 진정으로 독자에 대한 책임을 위해 저자는 어쩌면 불완전한 작품을 내어놓는 것이 맞는 건지도 모르겠다. 오직 그렇게밖에 할 수 없겠지만, 또한 오직 그래야만 한다. 완벽해질 수 없고 완벽해져서도 안 되는 작품 속에서 저자는 진정한 자기 자신, 즉 어떤 '완벽함'으로 꾸미지도 않고 꾸밀 수도 없는 적나라한 자기 자신을 솔직하게 독자에게 내어주고서 평가를 받는다.

물론 이상의 내용들은 이 책의 저자로서 이 작품의 문제를 숨기고자 써내려 간 변명이 아니다. 책을 읽은 독자라면 이 책에서 논의하였던 '하나로 관통함'이라는 원칙이 '후기' 중에서도 계속 이어지고 있음을 발견할 수 있을 것이다. 공자 다시 읽기를 위한 책으로서, 이 책은 주로 공자 사상에서 '타인'의 문제에 관심을 두었다. 하지만 여기에서 논하는 타인의 문제는 우선 타인에게 들려주지 않으면 안 된다. 나 역시 독자와 마주할 때 '떳떳하고' '당당해야' 한다는 압도적인 압력을 느낀다. 또한 나는 반드시 자신 / 타자에게서 동기와 힘을 얻어 이 책을 끝마치고, 나아가 독자에게 평가를 받아야 할 것이다. 책 전체를 다 읽고 나서 내가 받은 느낌은 책이 절대 완벽하지 않다는 것이었다. 하지만 지금은 힘을 다 쏟아 부었기에 그저 멈추어 있을 수밖에 없다. 공자를 다시 읽는 와중에 내가 공자의 말 속에 담긴 '길'(道)을 따라 어디까지 걸어왔는지, 얼마나 멀리 왔는지도 모르겠다. 길을 헤매거나 길을 잃는 것 역시 "길을 걸어감"(行道)에 있어 반드시 무릅써야 하는 위험일 것이다. 때로는 어떤 하나의 길을 탐구하기 위해 아무도 없는 곳으로 파고들어야 했을 때도 있었지만, 길을 찾는 독자의 입장에서는 불필요한 작업처럼 보일 수도 있을 것이다. 다만 나는 독자의 입장에서 볼 때, 내가 공자가 제시한 '길'(道)을 따라 그를 다시 읽어 낸 과정의 기본 방향이 분명하게 전달되었기를 희망할 뿐이다. 이 길은 타인에게서 시작하여 결국 타인으로 돌아가는 길이다. 아마도 신神의 문화가 없는 한, '도道'와 타인은 결코 분리될 수 없을 것이다.

물론 나의 공자 다시 읽기가 어떤 의미에서는 이미 "잘못된 길로 들어서 버린" 것일 수도 있다. 본래 나는 중국문학과 비교문학 분야에서 학문적 훈련을 쌓았다. 하지만 철학에 대해서도 항상 애정을 지니고 있었다. 현대 서양문학의 이론에 대한 흥미가 나를 철학의 문제들로 나아가도록 이끌어 주었던 것이다. 힘들게 고생하여 현대 서양철학의 저작을 읽은 후에(가장 처음은 데리다였고, 그 뒤에는 데리다의 인도 하에 레비나스와 하이데거에 도달하였다.)

나는 이들 사상에 중국 전통사상 다시 읽기에 도움을 줄 자원이 숨겨져 있을지도 모른다는 생각을 하게 되었다. 이것이 바로 공자 다시 읽기의 출발점 중 하나였다. 그러나 보다 심층적인 이유는 서양의 문화가 이미 지배적인 위치를 점하고 있는 세계 속에서 중국어를 '모국어'로 사용하는 사람으로서, 나의 언어와 사상문화 전통에서 진정한 새로움과 미래를 발견하고 싶다는 것이었다. 물론 이것이 민족주의적인 정서나 경향성으로 이해되어서는 안 된다. 하지만 한 가지 기본적인 사실만은 인정할 필요가 있다. 내가 무슨 말을 하건, 내가 말하는 것이 얼마큼 보편적이건, 우리는 특정한 언어 속에서만 말을 할 수 있다는 것이다. 나의 입장에서 그 언어는 바로 중국어이다. 설사 하나의 특정한 언어를 초월하여 '보편언어'에 도달하고자 하더라도 우리는 어쩔 수 없이 특정한 언어를 통해서 그 희망을 표현하고 그 초월의 의지를 표명할 수 있을 뿐이다. 이는 보편과 초월에 대한 추구는 그 자체로 여전히 제한적이며, 특정한 언어체계와 함께할 수밖에 없다는 말과 같다. 우리가 모국어로 삼고 있는 특정 언어는 바로 우리가 어떤 보편적인 희망 혹은 보편사상을 표현하는 것을 가능케 하는 조건인 동시에 한계이기도 하다.

우리의 언어는 우리에게 가능성과 기회를 제공하지만, 이 언어는 또한 우리가 주는 가능성과 기회를 필요로 하기도 한다. 즉 우리는 한 언어를 사용하는 과정에서 바로 그 언어를 통해 그 언어를 위한 기회를 창조해 내어야 한다. 그렇지 않을 경우 수많은 언어가 나란히, 그러나 평등하지 않게 존재할 수밖에 없는 세계 속에서 우리의 언어는 언어로서의 기회를 잃어버리게 될 것이기 때문이다. 따라서 우리 자신의 언어 속에서 중국 전통사상을 다시 읽는다는 것은 이 전통으로서의 언어에 새로운 기회를 제공하고자 하는 일인 것이다. 따라서 이 작업은 우리에게 한 언어를 새롭게 가져다주는 것인 동시에 언어에게 우리를 새롭게 가져다주는 작업이기도 하다. 이 책이 언어에 대해 진행했던 자세한 분석들에는 이러한 희망이 담겨 있으며, 이러한 작업은 나의 문학적 훈련의 결과에 기댄 것이다.

이 책을 집필하는 과정에서 아내 상효수尙曉授는 가장 열렬한 나의 독자였고, 전력으로 나의 집필활동을 도와준 조력자였다. 친구인 김화金華는 이 책의 제2장과 제3장(개정판으로는 제3장과 제4장)을 읽어 주었고, 장해신蔣海新은 제1장을 읽어 주었다. 그들의 귀중한 응원과 비판에 대해 나는 반드시 감사를 표해야 할 것이다. 마지막으로 북경대학교출판사의 장문정張文定 선생과 북경대학교 출판사에게도 감사를 드린다. 그들의 지지가 없었다면 이 책은 독자와 만날 수 없었을 것이다. 나의 책임편집인 사무송謝茂松이 이 책의 편집을 위해 맡았던 '책임'(타자를 위한 책임)에 대해서는 말로 다 표현할 수 없을 정도로 감사함을 느낀다. 나는 더 이상 그에게 무어라 감사를 표해야 할지 모르겠다.

2001년 12월 9일
뉴질랜드 크라이스트처치에서
오효명伍曉明

제2판 후기

무엇보다도 오래된 저작을 개정할 기회가 있어 매우 기쁘다. 이 책의 초판은 2001년에 완성되어 2003년에 출판되었다. 그 시기 이후로 중국에는 공자 열풍, 『논어』 열풍이 몰아쳤고, 지금까지 이어지고 있다. 이러한 열풍은 더욱 광범위한 중국 전통문화 열풍의 반향 중 하나라 할 수 있다. 아마존이나 '당당썰썰' 같은 인터넷 서점을 둘러보면 다양한 독자들을 위한 신판 『논어』가 얼마나 유행하고 있는지를 알게 될 것이다. 이해하기 쉬운 다양한 방식으로 『논어』를 해설하고 있는 저작들이 셀 수 없을 정도이다. 그런데 이 책의 탐색 방향이나 논술 방식과 비슷한 저작들은 여전히 그리 많지 않은 듯하다. 이런 상황은 매번 "짹짹 울며 친구를 구하는"(嚶其鳴矣, 求其友聲; 『詩經』, 「小雅」) 나로 하여금 외로움을 느끼지 않을 수 없도록 하며, 때로는 공자 사상과 중국 전통을 탐색해 가는 방향이 잘못되어 어떤 길벗도 찾지 못하게 된 것은 아닌지 의심이 들게 한다. 하지만 다른 한 측면에서는 내가 이 책에서 시도하려 했던 모험과 새로운 시도를 다시 '반복'할 필요가 있다고 느끼게 하기도 한다. 바로 이것은 이 책의 초판이 매진되고 여러 해가 지난 후 '다시금' 이 책을 세상에 나오게 만든 이유이다. 이러한 나의 선택을 가능케 한 보잘것없는 나의 신념은, 『논어』가 2500년의 역사 속에서 무수히 다시 읽히며 점차 새로워질 수 있는 한, 나의 이 『논어』 연구서(『논어

속 공자 사상과의 대화를 시도한) 또한 더 노력하여 "역사를 거치며 새로워지는데" 일조하는 작품이 되어야 한다는 것이다.

이 책의 개정 증보판을 내고자 한 결정을 가능케 한 다른 주요 동기에는 독자들 특히 젊은 친구들의 깊은 성원 역시 자리하고 있다. '국제중국현대사상연구'에서 펴낸 『현대중국사상』(當代中國思想: Contemporary Chinese Thought, M. E. Sharpe 출판사)의 2007년 여름호에서 이 책의 제1장(개정증보판에서는 제1장과 제2장)을 번역하여 국제학술계에 소개해 준 것도 나에게는 큰 힘이 되었다. 이 책에 아직 어리석은 견해가 남아 있다고 느끼는 이상, 이 개정 작업의 과정에서 나 자신에게 부여한 주요 임무는 이 책의 가독성을 조금이나마 높이려는 것이었다. 왜냐하면 나 자신도 서술이 꼼꼼하지 못한 것이 나의 고질병임을 잘 알기 때문이다. 이 때문에 나는 비록 어떤 부분에서는 중복되는 것처럼 보이는 것을 피할 수 없었지만, 번거로움을 마다하지 않고 최대한 면밀하게 서술하고자 했다. 하지만 초판본에 그러한 문제가 있었던 것은 역시, 내가 책에서 밝히고자 했던 사상 그 자체가 복잡성을 띠고 있었기 때문이기도 하다. 개정 작업을 완료한 지금 이 문제가 다소나마 개선되었기를 희망한다. 이 책을 잘 아는 독자는 대체로 초판본의 기본적인 면모를 그대로 확인할 수 있을 것이다. 문자 측면에서의 조정을 제외하면 이번 개정 및 증보 작업은 주로 초판본의 취약점을 보완하는 데 집중했을 뿐 기본 사상과 관점은 전혀 변하지 않았기 때문이다. 그 중 일부 사상과 관점은 내가 근래에 발표한 저작에서 더욱 자세하고 구체적으로 밝힌 바 있다. 이러한 것들 외에는, 독자가 더 편리하게 참고할 수 있도록 몇 가지 부분에 대해 주석을 달아 설명을 더했다.

이 책이 표방하고 있는 '공자 다시 읽기'는 『논어』 다시 읽기가 결코 아니다. 왜냐하면 이 작업은 『논어』 전체를 처음부터 끝까지 샅샅이 연구하는 것을 목표로 하고 있지 않기 때문이다. 내가 관심을 가지는 바는 공자 사상 그 자체에 대한 설명과, 그 사상 자체와의 대화이다. 공자 사상 중에서 특히 내가 관심을 가진 바는 타인에 대한 그의 "하나로 관통되는"(一以貫之) '도道'였다. 이에 대해서는 이미 이 책의 '서론'에서 논한 바 있다.

북경대학교출판사의 변함없는 지원에 대해 감사하고, 책의 재출판 과정에서 많은 노력을 기울여 준 나의 책임편집자 오민吳敏에게도 감사를 표한다. 이 책 초판본의 후기에서 담당 편집자에게 감사의 말을 한 적이 있는데, 그 말을 여기에서 다시 한 번 반복해야 할 것 같다.

사랑하는 아들 오월伍鉞에게도 헌사를 전한다. 나는 그를 '미래의 독자'로 부르고자 하는데, 이는 그와 소위 '빠링허우'(八零后: 1980년대에 출생한 세대)라고 불리는 그들 세대의 젊은이들이 자신들만의 방식으로 『논어』로 되돌아가고 공자로 되돌아가고 중국문화로 되돌아갈 수 있게 되기를 기원하기 때문이다. 이 '되돌아감'은 결코 유행을 좇아, 남들을 따라, 건성으로, 웅장하지만 공허한 허영심을 만족시키기 위해 이루어져서는 안 된다. 그것은 미래로서의 전통이 진정으로 나 자신을 향해 나아갈 수 있도록 해야 하며, 동시에 우리 스스로도 중국문화의 미래를 향해 나아갈 수 있도록 해야 할 것이다. 이러한 쌍방향 혹은 다방면의 '기대'와 '지향' 속에서, 나는 나의 미약한 이 작업이 보다 깊은, 보다 넓은 곳으로 나아가는 하나의 작은 통로가 되기를 희망한다.

2012년 11월 27일
북경 경사원京師園에서
오효명伍曉明

참고문헌

중문문헌

郭沂, 『郭店竹簡與先秦學術思想』, 上海: 上海敎育出版社, 2001.

魯迅, 『魯迅全集』, 北京: 人民大學出版社, 1981.

段玉裁, 『說文解字注』, 上海: 上海書店影印經韵樓刻本, 1992.

德里達, 『論文字學』, 汪堂家 譯, 上海: 上海譯文出版社, 1999.

杜維明, 『儒家思想新論: 創造性轉換的自我』, 曹幼華·單丁 譯, 周文彰 等校, 南京: 江蘇人民
　　　出版社, 1996.

牟宗三, 『心體與性體』, 上海: 上海古籍出版社, 2000.

文物出版社 編, 『郭店楚墓竹簡』, 北京: 文物出版社, 1998.

班固, 『漢書』 橫排本, 顏師古 注, 北京: 中華書局, 1999.

司馬遷, 『史記』 橫排本, 北京: 中華書局, 1999.

上海古籍出版社, 『十三經注疏·爾雅』, 1997.

申小龍, 『中國句型文化』, 長春: 東北師範大學出版社, 1988.

楊伯峻, 『孟子譯注』, 北京: 中華書局, 1962.

＿＿＿, 『論語譯注』, 北京, 中華書局, 1980.

＿＿＿, 『春秋左傳注』, 北京: 中華書局, 1981.

楊樹達, 『高等國文法』, 上海: 商務印書館, 1920年 初版·1955年 重印.

吳虞, 『吳虞文錄』, 合肥: 黃山書社, 2008.

吳毓江 撰, 『墨子校注』, 孫啓治 点校, 北京: 中華書局, 1993.

伍曉明, 『"天命, 之謂性!"－片讀〈中庸〉』, 北京: 北京大學出版社, 2009.

＿＿＿, 『文本之"間"－從孔子到魯迅』, 北京: 北京大學出版社, 2012.

阮元, 『揅經室集』, 鄧經元 点校, 北京: 中華書局, 1993.

王鳳陽, 『漢字學』, 長春: 吉林文史出版社, 1989.

王夫之, 『船山全書』, 船山全書編輯委員會 編校, 長沙: 岳麓書社, 1996.

王先謙, 『荀子集解』, 北京: 中華書局, 1988.

王陽明, 『王陽明全集』, 上海: 上海古籍出版社, 1992.

劉寶楠, 『論語正義』, 北京: 中華書局, 1990.

陸德明, 『經典釋文』, 叢書集成初編据抱經堂本影印.

李零, 『喪家狗, 我讀〈論語〉』, 太原: 山西人民出版社, 2007.

李顒, 『二曲集』, 陳俊民 点校, 北京: 中華書局, 1996.

李澤厚, 『中國古代思想史論』, 北京: 人民出版社, 1986.

_____, 『論語今讀』, 合肥: 安徽文藝出版社, 1998.

_____, 『波齋新說』, 香港: 天地圖書有限公司, 1999.

_____, 『己卯五說』, 北京: 中國電影出版社, 1999.

李學勤 主編, 『十三經注疏‧論語注疏』, 北京, 北京大學出版社, 1999.

程樹德, 『論語集釋』第1冊, 北京: 中華書局, 1990.

程頤‧程顥, 『二程集』, 王孝魚 点校, 北京: 中華書局, 2004.

朱熹, 『四書章句集注』, 北京: 中華書局, 1983.

陳戌國, 『禮記校注』, 長沙: 岳麓書社, 2004.

蔡尙思, 『論語導讀』, 成都: 巴蜀書社, 1996.

馮契, 『中國古代哲學的邏輯發展』, 上海: 上海人民出版社, 1983.

馮友蘭, 『中國哲學史新編』, 北京: 人民出版社, 1982.

許維遹 校釋, 『韓詩外傳集釋』, 北京: 中華書局, 1980.

胡平生, 『孝經譯注』, 北京: 中華書局, 1999.

黑格爾, 『哲學史講演錄』第一卷, 賀麟‧王太慶 譯, 北京: 商務印書館, 1959.

_____, 『精神現象學』, 賀麟‧王玖興 譯, 北京: 商務印書館, 1981.

廖名春, 「"仁"字深原」, 『中國學術』第8輯, 2001.

劉宇, 「韓愈"博愛之謂仁"說法微 - 兼論韓愈思想格局的一些特点」, 『中國典籍與文化』 2006年 第3期.

趙紀彬, 「〈論語〉新論導言」, 『中國哲學』第10輯, 北京: 三聯書店, 1983.

서구문헌

Bellah, Robert N., *Beyond Belief: Essays on Religion in a Post-Traditionalist World*, New York: Harper & Row, 1976.

Bennington, Jeoffrey, *Lyotard: Writing the Event*, New York: Columbia University Press, 1988.

_____, *Legislations: The Politics of Deconstruction*, London: Verso, 1994.

Bennington, Jeoffrey & Jacques Derrida, *Jacques Derrida*, Translated by Jeoffrey Bennington, Chicago: University of Chicago Press, 1993.

Chan, Wing-Tsit, *A Source Book in Chinese Philosophy*, Princeton, N.J.: Princeton University Press, 1963.

Derrida, Jacques, *Adieu to Emmanuel Levinas*, Translated by Pascale-Anne Brault and Michael Naas. Stanford, California: Stanford University Press, 1999.

_____, *Memoires for Paul de Man*, Translated by Cecil Lindsay, N.Y.: Columbia University Press, 1986.

_____, *Of Grammatology*, Translated by Gayatri Chakravorty Spivak, Baltimore: The John Hopkins University Press, 1976.

_____, *Points···: Interviews, 1974-1994*, Edited by Elisabeth Weber, translated by Peggy Kamuf et al. Stanford, Califonia: Stanford University Press, 1995.

_____, *Writing and Differece*, Translated by Alan Bass, Chicago: University of Chicago Press, 1978.

Derrida, Jacques & Gianni Vattimo Eds., *Religion*, Translated by Samuel Weber, Cambridge, UK: Polity Press, 1998.

Fingeratte, *Herbert. Confucius: Secular as Sacred*, New York: Harper Torchbooks, 1972.

Graham, A. C., *Disputes of the Tao*, Chicago and La Salle, Illinoise: Open Court, 1989.

Hall, L. David & Roger, T. Ames, *Thinking from the Han: Self, Truth, and Transcendence in Chinese and Western Culture*, Albany: State University of New York, 1987.

Kant, Immanuel, *The Metaphysis of Morals*, Translated by Mary Gregor. Cambridge: Cambridge University Press, 1991.

Levinas, Emmanuel, *Totality and Infinity*, Translated by Alphonso Lingis. Pittsburgh: Duquesne University Press, 1969.

Lau, D. C., *Confucius: The Analects*, Penguin Books, 1979.

Legge, James, *The Chinese Classics* vol. I, Oxford: Clarendon Press, 1893.

Levinas, Emmanuel, *Autrement qu'être ou au-delà de l'essence*, Phaenomenologica 54, 1974, fifth pringting 1991, Kluwer Academic Publishers.

_____, *Otherwise than Being or Beyond Essence*, Translated by Alphonso Lingis. The Hague/Boston/London: Martinus Nijhoff Publishers, 1981.

Macartney, Lord, *An Embassy to China: Being the Journal Kept by Lord Macartney during His Embassy to the Emperor ch'ien-lung*, 1793-1794, Edited by J. L. Cranmer-Byng. Longmans, 1962.

Soothill, W. E., *Confucius: The Analects*, Dover Thrift Edition, 1995.

Tu, Wei-ming, *Confucian Thought: Selfhood as Creative Transformation*, Albany: State of New

York University Press, 1985.

Derrida, Jacques, "At This Moment in This Work Here I Am", Translated by Ruben Berezdivin, in Robert Bernasconi and Simon Critchley eds., *Re-reading Levinas*, London: Routledge, 1990.

_____, "Psyche: Inventions of the Other", *Reading de Man Reading*, Edited by Lindsay Waters & Wlad Godzich, Minneapolis: University of Minnesota, 1989.

Freud, Sigmund, "Mourning and Melancholia", *The Pelican Freud Library* vol. 11., Edited by Angela Richards. Harmondsworth, Middlesex: Penguin Books, 1984.

Tu, Wei-ming, "The Creative Tension between Jên and Li", *Philosophy East and West* vol. 18, no. 1-2, April 1968.

_____, "Li as Process of Humanization", *Philosophy East and West*, vol. 22, no. 2, April 1972.

Wu, Xiao-ming, "Philosophy, Filosophia, and Zhexue", *Philosophy East & West* vol. 48, no. 3, 1998.

찾아보기

인명

서명

개념어구

지은이 오효명伍曉明

上海 復旦大學(中國文學專業 文學學士)을 졸업하고 北京大學(中國文學及比較文學專業 碩士)에서 석사학위를, 영국 서섹스대학교(University of Sussex)에서 철학박사학위를 취득하였다. 현재 四川大學 文學與新聞學院 講座敎授로 있다. 연구영역은 중국사상, 비교철학, 비교문학 및 서양문학이론 등이다. 대표 저술로는 『吾道一以貫之 : 重讀孔子』, 『有(與)存在 : 通過"存在"而重讀中國傳統之"形而上"者』, 『"天命 : 之謂性!" ― 片讀「中庸」』, 『文本之間 ― 從孔子到魯迅』 등이 있고, 역저로는 테리 이글턴(Terry Eagleton)의 『二十世紀西方文學理論』, 馬丁・華萊士(Martin. W)의 『當代敍事學』 등이 있다.

옮긴이 임해순林海順

중국 延邊大學 정치학과(사상정치교육 전공)를 졸업하고 파견교수로 경북대학교에 재직 중 철학과에서 박사학위를 받았다. 현재 연변대학 마르크스주의학원 교수로 재직하고 있으며, 뉴질랜드 캔터베리 대학교에 방문학자로 다녀왔다. 대표 논문으로 「실사구시와 실용주의―등소평의 '흑묘백묘론'을 중심으로」(경북대 박사학위논문), 「화합'사상 연구」 등이 있고, 다수의 한국 논저들을 중문으로 옮겼다.

옮긴이 홍린洪麟

고려대학교 철학과를 졸업하고 같은 학교 대학원에서 석사학위를 받았다. 현재 중국 북경대학교 철학과 박사학위과정에 재학 중이다. 대표 논문으로는 「朱陸 聖學 비교연구 : 孟子 해석을 중심으로」(석사학위논문)가 있다.

예문서원의 책들

원전총서

박세당의 노자 (新註道德經) 박세당 지음, 김학목 옮김, 312쪽, 13,000원
율곡 이이의 노자 (醇言) 이이 지음, 김학목 옮김, 152쪽, 8,000원
홍석주의 노자 (訂老) 홍석주 지음, 김학목 옮김, 320쪽, 14,000원
북계자의 (北溪字義) 陳淳 지음, 김충열 감수, 김영민 옮김, 295쪽, 12,000원
주자가례 (朱子家禮) 朱熹 지음, 임민혁 옮김, 496쪽, 20,000원
서경잡기 (西京雜記) 劉歆 지음, 葛洪 엮음, 김장환 옮김, 416쪽, 18,000원
열선전 (列仙傳) 劉向 지음, 김장환 옮김, 392쪽, 15,000원
열녀전 (列女傳) 劉向 지음, 이숙인 옮김, 447쪽, 16,000원
선가귀감 (禪家龜鑑) 청허휴정 지음, 박재양·배규범 옮김, 584쪽, 23,000원
공자성적도 (孔子聖蹟圖) 김기주·황지원·이기훈 역주, 254쪽, 10,000원
천지서상지 (天地瑞祥志) 김용천·최현화 역주, 384쪽, 20,000원
참동고 (參同攷) 徐命庸 지음, 이봉호 역주, 384쪽, 23,000원
박세당의 장자, 남화경주해산보 내편 (南華經註解刪補 內篇) 박세당 지음, 전현미 역주, 560쪽, 39,000원
초원담노 (椒園談老) 이충익 지음, 김윤경 옮김, 248쪽, 20,000원
여암 신경준의 장자 (文章準則 莊子選) 申景濬 지음, 김남형 역주, 232쪽, 20,000원

퇴계원전총서

고경중마방古鏡重磨方 — 퇴계 선생의 마음공부 이황 편저, 박상주 역해, 204쪽, 12,000원
활인심방活人心方 — 퇴계 선생의 마음으로 하는 몸공부 이황 편저, 이윤희 역해, 308쪽, 16,000원
이자수어李子粹語 퇴계 이황 지음, 성호 이익·순암 안정복 엮음, 이광호 옮김, 512쪽, 30,000원

연구총서

논쟁으로 보는 중국철학 중국철학연구회 지음, 352쪽, 8,000원
논쟁으로 보는 한국철학 한국철학사상연구회 지음, 326쪽, 10,000원
중국철학과 인식의 문제 (中國古代哲學問題發展史) 方立天 지음, 이기훈 옮김, 208쪽, 6,000원
중국철학과 인성의 문제 (中國古代哲學問題發展史) 方立天 지음, 박경환 옮김, 191쪽, 6,800원
역사 속의 중국철학 중국철학회 지음, 448쪽, 15,000원
공자의 철학 (孔孟荀哲學) 蔡仁厚 지음, 천병돈 옮김, 240쪽, 8,500원
맹자의 철학 (孔孟荀哲學) 蔡仁厚 지음, 천병돈 옮김, 224쪽, 8,000원
순자의 철학 (孔孟荀哲學) 蔡仁厚 지음, 천병돈 옮김, 272쪽, 10,000원
유학은 어떻게 현실과 만났는가 — 선진 유학과 한대 경학 박원재 지음, 218쪽, 7,500원
역사 속에 살아있는 중국 사상 (中國歷史に生きる思想) 시게자와 도시로 지음, 이혜경 옮김, 272쪽, 10,000원
덕치, 인치, 법치 — 노자, 공자, 한비자의 정치 사상 신동준 지음, 488쪽, 20,000원
리의 철학 (中國哲學範疇精髓叢書 — 理) 張立文 주편, 안유경 옮김, 524쪽, 25,000원
기의 철학 (中國哲學範疇精髓叢書 — 氣) 張立文 주편, 김교빈 외 옮김, 572쪽, 27,000원
동양 천문사상, 하늘의 역사 김일권 지음, 480쪽, 24,000원
동양 천문사상, 인간의 역사 김일권 지음, 544쪽, 27,000원
공부론 임수무 외 지음, 544쪽, 27,000원
유학사상과 생태학 (Confucianism and Ecology) Mary Evelyn Tucker·John Berthrong 엮음, 오정선 옮김, 448쪽, 27,000원
공자口, 공자는 이렇게 말했다 안재호 지음, 232쪽, 12,000원
중국중세철학사 (Geschichte der Mittelalterischen Chinesischen Philosophie) Alfred Forke 지음, 최해숙 옮김, 568쪽, 40,000원
북송 초기의 삼교회통론 김경수 지음, 352쪽, 26,000원
죽간·목간·백서, 중국 고대 간백자료의 세계1 이승률 지음, 576쪽, 40,000원
중국근대철학사(Geschichte der Neueren Chinesischen Philosophie) Alfred Forke 지음, 최해숙 옮김, 936쪽, 65,000원
리학 심학 논쟁, 연원과 전개 그리고 득실을 논하다 황갑연 지음, 416쪽, 32,000원
진래 교수의 유학과 현대사회 陳來 지음, 강진석 옮김, 440쪽, 35,000원
상서학사 — 『상서』에 관한 2천여 년의 해석사 劉起釪 지음, 이은호 옮김, 912쪽, 70,000원
장립문 교수의 화합철학론 장립문 지음 / 홍원식·임해순 옮김, 704쪽, 60,000원

강의총서

김충열 교수의 노자강의 김충열 지음, 434쪽, 20,000원
김충열 교수의 중용대학강의 김충열 지음, 448쪽, 23,000원
모종삼 교수의 중국철학강의 牟宗三 지음, 김병채 외 옮김, 320쪽, 19,000원
송석구 교수의 율곡철학 강의 송석구 지음, 312쪽, 29,000원
송석구 교수의 불교와 유교 강의 송석구 지음, 440쪽, 39,000원

역학총서

주역철학사 (周易硏究史) 廖名春·康學偉·梁韋弦 지음, 심경호 옮김, 944쪽, 45,000원
송재국 교수의 주역 풀이 송재국 지음, 380쪽, 10,000원
송재국 교수의 역학담론 — 하늘의 빛 正易, 땅의 소리 周易 송재국 지음, 536쪽, 32,000원
소강절의 선천역학 高懷民 지음, 곽신환 옮김, 368쪽, 23,000원
다산 정약용의 『주역사전』, 기호학으로 읽다 방인 지음, 704쪽, 50,000원
주역과 성인, 문화상징으로 읽다 정병석 지음, 440쪽, 40,000원
주역과 과학 신정원 지음, 344쪽, 30,000원

한국철학총서

조선 유학의 학파들 한국사상사연구회 편저, 688쪽, 24,000원
조선유학의 개념들 한국사상사연구회 지음, 648쪽, 26,000원
유교개혁사상과 이병헌 금장태 지음, 336쪽, 17,000원
쉽게 읽는 퇴계의 성학십도 최재목 지음, 152쪽, 7,000원
홍대용의 실학과 18세기 북학사상 김문용 지음, 288쪽, 12,000원
남명 조식의 학문과 선비정신 김충열 지음, 512쪽, 26,000원
명재 윤증의 학문연원과 가학 충남대학교 유학연구소 편, 320쪽, 17,000원
조선유학의 주역사상 금장태 지음, 320쪽, 16,000원
심경부주와 조선유학 홍원식 외 지음, 328쪽, 20,000원
퇴계가 우리에게 이윤희 지음, 368쪽, 18,000원
조선의 유학자들, 켄타우로스를 상상하며 理를 氣를 논하다 이향준 지음, 400쪽, 25,000원
퇴계 이황의 철학 윤사순 지음, 320쪽, 24,000원
조선유학과 소강절 철학 곽신환 지음, 416쪽, 32,000원
되짚어 본 한국사상사 최영성 지음, 632쪽, 47,000원
한국 성리학 속의 심학 김세정 지음, 400쪽, 32,000원
동도관의 변화로 본 한국 근대철학 홍원식 지음, 320쪽, 27,000원
선비, 인을 품고 의를 걷다 한국국학진흥원 연구부 엮음, 352쪽, 27,000원
실학은 實學인가 서영이 지음, 264쪽, 25,000원
선사시대 고인돌의 성좌에 새겨진 한국의 고대철학 윤병렬 지음, 600쪽, 53,000원

성리총서

송명성리학 (宋明理學) 陳來 지음, 안재호 옮김, 590쪽, 17,000원
주희의 철학 (朱熹哲學硏究) 陳來 지음, 이종란 외 옮김, 544쪽, 22,000원
양명 철학 (有無之境—王陽明哲學的精神) 陳來 지음, 전병욱 옮김, 752쪽, 30,000원
정명도의 철학 (程明道思想硏究) 張德麟 지음, 박상리·이경남·정성희 옮김, 272쪽, 15,000원
송명유학사상사 (宋明時代儒學思想の硏究) 구스모토 마사쓰구(楠本正繼) 지음, 김병화·이혜경 옮김, 602쪽, 30,000원
북송도학사 (道學の形成) 쓰치다 겐지로(土田健次郎) 지음, 성현창 옮김, 640쪽, 3,200원
성리학의 개념들 (理學範疇系統) 蒙培元 지음, 홍원식·황지원·이기훈·이상호 옮김, 880쪽, 45,000원
역사 속의 성리학 (Neo-Confucianism in History) Peter K. Bol 지음, 김영민 옮김, 488쪽, 28,000원
주자어류선집 (朱子語類抄) 미우라 구니오(三浦國雄) 지음, 이승연 옮김, 504쪽, 30,000원

불교(카르마)총서

유식무경, 유식 불교에서의 인식과 존재 한자경 지음, 208쪽, 7,000원
박성배 교수의 불교철학강의 : 깨침과 깨달음 박성배 지음, 윤원철 옮김, 313쪽, 9,800원
불교 철학의 전개, 인도에서 한국까지 한자경 지음, 252쪽, 9,000원
인물로 보는 한국의 불교사상 한국불교원전연구회 지음, 388쪽, 20,000원
은정희 교수의 대승기신론 강의 은정희 지음, 184쪽, 10,000원
비구니와 한국 문학 이향순 지음, 320쪽, 16,000원
불교철학과 현대윤리의 만남 한자경 지음, 304쪽, 18,000원
유식삼십송과 유식불교 김명우 지음, 280쪽, 17,000원
유식불교, 『유식이십론』을 읽다 효도 가즈오 지음, 김명우·이상우 옮김, 288쪽, 18,000원
불교인식론 S. R. Bhatt & Anu Mehrotra 지음, 권서용·원철·유리 옮김, 288쪽, 22,000원
불교에서의 죽음 이후, 중음세계와 육도윤회 허암 지음, 232쪽, 17,000원
선사상 강의 오가와 다카시(小川隆) 지음, 이승연 옮김, 232쪽 20,000원

동양문화산책

주역산책(易學漫步) 朱伯崑 외 지음, 김학권 옮김, 260쪽, 7,800원
동양을 위하여, 동양을 넘어서 홍원식 외 지음, 264쪽, 8,000원
서원, 한국사상의 숨결을 찾아서 안동대학교 안동문화연구소 지음, 344쪽, 10,000원
안동 풍수 기행, 와혈의 땅과 인물 이완규 지음, 256쪽, 7,500원
안동 풍수 기행, 돌혈의 땅과 인물 이완규 지음, 328쪽, 9,500원
영양 주실마을 안동대학교 안동문화연구소 지음, 332쪽, 9,800원
예천 금당실·맛질 마을 — 정감록이 꼽은 길지 안동대학교 안동문화연구소 지음, 284쪽, 10,000원
터를 안고 仁을 펴다 — 퇴계가 굽어보는 하계마을 안동대학교 안동문화연구소 지음, 360쪽, 13,000원
안동 가일 마을 — 풍산들가에 의연히 서다 안동대학교 안동문화연구소 지음, 344쪽, 13,000원
중국 속에 일떠서는 한민족 — 한겨레신문 차한필 기자의 중국 동포사회 리포트 차한필 지음, 336쪽, 15,000원
신간도견문록 박진관 글·사진, 504쪽, 20,000원
선양과 세습 사라 알란 지음, 오만종 옮김, 318쪽, 17,000원
문경 산북의 마을들 — 서중리, 대상리, 대하리, 김룡리 안동대학교 안동문화연구소 지음, 376쪽, 18,000원
안동 원촌마을 — 선비들의 이상향 안동대학교 안동문화연구소 지음, 288쪽, 16,000원
안동 부포마을 — 물 위로 되살려 낸 천년의 영화 안동대학교 안동문화연구소 지음, 440쪽, 23,000원
독립운동의 큰 울림, 안동 전통마을 김희곤 지음, 384쪽, 26,000원
학봉 김성일, 충군애민의 삶을 살다 한국국학진흥원 기획, 김미영 지음, 144쪽, 12,000원

일본사상총서

일본도덕사상사(日本道德思想史) 이에나가 사부로 지음, 세키네 히데유키·윤종갑 옮김, 328쪽, 13,000원
천황의 나라 일본 — 일본의 역사와 천황제(天皇制と民衆) 고토 야스시 지음, 이남희 옮김, 312쪽, 13,000원
주자학과 근세일본사회(近世日本社會と宋學) 와타나베 히로시 지음, 박홍규 옮김, 304쪽, 16,000원

노장총서

不二 사상으로 읽는 노자 — 서양철학자의 노자 읽기 이찬훈 지음, 304쪽, 12,000원
김항배 교수의 노자철학 이해 김항배 지음, 280쪽, 15,000원
서양, 도교를 만나다 J. J. Clarke 지음, 조현숙 옮김, 472쪽, 36,000원
중국 도교사 — 신선을 꿈꾼 사람들의 이야기 牟鍾鑒 지음, 이봉호 옮김, 352쪽, 28,000원
노장철학과 현대사상 정세근 지음, 384쪽, 36,000원
도가철학과 위진현학 정세근 지음, 464쪽, 43,000원

남명학연구총서

남명사상의 재조명 남명학연구원 엮음, 384쪽, 22,000원
남명학파 연구의 신지평 남명학연구원 엮음, 448쪽, 26,000원
덕계 오건과 수우당 최영경 남명학연구원 엮음, 400쪽, 24,000원
내암 정인홍 남명학연구원 엮음, 448쪽, 27,000원
한강 정구 남명학연구원 엮음, 560쪽, 32,000원
동강 김우옹 남명학연구원 엮음, 360쪽, 26,000원
망우당 곽재우 남명학연구원 엮음, 440쪽, 33,000원
부사 성여신 남명학연구원 엮음, 352쪽, 28,000원
약포 정탁 남명학연구원 엮음, 320쪽, 28,000원
죽유 오운 남명학연구원 엮음, 680쪽, 35,000원

예문동양사상연구원총서

한국의 사상가 10人 — 원효 예문동양사상연구원/고영섭 편저, 572쪽, 23,000원
한국의 사상가 10人 — 의천 예문동양사상연구원/이병욱 편저, 464쪽, 20,000원
한국의 사상가 10人 — 지눌 예문동양사상연구원/이덕진 편저, 644쪽, 26,000원
한국의 사상가 10人 — 퇴계 이황 예문동양사상연구원/윤사순 편저, 464쪽, 20,000원
한국의 사상가 10人 — 남명 조식 예문동양사상연구원/오이환 편저, 576쪽, 23,000원
한국의 사상가 10人 — 율곡 이이 예문동양사상연구원/황의동 편저, 600쪽, 25,000원
한국의 사상가 10人 — 하곡 정제두 예문동양사상연구원/김교빈 편저, 432쪽, 22,000원
한국의 사상가 10人 — 다산 정약용 예문동양사상연구원/박홍식 편저, 572쪽, 29,000원
한국의 사상가 10人 — 혜강 최한기 예문동양사상연구원/김용헌 편저, 520쪽, 26,000원
한국의 사상가 10人 — 수운 최제우 예문동양사상연구원/오문환 편저, 464쪽, 23,000원

경북의 종가문화

사당을 세운 뜻은, 고령 점필재 김종직 종가 정경주 지음, 203쪽, 15,000원
지금도 「어부가」가 귓전에 들려오는 듯, 안동 농암 이현보 종가 김서령 지음, 225쪽, 17,000원
종가의 멋과 맛이 넘쳐 나는 곳, 봉화 충재 권벌 종가 한필원 지음, 193쪽, 15,000원
한 점 부끄럼 없는 삶을 살다, 경주 회재 이언적 종가 이수환 지음, 178쪽, 14,000원
영남의 큰집, 안동 퇴계 이황 종가 정우락 지음, 227쪽, 17,000원
마르지 않는 효제의 샘물, 상주 소재 노수신 종가 이종호 지음, 303쪽, 22,000원
의리와 충절의 400년, 안동 학봉 김성일 종가 이해영 지음, 199쪽, 15,000원
충효당 높은 마루, 안동 서애 류성룡 종가 이세동 지음, 210쪽, 16,000원
낙중 지역 강안학을 열다, 성주 한강 정구 종가 김학수 지음, 180쪽, 14,000원
모원당 회화나무, 구미 여헌 장현광 종가 이종문 지음, 195쪽, 15,000원
보물은 오직 청백뿐, 안동 보백당 김계행 종가 최은주 지음, 160쪽, 15,000원
은둔과 화순의 선비들, 영주 송설헌 장말손 종가 정순우 지음, 176쪽, 16,000원
처마 끝 소나무에 갈무리한 세월, 경주 송재 손소 종가 황위주 지음, 256쪽, 23,000원
양대 문형과 직신의 가문, 문경 허백정 홍귀달 종가 홍원식 지음, 184쪽, 17,000원
어질고도 청빈한 마음이 이어진 집, 예천 약포 정탁 종가 김낙진 지음, 208쪽, 19,000원
임란의병의 힘, 영천 호수 정세아 종가 우인수 지음, 192쪽, 17,000원
영남을 넘어, 상주 우복 정경세 종가 정우락 지음, 264쪽, 23,000원
선비의 삶, 영덕 갈암 이현일 종가 장윤수 지음, 224쪽, 20,000원
청빈과 지조로 지켜 온 300년 세월, 안동 대산 이상정 종가 김순석 지음, 192쪽, 18,000원
독서종자 높은 뜻, 성주 응와 이원조 종가 이세동 지음, 216쪽, 20,000원
오천칠군자의 향기 서린, 안동 후조당 김부필 종가 김용만 지음, 256쪽, 24,000원
마음이 머무는 자리, 성주 동강 김우옹 종가 정병호 지음, 184쪽, 18,000원
문무의 길, 영덕 청신재 박의장 종가 우인수 지음, 216쪽, 20,000원
형제애의 본보기, 상주 창석 이준 종가 서정화 지음, 176쪽, 17,000원
경주 남쪽의 대종가, 경주 잠와 최진립 종가 손숙경 지음, 208쪽, 20,000원
변화하는 시대정신의 구현, 의성 자암 이민환 종가 이시활 지음, 248쪽, 23,000원
무로 빛고 문으로 다듬은 충효와 예학의 명가, 김천 정양공 이숙기 종가 김학수, 184쪽, 18,000원
청백정신과 팔련오계로 빛나는, 안동 허백당 김양진 종가 배영동, 272쪽, 27,000원
학문과 충절이 어우러진, 영천 지산 조호익 종가 박학래, 216쪽, 21,000원
영남 남인의 정치 중심 돌밭, 칠곡 귀암 이원정 종가 박인호, 208쪽, 21,000원
거문고에 새긴 외금내고, 청도 탁영 김일손 종가 강정화, 240쪽, 24,000원
대를 이은 문장과 절의, 울진 해월 황여일 종가 오용원, 200쪽, 20,000원
처사의 삶, 안동 경당 장흥효 종가 장윤수, 240쪽, 24,000원
대의와 지족의 표상, 영양 옥천 조덕린 종가 백순철, 152쪽, 15,000원
군자불기의 임청각, 안동 고성이씨 종가 이종서, 216쪽, 22,000원
소학세가, 현풍 한훤당 김굉필 종가 김훈식, 216쪽, 22,000원
송백의 지조와 지란의 문향으로 일군 명가, 구미 구암 김취문 종가 김학수, 216쪽, 22,000원
백과사전의 산실, 예천 초간 권문해 종가 권경열, 216쪽, 22,000원
전통을 계승하고 세상을 비추다, 성주 완석정 이언영 종가 이영춘, 208쪽, 22,000원
영남학의 맥을 잇다, 안동 정재 류치명 종가 오용원, 224쪽, 22,000원
사천 가에 핀 충효 쌍절, 청송 불훤재 신현 종가 백운용, 216쪽, 22,000원
옛 부림의 땅에서 천년을 이어오다, 군위 경재 홍로 종가 홍원식, 200쪽, 20,000원
16세기 문향 의성을 일군, 의성 회당 신원록 종가 신해진, 296쪽, 30,000원
도학의 길을 걷다, 안동 유일재 김언기 종가 김미영, 216쪽, 22,000원
실천으로 꽃핀 실사구시의 가풍, 고령 죽유 오운 종가 박원재, 208쪽, 21,000원
민족고전 「춘향전」의 원류, 봉화 계서 성이성 종가 설성경, 176쪽, 18,000원

기타

다산 정약용의 편지글 이용형 지음, 312쪽, 20,000원
유교와 칸트 李明輝 지음, 김기주·이기훈 옮김, 288쪽, 20,000원
유가 전통과 과학 김영식 지음, 320쪽, 24,000원
조선수학사 — 주자학적 전개와 그 종언 가와하라 히데키 지음, 안대옥 옮김, 536쪽, 48,000원